2

Politik & Co.

Politik / Wirtschaft
für das Gymnasium

Nordrhein-Westfalen

herausgegeben
von Hartwig Riedel

Band 2
für die Jahrgangsstufen 7 – 9

bearbeitet von
Alexandra Labusch
Erik Müller
Stephan Podes
Hartwig Riedel
Martina Tschirner

C.C.Buchner Bamberg

Politik & Co. 2

Politik / Wirtschaft für das Gymnasium Nordrhein-Westfalen
für die Jahrgangsstufen 7 – 9
herausgegeben von Hartwig Riedel

Bearbeiter: Alexandra Labusch (Kapitel 4)
Erik Müller (Kapitel 3, 6)
Stephan Podes (Kapitel 2, 5, 10)
Hartwig Riedel (Kapitel 7, 8, 9)
Martina Tschirner (Kapitel 1, 11)

3. Auflage, 3. Druck 2015
Alle Drucke dieser Auflage sind, weil untereinander unverändert, nebeneinander benutzbar.
Dieses Werk folgt der reformierten Rechtschreibung und Zeichensetzung. Ausnahmen bilden Texte, bei denen künstlerische, philosophische oder lizenzrechtliche Gründe einer Änderung entgegenstehen.

Redaktion: Andreas Gerster
Grafische Gestaltung und Herstellung: Wildner + Designer GmbH
Druck und Bindung: PHOENIX PRINT GmbH

www.ccbuchner.de

ISBN 978-3-7661-**6896**-2

Zur Arbeit mit dem Buch

Der Kernlehrplan für Politik / Wirtschaft in Nordrhein-Westfalen stellt mit der Kompetenzorientierung die Ergebnisse von Lernprozessen in den Mittelpunkt. Wie können Schülerinnen und Schüler mit nachhaltigen Sachkompetenzen, Methodenkompetenzen, Urteilskompetenzen und Handlungskompetenzen so ausgestattet werden, dass sie „politische und wirtschaftliche Mündigkeit" erlangen?

Das Schulbuch Politik & Co. wurde eigens für den nordrhein-westfälischen Kernlehrplan entwickelt. Die Konzeption des Unterrichtswerks ermöglicht es Schülerinnen und Schülern, die zentralen Kompetenzen des Faches Politik/Wirtschaft zu erwerben. Für Lehrerinnen und Lehrer ist das Buch eine Hilfe, um einen modernen Unterricht zu verwirklichen.

Zum Aufbau des Buches

Die **Auftaktseiten** jedes Kapitels sind als ansprechende Bildcollage gestaltet. Die Aufgabenstellungen dienen der Lernstandserhebung und der Annäherung an das Thema. Die zu erwerbenden Kompetenzen werden für jedes Kapitel ausformuliert und machen den Schülerinnen und Schülern transparent, über welches Wissen und Können sie am Ende des Kapitels verfügen sollten.

Im **Materialteil** werden die Sach-, Methoden-, Urteils- und Handlungskompetenzen schrittweise erworben und sinnvoll miteinander verknüpft. Die sorgfältig ausgewählten, authentischen Quellen (Zeitungsartikel, Bilder, Karikaturen, Grafiken, ...) und Autorentexte können über differenzierte und abwechslungsreiche Aufgaben erschlossen werden. Die Fragestellungen sind häufig bezogen auf konkrete Problemlösungen und Entscheidungssituationen und fördern so die Nachhaltigkeit des Lernens. Die **Aufgabenblöcke** schließen jeweils eine Unterrichtseinheit ab.

Da fachspezifische Methodenkompetenzen unabdingbar für die Erschließung des Sachwissens sind, werden sie auf deutlich hervorgehobenen **Methodenseiten** ausführlich erklärt. Sie sind immer auf konkrete Inhalte bezogen.

Die Rubrik **„Was wir wissen – was wir können"** dient der Sicherung der Kompetenzen. Das grundlegende Sachwissen des Kapitels wird auf der Seite „Was wir wissen" für Schülerinnen und Schüler übersichtlich und verständlich zusammengefasst.
Die Seite „Was wir können" beinhaltet Angebote zur Überprüfung der Kompetenzen. Schülerinnen und Schüler können so zeigen, ob Sach-, Methoden-, Urteils- und Handlungskompetenzen in einer konkreten Entscheidungssituation sinnvoll angewendet werden können.

Ein **Glossar** zum Nachschlagen wichtiger Grundbegriffe und ein **Register zum Auffinden von Querverweisen** sind wichtige Hilfsmittel und erleichtern das selbständige Arbeiten mit dem Buch.

Hinweis: Materialien ohne Quellenangaben sind vom Bearbeiter verfasst.

Inhalt

Methoden

Die Auswahl der Übungen und Übungsteile richtet sich nach den Schwerpunkten der schulinternen Curricula. Für die Jahrgangsstufe 7 sind die Kapitel 1 – 3 jedoch besonders geeignet.

1

Identität und Lebensgestaltung im Wandel der Gesellschaft

Damit das Zusammenleben der Menschen funktioniert, bedarf es bestimmter Regeln und Übereinkünfte. Diese unterliegen aber auch einem steten Wandel, mit dem man sich immer wieder auseinandersetzen muss. Teil der Gesellschaft zu werden heißt, den Erwartungen anderer und gleichzeitig auch sich selbst und seinen eigenen Lebensvorstellungen gerecht zu werden.

Kompetenzen

Am Ende dieses Kapitels solltest du Folgendes können:

- erklären, was man unter Identität versteht und wie sich diese im Zusammenleben mit anderen und dem Anspruch auf eine eigene Lebensgestaltung entwickelt
- erläutern, was Werte sind, und wissen, dass sich diese verändern
- darstellen, warum sich Rollenbilder und Rollenerwartungen ändern
- die Ursachen und Folgen der Migration nach Deutschland kennen
- Chancen und Schwierigkeiten des Zusammenlebens von Menschen unterschiedlicher Kulturen beurteilen

Was weißt du schon?
Vervollständige den Satz:
Mit anderen zusammen zu sein, bedeutet für mich ...

1.1 Der Einzelne in der Gesellschaft

Ich will ich sein

M 1 Ich will ich sein

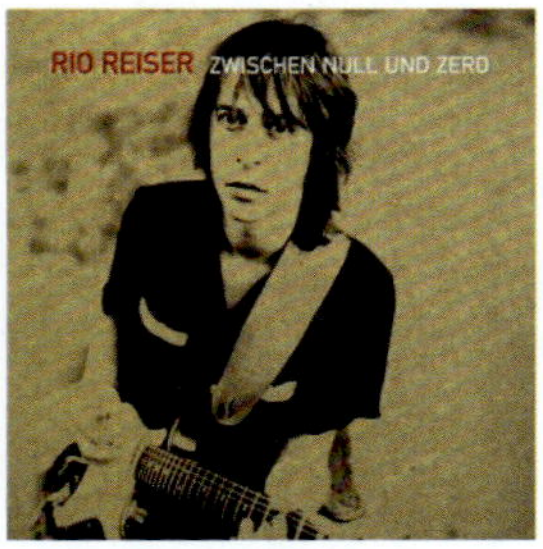

Rio Reiser (1950 – 1996): Berliner Rocksänger, Textdichter und Komponist

Ich will ich sein, anders kann ich nicht sein.
Ich will nicht sein, wie der oder der.
Ich will sagen, was ich denke.
Ich will ich sein, anders kann ich nicht sein.
Ich will nicht nur sehen, was alle sehen.
Ich will nicht nur gehen, wohin alle gehen.
Will nicht nur lachen, wenn alle lachen.
Will nicht nur machen, was alle machen.
Ich will singen, was ich singen will.
Und ich will sagen, was ich sagen will.
Ich will leben, wie ich leben will.
Und will lieben, wen ich lieben will.
Und will nicht getreten werden
und will nicht treten.

Rio Reiser, Ich will ich sein, Volksmund Verlag und Produktion Ralph Steiz KG, Stadum

Tipp
Stellt euch vor, der Song hätte noch keine Melodie. Wie sollte sich eurer Meinung nach die Musik zu diesem Text anhören?

M 2 Ich will ich sein – aber wer bin ich eigentlich?

„Ich will ich sein“, das sagt sich sehr einfach, aber: „Wer bin ich eigentlich?“ Reicht ein Blick auf den Personalausweis aus, um herauszufinden, wer ich bin? Zumindest stehen dort Name, Anschrift, Geburtstag und -ort, Körpergröße und Augenfarbe und auch ein Passfoto ist dabei. Aber reicht das aus, um zu sagen, wer man ist? Gehört zum Ich nicht noch etwas mehr? Zum Beispiel die Beziehung zu anderen Menschen, zu den Eltern und Geschwistern, Freunden und Freundinnen, zu den Mitschülerinnen und Mitschülern, zu den Mitmenschen ganz allgemein? Gehört zur Persönlichkeit nicht auch das, was mir wichtig ist, oder mein Verhältnis zu den Dingen, wie Natur, Technik, Musik und Kunst oder zur Gesellschaft? Gehört dazu nicht auch die Antwort auf die Frage, wie ich zu mir selbst stehe oder was ich mit meinem Leben will?

Jeder Mensch wünscht sich, als eigenständige Persönlichkeit wahrgenommen zu werden. Die Einzigartigkeit ist uns wichtig, aber auch das Gemeinsame, was uns mit anderen verbindet. Seinen Weg zu finden, ist nicht einfach und benötigt viel Zeit. Die Suche nach der eigenen Identität ist ein lebenslanger Prozess, der von der uns umgebenden Gesellschaft, aber auch von vielen Zufällen beeinflusst werden kann.

Ich-Identität
Darunter versteht man die Gewissheit eines Menschen, er selbst und unverwechselbar zu sein und sich von anderen zu unterscheiden.

Soziale Identität
Soziale Identität bildet der Mensch durch die Zugehörigkeit zu Gruppen aus und meint die Fähigkeit, den Erwartungen anderer entsprechen zu können.

M 3 Jugend – eine besondere Lebensphase?

Die Jugend als eine eigenständige Lebensphase zwischen der Kindheit und dem Erwachsensein ist eine historisch sehr junge Erscheinung. Heutzutage ist man nach dem Gesetz mit 14 Jahren Jugendlicher und erwachsen mit dem Erreichen des 18. Lebensjahres. Die große Mehrheit der Heranwachsenden wechselte noch im ausgehenden 19. und beginnenden 20. Jahrhundert von der Kindheit direkt in das Erwachsenenalter, das vor allem durch Arbeit und die Sicherung der Lebensgrundlagen geprägt war. Nur für eine kleine Minderheit vor allem sozial sehr gut gestellter junger Menschen (in der Regel junger Männer) gab es einen Lebensabschnitt, in dem man von den Zwängen der Kinderzeit befreit war, sich aber noch nicht um den eigenen Lebensunterhalt kümmern musste. Erst mit Beginn der 1950er Jahre, durch die Verlängerung der Schul- und Ausbildungszeiten kann man davon sprechen, dass es die Jugendzeit als eigenständige Lebensphase für alle jungen Menschen gibt. In der Jugendphase bildet der heranwachsende Mensch seine Persönlichkeit und seine Identität, die Gewissheit, dass er „er selbst ist", aus. Auf der Suche nach der eigenen Identität geraten Jugendliche häufig in Konflikt mit den Erwartungen der Eltern und ihrer Umwelt. Von den Eltern lässt man sich nicht mehr so viel sagen und hinterfragt häufig das, was man tut. Rückhalt sucht man immer öfter bei der Freundin oder dem Freund, weniger bei den Eltern. Bei Gleichaltrigen finden Jugendliche Verständnis für ihre Probleme. Langsam beginnt ein Ablöseprozess von den Eltern. Das muss nicht bedeuten, dass man sich völlig von der Familie entfernt, man entwickelt nur ein anderes Verhältnis zu ihr und möchte mehr Handlungsspielräume für sich selbst. Dieser Ablöseprozess ist für alle Beteiligten oft nicht leicht.

Soziale Gruppe
Der Mensch lebt nicht für sich allein. Unser gesamtes Leben verbringen wir in verschiedenen Gemeinschaften oder sozialen Gruppen. Sie sind für uns von besonderer Bedeutung, weil sie unserem Leben Halt geben. Die Mitglieder einer Gruppe fühlen sich auf bestimmte Weise miteinander verbunden (z. B. durch gemeinsame Interessen) und bilden ein „Wir-Gefühl" aus. Dadurch grenzen sie sich von anderen Gruppen ab.

M 4 Identität im Netz

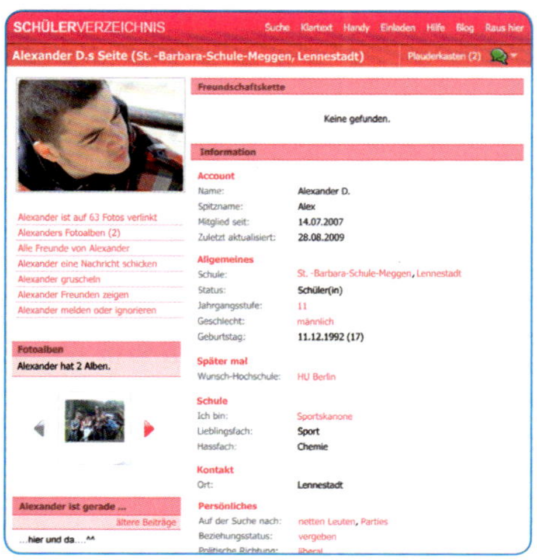

„Außenwirkung von Selbstdarstellungen in sozialen Netzwerken – sechs Profilbeispiele mit Erläuterungen", www.klicksafe.de

Aufgaben

1. Beschreibe das Lebensgefühl des Ichs in dem Song von Rio Reiser (M 1). Was hält das Ich davon ab, „ich" zu sein?
2. Stelle dar, was deine Clique auszeichnet. Begründe, warum es sich um eine soziale Gruppe handelt.
3. Die meisten von euch haben ein Profil in einem sozialen Netzwerk. Beschreibe die Identität / Persönlichkeit Alexanders anhand seiner Angaben. Diskutiert anschließend die Frage, inwiefern die Internet-Profile der „realen Identität" entsprechen (M 4).
4. Das Angebot an sozialen Netzwerken im Internet wird immer größer. Trage die Gründe zusammen, weshalb immer mehr Menschen die eigene Identität preisgeben. Nimm Stellung zu dieser Entwicklung.

Welche Werte sind uns wichtig?

M 5 Eine Rangliste der Werte erstellen

Bei der Erstellung der 15. Shell-Jugendstudie (2006) wurden 2.500 Kinder, Jugendliche und junge Erwachsene im Alter zwischen 12 und 25 Jahren zu unterschiedlichen Bereichen ihres Lebens befragt. U. a. wurden sie darüber befragt, welche Werte ihnen besonders wichtig sind. Erstellt nun selbst eure persönliche Rangliste der zehn wichtigsten Werte. Vergleicht sie dann mit der Nachbarin / dem Nachbarn.

Freundschaft	Partnerschaft	Familienleben
Eigenverantwortung	viele Kontakte	Unabhängigkeit
Kreativität	Gesetz und Ordnung	Fleiß und Ehrgeiz
Sicherheit	Gesundheits-bewusstsein	Lebensgenuss
Gefühle berücksichtigen	Lebensstandard	Toleranz
Umwelt-bewusstsein	Selbstdurchsetzung	soziales Engagement
Macht und Einfluss	Gottesglauben	politisches Engagement

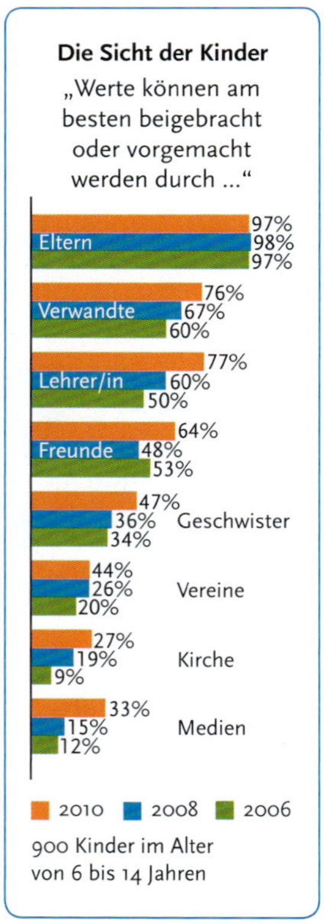

Quelle: Unicef. Dezember 2008; Geolino, Kinderwerte-Monitor 2010, BMFSFJ, Famlienreport 2009

M 6 Was sind Werte und Normen?

Werte oder Wertvorstellungen sind Einstellungen oder Maßstäbe, nach denen Menschen individuell ihr Handeln, Denken oder Fühlen ausrichten. Jeder von uns hat eigene Wertvorstellung. Was für den einen ein Wert ist, muss für den anderen noch lange nicht wichtig sein. Pünktlichkeit und Verlässlichkeit zum Beispiel können dem einen wertvoll sein, dem anderen jedoch nicht. Die individuellen Wertvorstellungen verändern sich in der Regel im Laufe des Lebens. Werte sind aber auch Orientierungspunkte für die Gesellschaft als Ganzes. So sind zum Beispiel die Menschenrechte, die Verfassung oder die Religion Werte. Daneben gibt es auch materielle Werte, wobei die Menschen durchaus unterschiedliche Dinge als wertvoll erachten: Für den einen ist es das Auto, den anderen sein Fahrrad usw.

Soziale oder gesellschaftliche Normen sind Regeln oder Verhaltenvorschriften für die einzelnen Mitglieder einer Gesellschaft. Normen sind von Gesellschaft zu Gesellschaft verschieden und unterliegen einem starken Wandel. Normen setzen Werte in Regeln um, so wird zum Beispiel der Wert „Ehrlichkeit" in der Norm „Du sollst nicht lügen" umgesetzt.

M 7 Die Vielfalt der Werte

„Kinder brauchen Werte", lautet das Motto einer Initiative des Bundesfamilienministeriums – ganz so, als gelte es, gegen einen akuten Mangel anzugehen. Nicht nur das Ministerium, auch zwei Drittel der Deutschen meinen, dass Kinder heute „zu wenig Werte" vermittelt bekommen, fand eine Allensbach-Umfrage im vergangenen Jahr heraus. Aus Sicht vieler Deutscher „zerfallen" Orientierungen zunehmend. Pädagogen werden deshalb immer wieder aufgefordert, den Werteschwund in den Schulen aufzuhalten.

Anders als das verbreitete Gefühl es will, mangelt es heute jedoch keineswegs mehr an Werten als früher, wie Jürgen Rekus, Pädagogik-Professor an der Universität Karlsruhe sagt. Im Gegenteil: „Das Problem besteht eher darin, dass es eine Fülle von Werten gibt, die in Konkurrenz zueinander stehen." Werte können überhaupt nicht zerfallen, sagt auch Volker Ladenthin, Professor für Erziehungswissenschaft an der Universität Bonn. [...] In modernen Gesellschaften existierten hingegen konkurrierende Werteangebote. Statt von „Wertezerfall" müsse deswegen von „Wertepluralismus" gesprochen werden – und der sei „ein wichtiges Kennzeichen demokratischer Gesellschaften". [...] Wertekonflikte sind im Wertepluralismus unvermeidbar. „Der eine trägt Hose mit Bügelfalte, der andere Jeans. Was ist richtig?", sagt auch Jürgen Rekus. Wenn eine Gesellschaft sich wandelt, dann ändern sich auch jene Vorstellungen, die allgemein als wünschenswert gelten und den Gruppenmitgliedern Orientierung beim Denken und Handeln geben. [...] Zu dieser Wirklichkeit gehöre auch das Erleben von Menschen mit deren eigenen, womöglich fremd erscheinenden Werten. Mündige Bürger müssen das zeitlebens aushalten, im besten Falle begrüßen können.

Walther Schmidt Tagesspiegel, 27.8.2008

Wertewandel
Wenn sich die Einstellungen und Ansichten der Menschen über die Wichtigkeit und Gültigkeit von Werten ändern, dann spricht man von einem Wertewandel. Dieser hat oft auch Auswirkungen auf die Politik. So ist der Wert „Gesundheit" heute wichtiger als früher, was z. B. zu einem Rauchverbot in Gaststätten geführt hat.

Pluralismus = Vielfalt

Die „Goldene Regel"
Trotz der Wertevielfalt gibt es so etwas wie eine „Goldene Regel" menschlichen Verhaltens.
– Was für mich eine unliebe und unangenehme Sache ist, das ist auch für den anderen eine unliebe und unangenehme Sache. (Buddhismus, 5. Jh. v. Chr.)
– Was ihr von anderen erwartet, das tut ebenso auch ihnen." (Bibel, Neues Testament)
– Handle so, dass die Maxime deines Willens jederzeit zugleich als Prinzip einer allgemeinen Gesetzgebung gelten könne. (Immanuel Kant, 1785)
– Was du nicht willst, das man dir tut, das füg' auch keinem andern zu. (Sprichwort)

Aufgaben

1. Jugendliche und Erwachsene haben häufig sehr unterschiedliche Werte. Sammle dafür Beispiele. Ihr könnt auch eine Szene für ein kleines Rollenspiel schreiben, in dem die unterschiedlichen Wertvorstellungen zum Ausdruck kommen, z. B. bei einem Dialog mit den Eltern am Mittagstisch (M 5).
2. Erläutere den Satz: „Werte lassen sich nicht verordnen!"
3. Sammle Gründe dafür, warum sich Werte im Lauf der Zeit wandeln (M 7).
4. Finde Beispiele für Wertekonflikte (M 7) und beurteile die These, „mündige Bürger" müssten die Vielfalt der Werte zeitlebens aushalten.
5. Zeige an Beispielen aus dem Schulalltag auf, wie man nach der „Goldenen Regel" handeln kann (Randspalte).

Spielen wir alle nur Rollen?

M 8 Wie wird man ein Mitglied der Gesellschaft?

Zunächst sorgt die Familie dafür, dass aus einem Säugling langsam ein Mitglied der Gesellschaft wird. Später wird diese Aufgabe auch von anderen übernommen. So wirken unterschiedlichste Einflüsse aus Nachbarschaft, Freundeskreis, Kindergarten, Schule, Fernsehen, Werbung usw. auf das Kind ein. Der Einfluss kann planvoll und beabsichtigt (Erziehung), aber auch unabsichtlich geschehen. Den gesamten Prozess, den ein Mensch durchläuft, um seine Persönlichkeit auszubilden und ein Mitglied in der Gesellschaft zu werden, nennt man **Sozialisation**. Während der Sozialisation werden uns Normen und Wertvorstellungen vermittelt, die für das Zusammenleben innerhalb der Gesellschaft notwendig sind. Normen kann man als Regeln bezeichnen, die von den Mitgliedern der Gesellschaft akzeptiert werden müssen. Für den Einzelnen können Normen aber auch Einschränkungen bedeuten. Wenn man die Regeln bricht, macht man sich unbeliebt oder wird vielleicht aus der Gruppe ausgeschlossen. Ihr könnt das mit dem Sport vergleichen. Ein Fußballspiel zum Beispiel verläuft nach festen Regeln, an die sich alle Spieler halten müssen, denn sonst bricht Chaos aus. Fußballer, die gegen die Regeln verstoßen oder sich beim Spiel unsportlich verhalten, werden vom Platz gestellt.

Erziehung
So bezeichnet man alle zielgerichteten und absichtsvollen Maßnahmen, die Eltern, Lehrer u.a. unternehmen, um Heranwachsenden dabei zu helfen, selbständig handelnde und urteilende Persönlichkeiten zu werden. Dabei geht es um das Erlernen von Verhaltensregeln und die Übertragung von Gefühls- und Denkmustern der Gesellschaft.

M 9 Soziale Rollen: „Die ganze Welt ist eine Bühne"

In der Umgangssprache gebrauchen wir sehr häufig den Begriff der Rolle. Mit den sprachlichen Bildern wird sehr schnell deutlich, was mit dem soziologischen Begriff Rolle gemeint ist. Die soziale Rolle beschreibt unser eigenes Verhältnis zur Gesellschaft. Mit der Geburt betreten wir die „Bühne der Gesellschaft". Nach und nach lernen wir, diesen oder jenen „Part" und damit unterschiedliche Rollen zu spielen. Manchmal müssen wir auch unterschiedliche Masken aufsetzen, um schließlich mit dem Tod wieder von der Bühne abzutreten. Dann übernehmen andere unsere Rollen. Alles geschieht unter den kritischen Augen der Zuschauer und auch der Mitspieler. Jeder erwartet von uns, dass wir unseren Text kennen. Jeder erwartet von uns etwas anderes. Die Rollen, die wir einnehmen, können ganz unterschiedlich sein. So sind wir Sohn oder Tochter, Freund oder Freundin, Mitglied im Chor oder Torwart der Schulauswahl, Schülerin oder Schüler, freiwilliger Feuerwehrmann, Pfadfinderin usw. Aber nicht immer erfüllen wir auch die Erwartungen, die an uns formuliert werden, und so kann es dann zu einem Rollenkonflikt kommen.

nach: Hans Peter Henecka, Grundkurs Soziologie, 9. Aufl., Konstanz 2009, S. 101 ff.

„Die ganze Welt ist
eine Bühne
Und alle Frau'n und
Männer bloße Spieler.
Sie treten auf und
gehen wieder ab,
Sein Leben lang
spielt einer
manche Rollen,
Durch sieben Akte
hin."

William Shakespeare, Wie es euch gefällt (II 7)

M 10 Was wollen denn nur alle von mir?

Katja besucht die 9. Klasse eines Gymnasiums. In der letzten Zeit hat sie große Probleme mit dem Aufstehen. Auch heute muss ihre Mutter sie drei Mal wecken, bis sie endlich aus dem Bett kommt. Katzenwäsche und ohne Frühstück zum Bus. Normalerweise schafft sie es in der letzten Minute – nur heute nicht. Als sie auf den nächsten Bus wartet, denkt sie sich schon einmal eine Entschuldigung aus. Wecker kaputt, Mutter verschlafen. Aber Herr Becker, der Deutschlehrer, den sie heute in der ersten Stunde haben, kennt kein Pardon und macht ein ziemliches Theater, als Katja mit einer viertel Stunde Verspätung die Klassentür öffnet. Er erwartet absolute Pünktlichkeit. Katjas Freundin Lisa hat schon sehnsüchtig gewartet, um von dem Film zu erzählen, den sie gestern im Kino gesehen hat. Eigentlich will Katja aber lieber aufpassen und sich am Unterricht beteiligen, um Herrn Becker wieder milde zu stimmen. Nach sechs anstrengenden Unterrichtsstunden geht es wieder nach Hause. Weil Katja auf Lisa wartet, verpasst sie an diesem Tag den Bus ein zweites Mal. Zuhause sitzen ihre Mutter und ihre Geschwister schon am Mittagstisch und warten. Als Katja sich hinsetzen will, klingelt das Handy. Marie will sich am Nachmittag mit ihr verabreden. Die Mutter ist sauer, weil sie Telefonieren beim Essen nicht duldet. Ihre Mutter erinnert sie daran, dass die Familie heute zum Geburtstag ihrer Patentante eingeladen ist. Am Abend soll sie auf die jüngeren Geschwister aufpassen, weil sich ihre Mutter mit einer Freundin verabredet hat. Ausgerechnet heute hat aber der Schwimmverein ein Sondertraining für den Wettkampf am kommenden Sonntag angesetzt. „Was wollen denn bloß alle von mir?", denkt Katja.

Karikatur: Marie Marcks

Aufgaben

1. Sozialisation ist ein lebenslanger Prozess. Finde Beispiele dafür, dass man auch als Erwachsener sozialisiert wird (M 8).
2. Erläutere, welche Erwartungen du an die Rolle der Klassensprecherin / des Klassensprechers stellst, damit diese gut ausgefüllt wird.
3. Nenne unterschiedliche Rollen, die du selbst einnimmst. Unterscheide die Rollen, die vorgegeben sind und die, die du selbst gewählt hast (M 9).
4. Arbeite heraus, zwischen welchen Rollen, die Katja einnimmt, es zu Konflikten kommt (M 10). Ergänze Situationen, in denen du selbst schon einmal einen Rollenkonflikt erlebt hast. Beschreibe, wie sich solche Rollenkonflikte lösen lassen.

Methode

M 11 Projekt- / Gruppenarbeit auswerten

Halbstarke in den 1950er Jahren

Studentenproteste in den 1960er Jahren

Hippies in den frühen 1970er Jahren

Punker in den späten 1980er Jahren

Techno-Fans in den 1990er Jahren

Heute?

Zu allen Zeiten haben Jugendliche versucht, sich durch ihren eigenen Lebensstil und ihre eigene Kultur von der Welt der Erwachsenen abzugrenzen. Die Fotos zeigen Jugendkulturen vergangener Jahrzehnte. Waren die Jugendkulturen in früheren Zeiten noch überschaubar und waren die Szenen noch deutlich voneinander zu unterscheiden, so ist die Vielfalt der aktuellen Entwicklung kaum mehr zu überblicken.

Aufgabe

Untersucht in Gruppenarbeit die Jugendkulturen, indem ihr herausarbeitet, was den Jugendlichen damals wichtig war, welches Lebensgefühl sie hatten, und wie sie dieses zum Ausdruck brachten (Musik, Kleidung, Werte und Einstellungen). Dazu könnt ihr eine vergangene Jugendkultur auswählen oder die aktuelle Szene in eurer Stadt oder Gemeinde untersuchen. Sammelt Informationen und erstellt eine Dokumentation (z. B. in Form einer Collage, einer Wandtafel, eines Videoclips ...). Bewertet eure Arbeit mithilfe der Zielscheibe.

Auswertung gemeinschaftlich gelöster Aufgaben, Projekte oder Rollenspiele

Erfordern Aufgaben das Zusammenarbeiten in Gruppen, so ist es sinnvoll, die eigene Arbeit anhand von Kriterien zu bewerten. Die folgenden Fragen können helfen, den Erfolg der Gruppenarbeit zu bewerten. Die Note 1 steht dabei für sehr gut / voll erfüllt, die 6 für ungenügend / nicht erfüllt.

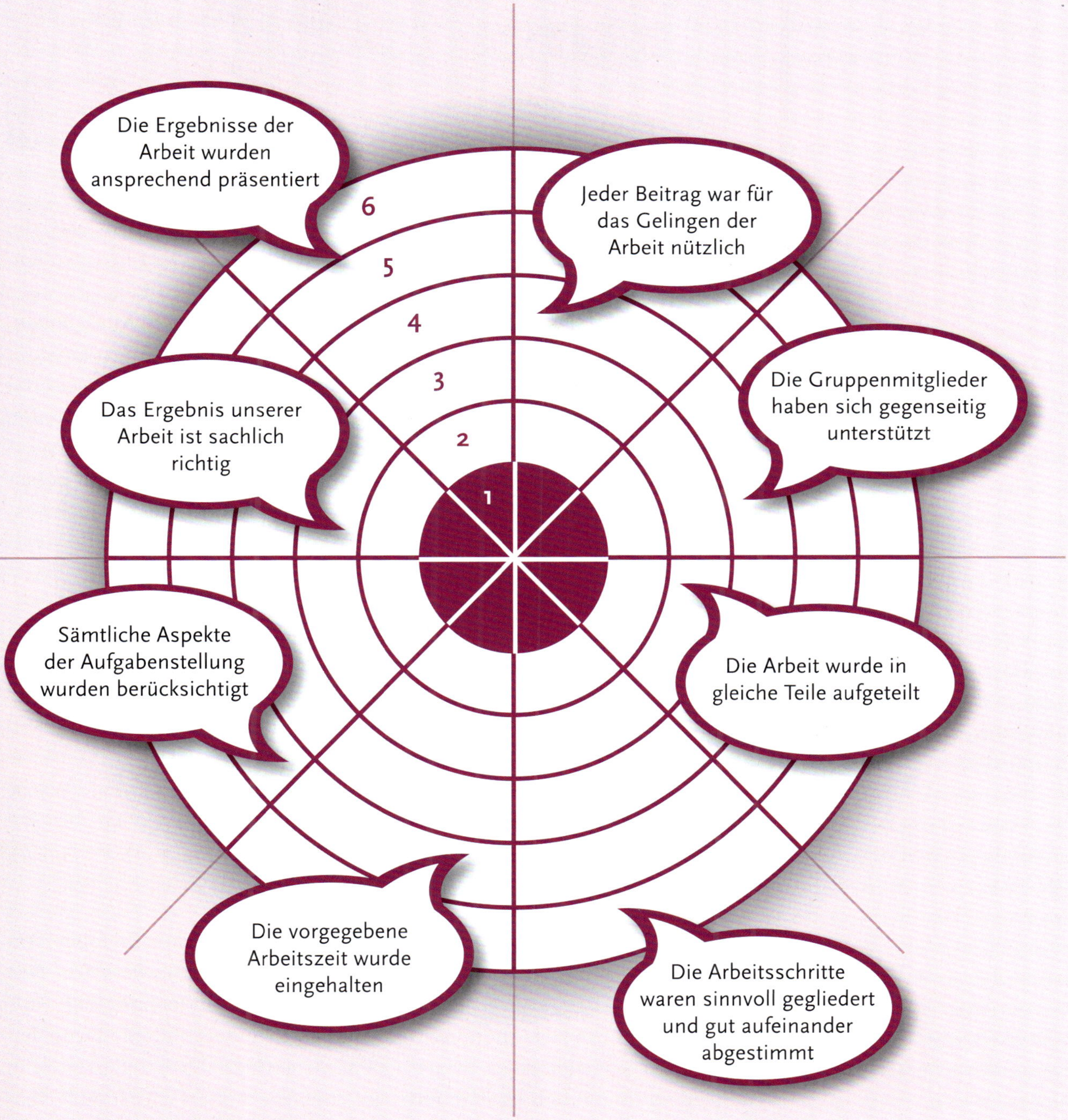

Wie wandeln sich Geschlechterrollen?

M 12 Neue Männer – neue Frauen?

Traditioneller Mann

- Die Frau soll für den Haushalt und die Kinder da sein, der Mann ist für den Beruf und für die finanzielle Versorgung zuständig.
- Wenn ein Mann und eine Frau sich begegnen, soll der Mann den ersten Schritt tun.
- Männer können einer Frau ruhig das Gefühl geben, sie würde bestimmen, zuletzt passiert doch das, was er will.
- Der Mann erfährt in seiner Arbeit seinen persönlichen Sinn.

Traditionelle Frau

- Der Beruf ist gut, aber was die meisten Frauen wirklich wollen, ist ein Heim und Kinder.
- Eine Frau muss ein Kind haben, um ein erfülltes Leben zu haben.
- Hausfrau zu sein ist für eine Frau genauso befriedigend wie eine Berufstätigkeit.
- Frauen sind von Natur aus besser dazu geeignet, Kinder aufzuziehen.

Peter Döge / Rainer Volz, Wollen Frauen den neuen Mann? Traditionelle Geschlechterbilder als Blockaden von Geschlechterpolitik, Sankt Augustin, November 2002, S. 24

M 13 Neue Partnerschaften

Prof. Dr. Jutta Allmendinger, die Präsidentin des Wissenschaftszentrums in Berlin, führte im Auftrag der Frauenzeitschrift BIRGITTE im Jahr 2009 mit einer Arbeitsgruppe eine Untersuchung zum Rollenverständnis von Frauen und Männern durch. Die Ergebnisse der Studie erläuterte Allmendinger in einem Interview:

BRIGITTE: Wie gestalten denn die selbstbewussten jungen Frauen ihre Partnerschaft?

Allmendinger: Um das herauszufinden, haben wir folgendes Szenario angeboten: Eigentlich ist man am Samstag mit seinem Partner verabredet, plötzlich kommt ein tolles Angebot rein – zwei Tickets für ihre Lieblingsband. Leider mag der Partner diese Band gar nicht. Dann haben wir gefragt: „Was machen Sie in so einer verflixten Situation? Nehmen Sie nur eine Karte für sich und gehen dann allein in dieses Konzert? Nehmen Sie zwei Karten für sich und den Partner, obwohl Sie wissen, dass er diese Band nicht besonders mag? Oder nehmen Sie zwei Karten und gehen mit einer Freundin? Oder kaufen Sie gar keine Karte?" Über die Hälfte der Frauen kaufen zwei Karten: für sich und die Freundin. [...] Nur 27 Prozent der Männer kaufen zwei Karten, um mit einem Freund zu ihrer Lieblingsband zu gehen, 36 Prozent verzichten ganz und kaufen gar keine Karte. [...]

Partnerschaften sind [den Frauen] sehr wichtig, aber sie legen auch Wert auf eine Welt jenseits davon, genauso wie auf eine Welt jenseits der Erwerbstätigkeit. Frauen pflegen ihre Freundschaften, stellen sie nicht hintenan. Freundeskreise sind auch ein starkes Motiv, nicht umzuziehen.

BRIGITTE: Wie verkraften das die Männer, die ja auch angefangen haben, über ihre eigene Rolle nachzudenken?

Allmendinger: [...] Sie haben verstanden: „So geht es nicht weiter. Ich muss Konzessionen machen, mich mit meiner Familie, meinem Umfeld abstimmen." Sie sind nachdenklich geworden, aber es fehlen ihnen die Vorbilder. Auch da könnte man politisch viel tun. Mir ist zum Beispiel noch kein Politiker begegnet, der sagt, er könne jetzt den Termin nicht wahrnehmen, weil er auf sein Kind aufpassen müsse.

BRIGITTE: In welchen Rollen sind Männer denn [...] gefragt?

Allmendinger: In der Partnerschaft als fürsorglicher Vater. Insgesamt gibt es in den Männerkulturen einen großen Umbruch. Klassische Männerjobs gehen verloren. Das Bild des mächtigen, anerkannten und gut verdienenden Mannes „in den besten Jahren" hat ausgedient. [...] Es ist was in Bewegung. Bis auf ein paar sehr traditionelle Männer wollen die wenigsten die Frauen wieder auf die alten Gleise zurücksetzen. Sie akzeptieren die Erwerbstätigkeit ihrer Partnerinnen stärker als vorher, mehr Männer als noch vor zwei Jahren würden Elternzeit nehmen. Das sind ermutigende Anfänge, es muss aber noch mehr geschehen. Doch es liegt nicht an der Bockigkeit der Männer. Sie wissen einfach noch nicht genau, wohin.

Konzession = Zugeständnis

http://www.brigitte.de/gesellschaft/politik-gesellschaft/brigitte-studie-2009-allmendinger-1034143/ (12.3.2010)

M 14 Ist Erziehung immer noch Frauensache?

Erziehung ist Frauensache, denken viele Männer. Das ist das Ergebnis einer Studie von Wissenschaftlern des Rostocker Zentrums zur Erforschung des demografischen Wandels. „Der Wandel hin zu einer eher ausgeglichenen Arbeitsteilung in Partnerschaften findet nur langsam statt. Vor allem die Geburt des ersten Kindes zementiert oft bestehende Rollenbilder", sagte Forscher Christian Schmitt. Gemeinsam mit seinen Kolleginnen Heike Trappe und Annelene Wengler untersuchte der Bevölkerungsexperte das Rollenverhalten von Paaren.

demografischer Wandel = Wandel der Bevölkerung

Den Forschern ist vor allem aufgefallen, dass Paare mit Kindern ihre Aufgabenteilung meist „wesentlich traditioneller" gestalteten als kinderlose. Zudem übernehmen viele Paare nach ihrer Heirat auch bei der Hausarbeit wieder die herkömmliche Arbeitsteilung – anders als die Mehrzahl der Partner in nichtehelichen Lebensgemeinschaften. [...]

Auch international zeigten sich Abweichungen von der deutschen Familien- und Geschlechternorm. So verstünden die skandinavischen Länder die Gleichstellung „als Grundprinzip ihrer sozialstaatlichen Ausrichtung". Auch in den USA und Kanada seien Frauen stärker ins Erwerbsleben einbezogen. Beides führe dazu, dass die Aufgabenteilung zwischen den Geschlechtern besser ausbalanciert sei.

mb/dpa, Focus, 13.4.2010

M 15 Kontrovers diskutiert: Welches Rollenbild soll es sein?

Sophia B., 30 Jahre, Mutter einer achtjährigen Tochter, Reiseverkehrskauffrau, berufstätig: Alte Rollenbilder gehören der Vergangenheit an. Für mich ist es völlig normal, berufstätig und Mutter zu sein. Für meinen Mann ist es kein Problem, Wäsche zu waschen oder unsere Tochter vom Hort abzuholen.

Elke K., 35 Jahre, Hausfrau und Mutter von zwölfjährigen Zwillingen: Warum soll man denn am traditionellen Familienmodell rütteln? Schließlich hat es sich über Jahrtausende bewährt.

Markus S., 22 Jahre, Student: Ich teile mir jetzt schon die Hausarbeit mit meiner Freundin. Wie wir das später mit der Kindererziehung machen, müssen wir noch entscheiden.

Nils T., 27 Jahre, Wissenschaftlicher Mitarbeiter: Ich kann mir überhaupt nicht vorstellen, nur ein „Feierabendpapa" zu sein. Deshalb habe ich mit meinem Arbeitsgruppenleiter schon vor der Geburt unseres Sohnes vereinbart, Teilzeit arbeiten zu können. Ich kümmere mich gemeinsam mit einer Partnerin um den Kleinen.

Holger M., 32 Jahre, Vater eines 6-Jährigen, IT-Spezialist: Meinen Beruf vorübergehend aufzugeben, um mich um unseren Sohn zu kümmern, das konnte ich mir absolut nicht vorstellen. Außerdem: Was hätten denn die Kollegen gesagt? Im Nachhinein war es auch richtig, dass meine Frau zuhause geblieben ist, denn sonst wäre ich nie zum Abteilungsleiter befördert worden.

M 16 Elterngeld ... die dunkle Seite

Plaßmann, Baaske Cartoons, Müllheim

Elterngeld = vom Einkommen abhängige staatliche Unterstützungsleistung für Familien von bis zu 14 Monaten (davon 2 Vätermonate)

Aufgaben

1. Beschreibe wie in der Tabelle M 12 auf der Grundlage des Interviews und eigener Beobachtungen den „neuen Mann“ und die „neue Frau“.
2. Vergleiche die Ergebnisse der beiden Studien. In welchen Fragen gelangen die Forscher zu ähnlichen Ergebnissen, wo unterscheiden sich die Ergebnisse? Erkläre die Unterschiede (M 13, M 14).
3. Führt eine Pro- und Kontra-Diskussion zur Frage, ob die Kindererziehung und -betreuung v. a. eine Aufgabe der Mütter sein sollte. Arbeitet die Argumente, die in den Statements vorgegeben sind, zunächst in Gruppen weiter aus. Bestimmt dann in der Gruppe einen Diskutanten (M 15, M 16).

Was wir wissen

Einflüsse auf die Sozialisation
M 2, M 3

Der starke Einfluss, den die Sozialisationsagentur oder Sozialisationsinstanz Familie auf Kinder und Jugendliche ausübt, lässt im Laufe unserer Entwicklung immer weiter nach. Neben die Familie treten nun Kindergarten, Schule, Jugendgruppe oder Peergroup. Die Peergroup trägt entscheidend zur Entwicklung der eigenen Persönlichkeit bei.
Die Ausbildung der eigenen Persönlichkeit und einer sozialen Identität ist ebenfalls ein lebenslanger Prozess. Anders als zu früheren Zeiten verläuft dieser aber nicht nur durch wechselseitige Beziehungen in der Familie, mit Freunden oder in der Schule, sondern findet in zunehmendem Maße auch in sozialen Netzwerken im Internet statt. Fraglich ist, ob die virtuelle und reale Identität einer Person deckungsgleich sind.

Werte und Normen
M 6, M 7

Leben in der Gesellschaft ist nur möglich, wenn sich deren einzelne Mitglieder an Verhaltensregeln – Normen – halten. Abhängig sind die Normen von Werten, also den grundlegenden Zielvorstellungen in einer Gesellschaft. Nicht alle Mitglieder einer Gesellschaft teilen jedoch dieselben Normen und Werte (Wertepluralismus). Außerdem verändern sich Werte auch im Laufe der Zeit (Wertewandel).

Sozialisation
M 8, M 9

Als Sozialisation bezeichnet man die Verinnerlichung der durch die Gesellschaft vermittelten Sitten, Bräuche, Normen und Werte durch ein Individuum und die damit verbundene Persönlichkeitsentwicklung. Erst durch die Kenntnis dieser Regeln wird das Individuum in einer Gesellschaft sozial handlungsfähig. Sozialisation ist somit ein lebenslanger Prozess. Gruppen, Personen und Institutionen, welche die sozialen Lernprozesse des Individuums steuern und beeinflussen, bezeichnet man als Sozialisationsinstanzen.

Rollen und Rollenerwartungen
M 10, M 13, M 14

Innerhalb der einzelnen Gruppen übernehmen wir unterschiedliche Rollen, die mit ganz bestimmten Erwartungen verbunden sind. So werden an uns unterschiedliche Erwartungen als Schülerin, als Tochter, als Freundin, als Mitglied in der Volleyballmannschaft oder im Schulchor formuliert. Es ist nicht immer leicht, die Vielzahl von Erwartungen, die an einen in unterschiedlichen Lebensbereichen gestellt werden, in Einklang zu bringen. Es kann dabei nämlich zu Rollenkonflikten kommen. Man spricht von einem Intra-Rollenkonflikt, wenn widersprechende Erwartungen an dieselbe Rolle einer Person (z. B. als Schülerin) herangetragen werden. Ein Inter-Rollenkonflikt liegt vor, wenn der Konflikt dadurch entsteht, dass nicht zu vereinbarende Erwartungen aus verschiedenen Rollen (z. B. Freundin und Tochter) einer Person gleichzeitig erfüllt werden sollen. Dass sich Vorstellungen darüber, wie bestimmte Rollen auszufüllen sind, auch verändern können, zeigt der Wandel des Geschlechterverhältnisses.

Warum Jugendliche heute anders sind

Prof. Dr. Urs Gasser ist Medienwissenschaftler an der Universität St. Gallen / Schweiz. Er schreibt u.a. über soziale Netzwerke.

SZ Wissen: Sind 16-Jährige anders als Sie oder ich?
Gasser: Nehmen Sie zum Beispiel das Thema Identität: Bei der sozialen Identität, also bei dem, was andere über einen denken, spielt die Online-Identität heute eine große Rolle.
Zu meiner Zeit war die soziale Identität vor allem dadurch geprägt, mit wem ich in der Schule gut auskam, wie ich mich gekleidet habe, ob ich ein cooles Bike fuhr oder nicht. Das ist heute anders, heute passiert vieles online, vor allem auf den Social Networking Sites wie Facebook, MySpace oder StudiVZ.
SZ Wissen: Im Kern geht es doch immer noch ums Coolsein. Heute filmt man sich einfach mit seinem Bike und lädt den Film hoch.
Gasser: Das Konzept der sozialen Identität verändert sich nicht wesentlich, man definiert sich immer noch über ähnliche Dinge wie die Kleidung oder das Rad. Aber die Formen sind völlig anders.
Ich bin öfter umgezogen. Jeder Ortswechsel ermöglichte eine Identitätsänderung, theoretisch hatte ich die Chance, völlig neu zu beginnen. Die Kids im Internet haben heute diese Möglichkeit nicht mehr.
SZ Wissen: Haben Sie da immer ein neues Image ausprobiert?
Gasser: Ja, ich war nicht gefangen in alten Sozialstrukturen. Haben Sie heute [...] ein Onlineprofil, verfolgt sie das rund um die Erde, so bildet sich eine überaus stabile soziale Identität.
Die Identität ist klebriger geworden und gleichzeitig stärker für andere nachvollziehbar. Das ganze Leben ist dokumentiert, Tag für Tag kommen mehr Daten dazu. Man kann zudem nach jeder Person gezielt im Netz suchen. [...] Heute gibt es eine andere Erwartung zwischen Jugendlichen, was privat ist und was öffentlich. Die Grenze verwischt.

Interview: Hubert Filser, Süddeutsche Zeitung, 19.3.2009

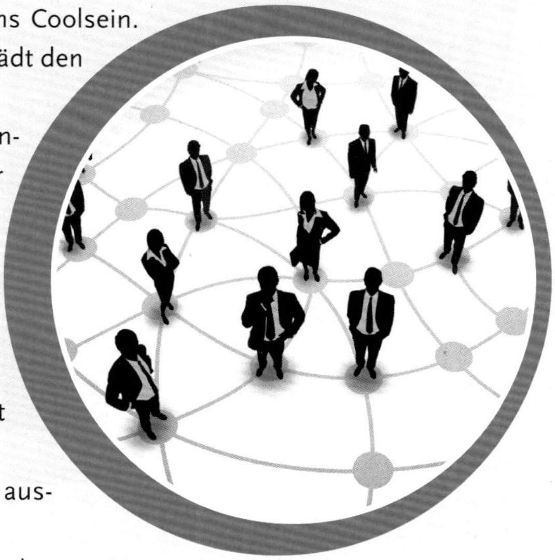

Aufgaben
1. Die Jugend heutzutage sei anders geworden, behauptet Urs Gasser. Arbeitet aus dem Text das Andere heraus.
2. Diskutiert, inwiefern es die Grenzen zwischen öffentlich und privat heutzutage noch gibt und ob sie überhaupt notwendig sind.

1.2 Zusammenleben in Deutschland

Ein Jahrhundert der Flüchtlinge?

Tipp
Recherchiert weitere Fakten zur Amerika-Auswanderung der Deutschen. Informationen findet ihr z. B. unter *www.dah-bremerhaven.de* oder *www. exil-club.de*

M 1 Menschen auf der Flucht

Deutsche Auswanderer betreten im Hamburger Hafen ein Schiff nach New York um 1850. Bereits im 17., vor allem aber im 19. und 20. Jahrhundert wanderten immer wieder Deutsche nach Übersee aus. Ein wesentlicher Grund war die extreme Armut in vielen deutschen Ländern, aber auch politische Verfolgung und religiöse Unterdrückung trieben viele Menschen in die Flucht.

Menschen im Süden Pakistans im Sommer 2010 auf der Flucht vor einer Überschwemmungsflut. Der Fluss Indus war aufgrund extremen Dauerregens zu einer kolossalen Breite angewachsen. Die UNO schätzte, dass die Naturkatastrophe ca. 20 Millionen Menschen in die Flucht trieb.

M 2 Weltkarte der Migration

Migration
Der Begriff bezeichnet die Wanderschaft (lat. migrare = wandern) von kleineren oder auch größeren Gruppen von Menschen oder auch ganzen Völkern. Migration gilt als Normalfall der Geschichte und der menschlichen Existenz. Dabei können die Ursachen ganz unterschiedlich sein.

Emigranten = Menschen, die ihre Heimat verlassen

Immigranten = Menschen, die in ein anderes Land einwandern

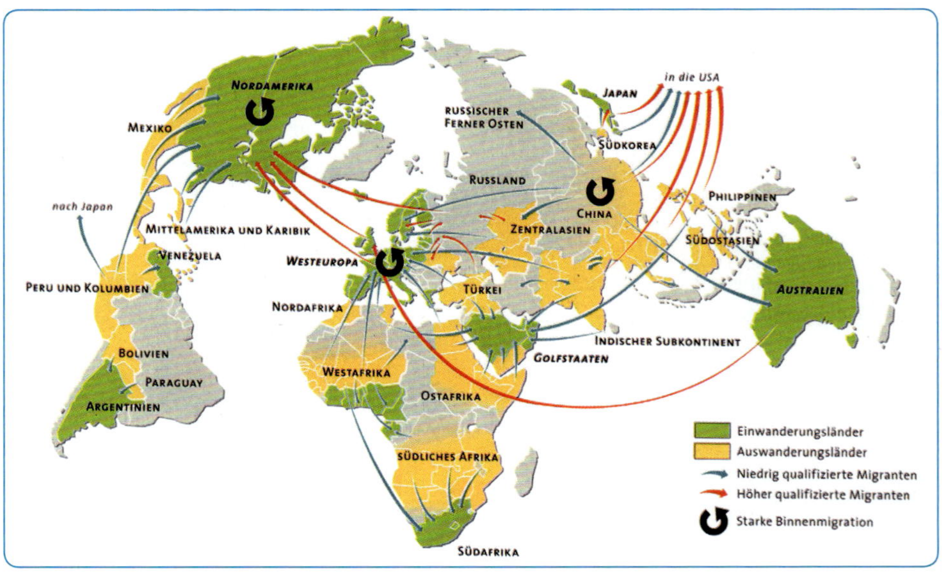

Le Monde diplomatique, Atlas der Globalisierung 2009, S.16

M 3 Menschen in Bewegung

„Das 21. Jahrhundert wird mehr und mehr das Jahrhundert der Menschen in Bewegung sein", sagte der Hohe Flüchtlingskommissar der Vereinten Nationen, António Guterres, [...] „ein Jahrhundert der Flüchtlinge". [...] Guterres [stellte] den Jahresbericht des UN-Flüchtlingskommissariats (UNHCR) für 2009 vor. [...] Globale Entwicklungen wie Bevölkerungswachstum, Rohstoffmangel, Nahrungs- und Wasserknappheit und vor allem der Klimawandel seien zunehmend ineinander verwoben, sagte Guterres. „Sie verschärfen Konfliktsituationen und verbinden sich auf eine Weise, die Menschen zwingt, ihre angestammte Heimat zu verlassen."

So seien im Jahr 2009 43,3 Millionen Menschen auf der Flucht gewesen – so viele wie seit Mitte der 90er Jahre nicht mehr. Hauptherkunftsländer waren erneut Afghanistan, der Irak, Somalia und die Demokratische Republik Kongo. [...]

[Diese] Zahl [umfasst] vor allem die wachsende Masse derer, die innerhalb ihres Landes fliehen müssen. 27,1 Millionen solcher Binnenvertriebenen weist die neue Statistik aus, die meisten von ihnen flohen vor den anhaltenden Konflikten in der Demokratischen Republik Kongo, Pakistan und Somalia.

Besondere Dramatik erhält die aktuelle Statistik dadurch, dass ein Großteil der weltweiten Flüchtlinge langfristig fernab der Heimat ausharren muss. „Die großen Konflikte in Afghanistan, Somalia oder der Demokratischen Republik Kongo sind weit davon entfernt, gelöst zu werden", erläuterte Guterres. Zudem dauerten scheinbar beendete oder stabilisierte Krisen wie im Irak oder dem Südsudan weiter an. So sei eine freiwillige Rückkehr in den wenigsten Fällen möglich. [...]

Die Hauptlast dieser Flüchtlingsströme aber tragen nicht etwa die westlichen Industriestaaten, sondern in erster Linie die Entwicklungsländer. 80 Prozent der Geflohenen leben in den armen Ländern des Südens, so Guterres. Setzt man die Zahl der Flüchtlinge ins Verhältnis zum Pro-Kopf-Einkommen des jeweiligen Aufnahmelandes, so zeigt sich diese Kluft besonders deutlich. So nehmen Länder wie Pakistan, Simbabwe und der Kongo im Bezug zu ihrer Wirtschaftskraft besonders viele Flüchtlinge auf. [...] Angesichts dieser Entwicklungen sei es besorgniserregend, so der Flüchtlingskommissar, dass es insbesondere in Europa zu einer „Erosion des Asylraumes" (hier: Verschwinden) komme. So sei es „sogar noch schwieriger für Menschen geworden, Schutz zu suchen und Zugang zu Territorien von Staaten zu haben, wo sie Schutz finden können".

Marie-Sophie Adeoso, Frankfurter Rundschau, 15.6.2010

Asyl
Das Wort kommt aus dem Griechischen und bedeutet so viel wie Zufluchtstätte oder Heim. In vielen Ländern wird Menschen, die aufgrund ihrer politischen oder religiösen Überzeugung verfolgt oder gar mit dem Tode bedroht werden, Asylrecht gewährt. In Europa erhalten die Verfolgten aber nur dann Asyl, wenn sie direkt mit dem Flugzeug oder Schiff anreisen und nicht aus einem sogenannten sicheren „Drittland" (alle EU-Staaten, Norwegen und die Schweiz) kommen. Außerdem müssen sie nachweisen, dass ihr Leben in der Heimat bedroht ist.

Aufgaben

1. Beide Abbildungen in M 1 zeigen Menschen, die ihre Heimat verlassen müssen bzw. mussten. Auch wenn sich die Situationen nicht in allen Punkten vergleichen lassen, gibt es dennoch einige Gemeinsamkeiten. Beschreibe diese.
2. In der Wissenschaft spricht man von sogenannten push- (im Sinne von wegdrücken) und pull- (anziehen) Faktoren, um Migration zu erklären. Nenne für die Beispiele in M 1 – M 3 die push- und pull-Faktoren und ergänze weitere.
3. Erläutere die Folgen der Migration für die aufnehmenden Länder und die Heimatländer der Migranten.

Deutschland – ein Einwanderungsland?

M 4 Die Deutsche Nationalmannschaft 2010

Die deutsche Fußball-Nationalmannschaft ist längst zu einem Spiegelbild der deutschen Gesellschaft geworden. Im 23-köpfigen Kader von Bundestrainer Joachim Löw für die WM 2010 in Südafrika standen elf Spieler mit Migrationshintergrund aus acht verschiedenen Ländern.

M 5 Mit Allah für Deutschland

Deutsche und türkische Fans bei einem Länderspiel in Berlin.

Berlin – Über die Straße tönen die schrillen Klänge der Zurna, der türkischen Oboe, und das rhythmische Grollen der Davul, der orientalischen Trommel. Doch in dem schmucklosen Bau wird keine Hochzeit gefeiert. Die Musik AG des Hermann-Hesse-Gymnasiums hält die letzte Probe vor der Abiturfeier, die abends stattfinden wird.

Es ist früher Nachmittag, auf der Straße plauschen einige Neuntklässlerinnen, bevor sie sich gleich auf den Heimweg machen. Ob sie sich für die WM interessieren? „Na klar", „türlich", kreischt ein vielstimmiger Mädchenchor. Und wer ist für Deutschland? Drei der acht melden sich, als wüssten sie die Antwort auf eine Matheaufgabe.

„Wir leben hier, das ist auch unser Land", sagt Hivim. Sie ist eine von dreien, die ein Kopftuch trägt, und die Einzige der ansonsten deutsch-türkischen Gruppe, die aus einer arabischen Familie stammt. „Die sind auch nicht für uns, wenn die Türkei spielt", antwortet Rabia, deren dunkles Kopftuch bestens mit ihrem Lidschatten abgestimmt ist.

„Aber in dieser Mannschaft spielen auch Özil und Khedira, das sind doch welche von uns", entgegnet schüchtern Gizem. „Die Deutschen finden das aber nur so lange gut, wenn die gut spielen", antwortet Nuray, die vorlauteste der Gruppe. „Ich bin für

Ghana", sagt sie die Faust ballend. Über die Fußballbegeisterung der Mädchen rümpfen die drei Jungs aus der Jahrgangsstufe, die ein paar Meter weiter auf dem Schulhof stehen, die Nase. Denn sie interessieren sich nicht nur während der WM für Fußball. […]

Alle drei sympathisieren mit dem deutschen Team, aber nicht alle gönnen ihm den Titel: „Natürlich wünsche ich mir, dass die weit kommen. Aber Weltmeister soll Argentinien oder Ghana werden", sagt Mehmet. Fatih widerspricht. „Die deutsche Mannschaft kenne ich am besten." Beim Ghana-Spiel war er auf der Fanmeile, wo er es aber „zu nationalistisch" fand.

Bei Mesut Özils Tor zum 1:0 habe er das Wort „Pass-Deutscher" gehört, das hat ihn aufgeregt: „Wir leben in der dritten Generation hier und werden trotzdem als Ausländer behandelt." Darin sind sich alle einig. […]

„Bei der letzten EM waren wir immer auf dem Kudamm, egal ob für Deutschland oder für die Türkei, wir haben sogar gefeiert, als Deutschland die Türkei besiegt hat. Da gab es viele Türken mit Türkei-Trikot und Deutschland-Fahne. Aber ich habe keinen Deutschen mit einem kleinen türkischen Halbmond gesehen." Das habe ihn enttäuscht.

[…] Uneingeschränkte DFB-Fans scheinen unter den Deutscharabern viel verbreiteter zu sein. Einer von ihnen hat es ungewollt zu bundesweiter Bekanntheit gebracht: Ibrahim Bassal, ein Deutscher mit libanesischen Wurzeln. Zusammen mit seinem Cousin, dem Tempelhofer CDU-Politiker Badr Mohammed, hatte er die wohl größte Fahne der Stadt – 20 Meter lang, 5 Meter breit – an dem Gebäude seines Handy- und Elektroladens in der Sonnenallee gehisst. Warum? „Um zu zeigen: Das ist unser Land und unser Viertel, und hier leben nicht nur Verbrecher." […]

Wenige Meter weiter, wo die Großfamilie Omeirat eine Metzgerei und ein Café betreiben: „Hauptsache ist: Wenn Deutschland spielt, ist das Café voll und die Stimmung Bombe", sagt der 27-jährige Khalid. Der drei Jahre jüngere Omar ergänzt: „Wir sind Palästinenser aus dem Libanon, das ist auch meine Heimat, selbst wenn ich noch nie da war und wahrscheinlich gar nicht dort leben könnte." Seine gesamte Familie sei für Deutschland, aber niemand so begeistert wie seine Tante Bahriya.

Deniz Yücel, die tageszeitung, 30.6.2010

M 6 Einwanderung nach Deutschland – eine Chronologie

1955: Die Bundesrepublik schließt mit Italien das erste Anwerbeabkommen für Arbeitskräfte. Wegen des Wirtschaftswunders herrscht ein Arbeitskräftemangel. Nach und nach kommen rund 100.000 italienische „Gastarbeiter", wie man die Migranten damals nennt.

1960 bis 1968 weitere Abkommen: 1960 mit Spanien und Griechenland, 1961 mit der Türkei. Es folgen Abkommen mit Marokko (1963), Portugal (1964), Tunesien (1965) und Jugoslawien (1968). […]

1973: Die Bundesregierung verfügt einen Anwerbestopp für ausländische

Arbeiter, nachdem sich eine Wirtschaftskrise mit steigender Arbeitslosigkeit abzeichnet. In den folgenden Jahren holen immer mehr Gastarbeiter, die alleine nach Deutschland kamen, die Familien nach.

1983: Gesetz zur Förderung der „Rückkehrbereitschaft": Es beinhaltet finanzielle Hilfen und eine Rentenregelung für Gastarbeiter, die in ihre Heimatländer zurückkehrten. Die Wirkung des Gesetzes ist gering.

2000: Reform des Staatsangehörigkeitsrechts. Neben dem bisherigen Abstammungs- wird nun das Geburtsortsprinzip eingeführt. Damit können in Deutschland geborene Kinder ausländischer Eltern leichter die deutsche Staatsangehörigkeit erhalten.

2000: Start der „Green-Card-Initiative". Mit der Green-Card-Regelung sollen 20.000 ausländische IT-Spezialisten eine fünfjährige Arbeitserlaubnis erhalten. Der erwartete Ansturm bleibt aus.

2005: Die Green-Card-Regelung wird durch ein neues Zuwanderungsgesetz abgelöst. Es regelt seitdem die Zuwanderung in den Arbeitsmarkt und soll die Integration verbessern. Vor allem hoch qualifizierten Fachkräften öffnet das Gesetz den deutschen Arbeitsmarkt. Es verlangt aber auch die Teilnahme an Sprach- und Integrationskursen.

Seit 2001: Immer mehr Deutsche gehen auf der Suche nach Arbeit ins Ausland. 2004 verlassen rund 150.000 Menschen Deutschland. Beliebteste Ziele: Kanada und USA.

nach: Jan Pfaff, die tageszeitung, 20.12.2005

M 7 Migrationshintergrund

Personen mit Migrationshintergrund
So bezeichnet man alle seit 1950 in das Gebiet der heutigen Bundesrepublik zugewanderten Menschen, alle in Deutschland geborenen Ausländer und alle in Deutschland als Deutsche Geborenen mit zumindest einem nach 1949 zugewanderten oder als Ausländer in Deutschland geborenen Elternteil. Mittlerweile leben mehr als 16 Mio. Personen mit Migrationshintergrund in Deutschland.

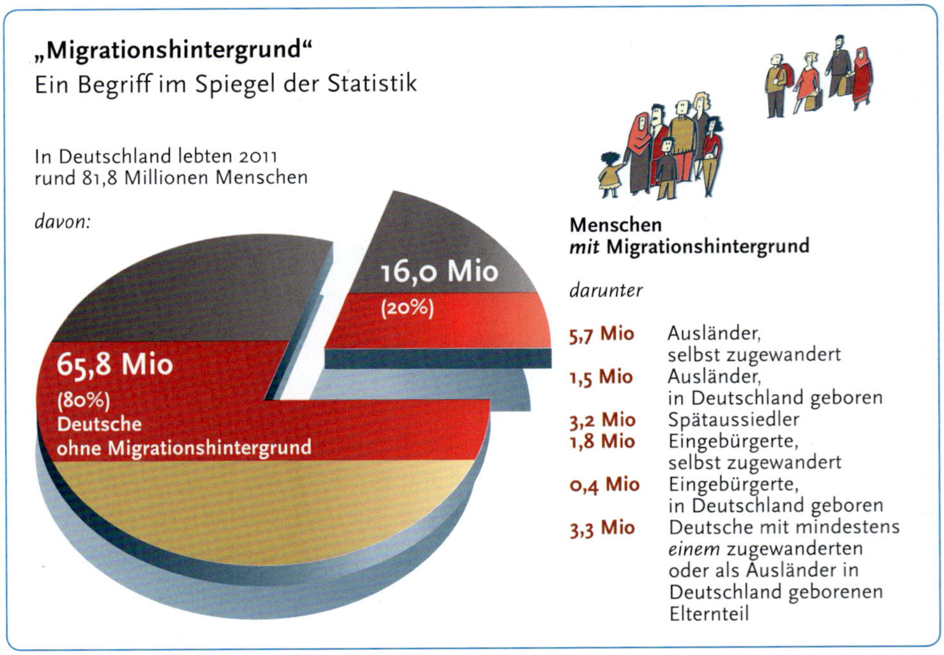

Quelle: Destatis, Mikrozensus 2011, Bergmoser + Höller Verlag AG, Zahlenbilder 35 225

M 8 Die Krise treibt sie nach Deutschland

In den hippen Stadtvierteln Berlins, in Kreuzberg, Friedrichshain, in Mitte oder in Prenzlauer Berg, in den Cafés und Bars fällt der Trend besonders auf: Man spricht spanisch. Junge Leute aus Madrid, aus Barcelona, aus Sevilla kommen in Scharen nach Deutschland, weil sie sich hier eine bessere Zukunft erhoffen, und besonders gerne kommen sie in die Hauptstadt.

Spanien steckt mitten in einer Wirtschaftskrise: Mit 45,8 Prozent ist die Jugendarbeitslosenquote hier höher als in jedem anderen Land in Europa. Viele gut ausgebildete Fachkräfte sehen deshalb ihre einzige Chance darin, die Heimat zu verlassen und im Ausland nach Arbeit zu suchen. Deutschland, wo Fachkräfte gesucht werden, ist das bevorzugte Ziel. [...]

Griechenland und Spanien, das sind die beiden Länder, die von der Wirtschafts- und Eurokrise am stärksten betroffen sind und wo sich die Krise besonders dramatisch auf den Arbeitsmarkt ausgewirkt hat. 18 Prozent beträgt die Arbeitslosenquote in Griechenland, in Spanien sind es auf alle Arbeitnehmer bezogen sogar 23 Prozent. Ob die neuen Einwanderer hierzulande erwerbstätig sind, ergibt sich aus der Statistik allerdings nicht. Klaus J. Bade, Migrationsforscher [...], führt den verstärkten Zustrom aus den beiden südeuropäischen Ländern auf die Wirtschaftskrise zurück: „Es gibt eindeutige Belege für eine Konjunktur- und Krisenwanderung. Der entscheidende Push-Faktor ist die miserable Situation in Griechenland und Spanien." [...]

Auch aus den osteuropäischen Ländern, die 2004 der EU beigetreten waren, stieg die Zahl der Einwanderer überdurchschnittlich an, nämlich um 30 Prozent. Für diese Staaten – Polen, Ungarn, die Slowakei, Bulgarien und Rumänien – waren im Mai die letzten Beschränkungen für den freien Zugang zum Arbeitsmarkt aufgehoben worden.

Oliver Klasen, Süddeutsche Zeitung, 22.12.2011, Tabelle: Statistisches Bundesamt (www.destatis.de), aktualisiert

Wanderungen zwischen Deutschland und dem Ausland

Jahr	Zuzüge	Fortzüge	Saldo
1999	874.023	672.048	+201.975
2000	841.158	674.038	+167.115
2001	879.217	606.494	+272.723
2002	842.543	623.255	+219.288
2003	768.975	626.330	+142.645
2004	780.175	697.632	+82.543
2005	707.352	628.399	+78.953
2006	661.855	639.064	+22.791
2007	680.766	636.854	+43.912
2008	682.146	737.889	-55.743
2009	721.014	733.796	-12.782
2010	798.282	671.605	+127.677
2011	958.300	679.000	+279.300

Aufgaben

1. Kennst du die Spieler der Deutschen Nationalmannschaft mit Migrationshintergrund (M 4)? Aus welchen Ländern stammen sie?
2. Sport wird auch als „Integrationsmotor" bezeichnet. Erläutere am Beispiel der letzten WM in Deutschland die Wirkung des Fußballs als Integrationsmotor. Diskutiert, ob der Fußballsport besonders geeignet ist, diese Integrationsleistung zu vollbringen (M 4, M 5).
3. Seit einigen Jahren hat sich im deutschen Sprachgebrauch die etwas sperrige Bezeichnung „Personen mit Migrationshintergrund" eingebürgert. Früher hat man einfach „Ausländer" gesagt. Erläutere, wie sich die Begriffe unterscheiden, und beurteile ihre Angemessenheit.
4. Setze die Tabelle in M 8 in ein Diagramm um und überlege, welche Ursachen der Verlauf der Migrationssalden haben könnte.
5. Angesichts sinkender Bevölkerungszahlen fordern einige Politiker mehr Zuwanderung. Diskutiert diese Forderung in der Klasse.

Wie wird man Deutscher?

Staatsangehörigkeit
Als Staatsbürger besitzt man bestimmte Rechte und Pflichten in dem jeweiligen Land. So darf man wählen oder gewählt werden, muss aber auch Steuern bezahlen oder als Mann z. B. Wehr- oder Zivildienst leisten. Die Staatsangehörigkeit regeln die Staaten ganz unterschiedlich.

M 9 Was meinen Sie? …

Plaßmann, Baaske Cartoons, Müllheim

M 10 Wege zur deutschen Staatsbürgerschaft

Staatsangehörigkeit: DEUTSCH
Die deutsche Staatsangehörigkeit wird erworben durch …

Abstammung von deutschen Eltern

Ein Kind, bei dem mindestens ein Elternteil deutscher Staatsbürger ist, erhält mit der Geburt die deutsche Staatsangehörigkeit

Geburt in Deutschland

Ein Kind ausländischer Eltern, die dauerhaft in Deutschland leben, erhält mit der Geburt die deutsche Staatsangehörigkeit und außerdem meist die Staatsangehörigkeit der Eltern (doppelte Staatsbürgerschaft)

Zwischen dem 18. und dem 23. Geburtstag muss es sich für eine der beiden Staatsbürgerschaften entscheiden

Einbürgerung

Nachträglicher Erwerb der deutschen Staatsbürgerschaft auf Antrag. Voraussetzungen dafür sind unter anderem:

mindestens 8 Jahre Aufenthalt in Deutschland, Bekenntnis zum Grundgesetz, gesicherter Familienunterhalt, ausreichende Deutschkenntnisse, Straflosigkeit, Aufgabe der bisherigen Staatsangehörigkeit, Kenntnisse über die deutsche Rechts- und Gesellschaftsordnung (Einbürgerungstest)

M 11 Warum ich Deutscher geworden bin

Davut C., 21 Jahre, Student: Ich bin Düsseldorfer. Hier bin ich geboren und ich fühle mich nicht als Türke, Deutscher oder Deutschtürke. Die deutsche Staatsangehörigkeit habe ich angenommen, weil ich hier schon immer lebe. Hätte ich mich für die türkische Staatsangehörigkeit entschieden, dann hätte ich den Wehrdienst in der Türkei ableisten müssen. Das wollte ich nicht, denn dort gibt es keinen Zivildienst.

Acelya D., 20 Jahre, Studentin: Meine Mutter ist Griechin, mein Vater Türke und ich bin Deutsche. So einfach ist das. Ich bin in Offenbach am Main geboren und lebe dort sehr gerne. Außerdem studiere ich für das Lehramt an Haupt- und Realschulen und möchte Beamtin werden. Das geht nur mit der deutschen Staatsangehörigkeit.

Suna A., 35 Jahre, Lehrerin: Geboren bin ich an der türkischen Schwarzmeerküste und im Alter von 3 Jahren mit meiner Mutter zu meinem Vater nach Bielefeld gezogen. Für mich gab es keine Frage, ob ich Deutsche werde oder nicht. Ich lebe hier und möchte auch politisch entscheiden können. Außerdem möchte ich Vorbild für meine Schülerinnen und Schüler sein.

Cyrus P., 19 Jahre, Auszubildender bei einer Bank: Ich bin mit meinen Eltern vor zehn Jahren aus dem Iran geflohen. Wir wurden als politische Flüchtlinge anerkannt. Gefühlsmäßig ist es nicht leicht, die deutsche Staatsangehörigkeit anzunehmen. Aber die Vorteile liegen klar auf der Hand: gesicherter Aufenthaltsstaus, Wahlrecht.

M 12 „Einbürgerung ist kein Wettkampf“

Interview mit Astrid Wallrabenstein. Sie ist Jura-Professorin an der Universität Bielefeld.

Warum eigentlich muss ein Neu-Deutscher wissen, ob die Bundesrepublik aus 15, 16 oder 17 Bundesländern besteht?

Astrid Wallrabenstein: Das frage ich mich auch. Die Einbürgerung ist ja kein Wettkampf, an dessen Ende den Besten die deutsche Staatsbürgerschaft wie eine Medaille umgehängt wird. [...] Was mich stört, ist das eher abschreckende Signal, das von solchen Tests ausgeht: ‚Einfach machen wir es Dir nicht.‘

Was haben Sie dagegen, wenn die Einbürgerung an bestimmte Bedingungen gebunden ist?

Für jede einzelne Voraussetzung – vom Sprachtest bis zum Bekenntnis

Tipp
Unter:
http://oet.bamf.de/pls/oetut/f?p=512:1:5438503916283347
findet ihr einen Mustertest des Bundesamtes für Migration und Flüchtlinge.

zur Verfassung – gibt es gute Gründe. Es fällt aber auf, dass die Bedingungen zunehmen und immer strenger werden. Die geborenen Deutschen fragt ja auch niemand, ob sie sich zum Grundgesetz bekennen.

Die Kenntnis der deutschen Sprache ist doch aber auf jeden Fall hilfreich, um sich in Deutschland zu integrieren ...

Klar. Aber wir reden hier nicht über Menschen, die neu nach Deutschland kommen. Dort mag es gewissen Sinn machen, Sprachkenntnisse zu testen. Wer sich aber einbürgern lässt, lebt schon jahrelang in Deutschland und hat einen festen Aufenthaltsstatus. Er wird also so oder so in Deutschland bleiben – entweder als eingebürgerter Deutscher oder weiterhin als Ausländer. Wer hier noch einen Sprachtest fordert, will wohl vor allem bestimmten Wählergruppen signalisieren, wie handverlesen die eingebürgerten Deutschen sind.

Was galt früher?

Bis zum Jahr 2.000 wurden jedes Jahr rund 100.000 Kinder von Ausländern in Deutschland geboren, die hier aufwuchsen, aber rechtlich gesehen Ausländer blieben – wenn sie sich nicht später einbürgern ließen.

Seit wann haben Ausländer überhaupt einen Anspruch auf Einbürgerung?

Erst seit 1990. Bis dahin hatte der Staat mehr oder weniger freies Ermessen, ob er einen Ausländer einbürgern wollte oder nicht. Das war aber nicht mehr zu vertreten, nachdem klar wurde, dass viele der sogenannten Gastarbeiter auf Dauer in Deutschland bleiben werden. Als ein Anspruch auf Einbürgerung eingeführt wurde, war zunächst ein Aufenthalt von 15 Jahren in Deutschland gefordert, 1999 wurde dies auf acht Jahre reduziert.

Interview: Christian Rath, die tageszeitung, 18.6.2008

Aufgaben

1. Emre S., Deutscher türkischer Abstammung, hat vor vier Jahren im Urlaub in Syrien Zahira kennen gelernt. Zwei Jahre später haben sie geheiratet. Nachdem Zahira erfolgreich einen Sprachtest bei der deutschen Botschaft in Damaskus abgelegt hatte, durfte sie zu ihrem Ehemann nach Düsseldorf ziehen. Im nächsten Monat bekommen die beiden ein Kind. Wer hat welche Staatsangehörigkeit (M 10)?
2. Erläutere, was die deutsche Staatsangehörigkeit für die jeweiligen Personen bedeutet (M 11).
3. Der Einbürgerungstest ist seit seiner Einführung im Jahr 2008 politisch sehr umstritten. Stelle die Gründe, die für und gegen diesen Test sprechen, gegenüber (M 12, M 13).

M 13 Politische Urteilsbildung reflektieren

Zu vielen kontroversen tagespolitischen Fragestellungen bildet man spontan ein Urteil. Dabei lässt man sich oft von Emotionen leiten und urteilt „aus dem Bauch heraus". Ein fundiertes Urteil hat mehr Gewicht, setzt jedoch einen gründlichen Urteilsbildungsprozess voraus. Um die Bedeutung des eigenen Urteils und das der Anderen in der Diskussion bewerten zu können, muss man sich klarmachen, welche Kriterien einem Urteil zu Grunde liegen.

Ein Modell der Urteilsbildung

1. **Ein spontanes Urteil fällen:**
   Eine kontroverse politische Entscheidung zwingt dich, Position zu beziehen. Du fällst ein spontanes Urteil.
   (Was halte ich von dem Einbürgerungstest?)

2. **Ein begründetes Urteil anhand verschiedener Kriterien entwickeln:**
   Hinweis: Dafür benötigst du in der Regel weitere Informationen.

   Interesse: z. B.
   - Bin ich selber betroffen?
   - Wessen Interesse wird (noch) berührt?
   - Entspricht die Entscheidung meinem eigenen Interesse?

   (Ist der Einbürgerungstest in meinem Sinne?)

   Legitimität: z. B.
   - Ist die politische Entscheidung mit den Grund- und Menschenrechten bzw. dem Grundgesetz vereinbar?
   - Entspricht die Entscheidung den Werten, die mir wichtig sind (z. B. Freiheit, Gleichheit, Solidarität, Umweltschutz ...)?
   - Ist die politische Entscheidung verallgemeinerbar und sozial gerecht?
   - Sind die erwartbaren Folgen einer politischen Entscheidung verantwortbar?

   (Verstößt der Einbürgerungstest gegen Grundrechte oder Grundwerte?)

   Effizienz: z. B.
   - Ist die politische Entscheidung geeignet, das beabsichtigte Ziel zu erreichen?
   - In welchem Verhältnis stehen die Kosten zu dem angestrebten Nutzen?

   (Fördert der Einbürgerungstest die Integration? Wie groß ist der Verwaltungsaufwand?)

3. **Zu einem Gesamturteil kommen:**
   Die unterschiedlichen Kriterien, die in die Urteilsbildung einfließen, werden abschließend gegeneinander abgewogen, gewichtet und zu einem Gesamturteil zusammengefasst. Als Ergebnis des Urteilsbildungsprozesses wird dann entweder das Spontanurteil bestätigt oder revidiert. In der Argumentation sollten die Kriterien der eigenen Urteilsbildung transparent und nachvollziehbar gemacht werden.

nach: Gotthard Breit, Siegfried Frech, Politik durchschauen. Wie man sich erfolgreich Durchblick verschafft, 2. Auflage, Schwalbach/Taunus 2010, S. 26 ff.

Was bedeutet Integration?

M 14 Wann ist man integriert?

Plaßmann, Baaske Cartoons, Müllheim

Eine Person ist in die Gesellschaft integriert, ...		
	Zustimmung	Ablehnung
wenn sie einen Schulabschluss hat		
wenn sie gut deutsch spricht		
wenn sie eine Berufsausbildung hat		
wenn sie die Gesetze des Landes anerkennt und befolgt		
wenn sie überwiegend deutsche Freunde hat		
wenn sie Alkohol trinkt		
wenn sie von deutschen Nachbarn zum Kaffee eingeladen wird		
wenn sie sich politisch engagiert		
wenn sie die deutsche Staatsbürgerschaft besitzt		
wenn ihre Kinder gut deutsch sprechen		
wenn ihre Kinder in den Kindergarten gehen		
wenn sie Weihnachten und Ostern feiert		
...		

nach: Wochenschau Nr. 6/2006, S. 211

Integration
Das Wort Integration kommt aus dem Lateinischen und bedeutet die „Herstellung eines Ganzen“. Im allgemeinen Sprachgebrauch verstehen wir darunter „Eingliederung“ oder „Einbindung“ eines Einzelnen oder einer Minderheit in eine größere Gruppe.

M 15 „Fremd wird man durch Blicke“

Salomon Abesi (Name geändert) ist mit seinen Eltern als Dreijähriger aus Ghana geflüchtet und unterrichtet Deutsch und Ethik an einem Frankfurter Gymnasium.

Sie sprechen deutsch, wie man das von einem Deutschlehrer erwarten darf, also perfekt. Sind Sie noch in irgendeiner Weise fremd?
Vom Äußeren sicher. Vom Inneren (lacht) bin ich schon sehr deutsch. So einen Rest Fremdheit gibt es dann, wenn es irritierte Blicke gibt. Es gibt Menschen, bei denen ich merke, dass ich anders bin durch mein Äußeres.
Sie fühlen sich fremd, wenn man mit Ihnen so umgeht, als seien Sie fremd?
Genau so. Das ist die beste Definition von fremd, die ich gehört habe. Man wird fremd durch Blicke, wenn einen jemand im Bus länger anschaut, als das üblich ist. Wenn die Distanz ver-

loren geht. Es ist mir auch schon passiert, dass jemand einfach anfängt, die Haare anzufassen. Dann wird man fremd.

Warum sind Sie so gut in Deutschland angekommen?

Ich hab selbst oft darüber nachgedacht, was geholfen hat. Meine Eltern kamen unfreiwillig hier her, sind vor dem Krieg in Eritrea geflohen, haben ihr Haus zurückgelassen, kamen mit ganz wenig hier an. Sie sind abgestürzt aus der bürgerlichen Mitte in ein Flüchtlingslager in Kassel. Gewohnt haben wir dann in der Hochhaussiedlung am Brückenhof. Was meine Eltern kennzeichnet, das ist Ehrgeiz, den ich auch habe, und Fleiß. Sie wollten unbedingt unabhängig sein von Leistungen des Staates.

Wie sah das aus?

Sie haben sich ihr Geld selbst verdient, haben deutsch gelernt, Kurse besucht, Bücher gelesen. Das hat gereicht, um an Elterngesprächen teilnehmen zu können, zu verstehen, was an der Schule passiert, und um uns Kindern klarzumachen, dass Schule wichtig ist. Meinem Vater war es ganz wichtig, dass er etwa in einem Geschäft oder dem Krankenhaus für sich selbst sprechen konnte, keine Hilfe zum Übersetzen brauchte. Er war mit der Sprache so akribisch, dass er in der neunten Klasse zu mir kam mit einem Buch und wissen wollte, ob dieses Verb nun transitiv oder intransitiv sei. Ich konnte ihm das damals nicht sagen. [...]

Man kann etwas werden als Migrant – sind Sie auch in diesem Sinne Vorbild?

Unbewusst sicher ja. Mir wurde gesagt, ich könne als Schwarzer nicht Deutschlehrer werden. Auch meine Eltern haben mir das gesagt (lacht). Die wussten da einfach nicht genug. Aber es gibt keine größere Evidenz als die Wirklichkeit. Man kann in dieser Gesellschaft etwas erreichen, und das hängt nicht von der Hautfarbe ab oder dem Geschlecht.

Evidenz = Augenscheinlichkeit, Klarheit

Peter Hanack, Frankfurter Rundschau, 28.6.2010

M 16 Was die Integration behindert

Interview mit Prof. Dr. Stefan Luft, Politikwissenschaftler an der Universität Bremen.

Sind die Einwanderer aus der Türkei und aus dem Nahen Osten, aus den arabischen Ländern integrationsunwilliger als andere Nationalitäten?

Luft: Das ist eine pauschale Aussage. [...] Die ist sicher so falsch. Der Integrationsprozess hängt von verschiedenen Faktoren ab, unter anderem von der Größe der zugewanderten Gruppe, und die türkische Gruppe ist mit 2,5 bis drei Millionen Menschen in der Bundesrepublik so groß, dass sie ethnische Kolonien in der Bundesrepublik bildet. Die Stadtteile in den verschiedenen Städten, in Duisburg-Marxloh, Hamburg-Wilhelmsburg, Berlin-Neukölln, sind alle bekannt. Und wenn diese ethnischen Kolonien sich über Jahre und Jahrzehnte institutionell vervollständigen, das heißt die Bewohner dort finden alles in türkischer Sprache, vom Reisebüro über den Arzt bis

Gute Deutschkenntnisse gelten als wichtige Voraussetzung für eine erfolgreiche Integration.

Selektion = Auswahl, Auslese

zum Rechtsanwalt bis zu Lebensmittelgeschäften, dann schlägt dort die Mobilitätsfalle zu, dann ist die Anziehungskraft der ethnischen Kolonie größer als die Anziehungskraft der aufnehmenden Gesellschaft. Das ist zum Beispiel ein Faktor, der eine wichtige Rolle spielt, und zum anderen muss man natürlich auch sagen, dass die türkische Arbeitsmigration nach Deutschland geprägt ist durch bildungsferne Schichten, die wir ja bewusst angeworben haben. Wir haben ja in den 50er- und 60er Jahren bewusst un- und angelernte Kräfte in die Bundesrepublik geholt, um durch sie die niederen Arbeiten, wie das Ludwig Erhard damals formuliert hat, erledigen zu lassen. Aus dieser Zuwanderung resultieren die Integrationsprobleme der zweiten und dritten Generation, und dann hat sich eine Kettenwanderung entwickelt, sprich es sind Ehepartner, Verwandte, Freunde, Bekannte über die Jahre und Jahrzehnte nachgezogen, und Kettenmigration ist immer ein dynamischer Prozess, der Grenzen überwindet, der Barrieren überwindet, und wir haben eben aus der Türkei eine sozial selektive Zuwanderung. Wir haben nicht in erster Linie die Akademiker aus Ankara oder Istanbul, die auch überhaupt kein Problem wären.

Herr Luft, Sie sprechen da jetzt schon das interessante Thema Selektion an. Ist eine solche Selektion nach Qualifikation, ist so etwas in Deutschland möglich?

Nun, wir haben ja im Zuwanderungsgesetz schon eine arbeitsmarktorientierte Zuwanderung verankert, wir haben entsprechende Regelungen. Darüber gibt es Diskussionen, ob man beispielsweise die geforderten Verdienstgrenzen absenken soll, oder Ähnliches. Natürlich ist das möglich! Die Frage ist nur erstens: Drängen so viele Menschen in die Bundesrepublik, die hoch qualifiziert sind? Und die zweite Frage ist: Die anderen Kanäle, beispielsweise der Familiennachzug, die Heiratsmigration, die sind eben kaum steuerbar, weil wir entsprechend rechtlich national und international eingebunden sind.

http://www.dradio.de/dlf/sendungen/interview_dlf/1293243/ (12.10.2010)

Aufgaben

1. Übertrage den Fragebogen aus M 14 in dein Heft und fülle ihn aus. Diskutiert auf der Grundlage eurer Ergebnisse, ab wann jemand als integriert gelten kann.
2. Erläutere, welche Faktoren Integration begünstigen bzw. behindern können (M 14 – M 16).
3. In der politischen Diskussion über Integration wird immer wieder die Forderung erhoben, Kindergärten sollten kostenlos und ihr Besuch verpflichtend sein. Diskutiert diese Forderung.

M 17 Ein Experteninterview führen

In fast jeder Kommune gibt es einen kommunalen Integrationsbeauftragten oder einen Migrations- oder Integrationsrat. Vereinbart ein Expertengespräch mit einem Vertreter / einer Vertreterin. Schwerpunkte der Befragung können sein:

- Statistische Daten
- Integrationsprobleme (z. B. bestimmte Stadtteile, Schulen etc.)
- Laufende Maßnahmen und Projekte
- Bewertung verschiedener Maßnahmen (erfolgreiche / erfolglose Projekte)

So bereitet ihr ein Expertengespräch vor:

1. Kontaktaufnahme

Namen und Kontaktdaten erfahrt ihr über die Homepage euerer Gemeinde oder die Homepage des Landesintegrationsrates Nordrhein-Westfalen (www.laga-nrw.de). Vereinbart mit dem Experten / der Expertin einen Termin und den Ort des Gesprächs. Vielleicht kommt er oder sie auch in die Schule? Teilt vorab schon einmal kurz mit, worüber ihr sprechen wollt.

2. Vorbereitung in der Klasse

Jeder Schüler formuliert im Vorfeld eine oder mehrere Fragen an den Experten. Diese werden zusammengetragen und sortiert.

Macht vorher aus, wer die Fragen an den Experten stellt.

Bereitet den Ablauf der Befragung vor: Wo und in welcher Sitzordnung wird die Befragung durchgeführt? Wie wird sie aufgezeichnet (per Video, Tonband oder Mitschrift)? ...

3. Durchführung / Gesprächsverlauf

Begrüßt zunächst euren Gesprächspartner, erläutert Ziele und Ablauf des Gesprächs und stellt die Gesprächsteilnehmer kurz vor.

Nach den eröffnenden Fragen („Wir interessieren uns für ...“, „Können Sie uns sagen ...?“) ist es wichtig, auch welche zum Überblick über das Thema (wer, wo, was, wann, wie, wie viel ...) und zu genaueren Informationen („Können Sie das noch weiter ausführen?“) zu stellen.

Weitere Frageformen sind sogenannte offene Fragen („Warum / wie / wozu haben Sie das gemacht?“), Einschätzungen betreffende („Was halten Sie von ...“, „Welche Erfahrungen haben Sie damit gemacht?“) und Bewertungen („Wie beurteilen Sie ...?“).

Denkt am Ende der Befragung daran, euch beim jeweiligen Gast für sein Kommen zu bedanken. Wenn es euch sehr gut gefallen hat, könnt ihr ein kleines Präsent überreichen oder einen Dankesbrief zukommen lassen.

4. Auswertung

Die Ergebnisse müssen zusammengefasst und bewertet werden. Hierbei helfen u. a. folgende Fragen:

Welche Informationen wurden gegeben? Gibt es neue Erkenntnisse?

Worüber wurde aus welchen Gründen nicht gesprochen?

Bleiben Informationslücken und können diese geschlossen werden?

Wie war der Aussagewert des Gesprächs, welche Interessen vertrat der Experte? Sind auch noch andere Interessen anzuhören?

Was wir wissen

Ursachen von Migration
M 3

Migration, also der Wohnortwechsel von Personen und Gruppen innerhalb von Staatsgrenzen oder über Staatsgrenzen hinweg, gibt es schon so lange, wie es Menschen gibt. Wanderungsmotive werden allgemein in Push- (abstoßen) und Pull-Faktoren (anziehen) unterteilt. Zu den Push-Faktoren zählen Krieg, religiöse und politische Verfolgung, Armut, Hunger, Umweltkatastrophen. Sie wirken im eigenen Land. Zu den Pull-Faktoren gehören allgemein die Aussicht auf bessere Lebensbedingungen, Sicherheit, Familienzusammenführung oder auch die gezielte Anwerbung von Abeitskräften. Ihre Wirkung geht vom Zielland aus.

Deutschland als Einwanderungsland
M 6 – M 8

Die Annahme, dass insbesondere die Gastarbeiter wieder in ihre Heimatländer zurückgehen würden, hat sich nicht erfüllt. Viele weitere Menschen kamen bis Mitte der 90er Jahre des vergangenen Jahrhunderts durch Familiennachzüge der hier lebenden Ausländer, als Aussiedler oder durch die Beantragung von Asyl hinzu. Heute leben in der Bundesrepublik Deutschland deshalb rund 16 Mio. Menschen mit Migrationshintergrund, das entspricht rund einem Fünftel der Bevölkerung.

Wie wird man Deutscher?
M 10, M 12

Die deutsche Staatsbürgerschaft erhält man durch Geburt (mindestens ein Elternteil ist Deutscher) oder durch Einbürgerung. Ausländer haben demnach einen Anspruch auf den Erwerb der deutschen Staatsbürgerschaft, wenn sie sich länger als acht Jahre rechtmäßig in Deutschland aufhalten, ihren Lebensunterhalt selbst finanzieren und Kenntnisse der Sprache, Recht- und Gesellschaftsordnung nachweisen können. Mit dem Erwerb der Staatsbürgerschaft sind Rechte (z. B. Wahlrecht) und Pflichten (z. B. Entrichtung von Steuern) verbunden.

Zuwanderung und Integration

Erst nach der Jahrtausendwende hat man damit begonnen, die Steuerung der Zuwanderung und die Integration der hier lebenden Bevölkerung mit Migrationshintergrund als umfassende Aufgabe der Politik zu begreifen. Seit 2005 hat Deutschland ein Zuwanderungsgesetz, seit 2007 gibt es einen nationalen Integrationsplan. Doch bleibt politisch umstritten, wie viel und welche Form der Zuwanderung Deutschland angesichts einer schrumpfenden Bevölkerung braucht und wie eine erfolgreiche Integration der hier lebenden Menschen mit Migrationshintergrund gelingen kann.

Integrationsprobleme
M 15, M 16

Als Haupthindernisse für eine erfolgreiche Integration gelten in erster Linie mangelnde Deutschkenntnisse und fehlende Bildungsabschlüsse. Es ist deshalb weitgehend unumstritten, dass Maßnahmen zur Verbesserung von Sprachkenntnissen und zur Förderung von (höheren) Bildungsabschlüssen die Integration erleichtern. Keine Einigkeit besteht darüber, wie weit sich Menschen mit Migrationshintergrund an die Mehrheitsgesellschaft anpassen sollen.

Was wir können

Wie viel Integration muss sein?

1. Bildet in der Klasse zwei Gruppen, „Zuwanderer“ und „Einheimische“, die zunächst unabhängig voneinander arbeiten. Formuliert als „Einheimische“ eure Erwartungen an die „Zuwanderer“ – z. B. Voraussetzungen, die sie mitbringen, oder Regeln, die sie akzeptieren sollten. Als „Zuwanderer“ vertretet ihr entsprechend die Haltung der „Gastarbeiter“ oder Asylsuchenden. Berücksichtigt möglichst viele Bereiche wie Sprache und Kultur, Bildung und Religion, Beruf und Arbeit, Politik und Gesellschaft.

Einheimischer (Deutscher):	**Zuwanderer („Gastarbeiter“):**
Ich erwarte von den Zuwanderern, dass ...	Ich erwarte von Deutschland und den Deutschen, dass ...
....	....
....	....
....	....
Einwanderer aus fremden Kulturen verändern auch die heimische Lebensweise. Ich bin bereit Folgendes mitzutragen:	Ich bin bereit mich folgendermaßen zu ändern und (an die deutsche Lebensweise) anzupassen:
....	....
....	....
Nicht tolerieren kann ich:	Nicht aufgeben kann/möchte ich:
....	....

2. Vergleicht die Erwartungen der Einheimischen mit der Anpassungsbereitschaft der Zuwanderer und die Erwartungen der Zuwanderer mit der Aufnahmebereitschaft bzw. Abwehrhaltung der einheimischen Bevölkerung. Reichen die Übereinstimmungen für eine insgesamt erfolgreiche Integration aus? Wo bestehen konfliktträchtige Unterschiede? Gibt es unüberbrückbare Gegensätze?
3. Gibt es ein Leitbild „des“ Deutschen, an dem der Integrationserfolg zu messen wäre? Einigt euch in der Klasse auf einen Minimalkatalog (rechtlich) verbindlicher Regeln für das Zusammenleben in einer multikulturellen Gesellschaft.

aus: Bruno Zandonella, Themenblätter im Unterricht 32/2003, Bundeszentrale für politische Bildung, S. B

0,80 €
1,20 €
1Kg
3,80 €
2,80 €
BROCOLI
1,10 €

AUF EBAY
Herzlich willkommen
Super Auswahl bei eBay
Digitalkameras

O2
vodafone

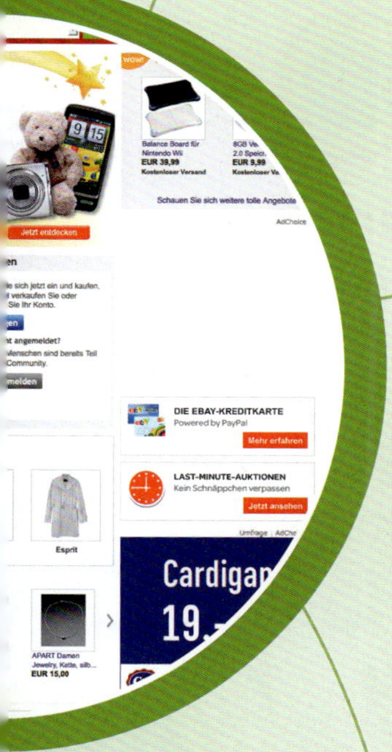

2

Markt und Unternehmen

Warum gibt es T-Shirts für drei Euro und T-Shirts für 100 Euro? Und warum werden überhaupt T-Shirts hergestellt? Unternehmer entdecken Marktlücken und bieten die Produkte an, die die Kunden wollen. Auf den Märkten bilden sich die Preise. Doch wie hängt das alles zusammen?

Kompetenzen

Am Ende dieses Kapitels solltest du Folgendes können:

- Funktionsweisen von Märkten erläutern
- Preisbildung am Beispiel von Güterpreisen erklären
- die Folgen des Wettbewerbs und von Wettbewerbsbeschränkungen beurteilen
- Rolle der Haushalte und Unternehmen im Wirtschaftskreislauf darstellen
- die Bedeutung des Geldes für die Wirtschaft analysieren
- die typischen Aktivitäten eines Unternehmens und wichtige Unternehmensformen kennen
- Wege sowie Chancen und Risiken der unternehmerischen Selbständigkeit in der Marktwirtschaft beurteilen

Was weißt du schon?
Ordne die folgenden Begriffe den Bildern zu und begründe deine Auswahl. Einem Bild können mehrere Begriffe zugeordnet werden.
Wettbewerb, Preisbildung, Markt, Angebot, Nachfrage, Produktion, Konsum

2.1 Die Wirkungsweise des Marktes

Der Markt – wie kommen Angebot und Nachfrage zusammen?

M 1 Die Märkte – der Markt

Rossmarkt um 1900

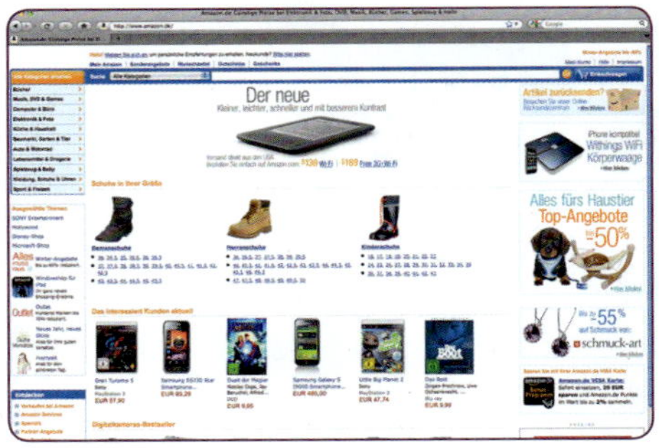

Virtueller Marktplatz

Börse in Frankfurt

Flohmarkt

Märkte sind eine der erstaunlichsten Entwicklungen der Menschheit. Es gab sie zu allen Zeiten und überall auf der Welt. Niemand hat jemals das Prinzip des Marktes „erfunden", die Menschen entwickelten es unbewusst, indem sie einfach ihren eigenen Bedürfnissen nachgingen. Es funktionierte auf den Wochenmärkten im Mittelalter nicht anders als auf den Basaren der arabischen Städte, auf Flohmärkten oder an den modernen Börsen: Wer etwas anzubieten hat, möchte dieses möglichst teuer verkaufen, wer etwas braucht, will dafür möglichst wenig bezahlen.

nach: Nikolaus Piper, Geschichte der Wirtschaft, Weinheim u. a. 2002, S. 52

M 2 Das Angebot – wieso sind die Regale im Supermarkt so voll?

In Deutschland entscheidet keine Regierung, kein Parlament und kein Beamter über die Sortimente im Supermarkt. Die Entscheidung trifft der Supermarktbesitzer. Er sorgt für genug Brot, Marmelade und Tiefkühlpizza. Die Entscheidung fällt er, weil er sich davon etwas verspricht: Er glaubt, die Waren verkaufen zu können und damit Geld zu verdienen.

Der Supermarktbesitzer muss dazu die Ware zunächst selbst einkaufen. Er kauft Marmelade zum Beispiel für 1 Euro das Glas ein und verkauft sie für 1,69 Euro. 69 Cent bleiben also erst einmal für ihn. Wenn er am Tag 30 Marmeladengläser verkauft, summiert sich das zu rund 20 Euro. [...] Geld bleibt für den Supermarkt-Chef unter einer Bedingung übrig: Er verkauft die Produkte teurer, als er sie einkauft. Der Kaufmann will Gewinn machen, und zwar möglichst viel davon: Gewinn ist der Rest, der übrig bleibt, wenn er von seinen gesamten Einnahmen seine gesamten Ausgaben abzieht. Kürzer gesagt: Gewinn gleich Einnahmen minus Ausgaben. Ausgaben hat er nicht nur, weil er die Marmelade selbst beim Großhändler oder bei der Marmeladenfabrik einkaufen muss. Er muss auch seine Kassiererinnen bezahlen, den Strom für Licht und Heizung, die Preisetikettiermaschine und die Scannerkasse. Der Chef hat deshalb ein Ziel: Er will seine Preise für Marmelade und alle anderen Produkte so hoch setzen, dass für ihn möglichst viel Gewinn übrig bleibt. [...] Ökonomen glauben, dass die Menschen von Grund auf eigennützig sind. Und sie nehmen an, dass dieser Eigennutz eine der Hauptursachen ist, warum ein Markt funktioniert: Der Kaufmann will viel Geld für sich und seine Familie einnehmen. Deswegen sucht er Produkte – Schokoladenriegel oder Tütensuppen, Zahnpasta oder Spaghetti –, die andere Menschen haben wollen. Er stellt sie ins Regal und bietet sie ihnen zum Verkauf an. Ganz schlicht ausgedrückt: Sein Egoismus macht die Regale voll. [...] Tütensuppen verkaufen ist für den Kaufmann nützlicher als Tütensuppen verschenken. Das bedeutet nicht, dass Menschen im Weltbild der Ökonomen kaltherzig sind. Denn der Nutzen des einen ist nicht unbedingt der Schaden des anderen. Im Gegenteil: Der Händler liefert Tütensuppen, weil er auf mein Geld scharf ist. Ich gebe ihm mein Geld, weil ich auf seine Tütensuppen scharf bin. Beide, ich und er, sind wir nach dem Geschäft ein Stück zufriedener.

Winand von Petersdorff, Das Geld reicht nie, 2. Aufl., Frankfurt 2008, S. 16 ff.

M 3 Die Nachfrage – wie man Egoisten zähmt

Im Frühjahr 2007 tourte die Sängerin Beyoncé Knowles durch Deutschland. In vier Städten machte sie Station. Die Hallen fassten zehntausende Plätze. Die Karten kosteten zwischen 50 und 90 Euro. Das ist viel Geld für die zumeist 12 bis 16 Jahre alten Besucher. Trotzdem waren die Konzerte schnell ausverkauft.
Wie begehrt die Karten waren, zeigte sich im Internetauktionshaus Ebay, wo 70-Euro-Karten für 100 Euro gehandelt wurden. Vor der Frankfurter Festhalle standen am Konzerttag Leute, die ihre Karten für 150 bis 250 Euro weiter verkaufen wollten.
Die Karten waren knapp. Und mehr gab es nicht. Deshalb wetteiferten die Leute um die wenigen Karten, die noch da waren. Jeder versuchte, dem Kartenbesitzer mehr Geld zu bieten als die anderen. So stieg der

Preis der Karte. Sie ging schließlich an den, der am meisten dafür bot.
Die Regel dazu lautet: Übersteigt die Nachfrage (nach Karten) das Angebot (an Karten), dann steigt der Preis solange, bis die überzähligen Nachfrager abgesprungen sind und die Nachfrage (nach Karten) gleich dem Angebot (nach Karten) ist.
Wenn doch alle Beyoncé lieben, hätte sie möglicherweise die Tickets für ihre Konzerte noch teurer machen können, um mehr Geld zu verdienen. Warum hat sie das nicht gemacht? [...]
Wird Beyoncé zu teuer, verlieren selbst große Anhänger das Interesse an ihr. Denn sie wollen trotzdem weiter nicht aufs Handytelefonieren verzichten und trotzdem weiter ab und zu mal ins Kino gehen können.

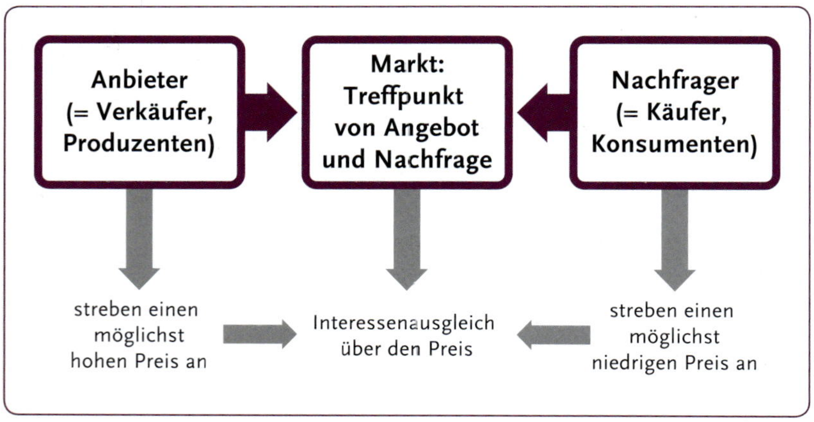

Autorengrafik

Die Freiheit der 1981 geborenen Sängerin, Tickets teuer zu machen, wird begrenzt durch das Taschengeld ihrer treuen Kunden. [...]
Grundsätzlich steht Beyoncé aber trotzdem vor folgendem Zwiespalt: Verlangt sie zu viel Geld für das Ticket, bricht ihr das Publikum weg. Verlangt sie zu wenig Geld, bricht ihr der Gewinn weg. Beyoncé muss genauso praktisch denken wie ein Bäcker oder ein Kaufmann. Das tut sie auch.
Offensichtlich hängen Preis und Nachfrage (Kaufwunsch) zusammen. Kunden kaufen etwas, wenn sie es haben wollen und wenn sie Geld dafür locker machen können. Der Anbieter hingegen setzt den Preis hoch genug, damit für ihn Gewinn bleibt, und so hoch wie gerade möglich, ohne Kunden abzuschrecken. Er will für sich das Beste herausholen: viel Gewinn.
Der Trost aus diesem Mechanismus lautet: Wir Kunden sind Verkäufern, Sängern und anderen Anbietern nicht hilflos ausgeliefert. Sie müssen aus Eigennutz unsere Wünsche und unsere Zahlungsbereitschaft ergründen und respektieren, damit sie nicht auf ihrer Ware sitzen bleiben.

Winand von Petersdorff, Das Geld reicht nie, 2. Aufl., Frankfurt 2008, S. 20-23

Aufgaben

1. Vergleiche die abgebildeten Märkte. Was haben sie gemeinsam, was unterscheidet sie (M 1)?
2. Erkläre, warum die Regale in Supermärkten so gut gefüllt sind und welche Rolle der Eigennutz der Menschen dabei spielt (M 2).
3. Erläutere, wie sich Preise bilden und welche Funktion sie haben (M 2 und M 3).

M 4 Preisbildung im Modell: „Preis-Mengen-Diagramm“

Ein paar Worte zur Methode

Ja, es gibt nichts Praktischeres als eine gute Theorie. Jedes Weltbild, jede Analyse folgt einer Theorie oder einem Modell. Anders könnte man die Realität nicht erfassen. Uns fehlte einfach die Handlungsgrundlage. Aber warum? Weil die Welt so „komplex“ ist, dass zu ihrem auch nur annähernden Verständnis eine – oft erschreckend – vereinfachte Darstellung nötig ist. [...] Es ist deshalb unsinnig, ein Modell zu kritisieren, weil es zu einfach und nicht „realistisch“ genug sei. Modelle sind naturgemäß nicht realistisch, und kein Ökonom ist so blind, das nicht zu sehen. Er überlegt sich ja gerade eine Theorie, um jene Phänomene, die zu komplex für unsere Hirne sind, in ihrem Kern zu erfassen; von daher auch die zwingende Notwendigkeit, sich eine vereinfachte, „unrealistische“ Darstellung dieser Phänomene auszudenken. Nach dieser Methode arbeiteten schon die Wissenschaftler im Mittelalter. Physiker verwenden extrem vereinfachte Modelle von Atomen, Wirtschaftswissenschaftler benutzen nicht weniger vereinfachte Modelle von Märkten.

Daraus lässt sich allerdings nicht ableiten, dass alle Theorien gleichermaßen gültig sind. Es gilt auch nicht, Modelle zu konstruieren, die so einfach sind, dass sie absurd werden. Oder, um es mit Paul Valery zu sagen: Was einfach ist, ist falsch, was komplex ist, ist nicht brauchbar. Eine Theorie sollte so gestaltet sein, dass darin alle unwichtigen Aspekte eines Phänomens unbeachtet bleiben. Das zu erreichen ist nicht nur eine Wissenschaft, sondern auch eine Kunst.

André Fourcans, Die Welt der Wirtschaft, 4. Aufl., Frankfurt 1999, S. 19 f.

Preisbildung unter der Lupe

Um das Prinzip der Preisbildung zu verstehen, bedient man sich eines Modells. In diesem Modell wird angenommen, dass sich Angebot und Nachfrage unabhängig voneinander bilden. Betrachten wir also zunächst die Nachfrageseite:

Für Schüler und Lehrer einer Schule soll ein Mittagessen angeboten werden. Jeden Donnerstag sollen Gemüseburger verkauft werden. Lehrer und Schüler stellen die Nachfrage auf dem Gemüseburgermarkt dar. Natürlich unterscheiden sich die Nachfrager: Manche haben mehr, manche weniger Hunger, einige haben mehr Geld für den Mittagstisch zur Verfügung als andere, nicht alle mögen Gemüseburger, für viele ist es ihr Leibgericht. Wie könnte sich also die Nachfrage nach den Bratlingen entwickeln? Nehmen wir an, 100 Schüler und Lehrer wären bereit, 3 € für ihren Gemüseburger auszugeben. Bei einem niedrigeren Preis von 2 € wären schon weitere 100 Schüler und Lehrer geneigt, den Mittagssnack zu kaufen. Nochmals 100 Schüler und Lehrer würden die Burger nachfragen, wenn der Preis dafür nur 1 € betragen würde.

Es ist einleuchtend, dass die Schüler und Lehrer, die bereit gewesen wären, 2 oder 3 € für den vegetarischen Burger auszugeben, auch für 1 € kaufen würden. Sie freuen sich lediglich, dass sie ihn so günstig bekommen. Wie man erkennen kann, ist die Nachfrage bei einem niedrigen Preis höher. Umgekehrt ist die Nachfrage geringer, wenn der Preis hoch ist. Deshalb addiert sich die Nachfrage der einzelnen Käufer mit abnehmendem Preis. Im Modell spricht man von der aggregierten (zusammengefassten) Nachfrage. Sie lässt sich grafisch so darstellen:

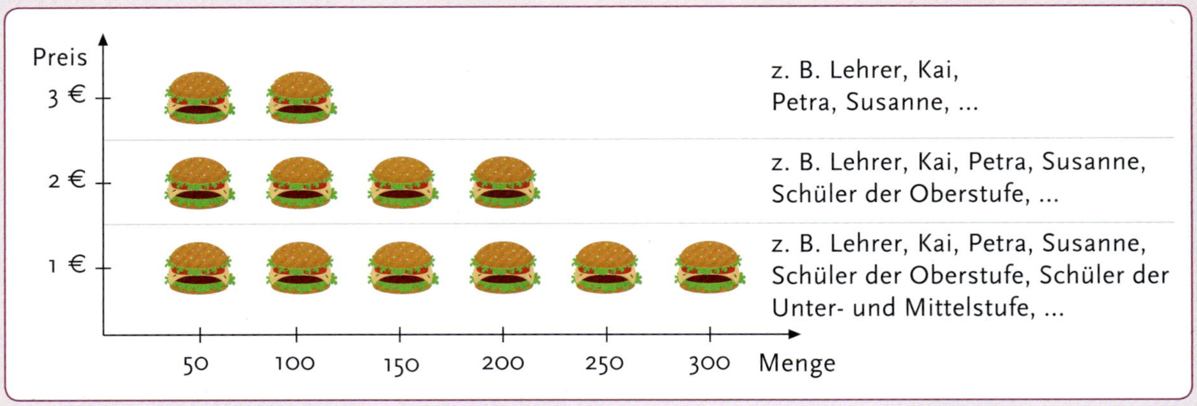

Ein gezeichneter Burger steht für 50 „echte" Burger.

Betrachten wir nun die Angebotsseite: Hausmeister, Eltern und ein Catering-Service wären bereit, die Gemüseburger anzubieten. Der Hausmeister, so nehmen wir an, könnte mit seiner Frau 100 vegetarische Bratlinge für 1 € verkaufen. Die Eltern könnten zusammen 100 Gemüseburger für 2 € anbieten, da ihr Herstellungsaufwand etwas größer wäre. Sie müssten sich abstimmen, wer wie viele Burger produziert, und den Transport zur Schule organisieren. Der Catering-Service mit hohen Personalkosten könnte weitere 100 Burger für 3 € anbieten. Selbstverständlich würden Hausmeister und Eltern auch für 3 € ihre Gemüseburger anbieten können. Hier addiert sich also das Angebot bei steigendem Preis. Man spricht vom aggregierten (zusammengefassten) Angebot. Je höher der Preis, desto größer ist die angebotene Menge. Je niedriger der Preis, desto geringer das Angebot, weil nur wenige Anbieter in der Lage sind, zu diesem Preis zu produzieren. Anbieter, die bei einem niedrigeren Preis nicht mehr gewinnbringend produzieren können, werden einfach vom Markt verdrängt. Die Angebotsseite im Beispiel lässt sich grafisch so darstellen:

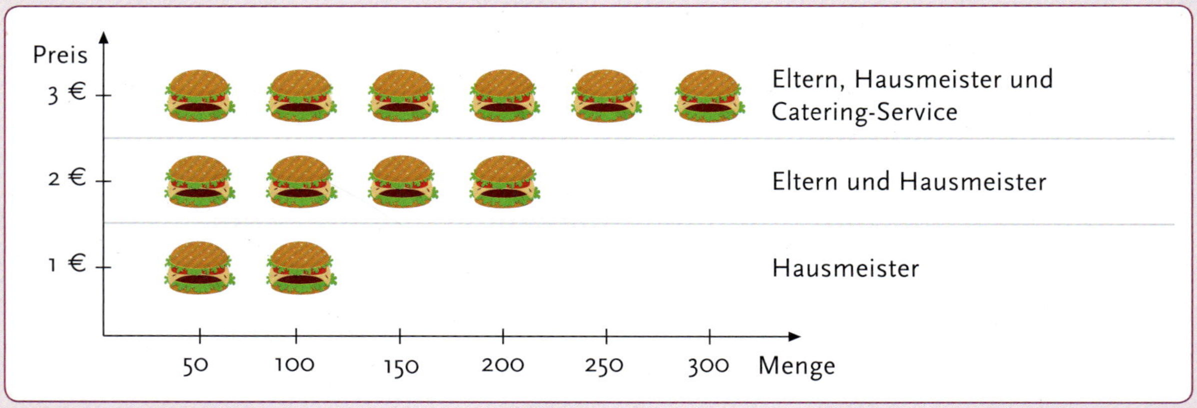

Ungleichgewichte von Angebot und Nachfrage

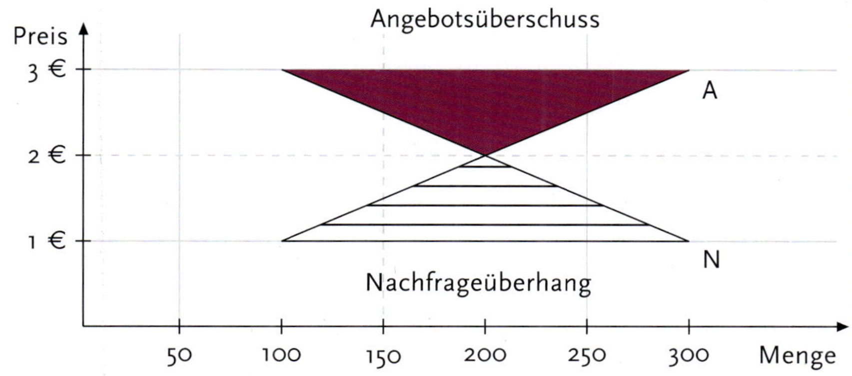

Ist der von den Anbietern festgesetze Preis höher als der Gleichgewichtspreis, so kommt es zu einer Nachfragelücke bzw. zu einem Angebotsüberschuss. Ist der Preis niedriger als der Gleichgewichtspreis, so kommt es zu einem Nachfrageüberhang.

Zum Preis von 3 € pro Gemüseburger beträgt die Nachfrage in der Schulkantine nur 100 Stück, angeboten würden jedoch 300 Burger. Die Differenz bezeichnet man als Angebotsüberschuss. Konkret bleiben diese Burger einfach übrig. Da sie nicht haltbar sind, werden die Anbieter sich überlegen, ob sie ihre Preispolitik (oder ihre Mengenpolitik) ändern. Sobald aber klar ist, dass diese Menge nur zu einem erheblich niedrigeren Preis verkäuflich ist, wird sich der Catering-Service zurückziehen. Für weniger als 3 €/Stück kann er seine Kosten nicht mehr decken. Das Angebot geht zurück, es bleiben Eltern und Hausmeister, die den Gemüseburger auch für einen Verkaufspreis von 2 € rentabel produzieren können.

Aufgaben

1. Übertrage die Werte und zeichne die Nachfragekurve (Liniendiagramm) und die Angebotskurve (Liniendiagramm) in ein Koordinatensystem ein (M 4).
2. Der Gleichgewichtspreis ist der Preis, zu dem sich die beiden Geraden schneiden. Hier ist der Umsatz (Menge x Preis) am höchsten. Bestimme den Gleichgewichtspreis, und berechne den Höchstumsatz.
3. Fasst in Gruppenarbeit in einer Tabelle zusammen, von welchen Faktoren die Bereitschaft, Gemüseburger zu kaufen und zu verkaufen, abhängig ist (M 4).
4. Überprüfe, ob die von dir zusammengestellten Einflussfaktoren auf Angebot und Nachfrage auch allgemein gelten.
5. Erkläre in eigenen Worten, was man unter einem Angebotsüberschuss bzw. Nachfrageüberhang versteht (M 4).

Wozu brauchen wir Wettbewerb?

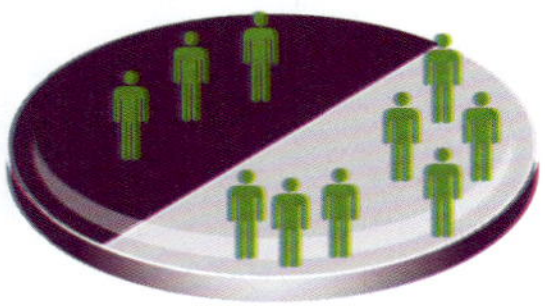

M 5 Unterschiedliche Marktformen – wie wirken sie?

Es gibt Märkte für Autos, Füller, Handys, Benzin oder Energie. Sie alle sind unterschiedlich beschaffen und nur wenige gleichen dem Idealmodell vom freien Markt - das hat Folgen für die Anbieter und Nachfrager. Folgende Marktformen können grundsätzlich unterschieden werden:

Polypol: Wenn auf einem Markt eine Vielzahl von Anbietern einer großen Zahl von Nachfragern begegnet, so herrscht vollständige Konkurrenz. Diese eher seltene und ideale Marktform gibt es zum Beispiel noch im Einzelhandel.

Oligopol: Wenn nur einige wenige Anbieter die Verbraucher mit Waren versorgen, so herrscht eingeschränkte Konkurrenz. Das ist zum Beispiel bei der Mineralölindustrie der Fall, wo nur wenige Anbieter den Markt bedienen.

Monopol: Bei dieser Marktform gibt es nur einen Anbieter, der den entsprechenden Markt beherrscht. Er muss keine Konkurrenz fürchten. Das trifft vor allem bei staatlichen Dienstleistungen zu, zum Beispiel beim öffentlichen Nahverkehr.

M 6 Die Macht des Wettbewerbs

Nehmen wir mal einen Wettbewerb im Sport, sagen wir: einen 100-Meter-Lauf. Acht Läufer rennen, kämpfen sich ab - und am Schluss ist zumindest einer glücklich über das Ergebnis, nämlich der Sieger.

Stellen wir uns aber vor, an den 100-Meter-Lauf schlösse sich sofort ein zweiter an. Und noch einer, und noch einer ... Wer unaufhörlich um seinen Platz kämpfen muss, wird das schnell ziemlich anstrengend finden. Selbst die besten Läufer hätten von ständigen Wettrennen wohl bald die Nase voll.

Im Prinzip geht es Managern in der Wirtschaft genauso: Sie haben keine Lust, ständig mit anderen zu konkurrieren. Weltweit sehen 70 Prozent der Manager Wettbewerb sogar als größte Bedrohung für ihr Geschäft, hat der Personaldienstleister Accenture erfragt.

Das Schreckgespenst Wettbewerb ist einfach erklärt: Wenn möglichst viele verschiedene Anbieter um die billigsten Preise konkurrieren, um den besten Service und um die neuesten Erfindungen, so ist das schlicht unbequem. Um dem lästigen Wettbewerb zu entgehen, lassen sich die Unternehmen daher einiges einfallen.

Sie kaufen Konkurrenten auf. Sie verschenken ihre Produkte, um die Konkurrenz in die Pleite zu treiben. Und wenn das nichts hilft, sprechen sie die Preise mit anderen Anbietern ab.

Solche Aktionen zu verhindern, ist Aufgabe des Staates. Er ist damit gut beschäftigt. In Deutschland gibt es gleich drei Einrichtungen, die den Wettbewerb schützen sollen: das Kartellamt, die Monopolkommission und die Bundesnetzagentur.

Ihre Aufgabe ist wichtig. Keinesfalls dürfte der Staat den Wettbewerb von den Unternehmen aushebeln lassen. Denn Konkurrenz bringt Fortschritt und Wohlstand in die Wirtschaft.

Wenn der Wettbewerb gut funktioniert, bewirkt dies, dass Autos, Ananas und anderes so billig angeboten werden, wie es nur geht – das hat der österreichische Ökonom Friedrich August von Hayek betont. Er sagt: Wie billig ein Gut sein kann, das lässt sich überhaupt erst durch Wettbewerb ermitteln. [...]

Denken wir an den 100-Meter-Lauf: Richtig schnell werden die Sprinter nur, wenn ihnen andere auf den Fersen sind. So merken auch die Verbraucher erst, wie billig sich eine Ananas produzieren und nach Deutschland schaffen lässt, wenn sich mehrere Hersteller gegenseitig um das Geschäft reißen.

Ganz deutlich wird das beim Telefonieren: Seit es dafür auch andere Unternehmen als die Telekom gibt, sind die Preise tief gefallen – für ein Ferngespräch zum Beispiel von 37 Cent pro Minute auf ein bis zwei Cent. Das hat der Staat nicht geschafft, als er sich noch um die Telefonleitungen kümmerte. Das hat die Telekom nicht hingekriegt, als sie noch ein Monopol hatte. Und die Planwirtschaft hat das erst recht nicht erreicht: In der DDR hatte nur etwa jeder siebte Haushalt überhaupt ein Telefon.

Mithilfe des Wettbewerbs lässt sich aber nicht nur der billigste Preis entdecken. Der Wettbewerb kann auch allerhand andere nützliche Erkenntnisse hervorbringen. Zum Beispiel, was Mobiltelefone so alles nebenbei haben können: Kamera und Stereoanlage etwa. Wer etwas Neues erfindet, hat im Wettbewerb einen Vorteil und wird belohnt. Deshalb strengen sich die Unternehmen beim Entwickeln und beim Bauen an.

Patrick Bernau, Frankfurter Allgemeine Sonntagszeitung, 19.11.2006, S. 60

M 7 Wettbewerb und Gewinn

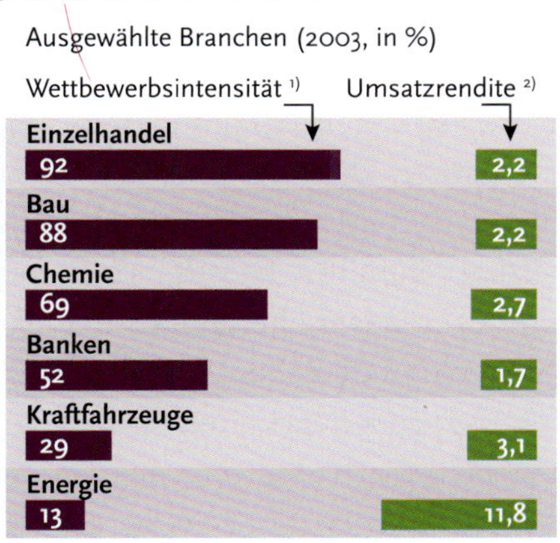

[1]Anteil aller Unternehmen ohne die zehn größten an Gesamtumsatz oder Bilanzsumme einer Branche. [2]Durchschnittliche Rendite (Gewinn) börsennotierter Unternehmen Deutschland.
Quelle: F. A. Z. / F. A. Z.-Grafik Walter

Aufgaben

1. Lege eine Tabelle an und entscheide, wie die in M 5 beschriebenen Marktformen wirken auf:
   Preise, Gewinne der Anbieter, Produktvielfalt, Qualität der Produkte, Innovationen, Macht der Verbraucher.
2. Stelle dar, welche positiven Wirkungen der Wettbewerb allgemein entfaltet (M 6).
3. In der Abbildung M 7 ist dargestellt, wie intensiv der Wettbewerb in verschiedenen Branchen in Deutschland ist. Formuliere in ein bis zwei Sätzen, welcher Zusammenhang zwischen Wettbewerb und Gewinn sich aus der Abbildung entnehmen lässt.
4. Diskutiert, welche negativen Folgen ein zu starker Wettbewerbsdruck haben kann (M 6, M 7).

Welche Rolle spielt das Geld in der Wirtschaft?

1.750.000.000.000 Euro
betrug der Schuldenstand in Deutschland Ende 2010

23.500.000.000 Euro
Vermögen hatte der reichste Deutsche 2010

30.879 Euro
verdient ein Deutscher durchschnittlich brutto in einem Jahr

23 Euro
Taschengeld steht Jugendlichen (6 – 13 Jahre) durchschnittlich im Monat zur Verfügung

5.000.000.000 Euro
geben deutsche Hundehalter jährlich für ihre Vierbeiner aus

M 8 Zahlungsmittel

Dieses lästige Wunder
rätselhaft, wie es gezeugt wird.
Umgeben von Leibwächtern
macht es sich rar,
betet Geheimnummern her.
Es lauert im Dunkeln
und schweigt, oder es klingelt.
Auch in der Zeitung steht es,
steht, wie es steht.
Daß man es wegschmeisst,
kommt nicht oft vor. Drahtlos
wie der Heilige Geist,
kann es nicht schlafen.
Es ist zu nervös, wittert
und flieht. Oft hat es Nuller,
will, daß man daran glaubt,
religiös wie es ist und humorlos,
möchte es, daß man es wäscht,
sammelt, zählt und bewegt,
damit es arbeiten kann,
wachsen, schneller und schneller.
Dann ist es plötzlich weg.

Hans Magnus Enzensberger, Leichter als Luft. Moralische Gedichte, Frankfurt 1999

M 9 Entstehung und Aufgaben des Geldes

Die Geschichte des Geldes beginnt mit dem Natural- oder Warengeld, welches in allen Kulturen und Epochen vorzufinden war. Naturalgeld konnten wertvolle, nützliche oder schöne Dinge sein, zum Beispiel Steingeld in Mikronesien, Ring- und Schmuckgeld in Neu-Guinea und im Süd-Pazifik, Muschelgeld in Afrika und China. Aspekte der Lagerfähigkeit und der leichten Transportierbarkeit spielten bereits früh, auch in Hinblick auf die Möglichkeit, Werte aufzubewahren, eine Rolle bei der Wahl des Materials. Das erste geprägte Geld, die Münze, bestand aus Elektrum, einer natürlichen Legierung von Gold und Silber, die um 500 v. Chr. vom Perserkönig Darius mit einem Stempel geprägt wurde. Später wurde das Warengeld durch Metallgeld (Kupfer, Silber und Gold) verdrängt. Es wurde zuerst gewogen, später in Recheneinheiten bewertet.

Papiergeld entstand als Stellvertreter für Münzgeld. Es war ursprünglich nicht als Ergänzung zu Münzen gedacht, sondern als deren Ersatz bei Mangel an Münzen. Papiergeld waren Wertpapiere mit der Aufforderung an ihren Herausgeber, dem Inhaber auf Verlangen den Gegenwert in Münzen auszuzahlen. Das erste europäische Papiergeld wurde 1483 in Spanien als Ersatz für fehlendes Münzgeld ausgegeben. Das Vertrauen in Papiergeld beruhte ursprünglich darauf, dass es von jedermann jederzeit in Münzgeld umgetauscht werden konnte. Dieses Vertrauen war durch ausreichende Bestände an Münzgeld in den Schatzkammern des Herausgebers begründet.

Um sich die Bedeutung des Geldes heute und seine Funktionen zu veranschaulichen, sollte man sich vergegenwärtigen, wie die Menschen ihre Transaktionen abwickeln muss-

„Das Geld, das man besitzt, ist das Mittel zur Freiheit, dem man nachjagt, das Mittel zur Knechtschaft." (Jean-Jacques Rousseau, 1712-1778) ten, bevor es Geld gab. Ohne Geld waren sie gezwungen, Waren oder Dienstleistungen direkt gegen andere Waren oder Dienstleistungen zu tauschen. Obwohl eine solche Tauschwirtschaft eine gewisse Arbeitsteilung zulässt, stößt sie an praktische Grenzen; außerdem verursacht jeder Tausch von Gütern sogenannte Transaktionskosten von erheblichem Ausmaß.

Das offensichtlichste Problem einer Tauschwirtschaft besteht darin, dass die Menschen einen Handelspartner finden müssen, der genau die Ware oder Dienstleistung wünscht, die sie anbieten, und gleichzeitig zu bieten hat, was sie für ihr Angebot haben wollen. Mit anderen Worten, ein erfolgreicher Tausch erfordert eine wechselseitige Bedürfnisübereinstimmung. Eine solche Tauschwirtschaft brächte daher erhebliche Kosten (Transaktionskosten) mit sich, die mit der Suche nach dem passenden Handelspartner, dem Warten und Lagern, zusammenhängen. Um die mit einer Tauschwirtschaft verbundenen Unannehmlichkeiten zu vermeiden, kann eine der Waren als Tauschmittel verwendet werden. Diese einfache Form des Geldes […] wird dann Warengeld genannt. Natürlich besteht eine Vorbedingung dafür, dass diese bestimmte Ware die Funktion des Geldes erfüllen kann, darin, dass sie in der gesamten Wirtschaft als Tauschmittel akzeptiert wird – sei es aus Tradition, aufgrund formloser Übereinkunft oder aufgrund eines Gesetzes.

Dabei liegt es auf der Hand, dass Waren, die als Tauschmittel dienen, einige ganz bestimmte Eigenschaften aufweisen sollten. Insbesondere sollten Gegenstände, die als Warengeld dienen, leicht zu tragen, langlebig und teilbar sein, und ihre Qualität sollte sich problemlos überprüfen lassen. Behält die als Geld verwendete Ware ihren Wert im Zeitverlauf, kann sie über eine längere Zeit gehalten werden. Dies ist ein besonders nützlicher Aspekt, denn er gestattet, den Verkaufsvorgang vom Kaufvorgang zu trennen. In diesem Fall erfüllt Geld die wichtige Funktion eines Wertaufbewahrungsmittels. Ebenso wichtig ist die Funktion des Geldes als Recheneinheit.

Die handelnden Menschen müssten immer das genaue Umtauschverhältnis bestimmen, zum Beispiel zwischen Broten und Haarschnitt oder zwischen Haarschnitt und Schuhen.

nach: Dieter Gerdesmeier, Preisstabilität: Warum ist sie für dich wichtig", Lehrerheft, Europäische Zentralbank, Frankfurt a. M. 2007, S. 15 ff.

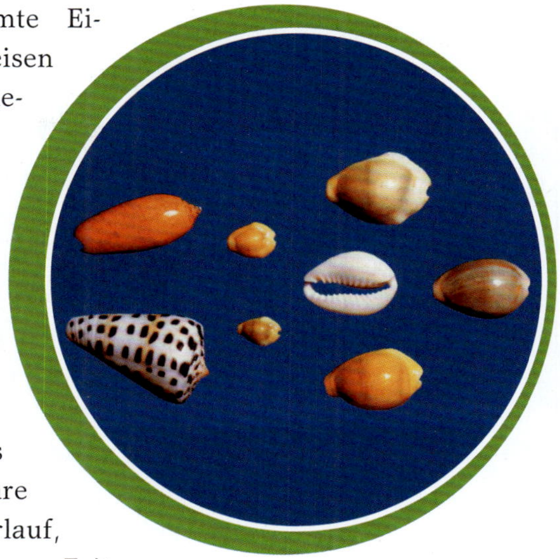

Zahlungsmittel aus der Frühgeschichte: Kauri-Muscheln (rechts), Oliv-Muscheln (links oben), Kegelschneckenhäuschen (links unten).

Das lateinische Wort für Geld heißt pecunia – „Vermögen an Vieh" (von pecus: „Vieh") –, weil das erste römische Münzgeld den Wert eines Rindes verkörpern sollte.

Aufgaben

1. Formuliere ausgehend von dem Gedicht in M 8, was du mit dem Wort „Geld" verbindest. Erstelle dazu eine Mindmap.
2. Erläutere, welche Eigenschaften Geld als universales Tauschmittel besitzen muss und welche Funktionen es in der Wirtschaft erfüllt (M 9).
3. Verfasse einen Kurzvortrag zur Entstehung des Geldes. Gehe dabei insbesondere darauf ein, inwiefern die Geldwirtschaft der Warentauschwirtschaft überlegen ist (M 9, eigene Recherchen).

Methode

M 10 Der Wirtschaftskreislauf im Modell: einfacher Kreislauf

Modelle sind die Landkarten der Volkswirtschaftslehre

Modelle spielen in der Volkswirtschaftslehre eine wichtige Rolle. Vereinfacht handelt es sich dabei um Landkarten, die es uns ermöglichen, uns in einer sehr komplexen Realität zurechtzufinden. Und ähnlich wie für Landkarten gilt auch für Modelle, dass keines für alle Bedürfnisse gleichermaßen geeignet ist. So ist es für eine Autoreise von Frankfurt nach Hamburg am besten, wenn man eine gute Autobahnkarte mit einem kleinen Maßstab hat. Will man aber dieselbe Strecke mit dem Fahrrad bewältigen, ist man mit einer Wanderkarte mit großem Maßstab sehr viel besser bedient. Ob ein Modell gut oder schlecht ist, hängt also vor allem davon ab, ob es dem Anwender eine Einsicht in ökonomische Zusammenhänge vermitteln kann. Dazu ist es unumgänglich, dass Modelle immer nur ein vereinfachtes Abbild der Realität darstellen. [...] Eine mangelnde Realitätsnähe ist dabei nicht von vornherein als ein Nachteil eines Modells [...] anzusehen. [...] Problematisch wird es erst, wenn manche Ökonomen Landkarten von Regionen entwickeln, die nur noch in ihren Köpfen existieren und dabei den Anspruch erheben, eine Orientierungshilfe für die reale Welt zu bieten.

Peter Bofinger, Grundzüge der Volkswirtschaftslehre, 2. Aufl., München 2007, S. 61

Haushalte und Betriebe im einfachen Wirtschaftskreislauf

Um die Vielzahl der wirtschaftlichen Verflechtungen in einer Volkswirtschaft überschaubar darzustellen, fasst man die Akteure in einer Wirtschaft zu Sektoren zusammen. Dabei werden bestimmte Vereinfachungen vorgenommen. So geht man von der Annahme aus, dass ökonomisch relevante Entscheidungen (z. B. über eine bestimmte Anschaffung, d. h. über die Verwendung der erzielten Einkommen) in der Regel von den einzelnen Mitgliedern des in einer Wohneinheit zusammenlebenden sozialen Verbundes (z. B. einer Familie) gemeinsam getroffen werden. Es wird also unterstellt, dass mehrere Individuen als Einheit handeln. Diese Einkommens- und Konsumeinheit wird in der Ökonomie als „privater Haushalt" bezeichnet. Und die Gesamtheit dieser privaten Haushalte in einer Volkswirtschaft wird in einem weiteren Schritt zum „Sektor der privaten Haushalte" zusammengefasst. Auch mit diesem Schritt sind wieder erhebliche Vereinfachungen verbunden, denn schließlich gibt es ganz unterschiedliche Haushaltstypen. Man unterscheidet u. a. nach der Haushaltsgröße, der Höhe der Haushaltseinkommen, der sozialen Stellung des Haupteinkommensbeziehers oder der sozialen Lebensform (Paar mit Kindern, Alleinerziehende usw.).

In gleicher Weise werden so verschiedene Unternehmen wie ein großer Automobilkonzern oder das kleine Lebensmittelgeschäft im „Sektor Unternehmen" zusammengefasst. Auch in diesem Sektor gibt es in der Realität natürlich große Unterschiede, zum Beispiel nach Branchen: Industrie, Gesundheit, Telekommunikation, Finanzdienstleister, Informationstechnologie, Rohstoffe, Energie usw. Diese Unterschiede bleiben bei der Reduzierung auf einen Sektor aber

unberücksichtigt, denn sie sind für den Zweck, den das Modell erfüllen soll, nicht wichtig.
Sowohl Haushalte als auch Unternehmen haben Einnahmen und Ausgaben. Familie Muster z.B. gibt einen Teil ihres Haushaltseinkommens für die Beschaffung von Waren und Dienstleistungen aus (Konsumausgaben). Diese Ausgaben sind gleichzeitig Einnahmen der Unternehmen, die Waren und Dienstleistungen auf den Märkten anbieten (siehe Abbildung).
In einem komplexeren Modell fasst man zusätzlich zu den Wirtschaftssektoren Haushalt und Unternehmen noch den Staat, die Banken und das Ausland zu Sektoren zusammen (siehe S. 157 f.).

Der einfache Wirtschaftskreislauf

Aufgaben

1. Im einfachen Kreislaufmodell wird davon ausgegangen, dass die Haushalte ihre Einkünfte vollständig für den Konsum ausgeben und die Unternehmen ihren Gewinn für Löhne und Gehälter. Überlege, inwiefern das Modell hier von der Wirklichkeit abweicht und in welcher Beziehung z. B. die Banken zu den Sektoren Haushalt und Unternehmen stehen (M 10).
2. Unternehmen und die Arbeitnehmervertretungen einigen sich auf höhere Löhne. Erkläre anhand des einfachen Kreislaufmodells, wie sich dies auf die Ströme zwischen Unternehmen und privaten Haushalten auswirken könnte (M 10).

Was wir wissen

Markt
M 2, M 3

Der Markt ist der „Ort" des Tausches von Gütern. Sowohl Verbraucher als auch Verkäufer befriedigen auf den Märkten ihre Bedürfnisse. Dabei treffen Anbieter und Nachfrager, die beide das Ziel der Nutzenmaximierung verfolgen, mit gegensätzlichen Interessen aufeinander.

Preisbildung
M 4 – M 6

Der Interessengegensatz äußert sich in unterschiedlichen Preisvorstellungen. Anbieter wollen zum höchsten Preis verkaufen, Nachfrager zum geringsten Preis kaufen. Unter den Voraussetzungen der vollständigen Konkurrenz (Vielzahl von Anbietern und Nachfragern), der Homogenität der Güter (Güter mit gleicher Qualität) und der Markttransparenz (vollkommener Überblick über das Angebot) bilden Angebot und Nachfrage den Preis. Ist die angebotene Menge größer als die nachgefragte, dann sinkt der Preis. Der sinkende Preis führt zu einer Erhöhung der Nachfrage und Verminderung des Angebots. Ist die nachgefragte Menge größer als die angebotene, steigt der Preis. Der steigende Preis führt zu einem Rückgang der Nachfrage und einem steigenden Angebot. Der Gleichgewichtspreis, den grafisch der Schnittpunkt der Nachfrage- und Angebotskurve bildet, ist der Preis, zu dem der größte Güterumsatz erfolgt. Neben dem Preis als Faktor für Kauf- und Verkaufsentscheidungen haben für den Konsumenten das Einkommen und der Bedarf, für den Produzenten die Produktionskosten und die Konkurrenzsituation entscheidende Bedeutung.

Funktionen des Geldes
M 9

Ohne Geld könnten wir heute nicht wirtschaften. Das Geld in Form von Bargeld, also Banknoten oder Münzen, ist Tausch- und Zahlungsmittel, es kann gespart werden und als Wertaufbewahrungsmittel dienen; schließlich ist es eine Recheneinheit, die als Maßstab für den Wert von Waren und Dienstleistungen benutzt wird.

Wirtschaftssektoren und Wirtschaftskreislauf
M 10

Um sich einen Überblick über die vielschichtigen Vorgänge einer Volkswirtschaft zu verschaffen, fasst man die wirtschaftlich Handelnden modellhaft zu Wirtschaftseinheiten oder Wirtschaftssektoren zusammen. Einzeln oder zusammen lebende Menschen, die eine Wirtschaftsgemeinschaft bilden, werden als „private Haushalte" bezeichnet. Ihnen gegenüber stehen die Produzenten von Gütern, die im Sektor „Unternehmen" zusammengefasst werden. Zwischen Haushalten und Unternehmen fließen Geld- und (im weiteren Sinne) Güterströme. Die Haushalte beziehen ihr Einkommen dadurch, dass sie den Unternehmen Produktionsfaktoren (Arbeit, Boden, Kapital) zur Verfügung stellen. Dafür erhalten sie Lohn-, Miet- und Zinseinkünfte. Die Unternehmen erstellen durch die Kombination von Produktionsfaktoren Güter, die von den Haushalten gekauft werden. Sie beziehen Einkünfte, weil die Haushalte ihre Einkommen in Form von Konsumausgaben wieder an die Unternehmen zurückgeben.

Preisbildung am Beispiel – der Eiermarkt

In Neustadt mit 15.000 Einwohnern lassen sich hinsichtlich ihrer Nachfrage nach Eiern vier Haushaltstypen (4-Personen-Haushalte) unterscheiden, die je nach Höhe des Preises unterschiedlich bereit sind, Eier zu kaufen.

Wöchentliche Nachfrage nach Eiern in Stück:

Preis in Cent	A Haushalte	B Haushalte	C Haushalte	D Haushalte	Summe
30	0	4.000	8.200	2.800	**15.000**
25	1.800	4.400	9.000	2.800	**18.000**
20	2.800	5.400	10.000	2.800	**21.000**
15	3.200	7.000	11.000	2.800	**24.000**
10	4.200	9.000	11.000	2.800	**27.000**

Vier Bauernhöfe/Hühnerfarmen beliefern die Verbraucher in Neustadt mit Eiern. Sie sind bereit, bei unterschiedlichen Preisen folgende Mengen anzubieten.

Wöchentliches Angebot an Eiern in Stück:

Preis in Cent	Bauer Hans	Bauer Peter	Bauer Fritz	Bauer Otto	Summe
30	16.000	5.000	3.000	3.000	**27.000**
25	16.000	5.000	3.000	0	**24.000**
20	16.000	3.000	2.000	0	**21.000**
15	16.000	2.000	0	0	**18.000**
10	15.000	0	0	0	**15.000**
5	0	0	0	0	**0**

Aufgaben

1. Zeichne die Nachfrage- und Angebotskurve. Verwende dabei folgende Maßeinheiten: y-Achse: 5 Cent = 1 cm; x-Achse: 3.000 Eier = 1 cm.
2. Bestimme den Gleichgewichtspreis und den Nachfrage- und Angebotsüberhang grafisch.
3. Erkläre, warum die Nachfrage der Haushalte und das Angebot der Bauern so unterschiedlich sind.

2.2 Die Welt der Unternehmen

Wie wird man Existenzgründer?

M 1 Junge Gründer

Hugo: „Hallo Rudi, gut, dass ich dich treffe. Vielleicht hast du es ja schon gehört, ich habe die Idee, ein Geschäft für Fahrradreparaturen zu eröffnen. Da gibt es viel zu tun, und ich dachte, vielleicht könnten wir uns zusammentun?"

Rudi: „Mensch, das ist ja toll. Das wusste ich noch gar nicht. Hast du dir das auch gut überlegt? So als Selbständiger hat man ja doch viel zu tun."

Hugo: „Ja, das stimmt schon. Aber ich möchte doch ganz gerne mein eigener Chef sein. Und vor allem: Ich möchte gerne, dass so richtig Knete rüberkommt."

Rudi: „Und wo willst du das Geschäft aufmachen?"

Hugo: „Och, da hatte ich wirklich Glück mit den Geschäftsräumen. Die liegen ganz dicht bei meiner Wohnung, in der Goethestraße."

Rudi: „Was, da redest du von Glück? In der Straße gibt es doch schon ein Fahrradgeschäft. Das bedeutet doch Konkurrenz für dich. Und außerdem ist das doch auch ziemlich weit ab vom Schuss. Meinst du, dass da überhaupt genug Kunden hinfinden?"

Hugo: „Einerseits hast du Recht. Aber auf der anderen Seite: Ich habe schon viele Leute klagen hören, dass die dort nur am Verkaufen interessiert sind. Wenn's danach Probleme mit dem Rad gibt, wird der Kunde eher im Stich gelassen. Ich sehe da also durchaus eine Chance."

Rudi: „Hm, stimmt auch wieder. Ich sehe, du hast dir schon deine Gedanken gemacht. Aber bevor ich mitmache, müssen wir doch noch ein paar Dinge klären. Zum Beispiel: Wie kommen wir denn zu unserem Material? Das kostet doch auch etwas. Woher sollen wir das Geld nehmen? Und wie teilen wir es zwischen uns auf, wenn wir überhaupt einen Gewinn machen?"

Hugo: „Jetzt sei mal nicht zu ängstlich. Schließlich ist doch dein Vater bei der Bank. Der kann uns bestimmt Tipps geben, wie wir geschickt an das nötige Startkapital kommen können. Außerdem habe ich ja auch etwas gespart ..."

Rudi: „Gut, gut. Aber so hundertprozentig bin ich noch nicht überzeugt: Dürfen wir das denn überhaupt, so mir nichts dir nichts ein Geschäft aufmachen? Wen können wir denn da fragen?"

nach einer Idee des Instituts für Ökonomische Bildung, Oldenburg

M 2 Erfolgsfaktoren für Existenzgründer

Persönliche Voraussetzungen
Bereitschaft, 50 – 60 Stunden in der Woche zu arbeiten und zunächst auf Freizeit und Urlaub zu verzichten; Optimismus, Weitblick und den Glauben an sich selbst.

Erfolgversprechende Geschäftsidee
Die Geschäftsidee muss eigene Stärken und Schwächen berücksichtigen und die Markt- und Konkurrenzsituation im Auge behalten. Entscheidend ist die Orientierung an den Kundenwünschen.

Unternehmenskonzept
Das Unternehmenskonzept zeigt bereits im Vorfeld, wo Stärken und Schwächen der geplanten Existenzgründung liegen. Erfolgreiche Gründer passen deshalb die Planungen laufend den neuesten Entwicklungen an.

Finanz- und Liquiditätsplanung
Die Einnahmen und Ausgaben des Betriebes müssen sorgfältig geplant und permanent überwacht werden. Zu berücksichtigen ist eine entsprechende Anlaufphase, so kann auf finanzielle Engpässe schnell reagiert werden.

Marketing
Sie kennen Ihren Markt, die Konkurrenz und die Wünsche Ihrer Kunden. Sie haben eine klare Preispolitik und wissen, wie Sie das Interesse Ihrer Kunden wecken können.

Erkennen von Marktlücken
Auch in traditionellen und gesättigten Märkten können Marktnischen aufgespürt werden. Freundlicher Umgang mit Kunden, gute Beratung und ein umfangreiches Serviceangebot sind letztlich auch Marktnischen und Erfolgsfaktoren für viele Existenzgründer.

Personal
Ein Betrieb braucht motivierte Mitarbeiter. Erfolgsfaktoren sind deshalb: regelmäßige Informationen an die Mitarbeiter, Delegation von Aufgaben und eine an der Leistung orientierte Bezahlung.

nach: Handwerkskammer Region Stuttgart, o. J.

Unternehmen
sind rechtliche Wirtschaftseinheiten zur Produktion von Gütern oder Erbringung von Dienstleistungen. Sie können aus mehreren Betrieben bestehen.
Beispiel: Daimler Aktiengesellschaft, Zentrale in Stuttgart.

Betriebe
sind die an einen Standort gebundenen Teile eines Unternehmens.
Beispiel: Betriebe der Daimler AG in Deutschland, wie z. B. die Werke in Bremen, Rastatt und Sindelfingen.

Aufgaben

1. Bildet Zweiergruppen in der Klasse und führt den Dialog fort. Geht dabei auf die Erfolgsfaktoren für Existenzgründer ein (M 1, M 2).
2. Haltet eure Ergebnisse in einer Mindmap fest.
3. Beurteilt abschließend die Erfolgschancen von Hugos Fahrradladen, indem ihr Chancen und Risiken gegenüberstellt.

Tipp
Unter *www.impulse.de* findet sich eine Datenbank für Geschäftsideen. Sucht euch eine Idee aus und begründet, warum ihr sie für überzeugend haltet.

Welches Hauptziel hat ein Unternehmen?

M 3 Ziel des Betriebs: Gewinn erwirtschaften

Hugo und Rudi haben es geschafft. Vor einem Jahr hat ihr Fahrradgeschäft eröffnet und sie hatten das Gefühl, dass es gar nicht so schlecht läuft. Am Ende bewegt sie natürlich die Frage, die sich ihnen schon zu Beginn ihres Abenteuers gestellt hatte: Wie viel Gewinn bleibt übrig?

Die Einnahmen des Geschäfts, der so genannte **Erlös** (oder Umsatz), ergeben sich aus dem Verkauf der Fahrräder und dem Verkauf von Zubehör und Ersatzteilen und damit verbundenen Dienstleistungen wie Reparaturen.

Doch sind dem Fahrradgeschäft auch **Kosten** entstanden. Die Fahrräder mussten von den Produzenten eingekauft werden. Es mussten Löhne bezahlt werden. Außerdem mussten Betriebsmittel wie Strom und Werkstoffe wie z. B. Werkzeuge und Öl eingekauft werden. Zudem haben die beiden noch einen Kredit abzuzahlen. Die Kosten sind vom Erlös abzuziehen, dann ergibt sich der **Bruttogewinn**. Doch auch das ist nicht der Betrag, der den beiden zur Verfügung steht, schließlich erhebt der Staat auch Steuern auf Gewinne und so müssen die beiden Steuern entrichten. Erst der **Nettogewinn** (nach Abzug der Steuern) steht ihnen dann wirklich zur Verfügung.

Da Rudi und Hugo so viel zu tun hatten, haben sie es versäumt, über ihre Ausgaben und Einnahmen ordentlich Buch zu führen. Sie finden am Jahresende einen Stapel Schriftstücke, den sie nun sortieren müssen.

Stadtwerke | Neuhaus
Rechnung: 29.8.2011
Strom, Wasser, Gas für Hugos Fahrradladen
8.700 Euro

Konto-Nr. 778899 — Bank
Datum: 26.11.2010
Erläuterungen: Zahlungseingang Verkauf 280 Tourenräder Sunrise XP à **1.200 Euro**

Sunrise Fahrräder
1.1.2010
Rechnung:
Einkauf
300 Tourenräder Sunrise XP à **700 Euro**

Finanzamt Stadt Neuhaus
Steuernr: 111/111/11111 (bitte bei Rückfragen angeben) 12.08.2010
Hugos Fahrradladen
Schätzung der Gewinnsteuer: **25.000,-**

Überweisung 30.11.2010
Begünstigter: FAHRRADMONTEUR
Betrag: 12X2000,- EUR
Verwendungszweck: LOHNZAHLUNGEN

Konto-Nr. XXXXX — Bank
Datum: xx.xx
Erläuterungen: Bankeinzug: Kreditzinsen **1.000,-**

Rechnung: **3.7.2010**
– Set Schraubenschlüssel
– Montageständer f. Fahrräder
– Schmieröle
Summe: 3.000 Euro

M 4 Preiskalkulation des Einzelhändlers – was vom Gewinn übrig bleibt

Der Preis für eine Leistung beziehungsweise ein Gut, das man verkaufen möchte, muss mindestens so hoch sein wie die Kosten für dessen Herstellung. Entsprechend muss man als Unternehmer bei der Preisgestaltung kalkulieren. Warum kostet das Fahrrad im Geschäft 820,70 €?

nach: Financial Times Deutschland, 30.4.2004

M 5 Welche Ziele sollen es sein?

Aus der Sicht eines Unternehmens in einer Marktwirtschaft ist es das oberste Ziel, einen möglichst hohen Gewinn zu erzielen. Der Unternehmensgewinn ist eine Art Risikoprämie für das Wagnis des Kapitaleinsatzes und der Lohn für die Tätigkeit des Unternehmers (Unternehmerlohn). Unterziele, die der Gewinnmaximierung direkt oder indirekt dienen, sind: Umsatzsteigerung, Sicherung und Vergrößerung des Marktanteils, Kostensenkung, Streben nach Ansehen und Prestige. Es ist allerdings umstritten, wie hoch der Gewinn eines Unternehmens sein soll, um diese Ziele zu erfüllen und ab wann andere Ziele, wie zum Beispiel die Sicherung oder Schaffung von Arbeitsplätzen, eine gerechte Entlohnung von Mitarbeitern, menschenwürdige Arbeitsbedingungen, Gewinnbeteiligung der Arbeitnehmer oder ökologische Ziele, damit in Konflikt geraten. Viele Unternehmen finden es auch wichtig, sich gesellschaftlich zu engagieren, zum Beispiel durch Spenden oder Stiftungen. Auch Rudi und Hugo stellt sich also die Frage, was sie mit ihrem erwirtschafteten Gewinn machen sollen.

Aufgaben

1. Sortiere die Schriftstücke in M 3 nach Ausgaben und Einnahmen und berechne folgende Größen: Erlös, Bruttogewinn, Nettogewinn.
2. Stelle für M 4 eine Erlös-Kosten-Rechnung nach dem Modell von M 3 auf. Kontrolliere, ob du auf dieselben Zahlen wie in der Abbildung kommst.
3. Ermittle, wie viele Fahrräder der Fahrradhändler in M 4 pro Monat verkaufen muss, wenn er auf einen Bruttogewinn von 2.000 € kommen möchte.
4. Hugo und Rudi haben ihr Hauptziel erreicht. Sie konnten so viel Gewinn erzielen, dass ihnen am Ende noch ein sehr schöner Betrag zur Verfügung steht. Jetzt müssen sie entscheiden, welche Ziele sie damit verfolgen wollen. Sammelt die in M 5 genannten Unternehmensziele und diskutiert, wie Hugo und Rudi ihr Geld verwenden sollen.

Wie arbeitet ein Betrieb?

M 6 Das Beispiel einer Fahrradfabrik

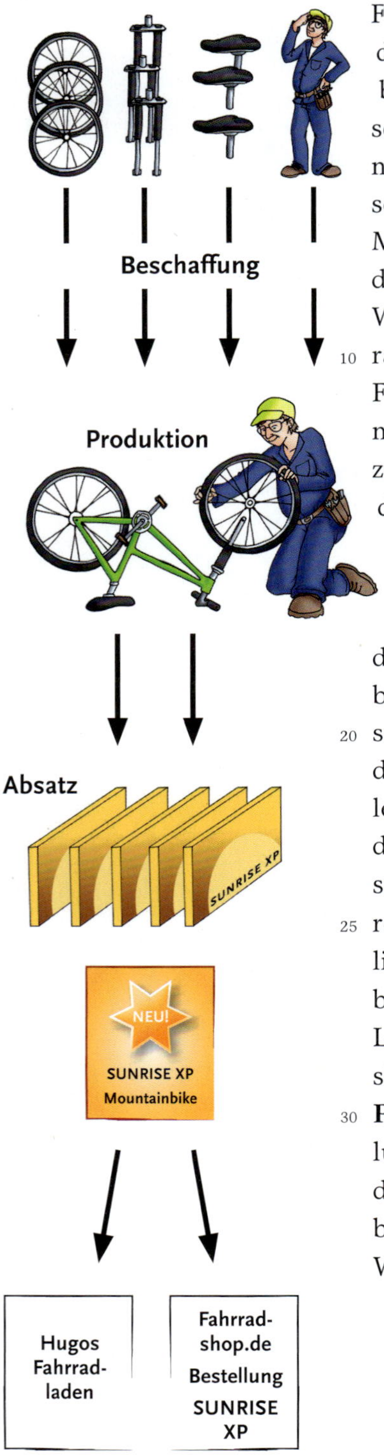

Für die Produktion muss ein Betrieb die notwendigen Vorprodukte, Arbeitskräfte und Betriebsmittel beschaffen. Erst dann kann damit ein neues Produkt erstellt werden. Dieses wird auf dem Markt verkauft. Mit dem eingenommenen Geld wird die weitere Produktion finanziert.

Werfen wir einen Blick in eine Fahrradfabrik:

Für die Fertigung von Fahrrädern muss eine große Anzahl an Teilen zugekauft, das heißt beschafft, werden: Schwerpunkte sind Gabeln sowie Lenker, Sattel, Rahmenrohre, Felgenprofile, Reifen, Naben und Speichendraht. Außerdem werden die entsprechenden Maschinen benötigt, um die Teile zusammenzusetzen. Auch sind Facharbeiter nötig, die die Maschinen bedienen und Teile montieren können. Probleme bei der **Beschaffung** können darin bestehen, dass benötigte Teile in unzureichender Menge oder Qualität geliefert werden oder nur schwer zu beschaffen sind. Deshalb muss die Lagerhaltung entsprechend organisiert werden.

Produktion bedeutet die Herstellung des Produkts Fahrrad. Der Produktionsprozess besteht in der Verbindung von Betriebsmitteln und Werkstoffen durch Arbeitskräfte. Hier findet die eigentliche Wertschöpfung statt, denn hier entsteht das neue Produkt. Der Produktionsprozess kann in einzelne Produktionsabschnitte zerlegt sein, die auf verschiedene Produktionsstätten verteilt sein können (zum Beispiel Endmontage, Rahmenbau, Laufradfertigung). Fertig montierte Fahrräder werden anschließend ins Fertigwarenlager überstellt. Dort werden sie zu Lieferungen zusammengestellt und für den Versand an den Händler vorbereitet.

Die produzierten Güter, hier die Fahrräder, müssen am Markt verkauft werden. Die Fahrräder werden an regionale Großabnehmer oder direkt an die Kunden verkauft. Hierfür betreibt die Fahrradfabrik eigene Marketingaktivitäten, um den **Absatz** zu steigern. Dazu gehören die Produktgestaltung (Design, Qualität, Ausstattung), Werbung und Preisgestaltung. Ziel ist die Steigerung beziehungsweise Erhaltung der Attraktivität des Unternehmens, um bestehende Kunden zu binden und neue Kunden zu gewinnen.

Übergeordnete Funktionen im Betrieb sind die **Leitung und Verwaltung** und die **Finanzierung** des Unternehmens.

M 7 Arbeitsteilung am Beispiel der Stecknadelherstellung

In seinem berühmt gewordenen Buch „The Wealth of Nations" beschrieb der britische Nationalökonom Adam Smith schon 1776 die Vorzüge der Arbeitsteilung.

Der eine Arbeiter zieht den Draht, der andere streckt ihn, ein dritter schneidet ihn, ein vierter spitzt ihn zu, ein fünfter schleift das obere Ende, damit der Kopf aufgesetzt werden kann. Auch die Herstellung des Kopfes erfordert zwei oder drei getrennte Arbeitsgänge. Das Ansetzen des Kopfes ist eine eigene Tätigkeit, ebenso das Weißglühen der Nadel, ja, selbst das Verpacken der Nadeln ist eine Arbeit für sich. Um eine Stecknadel anzufertigen, sind somit etwa 18 verschiedene Arbeitsgänge notwendig.

Die enorme Steigerung der Arbeit, die die gleiche Anzahl Menschen infolge der Arbeitsteilung zu leisten vermag, hängt von drei verschiedenen Faktoren ab: (1) der größeren Geschicklichkeit jedes einzelnen Arbeiters, (2) der Ersparnis der Zeit, die gewöhnlich beim Wechsel von einer Tätigkeit zur anderen verloren geht und (3) der Erfindung einer Reihe von Maschinen, welche die Arbeit erleichtern, die Arbeitszeit verkürzen und den Einzelnen in den Stand versetzen, die Arbeit vieler zu leisten.

Adam Smith, der Wohlstand der Nationen, übers. von Horst Claus Recktenwald, München 1974, S. 9 f.

Adam Smith

Berufliche Arbeitsteilung
Sie entsteht durch Spezialisierung auf bestimmte Tätigkeiten (Kinderarzt, Internist, Augenarzt ...).

Innerbetriebliche Arbeitsteilung
Der Produktionsprozess eines Gutes, der vorher von einem Arbeiter alleine bewerkstelligt wurde, wird in einem Betrieb in Teilarbeiten zerlegt.

Zwischenbetriebliche Arbeitsteilung
Einzelne Betriebe spezialisieren sich auf bestimmte Produkte. Zum Beispiel produziert Betrieb A Reifen, während Betrieb B Stoßstangen produziert.

Internationale Arbeitsteilung
Sie findet statt, wenn die innerbetriebliche oder zwischenbetriebliche Arbeitsteilung über Landesgrenzen hinweg organisiert ist.

Aufgaben

1. Beschreibe oder zeichne den Produktionsprozess wie in M 6 für einen Bäcker, einen Verlag, einen Friseur (M 6).
2. Benenne die Formen der Arbeitsteilung bei der Stecknadel- und Fahrradproduktion und sammle Beispiele für jede der in der Randspalte beschriebenen Formen der Arbeitsteilung (M 5, M 6).
3. Die Klassen 8a, 8b und 8c bereiten ein Schulfest vor und produzieren dafür Hamburger, Sandwiches und Hotdogs. Die Klassen arbeiten dafür jeweils insgesamt 9 Stunden, je 3 Stunden für das Anfertigen von Hamburgern, Sandwiches und Hotdogs. Die Tabelle zeigt, was sie in dieser Zeit geleistet haben. Erkläre, wie die Gesamtproduktion durch eine sinnvolle Arbeitsteilung gesteigert werden kann.

	3 Stunden	3 Stunden	3 Stunden
8a	40 Hamburger	60 Sandwiches	66 Hotdogs
8b	50 Hamburger	52 Sandwiches	64 Hotdogs
8c	38 Hamburger	50 Sandwiches	70 Hotdogs

Am Anfang steht die Beschaffung

M 8 Aufgaben der Beschaffung

Vera Kleinschmidt, Leiterin zentraler Einkauf

Vera Kleinschmidt, Leiterin des zentralen Einkaufs eines Betriebs, berichtet über ihre Aufgaben:

Ohne Werkstoffe, wie Stahl, und Betriebsmittel, wie die richtigen Werkzeuge und Maschinen, läuft in unserem Werk gar nichts. Deshalb muss ich mich um die Beschaffung dieser Materialien für unsere Werke kümmern. Das bedeutet ständigen Kontakt zu unseren Lieferanten. Dabei muss ich zum Beispiel auf die Qualität achten. Welcher Kunde möchte schon eine rostende Tür an seinem Auto haben? Deshalb muss bereits der Lack, den wir einkaufen, Top-Qualität besitzen. Das zu prüfen, ist eine meiner Hauptaufgaben. Außerdem ist die Pünktlichkeit der Lieferung von großer Bedeutung. Fehlt auch nur ein Werkstoff, steht bei uns die ganze Produktion still.

Erfüllt ein Lieferant diese Ansprüche nicht, dann muss ich mich gegebenenfalls um neue Lieferquellen kümmern, und zwar nicht nur im Inland, sondern auch im Ausland. Das heißt Anfragen stellen, über Preise verhandeln und schließlich Verträge abschließen.

M 9 Just-in-Time-Anlieferung macht Autoindustrie verwundbar

Just in Time
die richtige Menge, zum richtigen Zeitpunkt, am richtigen Ort, verringerte Lagerhaltung

Just in Sequence
die richtige Menge, in der richtigen Reihenfolge, zum richtigen Zeitpunkt, am richtigen Ort, wenig bis keine Lagerhaltung

Wegen des Streiks der spanischen Fernfahrer fehlen in den Autoschmieden von Opel und VW wichtige Bauteile der Zulieferer, die Montagestraßen stehen still. Eine eigene Lagerhaltung haben Autohersteller weltweit aus Gründen der Kostenersparnis schon vor Jahrzehnten aufgegeben und auf ein Produktionssystem umgestellt, bei dem LKWs die Bauteile zur Montage „just in time" (gerade rechtzeitig) anliefern.

„Die Just-in-Time-Produktion hat die Autoindustrie verwundbar und abhängig von den Lieferanten gemacht", räumt ein Sprecher der Adam Opel AG in Rüsselsheim ein. Nach Schätzungen von Speditionsverbänden sind täglich Tausende LKWs als rollende Lager auf bundesdeutschen Straßen unterwegs. Derzeit werden in Deutschland jährlich rund 600 Millionen Tonnen an Gütern „just in time" zu den Abnehmern transportiert – mit steigender Tendenz.

Trotz der Streiks und Produktionsausfälle in Millionenhöhe wollen die Autofirmen an dem Produktionssystem festhalten: „Die Pipeline muss laufen", heißt es bei VW in Wolfsburg. Damit ist das verzweigte Versorgungsnetz gemeint, das die Bandstraßen ununterbrochen mit Bauteilen versorgt. Je nach Automodell werden weit über 1.000 Teile benötigt, die oft nur wenige Stunden vor ihrer Montage angeliefert werden und in die Pipeline kommen. In Wolfsburg sind es je nach Modell bis zu 1.000 Lieferanten. Dabei kommen zumeist 50 Prozent der Teile von deutschen Zulieferern, 40 Prozent aus Westeuropa und der Rest aus aller Welt. Die von VW selbst produzierten Getriebe, Achsen, Motoren und Blechteile werden mit der Bahn transportiert, der Rest kommt über die Straße. Im VW-Stammwerk Wolfsburg sind es bis zu 350 LKW, die mit Tausenden Tonnen an Zulieferteilen täglich die Pipeline füttern.

Die deutsche Autoindustrie kann schon aus Wettbewerbsgründen auf die „Just-in-Time-Produktion" nicht mehr verzichten. Die Lagerkosten wären bedeutend höher als es das Risiko des Produktionsausfalls durch Lieferengpässe rechtfertigen würde. Größere Produktionsrisiken sehen die Autoschmieden weniger bei der Anlieferung der nötigen Bauteile, sondern vielmehr im sogenannten „Single Sourcing", der Abhängigkeit von nur einem einzigen Zulieferer. Die Teileproduktion in der Hand nur eines Zulieferers führt einerseits zu höchster Wirtschaftlichkeit und Rendite. Die negativen Folgen des „Single Sourcing" bekam der japanische Autobauer Toyota aber drastisch zu spüren. Weil ein Feuer das Werk des Bremsenzulieferers Aisin Seiki zerstört hatte, mussten die fünf Toyota-Werke in Japan die Automontage tagelang einstellen und waren noch in der zweiten Woche nach dem Brand nur zu 60 Prozent ausgelastet.

Rhein Zeitung, 19.2.1997 (http://rhein-zeitung.de/old/97/02/19/topnews/justintime.html)

Bei der Just-in-Time-Anlieferung werden die benötigten Teile direkt in den Produktionsprozess eingebracht.

M 10 Ikea geht das Holz aus

Ivar ist nicht so Bio, wie es sein sollte. Der Möbelhersteller Ikea musste einräumen, dass er wegen Rohstoffmangels seine selbstgesetzten Umweltschutz-Ziele nicht erreichen kann. Es sei einfach nicht genug Öko-Holz auf dem Markt, sagte eine Konzernsprecherin. Ikea hatte sich vorgenommen, bis Ende nächsten Jahres insgesamt 30 Prozent des im Konzern verwendeten Holzes aus Ökobeständen mit dem Siegel des „Forest Stewardship Council" (FSC) zu beziehen. Daraus wird allerdings nichts. Wann das Ziel erreicht werden kann, sei nun unklar. [...]

„Die Zertifizierung der Wälder lief langsamer ab als erwartet, vor allem in China und Russland", sagte die Sprecherin. Ikea hat 2007 etwa eine Million Kubikmeter Holz aus diesen Ländern bezogen, insgesamt benötigten die Schweden sieben Millionen Kubikmeter für die Herstellung von Ivar & Co. Der langsame Zuwachs an Waldflächen mit Umweltsiegel ist aber nur ein Grund für den Mangel an Bio-Brettern. Ein weiterer ist, dass Ikea schneller wächst als erwartet. Mit dem Umsatz vergrößerte sich auch der Holzbedarf des Konzerns und der ließ sich offenbar nicht immer umweltgerecht decken.

Gunnar Herrmann, Süddeutsche Zeitung, 25.4.2008

Aufgaben

1. Nenne die zentralen Aufgaben der Beschaffung (M 8).
2. Stelle zusammen, welche Vor- und Nachteile die Just-in-Time-Anlieferung für die Betriebe hat. Ergänze mögliche weitere Probleme (M 9).
3. Erläutere, welche Probleme sich für den Möbelhersteller ergeben, wenn das gewünschte Holz nicht lieferbar ist (M 10).

Wie produzieren Unternehmen?

M 11 Aufgaben der Produktion

Klaus Schneider, Produktionsleiter

In der Produktion unterstehen mir vier Meisterbereiche in der Gussabteilung mit ca. 150 Mitarbeitern. Bei der Produktion geht es mir wie Vera Kleinschmidt: Ich muss besonders auf die Qualität achten. Das gilt nicht nur für die Qualität des Endprodukts, sondern auch für den Herstellungsprozess selbst, da zählen zum Beispiel auch Sicherheits- und Umweltaspekte dazu.

Am schwierigsten ist der Zeitdruck, denn um die termingerechte Abwicklung der Produktionsaufträge muss ich mich auch kümmern. Außerdem muss die Arbeit der Menschen in der Produktion koordiniert werden: Fertigungs- und Arbeitspläne müssen erstellt werden und nehmen viel Zeit in Anspruch.

M 12 Die Zerlegung der Produktion

Mit seiner Theorie der „wissenschaftlichen Betriebsführung" legte Anfang des 20. Jahrhunderts der Amerikaner Frederick Winslow Taylor (1856-1915) die Grundlagen für die industrielle Massenproduktion. Auf Taylors Beobachtungen geht die für die industrielle Fertigung bis heute gültige Erkenntnis zurück, dass durch systematische Zeitstudien Fertigungsdauer und Fertigungsleistungen ermittelt und vorherbestimmt werden können. Einige wichtige Elemente seiner Vorstellungen waren:

Der von einem „erstklassigen, aber nicht außergewöhnlich geschickten" Arbeiter ausgeführte Fertigungsvorgang wird in Teilvorgänge unterteilt (zerlegt).

Die Dauer eines jeden Teilvorgangs wird mehrmals mit der Stoppuhr gemessen. Aus diesen Zeitwerten wird für jeden Vorgang ein Mittelwert errechnet. [...]

Durch die Aufteilung der Arbeitsvorgänge in leicht zu bewältigende Teilabschnitte erreichte Taylor, dass

1) auch Ungelernte Arbeit bekamen, die sie nach kurzer Zeit vollkommen beherrschten;
2) die Arbeiter – unterstützt von einer durchdachten Gestaltung des Arbeitsablaufes und der Arbeitsplätze – weitaus produktiver arbeiteten, als dies nach dem handwerklichen Arbeitssystem möglich gewesen wäre;
3) mehr Waren zu niedrigeren Preisen hergestellt und
4) höhere Löhne gezahlt werden konnten.

Dieser Fortschritt wurde freilich häufig erkauft durch eine Verkleinerung des Arbeitsumfanges und einen weitgehenden Verlust der Freiheit in der Arbeitsausführung.

iwd – Informationsdienst des Instituts der deutschen Wirtschaft Köln, Nr. 14/1985

M 13 Von der Fließbandfertigung zur Gruppenarbeit

Volvo führte 1974 im Werk Kalmar die Gruppenmontage ein. Auf batteriebetriebenen Montageplattformen nahmen Arbeitsgruppen jeweils die Ausführung eines abgeschlossenen Montagevorgangs (z.B. Installation eines Motors, Elektromontage) vor. Die Intervalle für die Werke betrugen 30 Minuten, bei der vorherigen Fließbandfertigung waren es 30 Sekunden. Die Weiterentwicklung der Gruppenorientierung wurde 1987 im Werk Udevalla vorgenommen. Bei der bis dahin beibehaltenen Fließbandfertigung beklagte Volvo hohe Qualitätskosten. Als personalbezogenes Problem trat vor allem eine Abwesenheitsrate der Mitarbeiter von circa 25 % auf. Eine Entwicklung von der Fließbandfertigung zur ganzheitlichen Gruppenarbeit sollte dieses Problem mildern. [...] Acht Arbeitsgruppen mit jeweils 8-10 Mitarbeitern wurde die Verantwortung für die komplette Montage eines Automobils übertragen, wobei jede Gruppe gleichzeitig an vier Fahrzeugen arbeiten sollte. [...] Nach Angaben von Volvo liegen die Vorteile der Montage bei einer größeren Leistungsbereitschaft der Mitarbeiter, einer geringeren Personalfluktuation und einer Anreicherung in der Arbeitsaufgabe. Durch die Einführung der Gruppenarbeit und den damit verbundenen Vorteilen wurde die Produktivität von Volvo deutlich erhöht.

Rolf Bühner, Betriebswirtschaftliche Organisationslehre, 10. Aufl., München 2004, S. 284

Gruppenarbeit bei der Fahrzeugmontage

Outsourcing = Auslagerung von Unternehmensaufgaben / -strukturen an Drittunternehmen

M 14 Probleme bei der Produktionsorganisation

Der „Dreamliner" ist ein Zukunftsflugzeug, das bereits als Legende gilt – obwohl es noch kein einziges Mal geflogen ist. [...] Die Produktion hinkt 15 Monate hinter dem Zeitplan her. [...] In der Kritik steht vor allem Boeings Konzept des globalen Outsourcing. Der Dreamliner soll ein Weltflugzeug im Wortsinn werden: Boeing verteilt die Fertigung auf ein Netz von Zulieferern rund um den Globus. So kommen die Flügel aus Japan, die Triebwerke aus Großbritannien, die Bremsen aus Frankreich, die Cargotüren aus Schweden, die Höhenflosse kommt aus Italien, die Kabinenbeleuchtung aus Deutschland, Elektronik aus allen Teilen der USA. In Everett soll nur noch die Endmontage stattfinden. Das war einmal der Plan. Doch der Traum vom Weltflugzeug wurde zum Albtraum: Für die ersten beiden Dreamliner lieferten die Partner die Bauteile nur halbfertig. Die Flügel kamen ohne Verkabelung, Rumpfteile trafen nur provisorisch montiert in Everett ein, da es auf dem Weltmarkt zu einem Engpass bei Bolzen und Nieten gekommen war. Noch immer wartet Boeing auf den Großteil der Bremsen aus Frankreich und der Stromaggregate aus Connecticut, USA.

Katja Ridderbusch, Die Welt, 29.5.2008

Tipp
Eine Schule „produziert" Bildung. Erstellt ein Organigramm, das die Produktionsorganisation eurer Schule erklärt. Welche alternativen Organisationsformen wären denkbar?

Aufgaben

1. Stelle die Vor- und Nachteile der Fließbandfertigung und der Gruppenarbeit gegenüber (M 12, M 13).
2. Erläutere, welche Probleme sich bei der Auslagerung von Produktionsschritten ergeben können und wie diese verhindert werden könnten (M 14).

Absatz – wie kommt das Produkt zum Kunden?

M 15 Aufgaben im Marketing

Patricia Lubitsch, Marketingleiterin

Patricia Lubitsch über ihre Aufgaben als Marketingleiterin:

Als Leiterin der Marketingabteilung bin ich für alle Tätigkeiten im Bereich Marketing und Werbung zuständig und muss mir grundsätzliche Gedanken zu den folgenden Fragen machen:

- Welche Produkte wollen wir anbieten?
- Zu welchen Bedingungen und Preisen sollen unsere Produkte angeboten werden?
- An wen und auf welchem Weg sollen die Produkte verkauft werden?
- Welche Maßnahmen sollen im Bereich der Öffentlichkeitsarbeit und der Werbung ergriffen werden, um die Produkte besser verkaufen zu können?

Um in den genannten Bereichen die richtigen Entscheidungen treffen zu können, ist es nötig, den Markt zu beobachten. Das bedeutet zum Beispiel, dass ich die Kunden besuchen muss, damit ich ihre jetzigen und künftigen Wünsche erkennen kann. Außerdem gehört dazu, die Konkurrenzfirmen und ihre Tätigkeit genau zu beobachten.

Instrumente des Marketing
- Produkt- und Sortimentsgestaltung (Design, Funktionen, Verpackung, Zubehör)
- Gestaltung der Vertriebswege (Zwischenhandel, Internet)
- Kommunikationspolitik (Verkaufsförderung, Werbung)
- Preis- und Konditionenpolitik (Rabatte, Produktbündelung)

Wenn wir dann zu dem Punkt kommen sollten, ein neues Produkt einzuführen, dann gehört es zu meinen Aufgaben, Marketingmaßnahmen vorzubereiten und durchzuführen. Dafür muss ich auf Kongressen, Workshops oder Messen vertreten sein und unser neues Produkt präsentieren. Die Kunden sollen dabei den Nutzen beziehungsweise die Vorteile unseres Produkts erkennen und nachvollziehen können. Auch für die Gestaltung der Werbeprospekte bin ich verantwortlich.

Zusätzlich muss eine solche Neuerung auch bei unseren Mitarbeitern durch mich begleitet werden, indem ich die Kollegen und die Kolleginnen des Innen- und Außendienstes entsprechend schule.

Felmy, Baaske Cartoons, Müllheim

M 16 Spuk im Hörsaal – Guerilla-Marketing

Der Professor will gerade etwas ausholen, um eine Formel zu erklären, als die Hörsaaltür aufschwingt. Ein Monster kommt hereingelaufen, ein Mensch in einem Plüschkostüm. Die Verkleidung sieht aus wie ein Handy. Das Monster wackelt am Professor vorbei, der ist irritiert. Die Studenten sind amüsiert, einige machen Fotos. Dann stürmen vier junge Menschen in O2-T-Shirts in den Hörsaal und fangen das Monster ein. Der Spuk ist vorbei. [...] Verantwortlich für dieses O2-Marketing ist die United Ambient Media AG, eine Werbefirma, die unter anderem die bekannten Edgar-Cards produziert, lustige Gratis-Postkarten, die oft vor Kneipentoiletten aushängen. Für O2 wirbt United Ambient Media in deutschen Unis – manchmal in Absprache mit der Universität, aber offenbar auch hinter dem Rücken der Verwaltung. Im vergangenen Semester ließ die Hamburger Marketing-Firma junge Männer in Badehosen durch vollbesetzte Hörsäle in ganz Deutschland laufen. Nach SZ-Informationen waren unter anderem die Universität Magdeburg und die TU München betroffen. Die Mitarbeiter von United Ambient Media trugen quer durch die Vorlesungen Surfbretter, auf denen O2 Werbung für mobiles Internet macht – für den sogenannten Surfstick. In Magdeburg wurden die Werber der Bibliothek verwiesen. Auch an der TU München gab es keine Genehmigung für die Aktion. [...] Dazu möchte United Ambient Media keine Stellung nehmen und verweist auf die O2-Pressestelle. Doch O2 gibt sich ebenfalls bedeckt und spricht von „einer spontanen Aktion. Sollten wir dadurch einzelne Studenten irritiert haben, so war dies nicht unsere Absicht und wir bitten es zu entschuldigen", sagte ein Sprecher. [...] Guerilla-Marketing muss nicht immer illegal sein, weiß Gerd Nufer, der an der Hochschule Reutlingen zum Thema lehrt und forscht. „Die O2-Aktionen sind höchst kreativ", sagt Nufer. „Aber Guerilla-Marketing findet immer in einer Grauzone statt." Der Werbende müsse zwar unkonventionell sein, dabei jedoch eine moralische und rechtliche Balance halten. [...] „Guerilla-Marketing kann das Image eines Unternehmens durch die Aktion konterkarieren, weil die Aktionen sich zwischen Faszination und Verärgerung bewegen", schrieb Nufer unlängst. „Dies kann mit einem Imageverlust bestraft werden. Wenn dieser lang anhält, kann er die Kernwerte der Marke zerstören."

Bastian Brinkmann, Süddeutsche Zeitung, 8.11.2010

Werbefaustformel AIDA
Werbung soll die Aufmerksamkeit des Kunden erregen (attention), sein Interesse am Produkt wecken (interest), zu einem Kaufwunsch führen (desire) und schließlich eine Kaufhandlung auslösen (action).

Tipp
Sucht Beispiele für eurer Meinung nach besonders gelungene oder schlechte Beispiele von Werbung und stellt sie in der Klasse vor.

Aufgaben

1. Bildet Gruppen. Sucht euch aus M 15 ein Marketinginstrument aus und entwickelt eine ungewöhnliche Idee zur Vermarktung von Hugos Fahrrädern.
2. Guerilla-Marketing ist umstritten. Stellt gegenüber, welche Chancen und Gefahren für das Unternehmen damit verbunden sind (M 16).

Welche Rechtsform braucht ein Unternehmen?

M 17 Wie findet man als Existenzgründer die richtige Rechtsform?

Auch Hugo und Rudi müssen ihrem Unternehmen eine bestimmte Rechtsform geben, die bei der Gründung festgelegt werden muss. Diese hat rechtliche, finanzielle und steuerliche Folgen. Für die Wahl der Rechtsform sind folgende Überlegungen entscheidend:

M 18 Die wichtigsten Unternehmensformen

Gesellschaft bürgerlichen Rechts (GbR)

juristische Person = Zusammenschluss von Personen (und Vermögen) zu einer eigenen Rechtspersönlichkeit mit Rechten und Pflichten (z. B. Verein)

Schließen sich mindestens zwei Gesellschafter zur Führung eines Geschäftsbetriebes zusammen, ohne dabei eine neue juristische Person zu gründen, so kommt die Rechtsform der GbR in Betracht. Alle Gesellschafter sind geschäftsführungs- und vertretungsbefugt. Sie haften neben dem Gesellschaftsvermögen persönlich und unbeschränkt für die Verbindlichkeiten der Gesellschaft. Das interne Vertragsverhältnis kann weitgehend frei gestaltet werden. Der Gesellschaftsvertrag ist an keine Form gebunden, sollte aber schriftlich gefasst werden. Betreiben allerdings die Gesellschafter einer GbR ein Gewerbe von einer bestimmten Größe, so müssen sie sich in das Handelsregister eintragen. Die Firma wird dann zur Offenen Handelsgesellschaft (OHG). Es enstehen weitere Auflagen bezüglich der Führung des Geschäftsbetriebs.

Einzelunternehmen

Besonders gut für den Einstieg geeignet ist die Einzelunternehmung: Sie kommt ohne weitere Formalitäten allein durch Aufnahme der Geschäftstätigkeit (üblicherweise nach Erteilen des Gewerbescheins und einer Mitteilung gegenüber dem Finanzamt) zustande. Dafür ist kein Mindestkapital erforderlich. Als Einzelunternehmer ist der Gründer uneingeschränkt „Herr im Haus". Gewinne fließen ungeteilt in seine Taschen – er muss dafür aber auch bei Verlusten oder Schäden in vollem Umfang mit seinem Privatvermögen geradestehen. Die überwiegende Anzahl der Unternehmen in Deutschland sind Einzelunternehmen.

Gesellschaft mit beschränkter Haftung (GmbH)

Die GmbH wird in zunehmendem Maße im wirtschaftlichen Bereich eingesetzt, weil sie vielseitig verwendbar und das Haftungsrisiko durch Beschränkung auf das Vermögen der GmbH kalkulierbar und überschaubar ist. Sie ist eine Kapitalgesellschaft mit eigener Rechtspersönlichkeit, die zu jedem gesetzlich zulässigen Zweck von einer oder mehreren natürlichen oder juristischen Personen errichtet werden kann. Nach außen wird die GmbH durch den/die Geschäftsführer vertreten. Fremdgesellschaftsführung ist möglich, das heißt, die Geschäftsführung muss nicht in den Händen der Gesellschafter liegen. Sie können vielmehr gesellschaftsfremde Personen zu Geschäftsführern bestellen. Wirksamkeit erlangt die GmbH durch die Eintragung im Handelsregister. Das Haftungsrisiko ist auf das Gesellschaftsvermögen beschränkt. Das Mindeststammkapital der GmbH beträgt 25.000 Euro. Der Betrag der Stammeinlage kann für die einzelnen Gesellschafter verschieden bestimmt werden.

Aktiengesellschaft (AG)

Die AG ist eine Kapitalgesellschaft mit eigener Rechtspersönlichkeit (juristische Person). Rechtsgrundlage ist das Aktiengesetz. Eine AG kann durch eine (kleine AG) oder mehrere Personen gegründet werden mit einem Grundkapital von mindestens 50.000 Euro. Dieses Grundkapital wird aufgeteilt in Anteile (Aktien), die für die Anteilseigner oder Aktionäre bestimmte Rechte verbriefen. Die AG haftet mit ihrem Firmenvermögen für Schulden; die Aktionäre tragen nur das Risiko des Wertverlustes ihrer Aktien, was bis zum Totalausfall führen kann. Organe einer AG sind der Vorstand als Leitungsgremium der Gesellschaft, der Aufsichtsrat als Kontrollorgan für den Vorstand und die Hauptversammlung als Zusammenkunft der Aktionäre, die z. T. den Aufsichtsrat wählt und formal über die Geschäftspolitik beschließt. Aktiengesellschaften werden vor allem dann gegründet, wenn große Mengen Kapital beschafft werden müssen.

M 19 Wie entstand die Aktiengesellschaft?

Segelschiff der Niederländischen Ostindien Kompanie – der ersten Aktiengesellschaft – im Hafen von Amsterdam

Bekannt sind die Aktiengesellschaften, weil Deutschlands bekannteste Firmen wie Siemens, Daimler oder Deutsche Bank die Rechtsform AG haben. Und weil sehr viele Bürger in Deutschland Aktionäre sind. [...] Erfunden wurden Aktiengesellschaften von Unternehmern, die sehr viel Geld brauchten, sich aber nicht alles von einem Superreichen leihen wollten, der ihnen dann in das Tagesgeschäft reinredet. Manchmal fanden sie aber auch gar keinen Superreichen, der ihnen so viel Geld auf einmal überließ. Also kamen die Unternehmen auf die Idee, Anteilsscheine zu verkaufen – die Aktien. Die Käufer der Aktien – die Aktionäre – haben dann das Recht auf einen Anteil am Unternehmen und auf einen Anteil an dem Gewinn. Falls es dem Unternehmen nicht gut geht, dann werden sie allerdings auch in Mitleidenschaft gezogen. Denn dann sind ihre Anteile weniger wert und es wird kein Gewinn ausgeschüttet. (Gewinnausschüttungen nennt man auch Dividenden.)
Eine der ersten Aktiengesellschaften war die Niederländische Ostindien Kompanie, die zu Anfang des 17. Jahrhunderts gegründet wurde. Das Unternehmen wollte Schiffe nach Indonesien, Indien und China schicken, um dort Gewürze, Stoffe und Porzellan einzukaufen oder einzutauschen, die man in den Niederlanden zu hohen Preisen verkaufen wollte. Das Vorhaben war sehr teuer und riskant. Bankiers, die bereit waren, den Kaufleuten das Geld vorzustrecken, fanden sich nicht. Deshalb wurden Geldgeber gesucht, die für ihr Geld Aktien erhielten. Das gilt genauso noch heute. Die Börse ist aus Sicht der Unternehmen ein Platz, wo sie sich Geld besorgen können.

Winand von Petersdorff, Das Geld reicht nie, 2. Aufl., Frankfurt 2008, S. 67

Aufgaben

1. Versetzt euch in die Lage von Rudi und Hugo und findet die passende Rechtsform für das Fahrradgeschäft. Begründet eure Entscheidung (M 17, M 18).
2. Erläutere, warum im Zuge der Industrialisierung Aktiengesellschaften gegründet wurden, und welche Vorteile damit bis heute verbunden sind (M 19).

Welche Rolle spielt der Unternehmer?

M 20 Pioniere der Wirtschaft

Alfred Krupp (1812 bis 1887)
Bereits mit 13 Jahren begann er 1825 in der Gussstahlfabrik seines verstorbenen Vaters zu arbeiten. Damals stellten sieben Arbeiter Werkzeugstahl und Feilen her. Mehrmals stand er am Rande des Ruins. Doch als er 1887 starb, beschäftigte Alfred Krupp 20.200 Menschen, 13.000 davon in der Gussstahlfabrik. Bekannt wurde er unter anderem durch seine Kanonen, doch die Rüstungsproduktion machte nur einen kleinen Teil des Umsatzes aus. Krupp erkannte früh, welche Vorteile die Großfertigung hat, und erweiterte außerdem ständig seine Absatzgebiete – durch neue Stahlprodukte wie durch regionale Expansion.

Ferdinand Porsche (1875 bis 1951)
Der große Autokonstrukteur und Entwickler baute schon 1900 einen elektrisch angetriebenen Wagen, der sich aber nicht durchsetzte. Sein bekanntestes Auto ist der Volkswagen, auch Käfer genannt, den er bereits 1939 vorstellte. Nach dem Zweiten Weltkrieg verkaufte sich der „Kugelporsche" mehr als 20 Millionen Mal in aller Welt. Ferdinand Porsche arbeitete in den 20er Jahren für den Autobauer Daimler und machte sich 1930 in Stuttgart selbständig. Das Auto, das heute noch seinen Namen trägt, erfand er nicht. Den ersten Porsche-Sportwagen konstruierte nach dem Krieg sein Sohn Ferry, als der Vater noch in Gefangenschaft saß. Allerdings hätte er „keine Schraube anders gemacht".

Bill Gates (1955)
Schon als 19-Jähriger gründete er 1975 mit einem Mitschüler die Firma Microsoft. Bill Gates arbeitete zuerst für die Computerhersteller Apple und Commodore. Der sagenhafte Aufstieg der kleinen Firma begann, als sie 1980 für den Computerkonzern IBM das Betriebssystem MS-DOS entwickelte und später auch alle anderen PC-Hersteller damit belieferte. Seit 1985 arbeitete Gates an Windows, der grafischen Benutzeroberfläche, mit der heute fast jeder Computernutzer arbeitet. Die kleine Firma ging 1986 mit gut 1.000 Mitarbeitern an die Börse. Heute beschäftigt Microsoft mehr als 55.000 Menschen und erzielt Jahr für Jahr Milliardengewinne. Bill Gates wurde durch seine Anteile zum reichsten Mann der Welt. Seit ein paar Jahren widmet er sich mit seiner Frau verstärkt seiner Stiftung.

Frankfurter Allgemeine Sonntagszeitung, 17.9.2006

M 21 Unternehmensführung – zwei Modelle

Zwei der führenden Drogeriemärkte haben eine völlig unterschiedliche Philosophie: Der eine spart, wo er kann, und misstraut seinen Mitarbeitern. Der andere gibt mehr aus, als er müsste, und glaubt an das Gute in seinen Angestellten.

Die Firma Gründer: Anton Schlecker, 65, Metzgermeister. Er eröffnete den ersten Drogeriemarkt 1975. Leitet den Konzern mit Ehefrau Christa. Filialen in Deutschland: ca. 9.000, im Schnitt 200 m² groß und eng gestellt, oft an abgelegenen Standorten. Zahl der Angestellten: ca. 52.000. In vielen Filialen erledigt eine einzige Angestellte alle Jobs: einräumen, kassieren, beraten, putzen, bestellen. Mehrarbeit bleibt oft unbezahlt. Bezirksleiter statten regelmäßig Besuche ab und bewerten die Mitarbeiter mit Schulnoten, bei vielen schlechten Noten droht eine Abmahnung. Um den Aufbau der XL-Märkte zu finanzieren, entließ Schlecker Mitarbeiter mit Tarifverträgen und stellte ihnen frei, sich über eine neu gegründete Leiharbeitsfirma zu bewerben – zu deutlich niedrigeren Stundenlöhnen.	*Die Firma* Gründer: Götz Werner, 66, Drogist. Er eröffnete den ersten Drogeriemarkt 1973. Gab die Leitung 2008 an Erich Harsch ab. Filialen in Deutschland: ca. 1.100, im Schnitt 600 m³ groß, meist in City-Lagen. Werner glaubt, dass sich der Gewinn eines Marktes durch gut ausgebildetes Personal steigern lässt. Zahl der Angestellten: ca. 33.000. Die Mitarbeiter bestimmen das lokale Sortiment, Dienstpläne und sogar Gehälter selbst. Vorgesetzte werden meist von der Belegschaft gewählt. Verbesserungsvorschläge werden mit allen diskutiert, Neuerungen in einer Filiale müssen meist nicht mit der Zentrale abgesprochen werden. Wird mehr erwirtschaftet als erwartet, erhält jeder einen gleich hohen Warengutschein.
Die Philosophie Anton Schlecker: „Man muss mit Nachdruck schauen, dass die Spielregeln eingehalten werden." Schlecker betreibt eine sehr konservative Art des Führungsstils: Der Chef entscheidet allein, Verbesserungsvorschläge von Mitarbeitern sind nicht erwünscht, Betriebsräte und Gewerkschaften werden als „notwendiges Übel" nur widerwillig geduldet. Schlecker nennt das: „zielorientierte Beharrlichkeit und konsequentes Festhalten an für richtig erkannten Grundprinzipien".	*Die Philosophie* Götz Werner: „Wir sind keine Organisation, die Druck macht, sondern eine, die Sog erzeugt." Werner ist bekennender Anthroposoph und hat das Unternehmen nach dem Leitsatz „Zutrauen veredelt den Menschen" ausgerichtet. Er setzt auf flache Hierarchien und Transparenz bis in die Führungsebene, auf die Eigenverantwortung aller Mitarbeiter und Nachhaltigkeit bei Produkten und Logistik. Dieser Ansatz schlägt sich auch in der Firmensprache nieder: Personalkosten heißen „Mitarbeitereinkommen" oder „Kreativposten", die Firma ist eine „Arbeitsgemeinschaft".

nach: Brigitte 20/2010, S. 104 f.

M 22 Die Bedeutung der Unternehmerpersönlichkeit

Zum eigenständig Handelnden wurde der Unternehmer erst seit Anfang dieses Jahrhunderts bei dem Ökonomen Joseph A. Schumpeter (1883-1950), der ihn als Pionierunternehmer, als schöpferischen Zerstörer, kurz als Heldenfigur des wirtschaftlichen Wandels beschrieben hat. Schumpeters Unternehmer ist weder Kapitalist noch bloßer Unternehmensgründer oder Erfinder, er ist vielmehr ein „Macher", der neue Kombinationen durchsetzt, der zum Beispiel neue Güter oder Produktionsqualitäten oder neue Produktionsmethoden einführt, der neue Absatzwege oder neue Bezugsquellen erschließt oder der Unternehmen effizienter organisiert, etwa in Gestalt von Konzernen. Dieser schöpferische Unternehmer bricht aus dem wirtschaftlichen Alltag aus und sieht Chancen da, wo sie andere nur undeutlich oder gar nicht wahrnehmen. Er zerstört Altes, um Neues zu schaffen. Ihm geht es nicht allein um Gewinn, sondern auch um Sieg im Konkurrenzkampf. Schumpeters Unternehmer ist nicht mehr das Instrument des Marktes, er bewegt die Märkte und führt Umbrüche in ganzen Branchen und letztlich in der Volkswirtschaft herbei. Die schöpferische Zerstörung trifft freilich auch den Pionier, wenn die „Nachahmer" dem Schumpeterschen Helden folgen. Damit ist auch vorgezeichnet, wie Entwicklung und Wachstum einer Volkswirtschaft vorangetrieben werden: durch die Unternehmen.

Jürgen Jeske, Hans D. Barbier, Handbuch Wirtschaft: So nutzt man den Wirtschafts- und Finanzteil einer Tageszeitung, Frankfurt a. M. 2000, S. 328

Autoritärer Führungsstil
Der Unternehmer trifft alle Entscheidungen in eigener Verantwortung und veranlasst deren Durchführung durch detaillierte Anweisungen an alle nachgeordneten Ebenen.

Kooperativer Führungsstil
Der Unternehmer trifft die Entscheidungen im Zusammenwirken mit den Mitarbeitern. Die Aufgabenerfüllung wird den Mitarbeitern eigenverantwortlich zur Durchführung übertragen.

Tipp
Unter *www.zeit.de* findet sich die Reihe „Momente der Entscheidung", in der herausragende Unternehmerpersönlichkeiten porträtiert werden.

Aufgaben

1. Stelle mit Hilfe der Porträts zusammen, welche Eigenschaften ein Unternehmer haben sollte (M 20).
2. Ordne die unterschiedlichen Führungsstile den Unternehmen in M 21 zu. Bei welchem der beiden Unternehmen würdest du lieber arbeiten? Nimm Stellung.
3. Erläutere, wie Unternehmer als „schöpferische Zerstörer" die Entwicklung einer Volkswirtschaft beeinflussen, und nenne Beispiele dafür (M 22).

Was wir wissen

Unternehmensgründung – Chancen und Risiken
M 1, M 2

Die richtige Geschäftsidee ist wesentliche Voraussetzung der erfolgreichen Unternehmensgründung. Unternehmensgründer sollten sich überlegen, ob ihr Produkt überhaupt benötigt wird, die erforderliche Kaufkraft vorhanden ist (Marktvolumen) und ob dieses Produkt bisher von wenigen oder keinen Mitbewerbern angeboten wird (Marktlücke). Auch eine überlegte Standortwahl entscheidet, ob diese Voraussetzungen erfüllt sind. Außerdem sollte sichergestellt werden, dass der Finanzierungsbedarf mit Eigen- und Fremdkapital gedeckt werden kann.

Betriebsziel: Gewinn erwirtschaften
M 3 – M 5

Der Betrieb produziert mit dem Ziel, Gewinn zu erwirtschaften. Der Gewinn wird so ermittelt: Der Betrieb erwirtschaftet Erlöse, die mit dem Umsatz erzielt werden. Der Umsatz errechnet sich als Produkt aus Einzelpreis und Absatzmenge (= verkaufte Stückzahl). Ein Gewinn ergibt sich aus den Umsatzerlösen aber nur dann, wenn sie größer sind als die Kosten. Kosten entstehen bei der Produktion dadurch, dass neben Betriebsmitteln und Werkstoffen auch Arbeitskräfte und Zinsen zu bezahlen sind.

Betriebliche Grundfunktionen
M 6, M 8, M 11, M 15

In einem Betrieb fallen sehr viele Tätigkeiten und Aufgaben an. Diese Aufgaben und Tätigkeiten werden allgemein in die betrieblichen Grundfunktionen Beschaffung, Produktion und Absatz unterteilt. Beschafft werden müssen Rohstoffe, Halb- und Fertigprodukte. Zur Produktion gehört die Erstellung des eigenen Produkts beziehungsweise der eigenen Dienstleistung, die Koordination der Aktivitäten der Mitarbeiter, die Forschung und Entwicklung neuer Produkte. Zum Absatz gehören alle Maßnahmen, die dazu führen, den Erfolg des Produktes und des Unternehmens am Markt zu sichern, also Marktbeobachtung und -analyse, Werbung, Preispolitik usw.

Rechtsformen
M 17, M 18

Unternehmen sind nach festgelegten Regeln organisiert, sie haben eine bestimmte Rechtsform. Diese kann frei gewählt werden. Die Rechtsformen unterscheiden sich zum Beispiel hinsichtlich der Finanzierungsmöglichkeiten und der Haftung. So sind je nach Rechtsform die Möglichkeiten zur Aufnahme neuen Eigen- oder Fremdkapitals eingeschränkt oder auch – wie im Fall von Aktiengesellschaften, die an die Börse gehen können – erweitert. Bei Personengesellschaften und Einzelunternehmen umfasst die Haftung, anders als bei Kapitalgesellschaften, neben dem Betriebsvermögen auch das gesamte Privatvermögen der Eigentümer.

Rolle des Unternehmers
M 20 – M 22

Unternehmerinnen und Unternehmer setzen Innovationen auf dem Markt um. Sie sind deshalb eine wichtige Triebfeder des wirtschaftlichen Wachstums und Wandels. Persönliche Voraussetzungen für eine Unternehmertätigkeit sind eine hohe Risikobereitschaft, Fleiß und der Glaube an die eigene Geschäftsidee. Der Erfolg eines Unternehmens hängt jedoch auch von der Fähigkeit ab, Mitarbeiter zu motivieren und verantwortungsvoll zu führen.

Einen Zukunftswettbewerb für Unternehmen veranstalten

Sucht euch ein Unternehmen aus eurer Region und untersucht das Unternehmen hinsichtlich folgender (ausgewählter) Aspekte:

- Geschäftsidee und Produkte
- Unternehmensform
- Organisation der Produktion
- Führungsstil/Selbstverständnis

Erstellt dann ein Unternehmensporträt und organisiert eine Ausstellung in eurer Schule. Vergebt anschließend Preise für die vorgestellten Unternehmen. Ihr könnt folgende Preise vergeben:

- Preis für das am besten geführte Unternehmen
- Preis für das Unternehmen mit den besten Produkten und der besten Geschäftsidee

Eine Concept-Map erstellen

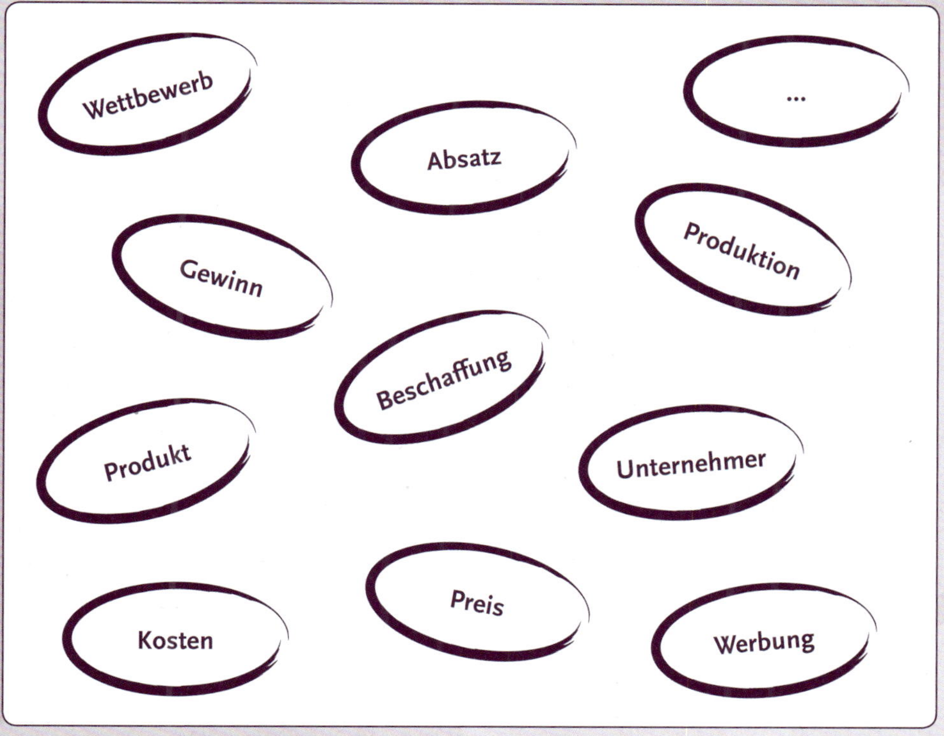

Aufgabe

Erstelle mit den genannten Begriffen eine Concept-Map. Beachte dabei, in welcher Beziehung der Unternehmer zu den genannten Begriffen steht.

Stellt
euch folgende
Situation vor: Ihr seid Siedler
einer neu gegründeten Kolonie.
Die Schiffe, die euch in das neue Lanc
gebracht haben, sind wieder zurückge
fahren und ihr seid auf euch alleine ge
stellt. Die Unterkünfte sind errichtet ur
auch für das tägliche Leben ist vorers
gesorgt. Jetzt stellt sich die Frage,
wie ihr eure Kolonie politisch
organisieren wollt.

Welche sozialen
und politischen
Probleme könnten sich in
eurer Kolonie ergeben?

Wie sollen diese Probleme
gelöst werden?

Wie werden politische Entscheidungen
getroffen?

Welche politischen Rechte sollten
die Bewohner eurer Kolonie
haben?

3

Politische Gestaltungsmöglichkeiten in modernen Demokratien

„Demokratie heißt, sich in seine eigenen Angelegenheiten einzumischen", so umschrieb es der Schriftsteller Max Frisch einst knapp und treffend. Doch wie soll die Demokratie organisiert sein und welche Möglichkeiten der Mitbestimmung bieten sich?

Kompetenzen

Am Ende dieses Kapitels solltest du Folgendes können:

- die unterschiedlichen Formen, wie Herrschaft in einer Demokratie begründet werden kann, beschreiben
- verschiedene Formen der politischen Beteiligung unterscheiden
- die Bedeutung von Wahlen erläutern
- verschiedene Wahlsysteme nach unterschiedlichen Kriterien beurteilen
- die Funktion von Parteien beschreiben

Was weißt du schon?
Setzt euch in Gruppen zusammen und diskutiert die angegebenen Fragen.
Entwerft dazu eine Verfassung und präsentiert sie auf einem Plakat.

3.1 Politik betrifft uns

Wie kann politische Herrschaft begründet werden?

M 1 Formen politischer Herrschaft

Abstimmung im Deutschen Bundestag

Saddam Hussein, früherer Diktator im Irak

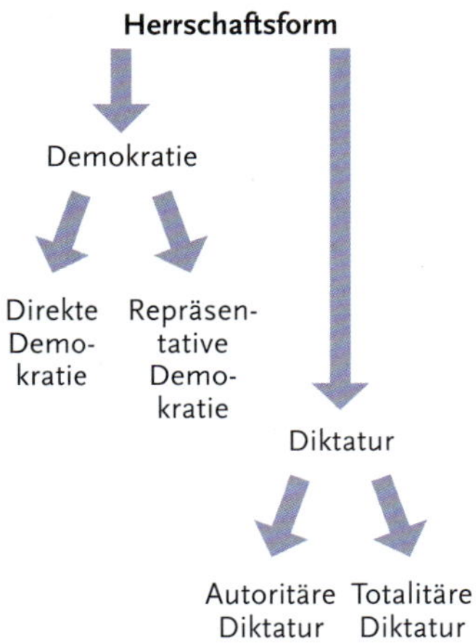

Der Begriff **Demokratie** kommt aus dem Griechischen und setzt sich aus den Wörtern *demos* (Volk) und *kratein* (Herrschaft) zusammen. Demokratie bedeutet also Herrschaft des Volkes bzw. Volksherrschaft.
In der Demokratie haben alle Bürger die gleichen Rechte, sie bestimmen in freien Wahlen, von wem sie regiert werden wollen. Auch der Staat muss sich an die geltenden Regeln und Gesetze halten.

Der Begriff **Diktatur** leitet sich aus dem lateinischen Wort „dictatura" ab und bezeichnet eine Herrschaftsform, bei der die Staatsgewalt von einer Einzelperson oder einer Gruppe uneingeschränkt ausgeübt wird. Der **Diktator** ist in der Regel nicht frei gewählt, sondern hat sich selbst mit Gewalt an die Macht gebracht. In Diktaturen wird das Volk von der politischen Mitbestimmung ausgegrenzt und in der Regel mit Gewalt unterdrückt.

M 2 Was leistet die Demokratie in Deutschland?

Diäten = Aufwandsentschädigung (Gehalt) eines Politikers in einem Parlament

Die Demokratie ist teuer, umständlich, kompliziert, langweilig, nicht effektiv, nicht attraktiv. Es ist nicht schwer, weitere negative Eigenschaften über unsere Demokratie zusammenzutragen. Die Demokratie macht es den Kritikern recht leicht.
Und an der Kritik ist ja auch etwas dran. Demokratie ist tatsächlich eine recht teure Angelegenheit: So gibt es in Deutschland zum Beispiel den Bundestag und dazu noch 16 Parlamente in den Bundesländern. In diesen Parlamenten sitzen insgesamt etwa 2.500 Abgeordnete, die alle Diäten erhalten. Damit diese Parlamente arbeiten können, braucht man etliche Gebäude und Verwaltungen mit vielen Beschäftigten.
Dazu kommen dann noch die kostspieligen Regierungen im Bund und in den Ländern mit ihren Ministerien

und riesigen Verwaltungsapparaten. So könnte man noch lange fortfahren, um den Beweis zu führen, dass Demokratie eine teure Sache ist.

Auch andere Mängel sind nicht leicht von der Hand zu weisen. Wenn die Regierung etwa eine gute Idee hat, um das Gesundheitswesen zu reformieren, kann sie nicht einfach Beschlüsse fassen, die dann in ganz Deutschland sofort umgesetzt werden. Sie muss vielmehr den schwierigen und langwierigen Weg durchs Parlament gehen, wo das Gesetzesvorhaben dreimal beraten und verabschiedet werden muss, und ... und ... und. Überall Vorschriften und Hindernisse, die sich einem beherzten Eingreifen in den Weg stellen.

Und so kommt es auch, dass viele Menschen die ganzen politischen Abläufe für umständlich und kompliziert halten. Sie schütteln darüber den Kopf, weshalb alles so lange dauert und oftmals trotzdem keine guten Ergebnisse bringt.

Wie soll Demokratie attraktiv sein, wenn sie soviel Geld kostet, wenn sie umständlich arbeitet und wenn die Ergebnisse zuweilen recht mager und oft auch unverständlich sind?

Werfen wir doch einen Blick auf eine Alternative: Eine Diktatur kann auf den ersten Blick viel einfacher und kostengünstiger sein. Ein Diktator braucht keine Parlamente, er kann sehr rasch entscheiden, in kurzer Zeit können viele Reformen umgesetzt werden. Ist das nicht attraktiver [...]? Diese positive Betrachtungsweise kann sich schnell ändern, wenn Entscheidungen getroffen werden, die einem nicht passen, und man aus Angst vor dem Machthaber noch nicht einmal schimpfen darf. Oder wenn man zusammenzählt, was die Überwachungsgremien kosten, die sicherstellen sollen, dass keine abweichenden, unerwünschten Meinungen vertreten werden. Von der Misshandlung von Minderheiten und drohender Kriegsgefahr gar nicht zu reden. Haben nicht gerade die Deutschen schlimme Erfahrungen in ihrer Geschichte machen müssen? [...] Die Demokratie erfüllt trotz der genannten negativen Eigenschaften einen großen Zweck: Sie sichert die Freiheit der Bürgerinnen und Bürger. Abgeordnete aus unterschiedlichen Parteien in den verschiedenen Parlamenten sorgen dafür, dass neue Gesetze gründlich unter die Lupe genommen werden, ehe sie verabschiedet werden können. In einer Demokratie gibt es eine Opposition, damit alle Vorgänge im Land ausreichend geprüft, kritisiert und kontrolliert werden. [...] Selbst wenn die Demokratie in unseren Augen manche Schwäche hat, so gibt es nach aller Erfahrung nichts [...], was die Freiheit der Menschen ähnlich wirkungsvoll garantiert und den Missbrauch von Macht verhindert.

Siegfried Schiele/Gotthard Breit, Vorsicht Politik, Schwalbach/Ts. 2008, S. 78 ff.

Staatsform versus Herrschaftsform

In der Politikwissenschaft unterscheidet man Staatsformen von Herrschaftsformen. Staatsformen beschreiben die äußere politische Organisationsform eines Staates.
Es gibt zwei unterschiedliche Typen von Staatsformen: Republik und Monarchie. Das Unterscheidungskriterium ist das Staatsoberhaupt: Während eine Monarchie über ein gekröntes oder fürstliches Staatsoberhaupt verfügt, sind alle Staaten ohne Kaiser, König oder Fürsten Republiken.
Bei den Herrschaftsformen wird danach unterschieden, von wem die Staatsgewalt ausgeht. Die bekanntesten Herrschaftsformen sind: Demokratie und Diktatur.

Aufgaben

1. Vergleicht die Formen der politischen Herrschaft (M 1) mit der Verfassung, die ihr eurer Kolonie gegeben habt.
2. Jahrzehntelang haben die Menschen für die Einführung der Demokratie gekämpft. Erläutere, was die Demokratie als Herrschaftsform für die Menschen leistet (M 2).

Welche Formen der Demokratie gibt es?

M 3 Zwei Formen der Demokratie

Direkte Demokratie unter freiem Himmel: Volksabstimmung im Schweizer Kanton Appenzell-Innerrhoden

Es gibt unterschiedliche Formen der Demokratie. Eine Form ist die **direkte Demokratie**, bei der das Volk (z.B. in Gestalt einer Volksversammlung) die Staatsgewalt unmittelbar (das heißt direkt) ausübt. Es entscheidet mit Volksabstimmungen („Plebiszit") über alle politisch wichtigen Anliegen, einschließlich der Wahl und Abwahl wichtiger Amtsträger in Staat und Gesellschaft.

Im Gegensatz zur direkten Demokratie wird die Herrschaft in der **repräsentativen Demokratie** mittelbar (das heißt indirekt) über vom Volk gewählte „Abgeordnete" ausgeübt. Diese sind „Repräsentanten" des Volkes und sollen für dieses in eigener Verantwortung zeitlich befristet handeln, wobei ihr Auftrag sich in regelmäßig stattfindenden Wahlen bewähren muss und erneuert werden kann.

M 4 Volksentscheid! – Mehr davon?

Im Deutschen Bundestag stimmen die Abgeordneten über ein Gesetz ab.

Danke Hamburg! Danke Bayern! Eure Volksentscheide hauchen unserer in Trägheit verfallenen Demokratie wieder Leben ein. Ob Rauchverbot oder Schulreform - Plebiszite in Deutschland funktionieren. Die Zahl der Volks- oder Bürgerentscheide in Kommunen und Ländern wächst. Es ist Zeit, endlich das Grundgesetz zu ändern und sie auch im Bund möglich zu machen.

Als die Autoren des Grundgesetzes die Mitsprache des Volkes auf ein Minimum reduzierten, hatten sie ein Volk vor Augen, das sich von Demagogen verführen ließ und sich treu Adolf Hitler unterwarf. Dass man so einem Volk nicht viel zutraute, ist verständlich. 60 Jahre später feierte die Republik den Geburtstag seiner Verfassung mit der stolzen Feststellung, dass die deutsche Demokratie erwachsen geworden sei. Das ist wahr - und ein guter Grund, dem Volk wieder etwas zuzutrauen.

Gerne wird ins Feld geführt, komplizierte Sachfragen eigneten sich nicht, sie den Bürgern zu überlassen. Das stimmt, aber darum geht es ja auch gar nicht, denn komplizierte Sachfragen stehen in Volksabstimmungen nicht zur Debatte. Aber warum sollten Berufspolitiker qualifizierter über ein Rauchverbot oder die Zukunft der Schule urteilen als die, die sie vertreten? [...]

Es rüttelt nicht an den Pfeilern der parlamentarischen Demokratie, wenn in Einzelfragen das Volk direkt entscheidet. Im Gegenteil: Die wachsende Entfremdung zwischen politischer Klasse und Volk könnte durchbrochen werden. Mag auch nicht jede Abstimmung die Massen mobilisieren, die letzten Volksentscheide sind dennoch hoffnungsvoller Beleg für eine Politisierung, die unserem Land [...] guttut.

Stefan Leifert [zdf], Kennzeichen Digital, Das Blog, 18.7.2010 14:07

Demagoge = Jemand, der durch falsche Behauptungen, Versprechungen und Täuschungen andere Menschen für seine politischen Ziele gewinnt

mobilisieren = Menschen dazu bewegen, an etwas teilzunehmen

M 5 Kontrovers diskutiert: direkte Demokratie

a) Bloß nicht!

Volksentscheide sind eine der gefährlichsten Mittel, die auch eine Demokratie, die ja vom Volke ausgeht, zugrunde richten kann.

Wir leben in einer Republik, und diese ist auch dadurch definiert, dass wir bestimmte Personen wählen, von denen wir glauben, dass sie uns am besten vertreten. Nun, wo liegt der Unterschied, ob ich nun selbst meine Meinung kundtue, indem ich zum Volksentscheid gehe, oder ob ich jemanden beauftrage, für mich zu reden und abzustimmen (im kleineren Kreis)? Der Unterschied liegt schlicht und ergreifend darin, dass Politiker [...] Politikwesen in der Regel studiert haben, es ihr Beruf ist, sich ständig mit der Politik auseinanderzusetzen, und Schlüsse aus der Vergangenheit zu ziehen. Als Normalbürger hat man diese Zeit schon gar nicht! Fehlentscheidungen, die auf unwissenschaftlicher Basis, Emotionalität, Unwissenheit und Populismus basieren, [...] sind die Folge. Lassen Sie mich ein Beispiel nennen: Würden wir abstimmen, ob Kinderschänder, Terroristen oder sonstige in vielerlei Augen „Unpersonen" misshandelt, gefoltert oder mit der Todesstrafe bestraft werden sollten, so wären die Ergebnisse mehr als bedenklich [...].

Lucas Müller, Kennzeichen Digital, Das Blog, 18.7.2010 15:09

Populismus = eine Politik, die durch Übertreibung und starke Vereinfachung versucht, die Unterstützung breiter Massen zu erlangen

b) Eine super Idee

Es gibt ein Land, welches erfolgreich vom Volk regiert wird – die Schweiz. Wir haben unsere Rechte an das Parlament abgegeben, die Schweizer können von der Politik Gesetze verlangen und einfordern. Ist die Schweiz damit schlechter dran als Deutschland? Nein. In der Schweiz steht das Volk über allem und es regiert gut. Die Politiker sind nur Beauftragte des Volkes, denen notfalls die Gesetze diktiert werden. In Deutschland sind wir nur Stimmvieh, welches seine Rechte bei der Wahl abgibt und delegiert. Wir sollten uns die einzige vollendete Demokratie der Welt als Vorbild nehmen.

Demokrat, Kennzeichen Digital, Das Blog, 18.7.2010 15:47

Direkte Demokratie in NRW
Auf kommunaler Ebene ist mit dem Bürgerbegehren und dem Bürgerentscheid eine direkte Beeinflussung der kommunalpolitischen Entscheidungen möglich. Mit der Volksinitiative, dem Volksbegehren und dem Volksentscheid können die Bürgerinnen und Bürger dagegen auf Landesebene unmittelbar Einfluss auf den demokratischen Willensbildungsprozess nehmen. Informationen über die Verfahrensabläufe, die genauen Voraussetzungen sowie Rechtsprechung findest du unter: *http://www.im.nrw.de/bue/1.htm*

Aufgaben

1. Untersucht, ob ihr Elemente direkter oder repräsentativer Demokratie in der Verfassung eurer Kolonie verankert habt (M 3).
2. Informiere dich im Internet, ob es in Nordrhein-Westfalen gerade aktuelle Bürger- oder Volksentscheide gibt, und stelle die Hintergründe dar (M 4).
3. Brauchen wir mehr direkte Demokratie in Deutschland? Stelle die Argumente für und wider mehr direkte Demokratie in einer Tabelle gegenüber und entscheide dich für einen Standpunkt (M 4, M 5).

Was ist politische Beteiligung?

M 6 Wie sich Jugendliche engagieren

Bianca (17) ist der Greenpeace Jugend beigetreten und hat schon an einigen Aktionen – z. B. zum Schutz des Klimas – teilgenommen.

Maike (17) engagiert sich in einer Schülergruppe, die regelmäßig Menschen im Altersheim besucht.

Markus (16) organisiert Internetkampagnen für Amnesty International. Er tritt v. a. für eine Verbesserung der Menschenrechtslage in Myanmar ein.

Olaf (17) hat bereits an vielen Demonstrationen gegen Krieg teilgenommen.

Jonas (16) engagiert sich seit drei Jahren in seinem Radsportverein als Jugendtrainer.

Maja (17) ist seit wenigen Monaten Mitglied der Jungen Union.

M 7 „Ein Hocker, der auf zwei Beinen steht, fällt um"

Herr Keupp ist Professor für Sozial- und Gemeindepsychologie und forscht viel zur Bedeutung von sozialen Netzwerken und freiwilligem Engagement.

fluter: Herr Keupp, was genau ist Partizipation?
Teilhabe und Teilnahme an den Prozessen, die die Gesellschaft beeinflussen und verändern. Man kann das auch bürgerschaftliches Engagement nennen.

fluter: Ich bin Mitglied bei Bayern München. Bin ich damit schon engagiert?
Natürlich nehmen Sie an etwas teil, aber das ist nicht das, was man unter Partizipation versteht. Sie interessieren sich für die Mannschaft, gehen ins Stadion, feuern sie an, aber Sie spüren dabei sicher auch die Ohn-

macht. Sie können ja nichts verändern. Etwas anderes wäre es, wenn Sie selbst zum Beispiel ein Jugendfußballteam betreuen oder sich zum Kassenwart wählen lassen. Das wäre dann Teilnahme und Teilhabe im Sinne einer Partizipation. Teilhaben kann man aber natürlich auch außerhalb von Vereinen, zum Beispiel bei einer Schülerzeitung, in der Schülermitverwaltung, in seiner Kommune, im Jugendzentrum. Und natürlich durch etwas, woran man bei Partizipation oft zuerst denkt: indem man wählen geht, sich politisch engagiert.

fluter: Gerade beim politischen Engagement wird Jugendlichen oft mangelndes Interesse vorgeworfen.

Ja, das hört man manchmal. Es herrscht aber gar kein Mangel an politischer Interessiertheit. Das Interesse ist allgemein möglicherweise nicht mehr so groß, wie es zur Zeit der Studentenproteste in den 60er Jahren war, aber von einem Mangel kann man nicht sprechen. [...]

fluter: Und wofür engagieren [die Jugendlichen] sich dann?

Es muss mit ihrer eigenen Lebenswelt zu tun haben, es muss greifbar sein, losgelöst von einem abstrakten Zusammenhang. Es muss ihren Alltag betreffen, ihre eigenen Wünsche. [...]

fluter: Was würde der Gesellschaft passieren, ohne Engagement?

Sie wäre langweilig, vieles, was uns Freude macht, würde nicht mehr stattfinden, ob das Sommerfeste sind oder gemeinsame Wochenendausflüge. Es gäbe keine neuen Ideen mehr, die Institutionen würden endgültig in ihrem eigenen Saft eintrocknen. Aber das wäre noch nicht alles.

fluter: Was denn noch?

Nach dem amerikanischen Wirtschaftswissenschaftler Jeremy Rifkin steht jede Gesellschaft auf drei Beinen, vergleichbar einem dreibeinigen Hocker: der Wirtschaft, dem öffentlichen Sektor, also Verwaltung, Institutionen und so etwas, und dem, was wir Zivilgesellschaft nennen. Diese Zivilgesellschaft ist all das, was unter Teilhabe, Teilnahme, bürgerlichem Engagement zu verstehen ist. Große Teile der Gesellschaft funktionieren nur und leben von dem oft gar nicht erkannten Teil der Beteiligung der Bürger. Ohne dieses Engagement hätte eine Gesellschaft gar keine echte Lebenskraft.

Interview: Dirk Schönlebe, fluter Nr. 11, Juni 2004, S. 7 ff.

Ehrenamt
Das Ehrenamt ist eine meist freiwillige, am Gemeinwohl orientierte, unbezahlte Tätigkeit für die Gesellschaft. Ehrenämter kann man in Vereinen, sozialen Diensten oder auch in der Gemeinde übernehmen.

Engagement in der Schule
Erstellt eine Liste von Möglichkeiten, wie man sich in der Schule engagieren kann. Diskutiert dann, ob es sich um politisches Engagement handelt.

Aufgaben

1. Betrachte die Beispiele in M 6 und entscheide, ob es sich deiner Auffassung nach um politisches Engagement oder eine andere Form des Engagements handelt. Begründe deine Entscheidung, indem du Kriterien formulierst, die politisches Engagement auszeichnen.
2. „Jede Gesellschaft steht auf drei Beinen ...“. Erläutere, was mit diesem Vergleich gemeint ist (M 7). Belege deine Ausführungen mit Beispielen.
3. „Demokratie heißt, sich in die eigenen Angelegenheiten einzumischen.“ (Max Frisch). Erläutere diese Aussage an einem selbst gewählten Beispiel.

Was wir wissen

Formen politischer Herrschaft M 1	Politische Herrschaft kann auf unterschiedliche Weise ausgeübt werden. In Monarchien herrscht meist eine Person, der Monarch oder die Monarchin, über das Volk. Gibt es kein politisches Gegengewicht, dann kann der Monarch alleine bestimmen. Diktatoren haben sich meist mit militärischer Gewalt an die Spitze eines Staates gesetzt. Oft regieren sie mit brutaler Gewalt und unterdrücken ihr Volk. Politische Freiheiten und Rechte sind in diesen Staaten nicht verwirklicht.
Demokratie M 2	Demokratie ist eine politische Ordnung, die von Freiheit, Gleichheit und Menschenwürde ausgeht und versucht, den Anspruch der „Regierung des Volkes durch das Volk und für das Volk" (Abraham Lincoln) nicht nur im staatlichen Bereich, sondern in allen gesellschaftlichen Bereichen zu verwirklichen.
Volkssouveränität	Zentrales Wesensmerkmal der Demokratie ist die Volkssouveränität. Das bedeutet, dass alle politische Herrschaft vom Volk ausgeht. Zur Ausübung der Volkssouveränität ist die Partizipation, d.h. die Teilnahme der Bürger am politischen Leben, notwendig. Nur so ist garantiert, dass Herrschaft zum Wohle der Allgemeinheit ausgeübt wird und nicht im Interesse einzelner Gruppen.
Direkte Demokratie M 3, M 4	Durch direkte Bürgerbeteiligung – z. B. in den Gemeinden – kann unmittelbar auf die politischen Entscheidungsprozesse Einfluss genommen werden. In Deutschland sind die Möglichkeiten direkter Demokratie auf Bundesebene allerdings äußerst begrenzt. Deshalb wird immer wieder gefordert, auch hier direktdemokratische Elemente einzuführen.
Repräsentative Demokratie M 3	Im Gegensatz zur direkten oder plebiszitären Demokratie werden in der repräsentativen Demokratie die politischen Entscheidungen nicht direkt von den Bürgern, sondern von gewählten Politikern, den Repräsentanten, im Parlament getroffen. Die Abgeordneten werden in freien Wahlen bestimmt und können bei der nächsten Wahl auch wieder abgewählt werden.
Politische Beteiligung M 7	Die Bürgerinnen und Bürger der Bundesrepublik Deutschland können sich auf vielfältige Weise politisch engagieren. Der informierte Bürger kann sich an der öffentlichen Debatte beteiligen (Leserbriefe, Internetforen, Podiumsdiskussionen etc.), Vereine und Bürgerinitiativen gründen oder ihnen beitreten und sich in Parteien engagieren. Die wichtigste Beteiligungsform bleibt jedoch die Teilnahme an Wahlen. Darüber hinaus stellt jedes zivilgesellschaftliche Engagement politische Beteiligung dar. Darunter fallen z.B. die Betreuung von Jugendgruppen oder das ehrenamtliche Engagement für alte Menschen.

Schweizer stimmen gegen Minarett-Bau

Überraschendes Votum für ein Minarettverbot: Die Eidgenossen haben in einer Volksabstimmung gegen den Bau von Gebetstürmen auf Moscheen votiert. Zwei rechtspopulistische Parteien hatten die Initiative auf den Weg gebracht.

Plakat der Initiative für ein Minarettverbot

Bern – Die Schweizer haben die Volksinitiative „Gegen den Bau von Minaretten" angenommen: Nach dem am Sonntag veröffentlichten Endergebnis stimmten mehr als 57 Prozent für die Initiative zweier rechtspopulistischer Parteien. Umfragen vor der Abstimmung hatten noch eine Niederlage der Minarettgegner erwarten lassen. Daher ist das Ergebnis eine Überraschung.
Die Wahlbeteiligung betrug rund 54 Prozent.
Die von Anhängern der rechtskonservativen Schweizerischen Volkspartei (SVP) und der rechtsnationalen Kleinpartei Eidgenössische Demokratische Union (EDU) lancierte Volksinitiative konnte damit offenbar nach einem zum Teil scharf geführten Abstimmungswahlkampf zuletzt Boden gutmachen. Bislang gibt es in der Schweiz lediglich vier Moscheen mit Minaretten. [...]
Mit Ausnahme der SVP haben sich sämtliche etablierte Parteien der Schweiz gegen das Minarettverbot ausgesprochen. Die Regierung in Bern hatte den Stimmberechtigten empfohlen, mit Nein zu votieren. Sie befürchtet, ein Minarettverbot werde „im Ausland auf Unverständnis stoßen und dem Ansehen der Schweiz schaden".

http://www.spiegel.de/politik/ausland/0,1518,664104,00.html (29.11.2009)

Aufgaben

1. Obwohl sich fast alle etablierten Parteien gegen ein Minarettverbot aussprachen, stimmten die Schweizer Bürgerinnen und Bürger für das umstrittene Minarettverbot. Erörtere ausgehend von diesem Beispiel allgemeine Vor- und Nachteile der direkten Demokratie und nimm dazu Stellung.
2. Erstellt mit folgenden Begriffen ein Tabu-Spiel: Monarchie, Diktatur, Demokratie, Volkssouveränität, politische Beteiligung, direkte Demokratie, repräsentative Demokratie. Dazu werden die Begriffe auf Karten geschrieben. Für jeden Begriff werden die „Tabu-Wörter" festgelegt, die bei der Umschreibung nicht genannt werden dürfen.

3.2 Politische Willensbildung

Wählen – warum eigentlich?

M 1 Die Wahlbeteiligung in der Bundesrepublik Deutschland

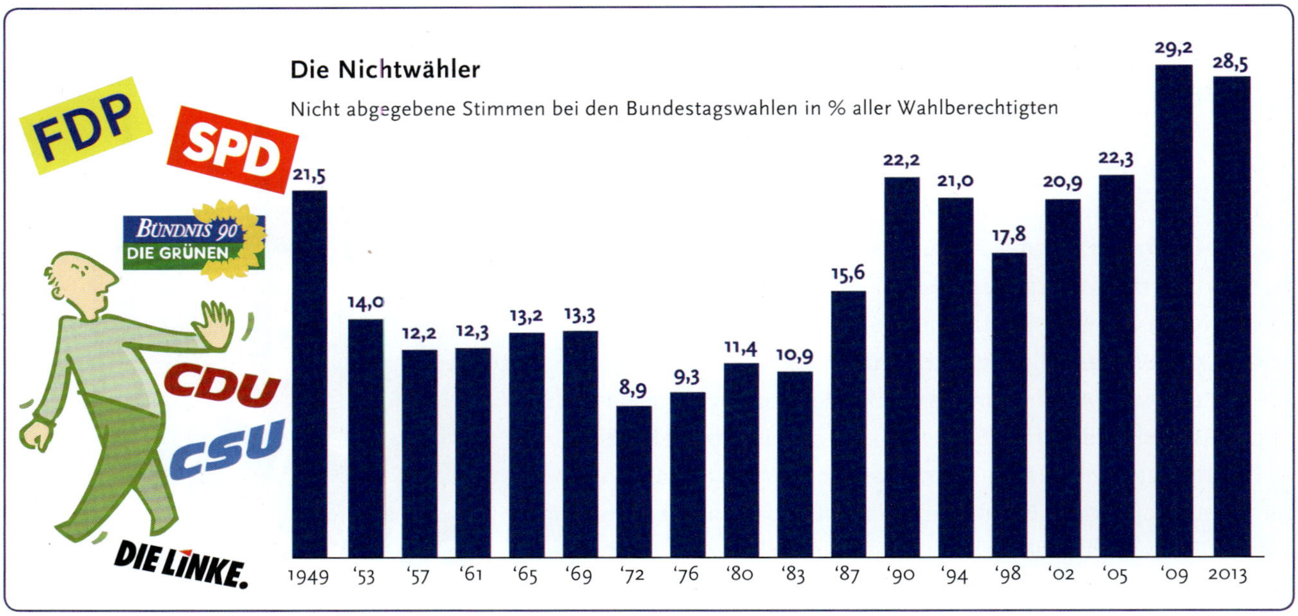

Bergmoser + Höller Verlag AG, Zahlenbilder 88607

M 2 Das Phänomen Nichtwähler

Das Superwahljahr 2009 begann mit einem Rekordtief. Jeder vierte wahlberechtigte Bürger nahm nicht an der Landtagswahl in Hessen teil, so wenige waren es dort noch nie. Auch bei der Europawahl erreichte man mit einer Wahlbeteiligung von 43 Prozent einen Tiefpunkt. […] Die Gründe der mangelnden Wahlbeteiligung sind vielfältig. […] Glaubte man den gängigen Erklärungen der Parteienforscher noch vor einigen Jahren, dass es sich bei Nichtwählern um desinteressierte Demokratiebefürworter oder ungebildete Bürger der untersten Sozialschichten handelt, ist heute jedoch längst bekannt, dass diese Annahmen überholt sind. Nach einer Studie im Nachgang zur Hamburger Bürgerschaftswahl im letzten Jahr stammen Nichtwähler aus allen politischen Lagern. Auch Oskar Niedermayer, Politologe und Leiter des Otto-Stammer-Zentrums an der Freien Universität Berlin, erkennt unterschiedliche Typen von Nichtwählern. Er unterscheidet zwischen vier Gruppen: die politisch desinteressierten Nichtwähler, die keinerlei Verbindung zur Politik haben, die rational abwägenden Nichtwähler, die zu wechselhaftem Wahlverhalten tendieren und sich je nach Bedeutung der Wahl kurzfristig gegen eine Wahlbeteiligung entscheiden, die unzufriedenen Protestwähler, welche dem herrschenden politischen System kritisch gegenüberstehen und sich bewusst gegen eine Wahlbeteiligung entscheiden und schließlich die geringe Gruppe der technischen Nichtwähler, unter denen sich kürzlich verstorbene Bürger sowie jene befinden, die wegen Urlaub oder Krankheit kurzfristig verhindert sind, aber gerne wählen würden.

Diana Kinnert, Die Welt, 17.9.2009

M 3 Kontrovers diskutiert: Wählen gehen?

Mirjam (28) hat noch nie eine Wahl verpasst. Warum denn?

„In einer Gesellschaft wie der unsrigen müssen sich alle Menschen an die geltenden Gesetze halten. Gesetze bestimmen unser Leben, geben uns Freiheiten, schränken uns aber auch ein. Die Abgeordneten im Parlament machen diese Gesetze und deshalb möchte ich die Menschen, die im Parlament sitzen, und die Politik, die sie vertreten, mitbestimmen. Das tue ich, indem ich zur Wahl gehe. Die Politiker sind dann zwar auf vier Jahre gewählt, aber wenn es mir nicht gefällt, was sie tun, dann wähle ich sie nach vier Jahren wieder ab und gebe meine Stimme einer anderen Partei oder einem anderen Kandidaten. Und weil wir Wähler alle so denken, richten sich die Politiker nach uns. Ginge ich nicht mehr zur Wahl, dann wäre mein Einfluss auf die Politik dahin."

Klaus (34) hat sich die letzten vier Jahre an keiner Wahl beteiligt.

„Früher bin ich auch immer zum Wählen gegangen, aber irgendwann hatte ich den Eindruck, dass sich die Politiker und die Parteien immer ähnlicher werden. Es gibt nur noch geringe inhaltliche Unterschiede und jeder kann mit jedem zusammenarbeiten. Ich bin nicht unzufrieden mit unserer Gesellschaft und unserem Staat. Auch wehre ich mich gegen Vorwürfe, ich wäre nicht politisch. Ich engagiere mich durchaus für unsere Gesellschaft und arbeite als Jugendtrainer auch ehrenamtlich. Es ist nicht so, dass politisches Engagement sich nur auf das Wählen bezieht. Ich würde auch gerne über politische Streitfragen direkt abstimmen, so wie die Schweizer Bürger das dürfen. Könnte ich das, dann ginge ich auch wieder ins Wahllokal."

Bei Klassensprecherwahlen ist es selbstverständlich, dass sich alle Schülerinnen und Schüler an der Wahl beteiligen. Was würde es für das Amt bedeuten, wenn sich beispielsweise nur 50 % einer Klasse an der Wahl beteiligen?

Aufgaben

1. Formuliert zuerst Hypothesen, weshalb wahlberechtigte Bürger nicht mehr wählen gehen. So könnt ihr beginnen: „Menschen bleiben der Wahl fern, weil ..." Überprüft dann eure Hypothesen mithilfe von M 2.
2. Mirjam und Klaus vertreten zwei völlig unterschiedliche Meinungen zur Frage, ob man an Wahlen teilnehmen soll. Simuliert ein Streitgespräch zwischen den beiden. Ergänzt dabei eigene Argumente und nehmt abschließend persönlich Stellung (M 3).

Hypothesen = Vermutungen über Zusammenhänge werden in der Wissenschaft als Hypothesen bezeichnet. Eine Hypothese ist also eine unbewiesene Annahme, die erst noch überprüft werden muss.

Welches Wahlsystem soll es sein?

M 4 Wahlsysteme im Vergleich

Wenn wie in Deutschland ca. 60 Millionen Menschen wählen dürfen, dann muss es ein Verfahren geben, aus dem hervorgeht, wie die einzelnen Stimmen in Parlamentssitze umgewandelt werden. Dieses Verfahren wird als Wahlsystem bezeichnet.

Art. 38, 1 GG
Die Abgeordneten des Deutschen Bundestages werden in allgemeiner, unmittelbarer, freier, gleicher und geheimer Wahl gewählt.

Sperrklausel oder 5 %-Hürde
Die Parteien müssen 5 % der abgegebenen Zweitstimmen erhalten oder drei Direktmandate erreichen, um in den Deutschen Bundestag einziehen zu können.

Mehrheitswahl

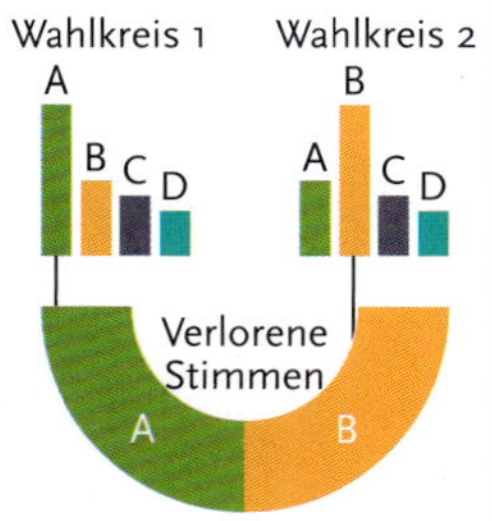

Verhältniswahl

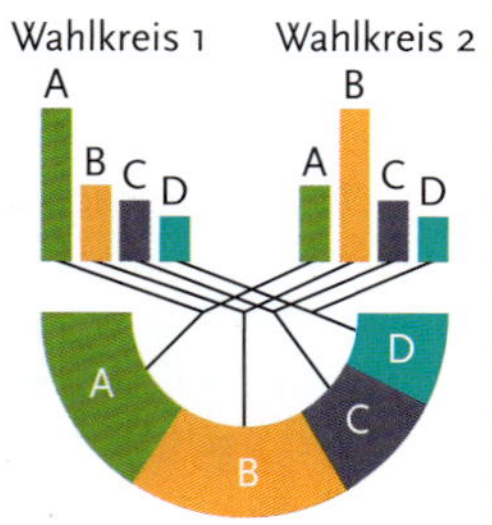

Die Stimmen der Wählerinnen und Wähler müssen in Parlamentsmandate umgerechnet werden. Hierfür gibt es unterschiedliche Methoden mit Vor- und Nachteilen. Bei der Entscheidung für ein Verfahren gilt es abzuwägen: Das Wahlergebnis soll den politischen Willen der gesamten Wählerschaft im Parlament möglichst korrekt abbilden – es soll aber gleichzeitig eine regierungsfähige Mehrheit hervorbringen. Hier gibt es einen Zielkonflikt, denn beides ist nicht gleichzeitig in idealer Weise zu erreichen. Die meisten Wahlsysteme streben deshalb einen Kompromiss an.

Mehrheitswahl

Zu klaren Mehrheiten führt es meistens, wenn alle Abgeordneten direkt in den Wahlkreisen gewählt werden. Hier spricht man von einem Mehrheitswahlsystem. Wer im Wahlkreis die meisten Stimmen auf sich vereinigen konnte, ist gewählt. Parteilisten gibt es nicht. Die Stimmen für alle nicht gewählten Kandidaten verfallen – sie wirken sich nicht auf die Zusammensetzung des Parlaments aus.

Die Mehrheitswahl begünstigt, wie das Beispiel Großbritannien zeigt, immer die großen Parteien. Kleinere politische Strömungen haben kaum eine Chance, ihre Ideen in die parlamentarische Debatte einzubringen. Die Folge ist, dass sich große Gruppen der Bevölkerung mit ihren Überzeugungen politisch überhaupt nicht vertreten fühlen. Der Vorteil für das politische System: Eine klare absolute Mehrheit für eine Partei ist die Regel. Die Regierungsbildung ist meist kein Problem.

Ein Mehrheitswahlsystem bringt auch ganz andere Parteien hervor: Die Parteien sind weniger mächtig, und die Abgeordneten spielen in ihnen eine wichtige Rolle. Diese sind sehr unabhängig und die Parteizentralen können ihnen kaum etwas vorschreiben.

Verhältniswahl

Das Verhältniswahlsystem dagegen kennt überhaupt keine direkt gewählten Wahlkreiskandidaten. Die Stimmberechtigten entscheiden sich für die Kandidatenlisten einer Partei. Jede Partei schickt so viele Abgeordnete ins Parlament, wie es ihrem Anteil an den abgegebenen Wahlstimmen entspricht. Im reinen Verhältniswahlsystem sind deshalb auch sehr kleine Parteien vertreten. Wenn es keine Sperrklausel gibt, entspricht die Zusammensetzung des Parlaments genau der Verteilung der Stimmen auf die Listen, die zur Wahl standen.

Ein reines Verhältniswahlsystem führt – wie es die Geschichte der Weimarer Republik gezeigt hat – leicht zur Zersplitterung der Parteienlandschaft. Ein in viele Fraktionen zerfallendes Parlament bringt schwache, wenig stabile Regierungen hervor, die sich auf Mehrparteienkoalitionen stützen müssen. Die Parteiapparate sind in einem solchen System übermächtig, denn die gewählten Abgeordneten sind von ihnen abhängig. Bei der nächsten Wahl wollen sie wieder auf einem aussichtsreichen Listenplatz aufgestellt werden.

Personalisierte Verhältniswahl

Der Bundestag wird auf vier Jahre gewählt, und zwar nach dem Verfahren der sogenannten personalisierten Verhältniswahl. Danach wird die Hälfte der Abgeordneten in einem Wahlkreis direkt gewählt, während die andere Hälfte über die Landeslisten der Parteien in den Bundestag einzieht. Jeder Wähler und jede Wählerin kann zu diesem Zweck zwei Stimmen vergeben. Die Erststimme ist der „personalisierte" Teil des Wahlsystems. Mit ihr wird der oder die Wahlkreisabgeordnete nach dem Prinzip relativer Mehrheitswahl gewählt. Das bedeutet: Gewählt ist, wer die meisten Stimmen auf sich vereint.

Informationen zur politischen Bildung aktuell, Bundestagswahlen 2002, Bonn 2002, S. 3 f.

a) Sitzverteilung im Bundestag nach der Bundestagswahl 2013

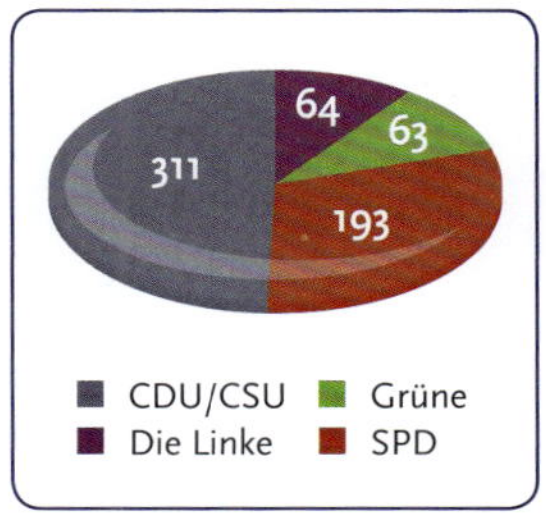

b) Simulation: Sitzverteilung nach Mehrheitswahl in Einer-Wahlkreisen

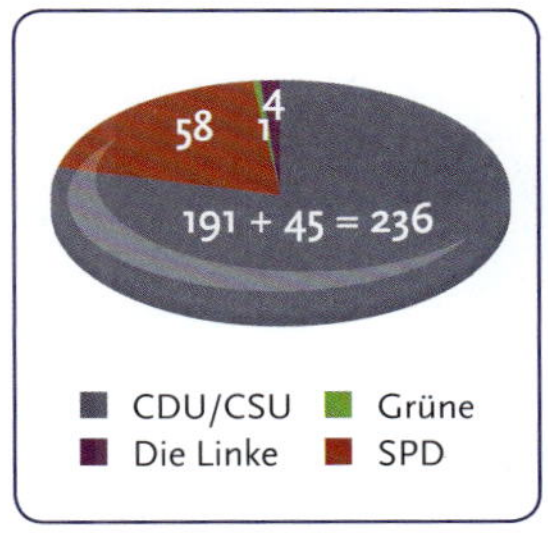

Um die Auswirkungen des Mehrheitswahlrechts auf die Zusammensetzung des Deutschen Bundestags zu simulieren, wird einfach angenommen, dass lediglich die in den 299 Wahlkreisen nach der relativen Mehrheitswahl direkt gewählten Abgeordneten einen Sitz im Parlament erhalten. Unberücksichtigt bleiben muss, dass auch das Wahlsystem die Wahlentscheidung der Wähler beeinflusst.

M 5 Ergebnisse der Bundestagswahlen

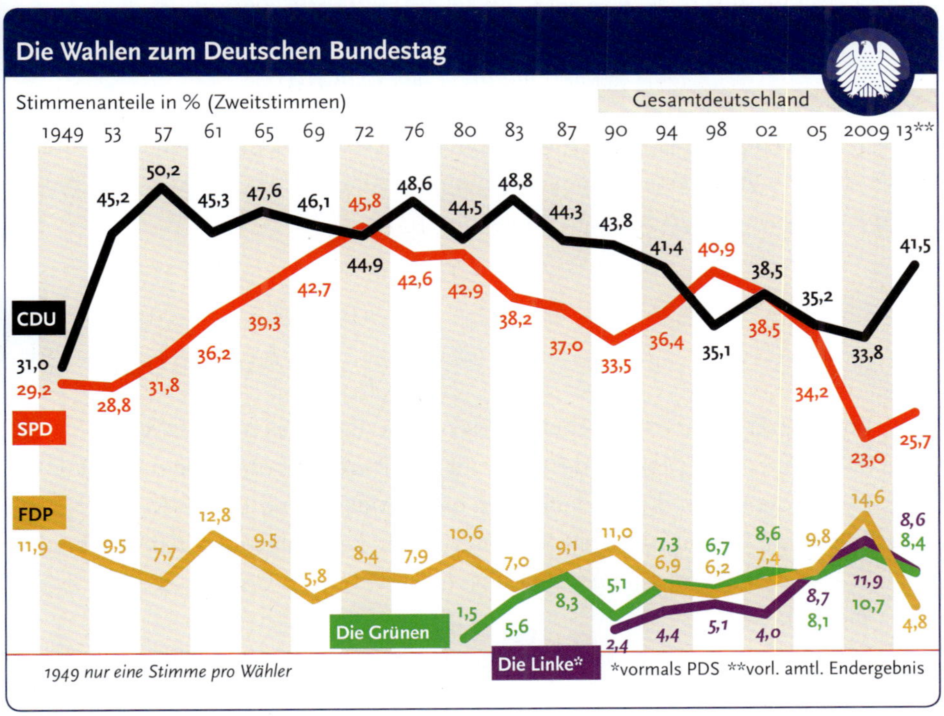

dpa-Grafik 19920

Methode

M 6 Ein politisches Urteil fällen

In einem Land, in dem sehr viele Menschen wählen dürfen, muss es ein Verfahren geben, das bestimmt, wie die abgegebenen Stimmen der Wähler in Parlamentssitze umgewandelt werden. Dafür stehen unterschiedliche Wahlsysteme zur Verfügung, z. B. die Mehrheitswahl und die Verhältniswahl (vgl. M 4). Die Wahlsysteme haben natürlich jeweils ihre Stärken und Schwächen. Wie kann man nun die Stärken und Schwächen eines Wahlsystems beurteilen?
Wahlsysteme müssen u. a. zwei wesentliche Dinge leisten: Zum einen müssen sie für stabile Mehrheiten im Parlament sorgen, damit eine stabile Regierung gewählt werden kann. Zum anderen wünschen sich die Menschen, dass die abgegebenen Stimmen zu einer gerechten Verteilung der Sitze im Parlament führen.
Das Problem besteht nun darin, dass nicht immer beide Ziele erreicht werden können. Ein politisches Urteil fällen bedeutet nun abzuwägen und dann zu entscheiden, welches Ziel wichtiger ist und vornehmlich erreicht werden soll.
Experten haben für dieses Problem Fachbegriffe geprägt, um die verschiedenen Wege, zu einem Urteil zu kommen, zu verdeutlichen:

Sachurteil	Werturteil
Sachurteile fragen, ob politische Entscheidungen zur Lösung eines Problems beitragen. Man untersucht, ob eine politische Maßnahme effizient ist. *Frage: Gelingt es, eine stabile Regierungsmehrheit zu schaffen?*	Werturteile beurteilen politische Entscheidungen nach moralischen Maßstäben. Dabei ist entscheidend, welche Werte (z. B. Freiheit, Gleichheit, Gerechtigkeit, ...) die Menschen vertreten. *Frage: Sind die Wähler in einem gerechten Verhältnis im Parlament repräsentiert?*

Man berücksichtigt bei einem politischen Urteil beide Dimensionen und deshalb enthält ein Urteil immer Sach- und Wertaspekte – allerdings in unterschiedlicher Gewichtung. Häufig besteht zwischen den beiden Aspekten eines Urteils ein Spannungsverhältnis (vgl. dazu auch S. 31).

Aufgaben

1. Bewerte die unterschiedlichen Wahlsysteme. Berücksichtige dabei das Schaubild „Zwei Mal Bundestagswahl 2009" und begründe dein Urteil. Nenne die Werte, die für dein Urteil entscheidend sind (M 4 – M 6).
2. Nimm an: Bei der nächsten Bundestagswahl liegt folgendes Wahlergebnis in Mio. Zweitstimmen vor: SPD 18,5; CDU/CSU 19,7; Grüne: 3,8; FDP: 2,9; Die Linke: 1,5.
   a) Berechne die Verteilung der Stimmen in Prozent und die Verteilung der Sitze nach dem Sainte-Laguë/Schepers-Verfahren, wenn 598 Sitze zu vergeben sind (M 7).
   b) Ermittle, welche Parteien (zusammen) eine absolute Mehrheit der Sitze erringen könnten (M 7).
   c) Erläutere, unter welchen Bedingungen die Parteien Überhangmandate bekommen würden (M 7).

M 7 Das Wahlsystem zum Deutschen Bundestag

Die Erststimme und ihre Bedeutung

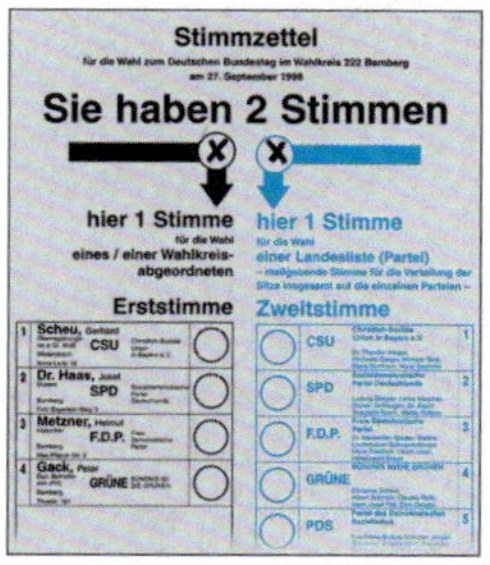

Das Gebiet der Bundesrepublik ist in 299 Wahlkreise eingeteilt. Jeder Wähler entscheidet sich für einen Kandidaten seines Wahlkreises. Gewählt ist, wer mindestens eine Stimme mehr hat als jeder andere Bewerber (*relative Mehrheitswahl*). Ein gewählter Direktkandidat kommt auf jeden Fall ins Parlament, auch wenn seine Partei die 5 %-Hürde nicht schafft.

Die Zweitstimme und ihre Bedeutung

Nach der Gesamtzahl der Zweitstimmen, die für eine Partei bei der Wahl abgegeben werden, richtet sich die Anzahl der Sitze, die diese Partei im Bundestag erhält (*Verhältniswahl*). Die Wähler geben ihre Stimme dabei der Landesliste einer Partei in ihrem Bundesland. 299 Abgeordnete ziehen bei der Sitzverteilung über diese Listen in den Bundestag ein.

Überhangmandate

Hat eine Partei in einem Bundesland mehr Direktmandate errungen als ihr – den Zweitstimmen nach – zustehen, erhält Sie Überhangmandate.
Beispiel: Die Partei B hat im Bundesland Y 28 Direktmandate gewonnen. Nach Zweitstimmen stehen ihr nur 26 Mandate zu. Die zwei fehlenden Sitze erhält die Partei als Überhangmandate. Die Gesamtzahl der Sitze im Bundestag nimmt um die Überhangmandate zu.

• = Listenmandat
• = Direktmandat
• = Überhangmandat

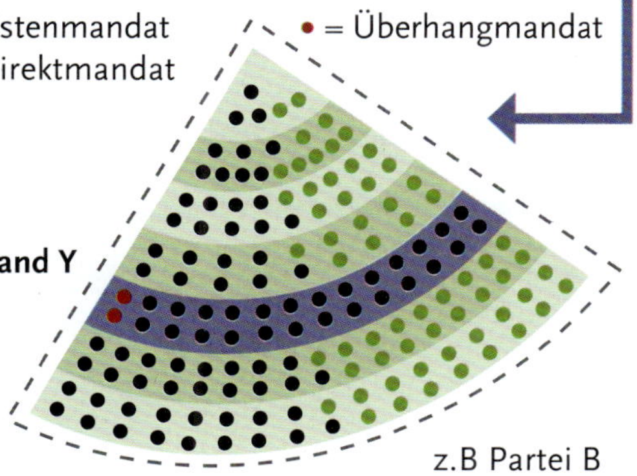

Bundesland Y

z.B Partei B

Verteilung der Sitze auf die Parteien

Bei der Vergabe der Sitze werden nur Parteien berücksichtigt, die bundesweit mindestens 5% der Zweitstimmen oder drei Direktmandate errungen haben (*Sperrklausel*).
Wie viele Abgeordnetensitze den Parteien zustehen, wird mithilfe der *Divisormethode mit Standardrundung* (Sainte-Laguë/Schepers) berechnet. Die Stimmen der Parteien, die an der Stimmvergabe teilnehmen, werden dazu durch einen Divisor geteilt. Als Divisor eignet sich die Zahl der durchschnittlich auf einen Sitz entfallenen Stimmen. Die Ergebnisse der Division werden anschließend mit Standardrundung zu ganzen Zahlen auf- oder abgerundet. Die ganzen Zahlen entsprechen der Sitzverteilung. Ist die Summe der Sitze größer/kleiner als die zu vergebenden Sitze, so wird das Verfahren mit einem größeren/kleineren Divisor wiederholt. Beispielrechnung:

Partei	Zweitstimmen	Divisor	Ergebnis	Sitze
A	3.700.000	18.896	195,80	196
B	5.500.000	18.896	291,06	291
C	2.100.000	18.896	111,13	111
598 Sitze zu vergeben	gesamt: 11.300.000	Gesamtstimmenzahl / Gesamtzahl der Sitze	Stimmen für Partei X / Divisor	nach Standardrundung

Die Sitzverteilung nach Zweitstimmen

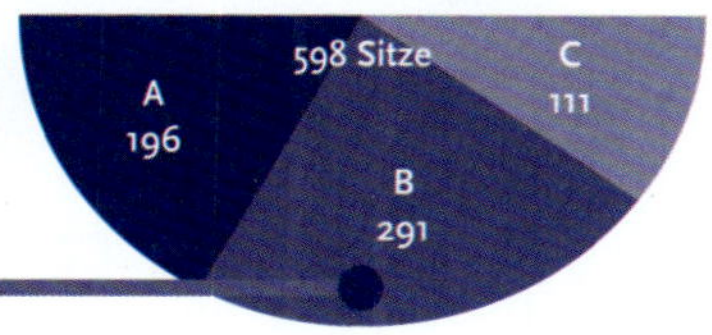

Verteilung der Sitze auf die Landeslisten der Parteien

Der Landesverband einer Partei erhält die Anzahl an Sitzen, die dem Anteil an Zweitstimmen entspricht, der auf seine Landesliste entfiel.

Partei	Sitze insgesamt	Zweitstimmen im Bundesland Y	Gesamtzahl der Zweitstimmen der Partei B		Sitze im Bundesland Y
B	291	x 500.000	: 5.500.000	= 26,45	26

Die Anzahl der errungenen Bundestagssitze wird dann zunächst mit den in dem Bundesland direkt gewählten Wahlkreiskandidaten dieser Partei besetzt (*Direktmandate*), die verbleibenden Sitze mit Kandidaten der Landesliste (*Listenmandate*).

Warum gibt es überhaupt Parteien?

M 8 Parteien – unbeliebt aber notwendig?

Mester, Baaske Cartoons, Müllheim

Volkspartei
Als Volkspartei bezeichnet man eine Partei, die aufgrund ihres Programms für Wähler und Mitglieder aller gesellschaftlichen Schichten und unterschiedlicher Weltanschauungen offen ist.

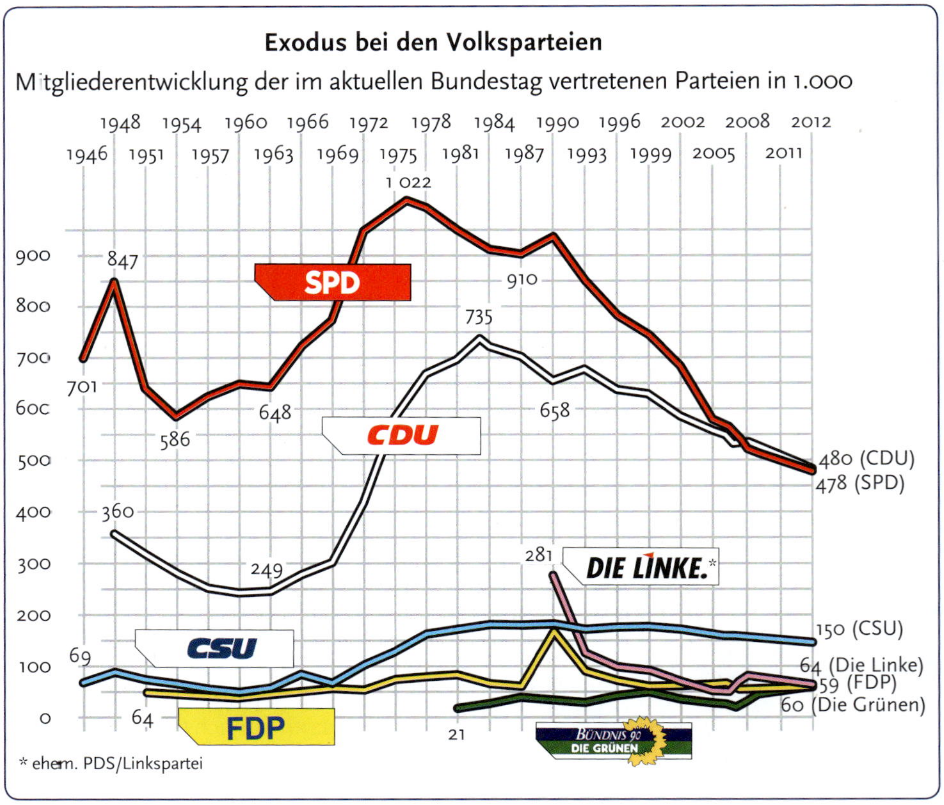

Globus-Grafik 2255 (aktualisiert), Quelle: Bundeszentrale für politische Bildung, Niedermayer 2008, Parteien

M 9 Die Demokratie – eine Dampfmaschine?

Stellt man sich die deutsche Demokratie als Dampfmaschine vor, dann sind Parteien der Keilriemen: Sie sorgen dafür, dass Bewegung von einem Teil der Maschine in den anderen kommt - und zurück. Parteien werden deshalb oft auch als demokratisches Bindeglied zwischen Staat und Gesellschaft bezeichnet. Es gibt kaum politische Entscheidungen in Deutschland, an denen sie nicht beteiligt sind. Fast alle Abgeordneten in den Parlamenten gehören einer Partei an - obwohl es die Möglichkeit gibt, direkt für ein Amt zu kandidieren. Die Bundesrepublik Deutschland wird daher häufig als Parteiendemokratie bezeichnet. [...]

Wozu gibt es Parteien? Parteien sollen der Demokratie beim Funktionieren helfen: Sie sollen sicherstellen, dass die unterschiedlichen Interessen der Bevölkerung in politische Entscheidungen umgesetzt werden und dass umgekehrt die Ideen der Politiker bei den Bürgern ankommen. Zentrale Aufgabe der Parteien ist es, an Wahlen teilzunehmen, politische Ideen und Forderungen in Parteiprogrammen zu bündeln und Personal für politische Ämter bereitzustellen, wie etwa Bundestagsabgeordnete oder Stadträte. Außerdem sollen sie in der Gesellschaft für Akzeptanz der Politiker-Entscheidungen sorgen, die Menschen für Politik interessieren und zum Wählen bewegen. Im Wahlkampf werden Parteien daher besonders aktiv und betonen ihre inhaltlichen und personellen Unterschiede.

Sind Parteien nur gut?

Ob die Parteien diesen Aufgaben gerecht werden, ist umstritten. Derzeit wenden sich viele Menschen frustriert von der Politik ab: Es herrscht „Politikverdrossenheit“. Andere kritisieren, dass Parteien auch dort Macht haben und ausüben, wo sie es gar nicht sollen. So reden Parteien bei der Besetzung von Posten mit, deren Vergabe gar nicht durch eine öffentliche Wahl entschieden wird. Das ist zum Beispiel bei Chefredakteuren im öffentlich-rechtlichen Fernsehen oder wichtigen Posten in Ministerien häufig der Fall.

Wie funktionieren Parteien?

Im Inneren sind Parteien Zusammenschlüsse von politisch interessierten Menschen, die nach demokratischen Grundsätzen organisiert sind - so schreibt es das deutsche Parteiengesetz vor. In Parteien wird laufend gewählt: Bevor ein politisches Amt zur öffentlichen Wahl steht, wurde schon parteiintern über die Bewerber abgestimmt. Auch die Parteiführung wird in demokratischen Parteien grundsätzlich gewählt. Jeder Bürger kann Mitglied einer Partei werden, aber er muss sich für eine Partei entscheiden: Mehrfachmitgliedschaften sind in den Parteisatzungen in der Regel untersagt.

Art. 21, 1 Grundgesetz

„Die Parteien wirken bei der politischen Willensbildung des Volkes mit. Ihre Gründung ist frei. Ihre innere Ordnung muss demokratischen Grundsätzen entsprechen. Sie müssen über die Herkunft und Verwendung ihrer Mittel sowie über ihr Vermögen öffentlich Rechenschaft geben.“

Parteien in den Nachrichten

Die Parteien erweitern ihre Informationsangebote im Internet

Bundestagsabgeordneter diskutiert mit Schülern über Afghanistan-Einsatz der Bundeswehr

Eine Umfrage alarmiert die Regierung. 2/3 der Befragten sind mit Steuererhöhungen unzufrieden

Politiker aller Parteien diskutieren in Talkshow über Atomkraft

Besuchergruppe im Deutschen Bundestag wird von ihrem Wahlkreisabgeordneten empfangen

Bürgersprechstunde des Landtagsabgeordneten am Freitag von 14-16 Uhr

Interview mit einem Parteivorsitzenden, der für die Regierungsarbeit wirbt

Bürger wählen Abgeordnete in den Bundestag

Insgesamt sind in Deutschland etwa 2,5 Millionen Menschen Mitglied einer Partei. Das sind etwa vier Prozent der Wahlberechtigten. Eine Gruppe von politisch interessierten Menschen gilt nach dem Grundgesetz und Parteiengesetz jedoch nur dann als Partei, wenn sie laufend und dauerhaft Politik machen und in ein Parlament auf Bundes- oder Landesebene gewählt werden will. Dies unterscheidet Parteien von Bürgerinitiativen oder Lobbyverbänden. Parteien werden vom Staat mit Steuergeldern unterstützt und finanzieren sich außerdem durch Mitgliedsbeiträge und Spenden. Die staatliche Teilfinanzierung richtet sich nach der Summe der Mitgliedsbeiträge und Spenden sowie der Anzahl der Wählerstimmen, die für eine Partei abgegeben wurden. 133 Millionen Euro Steuergelder werden so pro Jahr unter den Parteien verteilt. Ohne Parteien liefe in der deutschen Demokratie also gar nichts und aus der Politik-Dampfmaschine käme nur heiße Luft.

Sebastian Gievert, www.bpb.de, 28.8.2009

M 10 Parteien in der Krise?

Auszug aus einem Interview der Zeitung „Neues Deutschland" mit Beatrice von Weizsäcker.

ND: Wie erklären Sie sich die nach wie vor zu geringe Wahlbeteiligung und den Stimmenschwund der sogenannten Volksparteien?

von Weizsäcker: Dies ist die Folge davon, dass sich die großen Volksparteien über die Jahre vom Volk zunehmend abgekoppelt haben. Da ist es kein Wunder, dass sich das Volk von ihnen abwendet.

ND: Und politikverdrossen ist.

von Weizsäcker: Nein, die Bürger sind nicht politikverdrossen, sondern parteienverdrossen. Das ist ein großer Unterschied. Die Menschen sind sehr an Politik interessiert. Schauen Sie ins Internet oder hören Sie die Gespräche im Café – wie oft wird da über Politik geredet, ja gestritten. Die Leute engagieren sich auch viel mehr, als man glaubt. Sie gründen Initiativen, helfen sich gegenseitig im kleinen Kreis, sammeln Unterschriften für oder gegen etwas.

Neues Deutschland, 8.9.2009, S. 3

Aufgaben

1. Beschreibe und interpretiere die beiden Materialien aus M 8. Welches politische Problem wird hier dargestellt?
2. „Wenn die Demokratie eine Dampfmaschine ist, dann sind die Parteien der Keilriemen." Übertrage das Bild vom „Keilriemen" in dein Heft, gib dem Keilriemen eine Laufrichtung und ordne die Überschriften der Randspalte der jeweils passenden Laufrichtung zu (M 9).
3. Stelle begründete Vermutungen darüber an, was passiert, wenn die Parteien als Keilriemen der Demokratie geschwächt werden (M 9, M 10).

Methode

M 11 Parteien im Internet – einen Steckbrief erstellen

CDU: www.cdu.de

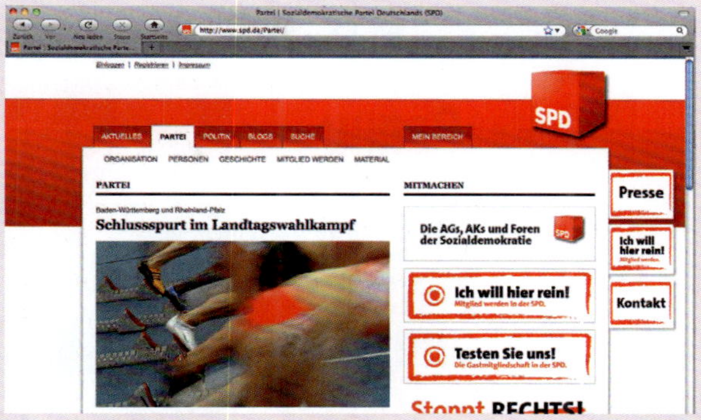

SPD: www.spd.de

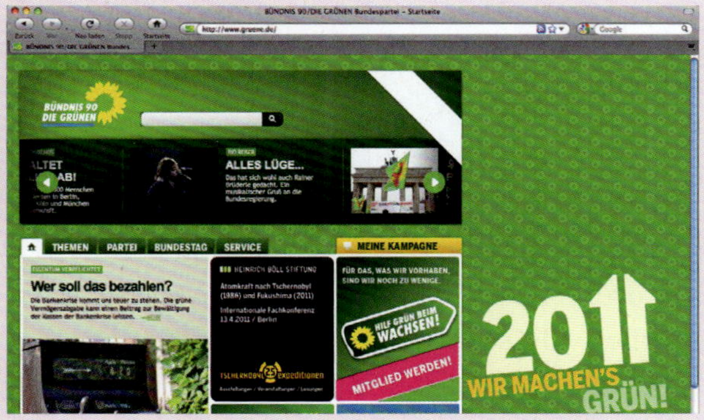

Bündnis 90/Die Grünen: www.gruene.de

Die Linke: www.die-linke.de

FDP: www.fdp-bundespartei.de

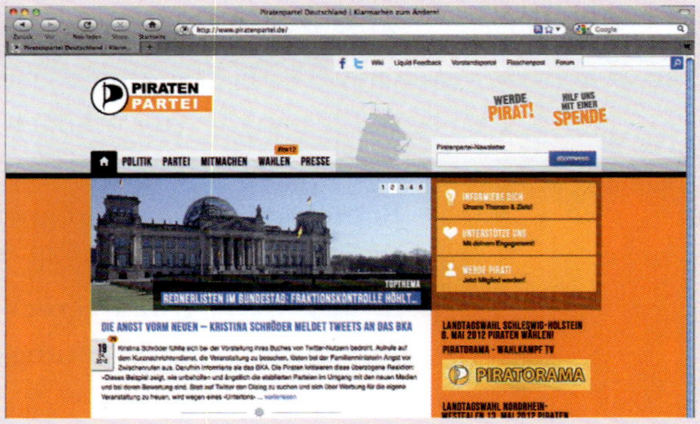

Piratenpartei: www.piratenpartei.de

Arbeitsauftrag:

Erstelle einen Steckbrief der Parteien, beachte dabei folgende Fragen:

- Wann wurde die Partei gegründet?
- Welche prominenten Mitglieder hat sie?
- Wann und wo war/ist die Partei an der Regierung beteiligt?
- Hat die Partei eine Jugendorganisation?
- Einigt euch auf ein aktuelles politisches Thema (z. B. Einführung von Ganztagsschulen) und recherchiert, was die Parteien dazu auf ihren Homepages sagen.
- Ihr könnt auch den Internetauftritt der Parteien nach verschiedenen Kriterien bewerten.

Wahlkampf – beflügelt er die Demokratie?

M 12 Wahlplakate 2013

M 13 Die Bedeutung des Wahlkampfs

Wahlkampf bedeutet konkurrierende Werbung der Parteien um Wählerstimmen. Alle Ziele eines Wahlkampfes sind in der Regel auf drei Aspekte ausgerichtet, wobei natürlich der Wahlsieg das Hauptziel darstellt: das eigene Stammwählerpotenzial optimal zu mobilisieren, Wechselwähler zu binden und den Anteil von Nichtwählern bei der gegnerischen Stammwählerschaft zu erhöhen. Probleme, bei denen man in den Augen der Bürger am besten abschneidet, werden in Wahlkampfzeiten besonders in den Vordergrund gerückt und der Amtsbonus der Regierungschefs genutzt. Wahlkampf ist zunächst einmal besonders verdichtete politische Kommunikation. Sie stellt immer ein Beziehungsgeflecht zwischen dem politischen System, den Medien und der Öffentlichkeit als Publikum der Medien her.

Neben der Bewusstmachung von politischen Problemen lenken die Parteien – oft gleichzeitig und nebeneinander – auch absichtlich von den Problemen ab. Das Buhlen um den Wahlbürger ist seit den neunziger Jahren für die Parteien schwieriger geworden.

nach: Karl-Rudolf Korte, Wahlen in der Bundesrepublik Deutschland, 4. Aufl., Bonn 2003, S. 112 f.

M 14 Werden die Wahlkämpfe immer „amerikanischer“?

Image = (englisch: „Bild“) bezeichnet das Ansehen bzw. die Ausstrahlung einer Person. Dieses Ansehen sucht man sich v.a. auf einer positiven Emotions- oder Sympathieebene.

Werden die Wahlkämpfe immer „amerikanischer“? Gemeint ist damit dreierlei: eine Personalisierung, eine Professionalisierung und die Tatsache, dass die Medien im Wahlkampf immer wichtiger werden. Alle drei Komponenten sind nicht völlig neu für die Bundestagswahlkämpfe, doch ihre Bedeutung wächst seit den neunziger Jahren dramatisch.

Personalisierung: Wahlkämpfe sind immer mehr auf den Spitzenkandidaten einer Partei ausgerichtet. Die Sachthemen treten immer mehr in den Hintergrund, der Spitzenkandidat verkörpert die Politik und die Ziele seiner Partei. Strategisch ist hier die Person des Amtsinhabers im Vorteil. Personen repräsentieren politische Botschaften. Je größer das Potenzial an Wechselwählern ist, umso stärker ist der Drang zur Personalisierung. Die Spitzenkandidaten stecken dabei in einer Doppelrolle: Sie sind Hauptdarsteller und zugleich Inhalt der Kampagne. Zu den strategischen Vorbedingungen gehört, dass der Kandidat die geschlossene Unterstützung der Partei und der Anhängerschaft besitzt.

Die Rolle der Medien: Die meisten Bürger erleben Politik nur noch in den Medien. Direkte Parteiwerbung wird kaum beachtet, und Wahlversammlungen erreichen zumeist nur eine kleine, ohnehin überzeugte Minderheit.

Deshalb kommt dem Fernsehen eine besondere Bedeutung zu. Der Fernsehwahlkampf beschränkt sich nicht nur auf Nachrichtensendungen und politische Magazine, erst recht nicht auf Wahlspots der Parteien. Wirkungsvoller ist der Auftritt in Unterhaltungssendungen, dort gilt das Motto: mehr Infotainment als seriöse Information. Bislang wird jedoch diese in den US-Wahlkämpfen bewährte Methode nur zögernd von den politischen Parteien in ihr Konzept aufgenommen.

Als neues Wahlkampfmedium entpuppt sich das Internet. Auch dort errichten die Parteien seit 1998 eine Wahlkampfzentrale. Sie überlegen, wie sich das neue Medium strategisch in ihre Kampagnen einpassen lässt. Schwer zugängliche Wählergruppen scheinen so leichter erreichbar zu sein. Abrufen kann man neben Veranstaltungsterminen aktuelle Reden und Parteiprogramme. Die Mehrheit der Internetbesucher ist jedoch daran interessiert, selber etwas loszuwerden. Deshalb sind besonders die Diskussionsforen der Parteien erfolgreich.

Professionalisierung: Wahlkampf ist nicht mehr allein Sache der Partei oder der Parteizentralen, die eine Wahlkampfkommission einsetzen. Die Parteien ziehen Experten hinzu, die ihnen und ihren Kandidaten beratend zur Seite stehen. Neben den Demoskopen und Sozialwissenschaftlern kommen diese Fachleute zunehmend aus Werbung, Journalismus und Management. Die deutschen Parteien sind dazu übergegangen, PR-Agenturen zu beauftragen, um den Wahlkampf zu steuern, konkret, um das Image der Kandidaten und die Kontakte zu den Medien zu verbessern.

www.wahlthemen.de (12.7.2005)

Stammwähler
sind stark auf eine Partei festgelegt und bleiben dieser über viele Jahre treu.

Wechselwähler
sind nicht an eine bestimmte Partei gebunden, sondern entscheiden von Wahl zu Wahl neu.

Protestwähler
sind Wähler, die unzufrieden sind mit ihrer Partei. Sie wählen dann oft extreme Parteien, um ihre Unzufriedenheit zu demonstrieren.

M 15 Welche Rolle spielen die Spitzenkandidaten?

Mit den Spitzenkandidaten und ihrer werbewirksamen Vermarktung steht und fällt der Wahlkampf. Sie müssen Glaubwürdigkeit, Sachkompetenz und Vertrauen ausstrahlen.

Die Bewertung des „Images“ gründet besonders auf dem Sympathie- und dem Leistungsbereich. Die Spitzenkandidaten sind eine Art Werbesymbol. Sie erhöhen die Mobilisierungschancen der Stammwähler und die Einsatzbereitschaft der Anhänger. Dennoch sollte nicht ausgeblendet werden, dass auch die Spitzenkandidaten den Wahlvorgang nicht allein entscheiden. Es geht immer noch

Die Kanzlerkandidaten der beiden großen Parteien für die Bundestagswahl 2013: Angela Merkel (CDU) und Peer Steinbrück (SPD)

um die Wahl einer politischen Partei. Nichts geht in Deutschland ohne die politischen Parteien, relativ wenig ohne ein dazugehöriges politisches Programm.

Neben dem Image der Kandidaten ist natürlich ihr Bekanntheitsgrad ein wichtiges Kriterium für die Auswahl der Spitzenkandidaten. Andererseits lässt sich die Bekanntheit eines Politikers heute innerhalb kürzester Zeit durch das Fernsehen herstellen. Wenn sich jemand zum Kandidaten küren lässt, beginnt die Medienoffensive. Die Redaktionen möchten im Wettlauf mit der Zeit möglichst vieles – politisch wie privat – über die Person publizieren.

In der „Schlussphasendramatisierung" des Wahlkampfes spielt auch das Duell der Spitzenkandidaten in der Öffentlichkeit eine besondere Rolle. Es bietet für die Wähler eine weitere Möglichkeit der Bewertung. Dazu wurde bei den zurückliegenden Bundestagswahlen häufig eine große Fernsehdiskussion mit den Spitzenkandidaten wenige Tage vor der Wahl durchgeführt.

www.wahlthemen.de (12.7.2005)

Aufgaben

1. Vergleiche Aussage und Gestaltung der Wahlplakate in M 12.
2. Nenne die Gründe, weshalb die Parteien Wahlkampf betreiben (M 13).
3. „Wahlkampf ist Werbung". Recherchiere im Internet, wie sich die Spitzenpolitiker der Parteien präsentieren. Untersuche, welche Mittel sie anwenden und welches Image sie aufbauen (M 14, M 15).
4. Die Bundestagswahlen, Landtagswahlen, Kommunalwahlen und Europawahlen finden an unterschiedlichen Terminen statt und deshalb ist immer irgendwo eine Wahl in Deutschland. Diskutiert, inwieweit dieser „Dauerwahlkampf" die Arbeit der Bundesregierung erschwert und was man dagegen tun könnte.

Braucht die Demokratie Medien?

M 16 Was wäre, wenn?

Was wäre, wenn es nur noch einen staatlichen Fernsehkanal gäbe, in dem ausschließlich wiedergegeben würde, was die gerade jeweils Regierenden für gut und nützlich halten? Was wäre, wenn Journalisten alles, was sie schreiben, einem Zensor vorlegen müssten, der – mangels besseren Wissens – alles streicht, was er nicht versteht?

Freie, vor allem auch kritische Medien, sind aus einer echten Demokratie nicht wegzudenken. Demokratie, das lehrt uns nicht nur die Theorie, sondern einfach auch die Erfahrung, braucht Kontrolle. Tagtäglich.

Wenn in einer abgelegenen Region Russlands [...] Sozialabgaben dazu benutzt werden, dem lokalen Machthaber eine neue Datscha zu bauen, und ein mutiger Lokalreporter dem Skandal auf die Spur kommt, geschieht Folgendes: Der Journalist wird von seinem Chefredakteur gelobt – und erhält die Auskunft, dass man dies unmöglich veröffentlichen könne, er wisse schon, der lokale Machthaber habe so gute Verbindungen bis hinauf nach Moskau. Wenn der Journalist dann trotzdem darauf besteht, seine Rechercheergebnisse dem staunenden Leser zu vermitteln, wird er eines Abends vor seiner Wohnung auf brutale Schläger treffen – und im besten Fall lediglich im Spital landen. Varianten aller Arten lassen sich ausdenken. Der Journalist kann einen Autounfall haben, die Polizei kann eine Wohnungsdurchsuchung bei ihm vornehmen und Drogen „finden" und so weiter. [...] Journalismus ist ein schwieriges Handwerk – das steht außer Frage. Und ein sehr viel verantwortungsvolleres, als viele glauben. Ohne journalistische Kontrolle aber gerät die Demokratie erstaunlich schnell in Schieflage; und es ist gut, wenigstens einmal im Jahr daran zu erinnern.

http://mein.salzburg.com/blog/wirtschaft/2010/05/was-ist-denn-demokratie-ohne-e.html (11.5.2010)

Mediendemokratie
Eine Form der Demokratie, in der sich die Diskussion über Politik v.a. in den Medien abspielt.

Presse- und Meinungsfreiheit
„Jeder hat das Recht, seine Meinung in Wort, Schrift und Bild frei zu äußern und zu verbreiten und sich aus allgemein zugänglichen Quellen ungehindert zu unterrichten. Die Pressefreiheit und die Freiheit der Berichterstattung durch Rundfunk und Film werden gewährleistet. Eine Zensur findet nicht statt."
Artikel 5,1 Grundgesetz

M 17 Aufgaben der Massenmedien

Informationsfunktion
Die Massenmedien sollen so vollständig, sachlich und verständlich wie möglich informieren, damit ihre Nutzerinnen und Nutzer in der Lage sind, das öffentliche Geschehen zu verfolgen. Da unsere Gesellschaft viel zu großräumig geworden ist, kommen wir mit dem direkten Gespräch, der unmittelbaren Kommunikation, nicht mehr aus. Wir als Einzelne und die vielfältigen Gruppen, die in dieser Gesellschaft bestehen, sind darauf angewiesen, miteinander ins Gespräch gebracht zu werden – dafür sollen die Massenmedien sorgen. Dabei müssen wir uns der Tatsache bewusst sein, dass wir die Welt zum großen Teil nicht mehr unmittelbar erfahren; es handelt sich über-

wiegend um eine durch Medien vermittelte Welt.

Eine vielfältige Zeitungslandschaft ist ein Symbol der Meinungsfreiheit.

Tipp
Der „Wächterpreis der Tagespresse" wird jährlich für kritische Berichterstattung vergeben. Recherchiert auf *www.waechterpreis.de*, welche Missstände von den Preisträgern aufgedeckt wurden. Wählt einen Fall aus, der euch besonders beeindruckt, und stellt den Fall zum Beispiel auf einem Infoplakat vor.

Meinungsbildungsfunktion

Bei der Meinungsbildung fällt den Massenmedien ebenfalls eine bedeutsame Rolle zu. Dies ergibt sich aus der Überzeugung, in der Demokratie sei allen am meisten damit gedient, wenn Fragen von öffentlichem Interesse in freier und offener Diskussion erörtert werden. Es besteht dann die Hoffnung, dass im Kampf der Meinungen das Vernünftige die Chance hat, sich durchzusetzen. Da in einer modernen, differenziert strukturierten Gesellschaft eine Vielzahl von mehr oder weniger großen, zum Teil in Konkurrenz zueinander stehenden Interessengruppen existiert, gehört es auch zu den Aufgaben der Massenmedien, diesen Meinungspluralismus in einem angemessenen Verhältnis widerzuspiegeln.

Kritik- und Kontrollfunktion

Im parlamentarischen Regierungssystem obliegt in erster Linie der Opposition die Aufgabe der Kritik und Kontrolle. Diese wird unterstützt und ergänzt durch die Kritik- und Kontrollfunktion der Medien. Ohne Presse, Hörfunk und Fernsehen, die Missstände aufspüren und durch ihre Berichte unter anderem parlamentarische Anfragen und Untersuchungsausschüsse anregen, liefe die Demokratie Gefahr, der Korruption oder der bürokratischen Willkür zu erliegen. Wie die Wirkungsforschung hervorhebt, haben viele Medien über die erwähnten Funktionen hinaus weitere übernommen, zum Beispiel die Thematisierungsfunktion. Diese „agenda setting function", wie sie in den USA heißt, bedeutet, dass diejenigen, die die unterschiedlichen Medien lesen, hören und sehen, genau die Themen für wichtig halten, die darin behandelt werden. Die Medien sind jedoch nicht nur entscheidend dafür verantwortlich, welche Themen auf der Tagesordnung stehen, sondern sie legen auch fest, in welcher Rangfolge der Dringlichkeit diese Themen behandelt werden.

Informationen zur politischen Bildung Nr. 260, Massenmedien, hg. von der Bundeszentrale für politische Bildung, Bonn 3/1998

Aufgaben

1. Nenne Gründe, warum eine unabhängige Presse ein hohes Gut für die Demokratie ist (M 16, M 17).
2. Teile ein großes Blatt Papier in drei Bereiche entsprechend den Aufgaben der Medien. Werte dann Überschriften einer aktuellen Tageszeitung aus und ordne sie den einzelnen Aufgaben der Medien zu (M 17).
3. Untersucht den Zeitungsmarkt in eurer Stadt. Stellt dar, welche Auswirkungen die vorgefundene Marktform (vgl. S. 46 / 47) auf die Meinungsvielfalt, die Unabhängigkeit von Anzeigenkunden und Lokalpolitikern, allgemein die Qualität der Zeitung hat.

Was wir wissen

Wahlen in der repräsentativen Demokratie

Das Grundgesetz legt fest, dass die Bundesrepublik Deutschland eine repräsentative Demokratie ist, in der die Bürger nicht ständig über alle Angelegenheiten selbst abstimmen, sondern Abgeordnete wählen, die sie im Parlament vertreten und dort für sie stellvertretend entscheiden. Wahlen sind deshalb die wichtigste Form der politischen Mitbestimmung in der parlamentarischen Demokratie. Mit der Wahl einer Partei entscheidet der Wähler über die Zusammensetzung des Parlaments und damit (indirekt) über die politische Richtung und Zusammensetzung der Regierung.

Wahlsysteme
M 4

Grundsätzlich kann man zwischen Verhältniswahlsystem und Mehrheitswahlsystem unterscheiden. Bei der reinen Verhältniswahl erhalten die Vertreter der Parteien genauso viele Mandate im Parlament, wie es ihrem Anteil an den abgegebenen Stimmen entspricht. Beim reinen Mehrheitswahlsystem erhalten nur die Kandidaten ein Mandat, die in einem Wahlkreis die meisten Stimmen auf sich vereinigen konnten. In vielen Staaten gibt es Mischformen der beiden Systeme.

Wahlsystem in Deutschland
M 7

Das Wahlsystem der Bundesrepublik Deutschland ist im Bundeswahlgesetz festgelegt. Für die Wahl der 598 Abgeordneten des Bundestages haben die Wähler zwei Stimmen: Mit der Erststimme entscheidet der Wähler nach dem Prinzip der relativen Mehrheitswahl, welcher Wahlkreisabgeordnete einen Sitz im Parlament erhalten soll. Die Zweitstimme, die nach den Prinzipien der Verhältniswahl abgegeben wird, ist die wichtigere Stimme, denn durch sie wird die Zahl der Sitze festgelegt, die jeder Partei im Bundestag zustehen. Hat eine Partei die Sperrklausel (fünf Prozent der Zweitstimmen oder drei Direktmandate) überwunden, so wird die Gesamtzahl der für sie abgegebenen Zweitstimmen in Mandate umgerechnet. Das Wahlsystem zum Deutschen Bundestag wird häufig als „personalisiertes Verhältniswahlrecht" bezeichnet. Dies verdeutlicht, dass das Stimmenergebnis auf der Verhältniswahl beruht, durch die Erststimme aber die Möglichkeit besteht, direkt einzelne Personen zu wählen (Personalisierung).

Aufgaben der Parteien
M 9

Zu den Aufgaben der Parteien gehören:

- Mitwirkung: Parteien ermöglichen den Bürgern als Wähler oder als Mitglieder die Teilnahme am politischen Geschehen. Als Parteimitglied kann der Bürger bei Programmformulierungen und bei der Auswahl der Kandidaten mitwirken.
- Meinungsbildung: Parteien nehmen – vor allem mithilfe der Medien – auf die öffentliche Meinung Einfluss und fördern die politische Bildung der Bürger.

Was wir wissen

- Ermöglichung von Wahlen: In den Parteien werden die Interessen und Meinungen der Bürger artikuliert, gebündelt und daraus programmatische Alternativen für Wahlen entwickelt. In der Parteiarbeit wird Führungspersonal ausgebildet, das bei Wahlen auch für die Kandidatur um politische Ämter bereitsteht.
- Integration: Parteien sorgen für eine kontinuierliche Verbindung zwischen Staat und Gesellschaft, indem sie einerseits die Bürgerinteressen gegenüber staatlichen Institutionen artikulieren und andererseits den Bürger über staatliche Entscheidungen aufklären und diese erläutern. Diese Funktion trägt wesentlich zur Stabilität des politischen Systems bei.

Wahlkampf
M 13 – M 15

Im Wahlkampf konkurrieren die Parteien um die Stimmen der Wähler. Um den Wahlsieg zu erringen, müssen die Parteien v.a. die eigenen Stammwähler mobilisieren und potenzielle Wechselwähler und Nichtwähler gewinnen. Die Parteien versuchen, die Wähler von der Überlegenheit ihres Programms und ihres Personals zu überzeugen. Wahlkampf ist wichtig, weil er dem Wähler ermöglicht, sich über die Programme und das politische Personal der Parteien zu informieren. Zu beobachten ist auch in Deutschland eine zunehmende Personalisierung, Professionalisierung und Mediatisierung des Wahlkampfes („Amerikanisierung").

Funktionen der Medien
M 17

Da wir in einer immer komplexer werdenden Welt die wenigsten Informationen durch eigene Erfahrung oder im direkten Gespräch gewinnen können, sind wir auf die Informationen der Massenmedien angewiesen. Unser Bild von der Wirklichkeit ist also wesentlich durch die Massenmedien geprägt. Für ein möglichst präzises Abbild der Wirklichkeit sollten die Massenmedien so vollständig, sachlich und verständlich wie möglich informieren, damit ihre Nutzer in die Lage versetzt werden, das wirtschaftliche, soziale und politische Geschehen zu begreifen, die Funktionsweise des politischen Systems zu durchschauen und ihre eigene Interessenlage zu erkennen. Darüber hinaus dienen sie der Meinungsbildung, da die in der Bevölkerung bestehenden Meinungen auch in den Medien berichtet oder vertreten werden (z.B. in Kommentaren). So kann man sich leichter ein eigenes Urteil bilden. Durch die Aufdeckung von Missständen oder Kritik an politischen Entscheidungen nehmen die Medien auch eine Kontrollfunktion wahr.

Wahlen in der DDR

Am 7. Mai 1989 sind die DDR-Bürger wieder einmal aufgerufen, die „Kandidaten der Nationalen Front“ zu wählen. Das Wahlverfahren ist jedoch nur scheinbar demokratisch: Auf einer von der SED abgesegneten Einheitsliste stehen die Kandidaten – die fast keinem der Wähler bekannt sind. Eine Abstimmung über einzelne Wahlvorschläge ist nicht möglich. Es gibt nur die Unterscheidung zwischen Ja-Stimme, Nein-Stimme und ungültiger Stimme für die gesamte Liste. Was nur wenige DDR-Bürger wissen: Eine Nein-Stimme, also eine Ablehnung des Vorschlags wird nur dann anerkannt, wenn der Wähler auf der Liste jeden einzelnen Namen säuberlich durchstreicht. Jede Abweichung von dieser äußeren Form macht den Stimmzettel ungültig. Zwar ist in jedem Wahlbüro eine Wahlkabine aufgebaut, doch werden die Bürger, welche die Kabine tatsächlich benutzen, von den gestellten, linientreuen Wahlhelfern registriert: In einem sozialistischen Staat hat in ihren Augen ein rechtschaffener Mensch nichts zu verbergen. In der Bevölkerung wird der Gang zur Wahlurne deshalb auch zutreffend als „Zettelfalten“ bezeichnet. Es gibt die ungeschriebene Verpflichtung, an der Wahl teilzunehmen, und die Wahlbeteiligung der DDR-Bevölkerung liegt auch ohne die unmittelbare Anwendung von Druckmitteln bei weit über 90 Prozent. Wer jedoch bis 16 Uhr nicht ins Wahllokal kommt, muss damit rechnen, dass ihn Wahlhelfer zu Hause aufsuchen, um die fehlende Stimme abzuholen. Die Wahlkreise konkurrieren untereinander um die höchste Zustimmungsrate. 99 Prozent sollten es am besten sein – und so muss hier und da manipuliert werden.

Aufgabe
International ist es mittlerweile üblich, dass Wahlbeobachter aus anderen Ländern die heimischen Wahlen überprüfen. Stell dir vor, du wärst einer dieser Wahlbeobachter und müsstest die Wahl vom 7.5.1989 in der DDR beobachten.
Beurteile ausgehend vom Bericht über die Wahlen in der DDR, ob die Wahl als demokratisch bezeichnet werden kann und welche Rolle die Parteien bei dieser Wahl spielen.
Verfasse dazu einen Bericht, den du in einer Pressekonferenz der Öffentlichkeit vorstellen willst.

In einem Bericht vom 7. Mai 1989 über die Wahl im Ort Menz (Brandenburg) hält die Staatssicherheit fest, dass der ehemalige Parteivorsitzende der CDU (Name geschwärzt) alle Kandidaten auf dem Wahlzettel durchgestrichen hat.

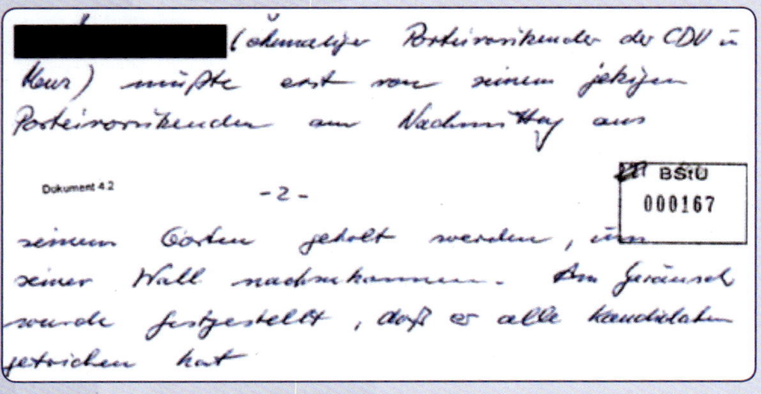
[redacted] (ehemaliger Parteivorsitzender der CDU in Menz) mußte erst von seinem jetzigen Parteivorsitzenden am Nachmittag aus

Dokument 4.2

-2-

BStU 000167

seinem Garten geholt werden, um seiner Wahl nachzukommen. Am [illegible] wurde festgestellt, daß er alle Kandidaten gestrichen hat

Thema im Unterricht, Wahlen für Einsteiger, Bundeszentrale für politische Bildung, Juli 2009

„Ein gutes soziales Sicherungssystem ist nur für die Schwächsten der Gesellschaft wichtig."

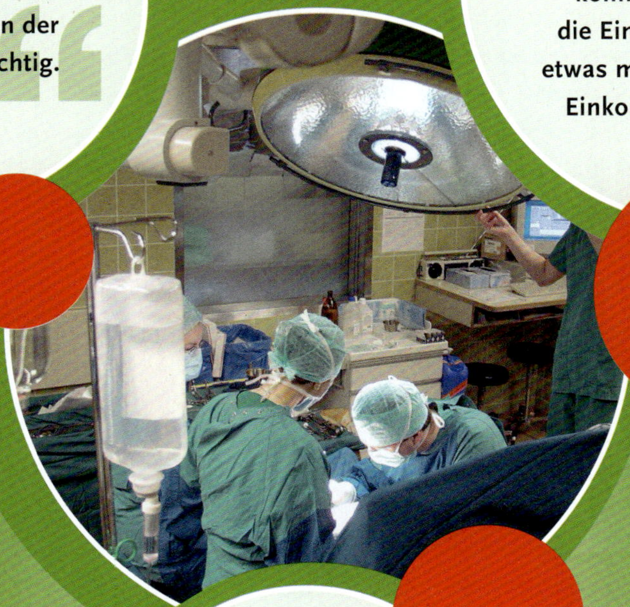

„Das soziale Sicherungssystem soll dafür sorgen, dass alle am Wohlstand teilhaben können. Dafür müssen die Einkommensstärkeren etwas mehr beitragen als die Einkommensschwachen."

„Das gegenwärtige soziale Sicherungssystem wird in der Zukunft nicht mehr finanzierbar sein."

„Ein großes Problem des sozialen Sicherungssystems ist, dass es zu sehr von den Arbeitseinkommen abhängt. Die Arbeitswelt aber befindet sich in einem starken Wandel."

4

Das soziale Sicherungssystem im Wandel

Wir genießen in Deutschland ein hohes Maß an sozialer Sicherheit. Dafür sorgt der Sozialstaat. Doch verschiedene gesellschaftliche Entwicklungen führen dazu, dass immer häufiger von einer „Krise des Sozialstaates" gesprochen wird. Welche Zukunft hat der Sozialstaat?

Kompetenzen

Am Ende dieses Kapitels solltest du Folgendes können:

- wichtige Einkommensarten kennen, ein Nettoeinkommen berechnen und Einkommensarmut definieren
- staatliche Finanzleistungen bei Arbeitslosigkeit kennen und auf Fälle anwenden
- die Grundsätze des Sozialstaatsprinzips erläutern und die wesentlichen Säulen der sozialen Sicherung kennen
- die Entwicklungen aufzeigen, die für die sozialen Sicherungssysteme ein Problem darstellen
- Reformmöglichkeiten der Rentenversicherung kennen und aus unterschiedlichen Perspektiven beurteilen
- eine politische Rede vorbereiten und halten

Was weißt du schon?
Wählt diejenige Aussage aus, der ihr am ehesten zustimmt oder die ihr für besonders wichtig haltet. Begründet eure Auswahl. Diskutiert zunächst innerhalb der Gruppen über eure Begründungen. Stellt sie anschließend der Klasse vor.

4.1 Einkommen zwischen Erwerbstätigkeit und Arbeitslosigkeit

Welche Einkommensarten gibt es?

M 1 Das Einkommen von Paul

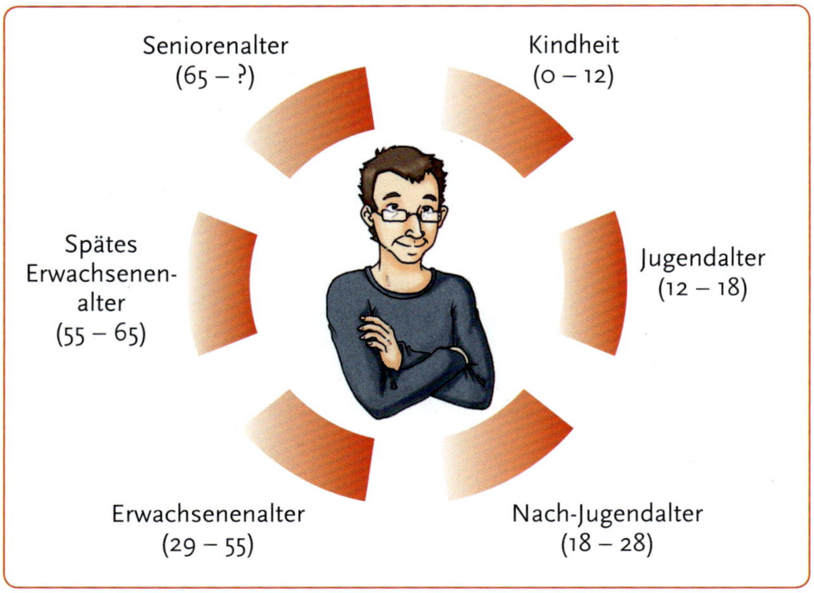

Paul Sander wird 1977 in Münster geboren. 1995 schließt er das Gymnasium mit dem Abitur ab. Er entschließt sich, eine Ausbildung als Mediengestalter zu machen. Nach seiner Ausbildung wird Paul 1988 zunächst im Ausbildungsbetrieb beschäftigt und erhält ein Monatsgehalt von 2.100 € brutto, von dem ihm nicht nur Sozialabgaben, sondern auch Lohnsteuer abgezogen werden. Zwei Jahre später ist der Betrieb insolvent und Paul meldet sich arbeitslos. Er erhält von der Bundesagentur für Arbeit 831,58 € Arbeitslosengeld I. Nach sechs Monaten Arbeitslosigkeit findet er wieder einen neuen Job als Werbegrafiker bei einer Computerfachzeitschrift. Hier verdient er jetzt 3.360 € brutto, von dem ihm nach Abzug von Steuern und Abgaben 2.033,30 € netto zur Verfügung stehen. 2013 heiratet Paul endlich seine Jugendliebe Laura Holtmann. Da Lauras Arbeitsvertrag vor der Heirat beendet wurde, beschließen sie, gleich eine Familie zu gründen. Im Januar 2013 wird ihre Tochter Lena geboren und Laura erhält für ein Jahr Elterngeld in Höhe von 300 €, welches ihnen zusätzlich zu Pauls Einkommen (3.360 € brutto monatlich) und dem Kindergeld für Lena in Höhe von 184 € zur Verfügung steht. Laura und Paul planen, ein Haus zu kaufen, und schließen deshalb einen Bausparvertrag und eine Lebensversicherung ab, in die sie monatlich jeweils 100 € einzahlen, der Bausparvertrag wird mit 3 %, die Lebensversicherung mit 4 % jährlich verzinst. Mit 67 Jahren gehen Paul und Laura in Rente. Zusammen beziehen sie eine gesetzliche Rente von 1.800 €. Außerdem haben sie Einnahmen aus einer privaten Rentenversicherung in Höhe von 250 € und 800 € Einnahmen aus einer geerbten Wohnung, die sie vermietet haben.

Sozialversicherungsbeiträge
Die Beiträge zu den Sozialversicherungen (auch Sozialabgaben genannt) tragen Arbeitnehmer und Arbeitgeber jeweils zur Hälfte (Ausnahme: Krankenversicherung, hier zahlen die Arbeitnehmer 0,9 % vom Bruttogehalt mehr).

M 2 Woher bekommen wir Einkommen?

Einkommen, Lohn, Gehalt, Gewinn – täglich werden diese Begriffe im Gespräch oder in der Zeitung verwendet, ohne dass sich jeder unmittelbar vorstellen kann, was damit gemeint ist. Allgemein umfasst der Begriff Einkommen das Entgelt für selbständige oder nichtselbständige Arbeitsleistung (Arbeitseinkommen). Bei Selbständigen (zum Beispiel Rechtsanwälte oder Schriftsteller) nennt man das Einkommen Gewinn oder Honorar. Bei Nichtselbständigen heißt das Einkommen Lohn (Arbeiter) oder Gehalt (Angestellte, Beamte).

Im weiteren Sinne kann man Einkommen aber auch durch den produktiven Einsatz von Besitz, Vermögen und Kapital erhalten, zum Beispiel als Miete, Pacht, Zins. In der Wirtschaftswissenschaft wird deshalb an den Ertrag aus der Kombination der drei Produktionsfaktoren Arbeit, Boden und Kapital angeknüpft. So kommt es zu folgenden Faktoreinkommen der Haushalte:

- Arbeitseinkommen (Lohn, Gewinn) als Entgelt für die Arbeitsleistung
- Grundrente (Miete, Pacht) als Entgelt für die Bodennutzung
- Zins (Sparzinsen, Kreditzinsen) als Entgelt für die Nutzung von Kapital

In einer Volkswirtschaft bezieht der Einzelne aber nicht nur aus dem Produktionsprozess Einkommen, sondern er wird auch ohne Gegenleistung vom Staat z. B. mit Kindergeld unterstützt. Diese Einkommen nennt man Transfereinkommen.

Fasst man alle Einkommen (auch die Transfereinkommen) zusammen, die ein privater Haushalt, also z. B. eine vierköpfige Familie, bezieht, so spricht man vom Bruttohaushaltseinkommen. Es steht nun allerdings nicht in vollem Umfang zur freien Verfügung der privaten Haushalte. Der Staat erhebt Ansprüche auf Teile der Arbeits- und Kapitaleinkommen in Form von direkten Steuern. Die von den Einkommen der Haushaltsmitglieder zu zahlenden Steuern und die Pflichtbeiträge zur Sozialversicherung muss man vom Einkommen abziehen, um das Nettoeinkommen zu erhalten.

Pauls Gehaltsabrechnung		**Betrag/Monat**
Gehalt (brutto)		**3.360,00 €**
Abgaben / Beitragssatz gesamt		
– Rentenversicherung (RV) / 18,9 %	9,45 %	317,52 €
– Arbeitslosenversicherung (AV) / 3,0 %	1,5 %	50,40 €
– Pflegeversicherung (PV) / 2,05 %	1,025 %	34,44 €
– Krankenversicherung (KV) / 15,5 %	8,2 %	275,52 €
Summe Sozialabgaben		677,88 €
Steuern		
– Lohnsteuer (Steuerklasse I – alleinstehend)		566,66 €
– Solidaritätszuschlag	5,5 %	31,16 €
– Kirchensteuer	9,0 %	51,00 €
Summe Steuern		648,82 €
Gehalt (netto)		**2.033,30 €**

(Stand: 2013)

Tipp
Hier kannst du ein Nettogehalt ganz einfach ausrechnen: *http://www.sueddeutsche.de/app/jobkarriere/gehaltsrechner/index.html*

Aufgaben

1. Ordnet die im Fall genannten Einnahmequellen den Einkommensarten zu. Ergänzt gegebenenfalls weitere euch bekannte Einkommensarten (M 1, M 2). Beschreibt, wie sich die Einkommensarten im Lebensverlauf verändern.
2. Nach seiner Heirat wechselt Paul in eine andere Steuerklasse (III für Verheiratete). Sein Arbeitgeber führt jetzt vom Bruttogehalt 308,50 Euro Lohnsteuer an das Finanzamt ab. Berechne das Nettogehalt von Paul und vergleiche es mit dem Gehalt vor der Heirat. Beurteile, ob die Unterschiede gerechtfertigt sind (M 2).

Was passiert, wenn das Erwerbseinkommen ausfällt?

M 3 Immer nur die Arbeit im Kopf ...

Karikatur: Reiner Schwalme

M 4 Arbeitslos – was dann?

Fall 1: Marco Schlüter

Marco Schlüter (49) ist seit 22 Jahren verheiratet und der alleinige Geldverdiener. Er arbeitet seit nunmehr 25 Jahren als Vollzeitkraft sozialversicherungspflichtig bei einem ortsansässigen Autohersteller mit einem monatlichen Nettogehalt von 1.690 €. Für ihre 3-Zimmer-Wohnung zahlen die Schlüters 729 Euro inklusive Heizkosten. Auf Grund einer gleichbleibend schlechten Auftragslage sieht sich der Betrieb gezwungen, massiv Arbeitsstellen abzubauen. Auch Schlüter ist betroffen und verliert seine Anstellung. Er hat es bisher noch nicht geschafft, seiner Frau von der Kündigung zu erzählen. Obwohl er sich bereits bei der Bundesagentur für Arbeit persönlich arbeitssuchend gemeldet hat und nicht mehr in den Betrieb fährt, verlässt er morgens pünktlich zur gewohnten Zeit die Wohnung. Er weiß, dass die Vermittlung einer neuen Tätigkeit in seinem Alter nicht ganz einfach sein wird.

Fall 2: Andrea Wilsmann

Andrea Wilsmann (25) lebt nach der Trennung von ihrem Lebenspartner alleine. Sie ist seit 22 Monaten als medizinische Fachangestellte in einem Labor beschäftigt. Ihr Nettogehalt beträgt 1.297 €. Für die Miete ihrer Wohnung und die Heizkosten zahlt sie monatlich 498 Euro. Um Kosten zu sparen, sieht sich die Firma jedoch gezwungen, einige Stellen abzubauen. Auch Andrea Wilsmann ist unter den Betroffenen. Sie hat schon seit langer Zeit ein besonderes Interesse für Computerprogrammierung und spielt nun mit dem Gedanken, sich zur Softwareentwicklerin ausbilden zu lassen. Zunächst meldet sie sich jedoch bei der Bundesagentur für Arbeit arbeitssuchend. Der Gang dorthin fiel ihr nicht leicht. Sie geht nur noch selten auf Partys, weil sie die Frage „Und was machst du?" fürchtet.

Fall 3: Simon Wagner

Simon Wagner (44) ist seit 12 Jahren verheiratet. Er und seine Frau Karina (35) haben 3 Kinder im Alter von 14, 10 und 5 Jahren. Simon ist ausgebildeter Elektroinstallateur und verdient ein monatliches Nettogehalt von 2.400 €. Für ihre drei Kinder erhalten sie monatlich 558 Euro Kindergeld. Seine Frau Karina hat eine Ausbildung als Floristin gemacht, ist aber nicht in ihrem Beruf tätig, sondern kümmert sich um die Kinder. Sie wohnen in einer 85qm-Wohnung in einer Kleinstadt und zahlen 680 € Miete inkl. Heizkosten. Simon war in den letzten Jahren häufig krank. Seit Jahresbeginn war im Betrieb immer wieder die Rede von Entlassungen, aber Simon hätte nie gedacht, dass es ihn auch treffen könnte. Heute muss er mit der Nachricht nach Hause kommen.

Kindergeld
Kindergeld wird unabhängig von der Höhe des Einkommens monatlich vom Staat gezahlt. Es beträgt für das erste und zweite Kind 184 Euro, für das dritte 190 Euro und jedes weitere Kind 215 Euro. (Stand 2013)

M 5 Finanzleistungen bei Arbeitslosigkeit

Wird jemand arbeitslos, dann kann er oder sie zunächst Arbeitslosengeld I beziehen. Der Betreffende muss jedoch mindestens sechs Monate lang sozialversicherungspflichtig beschäftigt gewesen sein und sich bei der Bundesagentur für Arbeit persönlich arbeitslos gemeldet haben. Wenn diese Voraussetzungen erfüllt sind, dann hat er auch entsprechende Beiträge (3 % seines monatlichen Bruttogehalts) in die Arbeitslosenversicherung eingezahlt und erhält nun eine „Versicherungsleistung". Die Höhe des Arbeitslosengeldes beträgt ca. 60 % des letzten Nettogehalts. Hat der Arbeitslose Kinder, dann erhöht sich der Satz auf 67 %. Die Bezugsdauer hängt von der Dauer des vorausgehenden Beschäftigungsverhältnisses und dem Lebensalter ab. Das ALG I wird durch die Beiträge der Arbeitnehmer und Arbeitgeber zur Arbeitslosenversicherung finanziert.

Diejenigen, die die Voraussetzungen für das Arbeitslosengeld I nicht oder nicht

Bezugsdauer des Arbeitslosengeldes I

sozialversicherungspflichtige Beschäftigung in Monaten	Lebensalter der Bertoffenen in Jahren	Anspruch auf ALG I in Monaten
6		3
8		4
10		5
12		6
16		8
20		10
24		12
30	ab 50	15
36	ab 55	18
48	ab 58	24

mehr erfüllen, aber arbeitsfähig sind, erhalten die Grundsicherung für Arbeitssuchende (Arbeitslosengeld II/ALG II). Die Höhe des ALG II ist pauschal (d. h. für jeden gleich) festgelegt und soll das Existenzminimum garantieren. Es entspricht der Höhe der Sozialhilfe. Ein alleinstehender Arbeitsloser erhält 382 € monatlich (Stand: 2013); zusätzlich werden die „angemessene" Kaltmiete sowie die Heizkosten übernommen. Wer ALG II erhält, ist verpflichtet, daran mitzuwirken, eine zumutbare Arbeit zu finden. Lehnt er oder sie eine zumutbare Arbeit ab, kann das ALG II gekürzt werden. Nur wer als „bedürftig" gilt, erhält ALG II. Dazu wird geprüft, ob nicht etwa die Lebenspartner genug verdienen oder das eigene Vermögen so groß ist, dass es zunächst aufgebraucht werden muss. Eine Eigentumswohnung oder ein kleineres Sparvermögen müssen jedoch in der Regel nicht verwendet werden. Haben die Familienmitglieder auch kein eigenes Einkommen, so erhalten auch sie – wenn sie arbeitsfähig sind – ALG II, wenn nicht, erhalten sie „Sozialgeld": Partner bekommen 345 €, Kinder bis 6 Jahre 224 €, Kinder zwischen 6 und 13 Jahren 255 € und Kinder ab 14 Jahren 289 €. (Bezieher von ALG II erhalten kein Kindergeld, weil das Existenzminimum durch die Kinderregelsätze gewährleistet werden soll.) Ergänzend zu den Regelleistungen bekommen Kinder und Jugendliche ein „Bildungspaket" als Sachleistung. Auf diese Weise wird der „Bedarf" ermittelt: Summe der Regelsätze + Miete und Heizkosten. Das ALG II und das Sozialgeld werden aus allgemeinen Steuermitteln finanziert.

Arbeitslosengeld II
Das ALG II heißt korrekt „Grundsicherung für Arbeitssuchende". Es wurde im Jahre 2005 eingeführt als „Viertes Gesetz für moderne Dienstleistungen am Arbeitsmarkt" („Hartz IV"). Eine Kommission unter der Leitung von Peter Hartz hatte den Vorschlag zuvor erarbeitet.

M 6 Das Existenzminimum wird nicht unterschritten

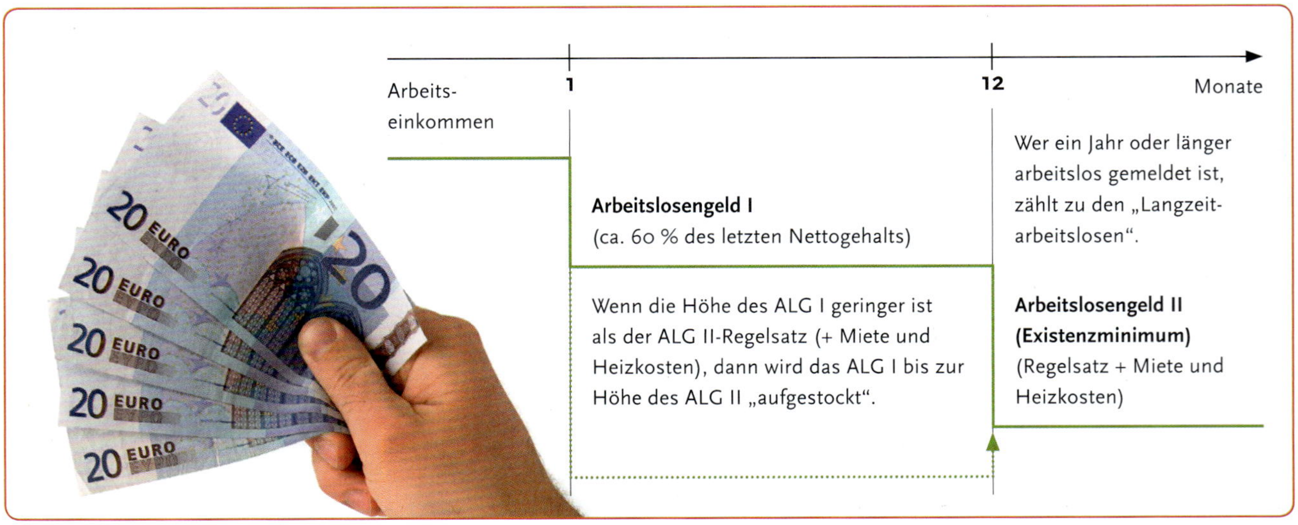

M 7 Prinzipien der Sozialpolitik

Fürsorge-prinzip	Der Leistungsempfänger muss keine Vorleistungen erbringen und die Zahlung wird aus allgemeinen Steuermitteln finanziert. Die Leistung setzt dann ein, wenn die soziale Lage einer Person eine menschenwürdige Lebensgestaltung gefährdet. Fürsorgeleistungen sollen dann greifen, wenn die Person und ihre unterhaltspflichtigen Familienangehörigen sich nicht mehr selbst helfen können. Dies wird durch eine Bedürftigkeitsprüfung festgestellt.
Versicherungs-prinzip	Versicherte erwerben einen Anspruch auf soziale Leistungen dadurch, dass sie (und ihre Arbeitgeber) regelmäßig Beiträge einzahlen. Im Bedarfsfall erhalten sie Leistungen aus der Versicherungskasse. Ihre Leistungen sollen den Status des Einzelnen auch in Notzeiten aufrechterhalten. Die Beiträge und Leistungen richten sich daher nach dem Arbeitseinkommen.
Solidaritäts-prinzip	Der Grundgedanke der Solidarität beruht auf gegenseitiger Hilfe und wechselseitigem Beistand: Kranke mit Gesunden, Junge mit Alten, Erwerbstätige mit Arbeitslosen. Im Bedarfsfall tritt die Gemeinschaft mit ihren Mitteln für den Hilfebedürftigen ein.
Subsidiaritäts-prinzip	Zunächst soll sich der Einzelne selbst helfen. Erst wenn er dazu nicht mehr in der Lage ist, werden die Familie und danach erst der Staat ersatzweise einspringen.

Aufgaben

1. Beschreibe die Karikatur in M 3. Auf welches Problem wird hingewiesen? Lässt sich eine Stellungnahme des Karikaturisten erkennen?
2. Lest die in M 4 geschilderten Fallbeispiele (ggf. arbeitsteilig in Gruppen) und prüft mit Hilfe von M 5, ob und ggf. welcher Anspruch auf Arbeitslosengeld besteht. Ermittelt die Höhe und die Bezugsdauer des Arbeitslosengeldes. Vergleicht eure Ergebnisse und nehmt Stellung zur Regelung der Bezugsdauer.
3. Angenommen Marco Schlüter, Andrea Wilsmann und Simon Wagner (M 4) fänden nach dem Ablauf ihres Arbeitslosengeldes keine neue Beschäftigung. Welche Leistungen stünden ihnen dann zu? Ermittle das Ergebnis mit Hilfe von M 5 und M 6.
4. Vergleiche die beiden Regelungen ALG I und ALG II (M 5, M 6). Ordne ihnen die entsprechenden Prinzipien der Sozialpolitik (M 7) zu und benenne drei wichtige Unterscheidungsmerkmale der Regelungen.
5. Warum wird nicht gleich nach Eintritt der Arbeitslosigkeit generell das niedrigere ALG II ausgezahlt? Nenne Gründe, die für eine ALG I-Phase sprechen.

Auskommen mit dem Arbeitslosengeld

M 8 Typisch Hartz IV-Empfänger ...

Karikatur: Klaus Stuttmann

M 9 Wie wird das soziokulturelle Existenzminimum ermittelt?

Das Grundgesetz legt in Artikel 20 Absatz 1 fest: „Die Bundesrepublik Deutschland ist ein demokratischer und sozialer Bundesstaat." Dieses sogenannte „Sozialstaatsprinzip" beinhaltet zwar die Verpflichtung des Staates, die Mindestvoraussetzungen für ein menschenwürdiges Dasein seiner Bürger zu schaffen, lässt aber offen, welchen Umfang soziale Leistungen haben sollen. Die konkrete Parlamentsentscheidung darüber, wie viel Lebensunterhalt als Minimum gewährt wird, findet sich im Sozialgesetzbuch (SGB) II § 20: „Die Regelleistung zur Sicherung des Lebensunterhalts umfasst insbesondere Ernährung, Kleidung, Körperpflege, Hausrat, Bedarfe des täglichen Lebens sowie in vertretbarem Umfang auch Beziehungen zur Umwelt und eine Teilnahme am kulturellen Leben." Sie beträgt im Jahr 2013 für eine alleinstehende Person 382 €. Diese Regelleistung wird auf der Grundlage statistischer Daten ermittelt. Alle fünf Jahre werden private Haushalte u. a. zu ihrem Konsumverhalten befragt („Einkommens- und Verbrauchsstichprobe" = EVS). Von den befragten Haushalten werden die 15 % der Ein-Personen-Haushalte herausgefiltert, die über das geringste Nettoeinkommen verfügen und keine Sozialleistungen erhalten. Ihre durchschnittlichen Ausgaben werden geprüft und entweder als notwendig anerkannt oder als „nicht nötig zur

Sicherung des Existenzminimums" gestrichen bzw. gekürzt. Die als „nötig" („regelsatzrelevant") eingestuften Ausgaben werden dann addiert und in der Regelleistung zusammengefasst. Die Regelleistungen für Kinder und Jugendliche werden gesondert berechnet.

Beispiel für ein Berechnungsmodell

Lfd. Nr.	Abteilungen der Einkommens- und Verbrauchsstichprobe (2008)	regelsatz-relevanter Anteil in %	durchschnittliche Verbrauchsausgaben je Haushalt in €	regelsatz-relevanter Betrag in €
01	Nahrungsmittel, Getränke	102,3	125,47	128,46
02	alkoholische Getränke, Tabakwaren u.Ä.	0	19,27	0
03	Bekleidung und Schuhe	96,1	31,62	30,40
04	Wohnen, Energie, Wohnungsinstand-haltung	8,1	370,25	30,24
05	Innenausstattung, Haushaltsgeräte und -gegenstände	93,3	29,36	27,41
06	Gesundheitspflege	59,1	26,27	15,55
07	Verkehr	58,6	38,82	22,78
08	Nachrichtenübermittlung	82,2	38,87	31,96
09	Freizeit, Unterhaltung, Kultur	52,9	75,42	39,96
10	Bildung	17,5	7,94	1,39
11	Beherbergungs- und Gaststättendienstleistungen	25,4	28,11	7,16
12	andere Waren und Dienstleistungen	84,2	31,45	26,50
Summe			822,85	**361,81 €**

Datenquelle: http://www.bmas.de/portal/47974/2010__09__26__evs__einzelpersonenhaushalt.html

Die Leistungen für Miete (ca. 45qm) und Heizung werden gesondert gezahlt und sind deshalb in Abt.4 als „nicht regelsatzrelevant" herausgenommen. Da Löhne und Preise steigen, wird die Regelsatzsumme in regelmäßigen Abständen erhöht. Da sich die Summen auf die Einkommens- und Verbrauchsstichprobe 2008 beziehen, werden die Ausgabenentwicklungen fortgeschrieben und gerundet. So ergibt sich der Betrag von 382 Euro für das Jahr 2013.

M 10 Auskommen mit dem Einkommen – die Familie Wagner

Einnahmen	**bisheriges Einkommen:** 2400 € + 558 € Kindergeld (184 für das 1. und 2. Kind, 190 für das 3.) = **2.958 €**	**zukünftiges Arbeitslosengeld II:** Summe der Regelsätze: 382 € + 345 € + 289 € + 255 € + 224 € + Kosten für die Unterkunft (580 €) = **2.025 €**
Ausgaben	**monatliche Ausgaben bisher**	**zukünftige monatliche Ausgaben**
Miete inkl. Heizkosten	680 €	Kosten für die Unterkunft und Heizkosten werden übernommen
Strom	70 €	
Telefon und Internet	40 €	
Tageszeitung	25 €	
Benzin	90 €	
Monatsfahrkarten Kinder	70 €	
Mitgliedsbeiträge Sportvereine	80 €	
Bildung (Englischkurs, Musikunterricht, Nachhilfe)	130 €	
Lebensversicherung	125 €	
Lebensmittel	750 €	
Körperpflege/ Medikamente	80 €	
Freizeit und Kultur (Kino, Theater, Bücher usw.)	95 €	
Taschengeld Kinder	60 €	
	jährliche Ausgaben bisher	**jährliche Ausgaben zukünftig**
Kfz-Versicherung	480 €	
Kfz-Steuer	195 €	
Haftpflichtversicherung	70 €	
Hausratversicherung	125 €	
Urlaub	2.500 €	
Klassenfahrten	360 €	wird als besonderer Bedarf erstattet
Möbel und Haushaltsgegenstände	980 €	
Kleidung und Schuhe	2.200 €	
Schulbedarf	370 €	100 € „Schulpaket" je schulpflichtigem Kind pro Jahr werden erstattet
monatlich gesamt		

M 11 „Arbeit muss sich lohnen“ – das Lohnabstandsgebot

Ein arbeitender Mensch soll in Deutschland mehr Geld zur Verfügung haben als jemand, der seinen Lebensunterhalt nur mit staatlicher Hilfe bestreiten kann. Das ist im zwölften Buch des Sozialgesetzbuches festgelegt. Nach § 28 SGB XII müssen die Regelsätze unter dem durchschnittlichen Nettoverdienst unterer Lohn- und Gehaltsgruppen liegen.

Sozialforschungsinstitute überprüfen regelmäßig, ob das Lohnabstandsgebot eingehalten wird. Im Juli 2009 war dies dem ISG zufolge der Fall. Ein Arbeitnehmerhaushalt im unteren Lohnbereich (Hilfsarbeiter im Produzierenden Gewerbe) mit drei Kindern hatte monatlich 356 Euro oder 15 Prozent mehr Geld zur Verfügung als eine vergleichbare Familie mit Hartz IV. Bei Alleinlebenden und Familien mit weniger Kindern war der Abstand noch größer.

Die Regelsätze sehen für einen Alleinstehenden monatlich 359 [seit 2013: 382] Euro vor. Mit den Zahlungen für Miete und Heizung geht das ISG von insgesamt 702 Euro aus, die ein Hilfebedürftiger zur Verfügung hat. Ein Vollzeit beschäftigter Hilfsarbeiter hat den Angaben zufolge 1.444 Euro zur Verfügung. Bei einem Ehepaar ohne Kind beträgt der Abstand 628 Euro, bei einem Paar mit einem Kind 485 Euro, bei einem mit zwei Kindern 422 Euro. Derzeit erhalten rund 6,7 Millionen Menschen das Arbeitslosengeld II (Hartz IV). Hartz IV kann man auch erhalten, wenn das eigene Arbeitseinkommen nicht zum Leben reicht. Im August 2009 gab es mehr als 1,3 Millionen sogenannter „Aufstocker“.

nach: http://www.arbeitsrecht.de/aus-der-arbeitswelt/kurz-notiert/2010/02/15/das-lohnabstandsgebot.php (12.1.2011), aktualisiert

Hilfebedürftige werden in sogenannten Tafeln mit Essen versorgt.

Aufgaben

1. Beschreibe die Karikatur in M 8. Wozu nimmt der Karikaturist Stellung?
2. Analysiere die Festlegung des Regelsatzes in M 9 hinsichtlich der unterschiedlichen Kürzungen in den Ausgabenbereichen. Nimm Stellung, ob du das Vorgehen des Gesetzgebers für nachvollziehbar und zweckmäßig hältst.
3. Versetzt euch in die Situation der Familie Wagner (M 10) und verteilt jeweils zu zweit das zukünftige Arbeitslosengeld II auf die Posten des Haushaltsplans, indem ihr dort Kürzungen vornehmt, wo es euch möglich erscheint. Vergleicht eure Lösungen in der Klasse.
4. Die Höhe des Existenzminimums ist eine politische Festlegung. Welche gesetzlichen Vorgaben stehen dabei in einem Konkurrenzverhältnis zueinander? Erörtere, ob es Lösungsmöglichkeiten gibt, sodass alle Vorgaben erfüllt werden können (M 9, M 11).

Was bedeutet Armut?

M 12 Gibt es in Deutschland Armut?

M 13 Familie Schmitt – das Einkommen reicht kaum zum Leben

Peggy Schmitt, die eine abgeschlossene Berufsausbildung als Kauffrau für Bürokommunikation hat, und ihr Mann, der zuvor im Sicherheitsdienst gearbeitet hat, jobben nunmehr in einem Hamburger Call Center mit 7,67 € Grundlohn, sodass sie vom Gehalt alleine ihre Familie nicht satt bekommen. Deshalb beziehen sie staatliche „Aufstockung" von monatlich 300 €, sodass insgesamt 2.330 € netto Einkommen vorhanden sind. Doch auch mit dem Hartz IV-Zuschuss können die Facetten der Armut, die besonders die vier Kinder (12, 9, 7 und 5 Jahre alt) benachteiligen, nicht beseitigt werden. „Wir haben nach Abzug der festen Kosten (Miete, Strom, Telefon, Lebensmittel ...) 150 € Wochengeld zur Verfügung. Das sind 20 € pro Person pro Woche. Meine zwölfjährige Tochter Jacqueline bräuchte einen neuen Badeanzug für den Schwimmunterricht in der Schule. Einen neuen für 30 € bei Karstadt kann ich ihr nicht kaufen, also muss sie mit ihrem alten Bikini schwimmen." Das Weihnachtsfest im letzten Jahr fiel für die Kinder gut aus. Es gab Geschenke und reichlich gutes Essen auf den Tisch. Doch die für die Eltern eigentlich unerschwingliche Großzügigkeit hatte gravierende Folgen. Die Eltern konnten die Januarmiete nur zur Hälfte bezahlen, sodass die Wohnungsbaugesellschaft mit der Kündigung des Mietverhältnisses drohte. Auf den ersten Blick sieht man den Kindern Peggy Schmitts nicht an, dass sie arm sind. Die Blässe in ihren Gesichtern könnte auch auf den Winter zurückzuführen sein. Sieht man jedoch genau hin, so haben die Kinder auch Probleme in der Schule, bräuchten mehr Motivation und Hilfe, um ihre Hausaufgaben zu erledigen.

nach: Claudia Hangen, Beinahe wie zu den Zeiten Oliver Twists (http://www.heise.de/tp/r4/artikel/27/27187/1.html)

M 14 Ab wann ist jemand arm?

Nach einer häufig verwendeten Definition ist jemand arm, wenn das Einkommen nicht ausreicht, um minimale Lebensbedürfnisse zu befriedigen. Nach dem sogenannten „Lebenslagenansatz" sind Einzelne oder Familien nicht nur dann arm, wenn sie in finanzieller Armut leben, sondern auch wenn sie benachteiligt sind im Hinblick auf das Maß von Lebenschancen, Lebenskomfort und Selbstrespekt, welches die Gemeinschaft, der sie angehören, als „normal" ansieht. Armut ist demnach ein „mehrdimensionaler" Begriff, der die finanzielle Unterversorgung berücksichtigt, der aber auch eine kulturelle Dimension (z. B. Art der Freizeitgestaltung), eine soziale Dimension (Ausmaß sozialer Kontakte) und den Gesundheitszustand einbezieht. Das mangelnde Einkommen wird in allen Definitionen als notwendiger Bestandteil von Armut hervorgehoben. Die Frage ist jedoch, wann sind Individuen und Familien gemessen an ihren Einkommen als „arm" zu bezeichnen, wo liegt also die Grenze zwischen „Armen" und „Nicht-Armen"?

Die Armutsgrenze wird im Verhältnis zu einem durchschnittlichen Nettoeinkommen bestimmt.

Das durchschnittliche Haushaltsnettoeinkommen eignet sich jedoch nicht, weil die unterschiedlichen Haushaltsgrößen nicht berücksichtigt sind. In allen Haushalten gibt es Grundausstattungen, die immer benötigt werden (Telefonanschluss, Küchenausstattung, Heizung, ...) und die von der Personenanzahl unabhängig sind. Zwei Personen haben daher nicht dopplt so hohe Kosten wie eine Einzelperson, sondern weniger. Deshalb werden die Durchschnittseinkommen der weiteren Haushaltsmitglieder gewichtet, bei einer Person über 14 Jahren mit dem Faktor 0,5, bei einer Person unter 14 Jahren mit dem Faktor 0,3. So erhält man die Durchschnittseinkommen unterschiedlicher Haushaltsgrößen. Ein Beispiel:

Haushaltsgröße (Personen)	Gewichtungsfaktor (für Personen älter als 14 **0,5**, für Personen jünger als 14 **0,3**)	Betrag
1	1	1.740 €
2 (2 Erwachsene)	1,5	2.610 €
3 (2 Erwachsene, 1 Kind über 14)	2	3.480 €
4 (2 Erwachsene, 2 Kinder unter 14)	2,1	3.654 €

Folgende Armutsbegriffe werden unterschieden:

Absolute oder extreme Armut
Lebenssituationen, in denen Menschen (längerfristig) nicht über Mittel zum physischen Überleben verfügen (in Deutschland etwa Straßenkinder, Obdachlose)

Strenge Armut
Haushalte, deren monatliches Nettoeinkommen bei bis zu 40 % des monatlichen Durchschnittsnettoeinkommens liegt

Relative Armut
Haushalte, deren monatliches Nettoeinkommen bei bis zu 60 % des monatlichen Durchschnittsnettoeinkommens liegt (in der EU gängige Definition)

Prekärer Wohlstand
Haushalte mit Einkommenshöhen von 60-75 % des monatlichen Durchschnittsnettoeinkommens

Niedrigeinkommen
Einkommen, die 75-99 % des monatlichen Durchschnittsnettoeinkommens der Haushalte in Deutschland haben

M 15 Das Armutsrisiko unterschiedlicher Bevölkerungsgruppen

Lesehilfe: Die Quote gibt an, wie viele von 100 Personen einer bestimmten Gruppe ein Einkommen unterhalb der Armutsgrenze (60 % des durchschnittlichen Nettoeinkommens) erzielen.

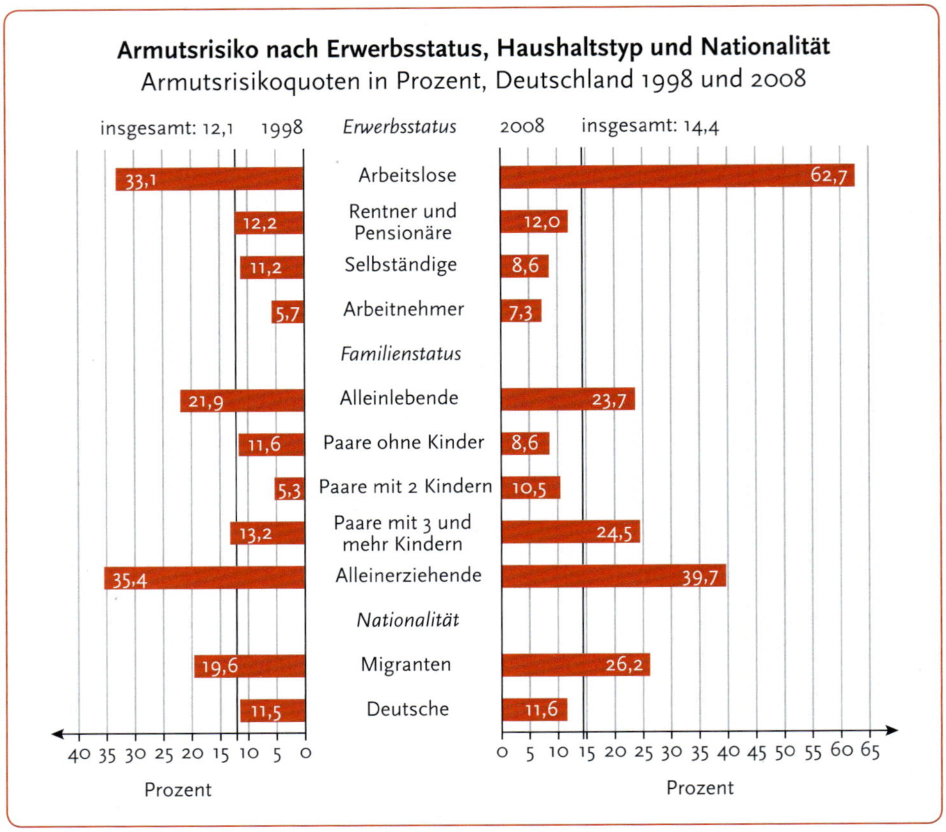

Quelle: Bundesregierung, Armuts- und Reichtumsbericht 2010

Aufgaben

1. Ergänze den Satz: Jemand ist arm, wenn ... Die Bilder (M 12) können euch Gedankenanstöße geben.
2. Lies den Fall der Familie Schmitt und entscheide, ob die Familienmitglieder deiner Auffassung nach in Armut leben oder nicht (M 13).
3. Entscheide, mit welchem Armutsbegriff die Familie Schmitt charakterisiert werden kann (M 13, M 14).
4. Stelle zusammen, welche fünf Bevölkerungsgruppen statistisch gesehen am stärksten armutsgefährdet sind, und nenne mögliche Gründe dafür (M 15).

Was wir wissen

Einkommensarten
M 1, M 2

Das persönliche Einkommen stammt im Lebensverlauf aus unterschiedlichen Quellen. Zunächst leben Kinder vom Einkommen der Eltern, das sich aus ihrem Erwerbseinkommen (Arbeitsentgelt) und staatlichen Transferzahlungen (dem Kindergeld und dem Elterngeld) sowie möglicherweise noch anderen Einkommensarten (z. B. aus selbständiger Arbeit oder aus Kapitalvermögen oder Vermietung) zusammensetzt. Ein Studium kann unter bestimmten Voraussetzungen durch staatliche Ausbildungsförderung (BAföG) finanziell unterstützt werden. Wer eine Ausbildung beginnt, der erhält eine Ausbildungsvergütung und ab der ersten Festanstellung ein Gehalt. Von einem Erwerbseinkommen müssen Sozialversicherungsbeiträge und Einkommensteuer gezahlt werden. Dadurch werden die Ausgaben des Staates einschließlich der Sozialleistungen finanziert. Zu den Sozialleistungen zählt z. B. das ersatzweise Einkommen bei Arbeitslosigkeit (Arbeitslosengeld I und II) sowie die Altersrente.

Leistungen des sozialen Sicherungssystems bei Arbeitslosigkeit
M 5

Im Fall von Arbeitslosigkeit wird der oder die Betroffene sowie seine Familie nach dem Solidaritätsprinzip durch staatliche Sozialleistungen finanziert. Wenn der Arbeitslose vor Eintritt der Arbeitslosigkeit erwerbstätig war, dann erhält er – sofern die Voraussetzungen erfüllt sind – in der Regel für längstens ein Jahr Arbeitslosengeld I. Das ALG I ist eine Versicherungsleistung, die über Beiträge finanziert wird und im Bedarfsfall 60 % des vorherigen Nettoeinkommens beträgt (67 % mit Kindern). Wer arbeitsfähig ist, jedoch kein Erwerbseinkommen oder ALG I erhält, der kann Arbeitslosengeld II beantragen. Das ALG II ist eine steuerfinanzierte pauschale Fürsorgeleistung, die nur denen gewährt wird, die nachweislich „bedürftig“ sind. Die Höhe der Regelleistungen wird mit Hilfe eines statistischen Modells berechnet. Als Basis dienen die 15 % der Ein-Personen-Haushalte, die über das geringste Nettoeinkommen verfügen. Der Gesetzgeber prüft, welche Ausgaben dieser Haushalte als „notwendig“ für das Existenzminimum anzusehen sind, und legt so den Regelsatz fest.

Einkommensarmut in Deutschland
M 14, M 15

„Armut“ wird nach den wichtigsten Definitionen als eine Gesamtsituation betrachtet, die beispielsweise den Gesundheitszustand, das Ausmaß sozialer Kontakte, die Wohnverhältnisse und vor allem die Einkommenssituation einbezieht. Besondere Beachtung findet die „Einkommensarmut“, die für Deutschland (und andere Industrieländer) als eine „relative“ Armut definiert wird. Die Einkommenslage wird „in Relation“ zu einem durchschnittlichen Einkommen gesetzt. Bei der Bestimmung der Armutsgrenze konkurrieren verschiedene Größen: In der EU werden üblicherweise Personen, deren Einkommen unter 60 % des Durchschnittsnettoeinkommens liegen, als „arm“ bezeichnet. Das Armutsrisiko in Deutschland ist besonders hoch bei Arbeitslosen, bei Alleinerziehenden und bei Familien mit mehreren Kindern.

Was wir können

Rollendiskussion

Einmal im Jahr können Jugendliche im Plenarsaal des Landtages auf den Stühlen der 181 Abgeordneten Platz nehmen, um als Fraktionsmitglieder über aktuelle Themen zu debattieren und abzustimmen. Zur Debatte steht dieses Mal die **Frage, ob die Hartz IV-Regelsätze für Kinder erhöht werden sollten**. An der Diskussionsrunde nehmen als Vertreterinnen und Vertreter des Jugendparlaments Frederick Gunther (Jusos), Julia Hannemann (Junge Union), Tim Janssen (Junge Liberale), Anne-Kathrin Strate (Grüne Jugend) und Laura Bingenfeld (Schülersprecherin) teil. Die Gesprächsrunde wird von Axel Heidemann moderiert und dem Thema werden ca. 15-20 Minuten gewidmet. Bei der Rollendiskussion kommt es darauf an, möglichst konsequent eine vorgezeichnete Rolle zu übernehmen und eine dazu passende Haltung bzw. Argumente zu entwickeln.

Aufgaben

1. Übernehmt in Gruppen jeweils eine der Rollen und klärt die auf der Rollenkarte beschriebene Grundhaltung. Bereitet euch auf die Diskussion strategisch vor, indem ihr die zentrale Behauptung notiert und durch den passenden Gerechtigkeitsbegriff, weitere Argumente, Sachwissen und Beispiele unterstützt.
2. Wählt ein Gruppenmitglied aus, das die Rolle in der Diskussion übernehmen wird. Die anderen beobachten jeweils einen Rollenträger aus einer anderen Gruppe, ordnen ihm einen Gerechtigkeitsbegriff zu und bewerten seine Durchsetzungskraft in der Diskussion.

Rollenkarten

Frederick Gunther (16)

Du bist Mitglied der Jungsozialisten („Jusos"), der Jugendorganisation der SPD. **Im Jugendlandtag setzt du dich für eine Erhöhung der Regelsätze für Kinder ein**. Ein gut funktionierender und leistungsstarker Sozialstaat ist dir sehr wichtig. Die Regelsätze sollten es jedem ermöglichen, nicht nur physisch zu überleben, sondern auch ohne Diskriminierung am gesellschaftlichen Leben teilnehmen zu können. Insbesondere Kinder und Jugendliche müssen alle die gleichen Chancen erhalten, damit es später ausreichend gebildete und beruflich gut qualifizierte Menschen im Land gibt.

Julia Hannemann (14)

Du bist vor einem Jahr der Jungen Union, der Jugendorganisation der CDU, beigetreten. Du setzt dich dafür ein, dass alle Kinder und Jugendlichen gute Startbedingungen fürs Leben erhalten sollen. Arme Kinder sind schließlich nicht weniger intelligent als die besser gestellter Eltern. **Allerdings hältst du nicht viel von der pauschalen Erhöhung der „Hartz IV"-Regelsätze**. Deiner Auffassung nach sollte es mehr Sachleistungen geben: beispielsweise kostenlose Schulbücher und Schulmaterial, kostenlose Nachhilfeangebote oder freier Eintritt bei Kulturveranstaltungen für die Kinder von Sozialleistungsbeziehern. Dafür könnten Gutscheine ausgegeben werden. Wenn einfach die Regelsätze erhöht würden, dann sinkt deiner Ansicht nach der Anreiz für die erwerbsfähigen Eltern, eine Arbeit aufzunehmen.

Tim Janssen (17)

Seit deinem 15. Lebensjahr bist du Mitglied der Jungen Liberalen, der Jugendorganisation der FDP. Dein Onkel hat gezeigt, wie man aus einfachen Verhältnissen mit viel Eigeninitiative und Anstrengung „nach oben" kommen kann. **Im Jugendlandtag argumentierst du gegen eine Erhöhung der Regelsätze**. Die Diskussion über „Kinderarmut" in Deutschland hältst du insgesamt für nicht angemessen: Schließlich muss in Deutschland kein Kind hungern und die Schulbildung ist für alle umsonst. Wenn arbeitslose Familien insgesamt durch höhere Kinderregelsätze mehr Geld zur Verfügung hätten, dann wäre nicht gesichert, dass sie es auch zum Wohle der Kinder ausgeben. Außerdem muss sich Arbeit lohnen und Arbeitslosigkeit darf nicht komfortabel sein. Nur wer durch Arbeit deutlich mehr Geld zur Verfügung hat, wird sich anstrengen und Leistung erbringen.

Was wir können

Anne-Kathrin Strate (15)

Du bist seit zwei Jahren engagiertes Mitglied der Grünen Jugend, der Jugendorganisation der Partei Bündnis 90/Grüne. Neben dem Umweltschutz interessierst du dich sehr für Sozialpolitik. Einen starken Sozialstaat mit solidarisch eingestellten Bürgerinnen und Bürgern findest du wichtig, damit der soziale Frieden im Lande erhalten wird. Wer viel verdient, kann auch mehr Steuern zahlen – schließlich haben doch auch die Gutverdienenden von den staatlichen Einrichtungen profitiert. Jeder kann in eine Notlage geraten und dann auf staatliche Hilfe angewiesen sein. Kinder arbeitsloser Eltern sind immer völlig unverschuldet in diese Lage geraten. **Im Jugendlandtag setzt du dich für höhere Kinder-Regelsätze ein.** In Deutschland geht es deiner Auffassung nach darum, relative Armut zu bekämpfen. Dazu gehört, dass der tatsächliche Bedarf von Kindern gedeckt wird, und dieser richtet sich auch nach dem, was die anderen haben.

Axel Heidemann (17)

Du bist als ehemaliger Vorsitzender der Landes-Schülervertretung gebeten worden, die Sitzung zu moderieren. Deine Aufgabe besteht darin, die Diskussion einzuleiten und ihren Verlauf zu strukturieren.

- Einleitend fasst du die Problemsituation und die Leitfrage der Debatte kurz zusammen. (→ schriftlich vorbereiten)
- Du eröffnest die Diskussion, indem du alle Teilnehmer aufforderst sich kurz vorzustellen und ein **kurzes Eingangsstatement** zur Leitfrage zu formulieren.
- Du bringst die Diskussion voran, indem du inhaltliche Fragen stellst (→ schriftlich vorbereiten).
- Du forderst die Gesprächsteilnehmer gegen Ende der Diskussionszeit dazu auf, nach einem Kompromiss zu suchen (→ mögliche Kompromisse schriftlich vorbereiten).
- Du fasst am Ende der Diskussion das Ergebnis zusammen.

Laura Bingenfeld (16)

Du bist als Schülersprecherin in der Landes-Schülervertretung aktiv und zum Jugendlandtag eingeladen worden. Einer politischen Partei gehörst du nicht an, du bist aber davon überzeugt, dass alle Kinder gleiche Ausgangsbedingungen in der Schule haben sollten. Du hast viel durch die Einführung des Ganztages an deiner Schule über Schulessen und den Zusammenhang von gesundem Essen und Leistungsfähigkeit gelernt. Kinder aus (nicht nur) arbeitslosen Familien kommen häufig ohne Verpflegung in die Schule. Wenn ein Mittagessen in der Schule angeboten wird, dann kostet es im Schnitt 3,50 €. Das lässt sich durch den Hartz-IV-Regelsatz nicht decken. Du plädierst im Jugendlandtag **für ein kostenloses Schulessen für alle Kinder sowie eine Erhöhung der Kinder-Regelsätze.** Eine Gutschein-Lösung käme für dich nur in Frage, wenn ganz sichergestellt ist, dass die Mitschüler nichts davon erfahren können.

Verschiedene Auffassungen von Gerechtigkeit

In der politischen Debatte gibt es Übereinstimmung darin, dass das politische System und seine Gesetze „gerecht" gestaltet werden sollten. „Ungerechte" Entscheidungen akzeptiert niemand. Dabei ist man sich allerdings nicht einig darüber, was unter „gerecht" zu verstehen ist. Verschiedene Gerechtigkeitsbegriffe haben sich herausgebildet:

(1) Die Auffassung einer **Chancengerechtigkeit**, die allen die gleichen Start- und Entwicklungschancen garantiert, indem finanzielle Notlagen weitgehend ausgeglichen werden. Die wirtschaftlich Starken zeigen sich solidarisch, indem sie höhere Steuern an den Staat abführen.

(2) Die Vorstellung einer **Leistungsgerechtigkeit**, welche zwar jedem das Überleben sichert, die „Leistungserbringer" und Steuerzahler zur Unterstützung arbeitsloser und nicht arbeitsfähiger Personen aber nicht belastet. Wer am Markt erfolgreich ist, der wird auch belohnt.

(3) Die **Bedarfsgerechtigkeit** verfolgt das Ziel, dass der anerkannte Bedarf (nach Essen, Kleidung, Ausstattung etc.) eines jeden Gesellschaftsmitglieds gedeckt werden kann. Dazu werden die Einkommensstarken stärker belastet, um finanzielle Notlagen auszugleichen.

(4) Die Idee einer **Teilhabegerechtigkeit** beinhaltet, dass niemand davon ausgeschlossen wird, die Einrichtungen der Gesellschaft (Bildungsinstitutionen, Arbeitsplätze, Kulturveranstaltungen) zu nutzen.

4.2 Sozialstaat und soziale Sicherung

Worauf baut das soziale Sicherungssystem?

M 1 Niemand muss im Regen stehen ...

Karikatur: Aurel-Cartoonstudio

M 2 Das Sozialstaatsgebot im Grundgesetz

Art 1,1 GG
„Die Würde des Menschen ist unantastbar. Sie zu achten und zu schützen ist Verpflichtung aller staatlichen Gewalt."

Art 20,1 GG
„Die Bundesrepublik Deutschland ist ein demokratischer und sozialer Bundesstaat."

Im Grundgesetz, der deutschen Verfassung, werden den Bürgerinnen und Bürgern ihre Grundrechte garantiert und die Organisation des Staates festgelegt. Artikel 20 fasst die wichtigsten Staatsprinzipien zusammen. Das darin enthaltene „Sozialstaatsgebot" verpflichtet den Staat dazu, das Ziel eines sozialen Ausgleichs bei allen staatlichen Maßnahmen zu berücksichtigen. In Verbindung mit dem Grundrecht auf ein menschenwürdiges Leben ergibt sich daraus ein Anspruch des Einzelnen gegen den Staat, für ihn im Falle seiner – verschuldeten oder unverschuldeten – Bedürftigkeit so zu sorgen, dass sein Existenzminimum gesichert ist. Wer zum Beispiel durch Krankheit oder Alter in eine Notlage geraten ist, muss durch die Unterstützung staatlich organisierter Sozialsysteme eine angemessene Behandlung und ausreichende Hilfe bei der Existenzsicherung erhalten. Der Staat ist auch dazu verpflichtet, „Daseinsvorsorge" zugunsten der Bürgerinnen und Bürger zu betreiben, d.h. die Versorgung mit Gas, Wasser, Strom und Schulen, öffentlichen Verkehrsmitteln u. a. sicher zu stellen. Er muss dies allerdings nicht immer kostenlos tun, sondern kann dafür eine zumutbare Gegenleistung in Geld fordern.

M 3 Die Säulen der sozialen Sicherung

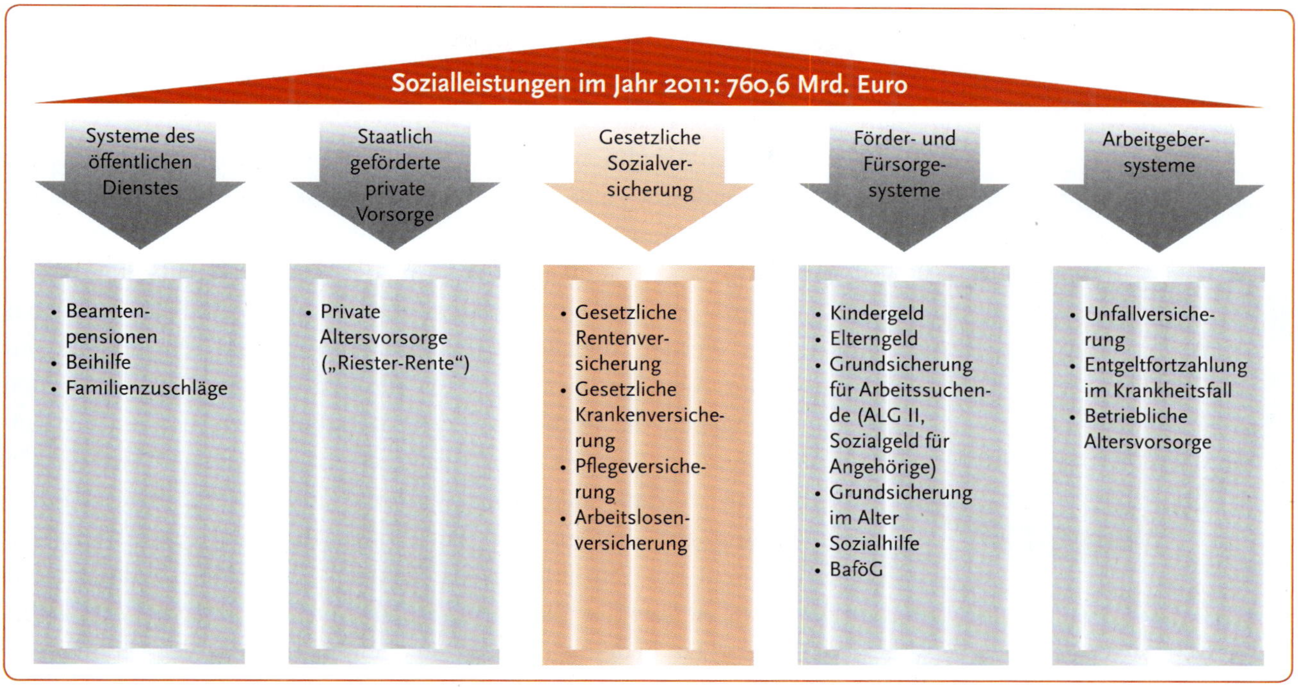

M 4 Das soziale Sicherungssystem in Deutschland

Das Kernstück des Sozialstaats in Deutschland ist die gesetzliche Sozialversicherung. Sie ist im Sozialgesetzbuch geregelt und schreibt verpflichtend vor, dass jeder Mensch, der in einem regulären Beschäftigungsverhältnis (sozialversicherungspflichtige Vollzeit- und Teilzeittätigkeiten) steht, gegen bestimmte Grundrisiken des Lebens versichert sein muss. Arbeitgeber und Arbeitnehmer beteiligen sich je zur Hälfte an der Finanzierung der Versicherungen. Auf diese Weise ist ein Arbeitnehmer versichert bei Arbeitslosigkeit, bei Krankheit, bei Pflegebedürftigkeit, im Alter, wenn er nicht mehr berufstätig sein kann, und bei Unfällen. Diejenigen, die aus den gesetzlichen Sozialversicherungen keine oder keine ausreichenden Leistungen beziehen können, erhalten im Falle ihrer Bedürftigkeit eine Grundsicherung, die aus allgemeinen Steuermitteln finanziert wird.

Darüber hinaus leistet der Sozialstaat auch in besonderen Lebenslagen Unterstützung, z. B. für Familien, Kinder oder die Ausbildung. Der Sozialstaat wird von dem Grundgedanken der „Solidarität" getragen, d.h. dem Prinzip gegenseitiger Hilfe. Im Bedarfsfall tritt die Gemeinschaft mit ihren Mitteln für den Hilfebedürftigen ein.

Aufgaben

1. Sammle die in der Abbildung (M 1) dargestellten Situationen bzw. Risiken. Ordne sie den Säulen und Bausteinen des sozialen Sicherungssystems in Deutschland (M 3) zu.
2. Führe den Satz zu Ende: „Das soziale Sicherungssystem in Deutschland baut auf ..." (M 1 – M 4).

Die Bausteine der gesetzlichen Sozialversicherung

M 5 Die gesetzliche Rentenversicherung und die „Riester-Rente"

Die gesetzliche Rentenversicherung ist für Arbeitnehmer in der Bundesrepublik verpflichtend. Sie ist nach dem Prinzip des Umlageverfahrens konstruiert. Danach werden die Beiträge der Arbeitnehmer und Arbeitgeber, die in die gesetzlichen Rentenkassen eingezahlt werden, sofort zur Finanzierung der Renten verwendet. Die heutigen Einzahler finanzieren also die Renten der jetzigen Altersgeneration. Das bedeutet, dass die Kinder und Enkel der jetzigen Einzahler einmal deren Renten aufbringen müssen. Dieses Prinzip wird auch **Generationenvertrag** genannt. Die Beiträge (18,9 % vom Bruttoarbeitseinkommen im Jahr 2013) teilen sich Arbeitgeber und Arbeitnehmer „paritätisch", d. h. zu gleichen Anteilen. Das Bruttoeinkommen wird jedoch nur bis zu einer „Beitragsbemessungsgrenze" (2013: 5.800 € West/4.900 € Ost monatlich) zu Grunde gelegt. Der darüber liegende Teil des Einkommens ist beitragsfrei. Der Staat zahlt einen Zuschuss aus allgemeinen Steuermitteln. Die Höhe der Altersrente richtet sich zum einen nach der Einzahlungsdauer und nach der Höhe der eingezahlten Beiträge (also nach der Höhe des Gehalts) über die gesamte Versicherungszeit hinweg. Noch beginnt das Renteneintrittsalter bei 65 Jahren, ab dem Jahre 2012 soll das Renteneintrittsalter schrittweise auf 67 Jahre angehoben werden. Neben der Altersrente erwerben Beitragszahler u. a. Ansprüche auf Witwen/Witwerrente und eine (geringere) Rente bei eingeschränkter Berufsfähigkeit, z. B. durch Krankheit. Zusätzlich zur gesetzlichen Rentenversicherung bieten viele Betriebe eine Altersvorsorge an und schließlich kann jeder sich auch freiwillig privat versichern. Der Staat fördert solche privaten Versicherungsabschlüsse, indem er Zulagen finanziert, wenn das Versicherungsangebot bestimmte Bedingungen erfüllt. Diese private Zusatzversicherung mit staatlicher Förderung wurde nach ihrem „politischen Vater", dem ehemaligen Arbeitsminister Walter Riester, „Riester-Rente" genannt. Selbständige können der gesetzlichen Rentenversicherung beitreten, müssen es aber nicht. Beamte werden später vom Staat durch Pensionen aus Steuermitteln versorgt, können aber auch eine „Riester-Rente" abschließen.

M 6 Die Arbeitslosenversicherung und die Grundsicherung

Für Arbeitnehmer ist die Beteiligung an der gesetzlichen Arbeitslosenversicherung verpflichtend. Im Falle von Arbeitslosigkeit erhält ein Arbeitnehmer die Leistungen der Arbeitslosenversicherung, das Arbeitslosengeld I, wenn er oder sie vorher mindestens 6 Monate sozialversicherungspflichtig beschäftigt gewesen ist. Die Höhe der Zahlung ist abhängig von seinem letzten Nettoentgelt und beträgt ca. 60 % davon. Finanziert werden die Leistungen durch die Beiträge der Arbeitnehmer und Arbeitgeber (3,0 % vom Bruttoentgelt). Hat jemand nach Ablauf der Bezugsdauer (in der Regel 1 Jahr) keine neue Beschäftigung gefunden und kann auch nicht von seinem Partner unterstützt werden, wird Arbeitslosengeld II, die Grundsicherung für Arbeitssuchende, gezahlt. Es ist am Existenzminimum orientiert und beträgt für einen Alleinstehenden 382 Euro (2013). Außerdem werden die Kosten für eine (angemessene) Unterkunft übernommen. Das Arbeitslosengeld II ist Bestandteil des Systems der Grundsicherung. Die Grundsicherung dient als letztes Auffangnetz für diejenigen, die sich vorübergehend oder dauerhaft nicht mehr aus eigener Kraft selbst helfen können und bei denen die Familieneinkommen und Sozialversicherungsleistungen nicht ausreichen oder wegfallen. Sie zielt auf Absicherung eines menschenwürdigen Lebens. Die Leistungen der Grundsicherung werden erst nach einer Bedürftigkeitsprüfung gezahlt. Nicht arbeitsfähige Bedürftige erhalten Sozialhilfe, für alte Menschen gibt es die „Grundsicherung im Alter". Alle Leistungen aus dem Grundsicherungssystem haben eine einheitliche Höhe und werden aus allgemeinen Steuermitteln finanziert.

Karikatur: Barbara Henniger

M 7 Die gesetzliche Krankenversicherung und die Pflegeversicherung

Die gesetzliche Krankenversicherung (GKV) ist eine Pflichtversicherung für Arbeitnehmer, Studenten und Landwirte. Beamte, Richter und Selbständige unterliegen nicht der Versicherungspflicht. Jedem Versicherten wird eine dem aktuellen medizinischen Wissensstand entsprechende Versorgung mit Gesundheitsleistungen (Heilbehandlungen, Arzneimittel, Zahnbehandlungen) garantiert. Nicht erwerbstätige Ehepartner und Kinder eines Beitragszahlers sind ohne Zuzahlung mitversichert. Die Finanzierung der Leistungen erfolgt aus den Beiträgen der Versicherten und ihrer Arbeitgeber (insgesamt 15,5 % des Bruttoentgelts, davon tragen 8,2 % die Arbeitnehmer und 7,3 % die Arbeitgeber). Die Krankenkassen können außerdem Zusatzbeiträge von den Arbeitnehmern erheben. Auch hier gilt eine Beitragsbemessungsgrenze (2013: 3937,50). Seit 2009 fließen die Gelder in einen sogenannten „Gesundheitsfonds", aus dem die einzelnen Krankenkassen für jeden Versicherten Geld erhalten. Die GKV tritt auch ein, wenn ein Arbeitnehmer länger als sechs Wochen wegen Krankheit arbeitsunfähig ist. Dann wird das Krankengeld in Höhe von 70 % des Nettolohns ausgezahlt. Seit 1994 gibt es auch eine

gesetzliche Pflegeversicherung. Sie ist sowohl für gesetzlich Krankenversicherte als auch für privat Krankenversicherte verpflichtend. Träger der Pflegeversicherung sind die Krankenkassen. Die pflegerischen Leistungen (ambulante Dienste, Geldleistungen) können nur von pflegebedürftigen Personen in Anspruch genommen werden, die dauerhaft wegen einer körperlichen oder geistigen Krankheit oder Behinderung auf erhebliche Hilfe bei der täglichen Lebensführung angewiesen sind. Die gesetzliche Pflegeversicherung wird über Beiträge finanziert (2,05 % des Bruttoentgelts, je zur Hälfte von Arbeitnehmer und Arbeitgeber aufgebracht). Kinderlose Mitglieder, die älter als 22 Jahre sind, zahlen einen Zuschlag (0,25 %).

M 8 Unfallversicherung und Lohnfortzahlung im Krankheitsfall

Die verpflichtende Gesetzliche Unfallversicherung wird vollständig von den Arbeitgebern finanziert. Sie zahlen die Beiträge (abhängig vom Bruttoeinkommen des Versicherten und von der Gefahrensituation im Betrieb) an die Berufsgenossenschaften. Eine wichtige Aufgabe der Unfallversicherung ist die Unfallverhütung durch den Erlass von Unfallverhütungsvorschriften und die Überwachung ihrer Einhaltung. Bei Arbeitsunfällen oder Unfällen auf dem Weg zur oder von der Arbeit zahlt die Unfallversicherung die Behandlungskosten beim Arzt oder im Krankenhaus. Das gilt auch für den Weg zur Schule oder Universität sowie für Unfälle, die in der Schule oder Universität passieren. Auch mögliche Kosten für die Wiedereinfindung in den Beruf übernimmt die Unfallversicherung. Bei bleibenden Schäden zahlt sie eine Unfallrente an den Betroffenen. Versichert sind alle Arbeitnehmer, teilweise Arbeitgeber, Schüler und Studenten sowie Hilfeleistende bei Unglücksfällen.

Wird ein Arbeitnehmer, dessen Arbeitsverhältnis mindestens vier Wochen ununterbrochen besteht, krank, sodass er vom Arzt vorübergehend für arbeitsunfähig erklärt wird, so hat er Anspruch auf eine einhundertprozentige Lohnfortzahlung durch den Arbeitgeber. Die Lohnfortzahlung endet nach 6 Wochen.

Die Kosten für die Sozialleistungen erhöhen für die Arbeitgeber den Grundlohn und werden auch Lohnnebenkosten genannt.

Aufgaben

1. Arbeitet in Vierergruppen. Teilt die Expertentexte (M 5 – M 8) unter euch auf und bearbeitet sie zunächst alleine, indem ihr Wichtiges markiert. Erläutert euch im Anschluss gegenseitig die jeweiligen Systembausteine. Erstellt abschließend gemeinsam eine Übersichtstabelle und füllt sie aus.

Name der Versicherung	Welches Risiko wird abgesichert?	Passendes Symbol	Wie wird sie finanziert?	Welche Leistungen gibt es?	Wer ist anspruchsberechtigt?

2. Aus dem Sozialstaatsgebot des Grundgesetzes wird abgeleitet, dass Arbeitnehmer einer Sozialversicherungspflicht unterliegen sollen. In den USA ist eine solche umfassende Versicherungspflicht nicht vorhanden. Erst in jüngster Zeit ist der Gesetzentwurf für eine Krankenversicherungspflicht debattiert worden. Erörtere Vor- und Nachteile einer verpflichtenden Sozialversicherung.

Wie wird die Höhe der Rente ermittelt?

M 9 Heute schon an die Rente denken?

Daniel Heitmann (45) ist seit 20 Jahren Angestellter bei einer großen Kölner Versicherungsgesellschaft. Er verdient dort monatlich 2.933,70 € brutto. Vor zwei Wochen hat er seinen alten Freund Michael (57) anlässlich eines Fußballspiels in Münster besucht. Nach dem Spiel hat Michael ihm erzählt, dass er gesundheitsbedingt vorzeitig in Rente gehen muss. Michael war zwar aufgrund des gewonnenen Fußballspiels guter Laune, dennoch merkte Daniel ihm seine Sorge um die Zukunft deutlich an. Insbesondere der niedrige Betrag, der mit dem Rentenbescheid ins Haus gesendet wurde, hat Michael bestürzt. Damit wird er seinen bisherigen Lebensstandard nicht halten können. Zurück in Köln vereinbart Daniel einen Beratungstermin bei der Deutschen Rentenversicherung, von der er hin und wieder Post bekommt. Bisher hat er die Briefe einfach nur abgeheftet. Nun möchte er aber genau wissen, mit welcher gesetzlichen Altersrente er einmal rechnen kann.

M 10 Drei Säulen der Altersvorsorge

Die gesetzliche Rente, die in Deutschland 65 % aller Einkommensquellen im Alter ausmacht, wird nach dem Umlageverfahren finanziert, d.h. die jeweils aktuell Erwerbstätigen zahlen Beiträge und diese werden sofort zur Zahlung der Renten an die aufgrund ihres Alters nicht mehr Erwerbstätigen verwendet. Der Vorteil des Umlageverfahrens liegt u. a. darin, dass auf diese Weise die Beitragsentwicklung leicht an die allgemeine Entwicklung des Preis- und Lohnniveaus angepasst werden kann, da die abgeführten Beiträge ebenfalls steigen. Im Gegensatz dazu basieren die private Altersvorsorge und die betriebliche Altersvorsorge auf dem Kapitaldeckungsverfahren. Der Versicherte zahlt monatlich Beiträge für einen Versicherungsvertrag, den man sich wie einen Sparvertrag vorstellen kann. Am Ende der Vertragslaufzeit wird dann das Geld mit Zinsen entweder auf einmal oder als lebenslange monatliche Rente ausgezahlt.

1 Gesetzliche Rentenversicherung Pflichtversicherung für Arbeitnehmer, zahlt u. a. Altersrenten, Hinterbliebenenrenten und Rehabilitationsmaßnahmen	**2 Betriebliche Altersversvorsorge** Betriebsrente über den Arbeitgeber, der einen Teil des Gehalts in einen Versicherungsbeitrag umwandelt	**3 Private Altersvorsorge** Versicherung oder Kapitalanlage, die jeder Einzelne individuell aufbaut, z. B. mit einer privaten Rentenversicherung (→ staatliche Förderung möglich)
→ Finanzierung durch Umlageverfahren	**→ Finanzierung durch Kapitaldeckungsverfahren**	**→ Finanzierung durch Kapitaldeckungsverfahren**

M 11 Wie wird die Höhe der Rente festgelegt?

Die Höhe der gesetzlichen Rente hängt vor allem vom individuellen Arbeitseinkommen im Laufe des Erwerbslebens ab. Für jedes beitragspflichtige Jahr gibt es einen bestimmten Betrag. Zusätzlich berücksichtigt werden Kindererziehungszeiten und Zeiten der Ausbildung, Krankheit oder Schwangerschaft. Um den Rentenbetrag zu ermitteln, wird das individuelle Erwerbseinkommen ins Verhältnis gesetzt zum Durchschnittsverdienst aller Arbeitnehmer in den betreffenden Jahren. Für ein Durchschnittseinkommen gibt es einen sogenannten Entgeltpunkt. Dieser Wert erhöht oder reduziert sich, wenn jemand mehr oder weniger als der Durchschnitt verdient. Wer beispielsweise 10 % mehr als der Durchschnitt verdient, erhält 1,1 Entgeltpunkte. Maximal gibt es 2,1 Entgeltpunkte pro Jahr. Die Deutsche Rentenversicherung informiert jeden Versicherten ab 27 Jahren regelmäßig in der sogenannten Renteninformation über die Zahl seiner bisher erworbenen Entgeltpunkte. Ein Entgeltpunkt entspricht seit Juli 2012 einer Monatsrente von 28,07 € (in den neuen Bundesländern 24,92 €). Dies ist der aktuelle Rentenwert. Die Entgeltpunkte werden für die Berechnung der Altersrente mit dem aktuellen Rentenwert multipliziert. Dieser wird jährlich von der Bundesregierung festgelegt.

Die Höhe der gesetzlichen Rente hängt von diesen Faktoren ab:

Bruttoarbeitsentgelt (im Verhältnis zum allgemeinen Durchschnittsverdienst eines jeden Jahres) ↓ Kindererziehungszeiten ↓ Beitragsfreie Zeiten (für Ausbildung, Krankheit oder Schwangerschaft) Alter bei Rentenbeginn (Zugangsfaktor)	Altersrente = 100 % = Faktor 1,0 Witwen- und Witwerrente = max. 55 % = Faktor 0,55 u. a.	Der aktuelle Rentenwert wird jährlich an die Entwicklung der Bruttolöhne und -gehälter angepasst. ↓ Ein „Nachhaltigkeitsfaktor" **dämpft den Rentenanstieg**, wenn immer weniger Beitragszahler immer mehr Rentnern gegenüberstehen. Im Jahre 2030 wird daher der aktuelle Rentenwert im Verhältnis zu Preisen und Löhnen geringer sein!
Persönliche Entgeltpunkte x	**Rentenartfaktor** x	**Aktueller Rentenwert**
	= Monatsrente	

Beispiel: Eckrentner (ein Muster-Arbeitnehmer, der 45 Jahre lang genau das Durchschnittseinkommen verdient) 45 Jahre Durchschnittsentgelt von monatlich 2.667 € brutto, keine weiteren beitragsfreien Zeiten, Rente aufgrund eines erreichten Alters von 65 Jahren (ab Jahrgang 1959 schrittweise bis auf 67 Jahre)

45 x	1 x	28,07 € (West, seit Juli 2012)
	= 1.263,15 €	

M 12 Der Generationenvertrag

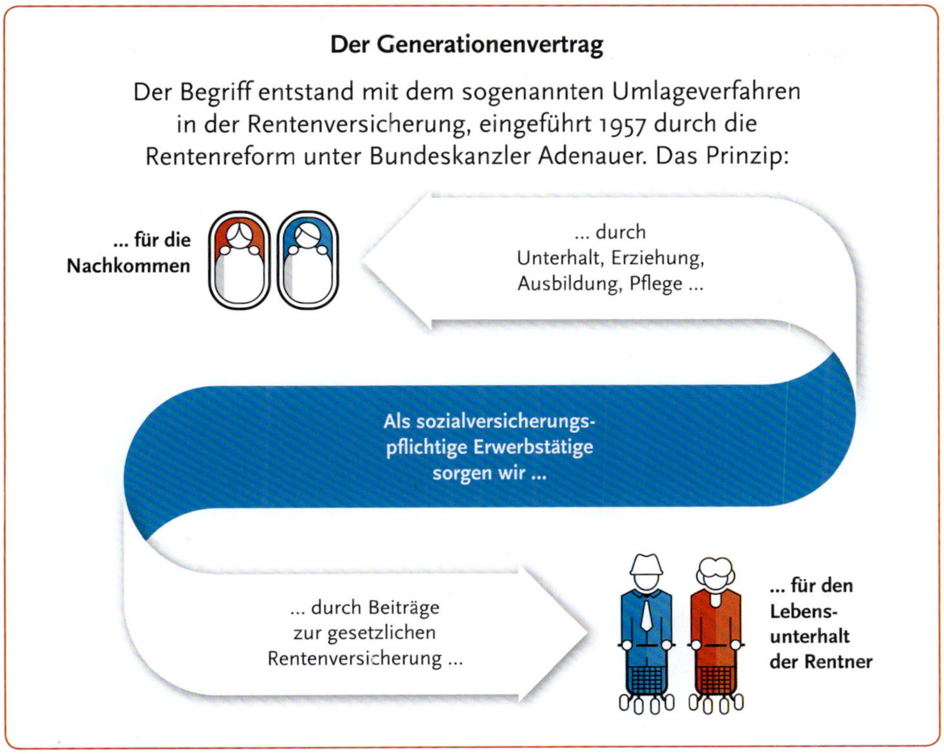

Globus-Grafik 3454

Aufgaben

1. Bereitet jeweils zu zweit ein Rollenspiel der Beratungssituation vor, in der Daniel Heitmann einen Sachbearbeiter der Deutschen Rentenversicherung aufsucht. Der Sachbearbeiter erläutert ihm, mit welcher Rentenhöhe er im Alter von 67 Jahren in etwa wird rechnen können, wenn alles so bliebe wie derzeit. Er berät ihn auch hinsichtlich weiterer möglicher Vorsorgemaßnahmen (M 9 – M 11).
2. Präsentiert ca. zwei Rollensimulationen und wertet sie aus unter den Gesichtspunkten a) sachliche Richtigkeit, b) Vollständigkeit, c) Verkörperung der Rolle.
3. Stellt gemeinsam in einer Übersicht die Vor- und Nachteile des gesetzlichen Rentenversicherungssystems nach dem Umlageverfahren und der privaten Altersvorsorge nach dem Kapitaldeckungsverfahren gegenüber (M 10 – M 12).

Was wir wissen

Sozialstaat in Deutschland
M 2

Im Grundgesetz (Art. 20 GG) ist festgelegt, dass Deutschland ein Sozialstaat ist. Aus dem „Sozialstaatsgebot“ leitet sich die Pflicht des Staates ab, seine Bürgerinnen und Bürger nicht im Stich zu lassen, wenn sie – verschuldet oder unverschuldet – in soziale Not geraten. Darüber hinaus muss sich der Staat bei der Gestaltung politischer Maßnahmen am Ziel des sozialen Ausgleichs und der Gerechtigkeit orientieren.

Gesetzliches Versicherungssystem
M 3 – M 8

Ein wichtiges Fundament des Sozialstaates ist das System der gesetzlichen Sozialversicherung in Deutschland. Für jeden Arbeiter oder Angestellten ist es Pflicht, in die gesetzliche Kranken-, Arbeitslosen-, Renten- und Pflegeversicherung einzuzahlen. Finanziert werden diese Versicherungen durch Beiträge, die zur Hälfte von den Arbeitnehmern und den Arbeitgebern entrichtet werden. Für jeden Versicherungszweig wird ein bestimmter Prozentsatz des Bruttolohns einbezahlt. Für die Rentenversicherung sind das z. B. 18,9 Prozent, d. h. 9,45 Prozent werden vom Arbeitnehmer und 9,45 Prozent vom Arbeitgeber entrichtet (Stand: 2013). Eine Ausnahme ist die Unfallversicherung. Sie wird nur von den Arbeitgebern finanziert. Durch die Beitragszahlungen erwerben die Versicherten einen Anspruch auf Leistungen im Bedarfsfall.

Einige Berufsgruppen, vor allem Beamte und Selbständige, sind nicht in das System der Pflichtversicherungen einbezogen. Während die Beamten nach einem besonderen Versorgungsrecht aus Steuern abgesichert sind, sind Selbständige darauf angewiesen, private Kranken- und Rentenversicherungen abzuschließen.

Sozialleistungen
M 3, M 6

Menschen, die kein Einkommen haben, keine (ausreichenden) Ansprüche auf Versicherungsleistungen erworben haben und auch nicht von Angehörigen unterstützt werden können, erhalten Leistungen aus den steuerfinanzierten Fürsorgesystemen (z. B. Arbeitslosengeld II oder Sozialhilfe). So soll vermieden werden, dass Menschen in Armut leben müssen.

Daseinsvorsorge

Darüber hinaus fördert der Staat bestimmte soziale Zwecke (z. B. Familien) mit speziellen Leistungen (z. B. Kindergeld, Elterngeld), stellt Bildungseinrichtungen zur Verfügung und betreibt Daseinsvorsorge z. B. durch die Bereitstellung von Energie und Trinkwasser.

Rentensystem
M 9 – M 12

Das Rentensystem in Deutschland basiert auf drei Säulen, der gesetzlichen Rentenversicherung, der betrieblichen Altersvorsorge und der privaten Vorsorge, für die der Staat Zuschüsse gewährt. Die wichtigste Einkommensquelle im Alter ist jedoch nach wie vor die gesetzliche Rente. Die Höhe der gesetzlichen Rente hängt ab vom Bruttogehalt des Arbeitnehmers, von der Dauer der Beitragszahlungen und vom Rentenwert, der vom Staat festgelegt wird.

Alt in Amerika: 70-Jährige stehen bei McDonalds noch am Hamburgergrill

Amerikas Rentner müssen um ihre Zukunft bangen. Die Kassen des sogenannten Sozialversicherungsfonds, der gesetzlichen Rentenversicherung, sind so gut wie leer. Immer häufiger arbeiten Menschen weit über das 65. Lebensjahr hinaus, um Miete und Nebenkosten wie etwa die Stromrechnung bezahlen zu können. Die derzeitige Wirtschaftskrise [2009], die schlimmste seit 80 Jahren, trifft ältere Amerikaner besonders hart. Zwar erhalten rund 37 Millionen Rentner jeden Monat Schecks vom Staat. Doch in der Regel handelt es sich um ein paar hundert bis maximal 1.000 Dollar (ca. 715 Euro). Schließlich zielt diese unter Präsident Roosevelt eingeführte Rentenversicherung nicht darauf ab, Senioren vollständig zu versorgen. Sie sollte vielmehr eine Aufstockung der privaten Altersvorsorge sein. Da aber in Folge der Finanzkrise und der drastischen Einbrüche Aktien einen großen Teil ihres Werts verloren haben, müssen sich Rentner in zunehmendem Maße auf Jobsuche begeben. Laut einer Regierungsstatistik gingen im Jahre 2008 etwa 5 Millionen Rentner einer beruflichen Tätigkeit nach. Der jüngste Bericht des Senats zu diesem Thema sagt gar voraus, dass diese Zahl in den kommenden fünf Jahren um nahezu 75 Prozent steigen wird – das wären dann gut 8 Millionen arbeitende Rentner. Der 71-jährige Immobilienmakler Jim Kelly spricht vielen Altersgenossen aus der Seele: „Lieber arbeite ich bis zum 75. oder 80. Lebensjahr und habe dann finanziell Sicherheit, anstatt mit 65 Jahren aufzuhören und nicht zu wissen, wie ich eigentlich meine Rechnungen zahlen soll.“

Diese Fabrikarbeiterin in Wisconsin ist 93 Jahre alt und arbeitet seit über 55 Jahren in dem Unternehmen.

nach: Dieter Keller, Südwest Presse, 21.7.2009

Aufgaben

1. Arbeite die Unterschiede zwischen dem deutschen und dem amerikanischen Rentensystem heraus.
2. Die amerikanischen Bürger zahlen lediglich einen Rentenversicherungsbeitrag von 12,4 %, wovon die Arbeitnehmer und Arbeitgeber jeweils 6,2 % entrichten. Sollte es in Deutschland ein ähnliches System wie in den USA geben? Begründe deine Stellungnahme, indem du möglichst viele Perspektiven (Arbeitnehmer, Arbeitgeber, Rentner) mit einbeziehst.

4.3 Probleme des Sozialstaates am Beispiel der Rentenversicherung

Die Rentenversicherung in der Klemme

Demografischer Wandel
So werden die Veränderungen in der Bevölkerungszusammensetzung hinsichtlich ihrer Größe und Struktur bezeichnet. In wissenschaftlichen Untersuchungen wird vor allem die Veränderung in der Alterszusammensetzung betrachtet, bedingt z. B. durch Veränderungen der Geburtenzahlen und Sterbefälle.

M 1 Einnahmen und Ausgaben der gesetzlichen Rentenversicherung nach dem Umlageverfahren

		(in Milliarden Euro)		
Jahr	Beitragssatz	Beitragseinnahmen	Bundeszuschuss	Rentenauszahlungen
1995	18,6 %	138,2	30,4	151,0
1997	20,3 %	152,1	35,2	162,4
1999	19,5 %	159,2	42,5	171,8
2001	19,1 %	163,6	46,02	183,3
2005	19,5 %	168,0	54,82	198,8
2006	19,9 %	179,5	54,92	199,4
2008	19,9 %	180,0	62,52	216,2
2009	19,9 %	181,6	63,4	220,8
2011	19,9 %	189,9	45,3	225,4

Datenquelle: Deutsche Rentenversicherung Bund (Hg.), Rentenversicherung in Zeitreihen, Oktober 2010, aktualisiert

M 2 Der demografische Wandel in Deutschland

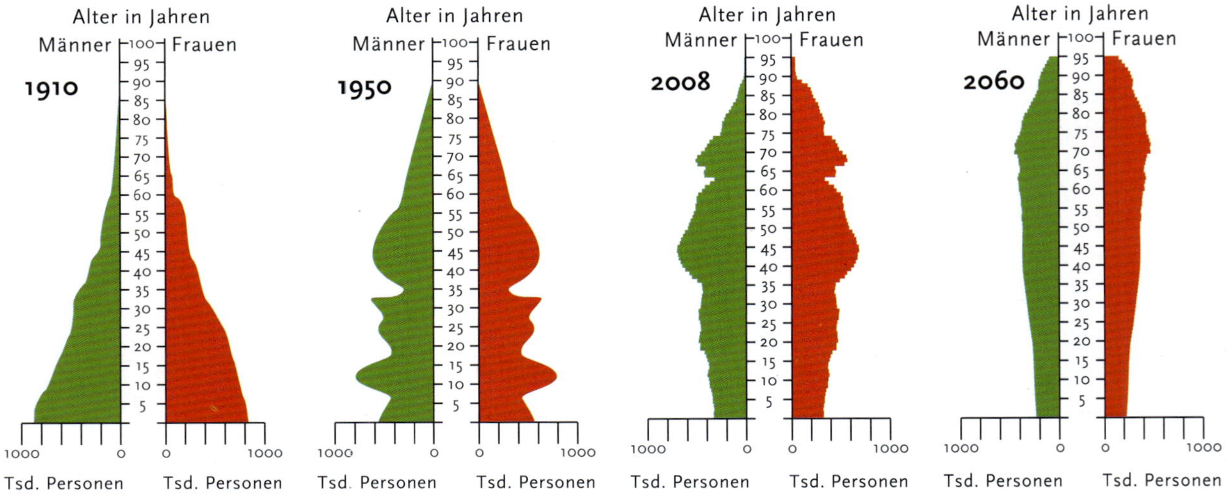

Erklärung zur Lesart der Alterspyramide: x-Achse: Anzahl oder Anteil Menschen zu einem Jahrgang (Lebensalter); y-Achse: Lebensalter der Menschen; durch die Anordnung der y-Achse in der Mitte der x-Achse werden in die eine Richtung der x-Achse die Anteile der Frauen (rechts) und in die andere Richtung der x-Achse die Anteile der Männer (links) dargestellt.

Statistisches Bundesamt, Wiesbaden 2010

M 3 Veränderungen auf dem Arbeitsmarkt

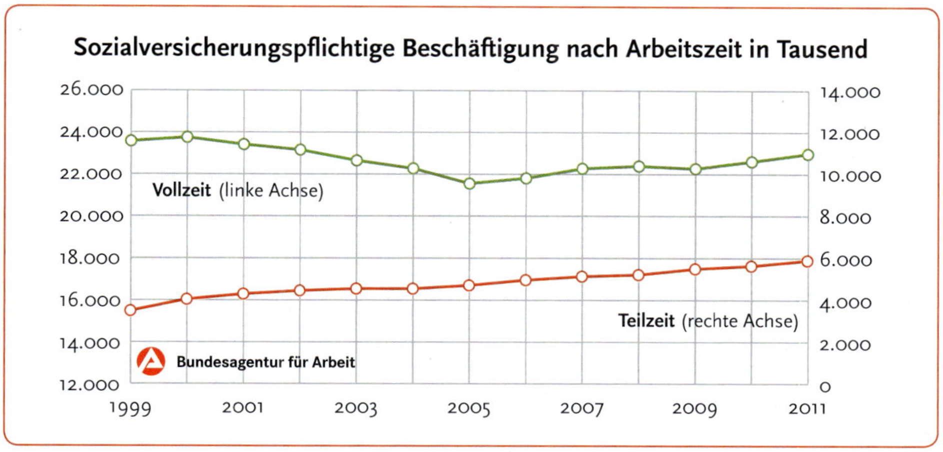

Bundesagentur für Arbeit, Jährliche Zeitreihen zum Arbeitsmarkt in Deutschland, 2010

M 4 Eintrittsalter und Bezugsdauer

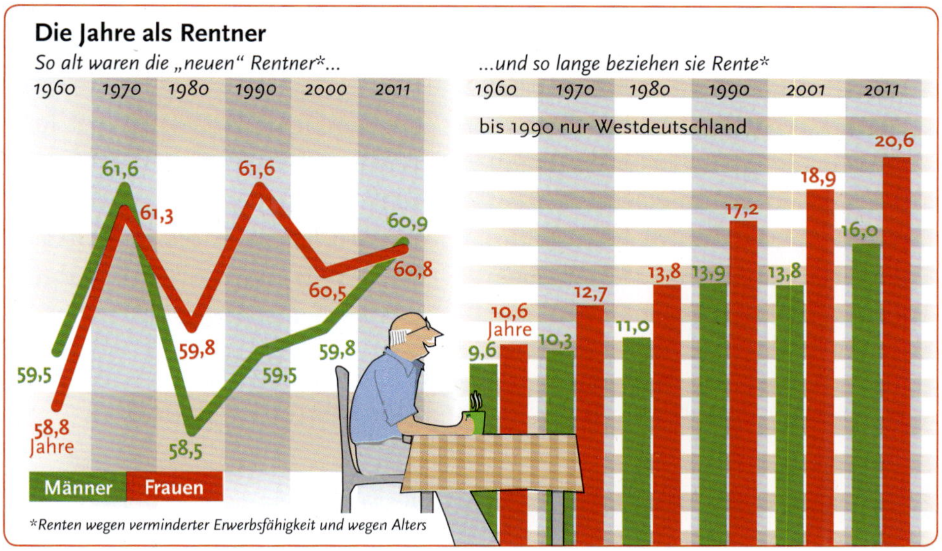

Globus-Grafik 5498; Quelle: Deutsche Rentenversicherung

Aufgabe

Erstellt in Gruppen ein Gutachten zur Lage der Rentenversicherung in Deutschland (M 1 – M 4). Unterscheidet dabei die Entwicklung der Einnahmen und der Ausgaben. Formuliert am Anfang eine These in der Form: „Die Einnahmen der Rentenversicherung werden ..." bzw. „Die Ausgaben der Rentenversicherung werden ...". Begründet die These durch eine sorgfältige Auswertung der Tabellen und Statistiken (ggf. arbeitsteilig). Erläutert die möglichen Ursachen für die zu beobachtenden Entwicklungen.

Beschäftigungsverhältnisse
Vollzeitbeschäftigung bedeutet, dass ein Arbeitnehmer die nach dem Tarifvertrag bestimmte maximale Wochenarbeitszeit ableistet. Teilzeitbeschäftigt ist ein Arbeitnehmer, dessen regelmäßige Wochenarbeitszeit kürzer ist als die eines vergleichbaren vollzeitbeschäftigten Arbeitnehmers. Beide Beschäftigungsverhältnisse unterliegen der Sozialversicherungspflicht, doch werden bei Teilzeitbeschäftigung entsprechend weniger Beiträge und Steuern entrichtet, da die Löhne geringer sind.

Wie soll eine zukunftsfähige Rentenversicherung gestaltet werden?

M 5 Wie reagiert die Bundesregierung? Was bisher geschah ...

Die Geburtenzahl ist in Deutschland – vergleichbar mit der Entwicklung in anderen Industrieländern – seit drei Jahrzehnten rückläufig. Hinzu kommen der Anstieg der Lebenserwartung und damit eine Verlängerung der Rentenlaufzeiten. Auf dieser Grundlage muss eine zukunftsfähige Rentenreform konzipiert werden. Die Bundesregierungen haben bereits einige Schritte unternommen, um das Rentensystem zu stabilisieren:

- Die Höhe der durchschnittlichen gesetzlichen Rente wird sinken. Laut Rentenbericht der Bundesregierung erhält ein Rentner, der 45 Jahre in die Rentenkasse eingezahlt hat, im Jahr 2009 noch 52 Prozent seines durchschnittlichen Nettomonatseinkommens. Dieses sogenannte „Rentenniveau" wird laut Modellrechnung auf ca. 38 Prozent im Jahr 2030 sinken.
- Freiwillige kapitalgedeckte private Eigenvorsorge wird staatlich gefördert.
- Der demografische Wandel wird bei der Rentenberechnung einbezogen. Sinken die Beitragszahler, steigt die Rente nicht mehr mit den Löhnen. Die 2009 beschlossenen „Rentengarantie" soll aber gewährleisten, dass die Renten auch im Falle sinkender Löhne nicht sinken, sondern höchstens nicht steigen.
- Ab dem Jahr 2012 wird das Renteneintrittsalter schrittweise erhöht von derzeit 65 auf 67 Jahre. So wird länger in die Rentenkasse eingezahlt und die Rentenzahlungen werden später fällig.

M 6 Maßnahmen zur Stabilisierung der Rentenversicherung

- Beitragssatz zur Rentenversicherung erhöhen
- Beitragssatz abhängig von der Kinderzahl machen
- Renten kürzen
- Rentenalter weiter erhöhen
- Steuern erhöhen
- Zahl der Beitragszahler erweitern um Selbständige, Beamte
- Maßnahmen zur Erhöhung der Geburtenzahlen ergreifen
- Zusätzlich private Vorsorge verpflichtend machen und verstärken
- Betriebliche Altersvorsorge stärken
- ...

M 7 Hat der Generationenvertrag noch eine Zukunft? – Jugendliche nehmen Stellung

Laut Shell-Jugendstudie erwarten 91 % der befragten Jugendlichen, dass sie im Rentenalter keine oder keine ausreichende Altersrente erhalten werden. Trotzdem werden sie mit Eintritt in einen Beruf sofort Steuern und Beiträge in die gesetzliche Rentenversicherung zahlen müssen. Das wird als ungerecht empfunden. „Die junge Generation hat leider keine Lobby", sagt Wolfgang Gründiger, 25-jähriger Student der Politikwissenschaften und Publizist, „von den 60 Millionen Wahlberechtigten sind bereits heute 20 Millionen älter als 60 Jahre." Um den Jugendlichen Gehör zu verschaffen, stellen die Abgeordneten des Deutschen Bundestages für zwei Tage ihre Sitze im Berliner Parlament Jugendlichen zur Verfügung, um eigene politische Reden zur zukünftigen Gestaltung der Rente zu halten. Dafür schlüpfen die Jugendlichen in Rollen, die sie sich vorher aus einer Anzahl von Rollenprofilen ausgewählt haben. In ihren Reden nehmen sie u. a. Stellung zu der Idee, die staatlich geförderte private Zusatzrente für alle verpflichtend zu machen. Die Reihenfolge der fünf- bis zehnminütigen Reden wird vorher festgelegt. Im Anschluss an jede Rede können Fragen gestellt werden.

M 8 Rollenprofile

Susanne Lindemann (24), Medizinstudentin aus Köln
Bei der Gestaltung der Rente verfolgst du vor allem das Ziel der Armutsvermeidung. Wenn zukünftige Rentner mit Altersarmut konfrontiert werden, dann hältst du das nicht nur für ungerecht, sondern auch für ein großes gesellschaftliches Problem. Außerdem ist dir der Erhalt des Solidaritätsprinzips sehr wichtig. Es gibt eben Situationen, in denen der Einzelne die Unterstützung der Gemeinschaft braucht. Das Umlageverfahren ist solidarisch, u. a. dadurch, dass Kindererziehungszeiten angerechnet werden. Wenn junge Familien durch Kinder keine Nachteile befürchten müssen, dann wird es in Zukunft vielleicht auch wieder mehr Kinder geben! Zur Solidarität gehört für dich auch, dass nicht nur die Arbeitnehmer die Kosten tragen müssen. Wenn darüber hinaus nicht nur Arbeitnehmer das Umlageverfahren stützten, sondern auch Beamte und Selbständige beteiligt würden, dann wäre es nach deiner Auffassung auch stabiler.

Nuray Akgün (23), Zahntechnikerin aus Bochum

Dir ist es besonders wichtig, dass jeder frühzeitig Eigenverantwortung für seine Lebensplanung und Altervorsorge übernimmt. Ungerecht findest du, dass deine Generation sowohl Steuern und Beiträge in die gesetzliche Rentenversicherung zahlt, als auch eine Zusatzvorsorge betreiben müsste, um im Rentenalter einen angemessenen Lebensstandard zu halten. Die „Riester-Rente" entschädigt aus deiner Sicht ein wenig. Wenn aber der Staat die private Vorsorge mit Steuermitteln fördert, dann sollte auch möglichst jeder davon Gebrauch machen! Sich selbständig zu informieren und zukunftsorientiert zu handeln, ist für dich eine „Verpflichtung". Aus den Gesprächen mit deinem Vater weißt du, dass er als Unternehmer eine Erhöhung der Beiträge für die Rentenversicherung befürchtet. Damit würde es ihm immer schwerer fallen, die Gehälter seiner Angestellten zu finanzieren.

Adam Bukowski (21), Journalistik-Student aus Bonn

Du hast während deines Studiums in Bonn, Kopenhagen und London viele junge Leute getroffen, die niemals ein sogenannter „Eckrentner" werden könnten. Ihre Berufsbiografien enthalten einige Wechsel, Zeiten der Umschulung und auch Arbeitslosigkeit. Daher hältst du den derzeitigen Generationenvertrag für nicht zukunftstauglich. Du kennst andere europäische Länder, in denen die Bürger zwar hohe Steuern zahlen, jedoch eine staatliche Grundrente garantiert bekommen, die oberhalb des Existenzminimums liegt. So könnte aus deiner Sicht auch das Solidaritätsprinzip erhalten bleiben. Darüber hinaus gibt es private oder betriebliche Zusatzsysteme. Dir ist aber auch klar, dass ein solcher „Systemwechsel" in Deutschland schwierig wird und daher alle jungen Leute so früh wie möglich Eigenvorsorge betreiben sollten.

Recherchetipps

www.rentenblicker.de
www.safety1st.de
www.wolfgang-gruendinger.de
www.infonetz-altersvorsorge.de

Aufgaben

1. Lies die Rollenprofile in M 8 genau und suche dir eines aus, das du besonders überzeugend findest. Du kannst auch ein eigenes Rollenprofil schreiben. Arbeite auf der Grundlage des Rollenprofils eine politische Rede für einen Auftritt im Bundestag aus (M 9). Für deine Argumentation kannst du auch zu deiner Rolle passende Maßnahmen aus M 6 ergänzen. Nutze sowohl deine bisher erworbenen Kompetenzen als auch die Recherchemöglichkeiten.
2. Tauscht eure fertigen Reden jeweils mit einem Partner aus und gebt euch gegenseitig ein Feedback darüber, was euch gut gefällt und wo ihr noch Verbesserungsvorschläge habt.
3. Trainiere den Vortrag deiner Rede. Tragt mehrere Reden vor, indem ihr die Situation im Bundestag wie beschrieben simuliert. Wertet die Simulation in der Klasse aus, indem ihr
   a) die Qualität der Reden bewertet
   b) eure eigenen Positionen zur Stabilisierung der Rente diskutiert.

M 9 Wie sage ich, was ich meine? Eine politische Rede verfassen und halten

Politik lebt von der Überzeugung und politisches Gestalten vom „Überzeugenkönnen“. Eine Rede ist dann gut, wenn es dem Redner oder der Rednerin gelingt, den Funken der eigenen Überzeugung auf die Zuhörerinnen und Zuhörer überspringen zu lassen.

Nur wenn du genau weißt, wovon du sprichst und zu wem du sprichst, wird deine Rede überzeugen. Anders als ein Referat wird eine politische Rede in der Regel Wort für Wort vorbereitet und ausformuliert. Trotzdem soll man ihr gut als Zuhörer folgen können – das ist gar nicht einfach!

Gliederung einer politischen Rede

1. **Einleitung:**
   Warum spreche ich? Worin besteht der Anlass? Welches Problem nehme ich mir vor?
2. **Hauptteil:**
   a) Wie sind die Zustände (Was war, was ist?) Wie ist das Problem entstanden?
   b) Was müsste stattdessen sein? Welchen Zustand wünsche ich mir?
   c) Wie können die herrschenden Zustände geändert werden? Welche Maßnahmen müssten ergriffen werden? Welche Maßnahmen halte ich für ungeeignet und warum?
3. Der **Schluss** enthält die Aufforderung zur Tat, den vom Redner gewiesenen Weg zu gehen und so die Zustände zu ändern: Was können, was müssen wir tun?

Worauf du bei deiner Rede achten solltest:

1. **Verwende kurze Sätze:** Den Zuhörern fällt es schwer, den Inhalt langer und verschachtelter Sätze aufzunehmen. Eine Rede wird durch kurze (Haupt-)Sätze klarer und verständlicher. Setze Nebensätze nur sparsam ein.
2. **Rede langsam:** In einem mit vielen Zuhörern gefüllten Raum gehen undeutlich gesprochene Silben verloren. Ein ruhiges Sprechtempo wirkt dem entgegen.
3. **Setze Pausen ein:** Angemessene Pausen verleihen einer Rede Wirkung. Deshalb folgt nach wichtigen Punkten eine Pause. Sage innerlich „Punkt. Pause.“, dann ist die Pause lang genug und du kannst weiterreden und dich dem nächsten Punkt zuwenden. Pausen schenken dir und den Zuhörern außerdem Zeit zum Mit- und Nachdenken. Pausen erzeugen dabei Bilder und beflügeln die Fantasie der Hörer. Eine Rede ohne Pause ist daher wie ein Buch ohne Bilder.
4. **Suche den Blickkontakt zum Publikum:** Wähle dir dazu eine oder mehrere Personen aus dem Publikum aus, die du während deines Vortrages hin und wieder für mindestens eine Sekunde lang anschaust. Noch besser ist es, den Blick beim Sprechen durch die Zuschauerränge schweifen zu lassen, um das ganze Publikum anzusprechen.
5. **Kleide dich passend:** Trage Kleidung, in der du dich wohl fühlst und die dem Redeanlass angemessen ist.

Was wir wissen

Probleme der Sozialversicherung

Durch sinkende Einnahmen und steigende Ausgaben geraten die Systeme der sozialen Sicherung in Deutschland zunehmend unter Druck. Dafür sind mehrere Entwicklungen verantwortlich.

Demografischer Wandel
M 2, M 4

Alle Sozialversicherungszweige sind von einem ausgeglichenen Verhältnis von Beitragszahlern und Beitragsempfängern abhängig, da sie auf dem Generationenvertrag beruhen. Insbesondere die gesetzliche Rentenversicherung benötigt genügend Beitragszahler, weil sie nach dem Umlageverfahren direkt die Beiträge der „arbeitenden Generation" als Renten an die „Rentnergeneration" auszahlt. Sowohl die Situation auf dem Arbeitsmarkt als auch der „demografische Wandel" führen dazu, dass die Beitragszahler und Beitragszahlungen sinken, während die Beitragsempfänger (Rentner) im Verhältnis mehr werden und durch die steigende Lebenserwartung auch länger Zahlungen in Anspruch nehmen. Während im Jahr 2010 noch fast 3 Beitragszahler einem Rentner gegenüberstanden, werden Prognosen zufolge im Jahre 2060 nur etwa 1,5 Beitragszahler einen Rentner „finanzieren".

Arbeitsmarkt
M 3

Wenn Menschen arbeitslos werden, so hat dies gravierende Folgen für die sozialen Sicherungssysteme, da bei Arbeitslosigkeit keine Beiträge und Steuern mehr bezahlt werden können und die Ausgaben des Staates durch die zu zahlenden Sozialleistungen steigen. Eine hohe Arbeitslosenquote bedeutet demnach auch eine enorme Belastung für den Sozialstaat. Darüber hinaus lässt sich beobachten, dass die Anzahl sogenannter „Normalarbeitsverhältnisse", d. h. einer sozialversicherungspflichtigen Vollzeitbeschäftigung, der jemand langjährig und kontinuierlich nachgeht und die zur Lebensfinanzierung ausreicht, abnimmt. Demgegenüber nimmt die Zahl der sozialversicherungspflichtigen Teilzeitstellen zu. Hierdurch reduzieren sich die Beitragszahlungen in die Sozialversicherungen, da ihre Höhe von der Höhe des Bruttolohns abhängig ist.

Kontroverse um die Zukunft der Altersvorsorge
M 5 – M 7

Um das System der Altersvorsorge in Deutschland weiter zu stabilisieren, wurden neben der Anhebung des Renteneintrittsalters das Rentenniveau gesenkt und eine staatliche Bezuschussung privater Zusatzvorsorge eingeführt. Daran kritisieren diejenigen, die bereits Rentner sind oder in näherer Zukunft in Rente gehen werden, dass ihre jahrelang eingezahlten Beiträge nicht zu der erwarteten Rentenhöhe führen und sie eine private kapitalgedeckte Zusatzversicherung nicht mehr aufbauen können. Die junge Generation hingegen empfindet es als ungerecht, dass sie als Arbeitnehmer sowohl höhere Beiträge leisten als auch private Vorsorge betreiben sollen.
Lösungsmöglichkeiten werden in der Kombination mehrerer Säulen der Altersvorsorge gesehen: einer staatlichen bzw. gesetzlichen „Grundversorgung" sowie betrieblicher und privater Zusatzrenten. Die Rolle der einzelnen Säulen muss jedoch politisch festgelegt werden.

Karikaturen zum Thema Rente interpretieren

Karikatur: Roger Schmidt

Mester, Baaske Cartoons, Müllheim

Aufgabe

Wähle eine Karikatur aus und interpretiere sie. Auf welches Problem macht der Karikaturist aufmerksam? Beschreibe das Problem aus der Sicht der a) älteren und b) jüngeren Generation.

Stellt euch vor, ihr schwebt in einem Ballon „Staat“. (Gebt eurem Ballon einen Namen!)

An Bord sind schwere Lastenpakete mit Aufgaben des Staates, die den Ballon immer wieder an Höhe verlieren lassen. Er droht abzustürzen. Um den Abstieg aufzuhalten, müsst ihr ein Lastenpaket über Bord werfen. Ihr müsst euch dabei überlegen, welche Staatsaufgaben ihr leicht aufgeben könnt und welche ihr so lange wie möglich an Bord behalten wollt.

Der Ballon fängt sich wieder, verliert aber nach einer Weile wieder an Höhe. Ein weiteres Paket (2. Spielrunde) muss also abgeworfen werden. Dies geht so weiter, bis der Ballon sich endlich stabilisiert hat. Dokumentiert jeden Abwurf: In welcher Reihenfolge wurden die Lasten abgeworfen? Begründet jeden einzelnen Abwurf (Argumente, Kontroversen).

Anmerkung für den Spielleiter:

Alle Mitspieler erhalten die Liste mit den Lasten. Außerdem wird eine große Tabelle mit den Namen der Ballone und der mitfahrenden Spielerinnen und Spieler benötigt, um am Schluss die Ergebnisse vergleichen zu können.

5

Soziale Marktwirtschaft

Jede Volkswirtschaft muss für sich die Frage beantworten, wie die Produktion der notwendigen Güter vorgenommen werden soll. Was soll produziert werden? Wer soll es produzieren? Wie soll produziert werden? Wie sollen die Güter verteilt werden? Unserer Wirtschaftsordnung verlässt sich auf die Koordination durch freie Märkte, doch greift der Staat korrigierend ein, sofern die Ergebnisse des Marktes sozial unerwünscht sind. Deshalb bezeichnet man unsere Wirtschaftsordnung als Soziale Marktwirtschaft.

Kompetenzen

Am Ende dieses Kapitels solltest du Folgendes können:

- Stärken und Schwächen des Marktes erklären
- die Rolle des Staates in der Wirtschaftsordnung beschreiben
- die Merkmale der Sozialen Marktwirtschaft erläutern
- einfache ökonomische Wirkungsketten mithilfe des Kreislaufmodells beschreiben
- Möglichkeiten und Grenzen staatlicher Konjunkturpolitik beurteilen

Was weißt du schon?
Spielt das Ballonspiel wie in der Spielanleitung beschrieben.

5.1 Wie viel Markt und wie viel Staat brauchen wir?

Was leisten Märkte?

M 1 Märkte sind gut für die Organisation des Wirtschaftslebens

Elektronikmesse in Berlin: Mit Innovationen konkurrieren die Anbieter am Markt um die Konsumenten.

Der Wirtschaftswissenschaftler Peter Bofinger schreibt über die Leistungsfähigkeit von Märkten:

Die hohe Leistungsfähigkeit einer durch Märkte gesteuerten Wirtschaft zeigt sich daran, dass viele positive Effekte ohne einen Eingriff des Staates herbeigeführt werden können. Da wir diese Koordinations- und Informationsfunktion der Märkte in der Regel nicht bewusst wahrnehmen, spricht man häufig auch von der „unsichtbaren Hand" des Marktes, ein Begriff, der von Adam Smith (1723 – 1790), einem Urvater der Wirtschaftslehre, bereits 1776 geprägt wurde. Der Markt sorgt dafür, dass wir uns in der Regel jederzeit eine Vielzahl von Gütern beschaffen können, obwohl die Anbieter über unsere individuellen Kaufwünsche zuvor nicht informiert waren. Der Wettbewerbsmarkt setzt für Produzenten starke Anreize, immer bessere Güter und Dienstleistungen zu akzeptablen Preisen für die Konsumenten zu entwickeln. So zwingt der Markt die Unternehmen auch, in der Güterproduktion sparsam mit den vorhandenen Produktionsmitteln zu wirtschaften. In einer Marktwirtschaft werden Güter vorrangig von den Konsumenten erworben, die ihnen den höchsten Wert zumessen.

nach: Peter Bofinger, Grundzüge der Volkswirtschaftslehre, 2. Aufl., Stuttgart 2007, S. 34 f.

M 2 Warum brauchen wir einen Staat?

Ohne starken Staat gibt es keine freien Märkte. Nur ein starker Staat kann individuelle Grund- und Freiheitsrechte verlässlich garantieren. Nur so lassen sich Eigentums- und Verhaltensrechte und damit die Funktionsfähigkeit offener und freier Märkte sichern. Dazu greift der Staat auf Gerichte, Polizei und Streitkräfte zurück. Sie sorgen für die innere und äußere Sicherheit, die seit Adam Smith als klassische Staatsaufgaben verstanden werden.

In einem weiteren Sinne braucht es den Staat auch, um Rechts-, Vertrags-, Handels- und Verkehrsregeln durchzusetzen. Er muss Grundbücher und Handelsregister führen oder Maße und Gewichte kontrollieren. Er soll Wettbewerb ermöglichen und Marktmacht verhindern.

Hat der Staat seine erste und wichtigste hoheitliche Aufgabe der Rechtsetzung und Rechtsprechung gut gelöst und sind die Menschen gegen Macht und Willkür geschützt, kann alles andere ruhig der freien Entscheidung der Unternehmer, Verbraucher, Arbeitgeber und Arbeitnehmer überlassen bleiben. Der Marktmechanismus sorgt dafür, dass die einen jeden Morgen die Schaufenster der Geschäfte von neuem füllen und dass die anderen diese Dinge kaufen. Ohne hoheitlichen Zwang und ohne staatlichen Plan stimmt die unsichtbare Hand des Marktes Mengen, Preise, Sortimente und Qualität der Güter, die produziert werden, mit den Kundenwünschen ab. Keine von einer Zentralbehörde festgelegten Soll-Ziffern, sondern die Hoffnung auf wirtschaftlichen Erfolg und Gewinn motiviert die Händler.

Eine zweite Rechtfertigung für staatliches Handeln ist die Tatsache, dass sich nicht alle Güter so einfach wie Nahrungsmittel, Textilien, Möbel oder Autos handeln lassen. Für einige Bedürfnisse gibt es keinen Markt, etwa für die Landesverteidigung oder den Gerichtsvollzug. Für andere Güter und Dienstleistungen versagt der Markt, weil es doch zu mächtigen Monopolen kommt. Das ist vor allem dann der Fall, wenn Leistungen nur mit hohen Fixkosten erbracht werden können, so wie bei Eisenbahn, Post, Strom oder beim Festnetz fürs Telefon. Ebenso stößt ein freier Marktmechanismus an seine Grenzen, wenn das Tun des einen unerwünschte Rückwirkungen beim anderen hervorruft, etwa wenn die Luft verschmutzt wird.

Hier setzt der Leistungsstaat an. Er dient dazu, jene gemeinsamen Aufgaben zu erledigen, bei denen der Markt versagt und ein Angebot gar nicht, nicht in genügendem Maße oder nur mit ungewünschten Nebenwirkungen zustande kommt. „Leistungsstaat" bedeutet allerdings nicht, dass der Staat die Leistung auch selber erbringen muss. Meistens genügt es, wenn er durch Regulierungen, Anreize und Sanktionen lediglich dafür sorgt, dass Marktversagen verhindert wird oder fehlende Märkte neu geschaffen werden. So kann der Staat private Wachdienste dafür bezahlen, dass sie für die Sicherheit der Bürger sorgen. Er kann Private beauftragen, Bahn, Post, Flughäfen, Schulen und Theater zu betreiben. [...]

Schließlich liefert die Gerechtigkeit einen dritten Rechtfertigungsgrund für den Staat. Der Markt sorgt nicht für eine gerechte Einkommensverteilung. Er verteilt Einkommen nach Leistung und nicht nach Bedarf. Aus gesellschaftspolitischen Gründen ist daher eine Umverteilung durch den Staat angezeigt.

Thomas Straubhaar, Frankfurter Allgemeine Sonntagszeitung, 10.12.2006

Aufgaben

1. Stelle dar, welche Vorteile Märkte für das Wirtschaftsleben haben und nenne jeweils Beispiele (M 1).
2. Arbeite heraus, welche Leistungen der Staat für eine funktionierende Wirtschaft erbringt (M 2).

Warum gibt es Wirtschaftskrisen?

M 3 Berg- und Talfahrt der Konjunktur

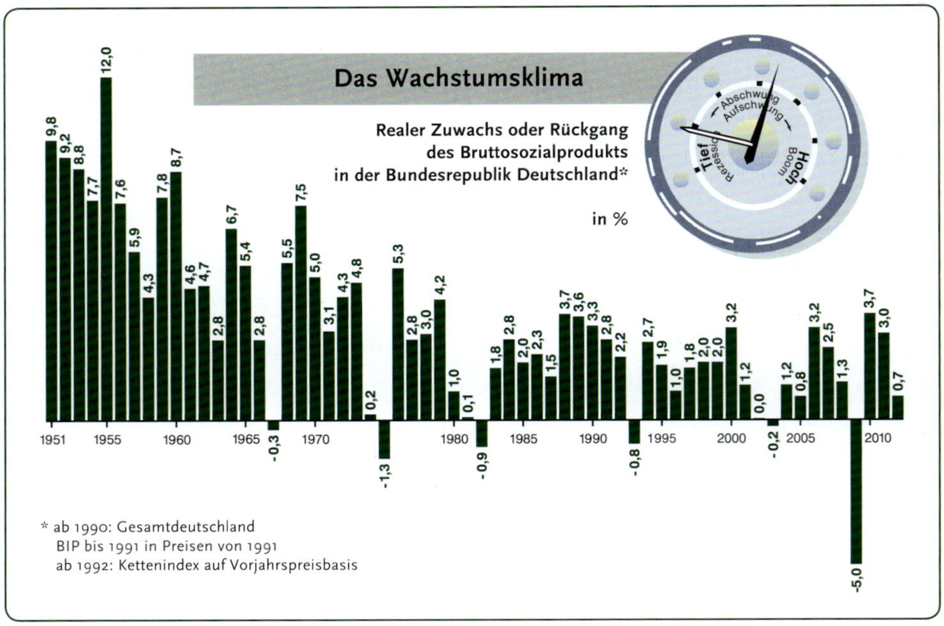

Quelle: Destatis, Bundesbank, 1990/91: IAB; Bergmoser + Höller Verlag, Zahlenbilder 220 000

Produktionspotenzial = der Begriff beschreibt die mögliche Produktion einer Volkswirtschaft, wenn alle Produktionsfaktoren voll genutzt würden. Dieser Wert kann nur geschätzt werden. Von einer Normalauslastung spricht man, wenn die Produktionsfaktoren zu 96,75 % ausgelastet sind.

Eine Volkswirtschaft steht niemals still. Vielmehr ändern sich sämtliche ökonomischen Größen im Zeitablauf. Dies betrifft insbesondere das Inlandsprodukt (BIP) und seine Komponenten – den Konsum, die Investitionen, die Staatsausgaben und die Exporte sowie die Importe. Typischerweise steigt die gesamtwirtschaftliche Produktion von Waren und Dienstleistungen der Tendenz nach an. Dadurch erhöht sich der durchschnittliche Lebensstandard der Bevölkerung. Allerdings verläuft diese Zunahme nicht gleichmäßig. Um den Trend sind Veränderungen des Wirtschaftswachstums und Schwankungen im Auslastungsgrad des gesamtwirtschaftlichen Produktionspotenzials zu beobachten, die mit einer gewissen Regelmäßigkeit eintreten. Solche Wachstumsschwankungen bezeichnen wir als Konjunkturschwankungen beziehungsweise Konjunkturzyklen. Der Begriff Konjunkturzyklus ist allerdings ein wenig irreführend. Es kommt zwar „regelmäßig" zu einem Auf und Ab der Konjunktur. Der Zeitabstand zwischen dem Beginn eines Aufschwungs über Boom-, Abschwung- beziehungsweise Rezessionsphase bis hin zu einem neuen Aufschwung ist jedoch unterschiedlich und kaum präzise vorhersehbar.

Herbert Sperber, Wirtschaft verstehen, 3. Auflage, Stuttgart 2009, S. 118

M 4 Folgen von Konjunkturschwankungen

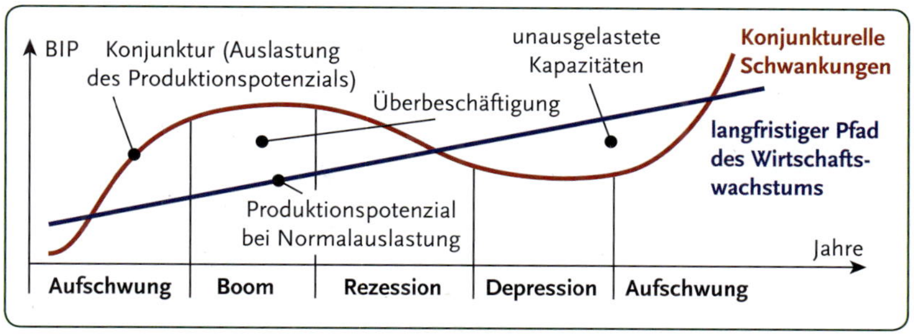

Obwohl kein Konjunkturzyklus dem anderen gleicht, lässt sich doch ein Grundmuster des Konjunkturverlaufs feststellen. Demnach umfasst ein Konjunkturzyklus vier Phasen (siehe Schaubild).

Aufschwung: Der Aufschwung ist charakterisiert durch zunehmende Auslastung vorhandener Kapazitäten. Die Firmen erhöhen ihre Investitionen. Da sie hierfür vermehrt Kredite nachfragen, stiegen die Zinsen. Die steigende Konsumentenstimmung kurbelt die Nachfrage weiter an, wodurch Umsätze und Gewinne steigen. Um die steigende Nachfrage zu befriedigen, werden zunehmend neue Arbeitskräfte eingestellt und es werden mehr Güter produziert. Die Arbeitslosigkeit sinkt.

Boom (Hochkonjunktur): Die Produktion erreicht das vorhandene Kapazitätslimit (d. h. es kann nicht noch mehr produziert werden als jetzt), wodurch es zunehmend schwierig wird, die aktuelle Nachfrage zu bedienen. Die Lagerbestände sinken. In der Folge steigen die Preise und Teuerung macht sich verstärkt bemerkbar. Trotz Voll- oder Überbeschäftigung macht die überschwängliche allgemeine Stimmung einer langsam auftretenden Skepsis Platz.

Rezession (Konjunkturabschwung): Die Konsumenten sind verunsichert und die noch immer hohen Preise hemmen nun die Nachfrage. Unternehmen beginnen zu sparen und stoppen weitere Investitionen. Die Zinsen sowie die Umsätze beginnen zu sinken. Aufgrund der schwachen Nachfrage können die Maschinen und Arbeiter nicht mit genügend Aufträgen versorgt werden. Dies zieht erste Entlassungen nach sich.

Depression: Die Phase der wirtschaftlichen Depression ist gekennzeichnet durch eine geringe Nachfrage. Überkapazitäten müssen abgebaut werden und es kommt vermehrt zu Entlassungen. Die Arbeitslosigkeit steigt. Durch kontinuierliche Zinssenkungen könnte die Zentralbank versuchen, Kredite billiger zu machen und so die Nachfrage anzukurbeln.

nach: Wirtschaft erklärt, www.vimentis.ch, 1.4.2006

Aufgaben

1. Arbeite aus M 3 die Konjunkturphasen und den langfristigen Wachstumstrend heraus.
2. Folgende wirtschaftliche Situation ist gegeben: Unternehmen produzieren mehr als bei normaler Auslastung, die Arbeitslosigkeit ist gering, die Preise steigen. Nenne die Konjunkturphase, in der sich diese Wirtschaft befindet (M 4).
3. Arbeite aus M 3 und M 4 heraus, warum der Staat Wirtschaftskrisen vermeiden möchte.

Was gefährdet den Wettbewerb?

M 5 Erneute Millionenstrafe gegen Kaffeeröster

Das Bundeskartellamt hat gegen zahlreiche Kaffeeröster und den deutschen Kaffeeverband (DKV) wegen illegaler Preisabsprachen Bußgelder in Höhe von insgesamt 30 Millionen Euro verhängt. Auch gegen zehn verantwortliche Mitarbeiter der Unternehmen wurden Bußgelder verhängt. Insgesamt müssen acht Unternehmen wegen der illegalen Machenschaften zahlen. Die Geldbußen sind zwar noch nicht rechtskräftig. Doch haben sechs der acht Unternehmen sowie deren Mitarbeiter sich laut Bundeskartellamt zu einer einvernehmlichen Verfahrensbeendigung bereiterklärt.
Nach den Erkenntnissen des Kartellamts existierte seit mindestens 1997 bis Mitte 2008 ein Arbeitskreis beim DKV, bestehend aus Geschäftsführern und Vertriebsleitern. Dort wurden Preiserhöhungen und zum Teil auch Preissenkungen bei der Belieferung von Gastronomie, Hotels, Automatenaufstellern und anderen Großverbrauchern koordiniert.

www.tagesschau.de, 9.6.2010

M 6 Monopole und Kartelle – warum sind sie gefährlich für die Wirtschaft?

Kartell = eine Vereinbarung oder ein Zusammenschluss selbständig bleibender Unternehmen oder sonstiger Marktakteure zur Beschränkung ihres Wettbewerbs, z. B. durch Preisabsprachen

Monopol
Unter einem Monopol versteht man eine Marktform, in der ein Unternehmen (Hersteller, Händler) als alleiniger Anbieter auftritt oder einen so großen Marktanteil besitzt, dass er allein die Preise kontrollieren kann und damit über eine besondere Marktmacht gegenüber den Nachfragern bzw. Konsumenten verfügt.

Was ist nun eigentlich so schlimm an Monopolisten? Ganz einfach: Sie verlangen praktisch immer überhöhte Preise, gemessen an den tatsächlichen Kosten. Das geht nicht nur zu Lasten der Verbraucher, es mindert auch den Zwang, sich um Effizienz und gute Qualität der Produkte zu bemühen. Wenn es um die marktbeherrschende Stellung eines Software-Unternehmens wie Microsoft geht, hört der Spaß auf. Zumal ein so marktmächtiger Anbieter auch dazu neigt, sinnvolle Produkte anderer Anbieter durch technische Tricks vom Markt fernzuhalten. Es sind schon zahlreiche Prozesse wegen solcher Machenschaften geführt worden. Die Wettbewerbshüter sind dabei allerdings oft in schwieriger Beweislage. Ein Problem besteht darin, überhöhte Preise von ganz normalen Marktreaktionen abzugrenzen. Wenn etwa wieder einmal das Benzin an der Tankstelle teurer wird, kann das ja auch an steigenden Rohölpreisen, einem höheren Dollarkurs oder höheren Steuern liegen. Auch dass alle Tankstellen mehr oder weniger gleichzeitig die Preisschilder auswechseln, ist noch kein Beweis für Preisabsprachen. In einem echten Wettbewerbsmarkt würde bei steigenden Einkaufspreisen nämlich genau das Gleiche passieren. Auch ein Vergleich der Preise mit den Kosten hilft nicht immer weiter. Denn die Kosten können von den Unternehmen leicht nach oben manipuliert werden, indem sie teure Bürotürme bauen und überhöhte Gehälter – vorzugsweise an Vorstände – zahlen. Augenfällige Beispiele dafür sind in Deutschland Energieversorgungsunternehmen, aber auch kommunale Stadtwerke mit ihren Gebietsmonopolen. Darum ist Monopolkontrolle in der Praxis ziemlich schwierig. Besser ist es allemal, marktbeherrschende Stellungen gar nicht erst entstehen zu lassen. Aber auch das ist einfacher gesagt als getan. So hat der österreichische Ökonom Josef Schumpeter schon 1911 darauf hingewiesen, dass im Grunde jeder Erfinder eines neuen Produktes zunächst eine Monopolstellung gewinnt. Darin bestehe ja gerade der Anreiz, als Pionierunternehmer immer wieder neue Güter auf den Markt zu bringen. Im Laufe der Zeit werden allerdings zunehmend Imitatoren auftreten, sodass die anfänglichen Gewinne im Konkurrenzkampf schmelzen. Dieser ständige Wettlauf zwischen Innovation und Imitation, den Schumpeter als „Prozess der schöpferischen Zerstörung" bezeichnete, ist wohl das Wichtigste an der Wettbewerbsidee. [...] Am längsten halten sich meist Monopole, die in Staatshand sind. So gelten noch heute in Deutschland das staatliche Glücksspielmonopol und auch das Branntweinmonopol, obwohl es dafür kaum überzeugende Gründe gibt. Bei manchen Gütern wie zum Beispiel Eisenbahnen, Stromversorgung und Telefon war man sogar lange Zeit der Meinung, dass es hier prinzipiell keinen Wettbewerb geben könne. Das Argument war immer das gleiche: Es sei nicht sinnvoll, mehrere Eisenbahngleise, Telefonleitungen oder Postlinien parallel zu unterhalten, nur um Wettbewerb zu schaffen. Deshalb wurde jeweils nur ein Unternehmen als Anbieter solcher Güter zugelassen. Ein angenehmer Nebeneffekt für den Staat waren die Monopolgewinne. Inzwischen denkt man anders über die natürlichen Monopole. Vor allem die EU macht seit den achtziger Jahren Druck, auch diese Märkte zu liberalisieren. Schließlich können auf einem Schienennetz durchaus mehrere Eisenbahnunternehmen fahren, und bei Strom und Gas ist es nicht viel anders. Die bequemen Versorgermonopole geraten dadurch zunehmend unter Wettbewerbsdruck, und das ist gut so. Wie heilsam sich die Öffnung für mehrere Anbieter auswirkt, hat nicht zuletzt die Liberalisierung des Telefonmarktes gezeigt: Während zu Zeiten der Bundespost ein farbiges Tastentelefon der Gipfel des Komforts in Deutschland war, ist die heutige Angebotsvielfalt an Endgeräten gar nicht mehr zu überblicken. Gleichzeitig sind auch noch die Preise für das Telefonieren kräftig gefallen und Abertausende neue Arbeitsplätze geschaffen worden. Das hat zwar auch etwas mit der technischen Entwicklung zu tun. Aber auch der technische Fortschritt kommt unter Wettbewerbsbedingungen viel schneller voran als unter einem trägen Monopolisten, der mangels Konkurrenz nur noch sein Geld zählen muss.

nach: Ulrich van Suntum, Frankfurter Allgemeine Sonntagszeitung, 4.2.2007

Für die Wettbewerbskontrolle sind in Deutschland das Bundeskartellamt und der Bundeswirtschaftsminister zuständig, auf europäischer Ebene die Europäische Kommission.

Gesetz gegen Wettbewerbsbeschränkungen
Das Gesetz ermöglicht die Erhaltung eines funktionierenden, ungehinderten und möglichst vielgestaltigen Wettbewerbs. Es reglementiert und bekämpft daher vor allem den Missbrauch von Marktmacht sowie die Koordination und Begrenzung des Wettbewerbsverhaltens unabhängiger Marktteilnehmer. Verstöße werden mit Bußgeldern geahndet.

Aufgaben

1. Fasse zusammen, welche negativen Auswirkungen die Einschränkung des Wettbewerbs durch Monopole für die Wirtschaft hat (M 5, M 6).
2. Sammelt Beispiele für Monopole aus eurem Alltag (Stadtbibliothek, Kino, Hallenbad, Eisdiele, Italiener, Coca Cola, ...). Prüft jeweils, ob es sich um echte Monopole handelt.
3. Zeitlich begrenzte Monopole haben auch eine wichtige Funktion für die Wirtschaft. Nimm Stellung (M 6).

Ist die Einkommensverteilung gerecht?

M 7 Wie sollen die Einkommen verteilt werden?

Frau Meier kommt aus einem einfachen Elternhaus. Sie hat den Hauptschulabschluss gerade so geschafft und arbeitet heute 45 Stunden in der Woche für ein Gebäudereinigungsunternehmen. Sie ist sehr fleißig und macht ihre Aufgabe gut, aber die harte Arbeit strengt sie sehr an. Sie hat zwei Kinder.

Herr Peters kommt als Einzelkind aus einem betuchten Elternhaus. Seine Eltern haben dafür gesorgt, dass er die besten Schulen besucht hat. Er hat ein Ingenieurs-Studium abgeschlossen. Heute ist er leitender Manager in einem Unternehmen mit 300 Mitarbeitern. Er ist alleinstehend.

Herrn Sollings Eltern bezogen beide Hartz IV. Er war jedoch ehrgeizig, machte das Abitur nach und absolvierte neben seinem Job ein Fernstudium in Betriebswirtschaft. Wegen einer Wirtschaftskrise verlor er seine Arbeit. Bis heute hat er keine neue Anstellung gefunden. Er hat eine ebenfalls arbeitslose Frau und drei kleine Kinder.

Frau Höfer kommt aus einem Lehrerhaushalt. Sie hat ein Studium der Sprachwissenschaften abgeschlossen. Unmittelbar nach dem Studium hatte sie einen Autounfall, den sie nicht verschuldet hat. Sie leidet seitdem unter Gedächtnisstörungen und Angstzuständen und wird nie arbeiten können.

Herrn Niklas Vater arbeitete als Kohlearbeiter, seine Mutter war Hausfrau. Er selbst war in der Schule eigentlich gut, versäumte es aber, den Realschulabschluss zu machen, da er oft die Schule schwänzte. Er findet Arbeit grundsätzlich zu anstrengend und trifft sich lieber mit seinen Freunden.

M 8 Arm und Reich in Deutschland

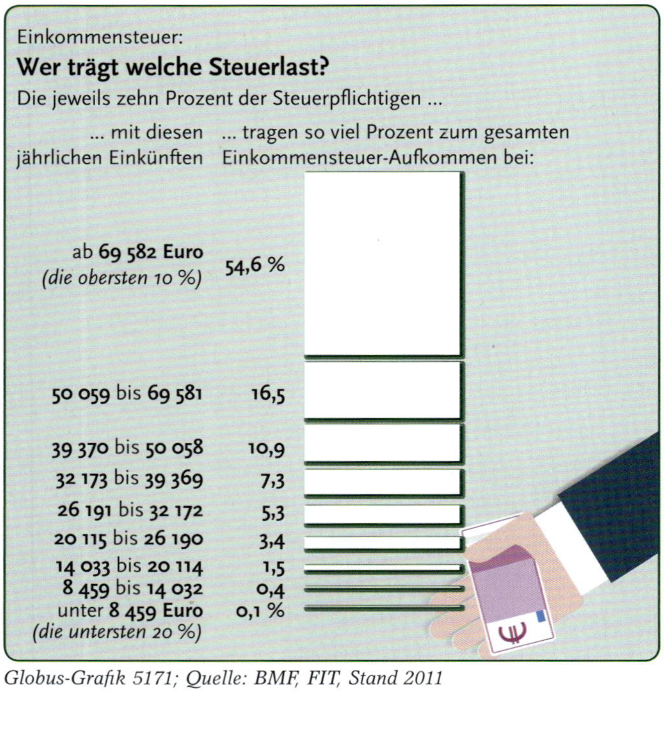

Globus-Grafik 5171; Quelle: BMF, FIT, Stand 2011

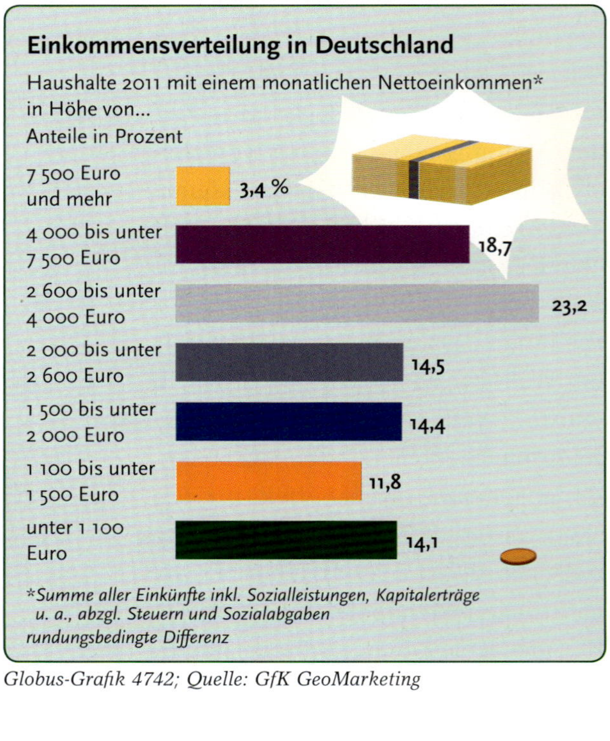

Globus-Grafik 4742; Quelle: GfK GeoMarketing

M 9 Sozialstaat und Gerechtigkeit

Es gibt einen engen Zusammenhang zwischen der sozialen Gerechtigkeit und der sozialen Ungleichheit. Während man Letztere jedoch messen kann, ist die soziale Gerechtigkeit eine Ansichtssache. Der Regierende Bürgermeister von Berlin verdient mehr als ein U-Bahn-Fahrer der Berliner Verkehrsbetriebe. Das ist leicht festzustellen, aber ist es gerecht? Der Regierende Bürgermeister verdient deutlich weniger als ein Profifußballer von Hertha BSC. Ist das gerecht? Letztendlich dreht sich die Frage der sozialen Gerechtigkeit immer um die der Gleichheit. Wie gleich müssen die Bürger, wie unterschiedlich dürfen sie sein, damit eine Gesellschaftsordnung als gerecht empfunden wird? Gerechtigkeit und Gleichheit hängen also zusammen. Aber wo soll die Gleichheit ansetzen, bei den Chancen oder bei den Ergebnissen? Müssen, um ein Bild aus dem Sport zu benutzen, alle zur selben Zeit loslaufen (Chancengerechtigkeit) oder sollen alle zur selben Zeit ankommen (Verteilungsgerechtigkeit)? Darauf gibt es keine einfache und keine allgemeine Antwort. Je nach politischer und weltanschaulicher Position unterscheiden sich die Meinungen hier deutlich. In der Bundesrepublik Deutschland werden beide Ansätze verfolgt. Zum einen sollen alle Gesellschaftsmitglieder die gleichen Chancen haben, im Berufsleben erfolgreich zu sein. Da die beruflichen Möglichkeiten mit wenigen Ausnahmen (wie Berufssportler oder Künstler) über Bildungsabschlüsse vergeben werden, ist es wichtig, dass alle Kinder dieselben schulischen Chancen haben. Da aber Kinder und Jugendliche nicht nur von der Schule geprägt werden, sondern vor allem vom Elternhaus, bedeutet das, dass diejenigen, die von zu Hause weniger mitbekommen, stärker gefördert werden müssen. Um soziale Gerechtigkeit herzustellen, greift der Staat in Deutschland aber auch bei der Verteilung der materiellen Güter ein, und zwar über das klassische Mittel der Steuern. Wer mehr verdient, zahlt nicht nur mehr Steuern, sondern auch einen höheren Prozentsatz, der Steuertarif ist progressiv. [...] Jeder ist seines Glückes Schmied. Diesen Satz haben wir alle schon einmal gehört. Er stimmt oft, aber keineswegs immer. Wir alle sind Faktoren ausgesetzt, die wir nicht beeinflussen können. Das betrifft den Fußgänger, der bei „Grün" über die Ampel geht und dennoch von einem Auto überfahren wird, genauso wie den Werftarbeiter, der über Nacht seinen Arbeitsplatz verliert, weil seine Firma beschlossen hat, die Produktion einzustellen oder zu verlagern.

nach: Eckart D. Stratenschulte, Wirtschaft in Deutschland, Bonn 2006, S. 149 ff.

Sozialstaatspostulat
Als Sozialstaatspostulat wird der Auftrag in Artikel 20 Abs. 1 GG bezeichnet, nach dem die Bundesrepublik Deutschland ein demokratischer und sozialer Bundesstaat ist. Aus dem Sozialstaatspostulat leitet sich das Sozialstaatsprinzip als ein Strukturprinzip des Grundgesetzes ab. Das Sozialstaatsprinzip enthält kein einklagbares Recht und ist deshalb nur ein Postulat, dessen konkrete Verwirklichung Aufgabe der Politik ist.

Aufgaben

1. Bildet Gruppen. Angenommen, euch steht ein Betrag von 15.000 Euro zur Verfügung. Teilt nun den beschriebenen Personen die Monatseinkommen zu, die ihr für gerecht haltet. Begründet eure Entscheidung und vergleicht eure Ergebnisse (M 7).
2. Analysiere die Einkommensverteilung in Deutschland. Ist die Verteilung der Einkommen und Vermögen gerecht? Begründe deine Meinung (M 8).
3. Erläutere, wie der Staat versucht, Chancengleichheit, Verteilungsgerechtigkeit und Soziale Sicherheit zu verwirklichen (M 9). Überprüfe dann, nach welchem Prinzip du in Aufgabe 1 vorgegangen bist.

Schadet der Markt der Umwelt?

M 10 Warum leuchten nachts die Laternen?

Ein Leuchtturm – Beispiel für ein öffentliches Gut?

Normalerweise funktioniert ein Markt folgendermaßen: Jemand stellt ein Gut her und übergibt es dir zu einem bestimmten Preis, wenn du es erwerben möchtest. Der Preis bildet sich durch Angebot und Nachfrage. Wenn du den Marktpreis bezahlst, erhältst du das Gut. Auch kann niemand anders mehr dieses Gut konsumieren, wenn du es erworben hast. Bezahlst du den Preis nicht, wirst du vom Konsum ausgeschlossen. Es gibt aber einzelne Güter, die kannst du konsumieren, ohne etwas dafür zu bezahlen. Das gilt z. B.. für die Luft, die schöne Natur, einen Deich zum Schutz vor Hochwasser, Sicherheit oder die Straßenbeleuchtung. Du musst nichts dafür bezahlen, da man dich nicht – oder nur mit großem Aufwand – von der Nutzung des Gutes ausschließen kann. Man kann die Straßenbeleuchtung nicht nur für diejenigen Personen brennen lassen, die etwas dafür bezahlen. Der Weg ist auch für diejenigen erleuchtet, die nicht dafür bezahlt haben. Außerdem beeinträchtigt der Konsum des Lichts nicht den Konsum durch einen anderen, da das Gut „Straßenbeleuchtung" nicht teilbar ist.

Für diese Art von Gütern tauchen nun zwei spezifische Probleme auf: Wenn niemand bereit ist, für ein Gut einen Preis zu bezahlen, so wird es auch von niemandem angeboten. Das bedeutet, es gäbe keine Straßenbeleuchtung und auch keinen Deich zum Schutz vor Hochwasser. Viele Güter, die für die Gesellschaft bedeutsam sind, muss deshalb der Staat bereitstellen und den Preis dafür durch Steuern einziehen. Man nennt diese Güter auch öffentliche Güter. Die Menschen neigen bei dieser Art von Gütern dazu, sie übermäßig zu konsumieren, zu verschmutzen oder zu verbrauchen. Auch hier liegt das Problem darin, dass wir niemanden von der Nutzung ausschließen können – zumindest nicht ohne großen Aufwand.

M 11 Externe Effekte – oder warum wir unter Nichtrauchern nicht rauchen sollten

Man spricht von einem externen Effekt in der Volkswirtschaft, wenn sich das Handeln eines Marktteilnehmers auf den Nutzen von unbeteiligten Personen auswirkt. Ein externer Effekt führt zu einem Marktversagen, da die Preise für ein Gut verzerrt werden. Man unterscheidet dabei positive und negative externe Effekte.

Negative externe Effekte werden auch als externe Kosten bezeichnet. Einige geläufige Beispiele hierfür sind:

- Qualm im Restaurant, welcher von Nichtrauchern eingeatmet wird
- Dein Nachbar baut in seinem Garten übel riechende exotische Pflanzen an
- Luftverschmutzung durch Straßenverkehr

Da die Verursacher nicht für die negativen Auswirkungen ihres Handelns bezahlen müssen, haben sie privat einen höheren Nutzen, während die Kosten in Form von Wohlfahrtsverlusten von anderen bzw. der Allgemeinheit getragen werden müssen.

Aber es gibt auch Beispiele für positive externe Effekte:

- Renovierung eines Hauses oder einer Kirche (verschönert das Dorfbild)
- Forschung (die technische Entwicklung kommt allen zugute)

Bei positiven externen Effekten profitieren also andere von einer Handlung, obwohl sie dafür nichts bezahlen müssen. Daher wird bei vorhandenen positiven externen Effekten zu wenig vom Gut produziert. Ein Beispiel dafür ist die Forschung: Niemand ist bereit, Millionen in die Forschung zu investieren, wenn das Produkt anschließend einfach kopiert werden kann.

Aufgaben

1. Definiere öffentliche Güter und gib weitere Beispiele dafür (M 10).
2. Im Park deiner Stadt hat sich eine kleine Kolonie einer seltenen Kaninchenart angesiedelt und munter vermehrt. Zeitgleich präsentieren sich Topmodels auf dem Pariser Modesalon mit Schuhen aus dem Fell dieser Kaninchenart. Für das Fell können nun Höchstpreise erzielt werden. Beschreibe, was voraussichtlich mit den Kaninchen geschehen wird, und gib dafür eine Erklärung (M 10).
3. Denke darüber nach, welche Waren und Dienstleistungen in deiner Gemeinde bereitgestellt werden. Beurteile anhand der Frage der Ausschließbarkeit, ob es sich um öffentliche Güter handelt (M 10, M 11): Polizeischutz, Stadtbibliothek, Schneeräumdienst, Hallenbad, Schulbildung, Gemeindestraßen und städtische Straßen, Landstraßen und Bundesstraßen.
4. Arbeitet in Gruppen Vorschläge aus, wie man mit den externen Kosten der in M 11 genannten Beispiele verfahren sollte, um einen gerechten Ausgleich zu finden.

Was wir wissen

Markt und Staat im Spannungsfeld
M 1, M 2

Die Marktwirtschaft mit ihrem freiheitlichen Menschenbild fordert und fördert Leistung, schafft Anreize für Innovationen und ermöglicht so eine optimale Versorgung der Bürger mit Gütern. Der Marktmechanismus vermag aber nicht alle Aufgaben befriedigend zu erfüllen.

Wirtschaftskrisen
M 3, M 4

Weltweit tendieren Marktwirtschaften zu zyklischen Wachstumsschwankungen, die sich im Extremfall zu wirtschaftlichen Krisen mit hoher Arbeitslosigkeit und/oder Inflation entwickeln können. Diese Konjunkturschwankungen haben eine Zyklendauer von ungefähr vier bis sechs Jahren. Ein Konjunkturzyklus lässt sich in vier idealtypische Phasen einteilen:
Aufschwung (steigende Wachstumsraten des BIP, rückläufige Arbeitslosenquote); **Hochkonjunktur (Boom)** (stagnierende Wachstumsraten und niedrige Arbeitslosenquote); **Rezession** (sinkende Wachstumsraten, stagnierende oder leicht zunehmende Arbeitslosigkeit); **Depression** (negative Wachstumsraten, starker Anstieg der Arbeitslosigkeit).

Um die Marktwirtschaft wieder ins Gleichgewicht zu bringen bzw. eine gleichmäßige Wirtschaftsentwicklung zu garantieren, greift der Staat in das Wirtschaftsgeschehen ein.

Aufrechterhaltung des Wettbewerbs
M 6

Auch versagt der Markt, wenn es darum geht, seine eigenen Voraussetzungen, nämlich Wettbewerb und Konkurrenz, zu schützen. Staatliche Wettbewerbspolitik (Kartellverbote und Fusionskontrolle) sichert den Wettbewerb und damit die Leistungsfähigkeit des Marktmechanismus. In Deutschland übernimmt diese Aufgabe das Bundeskartellamt in Berlin, in der EU ist die Europäische Kommission zuständig.

Sozial- und Einkommenspolitik
M 8, M 9

Der Markt weist Einkommen nach Leistung, nicht nach Bedürftigkeit zu. Menschen, die nicht in der Lage sind, eigenes Einkommen zu erzielen, wären auf Almosen oder familiäre Unterstützung angewiesen. Der Staat übernimmt deshalb durch Sozialpolitik (Sozialleistungen) und Einkommenspolitik (Steuerpolitik) die im Grundgesetz garantierte Aufgabe, für ein Existenzminimum zu sorgen. Wie eine gerechte Einkommens- und Vermögensverteilung aussieht und in welchem Umfang der Staat über seine Steuerpolitik dafür Einkommen und Vermögen umverteilen soll, ist politisch allerdings umstritten.

Öffentliche Güter
M 10, M 11

Der Marktmechanismus stößt auch an seine Grenzen, wenn es sich um den Schutz wichtiger Güter handelt, für die es keine Preise gibt, sogenannte öffentliche Güter. Öffentliche Güter zeichnen sich durch zwei Merkmale aus: Von einem öffentlichen Gut kann niemand ausgeschlossen werden und bei öffentlichen Gütern konkurrieren die Verbraucher nicht um den Konsum. Folge davon ist, dass diese Güter gar nicht oder nicht in ausreichender Menge hergestellt werden bzw. übermäßig genutzt und verbraucht werden.

Aufgabe

Arbeitet in Gruppen. Ihr seid konfrontiert mit folgenden Berichten über die Leistungen und Grenzen freier Märkte. Beschreibt genau, um welche Leistungen bzw. Defizite es sich jeweils handelt, und gebt eine Begründung dafür! Entwickelt gegebenenfalls eine Lösung für das genannte Problem.

Neueröffnung – grenzenlos Einkaufen!

Der heute neu eröffnete Supermarkt bietet ein reichhaltiges Warenangebot – rund 10.000 verschiedene Artikel – von regionalen Spezialitäten aus Deutschland bis zu internationalen Markenprodukten. In der Feinkost-Frische-Abteilung sind neben deutschen und italienischen Wurst- und Käsespezialitäten auch eine große Auswahl an ofenfrischem Brot und Gebäck erhältlich. Auch Spezialitäten wie verschiedenste exotische Früchte, frische Gewürze & Kräuter, Speisepilze, asiatische Lebensmittel, Trockenfrüchte und edle Schokoladen & Bonbonniere sind in diesem Lebensmittelgeschäft verfügbar.

Protest gegen Flughafen

Seitdem die Deutsche Flugsicherung im September neue Abflugrouten für den neuen Berliner Großflughafen bekannt gegeben hatte, formiert sich der Protest. „Dabei sollen die Flugzeuge nicht mehr wie bisher in 3.000 Meter Entfernung, sondern plötzlich in niedriger Flughöhe und in nur 500 Meter Entfernung südlich von Lichtenrade geführt werden“, sagt Simon Lietzmann, Mitglied der Bürgerinitiative Lichterade/Mahlow-Nord. Seitdem die geänderten Flugrouten vor sechs Wochen bekannt wurden, haben sich rund 30 Bürgerinitiativen gegründet: Sie fürchten Lärmbelästigung und den Wertverlust ihrer Häuser.

Oliver Twist

Es gab kein Feuer in der Stube, aber ein Mann hockte aus Gewohnheit an dem leeren Kachelofen. In der Ecke waren ein paar zerlumpte Kinder, und in einem kleinen Verschlag gegenüber der Tür lag auf dem Boden etwas, mit einer Decke verhüllt. Oliver schauderte, als sein Blick auf die Stelle fiel, denn obgleich das da bedeckt war, spürte der Knabe, dass es ein Leichnam war. [...] „Ach!“, sagte der Mann, brach in Tränen aus und sank zu Füßen der toten Frau auf die Knie. [...] Ich wusste nicht, wie schlecht es ihr ging, bis das Fieber sie befiel, und da stachen ihr die Knochen aus der Haut. Wir hatten weder Feuer noch Licht, sie starb im Dunkeln – im Dunkeln! [...] Ich bettelte für sie auf den Straßen, und man schickte mich ins Gefängnis. Als ich zurückkam lag sie im Sterben. Ich schwöre vor Gott, der es sah! Sie haben sie verhungern lassen.“

Charles Dickens, Oliver Twist, Berlin 2005, S. 55

Penibel organisiert

Alles lief nach Plan, fast wie in einem Unternehmen. Schon dadurch unterschied sich der illegale Zusammenschluss von den vielen Hinterzimmer-Gremien, die den Wettbewerb ausschalten, um die eigenen Kassen zu füllen. Bei den Brillenglasherstellern hatten die Firmen richtige Strukturen aufgebaut, ähnlich wie etliche Jahre zuvor die Zementindustrie. Unter Beteiligung des Branchenverbandes ZAV wurden seit Mitte 2000 in zwei Gesprächszirkeln weitreichende Entscheidungen für die ganze Branche getroffen. In einem ersten Gesprächskreis stimmten die fünf dominierenden Unternehmen ihre Preiszuschläge ab und verständigten sich über geplante Rabatte, die Augenoptiker von ihnen erhalten sollten.

Die Welt, 14.6.2010

Wirtschaftsbericht aus dem Frühjahr 2011

Wirtschaftsbeobachter gehen von einem kräftigen Wachstum des BIP im Jahr 2010 aus. Ein Wunder ist das nicht. Die Entwicklung ist erklärbar. Etwa damit, dass die deutsche Wirtschaft im Vorjahr besonders tief eingebrochen war (minus 4,7 Prozent) und nun aufholt. Auch die Arbeitslosenzahlen sanken im Jahresverlauf deutlich, zuletzt unter die magische Grenze von drei Millionen. Dies macht Hoffnung auf eine längere Wachstumsphase, da nun neben den Exporten endlich auch der Konsum im Inland anzieht. Sorgen bereiten jedoch die schnell steigenden Preise für Öl und andere Rohstoffe.

5.2 Grundlagen der Sozialen Marktwirtschaft

Geburt eines Erfolgsmodells

M 1 Die Entstehung der Sozialen Marktwirtschaft

Symbol des Wirtschaftswunders: Im Jahr 1955 läuft der millionste VW-Käfer vom Band.

Wirtschaft in Trümmern

Dass die Marktwirtschaft dem Sozialismus überlegen ist, glaubten 1945 in Deutschland die wenigsten. Der Zweite Weltkrieg war zu Ende. [...] Die Wirtschaft lag am Boden, die Menschen hungerten und froren, die Geschäfte waren leer, und wer etwas mehr als das Allernötigste haben wollte, der musste auf dem verbotenen Schwarzmarkt einkaufen, sein Tafelsilber bei Bauern gegen Fleisch eintauschen oder sogar stehlen. Wie war da an einen Wiederaufbau zu denken, wenn er nicht von einem starken Staat gelenkt wurde? Zumal die sowjetischen Besatzungsbehörden im Osten bereits mit der Enteignung von Industriebetrieben und landwirtschaftlichen Gütern begonnen hatten – der Voraussetzung für den Sozialismus.

Streit um die Wirtschaftsordnung

Diesem Ruf nach einer Staatswirtschaft widersprachen einige Ökonomen heftig. Aus der Katastrophe Deutschlands zogen sie genau den gegenteiligen Schluss: Deutschland musste zu einer echten Marktwirtschaft werden und der Staat hatte sich auf dieses Ziel zu konzentrieren. Er sollte sich nicht mehr in die Wirtschaft einmischen, sondern nur verhindern, dass einzelne Unternehmer wie in Deutschland vor 1933 Monopole und Kartelle errichteten und so die Macht auf ihren Märkten übernahmen. Der Staat sollte also dafür sorgen, dass die Unternehmer immer im Wettbewerb untereinander standen. Außerdem sollte er verhindern, dass jemals wieder eine Inflation wie 1923 das Land zerstörte, er sollte den Geldwert sichern. [...]

Von den Ordoliberalen beeinflusst war auch ein bislang völlig unbekannter Wirtschaftsprofessor aus Fürth mit Namen Ludwig Erhard (1897–1977). Nach 1945 war Erhard zunächst ein paar Monate Wirtschaftsminister in Bayern, ohne sich dabei mit größeren Erfolgen hervorgetan zu haben. Dann aber machten ihn die Briten und Amerikaner zum Wirtschaftsdirektor ihrer gemeinsamen Zonenverwaltung.

Die Währungsreform

Sie beauftragten ihn mit der Vorbereitung eines wichtigen Projektes, der Währungsreform in den westlichen Besatzungszonen Deutschlands. Diese Reform war dringend nötig, denn die Nazis hatten die alte Reichsmark durch ihre Kriegspolitik ruiniert: Es war immer mehr Geld in den Umlauf gekommen, dem keine Waren mehr gegenüberstanden. Das alte Geld musste also aus dem Verkehr gezogen und durch neues ersetzt werden: die D-Mark. [...]

Das alles geschah am 20. Juni 1948. Als die Westdeutschen am Morgen des 21. Juni, dem ersten Geltungstag des neuen Geldes, aufwachten, trauten sie ihren Augen nicht. Die Geschäfte, in denen am Abend zuvor gähnende Leere geherrscht hat-

Ordoliberalismus = Ordoliberalismus ist ein Konzept für eine Wirtschaftsordnung, bei der der Staat lediglich einen Rahmen für einen gesicherten Wettbewerb setzt, der die Freiheit der Bürger auf dem Markt gewährleisten soll, sonst aber nicht weiter in das Marktgeschehen eingreift.

te, waren plötzlich voll. Es gab alles, was man jahrelang vermisst hatte: Schinken, Schuhe, gutes Mehl, Anzüge, Kleider, Strümpfe. der Grund für dieses Wunder war die neue D-Mark. Das Geld war wieder etwas wert, also ließen sich auch wieder Geschäfte machen. Dass sich die Regale so wundersam gefüllt hatten, lag aber nicht nur an dem neuen Geld.

Die Durchsetzung der Sozialen Marktwirtschaft

Erhard war zu der Überzeugung gekommen, dass Deutschland sich nur erholen konnte, wenn es möglichst schnell auf alle Methoden der Plan-, Zwangs- und Kriegswirtschaft verzichtete. Deshalb setzte er am Tage der Währungsreform fast alle Vorschriften über die staatliche Zuteilung von Nahrungsmitteln und Energie außer Kraft und hob die meisten Preisvorschriften auf. [...] Als ihn der amerikanische General Lucius Clay deshalb zur Rede stellte und fragte, wie er dazu komme, einfach Vorschriften zu ändern, sagte er, der Überlieferung nach, den legendären Satz: „Entschuldigen Sie, ich habe die Vorschriften nicht geändert. Ich habe sie abgeschafft." Für viele Deutsche ist bis heute der Wiederaufstieg ihres Landes nach dem Zweiten Weltkrieg untrennbar mit dem Namen Ludwig Erhard verbunden. [...] 1949 wurde im Westen des ehemaligen Deutschen Reiches die Bundesrepublik Deutschland gegründet und der erste Deutsche Bundestag gewählt. Der Wirtschaftsminister der ersten Bundesregierung in Bonn wurde Ludwig Erhard.

Er setzte seine Vorstellung von der richtigen Wirtschaftsordnung durch. Bald nannten sie alle die Soziale Marktwirtschaft. Es ging schnell aufwärts; man konnte sich etwas leisten: erst ausreichend zu essen, dann Wohnzimmermöbel, Waschmaschinen, Fernseher, Autos und schöne Reisen. Den Westdeutschen erschien dies, wenige Jahre nach dem verlorenen Krieg, einfach wunderbar. Deshalb sprachen sie vom deutschen Wirtschaftswunder. Ludwig Erhard allerdings widersprach immer, wenn von diesem Wirtschaftswunder die Rede war. Für ihn handelte es sich nicht um ein Wunder – der wachsende Wohlstand war ein Ergebnis des Wettbewerbs, dem sich die junge Bundesrepublik öffnete. [...]

Wirtschaftsminister Ludwig Erhard betrieb die Förderung des Wettbewerbs aus eigener Überzeugung. Im Bundestag setzte er 1957 – gegen den energischen Widerstand von Industrieverbänden – ein Gesetz gegen Wettbewerbsbeschränkungen durch und richtete das Bundeskartellamt in Berlin (heute in Bonn) ein. Dem Kartellamt wurde das Recht übertragen, den Zusammenschluss von Großunternehmen zu prüfen und gegebenenfalls zu verbieten; Firmen, die Kartelle bilden und ihre Preise absprechen, machen sich seitdem strafbar.

Nikolaus Piper, Geschichte der Wirtschaft, Weinheim/Basel 2002, S. 152 ff.

Der Wirtschaftserfolg äußerte sich in „Konsumwellen": Auf Ess-, Kleidungs- und Wohnungswelle folgte die Motorisierungswelle, schließlich die Reisewelle.

Aufgaben

1. Arbeite genau heraus, welche Bedingungen erfüllt waren, damit sich die Soziale Marktwirtschaft nach dem Zweiten Weltkrieg zu einem Erfolgsmodell entwickeln konnte (M 1).
2. Erstellt mithilfe eigener Recherchen eine Collage zur Entstehung und Entwicklung der Sozialen Marktwirtschaft (Zusammenarbeit mit Geschichte).

Die Soziale Marktwirtschaft – was zeichnet sie aus?

M 2 Bausteine der Sozialen Marktwirtschaft

Die Soziale Marktwirtschaft fördert den freien Wettbewerb der Anbieter. Dort, wo Unternehmen ihre Freiheit missbrauchen, um z. B. Kartelle und Monopole zu bilden, greift der Staat regulierend ein (z. B. durch die Kartellbehörden).

Die Soziale Marktwirtschaft garantiert die Vertragsfreiheit, d. h. dass jeder mit jedem die Verträge abschließen kann, die für ihn vorteilhaft sind. Doch werden der Vertragsfreiheit Grenzen gesetzt. So werden die schwächeren Vertragspartner auf vielfältige Weise geschützt (z. B. durch Kündigungsfristen im Mietrecht und Arbeitsrecht oder durch das Gewährleistungsrecht).

Das Privateigentum ist in der Sozialen Marktwirtschaft garantiert. Jeder kann mit seinem Eigentum im Prinzip tun, was er möchte. Doch gibt es eine Verpflichtung: Das Eigentum soll auch dem Wohle der Allgemeinheit dienen. So muss man sich als Hauseigentümer z. B. an Vorschriften des Denkmalschutzes halten.

In der Sozialen Marktwirtschaft werden die Einkommen nicht nur nach der individuellen Leistungsfähigkeit verteilt. Der Staat sorgt für einen sozialen Ausgleich, indem er z. B. hohe Einkommen höher besteuert oder soziale Leistungen wie Kindergeld, Mietbeihilfen oder die Grundsicherung Hartz IV bezahlt.

Die Soziale Marktwirtschaft versucht mit unterschiedlichen Mitteln, negative Auswirkungen des Marktprozesses auf die Umwelt zu verhindern. So gibt es Gesetze gegen Luftverschmutzung, Pfand auf Einwegverpackungen usw.

Die Soziale Marktwirtschaft ist schon deshalb sozial, weil sie durch ihre wirtschaftliche Leistungsfähigkeit dazu beiträgt, dass alle Menschen vom technischen Fortschritt, von steigenden Einkommen und der Schaffung neuer Arbeitsplätze profitieren.

M 3 Drei Wirtschaftsordnungen im Vergleich

Freie Marktwirtschaft	Soziale Marktwirtschaft	Planwirtschaft
In der freien Marktwirtschaft hat der Staat lediglich die Aufgabe für die innere und äußere Sicherheit zu sorgen. Er greift darüber hinaus so wenig wie möglich in das Marktgeschehen und die Ergebnisse ein.	In der Sozialen Marktwirtschaft sorgt der Staat für einen freien Wettbewerb, er greift aber dort ein, wo der Markt keine guten Ergebnisse hervorbringt und schützt die wirtschaftlich Schwächeren vor den Stärkeren.	Im Sozialismus gibt es keinen freien Wettbewerb. Der Staat legt fest, was, wann, wie und von wem produziert werden muss und sorgt für die Verteilung der Güter. Dadurch soll eine möglichst große Gleichheit der Bürger erreicht werden.

M 4 Wohlstand für alle!

a) Entwicklung der Kaufkraft

Kaufkraft je Arbeitszeit Vergleich 2007 gegenüber 1950			
Kaufkraft der Lohnminute	**Einheit**	**Arbeitszeit 1950**	**Arbeitszeit 2007**
Mischbrot	1 kg	:27	:10
Markenbutter	250 g	1:16	:05
Zucker	1 kg	1:04	:05
Eier	10 St.	2:01	:07
Schweinekotelett	1 kg	3:54	:31
Kabeljau	1 kg	1:18	1:08
Bohnenkaffee	500 g	26:22	:20
Herrenanzug	1	108:38	17:15
Haushaltsstrom u. Grundg[1]	200 kWh	10:07	3:13
Normalbenzin[1]	1 l	:14	:06
Fahrrad	1	138:36	22:53
Kleiderschrank	1	146:59	36:49
Fernseher[1,2]	1	351:38	23:02
Haare waschen u. fönen[1]	1-mal	1:28	1:12
Kinobesuch[1]	1 Karte	:31	:28

Westdeutschland [1]1960; [2]Fernseher: bis 1970 schwarz-weiß

Quelle: Statistisches Bundesamt; eigene Berechnungen

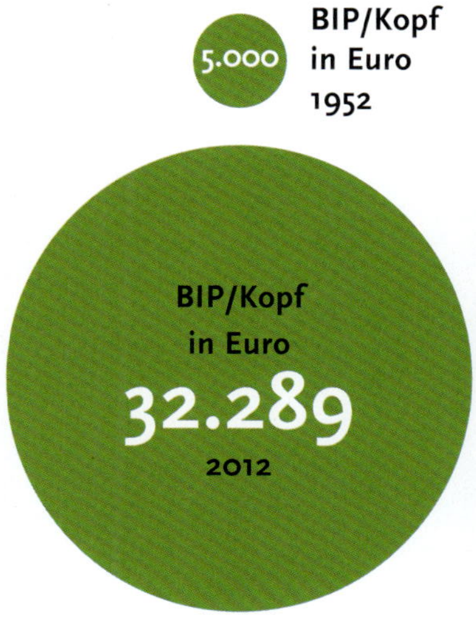

b) Imposantes Wachstum

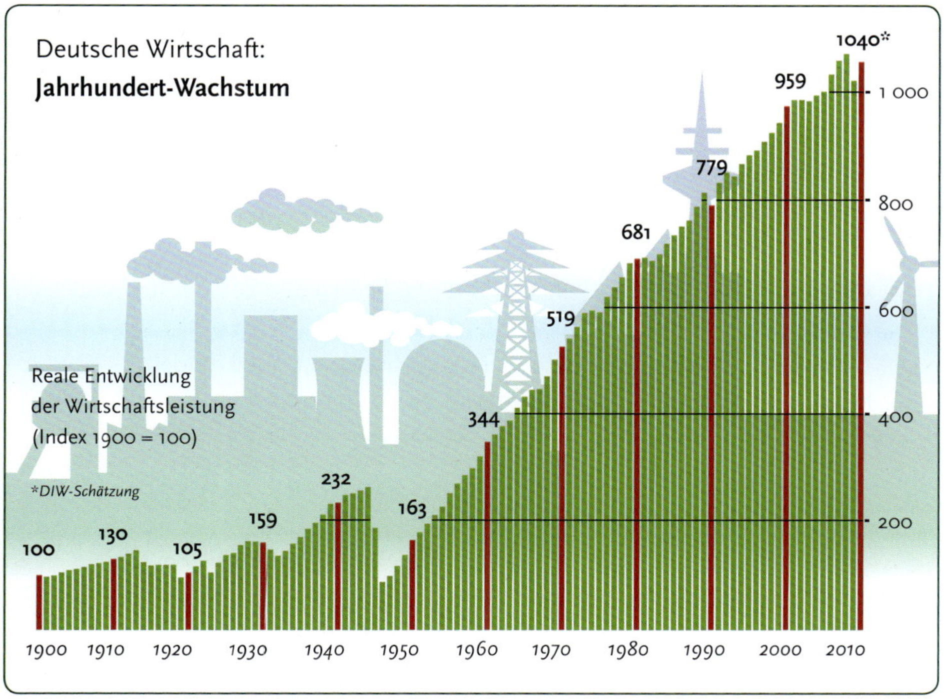

Globus-Grafik 3822; Quelle: OECD

Lesehilfe zu a)
Um sich im Jahr 1950 1 kg Mischbrot kaufen zu können, musste ein Arbeitnehmer im Durchschnitt 27 Minuten arbeiten, im Jahr 2007 reichte dafür eine Arbeitszeit von 10 Minuten.

M 5 Probleme der Sozialen Marktwirtschaft

In Deutschland gelten heute mehr als 11 Millionen Menschen als armutsgefährdet und eine der Hauptursachen für Armutsgefährdung ist Arbeitslosigkeit.

Der Arbeitsmarkt ist deshalb zentral für die Lösung wirtschaftlicher Probleme, da Erfolge im Kampf gegen die Arbeitslosigkeit gleichzeitig die Einnahmesituation der gesetzlichen Sozialversicherungen und des Staatshaushaltes verbessern. Diese sind auf die Einnahmen dringend angewiesen, denn eine steigende Lebenserwartung und eine niedrige Geburtenrate haben immense Mehrbelastungen für die auf dem Generationenvertrag beruhenden sozialen Sicherungssysteme zur Folge. So steigen aufgrund des demografischen Wandels die Ausgaben für die gesetzliche Renten-, Pflege- und Krankenversicherung stark an. Und dies in einer Zeit, in der die finanziellen Handlungsspielräume des Staates durch die infolge der Wiedervereinigung und der Wirtschaftskrise 2008/2009 deutlich gestiegene Staatsverschuldung begrenzt sind.

Aufgaben

1. Formuliere drei Fragen zur Sozialen Marktwirtschaft. Gib die Fragen deinem Nachbar und bitte ihn, Antworten auf deine Fragen zu finden (M 1, M 2, eigene Recherchen).
2. Entscheide, welche der folgenden staatlichen Maßnahmen mit welcher Wirtschaftsordnung vereinbar / nicht vereinbar wären (M 3):
   - Der Staat legt Höchstpreise für Brot fest.
   - Der Staat legt fest, dass nur noch Autos mit Elektroantrieb produziert werden dürfen.
   - Der Staat zahlt allen Familien mit Kindern Kindergeld.
   - Der Staat verpflichtet die Menschen dazu, in eine Rentenversicherung einzuzahlen.
   - Der Staat beschließt, die Schulen zu privatisieren.
3. Begründe, in welcher Wirtschaftsordnung die meisten Vorschriften und Regeln erlassen werden müssen (M 2, M 3).
4. Diskutiert, ob man die Soziale Marktwirtschaft als Erfolgsmodell bezeichnen kann (M 4, M 5).

M 6 Der erweiterte Wirtschaftskreislauf als Analyseinstrument

Im Modell des erweiterten Wirtschaftskreislaufs werden die gesamten Beziehungen zwischen den einzelnen Wirtschaftssubjekten einer Volkswirtschaft vereinfacht dargestellt. Dabei werden nur die Geldströme berücksichtigt.

Die Sektoren

Private Haushalte

Die privaten Haushalte stellen den Unternehmen Produktionsfaktoren (Arbeit, Boden, Kapital) zur Verfügung und verwenden ihr Einkommen, das sie von den Unternehmen beziehen, für den Konsum der von den Unternehmen produzierten Güter und Dienstleistungen. Von den Banken erhalten sie Sparzinsen oder nehmen Kredite auf. Vom Staat erhalten sie Transferleistungen, im Gegenzug entrichten sie Steuern und Abgaben (Beiträge zu den Sozialversicherungen).

Die Unternehmen

Von den privaten Haushalten beziehen die Unternehmen die Produktionsfaktoren, vor allem Arbeitsleistung, im Gegenzug bezahlen sie die Einkommen der Haushalte. Von den Banken erhalten sie Sparzinsen oder nehmen Kredite auf. Vom Staat empfangen sie Subventionen, aber sie bezahlen auch Steuern.

Der Staat

Der Staat erhält von den Haushalten und den Unternehmen Steuern, Gebühren und Beiträge. Von diesen Einnahmen zahlt der Staat Beträge für sehr verschiedene Zwecke: Investitionen (z. B. Straßenbau, Bau von Schulen) und andere Sachleistungen; Gehaltszahlungen an die Angestellten und Beamten des öffentlichen Dienstes; Transferzahlungen (Zahlungen ohne direkte Gegenleistung des Empfängers) an die Haushalte in Form von sozialen Leistungen (z. B. Wohngeld, Sozialhilfe); Transferzahlungen an die Unternehmen in Form von Subventionen.

Kapitalsammelstellen (Vermögensveränderung)

Banken und Versicherungen werden als Kapitalsammelstellen bezeichnet. Sie erhalten die nicht verwendeten Teile der Einkommen von Unternehmen und Haushalten (theoretisch auch vom Staat). Damit stellen sie Haushalten, Unternehmen und dem Staat Kredite zur Verfügung. Für die ausgegebenen Kredite werden Schuldzinsen eingenommen, andererseits werden den Anlegern Guthabenzinsen bezahlt.

Zur Vertiefung: das Ausland

Der Sammelbegriff Ausland steht für ausländische Staaten, Unternehmen und Haushalte, zwischen ihnen wird nicht unterschieden. Da im Kreislaufmodell nur die Geldströme dargestellt werden, verlaufen die Ausgaben für den Import (z. B. Kauf von Erdöl aus Saudi-Arabien, Honorar für einen Architekten in Italien) und die Einnahmen aus dem Export (z. B. Verkauf eines Pkw in die USA) jeweils entgegen der Richtung der Warenströme.

Der Wirtschaftskreislauf als Analyseinstrument

Das Modell des Wirtschaftskreislaufs eignet sich dazu, um die Auswirkungen wirtschaftlicher Ereignisse in Form von Wirkungsketten zu analysieren. Angenommen, der Staat erhöht seine Transferzahlungen, zum Beispiel in Form von Kindergeld und Sozialhilfe. Welche gesamtwirtschaftlichen Folgen hätte dies?

Man kann davon ausgehen, dass Sozialhilfeempfänger und auch kinderreiche Familien einen Großteil ihres Einkommens für den Konsum verwenden. Also wird der Konsum der Haushalte deutlich und das Sparen nur etwas steigen. Der erhöhte Konsum führt zu höheren Einkommen der Unternehmen usw.

Grafische Darstellung:

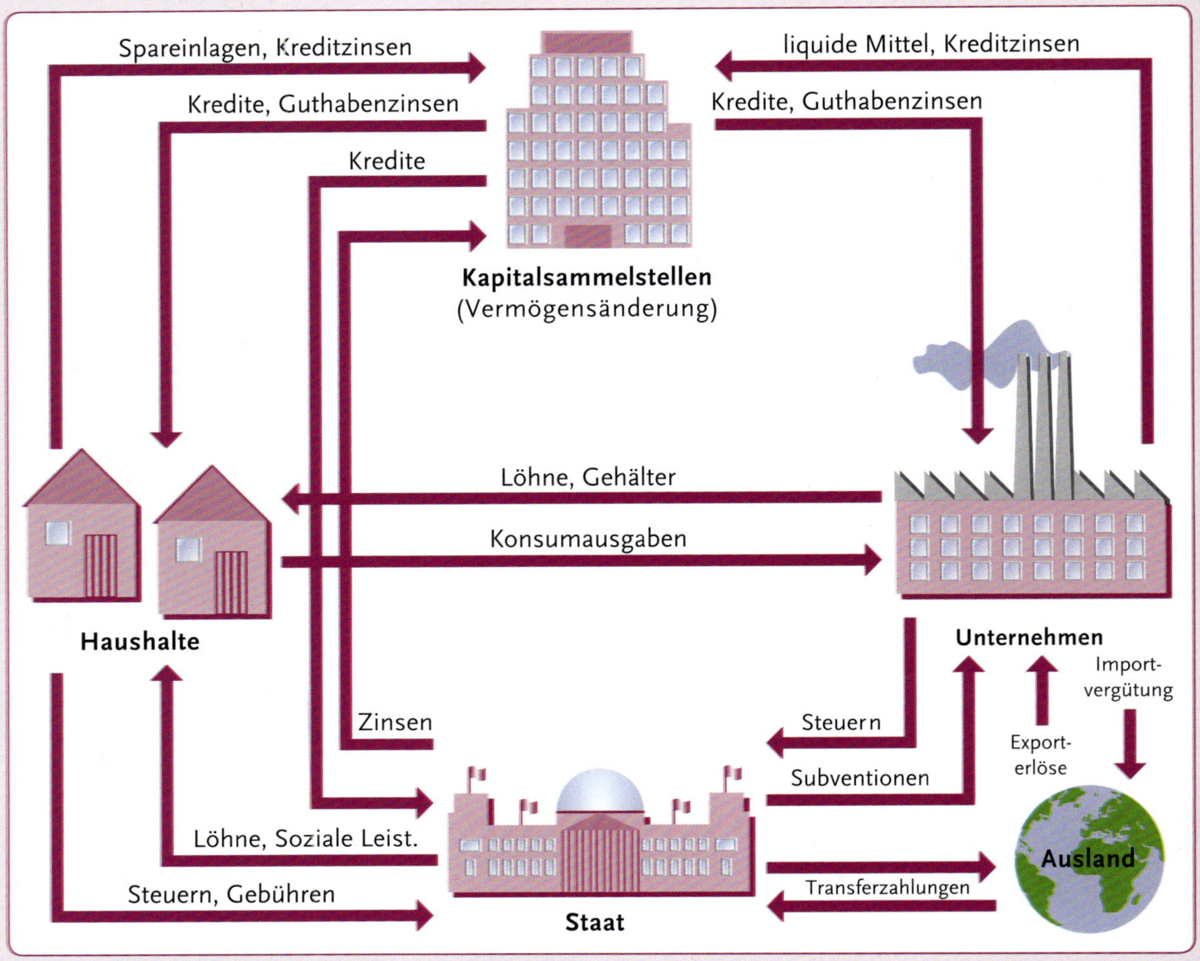

Udo Schmitz, Bernd Weidtmann, Handbuch der Volkswirtschaftslehre, Stuttgart 2000, S. 66 f.

Aufgaben

Erläutere, welche Auswirkungen auf die Sektoren folgende wirtschaftliche Ereignisse haben könnten. Formuliere dazu mögliche Wirkungsketten (M 6):

- Der Staat erhöht die Transfereinkommen (Kindergeld, Hartz IV) für die privaten Haushalte (vgl. letzter Abschnitt M 6).
- Der Preis für Rohöl steigt stark an.
- Die Zinsen für Guthaben bei den Banken steigen.
- Der Staat erhöht die Steuern für die privaten Haushalte.
- Der Staat zahlt eine Prämie, wenn Haushalte für ihre Rente zusätzlich sparen.

Wirtschaftspolitik – (Wie) soll der Staat eingreifen?

M 7 Wirtschaft in der Krise

Wirtschaftskrise erreicht Arbeitsmarkt – Experten sehen eine Million Jobs gefährdet

Handel droht Pleitewelle – wegen der Wirtschaftskrise halten die Konsumenten ihr Geld zusammen. Branchenvertreter erwarten zahlreiche Insolvenzen.

Absatz von Neuwagen bricht ein – Der Absatz von Neuwagen ist im Jahresvergleich bis zu 27 % eingebrochen.

Steuereinnahmen sinken dramatisch – infolge der Wirtschaftskrise brechen dem Staat die Steuereinnahmen weg. Erwartet wird ein deutlicher Anstieg der Neuverschuldung.

M 8 Die Wirtschaftskrise 2008 / 2009

2007: Finanzkrise in den USA

In den USA haben Banken viele Kredite für Immobilien (Grundstücke, Häuser, Wohnungen) an einkommensschwache Käufer vergeben. Als diese wegen gestiegener Zinsen die Kredite nicht zurückzahlen können, bekommen die Banken Probleme. Weil sich auch ausländische Banken an den Krediten beteiligt haben, verzeichnen weltweit viele Banken Verluste.

2008: Globale Krise

Die Banken leihen sich aus Angst vor weiteren Verlusten gegenseitig kein Geld mehr – das betrifft auch Banken, die mit der ursprünglichen Immobilienkrise nichts zu tun haben. Auch an Unternehmen vergeben die Banken nun immer weniger Kredite. Unternehmen sind aber auf Kredite angewiesen, um investieren zu können. Weil die Banken kaum noch Kredite vergeben, geraten auch große Unternehmen, z. B. der Automobilkonzern General Motors (Opel), in Schwierigkeiten. Die Aktienkurse vieler Unternehmen fallen stark. In England versuchen die Menschen teilweise panikartig, ihr Geld von den Banken abzuheben. Island steht vor dem Staatsbankrott. Die deutsche Bundesregierung erklärt in dieser Situation die Spareinlagen der Deutschen für sicher. Damit gibt sie eine Staatsgarantie für Billionenbeträge ab, um das Vertrauen in den Bankensektor zu erhalten.

2009: Staaten reagieren

Viele Staaten, darunter auch Deutschland, entschließen sich in der Krisensituation, die Staatsausgaben kurzfristig massiv zu erhöhen. Mit sogenannten Konjunkturpaketen, die eine Vielzahl unterschiedlicher Maßnahmen enthalten, sollen Unternehmen Aufträge erhalten und die privaten Haushalte dazu bewegt werden, ihren Konsum nicht einzuschränken oder zu erhöhen.

M 9 Milliarden für die Konjunktur?

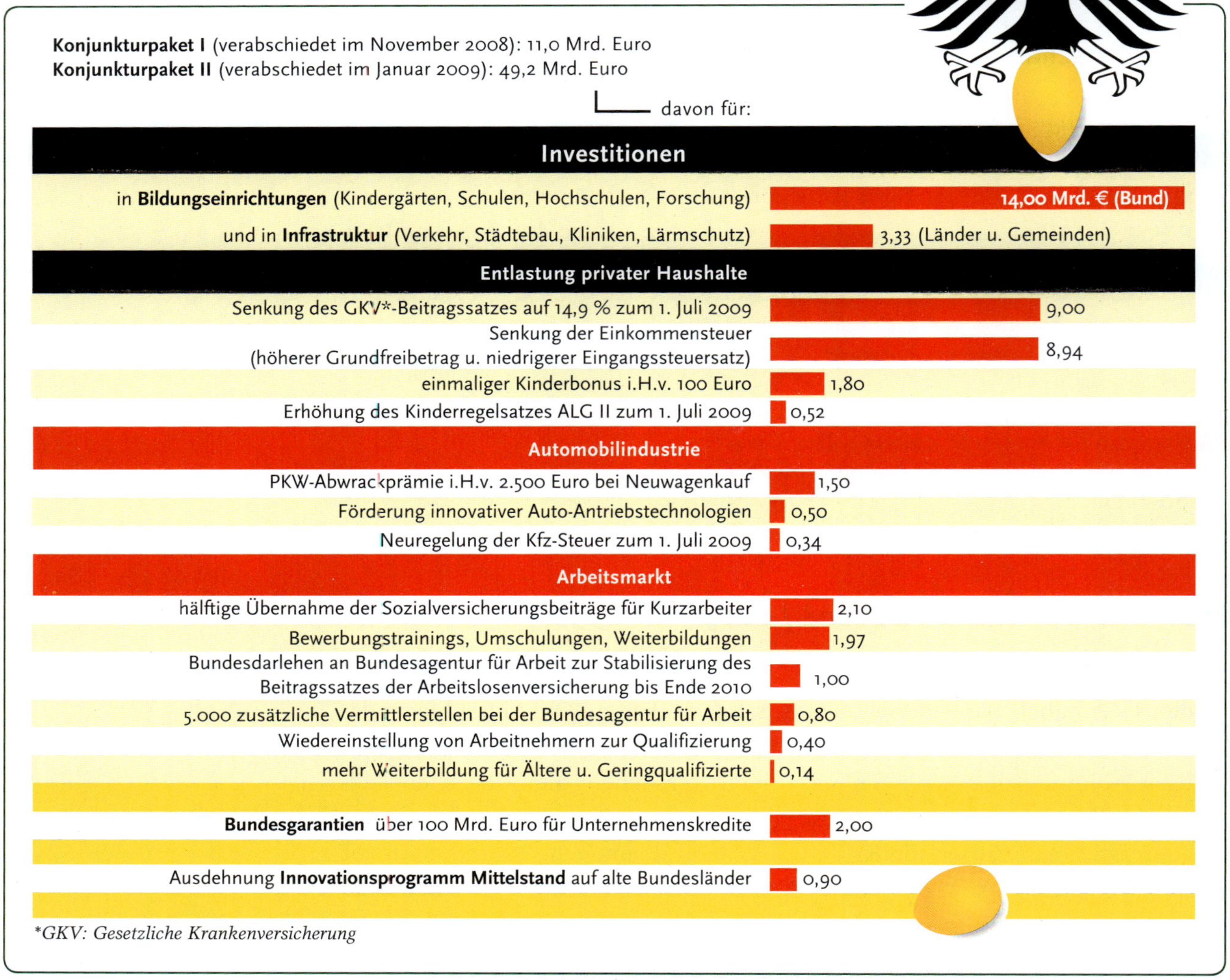

Globus-Grafik: 2606; Quelle: Bundesregierung

M 10 Warum betreibt der Staat Wirtschaftspolitik?

Sowohl die Überhitzung der Konjunktur als auch eine Wirtschaftskrise schaffen soziale und damit auch politische Probleme. Lahmt die Konjunktur, so steigt die Arbeitslosigkeit, dem Staat entgehen Einnahmen und er kann weniger ausgeben. Bei einer Überhitzung der Konjunktur drohen Preissteigerungen und ein jäher Absturz. Insgesamt erschwert ein unsicherer Wirtschaftsverlauf die Entscheidungen der Wirtschaftsakteure. Sie meiden Risiken und neigen zu vermehrtem Sparen, dies schadet der wirtschaftlichen Entwicklung. Um eine möglichst stetige Wirtschaftsentwicklung zu erreichen, betreibt der Staat Stabilitätspolitik. Gesetzliche Grundlage ist das Stabilitäts- und Wachstumsgesetz von 1967, das die wirtschaftspolitischen Ziele festschreibt:

- Stabilität des Preisniveaus
- hoher Beschäftigungsstand (geringe Arbeitslosigkeit)
- außenwirtschaftliches Gleichgewicht
- stetiges und angemessenes Wirtschaftswachstum

Der Bund und die Länder sind zu einer an den „Erfordernissen des gesamtwirtschaftlichen Gleichgewichts" orientierten Wirtschafts- und Finanzpolitik verpflichtet. Da es – wegen wechselseitiger Abhängigkeiten – schwer bzw. unmöglich ist, die Ziele gleichzeitig zu erfüllen, werden sie auch als „magisches Viereck" bezeichnet. Auch der Schutz der natürlichen Lebensgrundlagen, eine gerechte Einkommensverteilung und die Rückführung der Staatsverschuldung werden mittlerweile als wichtige wirtschaftspolitische Ziele anerkannt.

M 11 Zwei Strategien der Wachstums- und Beschäftigungspolitik

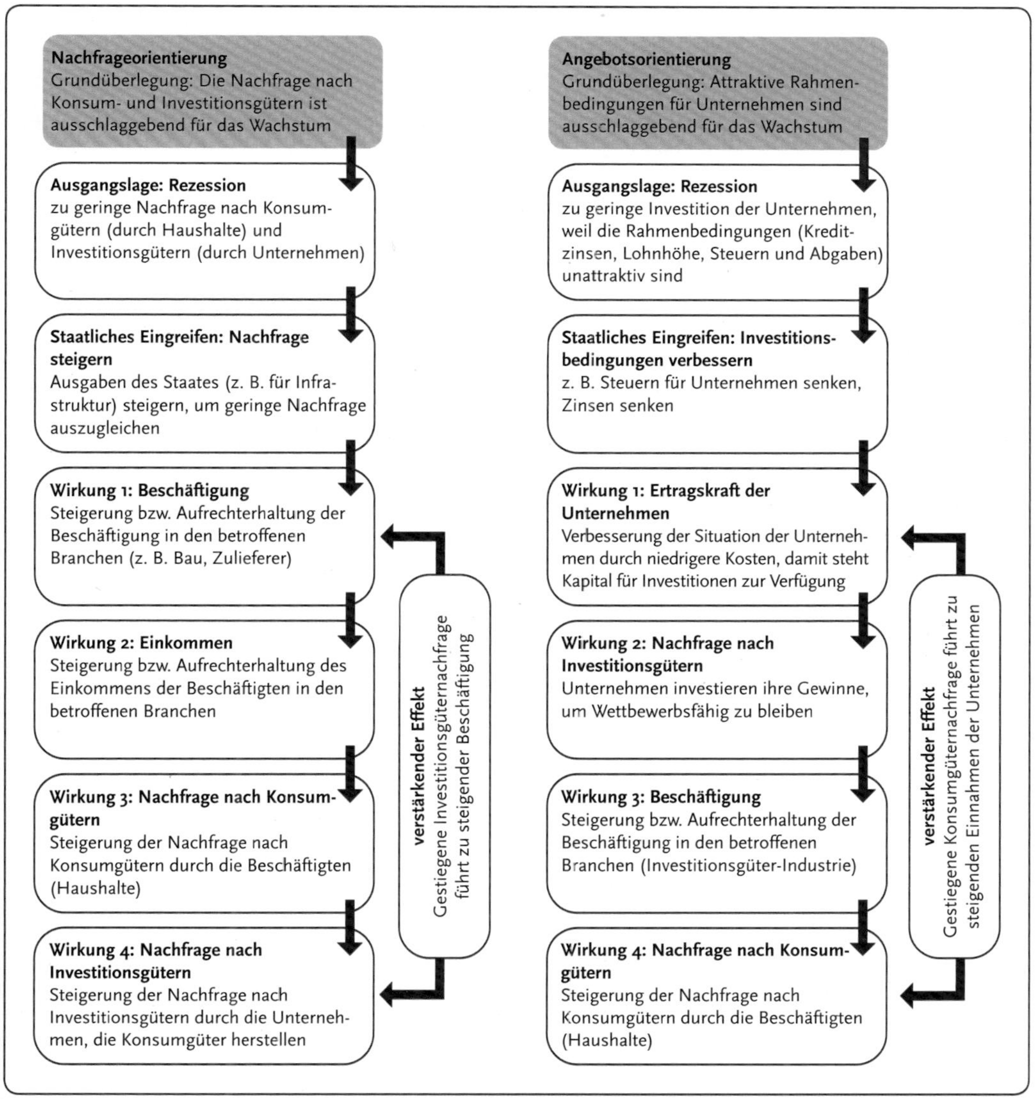

M 12 Wie läuft's mit dem Konjunkturpaket II?

Genau 2.133.440.000 Euro aus dem Konjunkturpaket II gingen an Nordrhein-Westfalen. Das Land selber legte noch drauf, sodass schließlich 2,8 Milliarden Euro bereit standen. Schnell und unbürokratisch sollte das Geld fließen, möglichst bald sollte das Handwerk wieder in Arbeit kommen. Doch ganz so einfach ging es offenbar nicht. „Solche Programme sind nicht aus dem Stand ans Laufen zu bringen", sagt Roland Döhrn, Konjunkturforscher am Rheinisch Westfälischen Institut für Wirtschaft (RWI). Gerade die Idee, die Baubranche mit spontan ermöglichten Projekten in Schwung zu bringen, sei illusorisch. „Viele davon brauchten viel zu langen Vorlauf." Erst Ende 2009 konnten die ersten Bauprojekte beginnen – „da war die Konjunktur längst schon aus der Talsohle heraus". Praktische Erfahrung damit, wie das Konjunkturpaket II funktionierte, machte der Wissenschaftler im eigenen Haus: Ebenfalls aus Mitteln der Maßnahme war dem RWI 2009 eine Umbaumaßnahme genehmigt worden. Die Planung und Vorbereitung dafür hätten aber soviel Zeit in Anspruch genommen, dass erst Mitte 2010 die ersten Handwerker im RWI anrückten. Fertig soll das Projekt Ende 2011 sein. „Unter dem Titel Konjunkturprogramm kann das nicht laufen", meint Döhrn.

Dass der RWI-Bau kein Einzelfall ist, bestätigen auch die Betroffenen aus der Handwerkerbranche. Der erste wirkliche Effekt der Wirtschaftshilfe sei erst in der zweiten Jahreshälfte 2010 zu spüren gewesen sei, sagt Hermann Schulte-Hiltrop, Hauptgeschäftsführer der Baugewerksverbände Westfalen. „Aber wer den Ablauf einer Bauplanung kennt", fügt er hinzu, „wusste von Anfang an, dass die Aufträge nicht von heute auf morgen kommen würden." Bei den Handwerksbetrieben sei man sich einig, dass das Konjunkturpaket II „absolut hilfreich" gewesen sei, um die Krise abzufedern. Trotz verzögerter Wirkung sei es immer noch „genau zum richtigen Zeitpunkt" gekommen. „Ohne diese Maßnahme hätten sicherlich einige Betriebe nicht überlebt", meint Schulte-Hiltrop. Dennoch schränkt er ein: „Wirklich profitiert hat nur das Ausbaugewerbe: Dachdecker, Fenster- und Heizungsbauer, Maler". Den Rohbau-Firmen, „die vorher schon besonders in der Krise steckten", sei das Paket kaum zugute gekommen. Vor allem deswegen, weil die Kommunen sich hauptsächlich auf Sanierungsprojekte zur Energieeinsparung konzentriert hätten, um auch zukünftig die Kosten senken zu können.

So zum Beispiel in Gelsenkirchen, eine der ärmsten Kommunen NRWs. Knapp 32 Millionen Euro hat die Stadt aus dem Konjunkturpaket zugewiesen bekommen, 78 Baumaßnahmen wurden in Angriff genommen – hauptsächlich energetische Sanierungen an Schulen und Sporthallen. Der Vorteil dabei: Die Planungszeit dafür sei relativ kurz gewesen, sagt Stadtsprecher Martin Schulmann, „Fensterbauer haben ziemlich schnell ziemlich viele Fenster verkauft." Auch das Glasfasernetz, an das einigen Schulen endlich angeschlossen werden konnten, habe die entsprechenden Firmen „schnell auf die Haben-Seite gebracht". Bei vielen anderen Projekten allerdings sei der Aufschwung-Effekt auch in Gelsenkirchen nicht so deutlich zu erkennen, räumt Schulmann ein: „Es hat den Unternehmen Aufträge gebracht – bis die aber ihr Geld dafür kriegen, das kann noch dauern." So wird ein großer Auftrag zur Straßensanierung mit Flüsterasphalt erst im Sommer 2011 starten können. „Die Planung hat einfach viel Zeit gebraucht", sagt Schulmann, „außerdem hatten wir in der Verwaltung keine Leute mehr, die sich darum kümmern konnten."

Auch das hält Wirtschaftsforscher Döhrn für einen weiteren Haken am Konjunkturpaket II: Viele Kommunen seien schlicht mit der Bearbeitung überfordert gewesen. „Nachdem in den letzten Jahren viel Personal eingespart werden musste, war jetzt entschieden zu wenig da, um die Chancen nutzen zu können." [...] Auch die Abwrackprämie verurteilt Döhrn als „typisches Vorzeigeprogramm". Dieser Teil des Konjunkturpakets habe der Automobilindustrie „kurzzeitig Gutes getan, jetzt jammern viele Hersteller darüber, dass nichts mehr los ist auf dem Markt." Und die Randbereiche der Branche – Kfz-Werkstätten, Gebrauchtwagenhändler, Zulieferer – lägen ganz am Boden.

Doch der Wissenschaftler hat nicht nur negative Kritik am Konjunkturpaket. Durchaus wirkungsvoll seien die Finanzspritzen für den Bürger gewesen. Die Senkung des Einkommensteuersatzes und auch der Kinderbonus, lobt Döhrn, hätten das Kaufverhalten der Verbraucher messbar positiv beeinflusst. „Einer der besten Effekte aber war der, die Arbeitgeber in die Lage zu versetzen, ihre Mitarbeiter durch Kurzarbeit auch in der Krise halten zu können." Das habe die allgemeine Stimmung stark stabilisiert. Dass dadurch offenbar wirklich Arbeitsplätze erhalten werden konnten, zeigen die Zahlen im westfälischen Baugewerbe: 115.000 Beschäftigte gab es vor der Krise im Baugewerbe in NRW, sagt Verbandschef Schulte-Hiltrop. „Wohl dank des Konjunkturpakets ist diese Zahl bis heute weitgehend konstant geblieben."

Von Nina Magoley, http://www.wdr.de/themen/wirtschaft/konjunktur/nrw/2010/index.jhtml (10.11.2010)

Abwrackprämie
Die Umweltprämie (umgangssprachlich auch Abwrackprämie) war eine staatliche Prämie in Höhe von 2.500 Euro, die in Deutschland unter bestimmten Voraussetzungen gewährt wurde, wenn ein altes Kraftfahrzeug verschrottet und ein Neuwagen oder Jahreswagen zugelassen wurde. Die Prämie wurde 2009 im Rahmen des Konjunkturpakets II eingeführt.

Aufgaben

1. Begründe, warum der Staat korrigierend in den Wirtschaftsablauf eingreift (M 7 – M 11).
2. Beschreibe für die einzelnen Maßnahmen des Konjunkturpakets, welcher Strategie sie zuzuordnen sind, wem sie zugute kommen und was sie bewirken sollen (M 9, M 11).
3. Fasse zusammen, wie die unterschiedlichen Maßnahmen des Konjunkturpakets bewertet werden, und arbeite heraus, vor welchen grundsätzlichen Problemen der Staat steht, wenn er die Konjunktur beeinflussen möchte (M 12).

Globalisierung – eine Herausforderung für die Soziale Marktwirtschaft

M 13 Der Fall Nokia

Im Januar 2008 kündigte die Unternehmensleitung des Handy-Herstellers überraschend an, die Produktion komplett von Deutschland nach Rumänien zu verlegen und das Werk in Bochum zu schließen. Dies stieß auf Unverständnis und Wut bei Mitarbeitern und Politikern.

Nokia hatte mitgeteilt, Mitte des Jahres 2008 das Werk mit 2.300 Mitarbeitern aus Kostengründen schließen zu wollen. „Wir folgen der globalen Nokia-Strategie, die auf Kosteneffizienz und Flexibilität in der Logistik setzt", hatte der Aufsichtsratschef der Nokia GmbH, Veli Sundbäck, das Vorgehen begründet. „Da wir erfolgreich sind, müssen wir die Wettbewerbsfähigkeit kontinuierlich verbessern", argumentierte der Manager und verwies auf den Standort Rumänien, wo die Arbeitskosten nur ein Zehntel des deutschen Niveaus ausmachten. [...]

Rumänischen Medienberichten zufolge wurden im neuen Nokia-Werk Jucu bei Cluj bereits die ersten Handyprototypen produziert. Die Massenproduktion solle in der ersten Februarwoche beginnen. Bis Ende 2007 wollte Nokia dort 500 Mitarbeiter einstellen, in späteren Ausbauphasen der Fabrik solle die Belegschaft auf 3.500 steigen. Der rumänische Staat will den Berichten zufolge vom Nokia-Park in Jucu bis zur Kreishauptstadt Cluj ein 40 km langes Autobahnstück für rund 500 Millionen Euro bauen.

Dem weltgrößten Handyhersteller Nokia geht es derzeit prächtig. Allein im letzten Quartal erhöhte sich der Gewinn um 85 Prozent auf 1,56 Milliarden Euro.

Alfons Frese (mit Material der dpa), Der Tagesspiegel, 17.1.2008

M 14 Nokia ist überall

Stundenlang blockierten empörte Beschäftigte die Einfahrt, als die Schockbotschaft die Runde machte. Doch der Protest ließ die Unternehmensleitung ungerührt: Der neue Standort bot ganz einfach die besseren Konditionen. Die Rede ist indes nicht von Nokia, sondern von der Frachttochter der Deutschen Post, DHL. Doch anders als derzeit beim finnischen Handyhersteller, der sein Bochumer Werk nach Rumänien verlegt, sorgte die 2004 verkündete DHL-Entscheidung in Deutschland für keinerlei negative Schlagzeilen, ganz im Gegenteil. Denn DHL hatte schließlich den Umzug nach Deutschland beschlossen, weg von Belgien. Dass am Brüsseler Flughafen, dem bisherigen DHL-Nachtdrehkreuz, von 2008 an mehr als 1.500 Menschen arbeitslos werden würden und verzweifelt protestierten, interessierte Politik und Öffentlichkeit hierzulande nicht. Stattdessen wurde lautstark der Sieg bejubelt, den der Flughafen Leipzig/Halle im „harten, aber fairen" Standortwettbewerb gegen Brüssel-Zaventem errungen hatte.

Hannelore Crolly und Viktoria Unterreiner unter Mitarbeit von Stefan von Borstel, Die Welt, 20.1.2008

M 15 Warum macht die Globalisierung Angst?

Die Globalisierung hat nicht alle Probleme der Welt gelöst. Sie hat im einen oder anderen Fall zu wirtschaftlichem Abstieg, zu mehr Unsicherheit, zu mehr Stress und zu Unzufriedenheit geführt. Sie hat aber in den letzten fünfzig Jahren den Lebensstandard der Massen insgesamt verbessert. Die meisten Menschen leben länger und gesünder als jemals zuvor in der Weltgeschichte. Der großen Mehrheit geht es materiell wesentlich besser als ihren Vorfahren. Das gilt ganz besonders für Deutschland. Trotzdem glauben viele, dass es ihnen schlechter geht als in früheren Jahren – sie haben zwar nicht in absoluten Größen weniger, aber ihr Abstand zur Spitze ist gewachsen, ihre Besitzstände sind in Gefahr, und sie ziehen den bekannten Status quo der unbekannten Zukunft vor.

Globalisierung ist kein Nullsummenspiel, bei dem der eine nur das gewinnen kann, was der andere verliert. Sie hebt die Boote insgesamt, aber eben nicht alle mit derselben Welle. Deshalb ist die Feststellung richtig, dass sich in den letzten Jahren die Schere zwischen Reich und Arm weiter geöffnet hat. Aber in Asien und Lateinamerika haben gerade die Länder aufgeholt, die sich globalisiert haben. Afrika ist zurückgefallen, denn der Kontinent ist in weiten Teilen von der Globalisierung abgeschnitten. [...] Stellenverluste sind nämlich nicht deren Folge, sondern die eines stetigen Strukturwandels, den keine Macht der Welt aufhalten kann. Auch die Globalisierung verhindert nicht, dass Menschen ihre Jobs verlieren. Sie hilft jedoch nachhaltiger als jede Alternative, neue Jobs zu schaffen. Richtig ist, dass sie das Tempo der Veränderungen beschleunigt hat. Das ist aber nicht neu. Der Strukturwandel war schon immer eine feste Konstante der Menschheitsgeschichte. Mal läuft er schneller, mal langsamer, immer aber vernichtet er alte Arbeitsplätze und schafft neue. [...] Für Arbeiter, vor allem wenn sie weniger gut qualifiziert sind, zeigt die Globalisierung ein dunkleres Gesicht. Asien und Lateinamerika haben in den vergangenen Jahren Milliarden von Arbeitskräften neu ins Spiel gebracht. Die machen den Beschäftigten in Europa das Leben schwer, und zwar in Form von Waren, die sie in Billiglohnländern herstellen und dann im Westen günstig zum Kauf anbieten.

Die Globalisierung macht vielen Deutschen Angst, weil in Asien und Lateinamerika fast immer billiger, gelegentlich besser und immer öfter schon besser und billiger als in Europa produziert wird. Das hat zur Folge, dass in Europa immer mehr Arbeitnehmer unter Wettbewerbsdruck kommen. Das gilt vor allem für jene, die einfache und standardisierte Tätigkeiten ausüben. Es gilt weniger für spezielle Fach- und Führungskräfte.

Thomas Straubhaar, Frankfurter Allgemeine Sonntagszeitung, 10.6.2007

Spiegel-Titelbild 44/2004

Globaler Wettbewerbsrang 2010/2011

1. Schweiz
2. Schweden
3. Singapur
4. USA
5. Deutschland
6. Japan
7. Finnland
8. Niederlande
9. Dänemark
10. Kanada

Weltwirtschaftsforum Davos, Global Competitiveness Report (insgesamt sind 140 Staaten erfasst)

Aufgaben

Bildet zwei Gruppen. Eine Gruppe diskutiert die Frage, ob die Globalisierung Deutschland insgesamt mehr Vor- oder Nachteile bringt. Die andere Gruppe untersucht diese Frage aus der Perspektive der gesamten Welt. Beachtet dazu auch das Kapitel 9.2. Vergleicht eure Ergebnisse (M 13 – M 15).

Was wir wissen

Soziale Marktwirtschaft
M 1 – M 3

Der Kern der Sozialen Marktwirtschaft liegt nach Ludwig Ehrhard (1897-1977, erster deutscher Wirtschaftsminister nach dem Zweiten Weltkrieg und Bundeskanzler von 1963-1966) darin, die Freiheit auf dem Markt mit dem Prinzip des sozialen Ausgleichs zu verbinden. Die Wirtschaftsordnung erfordert deshalb einen starken demokratischen Staat in der Rolle des Schiedsrichters: Er überwacht das Spiel, garantiert die Wirtschaftsordnung, mischt sich selbst aber möglichst wenig in das Wirtschaftsgeschehen ein. So sichert er zum Beispiel den Wettbewerb, indem er Kartelle verbietet. Denn nur dann kann die Wirtschaftsordnung zu sozialem Fortschritt führen, nämlich unter anderem in Form einer wachsenden Wirtschaft und steigender Massenkaufkraft der Verbraucher. Daneben gilt als weitere Staatsaufgabe eine umfassende Gesellschaftspolitik überall dort, wo der Markt nicht automatisch zu guten Ergebnissen führt, also zum Beispiel im Bereich des Umweltschutzes.

Erfolgsgeschichte?
M 4, M 5

Gemessen am Wirtschaftswachstum (BIP) ist die Geschichte der Sozialen Marktwirtschaft seit der Gründung der Bundesrepublik Deutschland zumindest bis Ende der Achtzigerjahre eine einzige Erfolgsgeschichte. Die Wirtschaftsleistung der BRD hat sich im besagten Zeitraum nach Abzug der Preissteigerungen fast verzehnfacht. Doch steht die Soziale Marktwirtschaft heute vor ungelösten Problemen: In Deutschland zählen dazu insbesondere die hohe Staatsverschuldung, Arbeitslosigkeit und die drohende Überlastung der sozialen Sicherungssysteme.

Stabilitätspolitik
M 8

Da die Wirtschaftsentwicklung auch zyklischen Schwankungen unterworfen ist, greift der Staat in der Sozialen Marktwirtschaft in das Wirtschaftsgeschehen ein. Gesetzliche Grundlage für die Stabilitätspolitik ist das Stabilitätsgesetz, das 1967 verabschiedet wurde. Es formuliert die wichtigsten Ziele der Wirtschaftspolitik: ein stetiges und angemessenes Wirtschaftswachstum; eine ausgeglichene Zahlungsbilanz; Preisniveaustabilität; hoher Beschäftigungsstand. Die Wirkungen staatlicher Ausgabenprogramme zur Stabilisierung der Konjunktur sind jedoch umstritten. Über die Ziele des Stabilitätsgesetzes hinaus gelten die Bewahrung der Umwelt, eine gerechte Einkommensverteilung und die Rückführung der Staatsverschuldung als weitere wichtige Ziele der Wirtschaftspolitik.

Globalisierung
M 15

Die Auswirkungen der Globalisierung auf die Soziale Marktwirtschaft sind vielschichtig. In erster Linie hat die Globalisierung zu einer Verschärfung des Wettbewerbs und zu einem beschleunigten Strukturwandel geführt. Dies hat einen Verlust von Arbeitsplätzen vor allem in arbeitsintensiven Branchen in Deutschland zur Folge, da in vielen Regionen der Welt kostengünstiger produziert werden kann. Doch ist der Standort Deutschland immer noch attraktiv, wie viele Unternehmensansiedlungen und der Erfolg als Exportnation zeigen.

Ballonspiel – zweite Runde

Nimm dir noch einmal das Ballonspiel der Auftaktseite dieses Kapitels vor und spiele es erneut. Welche Veränderungen beobachtest du gegenüber den Ergebnissen deines ersten Spiels? Begründe gegebenenfalls.

Ein Werbeplakat zur Sozialen Marktwirtschaft gestalten

Bildet Gruppen. Ihr arbeitet in einer bekannten Werbeagentur und bekommt den Auftrag, im Rahmen einer Kampagne für die Soziale Marktwirtschaft ein Werbeplakat zu gestalten. Alternativ kann auch ein „Warnplakat" zu den negativen Seiten der Sozialen Marktwirtschaft gestaltet werden. Überlegt euch zunächst, welche Art von Plakat ihr gestalten wollt.

Beachtet bei der Umsetzung folgende Punkte:
- Welche Grundbotschaft wollt ihr übermitteln (Textaussage)?
- Wie soll das Plakat aufgebaut werden (Anteil Text / Bild, Farben, Schriften, Gestaltung)?
- Wie sollen Text und Bild miteinander interagieren?
- Welche Stimmungen oder Gefühle sollen provoziert werden?

Diese Hinweise solltet ihr berücksichtigen:
- einfacher Text, klare Sprache, gut lesbare Schrift
- auf komplexe Grafiken oder Bilder verzichten
- wichtige Dinge auf einer Diagonalen platzieren, die von oben links nach unten rechts verläuft
- farblich sollte ein Plakat nicht zu bunt und nicht zu voll gestaltet werden

Begriffe-Memory anfertigen

Sicher kennt ihr das Spiel „Memory". Das könnt ihr gut auch selbst anfertigen. Sammelt die wichtigsten Begriffe dieses Kapitels. Entwickelt für jeden dieser Begriffe eine passende Definition. Erstellt nun „Memorykarten" aus Pappe. Paare bestehen aus zwei Karten, dem Begriff und der dazugehörigen Definition. Mischt die Karten und legt sie auf dem Tisch aus. Wer die meisten Paare erhält, hat gewonnen. Begriffe: Markt, Aufschwung, Rezession, Depression, Boom, Konjunkturzyklus, Monopol, Sozialstaatsprinzip, Externe Effekte, öffentliche Güter, Soziale Marktwirtschaft, Wirtschaftskreislauf, Stabilitätsziele ...

BUNDESRAT

ES GEHT UM
MEHR
8%
für mehr
Gerechtigke

6

Der politische Entscheidungsprozess

Die Verfassung gibt vor, wie ein Gesetz zu Stande kommt und welche Akteure daran beteiligt werden müssen. Wer darf in Deutschland Gesetze initiieren und beschließen? Wie können die unterschiedlichen Akteure ihre Interessen in den Entscheidungsprozess einbringen?

Kompetenzen

Am Ende dieses Kapitels solltest du Folgendes können:

- die Stellung des Bundeskanzlers im politischen System erläutern
- die Arbeitsweise und die Kontrollfunktion des Deutschen Bundestages sowie die Stellung der Abgeordneten des Deutschen Bundestages darstellen
- den Gang der Gesetzgebung an einem Beispiel erläutern
- den Politikzyklus auf ein politisches Problem anwenden
- beurteilen, ob extreme politische Parteien verboten werden sollten

Was weißt du schon?

- Sammelt alle politischen Akteure, die euch einfallen, auf einem Blatt. Ihr könnt euch zu Beginn an den Bildern auf dieser Seite orientieren.
- Welche dieser politischen Akteure haben großen Einfluss auf die Politik und sind mächtig?
  Erstellt eine Hierarchie und beginnt mit dem eurer Ansicht nach mächtigsten Akteur. Begründet eure Entscheidung und übertragt eure Ergebnisse auf ein Plakat.

6.1 Herrschaft und Kontrolle: Regierung und Opposition

Was heißt regieren?

M 1 Was macht ein Bundeskanzler?

M 2 Regieren? Regieren!

Opposition = im Parlament die Gruppe von Abgeordneten, die der Regierungsmehrheit gegenübersteht

Der ehemalige SPD-Vorsitzende Franz Müntefering sagte einmal: „Opposition ist Mist. Lasst das die anderen machen – wir wollen regieren." Alle Politiker wollen regieren! Sie treten in Wahlkämpfen für ihre Parteien an, um eine Mehrheit zu erreichen und „an die Regierung zu kommen". Denn wer regiert, hat die Macht im Land und kann seine politischen Vorstellungen umsetzen. Die Regierung kann weitreichende Entscheidungen vorbereiten und beeinflussen: Sie kann (zusammen mit den Abgeordneten im Bundestag) entscheiden, ob Steuern erhöht werden, ob die Bundeswehr zu einem Einsatz ins Ausland geschickt wird, ob soziale Leistungen gekürzt werden oder ob man mehr Geld in Bildung investiert. Die Politiker, die nicht an der Regierung beteiligt sind, haben dagegen nur wenig Einfluss auf die Politik. Sie können meist nur in der Öffentlichkeit sagen, dass sie anderer Meinung sind. Allein die Regierung ist berechtigt, den Kurs des Landes zu bestimmen, und deswegen wollen Politiker regieren.

M 3 Aufbau und Arbeitsweise der Bundesregierung

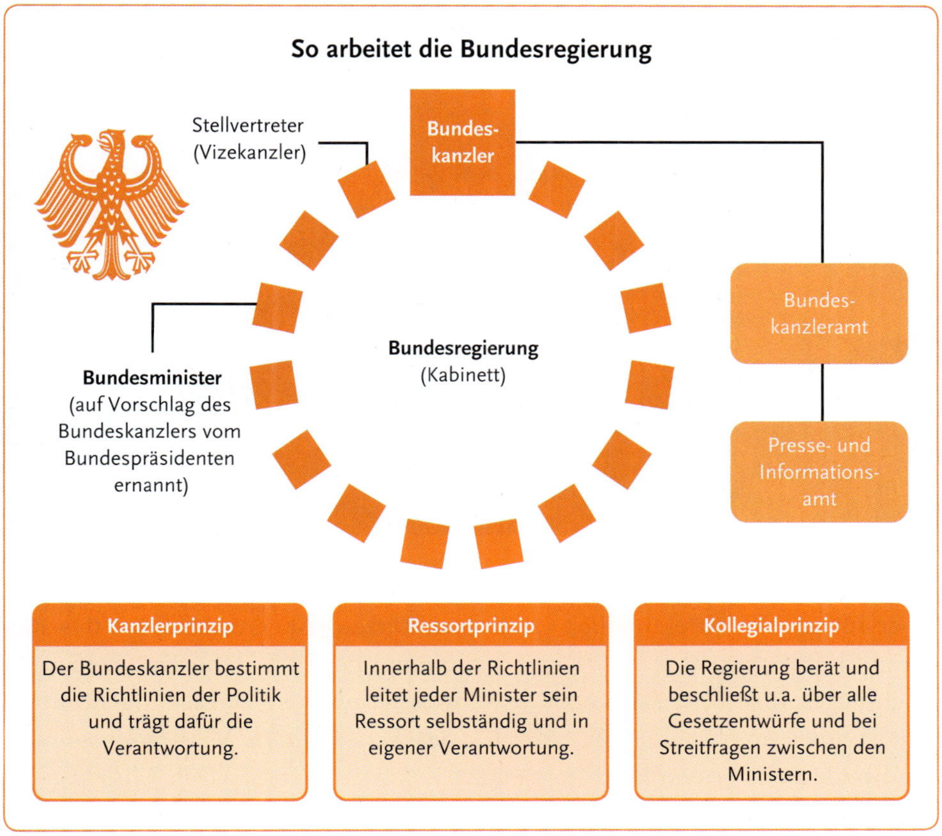

Bergmoser + Höller Verlag AG, Zahlenbilder 67 123

Artikel 65 GG
„Der Bundeskanzler bestimmt die Richtlinien der Politik und trägt dafür die Verantwortung."

M 4 Wie mächtig ist der Bundeskanzler?

Der Bundeskanzler wird häufig als mächtigster politischer Akteur in Deutschland bezeichnet. Dies liegt daran, dass er sowohl gegenüber dem Parlament eine besondere Rolle einnimmt als auch innerhalb der Bundesregierung über eine Sonderstellung verfügt. So wird innerhalb der Bundesregierung nur der Bundeskanzler direkt vom Bundestag gewählt. Alle anderen Mitglieder der Regierung werden auf seinen Vorschlag hin vom Bundespräsidenten ernannt. Damit verfügt er über eine besondere demokratische Legitimation. Innerhalb der Bundesregierung besitzt der Bundeskanzler die Richtlinienkompetenz. Das bedeutet, dass er die Grundlinien der Politik, also die allgemeine politische Ausrichtung der Regierungspolitik, bestimmen kann. Gegen den Willen des Kanzlers kann innerhalb der Regierung keine Entscheidung getroffen werden. Das Kabinett kann ihn nicht einfach überstimmen. Wie der Bundeskanzler diese Richtlinienkompetenz ausfüllen kann, hängt entscheidend von seiner Persönlichkeit, seiner Beliebtheit innerhalb der Bevölkerung und seinem Regierungsstil ab. Seine Macht ist natürlich dann beschränkt, wenn er mit einer Koalition

Legitimation = Rechtfertigung der Ausübung staatlicher Gewalt, hier: durch eine Wahl

Kabinett = die Personen, die die Bundesregierung bilden, d.h. der Bundeskanzler und seine Minister

Kabinettssaal im Bundeskanzleramt: In den wöchentlichen Kabinettssitzungen werden Gesetzesvorlagen beraten und beschlossen und politische Probleme diskutiert.

aus verschiedenen Parteien regiert, da er auf andere Parteien einen geringeren Einfluss besitzt.

Auch gegenüber dem Parlament verfügt er über eine Sonderrolle. Wenn der Bundeskanzler den Eindruck hat, dass die Mehrheit der Abgeordneten im Parlament seine Politik nicht mehr unterstützt, dann kann er im Deutschen Bundestag die Vertrauensfrage stellen. Wird er nicht mehr von der Mehrheit der Abgeordneten unterstützt, so kann er Neuwahlen herbeiführen. Viele Abgeordnete fürchten bei Neuwahlen um ihre Wiederwahl und werden so den Kanzler eher unterstützen. Aber wehrlos ist das Parlament beileibe nicht. Das Parlament verfügt über ein starkes Machtmittel: das konstruktive Misstrauensvotum. Über das konstruktive Misstrauensvotum kann das Parlament den Kanzler und damit die gesamte Regierung abwählen. Das Parlament muss dazu allerdings einen neuer Kanzler wählen, weswegen das Misstrauensvotum „konstruktiv" – durch die Wahl eines Nachfolgers – und nicht „destruktiv" – durch die reine Abwahl eines Kanzlers – ist.

Aufgaben

1. Was heißt regieren? Sammelt Überschriften und Berichte aus aktuellen Zeitungen, die deutlich machen, welche politischen Probleme die Bundesregierung gerade bearbeitet (M 1, M 2).
2. Erkläre, welche Prinzipien die Regierungsarbeit leiten (M 3).
3. Der Bundeskanzler gilt als mächtiger politischer Akteur. Was kann er tun, um seine Vorstellungen durchzusetzen? Stelle eine Liste der Machtinstrumente des Bundeskanzlers zusammen. Welches Machtinstrument erscheint dir am wirkungsvollsten? Erstelle eine Hierarchie (M 3, M 4).

Wer kontrolliert die Regierung?

M 5 Die Opposition – Gegenspielerin der Regierung

Die politische Grenzlinie verläuft in erster Linie nicht mehr zwischen dem Parlament auf der einen und der Regierung auf der anderen Seite, die entscheidende Trennungslinie liegt in einem parlamentarischen System zwischen der Regierungs- beziehungsweise Parlamentsmehrheit und der Regierung auf der einen sowie der Opposition auf der anderen Seite. Die Regierungsmehrheit, die heute einen Regierungschef wählt, kann morgen nicht so tun, als ob sie mit dessen Person und Regierung nichts verbinde. Durch eine Verweigerung der Zusammenarbeit mit dem von ihr gestellten Regierungschef würde sie sich selbst einen Fehler bescheinigen - nämlich denjenigen, den falschen Kanzler gewählt zu haben. Die Brücke, über die Parlamentsmehrheit und Regierung im heutigen parlamentarischen Regierungssystem verbunden sind, bilden die Parteien. Jedoch muss dies nicht unbedingt bedeuten, dass Regierung und Parlamentsmehrheit eine absolute Einheit darstellen. Die unterschiedliche Intensität der Beziehungen zwischen diesen beiden Organen hängt in erster Linie ab von der Anzahl der Parteien, die zur Bildung einer Regierung notwendig sind.

Informationen zur politischen Bildung Nr. 227, Parlamentarische Demokratie 1, Neudruck 1993, S. 26 f.

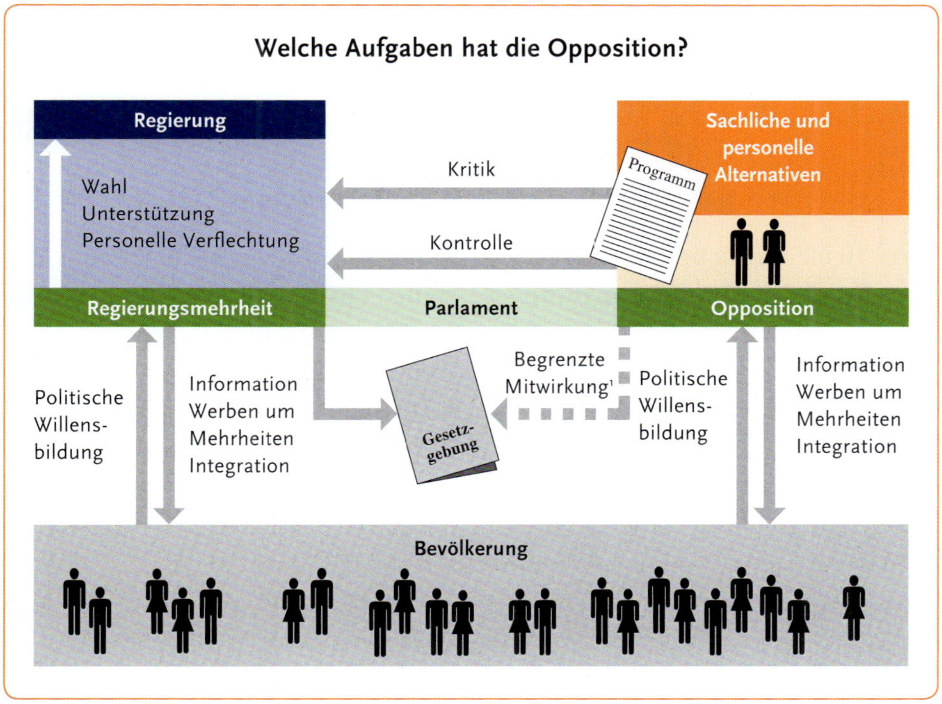

nach: Bergmoser + Höller Verlag AG, Zahlenbilder 67 260, ¹über Ausschüsse, evtl. Bundesrat

M 6 Wie können Abgeordnete die Regierung kontrollieren?

Stelle dir folgende Situation vor: Die Regierung möchte eine allgemeine Maut für PKW einführen und bringt einen entsprechenden Gesetzesvorschlag in den Bundestag ein. Doch viele Abgeordnete, auch der Regierungsparteien, sind damit nicht einverstanden. Wie sollen sie ihre Kritik äußern?

Folgende Maßnahmen stehen den Abgeordneten zur Verfügung:

- ✓ in einer nicht-öffentlichen Versammlung Bedenken gegenüber der Parteispitze äußern
- ✓ in einer Fernsehtalkshow die Regierung offen und hart kritisieren
- ✓ noch nicht veröffentlichte Informationen heimlich und anonym an die Presse geben
- ✓ in einem Fachausschuss des Bundestages hinter verschlossenen Türen Kritik üben
- ✓ im Kreis aller Abgeordneten ihrer Partei (Fraktion) Bedenken äußern
- ✓ eine Aktuelle Stunde im Bundestag beantragen, in der in aller Breite und öffentlich Mitglieder der Regierung Stellung zu ihrer Kritik nehmen müssen. Die Debatte wird sogar im Fernsehen übertragen
- ✓ auf einem Parteitag eine Rede halten, in der sie die Politik der Regierung geißeln

M 7 Interview mit dem Bundestagsabgeordneten Ernst-Reinhard Beck

Herr Beck, braucht die Regierung eine Kontrolle durch den Bundestag?

Das System der Gewaltenteilung in Legislative, Exekutive und Judikative bedeutet die Aufteilung staatlicher Gewalt in sich gegenseitig kontrollierende und beschränkende Gewalten. Eine der Hauptaufgaben des Bundestages ist die Kontrolle der Bundesregierung, denn Machtmissbrauch wird am besten durch Machtkontrolle verhindert.

Dem Bundestag stehen verschiedene Kontrollinstrumente zur Verfügung. Welche dieser Instrumente halten Sie für besonders wirkungsvoll?

Neben einer „Aktuellen Stunde" haben die Fraktionen die Möglichkeit, die Regierung mittels „Kleiner Anfragen" und „Großer Anfragen" zu kontrollieren. Darüber hinaus können Fraktionen die Einsetzung von Untersuchungsausschüssen beantragen, in denen Verfehlungen geklärt wer-

Untersuchungsausschuss
Die Abgeordneten des Bundestages können einen Untersuchungsausschuss bilden, wenn mindestens ein Viertel aller Abgeordneten zustimmen. Ziel des Ausschusses ist die Aufklärung politischer Missstände.

den sollen. Dem einzelnen Abgeordneten steht die Möglichkeit offen, vier schriftliche Anfragen pro Monat und bis zu zwei mündliche Fragen pro Sitzungswoche zu stellen. Als schärfste Form der Kontrolle steht dem Parlament das konstruktive Misstrauensvotum zur Verfügung. In diesem Fall wählt die Mehrheit der Mitglieder des Bundestages einen neuen Kanzler. All diese Instrumente werden vorwiegend von der Opposition eingesetzt. Die Regierungsfraktionen kontrollieren eher nicht in der Öffentlichkeit.

Nehmen aus Ihrer Sicht auch die Regierungsfraktionen ihr Recht, die Regierung zu kontrollieren, wahr?

Die Mitglieder der Regierungsfraktionen üben ihr Kontrollrecht über ihre eigene Regierung eher intern – in Fraktions- und Arbeitsgruppensitzungen – aus. Selten sind daher schriftliche oder mündliche Fragen an die Regierung.

Inwieweit wird die öffentliche Wirkung bei der Auswahl der Instrumente in der Fraktion berücksichtigt?

Bei der Auswahl der Instrumente ist die öffentliche Wirkung von entscheidender Bedeutung. Die größte Wirkung erzielt man, wenn das Fernsehen das Thema aufgreift.

Interview des Autors mit Ernst-Reinhard Beck über die Wahrnehmung der Kontrollrechte des Bundestags durch die Abgeordneten

Ernst-Reinhard Beck sitzt für die CDU im Deutschen Bundestag.

Aufgaben

1. Versetze dich in einen Abgeordneten der Regierungsfraktion und der Opposition. Entscheide auch mithilfe von M 6, welche Maßnahmen die beiden treffen sollen, um Kritik an der Regierung zu üben. Wähle dazu die Maßnahmen aus, die dir am sinnvollsten erscheinen, und begründe deine Auswahl.
2. Überprüfe die folgenden Aussagen zur Kontrolle der Regierung. Stimmen sie? Begründe deine Entscheidungen (M 6, M 7).
   - Hauptaufgabe des Bundestages ist die Kontrolle der Regierung.
   - Bei der Auswahl der Kontrollmöglichkeiten ist die öffentliche Wirkung von entscheidender Bedeutung.
   - Nur die Opposition kontrolliert die Regierung.
   - Regierung und Parlament sind nicht vollständig voneinander getrennt.

Wie frei ist ein Abgeordneter?

M 8 Die Streitfrage: Mopedfahren schon ab 15 Jahren?

Ein Gesetzentwurf der Bundesregierung sieht vor, dass künftig bereits 15-Jährige einen Führerschein der Klasse M erwerben dürfen. Dieser erlaubt das Fahren von Mopeds und kleineren vierrädrigen Gefährten wie Quads mit einer Höchstgeschwindigkeit von bis zu 45 Stundenkilometern. Bislang durften 15-Jährige nur auf 25 Stundenkilometer gedrosselte Mofas fahren. Die Regierung will damit die Mobilität von Jugendlichen vor allem auf dem Land verbessern. Die Entscheidung ist umstritten und in vielen Internet-Foren wird darüber diskutiert, ob Jugendliche damit nicht überfordert sind.

Stephan (8.7.2012 16:04)
Na endlich ... Ich sehe das mal aus Sicht der schnelleren Verkehrsteilnehmer: Mofas sind extreme Verkehrsbehinderer (weil sie nicht mal auf den Fahrradweg dürfen!), da man sie bei unserer hohen Verkehrsdichte oft nur mit hohem Risiko oder längere Zeit gar nicht überholen kann. Gut, dass das bald ein Ende hat. Davon abgesehen reizt es die Jugendlichen dann auch sicher deutlich weniger, ihr Fahrzeug zu frisieren.

Heidi (7.7.2012 19:08)
Ich finde die Idee absolut super. Ich muss sonst meine Tochter noch ein Jahr lang zum Reiten fahren (12 Kilometer Landstraße). Mit dem Mofa ist es deutlich gefährlicher.

Gerd (7.7.2012 17:34)
Es ist doch unverantwortlich, dass die Jugend, die sich sonst auch kaum an Regeln hält, jetzt eine Lizenz zum Schnellfahren bekommt.

Anne (7.7.2012 16:56)
Sind unsere Politiker jetzt völlig verrückt geworden? Seit in Österreich 15-Jährige Moped fahren dürfen, steigt die Zahl der Moped-Unfälle dort sprunghaft. Und das wollen wir jetzt auch bei uns?

Ralf (8.7.2012 20:02)
Ich habe eine Schreinerei auf dem Land in einem kleinen Dorf. Busse gibt es nicht. Also habe ich Probleme, Azubis zu bekommen, weil diese oft nicht mobil sind. Wenn die in Zukunft Moped fahren dürfen, wäre mir damit sicher geholfen.

M 9 Der Abgeordnete – wie soll er entscheiden?

Der Deutsche Bundestag soll entscheiden, ob der Mopedführerschein bereits für 15-Jährige eingeführt werden soll. Diese Entscheidung ist nicht unumstritten und die Abgeordneten werden von unterschiedlicher Seite beeinflusst. Irgendwann muss der Abgeordnete aber wissen, ob er dem Gesetz zustimmt oder nicht. Sein Problem ist dabei, dass er es nicht allen recht machen kann.

Elterngruppe
Du vertrittst eine Gruppe von Eltern aus dem Wahlkreis des Abgeordneten. Ihr habt euch zusammengeschlossen, da ihr davon überzeugt seid, dass es viel zu gefährlich ist, eure Kinder schnelle Mopeds fahren zu lassen. Erfahrungen aus Österreich haben gezeigt, dass es zu vielen schweren Unfällen kommt. Der Abgeordnete will kommendes Wochenende in den Wahlkreis kommen und ihr plant bereits eine Kundgebung auf dem Marktplatz, um auf eure Forderung aufmerksam zu machen.

Fraktionsführer der Regierungspartei
Die Mehrheit der Abgeordneten und auch die Regierung sind dafür, die Altersgrenze abzusenken. Innerhalb der Fraktion gibt es aber einige Abgeordnete, die sich nicht sicher sind, ob sie dem Vorschlag zustimmen. Der Bundeskanzler hat mit dir telefoniert und er wünscht sich, dass die Fraktion im Bundestag geschlossen zustimmt und das Thema damit endlich erledigt ist.

Einfacher Abgeordneter der Regierungsfraktion
Du bist Mitglied des Verkehrsausschusses und musst bald entscheiden, ob du für oder gegen den Gesetzentwurf stimmst. Im Vorfeld setzen sich verschiedene Menschen mit dir in Verbindung, um deine Entscheidung zu beeinflussen.

Azubi in einem Betrieb auf dem Land
Du bist 15 Jahre alt und um in die Berufsschule zu kommen, musst du sehr weit fahren. Mit dem Bus ist das fast nicht zu schaffen. Ein Moped würde dir sehr helfen. Du hast bereits mit den anderen Berufsschülern gesprochen und dabei gemerkt, dass es sehr vielen von ihnen auch so geht wie dir.

Vorsitzender der Handwerkskammer der ländlichen Region
Viele eurer Auszubildenden haben große Schwierigkeiten, den Ausbildungsbetrieb oder die Berufsschule mit öffentlichen Verkehrsmitteln zu erreichen. Deine Hoffnung ist, dass sich diese Situation entspannen würde, wenn 15-Jährige bereits Moped fahren dürften.

M 10 Die Vertreter des Volkes

Die Abgeordneten des Deutschen Bundestags sind stellvertretend für die Bürgerinnen und Bürger in Deutschland gewählt, um für das Volk die richtigen Entscheidungen zu treffen. Wir geben ihnen bei der Wahl mit unserer Stimme den Auftrag, die Interessen der ganzen Bevölkerung im Parlament zu vertreten. Mit unserem Votum für einen Abgeordneten ist aber keinesfalls ein konkreter Auftrag verbunden – etwa wie sich ein Abgeordneter bei einer bestimmten Abstimmung verhalten soll. Das ist das Prinzip des freien Mandats – und im Grundgesetz festgeschrieben.

Wenn wir die Abgeordneten für vier Jahre in den Bundestag wählen, dann treffen wir diese Entscheidung aber nicht nur wegen ihrer Person, sondern auch aufgrund ihrer Zugehörigkeit zu einer politischen Partei. Bei der Zweitstimme wird es besonders deutlich: Damit wählen wir eine Partei, keine Person. Das hat einen Grund: Parteien spielen in einer Demokratie eine wichtige Rolle. Wenn wir einen Politiker wählen, dann gibt uns seine Mitgliedschaft in einer Partei Aufschluss über seine politischen Überzeugungen und Ziele. Im besten Fall wissen wir also, für welches politische Programm der einzelne Kandidat steht. Um solche Interessen aber auch im Parlament durchzusetzen, bilden Abgeordnete Fraktionen.

Wenn es nun also um Abstimmungen geht, erwarten die Fraktionen in der Regel von ihren Mitgliedern, dass sie so votieren, wie es zuvor beschlossen wurde. Das bezeichnet man als Fraktionsdisziplin. Einen rechtlichen Zwang, im Sinne der eigenen Fraktion auftreten oder abstimmen zu müssen, gibt es jedoch nicht. Das freie Mandat sichert somit die individuelle Verantwortlichkeit der Abgeordneten und die Fraktionsdisziplin seine kollektive Verantwortlichkeit. Aber es gibt auch Abstimmungen – oft über Fragen, die besonders das Gewissen jedes einzelnen Abgeordneten berühren – bei denen die Fraktionsdisziplin bewusst aufgehoben ist.

dpa, http://www.bundestag.de/btg_wahl/wahlinfos/abgeordnete/index.jsp (20.11.2010)

Fraktion
Alle Abgeordneten einer Partei im Parlament, z. B. die Fraktion der SPD

Art. 38, 1 GG
(1) Die Abgeordneten des Deutschen Bundestages werden in allgemeiner, unmittelbarer, freier, gleicher und geheimer Wahl gewählt. Sie sind Vertreter des ganzen Volkes, an Aufträge und Weisungen nicht gebunden und nur ihrem Gewissen unterworfen.

Aufgaben

1. Formuliere ausgehend von den Kommentaren in M 8 Argumente für bzw. gegen das Absenken der Altersgrenze für den Moped-Führerschein.
2. Bildet Gruppen und teilt die fünf Rollen untereinander auf. Stellt euch vor, der Abgeordnete hat euch alle in seine Bürgersprechstunde eingeladen. Ihr müsst nun versuchen, ihn von eurer Position zu überzeugen. Im Anschluss an das Streitgespräch muss der Abgeordnete sich entscheiden und seine Entscheidung vor der Klasse begründen (M 9).
3. In Art. 38, 1 GG steht, dass die Abgeordneten des Deutschen Bundestages in ihren Entscheidungen frei und nur ihrem Gewissen unterworfen sind. Arbeite heraus, warum der Abgeordnete in der Praxis der Parlamentsarbeit auch die Wünsche seiner Fraktion berücksichtigen muss (M 10).

Wie arbeitet der Deutsche Bundestag?

M 11 Wo sind die Abgeordneten?

Bundestagsdebatten finden häufig vor leeren Rängen statt. Auch in der Öffentlichkeit werden sie kaum wahrgenommen. Politik-Talkshows erzielen dagegen regelmäßig hohe Einschaltquoten.

M 12 Ist die Kritik am Parlament berechtigt?

Abgeordnete sind verpflichtet, an Ausschusssitzungen zu den Gesetzen teilzunehmen, die ihr Ausschuss (z. B. der Verteidigungsausschuss) gerade bearbeitet. Sie müssen Fachleute hören und umfangreiches Informationsmaterial durcharbeiten, das ihr Mitarbeiterstab oder der wissenschaftliche Dienst des Bundestages zusammengetragen haben; es kostet sie Zeit, etwa im Arbeitskreis ihrer Fraktion eine kritische Anfrage an die Bundesregierung zu formulieren oder sich um Kontakte zu den Medien zu kümmern, ohne die sie ihre Anliegen nicht wirksam vertreten können. Auch für die Einzelinteressen und Probleme der Bürgerinnen und Bürger setzen sich die Abgeordneten oft in mühsamer Kleinarbeit ein. Die Arbeit im Wahlkreis erfordert zusätzlichen Zeitaufwand.

Da muss die Plenumsdebatte oft zurückstehen. Dort werden nach getaner Ausschussarbeit häufig die allen Abgeordneten bereits bekannten Argumente ausgetauscht, die niemanden, der sich monate-, manchmal jahrelang mit einer Frage auseinandergesetzt hat, noch zu einem Meinungswandel veranlassen können. Trotzdem sind diese Debatten kein überflüssiges Ritual: Die Sprecherinnen und Sprecher der Fraktionen reden bewusst „zum Fenster hinaus", um der Öffentlichkeit die Gründe für ihre Sachentscheidungen zu vermitteln und so die in der Demokratie wichtige Transparenz zu ermöglichen.

Ein weiteres Stereotyp der Parlamentskritik behauptet, dass die Parlamentarierinnen und Parlamentarier zu viel streiten und zu wenig Einigkeit beweisen. Wie wenig das mit der Realität zu tun hat, zeigt schon die Statistik der Bundestagsgesetzgebung. Die meisten Gesetze werden nämlich im Einvernehmen von den [...] Fraktionen verabschiedet. In den Augen der Öffentlichkeit decken freilich die Meinungsverschiedenheiten über

Plenumsdebatte = eine Aussprache zwischen den Abgeordneten im großen Parlamentssaal

Transparenz = Durchsichtigkeit, hier: Nachvollziehbarkeit einer Entscheidung

Stereotyp = etwas, was ständig wiederkehrt

die Steuerpolitik, die Rentenreform, die Arbeitsförderung, die Gesundheitspolitik oder die Zuwanderung die Gemeinsamkeiten auf anderen Gebieten zu. Solche Themen erfordern weitreichende Weichenstellungen und die Abstimmung mit den Interessen großer gesellschaftlicher Gruppen. Wer bei derartig komplexen Fragen schnelle und einfache Lösungen verlangt, überfordert die Politik.

Die Präsentation der Politik in den Medien trägt ein Übriges zur kritischen Haltung der Bevölkerung gegenüber der (Partei-) Politik bei: Im Kampf um Einschaltquoten und Verkaufszahlen am Kiosk geben die Medien dem Zwang zu Verknappung, zu Dramatisierung und Zuspitzung immer stärker nach. Sie veranlassen die Politikerinnen und Politiker zu Erklärungen von 30 bis 90 Sekunden Länge – für differenzierte, angemessene Sachaussagen bleibt da kaum noch Raum.

Ursula Münch, in: Information zur politischen Bildung aktuell, Bundestagswahlen 2002, Bonn 2002, S. 7

M 13 Die Organisation des Deutschen Bundestags

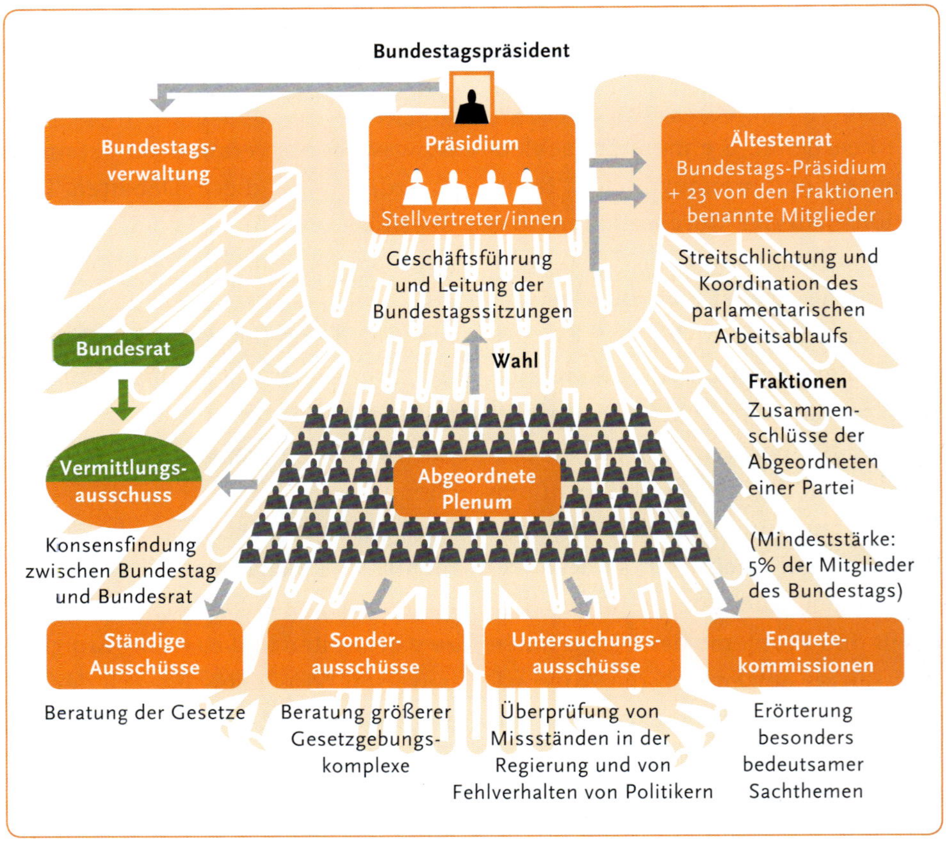

nach: Bergmoser + Höller Verlag AG, Zahlenbilder 64 110

M 14 Zwei Arten von Parlamenten

Es gibt zwei unterschiedliche Arten, wie Parlamente ihre Arbeit organisieren. Im Redeparlament (z. B. das englische Unterhaus) wird die eigentliche Arbeit im Plenum gemacht. Es erhebt den Anspruch, das wichtigste Forum der öffentlichen Meinung, die offizielle Bühne aller großen, die Nation bewegenden politischen Diskussionen zu sein. Ein weit gefächertes System von Ausschüssen, in denen die Parlamentarier arbeiten, gibt es nicht.

Im Arbeitsparlament (z. B. der amerikanische Kongress) gibt es ständige Ausschüsse, in denen Parlamentarier arbeiten. Hier findet die eigentliche politische Arbeit statt. Der Bundestag kann als eine Mischform aus beiden Parlamentsformen angesehen werden. Er ist aber eher ein Arbeitsparlament. Der 17. Bundestag hat 22 Ständige Ausschüsse gebildet, denen zwischen 13 und 41 Abgeordnete angehören. Die Arbeitsgebiete der meisten Ausschüsse entsprechen denen der Bundesministerien (Auswärtiger Ausschuss, Rechtsausschuss, Gesundheitsausschuss, ...). In den Ausschüssen werden die Gesetzesentwürfe und sonstige Initiativen kenntnisreich geprüft, diskutiert und formuliert, um sie dann dem Plenum zur Beschlussfassung vorzulegen. Außerdem besteht die Möglichkeit, Experten zu bestimmten Sachthemen zu hören. Die Ausschüsse tagen in der Regel nicht öffentlich. Deshalb sind die Debatten in den Ausschüssen oft sachlicher als in den öffentlichen Sitzungen des Plenums und die Ausschussmitglieder der Oppositionsparteien haben die Chance, einen erheblichen Einfluss auszuüben.

Aufgaben

1. Die beiden Bilder aus M 11 können auch als Vorwurf an die Abgeordneten verstanden werden. Formuliere, welcher Vorwurf hier erhoben wird.
2. Erläutere, warum man den Bundestag als Mischung aus Rede- und Arbeitsparlament bezeichnen kann (M 14).
3. Entwirf mithilfe der nebenstehenden Begriffe eine kurze Rede aus der Sicht eines Abgeordneten, in der er sich gegen die Parlamentskritik zur Wehr setzt (M 12 – M 14).

Dramatisierung
Vorentscheidung
Ausschusssitzungen
Zuspitzung
Ritual
Fachleute
Gesetze
Einschaltquoten
Wahlkreisarbeit
Plenumsdebatte
Medien

Was wir wissen

Regieren
M 2

Die Bundesregierung mit dem Kanzler an der Spitze hat die zentrale Aufgabe der politischen Führung. Einerseits soll der Wille der Parlamentsmehrheit von der Regierung in praktische Politik umgesetzt werden. Andererseits formt die Regierung den Mehrheitswillen des Parlaments auch durch politische Initiativen entscheidend mit.

Stellung des Bundeskanzlers
M 3, M 4

In der Regierung hat der Bundeskanzler eine hervorgehobene Stellung. Er bestimmt nach Art. 65 GG „die Richtlinien der Politik und trägt dafür die Verantwortung“ (Kanzlerprinzip), d. h. er legt umfassende Ziele fest (wie z. B. große Reformvorhaben). Darüber hinaus macht er dem Bundespräsidenten Vorschläge zur Ernennung und Entlassung von Kabinettsmitgliedern. Innerhalb der Richtlinien leiten die Minister ihr Ministerium selbständig (Ressortprinzip). Abgeschwächt wird das Kanzlerprinzip auch durch das Kabinettsprinzip. So berät und beschließt das Kabinett als Ganzes über alle Gesetzesentwürfe und entscheidet bei Streitfragen über die Zuständigkeit zwischen einzelnen Ministerien.

Kontrolle der Regierung

Gewalten-verschränkung
M 6, M 7

Eine wichtige Aufgabe des Bundestags ist die Kontrolle der Regierung. Dies ist die Hauptaufgabe der Opposition. In der Praxis der Parteiendemokratie bilden nämlich die Regierung mit dem Bundeskanzler und die Regierungsparteien, die ja die Mehrheit im Parlament haben, eine Handlungseinheit. Man spricht in diesem Zusammenhang auch von Gewaltenverschränkung. Zwar üben auch die eigenen Abgeordneten Kritik an der Regierung, doch tun sie dies meist nicht öffentlich. So werden die Kontrollinstrumente des Bundestages wie Kleine und Große Anfrage, Aktuelle Stunden, Fragestunden, Untersuchungsausschüsse etc. hauptsächlich von der Opposition in Anspruch genommen. Außerdem kann die Opposition ihre Kritik wirksam über die Medien äußern und sich dort als die bessere Alternative präsentieren.

Stellung der Abgeordneten
M 10

Abgeordnete, die derselben Partei angehören, schließen sich im Bundestag zu einer Fraktion zusammen. Die Fraktionen sind die politische Heimat für die Abgeordneten und bilden den organisatorischen Rahmen der Arbeit im Bundestag, denn anders wäre der Bundestag wohl kaum entscheidungsfähig. Bei Abstimmungen folgen die Abgeordneten in der Regel der von der Fraktion festgelegten Linie (Fraktionsdisziplin), obwohl sie eigentlich nach Art. 38 GG in ihren Entscheidungen frei sind (freies Mandat).

Arbeitsweise des Bundestages
M 12 – M 14

Der Bundestag ist ein Arbeitsparlament, d. h. die Hauptarbeit der Abgeordneten findet nicht im Plenum des Bundestages statt, sondern in den Fachausschüssen, die sich mit der Ausarbeitung von Gesetzen beschäftigen. Dort beraten die Abgeordneten, hören Fachleute an, diskutieren die Gesetzesentwürfe und verändern diese.

Insgesamt 3.299 Kleine Anfragen an die Bundesregierung

In der 16. Wahlperiode (2005-2009) regierte Angela Merkel (CDU) als Kanzlerin einer Großen Koalition aus CDU/CSU und SPD. Grüne, FDP und Linke bildeten die Opposition.
Insgesamt stellten die Fraktionen des Deutschen Bundestages in dieser Wahlperiode 3.299 Kleine Anfragen an die Bundesregierung. Mit 1.505 kamen die meisten Anfragen von der Partei DieLinke, die FDP stellte 1.005 Anfragen und Bündnis 90/Grüne 788. Große Anfragen gab es insgesamt 63, von denen CDU/CSU und SPD 1, die FDP 17, DieLinke 11 und Bündnis 90/Grüne 34 stellten.

Statistik der Parlamentarischen Kontrolltätigkeit, Überblick 16. Wahlperiode, Stand: 21.4.2010

Fragerechte des Bundestags

Große Anfrage

Schriftliche Anfrage zu einem größeren politischen Themenkomplex durch eine Fraktion bzw. mindestens 5 % der Abgeordneten

An die Beantwortung durch die Bundesregierung schließt sich in der Regel eine Debatte vor dem Bundestag an.

Kleine Anfrage

Schriftliche Anfrage zu konkreten Einzelthemen durch eine Fraktion bzw. mindestens 5 % der Abgeordneten

Die Antwort erfolgt schriftlich durch das jeweils zuständige Bundesministerium.

Fragestunde

Einzelfragen zur mündlichen oder schriftlichen Beantwortung, von einzelnen Abgeordneten eingebracht

Mündliche Beantwortung in den beiden wöchentlichen Fragestunden des Bundestags

Möglichkeit für die Abgeordneten, mit Zusatzfragen nachzuhaken

Haupfunktionen:

- **Beschaffung von Informationen**
- **öffentliche Herausforderung der Regierung durch die Opposition**
- **Gelegenheit, die Haltung der Opposition darzulegen**

Aktuelle Stunde

Politische Debatte mit Kurzbeiträgen zu einem aktuellen Thema auf Verlangen einer Fraktion bzw. von mindestens 5 % der Abgeordneten oder nach Vereinbarung

Redezeit für die Abgeordneten: 5 min; Gesamtdauer: 1 Stunde + Redezeit der Regierung

nach: Bergmoser + Höller Verlag AG, Zahlenbilder 66 250

Aufgabe

Erkläre, weshalb die Fraktionen die parlamentarischen Fragerechte so unterschiedlich stark einsetzen. Wähle für deine Erklärung Begriffe aus dieser Begriffswolke aus:

Abgeordnete | Bundestag | Öffentlichkeit | Legislative | Gewaltenverschränkung

Gewaltenteilung | Opposition | Wahlen | Kontrollrechte | Kontrolle | Exekutive

6.2 Wie entsteht ein Gesetz?

Das Problem: Energiesicherheit in Deutschland

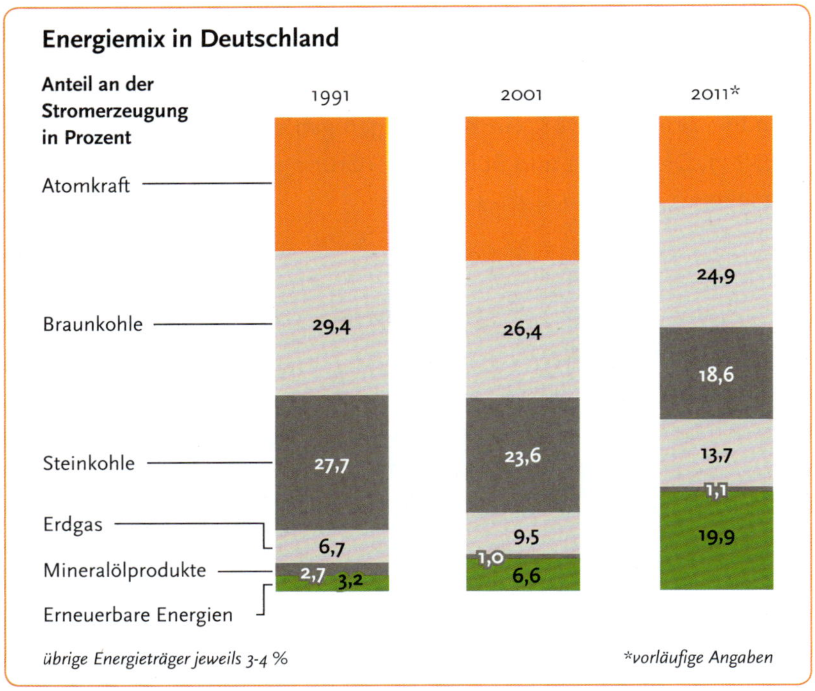

dpa-Grafik 16752; Arbeitsgemeinschaft Energiebilanzen (AGEB)

Gesetzentwurf zur Änderung des Atomgesetzes

A. Problem und Ziel: Die nuklearen Folgen der Erdbebenkatastrophe in Japan bedeuten einen Einschnitt für die friedliche Nutzung der Kernenergie auch in Deutschland. Im Lichte dieser Ereignisse hat die Bundesregierung mit den Ministerpräsidenten der Länder, in denen Kernkraftwerke betrieben werden, die Sicherheit aller deutschen Kernkraftwerke durch die Reaktor-Sicherheitskommission [...] überprüfen lassen und zudem durch eine Ethikkommission „Sichere Energieversorgung" einen gesellschaftlichen Dialog zu den Risiken der Nutzung der Kernkraft und zu der Möglichkeit eines beschleunigten Übergangs in das Zeitalter der erneuerbaren Energien angestoßen. Die Bundesregierung hat unter Einbeziehung der Ergebnisse der Reaktor-Sicherheitskommission und der Ethikkommission „Sichere Energieversorgung" sowie des absoluten Vorrangs der nuklearen Sicherheit beschlossen, die Nutzung der Kernenergie zum frühestmöglichen Zeitpunkt zu beenden.

Bundestag, Drucksache 17/6070, Gesetzentwurf der Fraktionen der CDU/CSU und FDP

M 1 Der Streit um die Atomenergie

Die rot-grüne Bundesregierung unter Bundeskanzler Gerhard Schröder hatte nach ihrem Wahlsieg 1998 die Atomkraft neu bewertet und war zu dem Ergebnis gekommen, dass die Risiken der kommerziellen Nutzung zu hoch sind. 2002 wurde der geordnete Ausstieg aus der Atomkraft beschlossen. Die Laufzeit der bestehenden Atomkraftwerke wurde auf durchschnittlich 32 Jahre seit ihrer Inbetriebnahme festgelegt. Nach dem Wahlsieg der CDU/CSU und FDP im Jahr 2009 einigten sich die neuen Regierungsparteien im Koalitionsvertrag auf eine Neuausrichtung der Atompolitik. Im Herbst 2010 verabschiedete die Regierungskoalition im Rahmen ihres „Energiekonzeptes" ein äußert umstrittenes Gesetz, dass die Atomenergie als „Brückentechnologie" sah und eine Verlängerung der Laufzeiten für Atomkraftwerke beinhaltete.

Infolge der Reaktorkatastrophe von Fukushima in Japan im Frühjahr 2011 vollzog die Regierung jedoch eine erneute Kehrtwende. Die beschlossene Laufzeitverlängerung für Atomkraftwerke wurde wieder zurückgenommen. Stattdessen brachten die Regierungsparteien unter Angela Merkel ein Gesetz für den beschleunigten Ausstieg aus der Atomkraft auf den Weg.

M 2 Abschied vom Kern: Strittig sind nur noch Details

Fast ein halbes Jahrhundert hat die Atomenergie Politik und Nation gespalten. Unzählige teils leidenschaftlich, teils verbitterte Debatten wurden im Bundestag geführt. Doch jetzt ist alles anders. Noch nie waren sich die Fraktionen so einig. Diese Einigkeit über den Atomausstieg kam so plötzlich, dass die Redner versuchten, Unterschiede zu finden, wo es längst keine mehr gab. SPD-Fraktionschef Frank-Walter Steinmeier warf lediglich der Kanzlerin „Unaufrichtigkeit und falsches Pathos" vor. Um dann aber zu betonen, dass sie einer Meinung seien: Sie sei „genau dort jetzt angekommen, wo Rot-Grün die Dinge schon gestaltet" habe.

[...] Was Tschernobyl nicht vermochte, das machte Fukushima nun mehr als deutlich: „Die Risiken der Kernenergie sind nicht beherrschbar", brachte es Bundeskanzlerin Angela Merkel (CDU) auf den Punkt. „Wer das erkennt, muss eine neue Bewertung vornehmen. Ich habe eine neue Bewertung vorgenommen", sprach Merkel vergangenen Donnerstag in ihrer Regierungserklärung „Der Weg zur Energie der Zukunft" vor dem Bundestag. [...]

Das Tempo, in dem die Bundesregierung aus der Kernenergie aussteigen will, ist (Gregor Gysi) hingegen zu gering: Die letzten Atomkraftwerke sollen laut Merkel bis 2022 vom Netz genommen werden. Für den Chef der Linksfraktion bedeutet diese Tatsache „elf weitere Jahre Fukushima-Risiko". Ein kompletter Ausstieg sei bereits bis 2014 möglich. Seine Fraktion stellte einen entsprechenden Antrag. Jürgen Trittin, Fraktionschef von Bündnis90/Die Grünen, kritisierte Details der Kabinettsbeschlüsse: „Bei all diesen Gesetzen gibt es massiven Änderungsbedarf." Seine Fraktion will die Kernkraftwerke bis 2017 abschalten. In einem weiteren Antrag verlangt sie, auf eine sogenannte Kaltreserve zu verzichten. Als Zugeständnis an die Bundesnetzagentur will die Regierung ein Atomkraftwerk, das zeitnah abgeschaltet werden soll, nur auf Stand-by-Modus herunterfahren. Wirtschaftsminister Philipp Rösler (FDP) entgegnete auf Steinmeiers Kritik, dass die Berücksichtigung der Versorgungssicherheit im Konzept von „Rot-Grün" komplett gefehlt hätte, aber „im Sinne von Netzstabilität" notwendig sei. „Ein Blackout wäre volkswirtschaftlich nicht zu verantworten", betonte auch Gerda Hasselfeldt, Vorsitzende der CSU-Landesgruppe: „Der Strom darf nicht ausfallen." Und aller gegenseitiger Kritik zum Trotz setzte sich, fast am Ende einer turbulenten Woche, Einigkeit durch.

Verena Renneberg, Das Parlament, 14.6.2011, S. 1

Abgeordnete stimmen am 30.6.2011 im Deutschen Bundestag über den Ausstieg aus der Atomenergie ab.

Projektidee

Fast ein halbes Jahrhundert hat die Atomenergie Politik und Nation gespalten. Erstellt in Zusammenarbeit mit Geschichte eine Ausstellung/ Wandzeitung über den Atomstreit in der Bundesrepublik Deutschland.

Aufgaben

1. Erstelle eine kurze Chronologie zur Atomgesetzgebung und nenne jeweils stichwortartig den Grund für die Gesetzesvorhaben (M 1).
2. Erläutere, wie die Debatte über das neue Atomgesetz im Bundestag verlief. Worin waren sich die Parteien einig, worüber wurde gestritten (M 2)?
3. Zur Vertiefung: Recherchiere den Ablauf der Atomkatastrophe von Fukishima und beschreibe, welche Folgen der Reaktorunfall für Mensch und Umwelt hatte.

Das neue Atomgesetz in der Diskussion

M 3 Stellungnahmen zum Gesetz

„Ich bin gegen die Nutzung der Kernenergie, da immer noch ungeklärt ist, was mit dem Atommüll geschehen soll."

„Die Atomkraft ist im Betrieb eine saubere Technologie. So kann klimafreundlich Energie erzeugt werden."

„Atomkraft ist nicht sicher und deshalb nicht zu verantworten. Das wissen wir seit den Katastrophen von Tschernobyl und Fukushima."

„Atomkraftwerke können billig Strom produzieren. Davon profitiere ich als Konsument."

„Solange die regenerativen Energien noch nicht so weit sind, brauchen wir die Atomkraft. Stromausfälle kann sich ein Industrieland wie Deutschland nicht leisten."

M 4 Kontrovers diskutiert: der Ausstieg aus der Atomkraft

a) Sicher ist sicher

Zeitgleich zur Debatte im Bundestag fordern Menschen vor dem Brandenburger Tor den Ausstieg aus der Kernenergie.

Die Briten haben einen wunderbaren Ausdruck: „elephant in the room". Ein Elefant, den keiner sieht, der aber dennoch Debatten bestimmt – meist als unsichtbarer Bremser. Die Kernkraft war so ein „elephant in the room" in Deutschland: Sie dominierte über Jahre hinweg den Diskurs, sie machte Energiepolitik zur Frage von Macht und Prinzipien. Entscheidungen über Atompolitik hatten dadurch eine Halbwertzeit von allerhöchstens zwei Legislaturperioden; sicher war in dieser Frage nur die Unsicherheit. Diese Zeit ist nun vorbei, zum Glück.

Mit dem schwarz-gelben Ausstieg könnte es bald erstmals eine Atomentscheidung mit Aussicht auf Bestand geben. Erstmals ist Investoren damit ein Mindestmaß an Kalkulierbarkeit gegeben. Für den deutschen Strommarkt ist dies das wichtigste Signal: Wer hier investieren will, weiß wieder, woran er ist. Daneben tritt eine andere Sicherheit, deren Bedeutung sich in der Katastrophe in Fukushima aufs Neue manifestiert hat. Die deutschen Kernkraftwerke mögen gut gepflegt gewesen sein doch die Abschaltung der sieben ältesten Anlagen plus Krümmel macht das Leben in diesem Land objektiv sicherer. Ob die anderen Reaktoren teils noch bis 2022 hätten laufen müssen, mag umstritten sein. Dass es fixe Enddaten für sie gibt, ist gut.

Der Kampf für und gegen Kernkraft hat viele Kräfte gebunden in diesem Land; er hat die energiepolitische Debatte in einem Maße bestimmt, das zur Bedeutung dieser Energieform in keinem Verhältnis mehr stand. Der Ausstieg setzt diese Kräfte nun frei. Sie werden gebraucht werden: für eine Energieversorgung ohne unüberschaubare Risiken und Müll für Generationen, ohne Raubbau an fossilen Ressourcen. Der Weg ist steinig, aber das Ziel stimmt.

b) Ein Bärendienst

Die Wende von der Wende in der Energiepolitik ist und bleibt ein populistisches Manöver. So schrecklich die Bilder vom Unglück in Fukushima auch waren – die Sicherheit der 17 deutschen Kernkraftwerke wurde dadurch nicht berührt. Wir leben weder auf einer Erdbebenspalte, noch müssen wir mit Tsunamis rechnen. Es geht einzig und alleine um unsere veränderte Wahrnehmung. Rund 70 Prozent der Deutschen sprechen sich inzwischen gegen Kernenergie aus, ohne dass sich an den objektiven Bedingungen für die Reaktorsicherheit hierzulande etwas verändert hätte. Die Physikerin Merkel weiß das. Aber die Politikerin Merkel fürchtet sich.

Die Bundesregierung folgt dem Meinungsumschwung in fast panischer Weise. Wissenschaftlich sorgfältig erarbeitete Energieszenarien für die nächsten 40 Jahre werden über den Haufen geworfen. Acht Kraftwerke gehen von heute auf morgen vom Netz und werden ohne weitere Prüfung stillgelegt. Die anderen Anlagen folgen im Abstand weniger Jahre. Klagen die Konzerne erfolgreich gegen diese Enteignung, kann das den Steuerzahler Milliarden kosten. Zugleich importieren wir Atomstrom aus Frankreich, damit unser Netz stabil bleibt.

Merkel hat vor der aktuellen Angst einer Mehrheit kapituliert. Doch der Union wird dieses Einknicken nichts nutzen, weil Gegner wie Anhänger das hastige Wendemanöver als solches durchschauen. Auch der Sache selbst, nämlich einer klimafreundlichen, sicheren und bezahlbaren Energieversorgung, hat die Kanzlerin mit ihrer Atomwende einen Bärendienst erwiesen. Es wird Jahrzehnte dauern, bis die Kernenergie durch erneuerbare Energie ersetzt wird. So lange steigen der CO2-Ausstoß ebenso wie die Strompreise. Die Rechnung kommt noch.

Michael Bauchmüller (a), Daniel Goffart (b), Das Parlament 14.6.2011, S. 2

Aufgaben

1. Nimm Stellung zu den Aussagen aus M 3. Welche leuchten dir ein und welche nicht? Überprüfe die Aussagen mithilfe einer Internetrecherche. Teilt euch dazu in Gruppen und präsentiert eure Ergebnisse im Plenum.
2. a) Stelle die Argumente aus M 3 und M 4 gegenüber.
   b) Ist der Ausstieg aus der Atomkraft die richtige Entscheidung? Verfasse eine begründete Stellungnahme in Form eines Leserbriefs.

Wie verläuft der Gesetzgebungsprozess?

M 5 Etappen der Gesetzgebung

Mit Gesetzen versucht die Politik das gesellschaftliche Leben zu regeln und Probleme zu lösen. Das Gesetzgebungsverfahren verläuft immer nach einem strengen Muster. Wie dieses Verfahren abläuft und wer daran beteiligt ist, zeigt folgendes Schaubild.

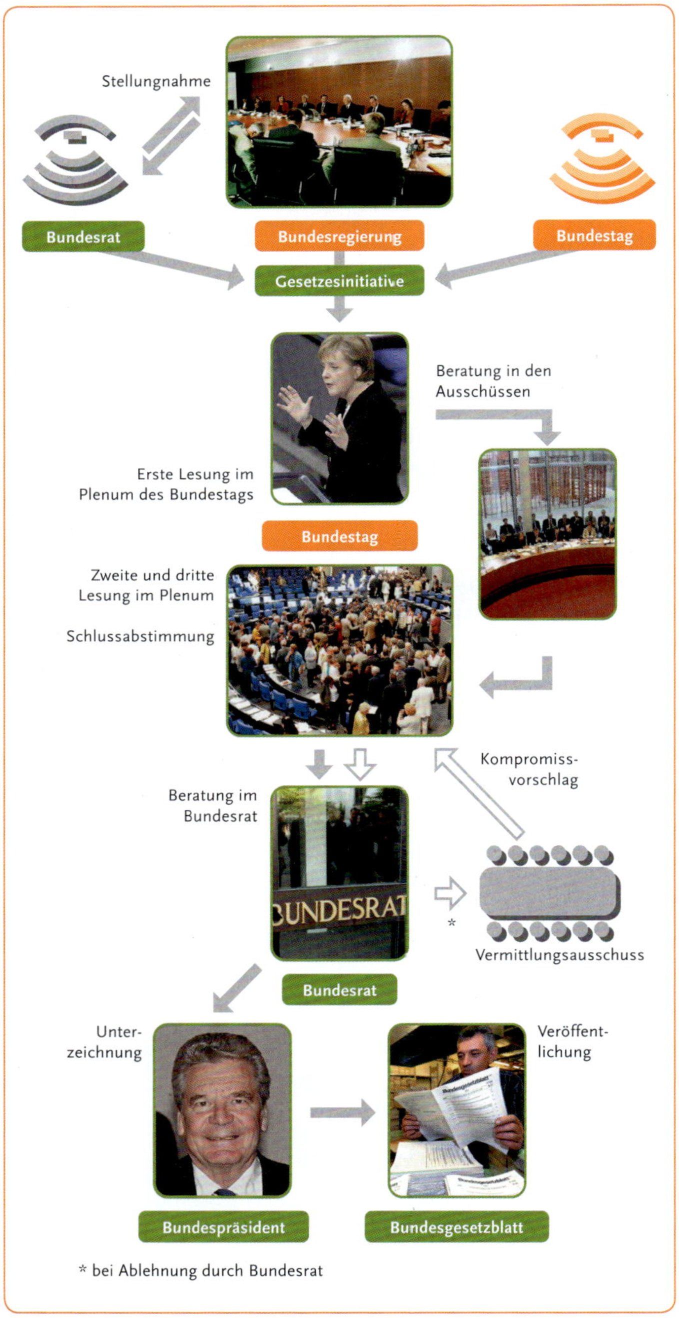

Die meisten Gesetze, die in den Bundestag eingebracht werden, sind Vorlagen der Regierung. Die Entwürfe werden in den zuständigen Fachministerien erarbeitet.

Generell können Gesetzentwürfe von der Bundesregierung, aus dem Bundestag oder vom Bundesrat eingebracht werden.

Die erste Beratung im Plenum des Bundestages dient der Begründung des Gesetzesvorhabens und der Erörterung der Grundsätze der Vorlage. Es erfolgt noch kein Beschluss.

Der Gesetzentwurf wird anschließend an die fachlich zuständigen Ausschüsse überwiesen und dort intensiv beraten. Dort können in sogenannten „hearings" auch Experten von außerhalb zu einem Gesetz gehört werden. Der Ausschuss kann dann dem Plenum eine Abänderung, Annahme oder Ablehnung des Entwurfs empfehlen.

Die zweite Lesung (Beratung) des Entwurfs erfolgt auf der Grundlage der Ausschussempfehlung. Über die einzelnen Bestimmungen wird dann abgestimmt.

Die dritte Lesung schließt sich unmittelbar an. Anschließend erfolgt die Schlussabstimmung.

Das im Bundestag beschlossene Gesetz wird dann dem Bundesrat zugeleitet. Die Zustimmung des Bundesrats ist erforderlich, wenn es sich um ein Zustimmungsgesetz handelt, in der Sache also Bund und Länder zuständig sind. Bei einem Einspruchsgesetz kann der Bundestag einen Einspruch des Bundesrats in einer weiteren Abstimmung überstimmen.

Bei Uneinigkeit über ein Zustimmungsgesetz und einer drohenden Ablehnung kann der Vermittlungsausschuss angerufen werden, der einen Kompromissvorschlag erarbeitet, über den Bundestag und Bundesrat erneut abstimmen. Bundestag und Bundesrat entsenden je 16 ihrer Mitglieder in den Vermittlungsausschuss. Können sich die Vertreter dabei nicht einigen, ist das Gesetz – wenn es sich um ein zustimmungspflichtiges Gesetz handelt – gescheitert.

Nach der Verabschiedung des Gesetzes wird es dem zuständigen Minister und dem Bundeskanzler zur Unterzeichnung vorgelegt.

Anschließend muss noch der Bundespräsident das Gesetz unterzeichnen. Er kann seine Unterschrift nur verweigern, wenn er der Auffassung ist, dass das Gesetz gegen die Verfassung verstößt.

Das Gesetz wird im Bundesgesetzblatt verkündet und tritt in Kraft.

M 6 Auf den Weg gebracht – das neue Atomgesetz

Einigung im Kanzleramt: Die schwarz-gelbe Regierungskoalition hat ein neues Konzept für den Ausstieg aus der Kernenergie bis zum Jahr 2022 vorgelegt.

Der Bundestag berät in zweiter und dritter Lesung über das Atomgesetz und stimmt darüber ab.

Nun hat auch Christian Wulff das Gesetz unterschrieben. Das teilte das Bundespräsidialamt in Berlin mit. Damit kann die Regelung in Kraft treten.

Die Bundeskanzlerin begründet in einer Regierungserklärung vor dem Bundestag, warum das Atomgesetz erneut geändert werden soll. Der Bundestag berät in erster Lesung darüber.

Kabinett beschließt Atom-Ausstieg: Atommeiler laufen nur noch bis ins Jahr 2022. Ausbau erneuerbarer Energie und des Stromnetzes sollen in dem Gesetzentwurf gefördert werden.

Der Bundesrat stimmt dem Atomausstieg zu.

Das Gesetz zum Automausstieg wird an die zuständigen Ausschüsse überwiesen.

Vor der zweiten und dritten Lesung des von den Koalitionsfraktionen CDU/CSU und FDP in den Bundestag eingebrachten Entwurfs eines dreizehnten Gesetzes zur Änderung des Atomgesetzes hat der Ausschuss für Umwelt, Naturschutz und Reaktorsicherheit über den Entwurf diskutiert und Experten angehört.

Aufgabe

Ordne die Meldungen den Stationen des Gesetzgebungsverfahrens zu und begründe deine Entscheidung (M 5, M 6).

Methode

M 7 Wie man politische Prozesse analysieren kann – der Politikzyklus

Modelle sind wichtige Instrumente, mit denen wir die politische Wirklichkeit vereinfacht abbilden können, um sie besser zu verstehen. Im Modell wird nur das Wichtigste dargestellt. Der Politikzyklus ist ein solches Modell und ihm liegt ein gewisses Verständnis von Politik zugrunde: Politik wird hier als eine (endlose) Kette von Versuchen zur Bewältigung gesellschaftlicher Probleme verstanden.
Viele Probleme werden von der Politik gelöst. Es gibt aber auch Probleme, die die Politik dauerhaft beschäftigen, wie z. B. die Energiepolitik.

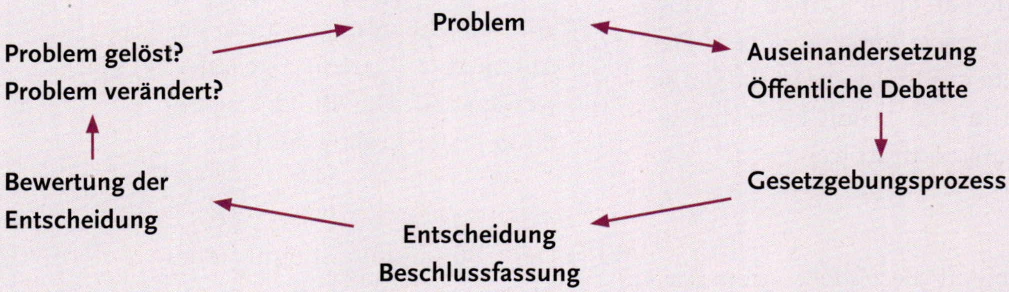

Am Beginn des Politikzyklus steht ein Problem, mit dem sich die Politik beschäftigen muss. Es wird öffentlich darüber gestritten, was man tun soll. Dabei spielen auch die Medien eine ganz wichtige Rolle. Es folgt das Gesetzgebungsverfahren in Bundestag und Bundesrat. Ist eine Entscheidung getroffen, dann wird diese wieder in der Öffentlichkeit diskutiert und bewertet. Wenn das Problem damit beseitigt werden kann, dann wird der Politikzyklus nur einmal durchlaufen. Verändert sich das Problem oder sind die getroffenen Maßnahmen nicht wirksam, dann beginnt der Zyklus von vorn. Deshalb spricht man davon, dass Politik eine (endlose) Kette von Versuchen ist, gesellschaftliche Probleme zu lösen.

Kategorien	Schlüsselfragen
Problem	Worin besteht das Problem? Welche Aufgabe hat die Politik zu lösen?
Auseinandersetzung Öffentliche Debatte	Was wirkt auf die Auseinandersetzung ein? Welche Interessen haben die Akteure? Welche Interessenkonflikte und Interessenkonstellationen gibt es? Welche Ziele verfolgen die beteiligten Akteure? Welche Lösungsmöglichkeiten werden diskutiert? Wie sind die Machtkonstellationen?
Gesetzgebungs- prozess	Greift der Gesetzgeber das Problem auf? Wie versuchen die Interessen Einfluss auf den Gesetzgebungsprozess zu nehmen?
Entscheidung Beschlussfassung	Zu welchen Ergebnissen hat die Auseinandersetzung geführt? Welche Akteure/Interessen konnten sich durchsetzen?
Bewertung der Entscheidung	Welche Akteure bewerten das Ergebnis positiv? Welche negativ? Welche Interessen und Wertvorstellungen beeinflussen die Bewertung?
Problem gelöst? Problem verändert?	Ist das Problem gelöst oder ist nur die Problemlage verändert? Greift der Vollzug der Entscheidung an den Ursachen an oder werden nur die Folgen bekämpft? Schafft es das Problem erneut auf die politische Agenda?

Der Bundesrat im Gesetzgebungsverfahren

M 8 Warum gibt es den Bundesrat?

In einem föderalen Staat schließen sich mehrere Gliedstaaten zu einem Bündnis zusammen. So bilden die 16 deutschen Länder gemeinsam einen Bundesstaat, die Bundesrepublik Deutschland. In einem Bundesstaat ist der Gesamtstaat für alles zuständig, was einheitlich geordnet werden muss. Darauf sollte er sich aber auch beschränken, denn die übrigen Angelegenheiten sollen die Gliedstaaten selbst regeln. In Deutschland ist der Bundesrat das Bindeglied zwischen Bund und Ländern. Er ist die Interessenvertretung der Länder auf Bundesebene. Er ist ein Verfassungsorgan des Bundes, besteht aber aus Vertretern der Länder. Über den Bundesrat können die Länder in vielen Fällen die Gesetzgebung des Bundes beeinflussen. Auch in Angelegenheiten der Europäischen Union können die Länder mitwirken. Ihre Mitwirkungsrechte sind dabei genau festgelegt. Der Bundesrat kann keine Änderungen an einem vom Bundestag beschlossenen Gesetz vornehmen. Stimmt er dem Gesetz aber nicht zu, so kann er den Vermittlungsausschuss anrufen. Bei Zustimmungsgesetzen ist die Zustimmung des Bundesrates zwingend erforderlich. Zustimmungsbedürftig sind insbesondere verfassungsändernde Gesetze, aber auch alle Gesetze, die die Finanzen und Verwaltungszuständigkeit der Länder betreffen.

Stimmenverteilung im Bundesrat	
Nordrhein-Westfalen	6
Bayern	6
Baden-Württemberg	6
Niedersachsen	6
Hessen	5
Sachsen	4
Rheinland-Pfalz	4
Berlin	4
Sachsen-Anhalt	4
Thüringen	4
Brandenburg	4
Schleswig-Holstein	4
Mecklenburg-Vorpommern	3
Hamburg	3
Saarland	3
Bremen	3

Die Länder der Bundesrepublik Deutschland

Aufgaben

1. Wende den Politikzyklus auf das Problem der Atompolitik an (M 1 – M 8) und beantworte die Schlüsselfragen. Achte dabei besonders darauf, wie die Reaktorkatastrophe von Fukushima die Wahrnehmung des Problems verändert hat (M 7).
2. Der Gesetzgebungsprozess in Deutschland ist sehr kompliziert. Sammle Argumente, die für bzw. gegen das Verfahren sprechen.
3. Recherchiere im Internet, welche aktuellen Mehrheitsverhältnisse im Bundesrat gegeben sind. Prüfe, ob der Bundesrat einen Gesetzentwurf des Bundestags blockieren könnte.

Was wir wissen

Gesetze

Politik beschäftigt sich mit der Lösung von Problemen und Konflikten, die für die Gesellschaft von Bedeutung sind. Damit die Lösung für alle Gesellschaftsmitglieder verbindlich ist, wird sie häufig in Form von Gesetzen herbeigeführt. Gesetze enthalten Regeln, denen sich die Betroffenen nicht entziehen können. Sie schützen die Menschen (z. B. Lebensmittelgesetz), ordnen das gesellschaftliche Zusammenleben (z. B. im Bereich des Luft- und Straßenverkehrs) und steuern das Verhalten der Menschen (z. B. Gesetz zur Verteuerung von Alkopops).

Gang der Gesetzgebung
M 5, M 8

Die Gesetzgebung ist ein langwieriger Prozess, an dem Bundesregierung, Bundestag und Bundesrat mitwirken. Aber auch einzelne Interessengruppen versuchen, über ihre Interessenorganisationen oder die öffentliche Meinung Einfluss zu nehmen. Das Initiativrecht haben Bundesregierung, Bundesrat und Bundestag (mindestens fünf Prozent der Abgeordneten). Die meisten Initiativen kommen von der Bundesregierung. Die Entwürfe werden von den Fachministerien ausgearbeitet, vom Kabinett abgesegnet und in den Bundestag eingebracht. Nach den Beratungen im Plenum (1. Lesung) wird der Entwurf an die Ausschüsse verwiesen. Dort findet eine intensive Beratung statt. Experten können befragt, strittige Themen ausdiskutiert und Kompromisse gefunden werden. Unter anderem hier versuchen Interessenverbände, Gesetze in ihrem Sinne zu beeinflussen. Der überarbeitete Entwurf kommt zur 2. und 3. Lesung und zur Beschlussfassung ins Plenum zurück. Anschließend wird im Bundesrat beraten und abgestimmt und am Ende muss der Bundespräsident das Gesetz unterzeichnen, damit es in Kraft treten kann.

Politikzyklus
M 7

Politik kann mit dem Modell des Politikzyklus beschrieben werden. Der Politikzyklus beruht auf der Annahme, dass Politik als Prozess der Problembearbeitung zu verstehen ist. Da sich Politik mit der Lösung von Problemen beschäftigt, steht am Anfang des Politikzyklus ein gesellschaftlich relevantes Problem. Ob es sich tatsächlich um ein Problem handelt und wie man es lösen könnte, darüber wird öffentlich diskutiert. Es folgt der Gesetzgebungsprozess und – wenn es eine parlamentarische Mehrheit dafür gibt – die Verabschiedung eines Gesetzes durch den Deutschen Bundestag und gegebenenfalls den Bundesrat. Die Entscheidung wird öffentlich diskutiert und bewertet. Ist das Problem durch das Gesetz beseitigt, dann endet der Politikzyklus an dieser Stelle. Ist das Problem nicht beseitigt, dann beginnt der Politikzyklus von Neuem. Deshalb wird Politik auch als eine Kette von Versuchen zur Lösung von Problemen verstanden.

Was wir können

Schlagzeilen zuordnen

Täglich finden sich in den Medien zahlreiche Meldungen zur Bearbeitung von politischen Problemen. Sie lassen sich alle in das Modell des Politikzyklus einordnen.

Mehrwertsteuer für Hoteliers
Abgeordnete der CDU fordern, dass die Entscheidung, Hoteliers nur mit dem ermäßigten Mehrwertsteuersatz zu belasten, zurückgenommen wird.

Bürgerproteste gegen neues Industriegebiet
Die Ankündigung der Stadtverwaltung, ein neues Industriegebiet auszuweisen, löst eine Flut an Leserbriefen aus.

Autofahren zukünftig mit 17
Bundesregierung macht den Weg frei für das „begleitete Autofahren mit 17". Von der Neuregelung, der Bundestag und Bundesrat noch zustimmen müssen, erhofft sich das Kabinett insgesamt weniger Verkehrsunfälle.

Entscheidung des höchsten Gerichts
Das Rauchverbot in Bayern verstößt nicht gegen das Grundgesetz. Das Bundesverfassungsgericht verwarf eine Verfassungsbeschwerde gegen die per Volksentscheid beschlossene Regelung.

Bundesaußenminister fordert eine Welt ohne Atomwaffen
Staaten sollen abrüsten.

Atomkraftwerke sollen länger laufen
Der Bundestag berät darüber, ob die Laufzeiten für Atomkraftwerke verlängert werden sollen.

Volksentscheid in Bayern
Die Bürger Bayerns stimmen per Volksentscheid für ein strengeres Rauchverbot.

Viele Schulgebäude in schlechtem Zustand
Zur Sanierung fehlt jedoch in vielen Gemeinden das Geld.

45.000 Lehrer fehlen
Jetzt sollen Pensionäre unterrichten.

Alterung der Gesellschaft
In Ostdeutschland mehr offene Lehrstellen als Bewerber.

Aufgabe

Ordne die Meldungen den einzelnen Phasen des Politikzyklus zu und begründe deine Entscheidung.

6.3 Wie die Demokratie und unsere Grundrechte gesichert werden

Rechtsextremismus in Deutschland – ein Problem?

M 1 Einstellungen zur Diktatur

	lehne völlig ab	lehne überwiegend ab	stimme teils zu, teils nicht	stimme überwiegend zu	stimme voll und ganz zu	= ergibt Zustimmung gesamt	Zustimmung im Westen	Zustimmung im Osten
Wir sollten einen Führer haben, der Deutschland zum Wohle aller mit starker Hand regiert.	51,9%	18,9%	15,9%	9,5%	3,7%	13,2%	12,4%	16,1%
Was Deutschland jetzt braucht, ist eine einzige starke Partei, die die Volksgemeinschaft insgesamt verkörpert.	35,3%	20,0%	21,0%	16,3%	7,3%	23,6%	22,6%	27,4%

Oliver Decker u. a., Rechtsextreme Einstellungen in Deutschland 2010, Friedrich Ebert-Stiftung 2010

Wahlergebnisse der NPD

Landtag Sachsen	2009	5,6 %
Landtag Mecklenburg-Vorpommern	2011	6,0 %

In Berlin, Mecklenburg-Vorpommern, Sachsen und Sachsen-Anhalt sowie im Saarland, in Hessen und Niedersachsen ist die NPD schon seit mehreren Jahren in Kommunalparlamenten und teilweise auch Kreistagen vertreten. Spitzenreiter ist mit über 50 NPD-Kommunalmandaten Sachsen. (Stand: 2011)

M 2 Wie rechtsextrem ist Deutschland?

Nicole Asmuth sprach mit Oliver Decker, der für die Friedrich-Ebert-Stiftung eine Studie über den Rechtsextremismus erarbeitet hat, über rechte Ränder, alte Vorurteile und den Einfluss der Familie.

Wie rechtsextrem ist Deutschland, Herr Decker?
Unsere Studie zeigt: Wir haben einmal Menschen mit einem geschlossenen rechtsextremen Weltbild. Und wir haben Menschen, die einzelnen rechtsextremen Aussagen zustimmen. Die geschlossenen rechtsextremen Weltbilder machen nur etwa neun Prozent der Bevölkerung aus, allerdings werden ausländerfeindliche Aussagen von einem großen Teil der Bevölkerung geteilt. Je nach Bundesland zwischen 30 und 50 Prozent. Brandenburg führt hier die Statistik mit knapp 50 Prozent an. Antisemitische Einstellungen wiederum sind im Westen stärker verbreitet als im Osten Deutschlands. […]

Sind sich die Menschen, die rechtsextremen Aussagen zustimmen, eigentlich bewusst, dass sie

damit eine rechtsextreme Haltung an den Tag legen?

Witzigerweise nein. Wir haben in unserer Studie nach der eigenen politischen Position im Sinne einer Links-rechts-Einordnung gefragt und auch Personen, die sich selber links einordnen, stimmen zum Teil rechtsextremen Aussagen zu. Man muss dazu sagen, dass wir in der Wissenschaft mit dem Begriff des Rechtsextremismus unsere Probleme haben. Der Begriff ist im Verfassungsschutz eingeführt worden und hat sich auch in der Wissenschaft etabliert. Aber er hat einige Fallstricke, denn er suggeriert, dass es sich dabei um ein Problem der Ränder handelt. Und dass man also eine Mitte klar abgrenzen kann von den Rändern. Das ist absolut nicht der Fall. […]

Warum vertreten Menschen rechtsextremes Gedankengut?

Wir haben da sehr vielfältige Gründe gefunden: sozialer Abstieg, Arbeitslosigkeit, Erziehungsverhalten der Eltern und die Wertepriorität, also was wichtig ist im Leben. Wir haben in der Studie gesehen, dass sozialer Abstieg und Arbeitslosigkeit zusammen mit Rechtsextremismus häufiger auftritt. Wir haben auch gesehen, dass ein sehr autoritärer Erziehungsstil mit wenig emotionaler Nähe gerade zum Vater, aber auch zur Mutter und mit einem sehr fordernden Verhalten der Eltern ebenfalls häufiger bei Personen auftritt, die rechtsextrem sind. Wir haben hier ein ganzes Bündel von Ursachen. Sie finden aber eben auch rechtsextreme Einstellungen bei Menschen, die in allen Punkten ideale Bedingungen hatten. Die selbstbewusst sind, ein emotional ausgeglichenes Elternhaus erlebt und keinen sozialen Abstieg erfahren haben. Richtig erfolgreiche, ausgeglichene Menschen, die sogar rechtsextrem geschlossene Weltbilder haben. Und das ist eine Sache, die wirklich noch erklärungsbedürftig ist. Wir gehen davon aus, dass gerade auch in Deutschland eine Form der Weitergabe von politischer Haltung von Generation zu Generation wichtig ist. […]

Welche Konsequenzen muss Ihre Studie haben?

Wir müssen Menschen die Möglichkeit geben, demokratische Erfahrungen zu machen. Wir brauchen eine Anerkennung, dass Deutschland seit Jahrzehnten ein Einwanderungsland ist. In der Gesellschaft muss Migration ein Alltagsthema werden.

http://www.fluter.de/de/rechtsextremismus/thema/5720/?tpl=148 (10.3.2010)

Andrang an einem CD-Verkaufsstand bei einer NPD-Veranstaltung in Sachsen

suggerieren = unterstellen, einen falschen Eindruck entstehen lassen

Aufgaben

1. Nimm Stellung zu den Ergebnissen in M 1.
2. Erläutere ausgehend vom Interview M 2 Ursachen für Rechtsextremismus in Deutschland.
3. Sammelt in Gruppen Lösungsvorschläge, wie man gegen den Rechtsextremismus vorgehen könnte. Erstellt dann eine Rangliste der Vorschläge und entscheidet, welchen Vorschlag ihr persönlich unterstützen würdet.

Die wehrhafte Demokratie – wie werden unsere Grundrechte geschützt?

M 3 Aus!

„Innerhalb des Systems gibt es keine Hoffnung auf Erneuerung. Erst die rücksichtslose und restlose Beseitigung des korrupten liberal-kapitalistischen Systems kann den Weg freimachen für einen nationalen und sozialen Neuanfang in Frieden und Freiheit für unser Volk."

Winfried Petzold, NPD-Landesvorsitzender in Sachsen

Mohr. Baaske Cartoons, Müllheim

M 4 Wie der Staat die Demokratie schützt

Streitbare Demokratie
In einer streitbaren Demokratie wird die freiheitliche Ordnung vom Staat geschützt und kann nicht auf legalem Weg oder mithilfe legaler Mittel aufgehoben werden.

Die „streitbare Demokratie" der Bundesrepublik Deutschland kann als eine Reaktion auf das Scheitern der Weimarer Republik verstanden werden. Der Aufstieg der Nationalsozialisten, deren erklärtes Ziel die Abschaffung der Demokratie war, warf die Frage auf, wie sich ein demokratischer Staat gegen politischen Extremismus wehren kann, ohne die Freiheitsrechte seiner Bürger zu sehr einzuschränken.

Im Zentrum der streitbaren Demokratie steht die sogenannte Ewigkeitsgarantie des Art. 79 Abs. 3. Darin heißt es: „Eine Änderung dieses Grundgesetzes, durch welche die Gliederung des Bundes in Länder, die grundsätzliche Mitwirkung der Länder bei der Gesetzgebung oder die in den Artikeln 1 und 20 niedergelegten Grundsätze berührt werden, ist unzulässig." Zu den Grundsätzen gehören die Menschenwürde, die Rechts-, Sozial- und Bundesstaatlichkeit sowie das Demokratieprinzip.

M 5 Die wehrhafte Demokratie im Grundgesetz

Artikel 5

(1) Jeder hat das Recht, seine Meinung in Wort, Schrift und Bild frei zu äußern und zu verbreiten und sich aus allgemein zugänglichen Quellen ungehindert zu unterrichten. Die Pressefreiheit und die Freiheit der Berichterstattung durch Rundfunk und Film werden gewährleistet. Eine Zensur findet nicht statt. [...]

(3) Kunst und Wissenschaft, Forschung und Lehre sind frei. Die Freiheit der Lehre entbindet nicht von der Treue zur Verfassung.

Artikel 9

(1) Alle Deutschen haben das Recht, Vereine und Gesellschaften zu bilden.

(2) Vereinigungen, deren Zwecke oder deren Tätigkeit den Strafgesetzen zuwiderlaufen oder die sich gegen die verfassungsmäßige Ordnung oder gegen den Gedanken der Völkerverständigung richten, sind verboten. [...]

Artikel 18

Wer die Freiheit der Meinungsäußerung, insbesondere die Pressefreiheit (Artikel 5 Abs. 1), die Lehrfreiheit (Artikel 5 Abs. 3), die Versammlungsfreiheit (Artikel 8), die Vereinigungsfreiheit (Artikel 9), das Brief-, Post- und Fernmeldegeheimnis (Artikel 10), das Eigentum (Artikel 14) oder das Asylrecht (Artikel 16a) zum Kampfe gegen die freiheitliche demokratische Grundordnung missbraucht, verwirkt diese Grundrechte. Die Verwirkung und ihr Ausmaß werden durch das Bundesverfassungsgericht ausgesprochen.

Artikel 20

(1) Die Bundesrepublik Deutschland ist ein demokratischer und sozialer Bundesstaat.

(2) Alle Staatsgewalt geht vom Volke aus. Sie wird vom Volke in Wahlen und Abstimmungen und durch besondere Organe der Gesetzgebung, der vollziehenden Gewalt und der Rechtsprechung ausgeübt.

(3) Die Gesetzgebung ist an die verfassungsmäßige Ordnung, die vollziehende Gewalt und die Rechtsprechung sind an Gesetz und Recht gebunden.

(4) Gegen jeden, der es unternimmt, diese Ordnung zu beseitigen, haben alle Deutschen das Recht zum Widerstand, wenn andere Abhilfe nicht möglich ist.

Artikel 21

(1) Die Parteien wirken bei der politischen Willensbildung des Volkes mit. Ihre Gründung ist frei. Ihre innere Ordnung muss demokratischen Grundsätzen entsprechen. [...]

(2) Parteien, die nach ihren Zielen oder nach dem Verhalten ihrer Anhänger darauf ausgehen, die freiheitliche demokratische Grundordnung zu beeinträchtigen oder zu beseitigen oder den Bestand der Bundesrepublik Deutschland zu gefährden, sind verfassungswidrig. Über die Frage der Verfassungswidrigkeit entscheidet das Bundesverfassungsgericht. [...]

Artikel 79

(3) Eine Änderung dieses Grundgesetzes, durch welche die Gliederung des Bundes in Länder, die grundsätzliche Mitwirkung der Länder bei der Gesetzgebung oder die in den Artikeln 1 und 20 niedergelegten Grundsätze berührt werden, ist unzulässig.

Aufgaben

1. Arbeite aus M 4 und M 5 die Mittel heraus, die die wehrhafte Demokratie bereit hält, um die Grundwerte unserer Demokratie zu schützen.
2. Ist die NPD eine Partei, die die Grundsätze unserer Demokratie akzeptiert? Untersuche dazu die Aussage des NPD-Funktionärs (Randspalte).

Soll die NPD verboten werden?

M 6 Hilft ein Verbot der NPD?

Plakat für ein Verbotsverfahren gegen die NPD

Nach der Jahrtausendwende kam es in der Bundesrepublik Deutschland vermehrt zu rechtsextremistischen und rassistischen Gewalttaten. Die Polizei registrierte im Jahr 2000 allein in der ersten Jahreshälfte fast 400 Gewalttaten mit rechtsextremem Hintergrund. Ein trauriger Höhepunkt war der Tod des Mosambikaners Alberto Adriano, der von Rechtsextremen in Dessau zu Tode geprügelt wurde. Diese Ereignisse schienen zu bestätigen, dass rechtsextremistische Gewalt und rechtsextremes Gedankengut wieder ihren Platz in der Gesellschaft gefunden hatten. Auch das selbstbewusste Auftreten rechter Gruppen und rechtsextremistischer Parteien schien diese Entwicklung zu bestätigen. Danach wurden erste Stimmen laut, die ein Verbot der NPD forderten. Auch der damalige Bundeskanzler Gerhard Schröder (SPD) setzte sich im Jahr 2000 für einen gemeinsamen Verbotsantrag von Bundestag und Bundesrat ein. Die Richter des Bundesverfassungsgerichts entschieden, den Antrag auf Verbot der NPD anzunehmen und darüber zu beraten. Damit hatte der Verbotsantrag die erste wichtige Hürde genommen. Dennoch kam es zu einem unerwartet schnellen Ende des Verfahrens. Es stellte sich heraus, dass der Verfassungsschutz innerhalb der NPD V-Leute platziert hatte. Auch im Personenkreis der vor Gericht geladenen NPD-Funktionäre befanden sich einige V-Leute des Verfassungsschutzes. Die Richter des Bundesverfassungsgerichts sahen darin ein unüberwindbares Verfahrenshindernis. Damit war das Verbot der NPD gescheitert. Die Richter haben mit dieser Entscheidung aber nicht abschließend über die Verfassungsfeindlichkeit der NPD entschieden. Der Präsident des Gerichts, Hans-Jürgen Papier, hat deutlich gemacht, dass ein Verbot der NPD nach wie vor denkbar wäre. Im Kreise der Verfassungsrichter wurde aber deutlich gemacht, dass ein Rückzug der V-Leute innerhalb der NPD eine Voraussetzung für einen weiteren Verbotsantrag ist.

V-Leute = Verbindungspersonen, die als Informanten der Polizei oder des Geheimdienstes arbeiten, v. a. in kriminellen Organisationen, z. B. in der Drogenszene

M 7 Kontrovers diskutiert: Soll die NPD verboten werden?

a) Bernd Wagner, 52, Gründer des Neonazi-Aussteiger-Projekts „Exit". Der Rechtsextremismusexperte berät Politik und Wirtschaft.

Bevor wir an ein NPD-Verbot denken, sollten sich die Politiker darüber einig sein, ob der Verfassungsschutz nun seine Informanten, die V-Leute, abzieht oder nicht. Denn die bisherigen Versuche sind gescheitert, weil man nicht überblickt, welchen Einfluss diese Leute auf die Arbeit der Partei haben. Es gibt viele gute Gründe für ein Verbot. Die NPD will einen völkischen Staat, der das Prinzip der Menschenwürde aushebelt. Ihr Menschenbild basiert auf der angeblichen Überlegenheit der weißen Rasse; das trieft aus allen Poren. Dies ist für mich entscheidend. Weniger, dass einige immer wieder Hitler einen guten Mann nennen. Wie kann es gelingen, die NPD zu verbieten? Als Erstes, wie gesagt, müsste die Innenministerkonferenz beschließen, alle V-Leute aus den Gremien der Partei abzuziehen. Von den Ortsvorständen bis zum Bundesvorstand. Das geht innerhalb von 24 Stunden. Es betrifft nicht die sogenannten freien Kameradschaften und andere verdeckte Strukturen. Die werden weiter observiert: aus Gründen der Gefahrenabwehr, nicht wegen ihres politischen Verhaltens.

Dann sollten wir ein gesellschaftliches Bündnis gründen: Profis im Kampf gegen rechts, Vertreter aus der Politik, der Wirtschaft, der Kirche und Jugendinitiativen. Auf diese Weise wird die Teilnahme der Bürger an einem solchen Geschehen als sinnhaft erlebt und so manches Gefühl der strukturellen Ohnmacht vermieden. Die Definition des Extremismus wäre nicht nur auf Gerichte, Behörden und Wissenschaftler begrenzt. Ein breites Bündnis kann geduldig den Verbotsantrag vorbereiten. Das wird dauern, ich denke, zwischen drei und fünf Jahre. Aber es lohnt sich. Ein Teil der NPD-Strategie ist der Kampf um die Parlamente. Und da nimmt sie alle Privilegien des von ihr bekämpften Rechtsstaates in Anspruch: Meinungsfreiheit, Parteienfinanzierung, Verwaltungsrecht. Dies darf sich eine wehrhafte Demokratie nicht gefallen lassen. Wie sagte Goebbels? „Das wird immer einer der besten Witze der Demokratie bleiben, dass sie ihren Todfeinden die Mittel selbst stellte, durch die sie vernichtet wurde."

Joseph Goebbels (1897-1945) = Reichsminister für Volksaufklärung und Propaganda (1933-1945), enger Vertrauter Adolf Hitlers

b) Anetta Kahane, 53, Vorsitzende der Amadeu Antonio Stiftung. Diese fördert vor allem in Ostdeutschland Initiativen gegen rechts.

Die Bedingungen für einen NPD-Verbotsantrag scheinen seit dem letzten Versuch nicht besser geworden zu sein. Die V-Leute sind noch immer nicht abgezogen worden, und es sieht nicht so aus, als würde es bald geschehen. Doch selbst dann ist der Ausgang des Verfahrens ungewiss. Wenn aber der Verbotsantrag erneut scheitert, macht sich der Staat unmöglich und verhilft den Neonazis zu einem weiteren Triumph. Eine andere Frage scheint mir aber fast noch wichtiger: Kann mit einem Verbot wirklich erreicht werden, dass Inder, Ägypter, Afrikaner nicht beleidigt, verfolgt und geprügelt werden? Und das unter Duldung oder gar dem Jubel der umstehenden Bevölkerung? Bestimmt nicht. Im Gegenteil. Die NPD ist eher ein Symptom als die Krankheit selbst. Kein vernünftiger Mensch wird annehmen, dass die Bürger von Mügeln mutiger das Pogrom vereitelt hätten, wenn die NPD verboten gewesen wäre. Die Erfahrung zeigt leider, dass Politik und Gesellschaft nur dann bereit sind, auf die rechtsextreme Bedrohung zu reagieren, wenn sie es in die Parlamente schafft. „Keine NPD – kein Problem" – so wenden sich Politik, Gesellschaft und Medien ab.

Dann nämlich ist da eine andauern-

Mügeln = Im August 2007 hatte ein rassistischer Mob Menschen indischer Abstammung durch die Stadt Mügeln gehetzt und dabei verletzt.

Pogrom = organisierte, gewaltsame Verfolgung von Minderheiten

Menetekel = unheildrohendes Zeichen

de Erinnerung, ein Menetekel, dass etwas nicht stimmt in Deutschland. Seit die NPD in die Landtage einzieht, wird der Rechtsextremismus endlich als ernsthafte gesellschaftspolitische Gefahr wahrgenommen. Und dort, wo sie es nicht schafft, entwarnen die Politiker so, als ob es bei niedrigen Wahlergebnissen auch kein Problem mit Neonazis mehr gäbe. Nach einem Verbot wird das Gleiche passieren. Nach dem Motto „Keine NPD – kein Problem" wenden sich Politik, Gesellschaft und Medien ab. Den Nazis nicht das Feld zu überlassen heißt: sich selbst kümmern. Um Demokratie im Alltag, um gute Beratung gegen Rechtsextremismus, um gute Schulen oder um kluge statt bürokratische Lösungen bei Strukturproblemen. Das alles ginge natürlich auch wunderbar ohne die NPD. Wenn Deutschland aus sich selbst heraus dazu bereit wäre – und nicht immer ein Menetekel brauchte, das vielleicht auch andere sehen können!

Der Stern, 8.9.2007

Methode

M 8 Ein Streitgespräch führen

Politische Probleme betreffen oftmals die gesamte Bevölkerung eines Landes. Da dabei sehr viele verschiedene Interessen und Gruppen in der Gesellschaft betroffen sind, kann es meist keine Lösung geben, die für alle gleich gut ist. Deshalb sind Konflikte unausweichlich und Lösungen immer umstritten. Der Streit um die richtige Lösung politischer Konflikte gehört somit zum Kern der Politik. Die öffentliche Debatte, die in den Medien, in den Parteien und Parlamenten, aber auch in den Familien und in der Schule geführt wird, ist eine wichtige Vorstufe zur Entscheidungsfindung. Wer sich in dieser Debatte durchsetzen kann, der kann großen Einfluss auf die politische Entscheidung nehmen.

Eine Möglichkeit, eine geordnete Debatte zu führen, ist die **„Eishockey-Debatte"**. Sie erlaubt es, eine Diskussion zu führen, ohne dass ein Einzelner dabei im Mittelpunkt steht, da sich die Diskussionsmannschaften gegenüberstehen. Kein Spieler kann ein gesamtes Eishockeyspiel absolvieren, denn das Tempo des Spiels ist viel zu hoch. Deshalb wechseln sich die Spieler immer ab und sobald sie sich wieder stark fühlen, können sie wieder auf das Eis.

Je mehr Leute mitstreiten, desto mehr Argumente und Ideen gibt es. In der „Eishockey-Debatte" diskutieren immer nur vier Schülerinnen und Schüler miteinander: zwei aus der Pro- und zwei aus der Kontra-Gruppe. Das gesamte Team steht aber jederzeit bereit, in die Diskussion einzugreifen. Hat ein Mitglied aus dem Diskussionsteam eine gute Idee oder ein schlagkräftiges Argument, dann wird er „eingewechselt": Der bisherige Diskutant geht zurück ins Publikum und der andere nimmt auf einem der Diskussionsstühle Platz – nun geht die Debatte weiter. Die Debatte ist zu Ende, wenn keine neuen Argumente genannt werden bzw. wenn sich niemand mehr einwechseln lassen will.

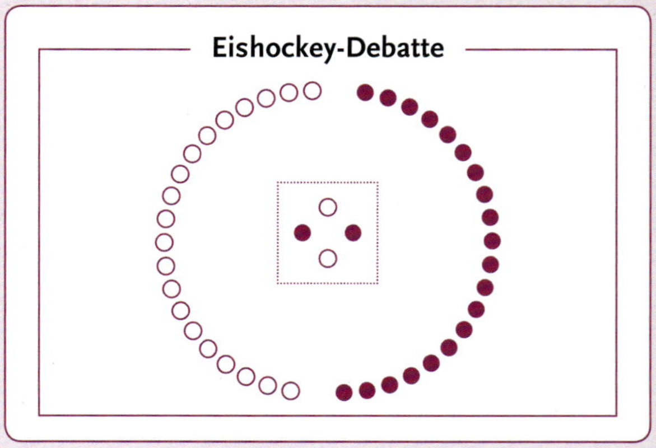

M 9 Das Bundesverfassungsgericht – Hüter der Verfassung

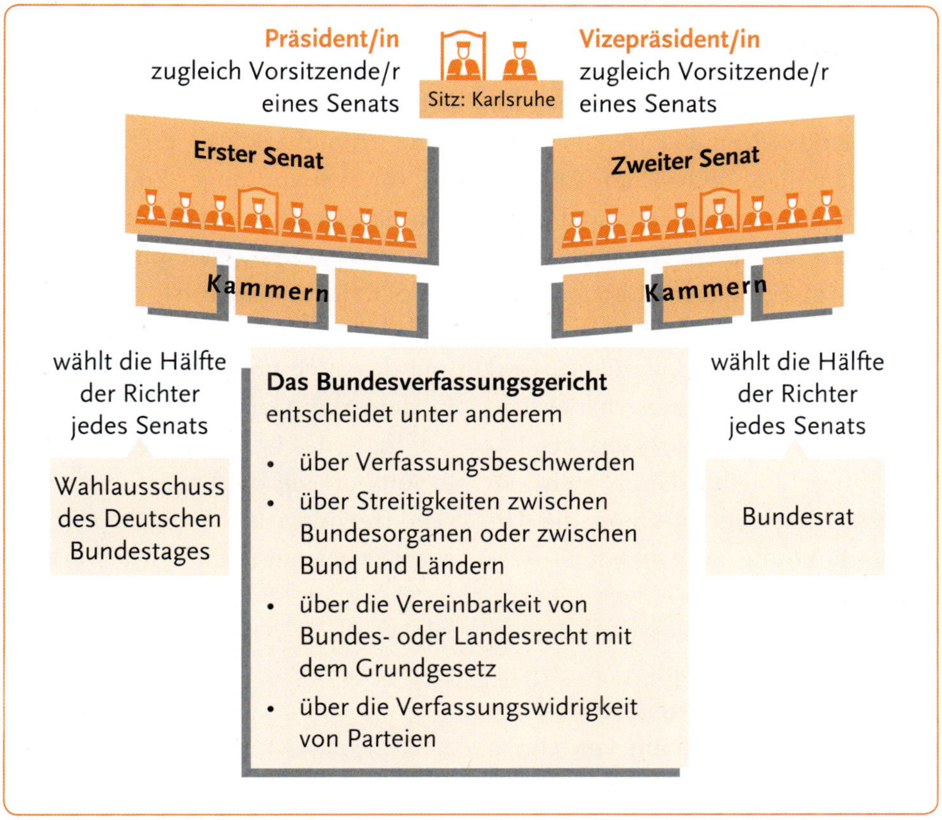

Bergmoser + Höller Verlag AG, Zahlenbilder 129 015

Aufgaben

1. Führt eine Eishockey-Debatte zur Frage durch, ob die NPD verboten werden soll. Teilt euch dazu in zwei Gruppen – eine Pro- und eine Kontra-Gruppe – und bearbeitet die Materialien M 6 und M 7. Recherchiert zusätzlich im Internet und sammelt weitere Argumente, um eure Position zu stärken. Tretet dann gegeneinander an.
2. Formuliere deinen persönlichen Standpunkt. Wie beurteilst du ganz persönlich die Frage, ob die NPD verboten werden soll?
   Schreibe dazu alle Pro- und Kontra-Argumente auf, die dich überzeugt haben. Markiere jeweils das stärkste Argument und triff dann eine Entscheidung.
3. Erkläre, warum das Bundesverfassungsgericht als „Hüter der Verfassung" bezeichnet wird (M 5, M 9).

Wie funktioniert die Gewaltenteilung?

M 10 Für Putin steht das Urteil fest

Michail Chodorkowski im Gerichtssaal. Dem ehemaligen Manager des großen Energiekonzerns Jukos wird zur Last gelegt, 218 Millionen Tonnen Öl unterschlagen zu haben. Die Staatsanwaltschaft fordert 14 Jahre Haft, die Verteidigung Freispruch.

Das Urteil steht noch aus – aber für Russlands Premier ist klar: Der ehemalige Jukos-Chef Chodorkowski sei ein Dieb und gehöre ins Gefängnis, sagte Putin im Fernsehen. Chodorkowskis Anwalt bedankte sich – das sei die klarste Antwort auf die Frage nach der Unabhängigkeit des Gerichts. [...] Putin scheint damit mehr zu wissen als andere. Denn die Urteilsverkündung im zweiten Prozess gegen Chodorkowski war überraschend vertagt worden. [...] Chodorkowskis Anwalt Wadim Kluwgant glaubt nicht, dass Putin aus Versehen vor so großem Publikum von einem Schuldspruch gesprochen hat. Nicht ohne Ironie erklärte er: „Dass ER das für sich vor langer Zeit entschieden hat, ist kein Geheimnis. Dass er aber der ganzen Welt mitteilt, dass die Schuld bewiesen ist, obwohl das Gericht noch nicht entschieden hat – und das auch noch in dem Moment, in dem das Gericht sich zurückgezogen hat – das ist die beste und klarste Antwort auf die Frage, ob das Gericht frei und unabhängig ist oder wie stark Druck ausgeübt wurde", erklärte Kluwgant. „Für diese Klarheit bin ich Wladimir Wladimirowitsch wirklich dankbar."

http://www.tagesschau.de/ausland/chodorkowski164.html (12.3.2011)

M 11 Das Prinzip der geteilten Macht

Lange Zeit haben die Menschen darunter gelitten, dass sie von Politikern oder Monarchen regiert wurden, die sehr viel Macht hatten. Diese Herrscher konnten mehr oder weniger frei entscheiden, was in einem Staat passieren sollte. Sie konnten Steuern erheben, Gesetze erlassen, Kriege beginnen und die Freiheiten ihrer Untertanen beliebig einschränken. Da diese Herrscher eine allumfassende, absolute Macht besaßen, nannte man diese Herrschaftsform Absolutismus. Damit es den Menschen besser gehen konnte, musste diese Macht gebrochen werden. Man musste also eine „politische Spielregel" erfinden, die verhindert, dass wenige Menschen in einem Staat zu viel Macht bekommen. Diese Spielregel nennt sich Gewaltenteilung. Das Prinzip der Gewaltenteilung ist denkbar einfach. Es gibt verschiedene Institutionen in einem Staat, unter denen die Macht aufgeteilt ist. Keine dieser Institutionen ist so mächtig, dass sie die anderen beiden Institutionen bestimmen oder gar beherrschen kann. Man spricht deshalb auch von einem System geteilter Macht.

Doch welche Institutionen sind dies und über welche Macht verfügen sie? An erster Stelle steht die Legislative, d. h. die gesetzgebende Gewalt. In unserem Land sind dies der vom Volk gewählte Bundestag und der

Bundesrat, die Gesetze beschließen können. Dies geschieht in einem komplizierten Verfahren, das dazu beitragen soll, dass nicht eine Partei zu viel Einfluss auf die Gesetze nehmen kann.

Die nächste Gewalt ist die Exekutive, d. h. die Regierung und die Verwaltung. Jeder kennt Vertreter dieser Gewalt, denn sie begegnen uns im Alltag bspw. als Polizisten, die darüber wachen, dass die Regeln in unserer Gesellschaft eingehalten werden. Auf Bundesebene stellt die Regierung – also der Bundeskanzler und die Minister mit ihren Ministerien – die Exekutive dar.

Die dritte Gewalt ist die Judikative, d. h. die rechtsprechende Gewalt. Verstößt jemand gegen die Gesetze, dann landet er vor Gericht. Dort sorgen Richter und Staatsanwälte dafür, dass die Täter bestraft werden. Die Richter sind dabei allerdings an die Gesetze gebunden – und diese Gesetze können sie nicht selbst verabschieden. Das war früher anders: Manche Herrscher konnten selbst die Gesetze bestimmen und ausführen – eine unabhängige Justiz gab es nicht und so waren die Menschen der Willkür ausgeliefert.

Oftmals werden die Medien als „vierte Gewalt" bezeichnet, denn sie kontrollieren ebenfalls die Politik, indem sie kritisch über politische Maßnahmen berichten und Skandale aufdecken.

Ein weiteres Element der Gewaltenteilung stellt der Föderalismus dar. Der Bund darf nicht alles alleine entscheiden, sondern muss bei vielen politischen Problemen die Bundesländer mit einbeziehen. Dies macht zwar das Regieren manchmal kompliziert, verhindert aber, dass die Politiker in Berlin zu viel Macht bekommen. Da Bund und Länder sich nicht auf einer Ebene befinden, spricht man in diesem Zusammenhang auch von vertikaler Gewaltenteilung.

Bergmoser + Höller Verlag AG, Zahlenbilder 61 110

Aufgaben

1. Das Prinzip der Gewaltenteilung sorgt für ein System aus Macht und Kontrolle. Überlegt euch, über welche Macht die einzelnen Verfassungsorgane in Deutschland verfügen und wer sie jeweils kontrolliert. Gestaltet dazu ein Plakat (M 10, M 11).
2. Bewertet ausgehend vom Prinzip der Gewaltenteilung den Fall des ehemaligen Jukos-Chefs Michail Chodorkowski (M 10, M 11).

Was wir wissen

Grundgesetz

Das Grundgesetz ist die Verfassung unseres Staates. Es regelt den Aufbau, die Aufgaben und das Zusammenwirken der Staatsorgane und enthält Aussagen über die Geltung der Grundrechte (z. B. Menschenwürde, Glaubensfreiheit, Meinungsfreiheit).

Grundrechte und Grundwerte der Verfassung

Im Grundgesetz haben die Grundrechte einen besonderen Stellenwert. Man geht nämlich davon aus, dass die Menschenrechte gleichsam angeborene Naturrechte jedes Menschen sind. Sie sind deshalb in einem Grundrechtskatalog dem eigentlichen Verfassungstext vorangestellt. Die Grundrechte geben eine Wertordnung vor, an der sich staatliches Handeln immer orientieren muss. Deshalb dürfen sie auch in ihrem Wesensgehalt nicht verändert werden. Art. 20 GG enthält die zentralen Verfassungsprinzipien in Kurzform: Demokratieprinzip, Rechtsstaatsprinzip, Sozialstaatsprinzip und Bundesstaatsprinzip. Diese Prinzipien dürfen gemäß Art. 79 Abs. 3 (Ewigkeitsklausel) auch nicht im Wege der Verfassungsänderung beseitigt werden.

Gewaltenteilung
M 10, M 11

Zentrales Merkmal der Demokratie ist außerdem die Gewaltenteilung. Sie gewährleistet die Trennung und gegenseitige Kontrolle der staatlichen Gewalten, der vollziehenden Gewalt (Regierung und Verwaltung), der gesetzgebenden Gewalt (Parlament) und der richterlichen Gewalt (Gerichte).

Wehrhafte Demokratie
M 4, M 5

Diese freiheitliche demokratische Grundordnung darf nicht gefährdet oder abgeschafft werden. Deshalb wird unsere Demokratie als wehrhafte oder streitbare Demokratie bezeichnet. Zu den Mitteln der wehrhaften Demokratie gehören:

- Auf Antrag können verfassungswidrige Parteien vom Bundesverfassungsgericht verboten werden.
- Vereinigungen, die sich gegen die verfassungsmäßige Ordnung richten, können vom Innenminister verboten werden.
- Die Grundrechte einzelner Personen können vom Bundesverfassungsgericht verwirkt werden, wenn sie diese zum Kampf gegen die Demokratie missbrauchen.
- Bedienstete im öffentlichen Dienst können auf ihre Verfassungstreue verpflichtet werden.
- Als letztes Mittel räumt das Grundgesetz den Deutschen ein Recht zum Widerstand gegen jeden ein, der es unternimmt, die verfassungsmäßige Ordnung zu beseitigen, wenn keine andere Abhilfe möglich ist.

Bundesverfassungsgericht
M 9

Um einen Missbrauch der Instrumente der wehrhaften Demokratie zu verhindern, wurden diese überwiegend dem Bundesverfassungsgericht übertragen. Das Bundesverfassungsgericht ist das höchste deutsche Gericht. Es entscheidet verbindlich über die Auslegung des Grundgesetzes. Außerdem kann sich jeder Bürger an das Gericht wenden, wenn er seine Grundrechte durch staatliches Handeln verletzt sieht. Deshalb wird das Bundesverfassungsgericht auch als „Hüter der Verfassung" bezeichnet.

Was wir können

Karikatur: Haitzinger

Aufgabe 1

Formuliere die Aussage der Karikatur. Benenne die Personen aus diesem Kapitel, die dieser Aussage zustimmen würden, und begründe deine Position.

a) Oliver Decker, der eine Studie über den Rechtsextremismus erarbeitet hat
b) Bernd Wagner, Gründer des Neonazi-Aussteiger-Projekts „Exit"
c) Anetta Kahane, Vorsitzende der Amadeu Antonio Stiftung

Aufgabe 2

Nehmt euer Plakat zur Hand, auf dem ihr die politischen Akteure notiert und gewichtet habt (vgl. Auftaktseiten).

1. Überprüft, ob euch jetzt weitere wichtige Akteure einfallen, und ergänzt eure Auflistung.
2. Überprüft eure Hierarchie, d.h. die Rangordnung, die ihr erstellt habt. Stimmt sie? Müsst ihr einzelne Akteure verschieben? Sind sie weniger mächtig, als ihr dachtet, oder haben sie mehr Macht?
   Begründet kurz, wenn ihr einen Akteur in eurer Rangordnung verschiebt.

EU-Führerschein

Seit 2013 gibt es einen einheitlichen EU-Führerschein. Bis 2033 haben Fahrer aller Klassen Zeit, ihren alten Führerschein zu ersetzen. Eine erneute Fahrprüfung ist voraussichtlich nicht erforderlich. Ziel dieser Maßnahme ist die Angleichung der Führerscheine innerhalb der EU, wodurch auch eine direkte Speicherung von Verkehrsdelikten auf der Chipkarte möglich wird.

Feinstaub

Seit 2005 gilt die EU-Richtlinie zur Verringerung des Schadstoffausstoßes in Ballungsräumen. Zu diesem Zweck wurden von der EU Grenzwerte festgelegt. Seit dem Sommer 2008 bekommen wir diese Richtlinie durch die zunehmende Schaffung von städtischen Umweltzonen (momentan 49 in Deutschland, Stand 2013) zu spüren. Diese dürfen nämlich nur mit entsprechender Plakette befahren werden.

EU-Biosiegel

Seit 1.7.2010 gibt es das neue EU-Bio-Siegel. Lebensmittel, die damit gekennzeichnet sind, dürfen nicht gentechnisch verändert oder mit chemischen Pflanzenschutzmitteln behandelt worden sein. Tiere müssen artgerecht gehalten und mit ökologisch produziertem Futter gefüttert worden sein.

Lärm am Arbeitsplatz

Seit 2003 wird durch eine EU-Verordnung die maximale Lärmbelastung am Arbeitsplatz geregelt. Die darin enthaltenden Mindestvorschriften zum Schutz von Arbeitnehmern sind in Deutschland mittlerweile sogar im Bundesgesetz verankert. Das Ziel der EU ist, durch diese Verordnung den Arbeitnehmer vor übermäßig hohem Lärm bzw. Vibrationen zu schützen.

7

Europa – ein Erfolgsmodell?

Europäische Politik bestimmt unser Leben in Deutschland mehr, als wir denken. Im europäischen „Haus“ befinden sich nunmehr 27 Staaten und weitere Staaten wollen Mitglied der Europäischen Union werden.

Kompetenzen

Am Ende dieses Kapitels solltest du Folgendes können:

- Beispiele für Einflussnahmen der EU auf das Leben in den Mitgliedstaaten nennen
- wichtige politische Organe der EU und den Entscheidungsprozess beschreiben
- Meilensteine in der Entwicklung der EU und Ziele der europäischen Integration kennen
- demokratische Mitwirkungsmöglichkeiten im europäischen Willensbildungs- und Entscheidungsprozess einschätzen und nutzen
- Errungenschaften und Gefährdungen der europäischen Integration beurteilen

Was weißt du schon?

- Übertrage die Karte in dein Heft. Markiere und benenne die Staaten der Europäischen Union.
- Europa bedeutet für mich ... – Finde möglichst viele Satzergänzungen, die zeigen, welche Bedeutung für dich die Europäische Union hat.

7.1 Das Europäische Haus – „in Vielfalt geeint“?

Warum gibt es die Europäische Union?

M 1 Das europäische Haus

Die Europäische Union lässt sich anschaulich mit dem Bild eines großen Hauses vergleichen. Die ersten Bewohner des Hauses waren die sechs Gründerstaaten der EU (Deutschland, Frankreich, Italien, Belgien, Niederlande und Luxemburg) die 1952 bereit waren, ihre Entscheidungsgewalt (Souveränität) über die Kohle- und Stahlindustrie und damit über die Produktion von Waffen einer zentralen europäischen Behörde zu überlassen. Die sechs Staaten haben gleichsam den ersten Vertrag (Montanunion) für das Zusammenleben im gemeinsamen Haus geschlossen – die Hausordnung. Bis heute wurde diese Hausordnung, die die Prinzipien des Zusammenlebens beschreibt, durch zahlreiche Verträge erweitert. Immer mehr vormals nationale Entscheidungen und Regelungen wurden so in gemeinsames politisches Handeln überführt (Vergemeinschaftung).

Parallel dazu wurde das Haus weiter ausgebaut (Erweiterung der EU). Heute umfasst das Haus 28 Bewohner und weitere Staaten wollen beitreten. Um das Zusammenleben in der Hausgemeinschaft zu regeln und zu fördern, müssen gemeinsame politische Institutionen geschaffen werden – die politischen Organe der EU. Für die Weiterentwicklung der Hausordnung, den Entwurf und den Ausbau des Hauses sind die Architekten, die Staats- und Regierungschefs der EU-Staaten zuständig. Über die Einhaltung der Hausordnung wacht die Europäische Kommission und der Europäische Gerichtshof. Das Europäische Parlament und der Ministerrat beschließen Regeln auf der Grundlage der Verträge, welche die Politik der EU-Staaten bestimmen.

Warum war gerade nach 1945 die Zeit für die europäische Integration gekommen?

Angesichts des Leids und Elends zweier Weltkriege auf europäischem Boden wollten die Menschen in Europa endlich Frieden. Ein schneller Wiederaufbau des zerstörten Europa und die Steigerung des Wohlstands waren nur durch wirtschaftliche Kooperation und die Schaffung größerer Wirtschaftsräume zu bewerkstelligen. Ferner mussten die alten europäischen Großmächte angesichts einer neuen Weltordnung, die durch die Supermächte USA und Sowjetunion bestimmt wurde, befürchten, wirtschaftlich und politisch an den Rand gedrängt zu werden. Die Integration diente insofern der Selbstbehauptung Europas. Für Deutschland stellte die Aufnahme in die europäische Staatengemeinschaft einen entscheidenden Schritt zur Rehabilitation und zur Anerkennung dar.

Was hält die Staaten im europäischen Haus zusammen?

Die Europäer haben aus der durch Krieg und Feindschaft geprägten europäischen Geschichte gelernt, dass Frieden und Wohlstand auf Dauer nur durch ein Miteinander möglich sind. Auf der Grundlage der Menschenrechte und der Demokratie soll Europa in Vielfalt geeint das Wohlergehen der Menschen fördern. Einig sind sich die 28 Staaten nämlich in ihren gemeinsamen Zielen. Erstens wollen sie erreichen, dass es allen EU-Ländern wirtschaftlich gut geht und die Menschen in Wohlstand leben können. Zweitens kümmern sie sich darum, dass in Europa und der Welt Frieden und Sicherheit herrschen. Drittens haben sie sich vorgenommen, allen in der EU lebenden Menschen die gleichen demokratischen Grundrechte und Grundfreiheiten zu garantieren, ein Leben ohne Diskriminierungen und mit Chancengleichheit für alle. Viertens sollen nach dem Motto „in Vielfalt geeint" die Kulturen und Traditionen der unterschiedlichen Staaten respektiert werden.

M 2 Das europäische Haus im Bau – Meilensteine

Im Jahr 1951 gründeten sechs Staaten die „Europäische Gemeinschaft für Kohle und Stahl" (EGKS), auch „Montanunion" genannt.

Mitten in Rom am 25. März 1957, 18 Uhr. Draußen, auf dem Kapitolsplatz, hat sich trotz strömenden Regens eine riesige Menschenmenge versammelt. Drinnen, im festlichen Saal des alten Konservatorenpalasts, herrschen Stolz, Freude und auch etwas Erleichterung: Noch bis zur allerletzten Minute hat man um die Einzelheiten gefeilscht. Jetzt sitzen die Vertreter Belgiens, Deutschlands, Frankreichs, Italiens, Luxemburgs und der Niederlande an einem langen Tisch und unterzeichnen die Verträge zur Gründung der Europäischen Wirtschaftsgemeinschaft (EWG). Zum Abschluss schenkt der Bürgermeister von Rom allen Teilnehmern eine goldene Medaille. In den Dokumenten, die „Römische Verträge" genannt werden, steht, dass die sechs Länder nicht nur bei Kohle und Stahl, sondern in der gesamten Wirtschaft zusammenarbeiten wollen. Am gleichen Abend gründeten die sechs Länder übrigens auch die Europäische Atomgemeinschaft (EAG oder Euratom). Damit wollten sie erreichen, dass die Kernkraft in Europa friedlich genutzt würde, also zum Beispiel in Kernkraftwerken, und nicht etwa zur Herstellung gefährlicher Atomwaffen. In den folgenden Jahren traten immer mehr Länder den Europäischen Gemeinschaften (EG) bei, wie sich das Bündnis ab 1967 nannte. 1992 vereinbarten die mittlerweile zwölf Mitgliedsländer in der niederländischen Stadt Maastricht, sich nicht nur wirtschaftlich, sondern auch politisch enger zusammenzuschließen. 1993 trat

Die Europäische Union – ein unvollendetes Bauwerk.

Erweiterungen
1973 Dänemark, Großbritannien, Irland
1981 Griechenland
1986 Spanien und Portugal
1995 Finnland, Österreich, Schweden
2004 Estland, Lettland, Litauen, Malta, Polen, Slowakei, Slowenien, Tschechische Republik, Ungarn, Zypern
2007 Bulgarien, Rumänien
2013 Kroatien

dieser „Vertrag von Maastricht" in Kraft und begründete die „Europäische Union". „Union" kommt vom lateinischen Wort „unio", „Vereinigung". Mit dieser Namensänderung wollten die Europäer zeigen, dass sie nun noch näher zusammengerückt waren. 2002 führte die EU eine gemeinsame Währung ein und machte damit einen weiteren großen Schritt: Heute klimpert in 18 EU-Ländern der Euro im Geldbeutel. Am Anfang, mit nur wenigen Mitgliedern, konnte die EU leicht und schnell Entscheidungen treffen. Als immer mehr Länder der EU beitraten, die alle eine eigene Meinung hatten, wurde das immer schwieriger. Doch wie sollte die EU handlungsfähig bleiben, wenn in Zukunft sogar noch mehr Länder beitreten würden? Der Versuch, in einer eigenen „Verfassung" neue Spielregeln für die EU festzulegen, klappte nicht. Die Wähler in Frankreich und in den Niederlanden waren dagegen. 2007 nahmen die 27 EU-Staaten einen neuen Anlauf und unterzeichneten in der portugiesischen Hauptstadt schließlich den „Vertrag von Lissabon". Mit 287 Seiten ist der ganz schön umfangreich. Im Vertrag stehen nicht nur neue Abstimmungsregeln. Der Vertrag stärkt auch die Rolle des Europäischen Parlamentes, in dem die direkt gewählten Abgeordneten sitzen. Er gibt auch den Auftrag, die Grundrechte jedes einzelnen Bürgers zu schützen, beispielsweise das Recht auf Bildung oder Gesundheit. Außerdem kann jeder EU-Bürger ein neues Gesetz auf den Weg bringen – vorausgesetzt, er hat vorher eine Million Unterschriften gesammelt. Am 1. Dezember 2009 ist der Vertrag von Lissabon in Kraft getreten. Im Juli 2013 trat Kroatien als 28. Mitgliedsland der EU bei.

angepasst von: Europa kinderleicht, Europäische Gemeinschaften 2009, S. 18 ff. (Die Verantwortung für die Anpassung der Daten liegt ausschließlich beim C. C. Buchner Verlag.)

M 3 Werte und Ziele der Europäischen Union

Am 13.12.2007 unterzeichneten die Vertreter der Mitgliedstaaten der EU den Vertrag von Lissabon. Er trat am 1.12.2009 in Kraft.

Was hält Europa zusammen? Die Europäer haben aus der durch Krieg und Feindschaft geprägten europäischen Geschichte gelernt, dass Frieden und Wohlstand auf Dauer nur durch ein Miteinander möglich sind. Auf der Grundlage der Menschenrechte und der Demokratie soll Europa in Vielfalt geeint das Wohlergehen der Menschen fördern. Einig sind sich die 28 Staaten nämlich in ihren gemeinsamen Zielen. Sie wollen erreichen, dass es allen EU-Ländern wirtschaftlich gut geht und die Menschen in Wohlstand leben können. Sie kümmern sich darum, dass in Europa und der Welt Frieden und Sicherheit herrschen. Sie haben sich vorgenommen, allen in der EU lebenden Menschen die gleichen demokratischen Grundrechte und Grundfreiheiten zu garantieren, ein Leben ohne Diskriminierungen und mit Chancengleichheit für alle. Nach dem Motto „in Vielfalt geeint" sollen die Kulturen und Traditionen der unterschiedlichen Staaten respektiert werden.

Im Vertrag von Lissabon sind die zentralen Werte der EU festgehalten: „Die Werte, auf die sich die Union gründet, sind die Achtung der Menschenwürde, Freiheit, Demokratie, Gleichheit, Rechtsstaatlichkeit und die Wahrung der Menschenrechte einschließlich der Rechte der Personen, die Minderheiten angehören. Diese Werte sind allen Mitgliedstaaten in einer Gesellschaft gemeinsam, die sich durch Pluralismus, Nichtdiskriminierung, Toleranz, Gerechtigkeit, Solidarität und die Gleichheit von Frauen und Männern auszeichnet." Als Ziele der Europäischen Union nennt der Vertrag unter anderen die Förderung des Friedens, die Schaffung eines Binnenmarkts mit freiem und unverfälschtem Wettbewerb, Wirtschaftswachstum, Preisstabilität, Soziale Marktwirtschaft, Umweltschutz, soziale Gerechtigkeit, kulturelle Vielfalt, weltweite Beseitigung der Armut und die Förderung des Völkerrechts.

M 4 Europäische Symbole

Die zwölf kreisförmig angeordneten Sterne der europäischen Flagge symbolisieren Vollkommenheit, Vollständigkeit und Einheit. Die Sterne auf der Flagge stehen daher für die Harmonie der europäischen Völker. Die Zahl der Sterne hat nichts mit der Anzahl der Mitgliedstaaten zu tun.
Seit 1972 ist der letzte Satz von Ludwig van Beethovens 9. Symphonie die Hymne des Europarats. Bei der Komposition ließ sich Beethoven von Schillers Gedicht „Ode an die Freude" inspirieren.
Offizielle Hymne der Europäischen Union ist die „Ode an die Freude" seit 1986. Die Hymne hat bisher keinen offiziellen Text und kann daher nicht gesungen, sondern nur instrumental gespielt werden.

Europatag
Am 9. Mai 1950 unterbreitete Robert Schuman, damaliger französischer Außenminister, seinen Vorschlag für ein Vereintes Europa als unerlässliche Voraussetzung für die Aufrechterhaltung friedlicher Beziehungen (Schuman-Erklärung). Dieser Tag gilt als Grundstein der heutigen Europäischen Union.

Motto der EU
„In Vielfalt geeint" – dies ist das offizielle Motto bzw. der offizielle Slogan der Europäischen Union.
Der Vertrag über eine Verfassung für Europa enthält erstmals einen offiziellen Leitspruch für die Europäische Union.

Aufgaben

1. Zeichne das europäische Haus. Das Fundament bilden die gemeinsamen Werte und Ziele. Im Erdgeschoss wohnen die sechs Gründerstaaten, in den weiteren Geschossen die jeweils neu eingezogenen Bewohner. An der Hausfassade stehen alle Meilensteine, die das Leben im europäischen Haus prägten und prägen (M 1 – M 3).
2. „In Vielfalt geeint". Nenne Beispiele für die Unterschiede und Gemeinsamkeiten der europäischen Länder (M 3).
3. Braucht die EU gemeinsame Symbole? Stelle deren Bedeutung dar und diskutiert diese Frage in Gruppen (M 4).

Europäische Entscheidungen betreffen uns

M 5 Europa im Alltag

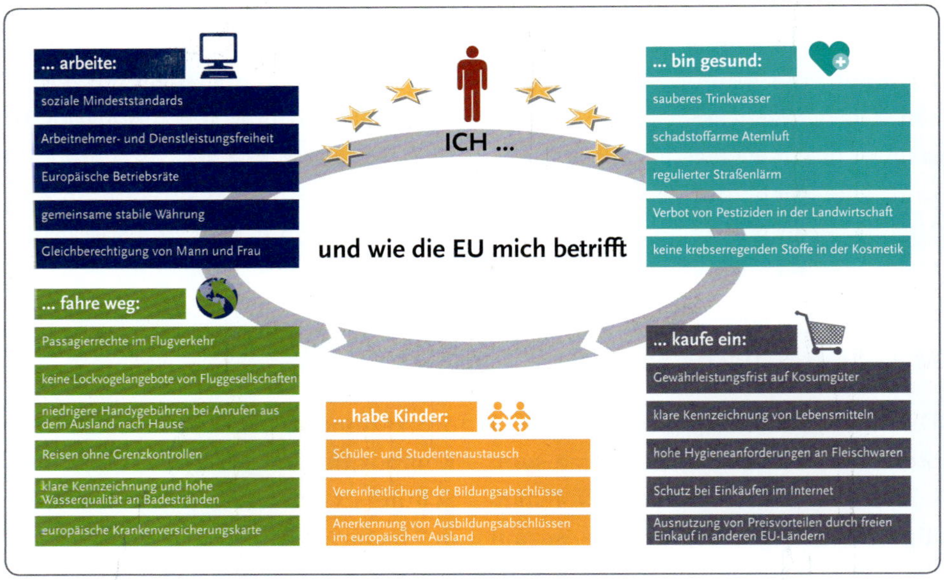

Bundeszentrale für politische Bildung, 2009, www.bpb.de

M 6 Der Europäische Binnenmarkt – ein Markt für 500 Millionen Bürger

Vier Freiheiten
Im Binnenmarkt gelten die vier Freiheiten: Freier Warenverkehr, Personenfreizügigkeit, Dienstleistungsfreiheit, freier Kapital- und Zahlungsverkehr.

Man kann sich die EU wie einen riesigen Marktplatz vorstellen. Da können sich Personen, Waren, Geld und Dienstleistungen frei bewegen. Diesen gemeinsamen Markt, den sogenannten „Binnenmarkt", gibt es seit 1993. Er hat dazu geführt, dass die EU heute der größte Wirtschaftsraum der Welt ist. Auf keinem anderen Gebiet arbeitet die Europäische Union so eng zusammen wie in der Wirtschaft. Der Binnenmarkt hat viele Vorteile. So können EU-Bürger ohne Probleme in einem anderen Mitgliedsland wohnen, studieren, arbeiten, ein Unternehmen gründen oder ihre Rente genießen. EU-Bürger und -Unternehmen dürfen ein Bankkonto im europäischen Ausland eröffnen, ein Haus kaufen, Kredite aufnehmen oder Geld investieren. Ganz wichtig für den gemeinsamen Markt ist, dass die EU-Länder untereinander keine Zölle mehr verlangen. Stell dir als Beispiel einen Schuhhersteller vor: Dieser kann jetzt seine Schuhe nicht mehr nur den rund 80 Millionen Deutschen, sondern allen 480 Millionen EU-Bürgern zum gleichen Preis verkaufen. Um die größere Nachfrage zu befriedigen, muss er mehr Stiefel und Sandalen produzieren. Dafür stellt die Firma neue Mitarbeiter ein – so schafft der Binnenmarkt neue Arbeitsplätze. Gleichzeitig senkt das Schuhunternehmen die Preise. Sonst schnappen ihm nämlich die vielen neuen Konkurrenten aus ganz Europa die Kunden weg. In der Wirklichkeit ist genau dies geschehen. So sind Flüge und Telefongespräche seit Einführung des Binnenmarkts erheblich billiger geworden. Spezielle Behörden überwachen den Wettbewerb, dass sich die Unternehmen nicht heimlich zusammensetzen und gemeinsam einen überhöhten Preis festlegen, zu dem dann alle Bürger die Waren kaufen müssen. Es ist auch verboten, dass ein einzelner Staat den freien Wettbewerb verfälscht, indem er etwa bestimmte Unternehmen finanziell unterstützt (subventioniert).

Europa kinderleicht, Europäische Gemeinschaften 2009, S. 42

M 7 Der Europäische Binnenmarkt – Erfolgsmodell mit Tücken?

Der Binnenmarkt der Europäischen Union ist sicherlich eine der großen Errungenschaften der europäischen Integration. [...] So einfach allerdings das Prinzip ist, so kompliziert und umstritten ist seine Umsetzung. [...] In jedem Land regelt eine Vielzahl von Gesetzen und Vorschriften den Warenverkehr, dabei handelt es sich um Sicherheitsstandards, um Umweltauflagen und um Vorschriften des Verbraucherschutzes. Wenn nun verschiedene Länder ihren Markt zusammenlegen, und das ist im Grunde genommen das, was durch den Binnenmarkt geschehen ist, muss man sich auf gemeinsame Standards einigen. Eine Wurst aus Polen darf anders schmecken als eine aus Deutschland, aber sie soll dieselben gesundheitlichen und hygienischen Normen erfüllen, um die Verbraucher zu schützen. Das Ergebnis ist eine neue Vielzahl von Regelungen auf EU-Ebene, die den Binnenmarkt charakterisieren. [...] Da ist zum Beispiel die Geschichte mit dem Apfelwein, die gut die Tücken des Binnenmarkts illustriert. Für Waren, also auch für Getränke, muss es klare Definitionen geben. Jeder Supermarktkunde weiß, wenn auf einem Obstsaft „Saft" steht, besteht er zu 100 Prozent aus Fruchtsaft, ohne den Zusatz von Wasser und Zucker. Ob der Saft aus Spanien oder aus Deutschland kommt, ist egal. In gleicher Weise hat man auch festgelegt, dass Wein aus Trauben hergestellt sein muss. Das ist der Apfelwein natürlich nicht, er ist also kein Wein. Jedem deutschen Verbraucher ist das selbstverständlich klar, aber was ist mit einem Kunden in Großbritannien, der die Flasche sieht und „...wein" liest? Deshalb wollte die Europäische Kommission im Interesse der Verbraucherinformation untersagen, den Apfelwein so zu nennen – ein Vorhaben, das nach Protesten aus Deutschland übrigens zu den Akten gelegt wurde.

Eckart D. Stratenschulte, Der Europäische Binnenmarkt – Erfolgsmodell mit sozialer Schieflage? http://www.bpb.de/themen/2W7V4D.html (12.8.2010)

Der Binnenmarkt ermöglicht den freien Warenaustausch in der EU.

Aufgaben

1. Entscheidet mithilfe des Ampelspiels, welche Regelungen der EU ihr für hilfreich (grün) oder überflüssig (rot) haltet, gelb steht für „weiß nicht, keine Meinung" (M 5).
2. Erkläre, was ein Binnenmarkt ist und wie er funktioniert (M 6, M 7).
3. Die EU wird bisweilen kritisiert, weil sie in ihren Regulierungen für den Binnenmarkt zu weit gehe. Erläutere am Beispiel des Apfelweins die grundlegenden Probleme des Binnenmarktes und nimm Stellung, ob du diese Regelung für notwendig oder übertrieben hältst (M 7).

Wer entscheidet in der EU? – Der lange Weg einer EU-Verordnung

M 8 Billig telefonieren im Ausland? Die EU macht's möglich

Einst ein teurer Urlaubsspaß – telefonieren mit dem Handy

Das Problem: Hohe Roamingkosten im Ausland

Die Entwicklung und anschließende Verbreitung des Handys in der Bevölkerung versprach jedem unbegrenzte Mobilität beim Telefonieren. Sobald man sich jedoch bis zum Jahr 2006 mit seinem Handy außer Landes bewegte, wurde es teuer. Der Grund hierfür lag in den sogenannten Roaminggebühren. Mit Roaming wird die Nutzung eines fremden Mobilfunknetzes bezeichnet.

Roamingkosten im Juli 2005

Gespräch von	nach	Kosten pro Minute
Österreich	Frankreich	1,- €
Italien	Lettland	0,51 €
Malta	Polen	5,00 €
Österreich	Deutschland	1,70 €
Deutschland	England	1,24 €

www.tariftip.de (Stand: Juli 2005)

Europäische Bürgerinitiative
Die Bürgerinitiative ermöglicht es, dass mindestens eine Million Staatsangehörige aus mindestens einem Viertel der EU-Mitgliedstaaten die Europäische Kommission zur Vorlage eines Vorschlags in einem in ihre Zuständigkeit fallenden Bereich auffordern kann. Die Kommission hat danach drei Monate Zeit für die Prüfung der Initiative und die Festlegung des weiteren Vorgehens.

Kommission legt Verordnungsvorschlag zum Auslandsroaming vor

Bereits 2007 erließ die EU eine erste Verordnung zur Senkung der Roaminggebühren. Im **September 2008** hat die EU-Kommission einen Bericht über die Durchführung der Roamingverordnung von 2007 sowie einen Vorschlag zur Änderung dieser Verordnung von 2007 im Ministerrat und im Parlament eingebracht. Dies ist nötig gewesen, da die Verordnung von 2007 vorgesehen hat, die Regelungen im Juni 2010 wieder außer Kraft zu setzen. Im Bericht stellt die Kommission fest, dass zu befürchten sei, dass mit Ablauf der Roamingverordnung Nr. 717/2007 die Preise wieder steigen werden. Die Kommission schlägt deshalb u.a. vor, die Roamingverordnung um weitere drei Jahre bis ins Jahr 2013 zu verlängern, wobei auch weiterhin die Obergrenzen für die Entgelte für das Auslandsroaming jedes Jahr weiter linear (um jeweils drei Cent) abgesenkt werden sollen. Darüber hinaus sieht die Kommission aber auch Handlungsbedarf im Bereich der Textnachrichten („Short Message Service", SMS), die bisher von der Verordnung nicht erfasst waren. Die Kommission schlägt daher vor, die Roamingverordnung Nr. 717/2007 auf SMS auszudehnen und zum 1. Juli 2009 Preisobergrenzen für das SMS-Roaming einzuführen. Die Vorschläge hat die Kommission bereits in einen ausformulierten **Verordnungsentwurf** gegossen.

Europäisches Parlament verabschiedet Roamingverordnung

Die Deckelung von Preisen für Mobilfunk-Textnachrichten (SMS) und Daten-Downloads im EU-Ausland (Roaming) ist unter Dach und Fach. Das Europäische Parlament hatte den entsprechenden Kommissionsvorschlägen nach einer politischen Einigung zwischen Parlament und Rat in seiner Plenartagung im **April 2009** mit überwältigender Mehrheit (646 Ja-Stimmen, 22 Nein-Stimmen und 9 Enthaltungen) zugestimmt.

Der Einfluss der Mitgliedstaaten – der Rat der Europäischen Union (Ministerrat)

Die Minister der 27 EU-Mitgliedstaaten verabschiedeten im **Juni 2009** einstimmig die neuen EU-Roamingvorschriften. Die neuen EU-Roamingvorschriften werden für die Verbraucher zu weiteren Preissenkungen um bis zu 60 % führen – und zwar ab 1. Juli 2009. Dadurch werden die Verbraucher für den SMS-Versand im EU-Ausland garantiert nicht mehr als 0,11 € (ohne MwSt.) bezahlen müssen. Nach den neuen Vorschriften müssen die Mobilfunkbetreiber Roaminganrufe nach den ersten 30 Sekunden nun sekundengenau abrechnen, anstatt pro Minute, was die Mobilfunkrechnungen um bis zu 24 % senken dürfte. Mit der Annahme im Rat ist der letzte Schritt des Gesetzgebungsverfahrens abgeschlossen, sodass der Präsident des Europäischen Parlaments und der Vorsitzende des Rates die Verordnung am 18.6.2009 förmlich unterzeichnen konnten. Einige Tage später wurde sie dann im Amtsblatt der EU veröffentlicht. Da die neuen Bestimmungen in einer EU-Verordnung enthalten sind, galten sie ab 1. Juli 2009 unmittelbar in allen 27 EU-Mitgliedstaaten.

Der EuGH – letzte Instanz in der EU: Roamingverordnung rechtskräftig

Nach dem positiven Urteil im **Juni 2010** des Europäischen Gerichtshofs zur Roamingverordnung bekräftigt die EU ihr Vorhaben, Roaminggebühren abzuschaffen. Als Reaktion auf das Urteil des Europäischen Gerichtshofs, dass die EU-Roamingverordnung gültig und angemessen sei, hat die Kommission angekündigt, Roaminggebühren im EU-Raum bis 2015 auf Null drücken zu wollen. Die Handybetreiber T-Mobile, Vodafone, O_2 und Orange hatten in Großbritannien Klage gegen die Verordnung eingelegt. Als Begründung nannten sie den ungerechtfertigten Eingriff in den freien Markt. Der EuGH sah einen solchen nicht gegeben und merkte an, dass die Anbieter vor der Verordnung zum Teil das Fünffache der tatsächlichen Kosten für Roaming verlangt hatten.

Wann wird die EU tätig?
Die EU soll sich nur um Dinge kümmern, die sie besser regeln kann als die Mitgliedsländer. In Artikel 5 des EG-Vertrages heißt es: „In den Bereichen, die nicht in ihre ausschließliche Zuständigkeit fallen, wird die Gemeinschaft nach dem Subsidiaritätsprinzip nur tätig, sofern und soweit die Ziele der in Betracht gezogenen Maßnahmen auf der Ebene der Mitgliedstaaten nicht ausreichend erreicht werden können und daher wegen ihres Umfangs oder ihrer Wirkungen besser auf Gemeinschaftsebene erreicht werden können." Das Subsidiaritätsprinzip dient nicht nur der Erhaltung der Eigenständigkeit der EU-Staaten, es hilft auch, ein Stückchen „EU-Bürokratie" abzubauen. Die Europäische Kommission muss bei jeder Gesetzesinitiative nachweisen, dass sie die jeweilige Aufgabe besser lösen kann als die Regionen oder die Mitgliedstaaten.

M 9 Die EU-Organe im Überblick

Das EU-Parlament

Das Europäische Parlament wird von den Bürgern der Europäischen Union gewählt, um ihre Interessen zu vertreten. Seine Ursprünge gehen zurück bis in die 50er Jahre und zu den Gründungsverträgen. Seit 1979 werden die Europaabgeordneten von den Bürgern direkt gewählt.

Die Wahlen finden alle fünf Jahre statt. Jeder EU-Bürger, wo immer in der EU er lebt, hat das aktive und passive Wahlrecht. Das Parlament vertritt somit den demokratischen Willen der Bürger der Union (über 500 Mio. Menschen) und macht ihre Interessen gegenüber den anderen EU-Organen geltend. Dem gegenwärtigen Parlament gehören 750 Abgeordnete + 1 Präsident aus allen 28 EU-Mitgliedstaaten an. Das Parlament hat drei wesentliche Aufgaben: Es teilt sich die gesetzgebende Gewalt mit dem Rat in vielen Politikbereichen. Durch die direkte Wahl des Parlaments wird die demokratische Legitimierung des europäischen Rechts gewährleistet. Es übt eine demokratische Kontrolle über alle Organe der EU und insbesondere über die Kommission aus. Es stimmt der Benennung der Kommissionsmitglieder zu oder lehnt sie ab und kann einen Misstrauensantrag gegen die gesamte Kommission einbringen. Es teilt sich die Haushaltsbefugnis mit dem Rat und kann daher Einfluss auf die Ausgaben der EU ausüben. In letzter Instanz nimmt es den Gesamthaushalt an oder lehnt ihn ab. Der offizielle Sitz des Europäischen Parlaments ist in Strassburg. Hier finden zwölfmal im Jahr die Plenarsitzungen statt. Die Ausschüsse und Fraktionen tagen allerdings in Brüssel, wo ebenfalls Plenarsitzungen stattfinden. D. h. an vier Tagen im Monat müssen alle Parlamentarier samt Mitarbeitern und Akten nach Strassburg reisen. Für die verschiedenen Arbeits- und Tagungsorte sind historische Gründe verantwortlich.

Das EU-Parlament in Strassburg / Frankreich

Der Ministerrat

Der Rat ist das wichtigste Entscheidungsgremium der EU. Er vertritt die Mitgliedstaaten, und an seinen Tagungen nehmen die Fachminister aus den nationalen Regierungen der EU-Staaten teil. Die Zusammensetzung der Ratstagungen hängt vom zu behandelnden Sachgebiet ab. Stehen zum Beispiel Wirtschaftsfragen auf der Tagesordnung, so kommen die Wirtschafts- und Finanzminister der einzelnen Länder im ECOFIN-Rat zusammen. Alle im Rat vertretenen Minister sind befugt, für ihre Regierungen verbindlich zu handeln. Außerdem sind die im Rat tagenden Minister ihrem nationalen Parlament sowie den von ihm vertretenen Bürgern gegenüber politisch verantwortlich. Dies gewährleistet die demokratische Legitimierung der Ratsbeschlüsse. Je nachdem, in welchen Politikbereich die Vorlagen fallen, über die der Rat entscheidet, sieht der Vertrag von Lissabon verschiedene Abstimmungsverfahren vor. Der Rat der EU entscheidet entweder einstimmig, mit einfacher oder qualifizierter Mehrheit. Grundsätzlich ab 1.11.2014 gilt, dass eine qualifizierte Mehrheit erreicht ist, wenn drei Bedingungen erfüllt sind: Zustimmen müssen mindestens 55 Prozent der Mitglieder im Rat, die mindestens 15 Staaten repräsentieren und gemeinsam mindestens 65 Prozent der EU-Bevölkerung abbilden. Vier Staaten können eine Sperrminorität bilden. Bis dahin gilt noch die alte Regelung aus dem Vertrag von Nizza (Stimmengewichtung).

Sitz des EU-Ministerrates: Justus-Lipsius-Gebäude in Brüssel

Die Europäische Kommission

Die Kommission ist von den nationalen Regierungen unabhängig. Sie vertritt und wahrt die Interessen der gesamten EU. Die Kommission erarbeitet Vorschläge für neue europäische Rechtsvorschriften, die sie dem Parlament und dem Rat vorlegt. Sie ist auch die Exekutive der EU, d. h. sie ist für die Umsetzung der Beschlüsse des Parlaments und des Rates verantwortlich. Dies bedeutet, dass sie das Tagesgeschäft der Europäischen Union führt: Umsetzung der politischen Maßnahmen, Durchführung der Programme und Verwaltung der Mittel. Die Kommission besteht aus 28 Männern und Frauen. Jeder EU-Mitgliedstaat stellt ein Kommissionsmitglied. Die Neubesetzung der Kommission erfolgt alle fünf Jahre innerhalb von sechs Monaten nach der Wahl des Europäischen Parlaments. Die Kommission ist dem Parlament gegenüber politisch rechenschaftspflichtig. Es kann der Kommission als Ganzes das Misstrauen aussprechen und sie so zum Rücktritt zwingen. Die Europäische Kommission hat im Wesentlichen vier Aufgaben: Sie macht dem Parlament und dem Rat Vorschläge für neue Rechtsvorschriften. Sie setzt die EU-Politik um und verwaltet den Haushalt. Sie sorgt (gemeinsam mit dem Gerichtshof) für die Einhaltung des europäischen Rechts. Sie vertritt die Europäische Union auf internationaler Ebene, zum Beispiel durch Aushandeln von Übereinkommen zwischen der EU und anderen Ländern.

Das Gebäude der EU-Kommission in Brüssel

Der Europäische Gerichtshof

Der EuGH ist das höchste europäische Gericht im Gerichtssystem der Europäischen Union und hat u. a. die Aufgabe, auf Antrag zu prüfen, ob die Rechtsakte der Europäischen Union rechtmäßig sind (Nichtigkeitsklagen) und die Mitgliedstaaten ihren Verpflichtungen aus den Verträgen nachkommen (Vertragsverletzungsverfahren). Jedes EU-Mitgliedsland entsendet einen Richter auf sechs Jahre mit der Möglichkeit der Verlängerung der Amtszeit. Der Präsident des EuGH wird von den EuGH-Richtern ebenfalls auf sechs Jahre gewählt. Der EuGH-Präsident kann uneingeschränkt wiedergewählt werden.

Die Haupttürme des Europäischen Gerichtshofes in Luxemburg

Der Europäische Rat

Im Europäischen Rat treffen sich die Staats- und Regierungschefs der EU-Mitgliedstaaten, der Präsident des Europäischen Rates und der Präsident der Europäischen Kommission.

Der Europäische Rat ist die höchste Repräsentanz der Europäischen Union. Bei den Gipfeltreffen werden die Leitlinien der EU-Politik festgelegt und Fragen, die auf unterer Ebene (d. h. von den Ministern bei einer normalen Ministerratstagung) nicht geregelt werden konnten, gelöst.

Der Europäische Rat darf nicht mit dem Ministerrat (Rat der Europäischen Union) verwechselt werden.

Der Europäische Rat trifft sich mindestens zweimal im Jahr in Brüssel.

M 10 So funktioniert die Europäische Union

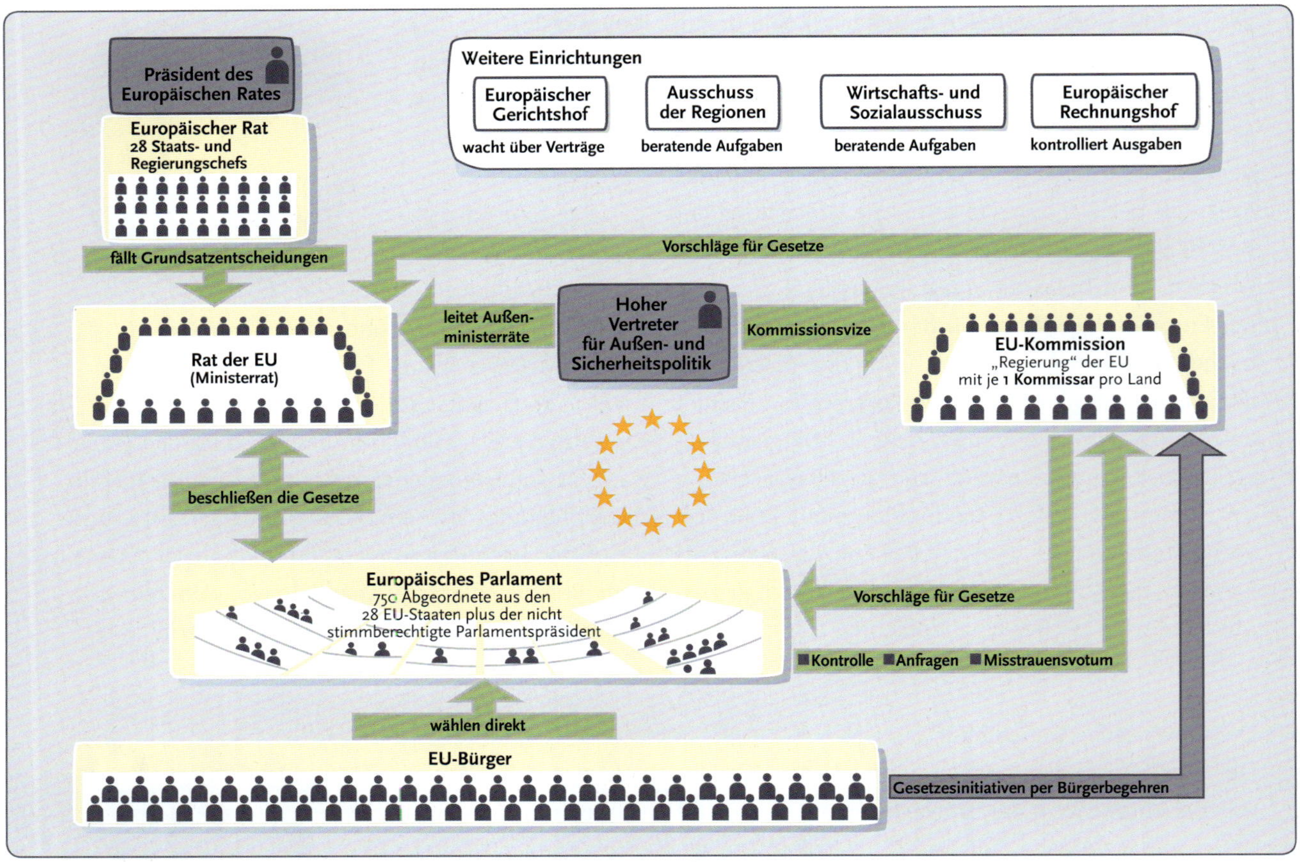

dpa-Grafik 11064

M 11 Arten von gemeinschaftlichen Rechtsakten

Beispiele:
Verordnung
Neue Sicherheitszigaretten sollen Raucher vor dem Flammentod schützen. Die deutsche Tabakindustrie darf seit 17. November 2011 gemäß einer EU-Verordnung nur noch Zigaretten mit „verminderter Zündneigung“ verkaufen.

- **Verordnungen** sind ab dem Zeitpunkt ihrer Verabschiedung auf Gemeinschaftsebene für jedermann verbindlich; sie gelten unmittelbar in jedem Mitgliedstaat und müssen nicht erst in nationales Recht umgesetzt werden.
- **Richtlinien** legen Ziele fest, wobei es Aufgabe der Mitgliedstaaten ist, diese auf nationaler Ebene anzuwenden; sie geben den Mitgliedstaaten Ergebnisse verbindlich vor, stellen ihnen jedoch frei, wie sie diese erreichen.
- **Entscheidungen** beziehen sich auf ganz bestimmte Themen; sie sind in allen ihren Teilen für diejenigen verbindlich, an die sie gerichtet sind. Eine Entscheidung kann an alle Mitgliedstaaten, einen Mitgliedstaat, ein Unternehmen oder eine Einzelperson gerichtet sein.
- **Empfehlungen** und **Stellungnahmen** sind nicht rechtsverbindlich; sie geben lediglich den Standpunkt der Organe zu einer bestimmten Frage wieder.

Europäische Union, 1995 – 2011, http://ec.europa.eu/publications/booklets/eu_glance/G8/de.pdf (12.1.2011)

M 12 Das Gesetzgebungsverfahren in der EU

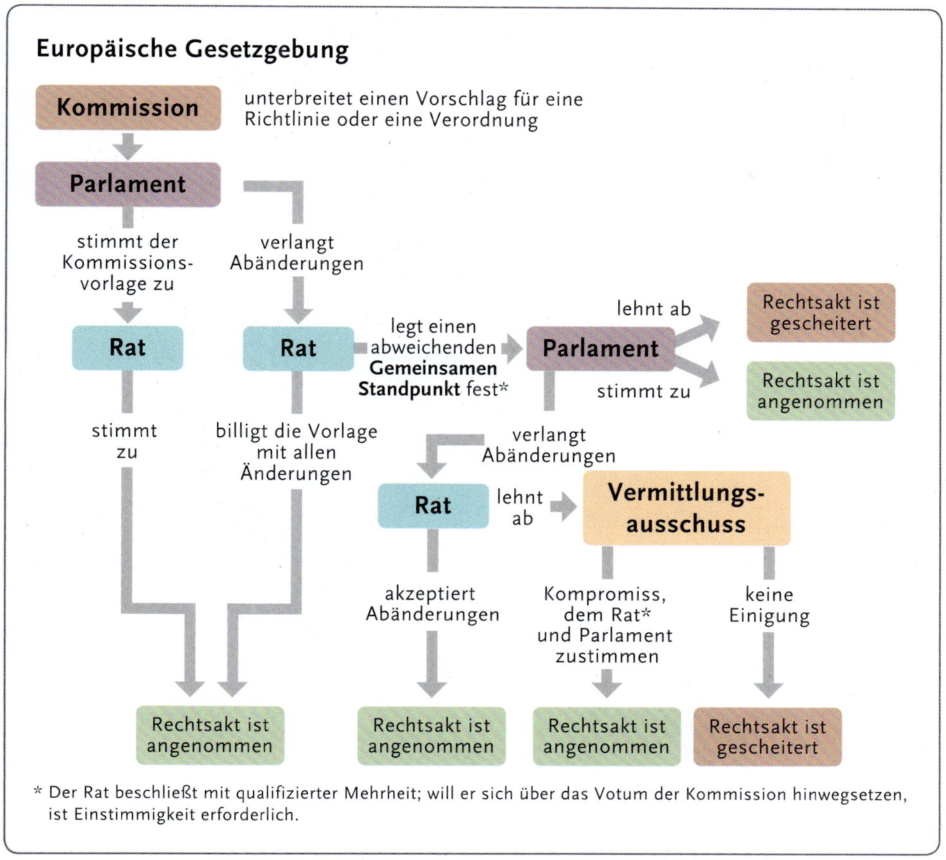

Bergmoser + Höller Verlag AG, Zahlenbilder 715420

Aufgaben

1. Beschreibe den Weg der Roamingverordnung von 2009 anhand der Grafik M 12. Welche Institutionen sind wie an der Entscheidung beteiligt?
2. Ordne die Organe der EU der Einteilung der Gewalten (Legislative, Exekutive, Judikative) zu, und vergleiche mit den entsprechenden Organen der Bundesrepublik Deutschland (M 10).

Richtlinie
Im Juli 1999 verabschiedete die EU eine Richtlinie, die die Hühnerhaltung in kleinen Legebatterien bis 1.1.2012 aus dem EU-Raum verbannen sollte. Während Deutschland die Umstellung bereits Anfang 2010 durch eine nationale Verordnung vollzogen hat, leben im EU-Ausland nach brancheninternen Schätzungen noch 100 Millionen Legehennen in verbotenen Käfigen.

Beschluss
Die EU-Außenminister in Brüssel beschlossen im Dezember 2011 Vermögenssperren und Einreiseverbote für weitere elf syrische Unternehmen und zwölf Personen, um die syrische Führung zu einem Ende der Gewalt gegen Oppositionelle zu zwingen.

Empfehlung
Um Schäden durch UV-Strahlung weitestgehend zu verhindern und Verbraucher besser zu schützen, wurden 2010 EU-Empfehlungen zum Sonnenschutz erlassen. Nach den aktuellen Empfehlungen zum UV-Schutz sollen Sonnenschutzpräparate in der EU eine UVA/UVB Schutzbalance von 1:3 erfüllen.

Was wir wissen

Vergemeinschaftung M 1 – M 3	Immer mehr Politikbereiche wurden im Lauf der Zeit in die Zuständigkeit der Europäischen Union übertragen, sodass heute viele politische Entscheidungen in „Brüssel" fallen und nicht mehr in Berlin oder Paris.
Vertiefung und Erweiterung	Charakteristisch für die Entwicklung des europäischen Hauses ist seit der Unterzeichnung der Römischen Verträge im Jahr 1957 ein Wechselspiel von Vertiefung und Erweiterung. Immer mehr Politikbereiche wurden in die Zuständigkeit der Europäischen Union übertragen (z. B. Verbraucherschutz, Umweltpolitik, Währungspolitik ...) und immer mehr Staaten wurden in die EU aufgenommen. Das Fundament der europäischen Einigung sind die gemeinsamen Werte: Wahrung der Menschenrechte, Frieden, Freiheit, Rechtsstaatlichkeit und Demokratie.
Institutionen der EU – Gesetzgebung M 8 – M 12	Grundsätzlich hat nur die Europäische Kommission das Recht, Gesetzesvorschläge einzubringen. Allerdings können das Europäische Parlament, der Ministerrat und der Europäische Rat die Kommission auffordern, tätig zu werden. Die Kommission sorgt als Verwaltungsbehörde für die Umsetzung des Gemeinschaftsrechts in den Mitgliedstaaten und überwacht die Einhaltung des europäischen Rechts.
EU-Kommission	Ein Gesetzesvorschlag der Kommission wird in einem mehrstufigen Verfahren von Rat und Europäischem Parlament beraten. Sofern es im regulären Verfahren nicht zu einer Einigung zwischen Rat und Europäischem Parlament kommt, tritt der Vermittlungsausschuss in Aktion.
Ministerrat	Der Rat der Europäischen Union setzt sich aus den Fachministern der Mitgliedstaaten zusammen, die die jeweiligen nationalen Interessen durchzusetzen versuchen, dabei aber einen Kompromiss mit der Europäischen Kommission und dem Europäischen Parlament finden müssen (institutionelles Dreieck). Der Ministerrat wird auch als Hauptgesetzgeber bezeichnet, weil ohne eine Einigung im Ministerrat keine Gesetze verabschiedet werden können und er in einigen Bereichen (noch) alleine entscheiden kann.
EU-Parlament	Das Europäische Parlament gilt als Sprachrohr der Bürger der EU, da die Abgeordneten von den EU-Bürgern direkt gewählt werden. Ihm kommen wichtige Aufgaben zu: Es entscheidet über den Haushalt der EU und kontrolliert die Arbeit von Kommission und Rat. Außerdem ist es am Gesetzgebungsverfahren beteiligt.
Europäischer Rat	Die Staats- und Regierungschefs der Mitgliedsländer bilden den Europäischen Rat. Er ist nicht am Gesetzgebungsprozess beteiligt, sondern legt zusammen mit dem Kommissionspräsidenten die Leitlinien und allgemeinen Ziele der Union fest.
Europäischer Gerichtshof	Wichtigstes rechtsprechendes Organ ist der Europäische Gerichtshof, der darüber entscheidet, ob die Handlungen der EU-Organe und der Mitgliedstaaten mit den EU-Verträgen übereinstimmen.

Planspiel „Roamingtarife 2013"

Bis 2013 wird die Übertragung von großen Datenmengen über das Handy, z. B. das Versenden von Urlaubsbildern oder Fernsehen immer stärker genutzt. Die Preise der Mobilfunkanbieter dafür sind noch immer sehr hoch und für jedes Land unterschiedlich. Die EU möchte eine 3. Roamingverordnung zur Vereinheitlichung und Verbilligung dieser Dienste für den Verbraucher durchsetzen.

Aufgabe

Bildet fünf Gruppen (Kommission, Rat, Parlament, Mobilfunkkonzerne, Moderatoren) und arbeitet eure Argumentation ausgehend von den Rollenkarten weiter aus. Simuliert dann den genauen Ablauf des Gesetzgebungsverfahrens. Überlegt für eure Institution Strategien der Verhandlungsführung für die einzelnen Phasen des Verfahrens. Bei Uneinigkeit bildet sich der Vermittlungsausschuss.

Rollenkarten

Mobilfunkanbieter

Wehren sich gegen erneute Eingriffe in ihre Tarife. Fürchten um ihre Konzerngewinne. Wenden sich mit ihren Protesten an alle beteiligten Institutionen in allen Phasen des Gesetzgebungsprozesses.

Europäisches Parlament

Will für die Verbraucher eine Verbilligung und Vereinheitlichung der Kosten für Datentransfers im Ausland, nicht aber im Inland durchsetzen.

Vermittlungsausschuss

Der Vermittlungsausschuss greift ein, wenn Rat und Parlament nach der zweiten Lesung eines Vorschlags nicht zu einer Einigung gelangen.
Der Ausschuss, der sich je zur Hälfte aus Mitgliedern des Rates oder ihren Stellvertretern und aus Vertretern des Parlaments zusammensetzt, steht unter dem gemeinsamen Vorsitz des Präsidenten des Parlaments und des Präsidenten des Rats. Ziel des Vermittlungsausschusses ist es, sich auf einen für beide Parteien annehmbaren Text zu einigen.
Die Kommission nimmt ebenfalls an den Verhandlungen des Vermittlungsausschusses teil.

Kommission

Will eine starke Verbilligung des Datentransfers im Inland und im Ausland für die Verbraucher erreichen. Vor allem eine Angleichung der Tarife im Inland und anderen Mitgliedstaaten.

Ministerrat

Eine deutliche Mehrheit der Mitgliedstaaten (vor allem Großbritannien) lehnt den Vorstoß der Kommission ab. Die weitere Senkung der Gebühren gefährde die Existenz und Investitionskraft der Mobilfunkanbieter. Im Übrigen seien die Tarife nicht überhöht.

Moderation

Zeigt den Ablauf des Gesetzgebungsverfahrens auf. Beruft Sitzungen ein. Protokolliert Ergebnisse. Setzt Zeitlimits. Am Schluss: Rückblick auf die Vorgehensweise.

7.2 Integration und Erweiterung im europäischen Haus

Wie groß soll das europäische Haus werden?

M 1 Der Stand der Erweiterungsdebatte

*Globus-Grafik 3216; * Beitrittsverhandlungen laufen; ** Beitrittskandidaten noch ohne Verhandlungen*

Als weitere potenzielle Kandidatenländer gelten Albanien, Bosnien und Herzegowina, Serbien und Kosovo.

M 2 Erweiterung – wozu?

Im Verlaufe der vergangenen 50 Jahre hat die Europäische Union ihre innere Integration kontinuierlich vertieft und gleichzeitig neue Mitglieder aufgenommen. Meistens liefen diese beiden Prozesse parallel zueinander. Dadurch ist die heutige EU, die 28 Mitgliedstaaten und eine Bevölkerung von knapp 500 Millionen Menschen zählt, sicherer, wohlhabender und einflussreicher geworden als die ursprüngliche Europäische Wirtschaftsgemeinschaft mit ihren sechs Mitgliedern und einer Bevölkerung von weniger als 200 Millionen Menschen. Eine wachsende Mitgliedschaft war von Anfang an ein Wesenselement der europäischen Integration. Die Debatte über die Erweiterung ist so alt wie die EU selbst. Bei jeder Aufnahme eines neuen Mitglieds verändert sich die EU. Das Nachdenken darüber, was aus uns werden könnte, zwingt uns dazu, auch darüber nachzudenken, was wir heute sind und was wir morgen sein wollen. Die Aufnahme von Ländern Mittel- und Osteuropas und des Mittelmeerraums in den Jahren 2004 und 2007 hat sich für die EU als großer Erfolg erwiesen, auch wenn sie von manchen zum Sündenbock für allerlei soziale und wirtschaftliche Probleme in der EU gemacht wird. Die letzte Erweiterungsrunde hat den Raum des Friedens, der Stabilität und der Demokratie in Europa ausgedehnt und durch die Vergrößerung von Märkten, die Schaffung neuer Geschäftsmöglichkeiten und die Integration schnell wachsender Volkswirtschaften in den Binnenmarkt die europäische Wirtschaft gestärkt. Die EU ist heute die größte Wirtschaftszone der Welt. Der größere Binnenmarkt und die neuen wirtschaftlichen Chancen haben den Wohlstand und die Wettbewerbsfähigkeit der Europäer gesteigert.

Olli Rehn, in: Die Erweiterung verstehen, Europäische Gemeinschaften, 2007, S. 1

M 3 Wer kann Mitglied werden?

Der Vertrag von Lissabon legt die Grundsätze für die Aufnahme neuer Mitgliedstaaten fest. In Art. 6 Abs. 1 heißt es: „Die Union beruht auf den Grundsätzen der Freiheit, der Demokratie, der Achtung der Menschenrechte und Grundfreiheiten sowie der Rechtsstaatlichkeit; diese Grundsätze sind allen Mitgliedstaaten gemeinsam." Jeder europäische Staat, der diese Grundsätze achtet, kann beantragen, Mitglied der Union zu werden. Im Jahr 1993 hat der Europäische Rat auf seiner Tagung in Kopenhagen außerdem Beitrittskriterien festgelegt, die 1995 vom Europäischen Rat in Madrid bestätigt wurden (Kopenhagener Kriterien):

- Politische Kriterien: stabile Institutionen, die die Rechtsstaatlichkeit, die Menschenrechte und die Achtung und den Schutz von Minderheiten garantieren.
- Wirtschaftliche Kriterien: eine funktionsfähige Marktwirtschaft und die Fähigkeit, dem Wettbewerb und den Marktkräften in der EU standzuhalten.

- Fähigkeit zur Erfüllung der Verpflichtungen aus der EU-Mitgliedschaft und zur Übernahme der Ziele der politischen Union sowie der Wirtschafts- und Währungsunion.
- Übernahme des gesamten europäischen Rechtsbestands und dessen wirksame Anwendung mittels geeigneter Verwaltungs- und Justizstrukturen.

M 4 Was denken die Bürger?

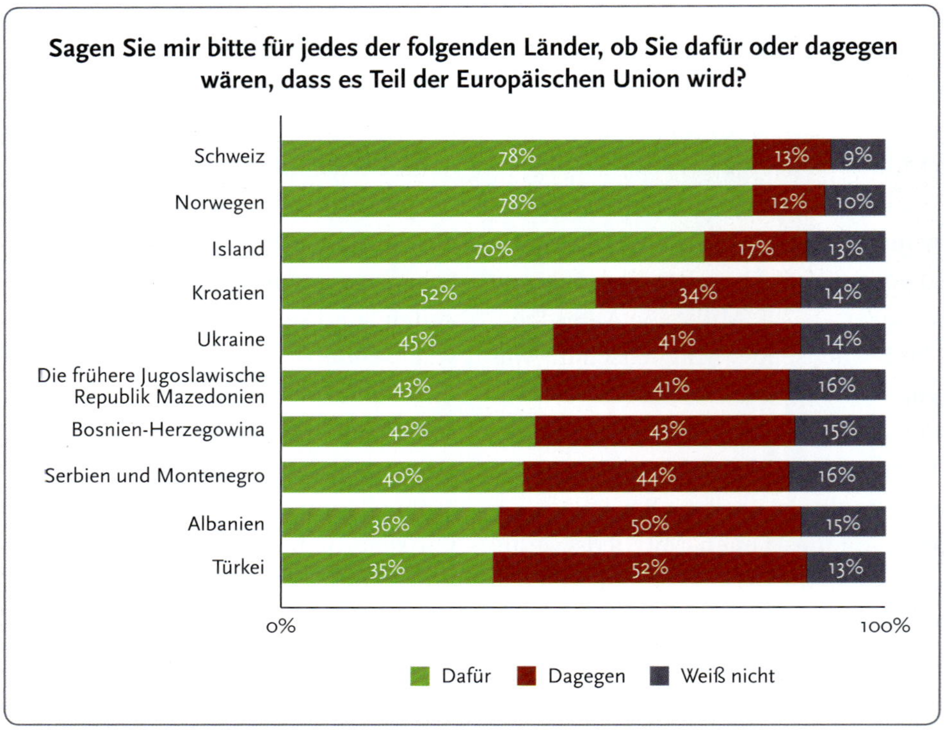

Eurobarometer 63, Juli 2005, S. 29

Kroatien wird EU-Mitglied
Anfang 2012 haben die Kroaten nach erfolgreichem Abschluss der EU-Beitrittsverhandlungen einem EU-Beitritt per Volksentscheid zugestimmt. Damit wird Kroatien 2013 das 28. EU-Mitgliedsland.

Aufgaben

1. Fasse die Begründungen für die stetige Erweiterung der EU zusammen (M 1, M 2).
2. Vergleicht die Einstellungen der Bürger zur Mitgliedschaft und diskutiert Erklärungen für die unterschiedlichen Einstellungen.
3. Diskutiert, wie groß das europäische Haus werden soll. Hat die EU bereits eine kritische Größe erreicht oder kann sie noch viele weitere Staaten aufnehmen?

Soll die Türkei Mitglied der EU werden?

M 5 Zwölf Sterne und ein Halbmond?

Karikatur: Walter Hanel

M 6 EU – Deutschland – Türkei: Daten und Fakten

Globus-Grafik 9505

Türkei

Fläche: 780.580 qkm (doppelt so groß wie Deutschland)

Regierungsform: Republik

Währung: türkische Lira

Amtssprache: Türkisch

Religion: 99 % Muslime

Volksgruppen: 80 % Türken, 20 % Kurden

Export: Textilien, Nahrungsmittel, Metallwaren

Import: Maschinen, Chemikalien, Kraftstoffe

	D	EU-27	Türkei
Einwohner in Mio. (2010)	81,8	501,0	72,5
BIP in Mio. Euro (2010)	2.409	11.802	441
BIP pro Kopf in Euro (2010)	28.698	24.945	11.648
Wirtschaftswachstum in % (2005-2010)	0,6	1,8	4,6
Arbeitslosenquote in % (2005-2010)	8,6	8,3	11,7
Inflationsraten in % (2005-2010)	1,7	2,2	8,8
Bevölkerungswachstum in % (1990-2010)	+2,7	+20,8	+30,3

M 7 Kontrovers diskutiert: Soll die Türkei in die EU?

a) Die Türkei braucht eine klare Beitrittsperspektive

Blick auf den Bosporus. Die Meerenge verbindet Europa mit Kleinasien. An beiden Ufern der Meerenge erstreckt sich die Stadt Istanbul.

Sie braucht die Perspektive als wichtigen gesellschaftlichen Orientierungspunkt. Und sie braucht die Perspektive als Anreiz, um die erforderlichen umfangreichen Reformen weiter voranzutreiben und Demokratie und Menschenrechte mit aller Kraft weiterzuentwickeln. [...]

Dabei ist klar: Vor dem Beitritt muss die Türkei die Kopenhagener Kriterien zur Gänze erfüllen. Die Konflikte mit Zypern und Griechenland müssen gelöst sein. [...]

Durch das Assoziierungsabkommen von 1963 ist das Land ohnehin sehr stark an die EU angegliedert. Die wirtschaftlichen Beziehungen der Türkei mit Europa, insbesondere mit Deutschland, sind intensiv. Bereits seit 1995 haben wir eine Zollunion. [...] Mit dem weiteren Erfolg der Beitrittsverhandlungen steht die EU als Wertegemeinschaft auf dem Prüfstand. Es geht um die Entwicklung zu europäischen Standards der Demokratie und Rechtsstaatlichkeit in einem Land, das mit Europa bereits seit Jahrzehnten, nicht zuletzt wirtschaftlich, eng verflochten ist. Dies ist eine große Chance für die Türkei und für Europa, die historisch nicht verpasst werden darf. Ich bin überzeugt: Die Stabilisierung im Südkaukasus, die Lösung des Konflikts im Nahen Osten, Energiesicherheit und die Bekämpfung des Terrorismus sind Aufgaben, die mit der Türkei leichter zu bewerkstelligen sind als ohne sie.

Mit einem Beitritt der Türkei verbindet sich für mich eine weitere große Chance: Unter dem Dach des europäischen Wertesystems kann sich ein fruchtbares Miteinander der Kulturen entfalten, das nach der gemeinsamen, reichen, auch konfliktreichen Geschichte durch Verständnis und Wertschätzung geprägt ist. Die Erweiterung Europas muss dabei Hand in Hand gehen mit einer Vertiefung der europäischen Identität, die immer auch die Vielfalt Europas mitbegreifen muss. [...] In einem multikulturellen Europa hat jedoch auch der Islam einen festen Platz. Europa ist keine Glaubens-, sondern eine Wertegemeinschaft.

Ulla Schmidt, The European, 4.2.2010

b) Türkei noch nicht reif für die EU

Trotz einiger Fortschritte hat die Türkei noch nicht genug getan, um die Menschenrechte im Alltag durchzusetzen. Jetzt schon zu bescheinigen, die Türkei sei auf dem besten Weg, die Kopenhagener Kriterien zu erfüllen, ermöglicht dem Land, sich auf den bisherigen Reformen auszuruhen.

In einigen Jahren hat die Türkei 80 Millionen Einwohner und damit mindestens so viele wie Deutschland. Doch mit einem Sechstel der deutschen Wirtschaftskraft ist die Türkei so arm, dass nach Berechnungen der EU-Kommission jedes Jahr zwischen 16,5 und 27,5 Milliarden Euro in die Türkei fließen müssten. Es gibt keinen nennenswerten Rückfluss durch einen verstärkten Export, da die Türkei wirtschaftlich längst integriert ist, unter anderem durch die Zollunion.

Die türkische Bevölkerung wächst enorm. Eine Arbeitsgruppe des ehemaligen finnischen Präsidenten Marti Ahtisaari rechnet langfristig mit 2,7 Millionen türkischen Zuwanderern in die EU. Bei einem Geburtenrückgang in den europäischen Kernstaaten führt das zu einer Islamisierung Europas. Das Stimmengewicht der Türkei in den EU-Gremien verschiebt die europäische Politik insgesamt.

Sollte die Geografie ins Spiel gebracht werden: Wer ein außereuropäisches Land aufnimmt, muss sich auch Israels und der Maghrebstaaten, der Ukraine, Weißrusslands und Russlands annehmen. Europa als geografische Einheit, als gemeinsamer Geschichts- und Kulturraum ginge zu Grunde.

Die Türkei ist NATO-Partner und bereits geostrategisch eingebunden. Somit bildet das türkische Militär schon ein Gegengewicht zu religiös-politischem Fanatismus. Eine weiterführende Sicherheitspolitik wäre auch in einer strategischen Partnerschaft denkbar. Zudem bekäme die EU durch den Türkei-Beitritt vor allem Krisenregionen als neue Nachbarländer, Krisenintervention würde zu einem Automatismus.

nach: 6.10.2004, FAZ.NET mit Material von AFP und eigener Text

Aufgaben

1. Gehört die Türkei in die EU? Stimmt zunächst in der Klasse darüber ab.
2. Diejenigen, die die gleiche Position teilen, bilden eine Gruppe. Diese setzt sich mit der gegenteiligen Auffassung auseinander (M 5 – M 7). Stellt die Argumente anschließend übersichtlich auf einem Plakat dar.
3. Stimmt abschließend erneut über die Ausgangsfrage ab. Hat sich das Meinungsbild verändert?

Methode

M 8 Karikaturen interpretieren

Karika-Tour

Eine Karikatur stellt zeichnerisch ein aktuelles Thema aus Politik, Gesellschaft oder Wirtschaft dar. Der Karikaturist interpretiert in überspitzter Weise einen Sachverhalt, sodass versteckt seine Sicht des Problems deutlich wird.

In den abgebildeten Karikaturen erfährst du etwas zur Frage, wie groß das europäische Haus werden soll und welche Probleme mit der Erweiterung verbunden sein können.

Vorgehen bei der Karika-Tour

Hängt die Karikaturen an den Wandseiten eures Klassenzimmers aus.
In kleinen Gruppen betrachtet ihr nun die einzelnen Darstellungen: Wie sieht der Karikaturist das Thema? Auf welches Problem macht er aufmerksam? Dies könnten Fragen sein, auf die ihr eine Antwort finden sollt.
Nach 2 – 3 Minuten wechseln die Gruppen auf ein Signal des Lehrers im Uhrzeigersinn zur nächsten Karikatur. Diese wird unter der gleichen Fragestellung betrachtet. Wenn der Rundgang mit der Kurzbesprechung der übrigen Karikaturen abgeschlossen ist, werden die Bilder abgehängt. Der Lehrer lässt nun jede Gruppe verdeckt eine Karikatur ziehen. Mithilfe eines Frage-Leitfadens bespricht nun jede Gruppe ausführlich „ihre“ Karikatur.

Leitfragen

1. Was stellt der Zeichner oder die Zeichnerin dar?
   → Aussage oder Thema der Karikatur
2. Wie und mit welchen Mitteln (Figuren, Objekte, Symbole) wird das Thema dargestellt?
   → Zeichnerische Elemente
3. Ist aus der Karikatur eine bestimmte Einstellung, Position oder Deutung des Zeichners oder der Zeichnerin erkennbar?
   → Tendenz der Karikatur
4. Wie beurteilt ihr die Aussage?
   → Eigene Position
5. Welche Fragen ergeben sich für euch aus der Karikatur?
   → Weitere Fragen

Ergebnisse

Einigt euch in der Klasse auf jeweils eine Kernaussage für jede Karikatur.

Karikatur: Klaus Stuttmann

Plaßmann, Baaske Cartoons, Müllheim

Mester, Baaske Cartoons, Müllheim

Mester, Baaske Cartoons, Müllheim

Die Wirtschafts- und Währungsunion – ein großer Integrationsfortschritt?

M 9 Die Euroländer

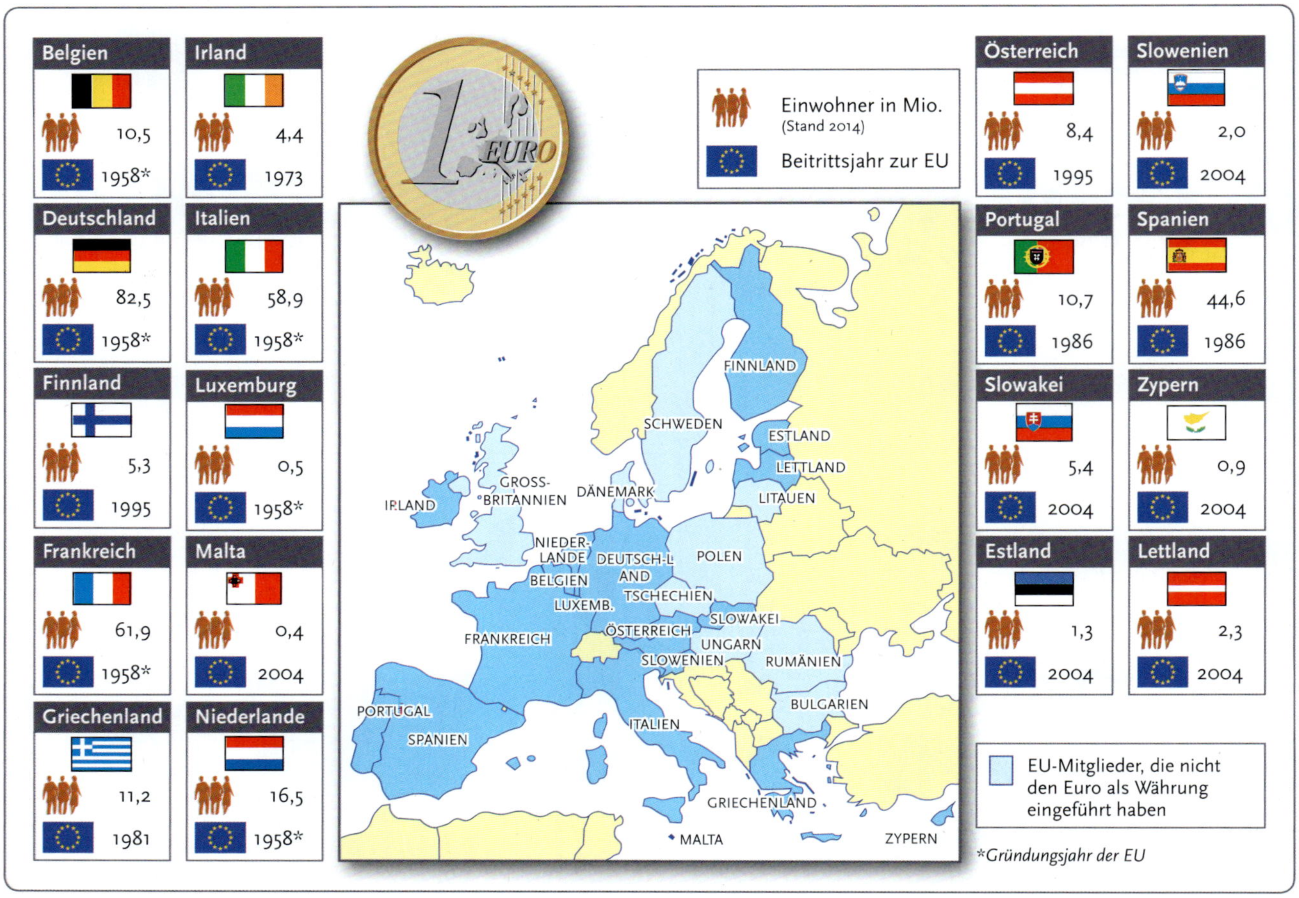

Globus-Grafik 3538

M 10 Der Euro – unsere gemeinsame Währung

Wer schon mal nach Polen oder Ungarn gefahren ist, hat sich vielleicht gewundert, dass die Reisenden dort erst einmal auf die Bank mussten, um ihr Geld in Zloty oder Forint umzutauschen. Schließlich sind wir es mittlerweile gewöhnt, in Urlaubsländern wie Spanien oder Frankreich mit der gemeinsamen Währung zu bezahlen: dem Euro. Der Euro ist eine der wichtigsten Währungen der Welt. Unsere Gemeinschaftswährung hat einige Vorteile. Unternehmen haben es leichter, Waren im Ausland zu kaufen oder zu verkaufen. Und wenn man in Portugal im Supermarkt steht, weiß man sofort, ob das Eis am Stiel teurer ist als zu Hause oder nicht. Auch entfallen die Umtauschgebühren für andere Währungen.

Die Einführung der gemeinsamen Währung war für die Europäische

Union ein gewaltiger Schritt, der Euro sollte zu einem Symbol der europäischen Integration werden und so ein gemeinsames europäisches Wir-Gefühl (Identität) stiften.
An der Währungsunion können nur Staaten teilnehmen, die einander in ihrer wirtschaftlichen Entwicklung ähnlich sind. Um dies zu gewährleisten, hat der Vertrag von Maastricht für die Aufnahme von Ländern in die EWWU feste Kriterien definiert, die sogenannten Konvergenzkriterien.
Konvergenz bezeichnet dabei die allmähliche Annäherung der Teilnehmerländer in wichtigen wirtschaftlichen Grunddaten (Staatsverschuldung, Inflation, Zinsen). Dies ist notwendig, da Spannungen zwischen Ländern entstehen können, wenn sie sich wirtschaftlich unterschiedlich entwickeln. Um dies zu verhindern, wurde außerdem der Stabilitäts- und Wachstumspakt (kurz: Euro-Stabilitätspakt) im Vertrag von Amsterdam 1997 verankert. Der Stabilitäts- und Wachstumspakt fordert von den Euroländern in wirtschaftlich normalen Zeiten einen annähernd ausgeglichenen Staatshaushalt, damit in wirtschaftlich ungünstigen Zeiten Spielraum besteht, durch eine Erhöhung der Staatsausgaben die Wirtschaft zu stabilisieren (Neuverschuldung maximal drei Prozent des Bruttoinlandsprodukts, Schuldenstand maximal 60 Prozent des Bruttoinlandsprodukts). Bei Verstößen gegen diese Regeln drohen dem Mitgliedsland Geldstrafen.
In der Folge der Finanzmarktkrise 2009/2010 wurde deutlich, dass einige Staaten, vor allem Griechenland, sehr hohe Staatsverschuldungen entstehen ließen. Dies führte zu einem starken Wertverlust des Euro gegenüber anderen Währungen und brachte die gesamte Währungsunion ins Wanken.

M 11 Kontrovers diskutiert: der Euro

Befürworter	Gegner
→ Der Euro fördert die Vertiefung der europäischen Integration durch die Vergemeinschaftung der Geldpolitik und den daraus erwachsenden weiteren Koordinierungsbedarf in anderen Politikfeldern wie Arbeitsmarkt-, Sozialpolitik etc. → Der Euro schafft ein Gegengewicht zur weltweiten Dominanz des US-Dollars und der amerikanischen Wirtschaft. → Der Euro ist ein Symbol der europäischen Integration und fördert eine gemeinsame europäische Identität. Er ist ein entscheidender Schritt hin zu einer politischen Union. → Der Euro fördert den Wettbewerb. Dies führt zu sinkenden Preisen für die Verbraucher. → Durch die gemeinsame Währung entfallen Umtauschkosten und Währungsrisiken.	→ Eine gemeinsame Währungspolitik funktioniert nur dann, wenn auch eine gemeinsame Wirtschaftspolitik vorhanden ist. → Das wirtschaftliche Gefälle der Mitgliedstaaten führt dazu, dass die ärmeren Staaten durch die wohlhabenden gestützt werden müssen. → Durch die Übertragung der Geldpolitik auf die Europäische Zentralbank gibt es keine nationale Kontrolle über die Geldpolitik mehr, obwohl dies angesichts unterschiedlicher wirtschaftlicher Entwicklungen in den Euro-Ländern notwendig wäre. → Durch den einheitlichen Zinssatz der EZB gelten z. B. auch in Staaten niedrige Zinssätze, die aufgrund ihrer wirtschaftlichen Entwicklung eigentlich hohe Zinssätze bräuchten. So werden falsche Anreize gesetzt und wirtschaftliche Risiken verstärkt.

Währungsunion
Eine Währungsunion ist ein Zusammenschluss von Staaten mit unterschiedlichen Währungen zu einem einheitlichen Währungsraum. Im Gegensatz zu einer Währungsreform bleibt bei der Währungsunion der Wert des Geldes erhalten. Die beteiligten Währungen werden lediglich nach einem bestimmten Austauschverhältnis in die neue Währung umgerechnet.

M 12 Die Europäische Zentralbank – Hüterin des Euro

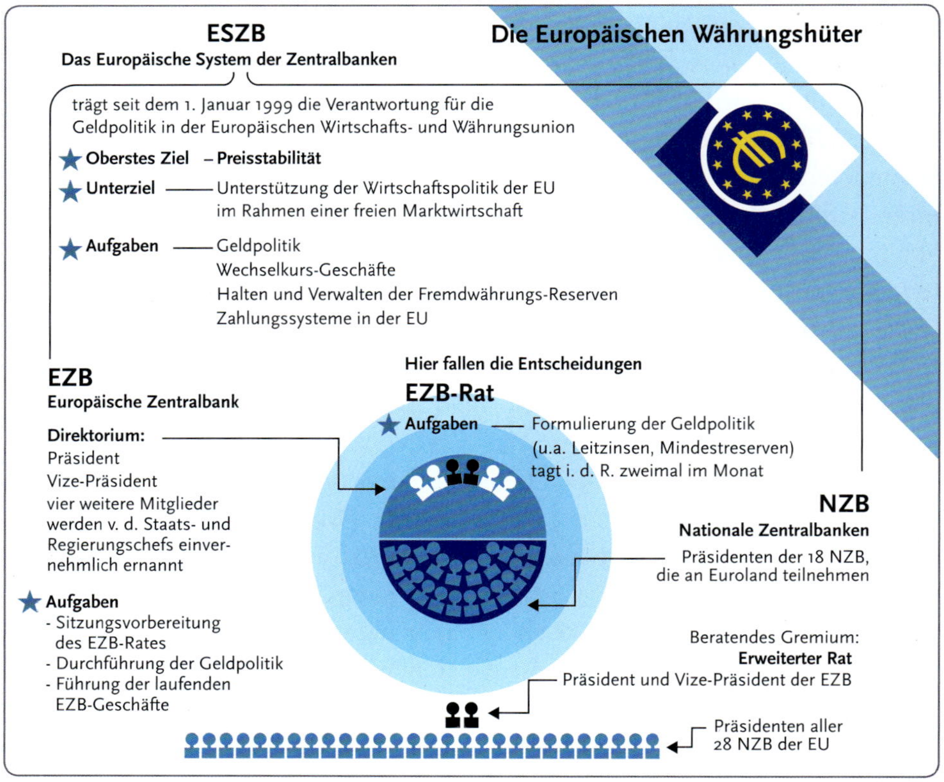

Globus-Grafik 3480

M 13 Kraftprotz oder Schwächling? Die Entwicklung des Eurokurses

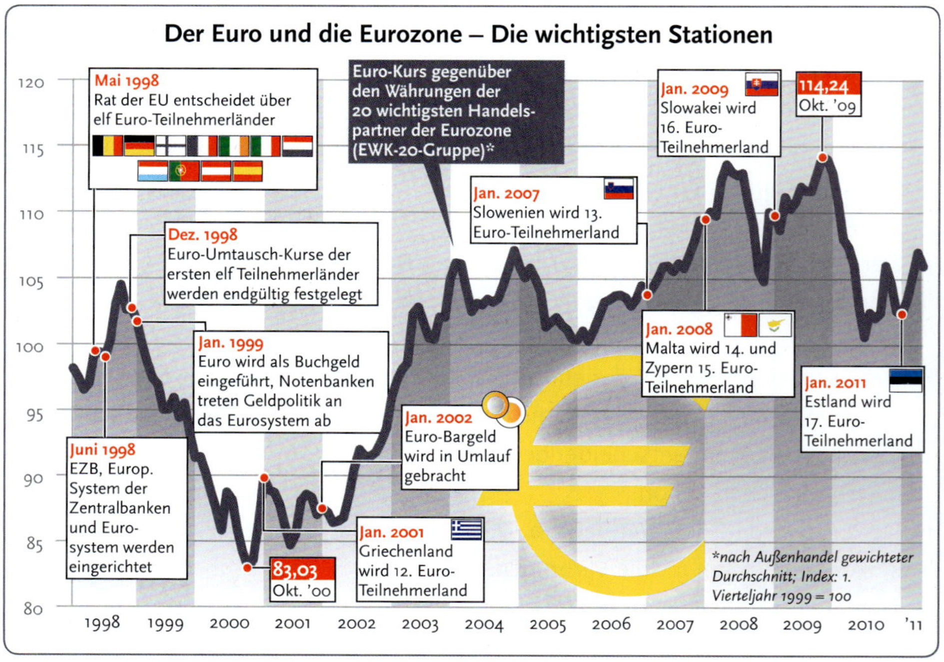

Globus-Grafik 4358; Quelle: Deutsche Bundesbank

M 14 Welche Auswirkungen haben schwankende Kurse?

Eine Währung ist, vereinfacht ausgedrückt, das Geld, welches in einem Währungsraum als Zahlungsmittel gilt. Es gibt heute über 160 Währungen auf der Welt. Wenn man von einer harten Währung spricht, meint man, dass diese Währung ihre Kaufkraft im Währungsgebiet erhält (Binnenwert der Währung), also über Jahre hinweg die Preise für die Güter nicht oder nur leicht steigen. Es herrscht dann eine geringe Inflation. Eine im Binnenwert harte Währung ist im Allgemeinen auch im Austauschverhältnis (Wechselkurs) zu anderen Währungen stark. Bekommt man z. B. für einen Euro 2 US-Dollar statt bisher 1,50 USD, dann ist der Euro stärker geworden, er ist aufgewertet worden. Dies führt z. B. dazu, dass Reisen in die USA für Deutsche billiger werden, die Reisen von US-Bürgern ins Euroland hingegen sich verteuern. Komplizierter sind die Auswirkungen auf den Handel. Ein starker Euro führt zu einer Verteuerung der deutschen Exporte in die USA. Warum ist das so? Der amerikanische Importeur bezahlt die deutschen Waren in USD. Der deutsche Exporteur möchte seine Gewinne aus dem Verkauf seines Exportgutes anschließend in Euro umtauschen. Bei einem starken Euro und schwachen USD bekommt er im Devisentausch weniger Euro. Das verringert seine Gewinne. Dies kann den Exporteur dazu bewegen, die Preise für seine Produkte zu erhöhen, was einen Rückgang des Absatzes zur Folge haben kann. Die positive Seite des starken Euro ist, dass die Einfuhren nach Deutschland aus dem Dollarraum sich verbilligen. Öl und Gas, für Deutschland wichtige Einfuhrgüter, werden in Dollar bezahlt. Bei einem starken Euro verringern sich die Kosten.

Wechselkurse
Wechselkurse geben das Austauschverhältnis zweier Währungen an. Feste Wechselkurse werden von den Regierungen vereinbart und sollen mittelfristig Schwankungen der Kurse verhindern. Bei freien Wechselkursen bildet sich der Kurs jeden Tag neu aufgrund von Devisenangebot und Devisennachfrage auf den Devisenmärkten.

Aufgaben

1. Erläutere, welche Voraussetzungen erfüllt sein müssen, damit ein Land an der Währungsunion teilnehmen kann (M 9).
2. Ordnet die Argumente in der Debatte um den Euro M 11 nach ihrer Wichtigkeit, und einigt euch in der Klasse (in der Arbeitsgruppe) auf eine Reihenfolge.
3. M 14 beschreibt eine harte Währung. Formuliere den Text neu für eine weiche Währung. Beginne ab Zeile 2: „Wenn man von einer weichen Währung spricht …"
4. Der Wert des Euro gegenüber dem USD schwankte im Zeitverlauf stark (M 14). Berechne für einen deutschen Exporteur die Einnahmen in Euro, wenn er 100.000 USD am 20.10.2000, am 22.4.2008 und am 10.5.2010 tauschte.

Was wir wissen

Die Erweiterung der EU
M 1 – M 3

Die Europäische Einigung strahlte von Beginn an eine große Anziehung auf die Staaten Europas aus, sodass ausgehend von den sechs Gründerstaaten heute schon 28 Staaten im europäischen Haus ihren Platz gefunden haben. Jeder Beitrittskandidat muss die grundlegenden Werte der EU teilen und die Kopenhagener Kriterien erfüllen. Seit über 40 Jahren hoffen die Türken auf einen Beitritt zur Europäischen Union. Im Oktober 2005 hat die EU offiziell damit begonnen, Beitrittsverhandlungen mit der Türkei zu führen. Ein Beitritt der Türkei zur EU wird allerdings kontrovers beurteilt. Die Gegner des Beitritts sehen eine Unvereinbarkeit von islamischer und christlicher Kultur, hohe Kosten für die wirtschaftliche Integration und sicherheitspolitische Risiken. Die Befürworter sehen die Chance, unterschiedliche Kulturen politisch zu integrieren, die Möglichkeit, wirtschaftliche Ungleichgewichte in Europa auszugleichen und die Ausdehnung des Friedensmodells der EU auf ein islamisch geprägtes Land.

Der Euro
M 9 – M 14

Die im Maastrichter Vertrag festgelegte Wirtschafts- und Währungsunion ist neben der Erweiterung der EU das wohl bisher ehrgeizigste Ziel europäischer Politik. Sie schmiedet die nationalen Volkswirtschaften noch enger zusammen. Die Befürworter und Verteidiger der gemeinsamen Währung sehen in ihr die „Krönung" des europäischen Binnenmarkts und einen entscheidenden Schritt zur Vertiefung europäischer Integration hin zu einer politischen Union. Darüber hinaus dient die gemeinsame Währung dem Wohlstand und bildet ein Gegengewicht zur Dominanz des US-Dollars.
Die Kritiker halten die Einführung für verfrüht, weil weder die wirtschaftlich-soziale noch die politische Integration weit genug vorangeschritten ist. Voraussetzung für die Teilnahme an der Währungsunion ist die Erfüllung der Konvergenzkriterien. Um auf Dauer eine nachhaltige wirtschaftliche Konvergenz innerhalb der EU zu erreichen, wurde 1997 zudem der Stabilitätspakt beschlossen. Er fordert von den Mitgliedstaaten eine solide Wirtschafts- und Finanzpolitik. Auch hierfür wurden bestimmte Kriterien festgelegt, die sich an den Konvergenzkriterien orientieren.

Die EZB
M 12

Die für den Euro verantwortliche Notenbank ist die Europäische Zentralbank (EZB) mit Sitz in Frankfurt am Main. Ihr oberstes Entscheidungsgremium ist der EZB-Rat, dem die sechs Mitglieder des EZB-Direktoriums sowie die 18 Gouverneure der nationalen Notenbanken angehören. Die EZB ist unabhängig und keinen politischen Weisungen unterworfen. Sie ist für die Geldpolitik im Euroraum zuständig. Ziel der Geldpolitik der EZB ist die Sicherung der Geldwertstabilität nach innen (in der Praxis wird darunter verstanden, dass die jährliche Teuerungsrate der Verbraucherpreise mittelfristig 2 Prozent nicht übersteigen soll) und nach außen (angemessene Wechselkurse, vor allem gegenüber dem US-Dollar).

Auseinandersetzung mit Szenarien zur Zukunft Europas – Quo vadis Europa?

Erläuterungen zu den einzelnen Szenarien:

Titanic: Das Titanic-Szenario beschreibt eine wesentliche Gefährdung bis hin zur Auflösung der europäischen Integration. Die Europäische Union ist nach diesem Szenario nicht fähig, den inneren und äußeren Herausforderungen gerecht zu werden. Innerhalb der Union nehmen die Interessenunterschiede und die Leistungsunterschiede der Mitgliedstaaten insbesondere durch die Erweiterungen immer weiter zu. Die Verteilungskämpfe werden schärfer und die Wertvorstellungen der einzelnen Mitgliedstaaten scheinen unüberbrückbar. Die bestehenden Strukturen und Institutionen der EU erweisen sich als ungeeignet für die große Zahl von Mitgliedstaaten. Das Modell der EU ist gescheitert.

Offener Gravitationsraum: Wesentliches Merkmal dieses Szenarios ist eine Gruppe von Mitgliedstaaten, die sich dem Ziel einer kontinuierlichen Integrationsvertiefung verpflichtet hat. Die ganzheitlichen Reformbemühungen scheitern an den unterschiedlichen Interessen der Mitgliedstaaten. Dennoch hält eine Mehrheit der Mitgliedstaaten am grundsätzlichen Ziel der Fortentwicklung der EU in Richtung einer politischen Union fest. Sie wählt mit Duldung der anderen Mitgliedstaaten den Weg weiter vertiefter Kooperation, jedoch wird den andern Mitgliedstaaten die Möglichkeit der Teilnahme an der vertieften Zusammenarbeit zu einem späteren Zeitpunkt gegeben.

Kerneuropa: Dieses Szenario basiert auf der Annahme, dass die Mitgliedstaaten sich nicht mehr auf neue gemeinsame Ziele hinsichtlich der zukünftigen Entwicklung der Europäischen Union einigen können. Der Gedanke einer großen, föderativen politischen Union aller Mitgliedstaaten geht verloren. In einigen Staaten nehmen Nation und Region in ihrer identitätsstiftenden Bedeutung wieder zu. Diese blockieren aufgrund ihres Mitspracherechts in den europäischen Institutionen eine weitergehende Integration. Schließlich entschließt sich eine überzeugte Gruppe von Mitgliedstaaten zur Zusammenarbeit außerhalb der Strukturen der Europäischen Union.

Supermacht Europa: Die Staaten sind bereit, der EU immer weiterreichende Kompetenzen in zentralen Politikbereichen zu übertragen (Innen-, Außen-, Verteidigungs-, Wirtschafts- und Sozialpolitik), weil sie davon ausgehen, dass sich die Nationalstaaten nur über den Zusammenschluss in der EU im internationalen Wettbewerb behaupten können. Wirtschaftliche Leistungsfähigkeit, Rechtsstaatlichkeit, ein Wertesystem mit großer internationaler Ausstrahlungs- und Anziehungskraft und erweiterte militärische Fähigkeiten verschaffen der EU eine beachtliche Handlungsbasis. Auf der Grundlage eines sich immer stärker ausprägenden „Wir-Gefühls" entwickelt sich die EU in Richtung eines europäischen Bundesstaates mit eigener Staatsqualität.

Methode Monnet: Dieses Szenario schreibt das Muster des Einigungsprozesses der vergangenen Jahre fort. Nach dem Scheitern der Verfassung erweist sich die ständige Suche nach einem kleinsten gemeinsamen Nenner als das beherrschende Prinzip des Integrationsprozesses, der flickenhaft und unvollständig bleibt. Trotz ihrer institutionellen Schwächen und den unterschiedlichen Interessen der Mitgliedstaaten zerfällt die Union nicht. Die bisherigen Erfolge (Frieden, Binnenmarkt, Schengen-Region) halten die Union so zusammen, dass immer wieder Kompromisse und kleine Fortschritte möglich sind.

nach: Franco Algieri u.a., Centrum für angewandte Politikforschung, München

Aufgabe

Bildet Gruppen. Lest die Szenarien zur Zukunft der Europäischen Union aufmerksam. Einigt euch dann in der Gruppe auf

- ein Szenario, das ihr für wünschenswert für die zukünftige Entwicklung der EU haltet;
- ein Szenario, das ihr für wahrscheinlich für die zukünftige Entwicklung der EU haltet.

Begründet eure Entscheidungen ausführlich.

Heidelberger Institut für Internationale Konfliktforschung

8

Internationale Politik

Die zahlreichen Kriege und Konflikte auf der Welt zeigen, dass bis heute Frieden und Sicherheit alles andere als selbstverständlich sind. Umweltzerstörung und Klimaveränderungen, Kriege und Konflikte, Hunger und Armut bedrohen die Menschen weltweit. Durch die Globalisierung, die man auch als Entgrenzung der Welt bezeichnet, wirken sich Krisen irgendwo auf der Welt auf die gesamte Weltgemeinschaft aus.

Kompetenzen

Am Ende dieses Kapitels solltest du Folgendes können:

- ausgewählte Gefährdungen von Frieden und Sicherheit kennen und beurteilen
- verschiedene Institutionen und Akteure internationaler Politik kennen sowie deren Möglichkeiten zur Konfliktlösung in der internationaler Politik einschätzen
- einen Konflikt mit geeigneten Methoden untersuchen
- Maßnahmen der Friedenssicherung beurteilen

Was weißt du schon?

- Ergänze folgenden Satz in Einzelarbeit:
  – Frieden bedeutet für mich …
- Mit euren Ergebnissen könnt ihr (Partnerarbeit oder Gruppenarbeit) einen „Friedensbaum“ gestalten, der im Laufe der Unterrichtsreihe ergänzt oder verändert wird. Dazu sammelt ihr auf separaten Zetteln die Merkmale und Voraussetzungen für Frieden und heftet die Zettel in Baumform auf ein Plakat: Was bildet den „Stamm“, was die „Äste“, was sind die „Blätter“ oder „Früchte“?

8.1 Terrorismus – eine Bedrohung für den Weltfrieden?

Der 11. September 2001 – ein Wendepunkt?

M 1 Anschlag auf die globale Sicherheit

Anschlag mit Verkehrsflugzeugen auf das World Trade Center in New York am 11.9.2001. Fast 3.000 Menschen verloren dabei ihr Leben. Die Terrororganisation al-Qaida übernahm die Verantwortung dafür.

Osama bin Laden – viele Jahre suchten die USA nach dem Terroristen – am 1. Mai 2011 wurde er in Pakistan von US-Streitkräften getötet.

M 2 Verantwortlich für die Anschläge vom 11. September – al-Qaida

Ihr Name („Die Basis") geht auf ein Verzeichnis von muslimischen Kämpfern zurück, das Osama bin Laden 1988 in Afghanistan anlegte, nach dem Krieg der Mudschahedin gegen die Sowjets. Seit 1984 waren über Osama bin Ladens Rekrutierungsbüros etwa 20.000 Muslime aus aller Welt in die Ausbildungslager am Hindukusch gezogen. Bis zum Jahr 2001 erstreckte sich bin Ladens Netzwerk, laut einer Zählung des US-Außenministeriums, über etwa 55 Staaten. Unabhängige, sogenannte „non-aligned Mudschahedin" oder „Schläfer", stehen im Bedarfsfall Gewehr bei Fuß. Ihre gemeinsame Ideologie ist es, die Welt von den Ungläubigen zu befreien. Im Namen des Dschihad („heiliger Krieg") kann jeder kämpfen, der die Ziele der Bewegung teilt. Was als Adressenverzeichnis afghanischer Kämpfer begann, ist heute also eine Bewegung von Fanatikern, die mal mehr, mal weniger autonom von der al-Qaida-Gründerriege operieren.

Seit 2006 konzentriert sich al-Qaida in erster Linie auf den Kampf in Afghanistan und Pakistan. In der arabischen Welt gelten heute (2009) vor allem Algerien und der Jemen als wichtige Einsatzgebiete der Organisation. Über die „Befreiung" der arabischen und islamischen Welt hinaus zielt al-Qaida darauf ab, all diejenigen Territorien zu erobern, in denen zwar Muslime leben, die gegenwärtig jedoch von Nichtmuslimen beherrscht werden. Hierzu gehören neben Israel vor allem Tschetschenien, Ost-Timor, die südlichen Philippinen, Südthailand, Nordnigeria und einige weitere Länder. Bin Laden und Zawahiri haben keine Grenzen der Expansion benannt. Al-Qaida geht es um den Rückzug der USA nicht nur aus der arabischen und islamischen Welt, sondern aus der Weltpolitik insgesamt. Es ist anzunehmen, dass sie auch nach Erreichen ihrer unmittelbaren Ziele den Kampf gegen den Westen fortzusetzen plant. Die erstaunliche Regenerationsfähigkeit der al-Qaida lässt vermuten, dass sie noch auf Jahre hinaus eine Bedrohung für die muslimische Welt, Europa und die USA bleiben wird.

nach: Jochen Bittner, Die Zeit, 29/2005 und Guido Steinberg, Al-Qaida, 6.5.2009, www.bpb.de

Die Karte zeigt Rückzugsgebiete und Verbreitung der Terrororganisation Al-Qaida.

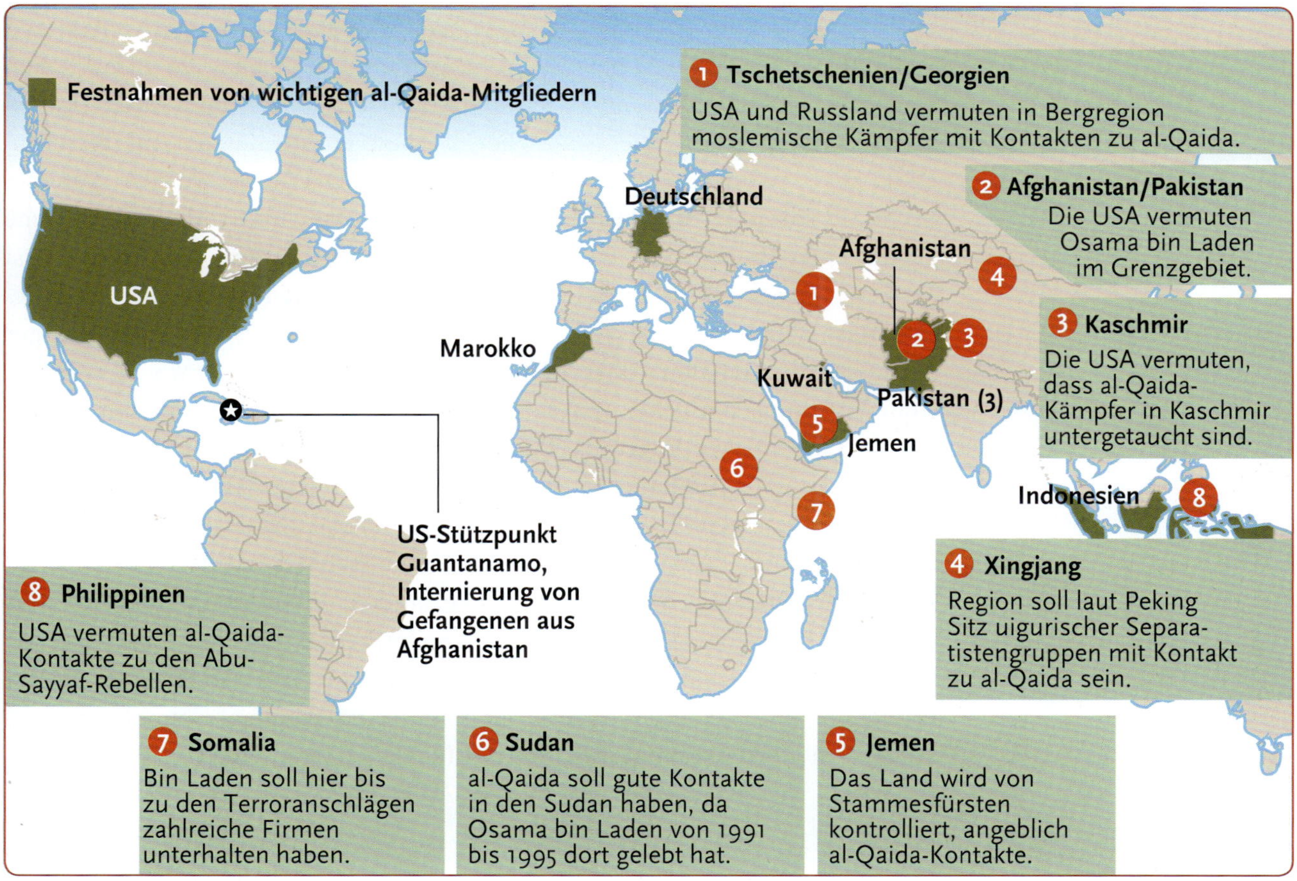

dpa-Grafik 7730

M 3 Erscheinungsformen des Terrorismus

Abschiedsvideo eines Selbstmordattentäters. Selbstmordattentate gehören zur Strategie islamistischer Terrorgruppen.

Die Erscheinungsformen und Begründungen für Terrorismus haben sich in den letzten Jahren verändert. In den 1970er und 1980er Jahren haben rechts- und linksextremistische Gruppen – in Deutschland zum Beispiel die Rote Armee Fraktion (RAF) – mit Gewalt für eine neue Wirtschafts- und Gesellschaftsordnung gekämpft.

Andere Terrororganisationen wie die nordirische IRA oder die baskische ETA sind nationalistisch-separatistisch. Sie kämpfen für die Unabhängigkeit einer Region oder sehen sich als Befreiungskämpfer von einer Besatzungsmacht.

Beim internationalen Terrorismus stehen weltanschauliche und religiöse Gründe im Vordergrund. Er ist häufig religiös-fundamentalistisch, verfolgt seine eigene Vision des göttlichen Willens. Diese Terrorgruppen sind über Grenzen hinweg organisiert. Sie bewegen sich frei in vielen Ländern und haben Stützpunkte in Staaten, die sie unterstützen. Sie nutzen moderne Kommunikationstechniken und Verkehrsverbindungen. Ein Musterbeispiel dafür ist die al-Qaida.

Teilweise wird der internationale Terrorismus auch staatlich gestützt oder geduldet. Staatlich gestützte Terrorgruppen dienen dann als außenpolitische Werkzeuge der neuen Kriegsführung gegen andere Staaten. Diktaturen oder autoritäre Staaten wie Iran, Irak, Nordkorea, Sudan, Syrien stehen im Verdacht, so zu handeln.

Ziele des internationalen Terrorismus sind häufig westliche Demokratien. Demokratien sind offene Gesellschaften. Die Menschen können sich frei bewegen und haben weitgehend ungehindert Zugang zu öffentlichen Einrichtungen. Demokratien bieten deshalb ein ideales Ziel für Terroranschläge. Die Taten werden systematisch geplant und sollen durch hohe Opferzahlen unter Zivilisten Angst und Schrecken erzeugen. Der demokratische Staat und seine Bürger sollen dadurch geschwächt werden. Hinzu kommt, dass es umstritten und schwierig ist, schärfere Schutz- und Antiterrormaßnahmen in einer Demokratie durchzusetzen. Ein demokratischer Staat darf es sich nicht erlauben, Menschenrechte und Bürgerfreiheiten für den Kampf gegen den Terror zu verletzen, weil er damit seine eigenen Grundlagen und Ideale verraten würde.

M 4 Terrorismus und Innenpolitik: Maßnahmen zur Terrorabwehr

Auf innenpolitischer Ebene sind wegen der erhöhten Terrorgefahr weltweit zahlreiche Sicherheitsmaßnahmen getroffen worden.

Biometrischer Pass: Er enthält das biometriefähige Passfoto sowie den Fingerabdruck und soll die Sicherheit des Dokuments gegen Fälschung und Missbrauch gewährleisten.

Weitergabe von Fluggastdaten: Daten von Fluggästen, die in die USA reisen, werden nach verdächtigen Mustern überprüft, um Terroristen noch vor der Einreise zu entdecken.

Videoaufzeichnung: Überwachungskameras werden als vorbeugende Sicherheitsmaßnahme verstärkt an öffentlichen Plätzen eingesetzt.

Online-Durchsuchung: Staatlicher Zugriff auf fremde Kommunikationsnetze, manchmal mit anschließender Überwachung, um Hinweise auf kriminelle Verbindungen oder Inhalte zu erhalten.

Vorratsdatenspeicherung: Es wird gespeichert, wer mit wem in den letzten sechs Monaten per Telefon, Handy oder E-Mail in Verbindung gestanden oder das Internet genutzt hat. Die Daten werden ohne Verdachtsmoment für sechs Monate gespeichert.

Plaßmann, Baaske Cartoons, Müllheim

Aufgaben

1. Informiere dich über den Terroranschlag vom 11.9.2001 in New York (Geschehnisse, Hintergründe, Folgen) und erstelle eine knappe Chronik weiterer schwerer Terroranschläge der letzten Jahre (M 1, Internetrecherche).
2. Nenne verschiedene Erscheinungsformen und Gründe für Terrorismus (M 3).
3. Erläutere, warum der Terrorismus für Demokratien gefährlich ist (M 4).

Terrorismus – der neue Krieg?

M 5 Der Wandel des Kriegsbildes

Krieg bedeutet, Interessenkonflikte zwischen Staaten (zwischenstaatlicher Krieg), zwischen Bevölkerungsgruppen (Bürgerkrieg) oder zwischen Staaten und einzelnen Bevölkerungsgruppen (asymmetrischer Krieg) mit Waffengewalt auszutragen. Meist geht es dabei um Macht und Einfluss, häufig auch um unterschiedliche Ideologien oder Religionen.

Auch wenn das Kriegsgeschehen auf der Welt sehr unübersichtlich ist, so lassen sich doch einige Entwicklungen herauslesen. So wurden in den vergangenen 15 Jahren nur noch sehr wenige zwischenstaatliche Kriege ausgetragen, bei denen sich zwei Staaten mit militärischen Großverbänden bekämpfen. Die Auseinandersetzung zwischen Russland und Georgien im Jahr 2008 war bezeichnenderweise der erste zwischenstaatliche Krieg nach der US-Intervention im Irak 2003. Einige Beobachter sprechen deshalb auch vom „Aussterben" des klassischen zwischenstaatlichen Kriegs.

Die überwiegende Anzahl von Kriegen sind heute jedoch innerstaatliche oder asymmetrische Kriege. Lokale Warlords, Rebellen- und Guerillagruppen, „Befreiungsarmeen" und internationale Terrornetzwerke tragen organisierte militärische Gewalt in die Mitte der Gesellschaften hinein, von der aus sie die staatliche Ordnung oder eine Besatzungsmacht bekämpfen. Ein fruchtbares Umfeld finden diese Organisationen in schwachen Staaten, die Recht und Ordnung nicht oder nicht mehr durchsetzen können, weil zum Beispiel das nötige Geld zur Bezahlung von Polizisten und Richtern fehlt. Gebiete, die nur mangelhaft unter staatlicher Kontrolle stehen, werden als Rückzugs- und Ruheräume, als Orte für Trainings- und Ausbildungscamps genutzt. Auch lassen sich in solchen Staaten leichter illegale Geschäfte vom Drogenhandel bis zur Geldwäsche betreiben, um die eigene Anhängerschaft zu finanzieren.

Die Staatengemeinschaft steht vor der schwierigen Frage, wie sie mit dieser Form des Krieges, bei der die Grenzen zur Kriminalität fließend sind, umgehen soll.

Mester, Baaske Cartoons, Müllheim

M 6 Massenvernichtungswaffen, Terrorismus, zerfallende Staaten

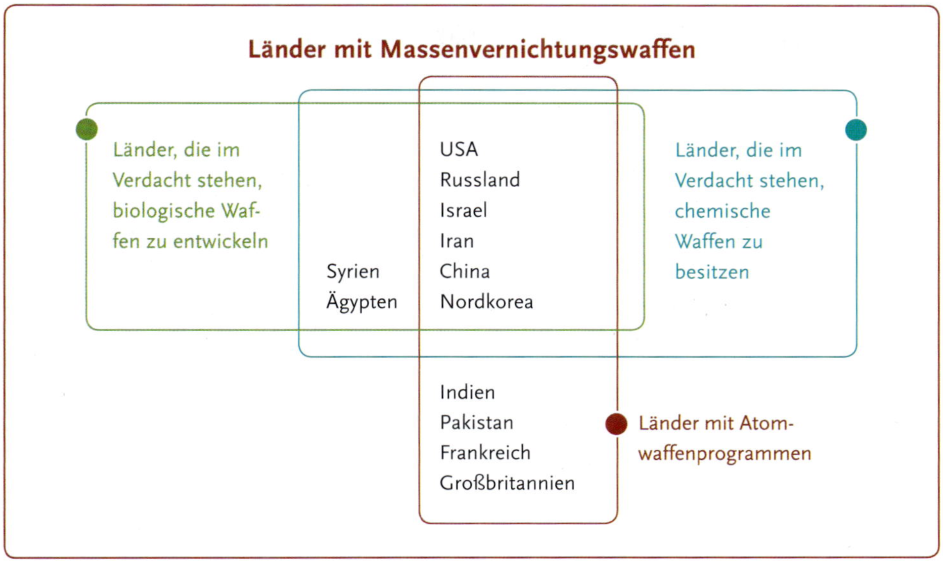

Frieden und Sicherheit, Schülerheft, hrsg. von der Aktionsgemeinschaft Jugend und Bildung, 2009/10, S. 6

Gefährdete Staaten

1. Somalia
2. Simbabwe
3. Sudan
4. Tschad
5. Demokratische Republik Kongo
6. Irak
7. Afghanistan
8. Zentralafrikanische Republik
9. Guinea
10. Pakistan

Failed States Index 2009

Nuklear- und andere Massenvernichtungswaffen (biologische, chemische Waffen) werden (wieder) zu einer zunehmenden Bedrohung für die Weltgemeinschaft, wenn sie in die Hände von Herrschaftssystemen gelangen, die wenig oder keine Skrupel hätten, diese selbst einzusetzen oder radikalen Terroristen in die Hände zu spielen. Diese Gefahr ist besonders bei schwachen Staaten gegeben, die von Zerfall und Bürgerkrieg bedroht sind, wie zum Beispiel Pakistan.

Dass Staaten und nichtstaatliche Akteure in den Besitz von Nuklear- und Trägertechnologien kommen können, ist kein Geheimnis mehr, seit Nordkorea mithilfe des pakistanischen Nuklearwissenschaftlers A. Q. Kahn das Wissen zum Bau einer Atombombe erlangte. Je mehr schwache Staaten über Nukleartechnik oder Nuklearwaffen verfügen, desto schneller wächst die Gefahr der unkontrollierten Weiterverbreitung (Proliferation). Hinzu kommt, dass diese Staaten durch die rasante Entwicklung der Trägerraketen mit immer größeren Reichweiten zu einer globalen Bedrohung werden können.

Zusätzlich besteht die Gefahr, Terroristen könnten sogenannte schmutzige Bomben einsetzen. Dabei handelt es sich um konventionelle Sprengsätze, die mit radioaktiven Substanzen versetzt sind. Die unmittelbaren Folgen einer Explosion wären so schlimm wie die einer herkömmlichen Bombe. Doch könnten die freigesetzten Substanzen ein ganzes Stadtzentrum radiologisch verseuchen. Die psychologische Wirkung wäre verheerend.

Tipp
Unter der Adresse der Bundeszentrale für politische Bildung *www.bpb.de/themen/J3EIZ6,0,0,Konfliktportr%E4ts.html* sind zahlreiche Porträts unterschiedlicher Konflikte zu finden.

Aufgaben

1. Erkläre, wie sich das Kriegsbild in den letzten Jahren verändert hat (M 5).
2. Erläutere, worin die besonderen Bedrohungen von Massenvernichtungsmitteln heute zu sehen sind (M 5, M 6).
3. Der Iran strebt schon seit langem nach Atomwaffen. Entwickelt in Gruppen einen Handlungsplan, wie der Iran davon abgehalten werden könnte, Atomwaffen zu bauen.

Was wir wissen

Frieden – keine Selbstverständlichkeit

Frieden im engeren Sinne bedeutet die Abwesenheit von Krieg und Gewalt. Im weiteren Sinne ist Frieden ein Zustand, in dem Menschen unter Anerkennung und Wahrung der Menschenrechte frei von Unterdrückung zusammenleben können und Konflikte gewaltfrei gelöst werden. Doch nicht überall leben die Menschen friedlich zusammen.

Terrorismus
M 2 – M 4

Seit den verheerenden terroristischen Anschlägen in den USA am 11. September 2001 gilt der internationale Terrorismus als eine der größten sicherheitspolitischen Herausforderungen der Gegenwart. Terroristen wollen durch geplante Gewaltanwendung (auch und gerade gegen Zivilisten) Angst und Schrecken erzeugen, um so politische oder religiöse Ziele zu erreichen. Ein Beispiel für ein global agierendes terroristisches Netzwerk ist al-Qaida. Der islamisch-fundamentalistische Terrorismus kann als Abwehrbewegung gegenüber der Ausbreitung westlicher demokratischer Werte und Lebensweisen verstanden werden.

Wandel des Kriegsbildes
M 5

Klassische Kriege sind eine Form des Konfliktaustrags zwischen Staaten, in denen die Konfliktparteien organisiert und systematisch, unter Einsatz der Armee und umfangreicher militärischer Mittel, Gewalt gegeneinander anwenden. Diese Kriege, die noch Anfang des vergangenen Jahrhunderts unvorstellbares Leid über die Menschheit brachten, sind heute jedoch die Ausnahme. Gewaltsame Konflikte werden heute dagegen häufig als „neue“ oder „asymmetrische“ Kriege“ bezeichnet. Die neuen Kriege tragen die Merkmale von Bürgerkriegen, denn meist kämpfen private Gruppen (Warlords, lokale Stammesfürsten, Guerillabewegungen oder Terrorgruppen) gegen andere Gruppen oder staatliche Einrichtungen. Schauplätze dieser Kriege sind schwache Staaten, denen es schwer fällt, die öffentliche Ordnung zu garantieren. Oft wird die Zivilbevölkerung bewusst in die Kampfhandlungen mit einbezogen. Aber auch die freiheitlichen und hoch technisierten Gesellschaften sind Ziele von terroristischen Attentaten, da sie aufgrund ihrer Offenheit leichter verwundbar sind. Innenpolitisch haben die betroffenen Staaten (so auch Deutschland) deshalb verstärkte Anstrengungen zur Terrorabwehr unternommen, die eine Einschränkung von Freiheitsrechten zur Folge haben.

Massenvernichtungswaffen
M 6

Eine große Gefahr geht außerdem von der Verbreitung atomarer, biologischer und chemischer Waffen aus. Immer mehr Staaten streben den Besitz von Massenvernichtungswaffen an, um mehr Macht zu erlangen oder potenzielle Gegner abzuschrecken. Dadurch werden Rüstungswettläufe in einigen Regionen in Gang gesetzt und die Gefahr verstärkt, dass instabile Staaten oder Terrorgruppen in den Besitz solcher Waffen gelangen. Es ist dann nicht auszuschließen, dass diese Waffen auch eingesetzt werden.

Fiktives Interview mit einem al-Qaida-Terroristen:

Stelle dir vor, du hättest Gelegenheit, ein Interview mit einem Topterroristen der al-Qaida zu führen. Du und dein Tischnachbar teilt die Rollen des Interviewers und des Interviewten untereinander auf. Für das Interview habt ihr 15 Minuten Zeit. Bereitet euch gut vor.

Der folgende Leitfaden kann euch dabei helfen:

- Auf welche Fragen möchtest du eine Antwort haben? Mit anderen Worten: Worum geht es?
- Beim Schreiben der Fragen solltest du bereits wissen, welche Antworten du vom Interviewpartner erwartest: Was soll mir mein Interviewpartner sagen? Welche Information brauche ich von ihm? Wie lange dauert die Antwort ungefähr?
- Fragen müssen öffnen. Sie sollten dem Gegenüber die Möglichkeit geben zu reden. Auf die Frage: „Haben Sie sich darüber geärgert?“, erhalten wir ein trockenes „Ja“, und das lässt sich nicht zitieren. Besser: „Wie haben Sie diesen Vorwurf empfunden?“ oder: „Weshalb haben Sie sich darüber geärgert?“
- Die wichtigsten Fragen sind die W-Fragen: Wer, Wo, Was, Wann, Wie, Warum, Woher? Wichtig ist eine offene Fragehaltung.
- Unproblematische Fragen zuerst: Grundsätzlich braucht man eine Einleitungsfrage, die es dem Gegenüber ermöglicht, sich auf die Interviewsituation einzustellen und den persönlichen Redefluss zu finden. Erst dann kann man auf die wichtigen Themen eingehen.

Aufgabe

Führt das Interview durch und wertet die Antworten aus. Beachtet dabei, ob die Fragen zielführend waren und die Antworten realistisch sind.

8.2 Dem Terrorismus begegnen? Das Beispiel Afghanistan

Kampf gegen den Terrorismus – wie reagieren die USA?

M 1 George W. Bush: „Unser Krieg gegen den Terrorismus beginnt mit der al-Qaida“

Nach den Terroranschlägen vom 11. September 2001 stimmt der amerikanische Präsident George W. Bush (2001 – 2009) am 20. September 2001 in einer Rede vor dem Kongress in Washington das amerikanische Volk und die Welt auf einen langen Kampf gegen den Terrorismus ein.

„Am 11. September haben Feinde der Freiheit eine kriegerische Handlung gegen unser Land begangen. [...] Die von uns gesammelten Beweise weisen alle auf eine Reihe lose verbundener Terroristenorganisationen hin, die als Al-Qaida bekannt sind. [...] Diese Gruppe und ihr Anführer - eine Person namens Osama bin Laden - werden mit vielen anderen Organisationen in verschiedenen Ländern in Verbindung gebracht [...] Es gibt Tausende dieser Terroristen in mehr als 60 Ländern. Sie werden in ihren eigenen Ländern und Nachbarschaften rekrutiert und in Lager wie beispielsweise in Afghanistan gebracht, wo sie in der Taktik des Terrors ausgebildet werden. [...]

Unser Krieg gegen den Terrorismus beginnt mit der al-Qaida, aber er wird dort nicht enden. [...]

Die Amerikaner fragen: Wie werden wir diesen Krieg führen und gewinnen? Wir werden alle uns zur Verfügung stehenden Mittel einsetzen - alle Mittel der Diplomatie, alle nachrichtendienstlichen Mittel, alle polizeilichen Instrumente, alle Möglichkeiten der finanziellen Einflussnahme und alle erforderlichen Waffen des Krieges, um das Netzwerk des weltweiten Terrors zu zerschlagen und zu besiegen. [...]

Dies ist nicht nur ein Kampf Amerikas. Und es geht hier nicht nur um die Freiheit Amerikas. Dies ist der Kampf der gesamten Welt. Dies ist der Kampf der gesamten Zivilisation. Es ist der Kampf aller, die an Fortschritt und Pluralismus, Toleranz und Freiheit glauben."

Amerikanische Botschaft (Berlin), amerika dienst (USINFO-B-DE), 21.9.2001

M 2 Die Antwort der USA: Operation Enduring Freedom

Im Jahr 2011 wurde Osama bin Laden in Pakistan von US-Streitkräften getötet.

Die Operation Enduring Freedom (OEF, englisch für „Operation andauernde Freiheit") ist die erste und bisher einzige militärische Großoperation im Rahmen des von den Vereinigten Staaten ausgerufenen Krieges gegen den Terrorismus. Sie begann am 7. Oktober 2001 mit dem Krieg gegen die Taliban in Afghanistan. Militärischer Hauptakteur der Operation Enduring Freedom sind die Streitkräfte der Vereinigten Staaten, jedoch nehmen viele Streitkräfte von Verbündeten der USA an ihr teil. Die erste Kriegsphase endete mit dem Fall der Hauptstadt Kabul und der Provinzhauptstädte Kandahar und Kunduz im November und Dezember 2001. Die Operation Enduring Freedom wird außer in Afghanistan in drei weiteren Regionen durchgeführt: am Horn von Afrika, auf den Philippinen und in Afrika innerhalb und südlich der Sahara. Deutschland beteiligte sich militärisch mit Einheiten der Marine an dem Einsatz im Indischen Ozean. Die Beteiligung der Bundeswehr mit Spezialkräften an Teiloperationen in Afghanistan wurde beendet. Als Rechtsgrundlage wird von den USA die Resolution 1368 des Sicherheitsrats der Vereinten Nationen vom 12. September 2001 in Anspruch genommen. Diese Resolution verurteilte die Ereignisse vom 11. September 2001 als Bedrohung für den internationalen Frieden und die internationale Sicherheit und bekräftigte das Recht auf individuelle und kollektive Selbstverteidigung.

M 3 ISAF – Stabilisierung und Wiederaufbau in Afghanistan

Erst Ende 2001 konnten die Kräfte der sogenannten „Nordallianz", unterstützt von den Vereinigten Staaten von Amerika und Großbritannien im Rahmen der Operation Enduring Freedom, das Taliban-Regime in Kabul stürzen. Die größten ethnischen Gruppen in Afghanistan einigten sich im Dezember 2001 während einer Konferenz auf dem Petersberg bei Bonn auf eine Übergangsregelung bis zum Aufbau dauerhafter stabiler Regierungsinstitutionen in Afghanistan. Das Petersberger Abkommen wurde Grundlage für die Resolution 1623 des Sicherheitsrats der Vereinten Nationen, der noch im Dezember 2001 die Aufstellung der International Security Assistance Force (ISAF) beschloss. Diese Mission steht unter Führung der NATO und auch die Bundeswehr beteiligt sich seit 2002 an diesem Einsatz. Ziel der ISAF ist die Unterstützung der afghanischen Regierung sowie die Herstellung und Wahrung der inneren Sicherheit in Afghanistan. Außerdem soll der Wiederaufbau des Landes und funktionierender demokratischer Regierungs- und Verwaltungsstrukturen (z.B. Polizei, Gerichte) begleitet werden. Die Resolution des Sicherheitsrates erlaubt dabei „friedenserzwingende Maßnahmen", also Maßnahmen zur Wiederherstellung des Friedens in Konfliktgebieten unter Anwendung militärischer Mittel. Ca. 90.000 Soldaten aus zahlreichen Ländern beteiligen sich an der Mission. Nach anfänglichen Erfolgen beim Wiederaufbau und der Befriedung zumindest von Teilen des Landes hat sich die Sicherheitslage in Afghanistan bis zum Jahr 2010 wieder deutlich verschlechtert, sodass immer mehr Beobachter von einem Krieg in Afghanistan sprechen, an dem auch deutsche Soldaten beteiligt sind.

Soldaten am Hindukusch

84.150 Soldaten sind als Teil der internationalen Schutztruppe ISAF in Afghanistan im Einsatz. Darunter aus:

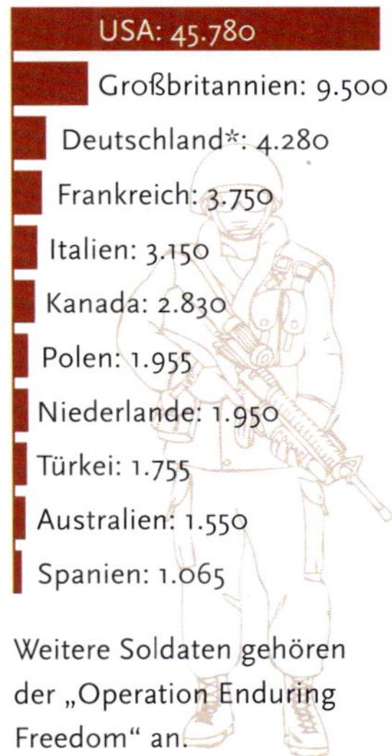

Weitere Soldaten gehören der „Operation Enduring Freedom" an.

* *derzeitige Kontingentobergrenze: 5.350; Stand: Dez. 2010*

Quelle: ISAF, dpa-Grafik 12040

Aufgaben

1. Die Operation Enduring Freedom war eine unmittelbare Reaktion auf die Anschläge vom 11. September 2001. Arbeite aus M 1 heraus, wie der amerikanische Präsident George W. Bush den Kampf gegen den Terrorismus begründet und mit welchen Mitteln er geführt werden soll.
2. Nenne die unterschiedlichen Ziele der Missionen „Enduring Freedom" und „ISAF" (M 2, M 3).
3. Bildet Gruppen und erstellt zusammen ein Porträt über Afghanistan. Mögliche Aspekte: Geschichte, Bevölkerung, Wirtschaft, Geografie und Politik.

Die Bundeswehr am Hindukusch – Sicherheit für Deutschland?

M 4 Momentaufnahme aus Afghanistan

M 5 Gefangen im Grauen der Nacht

Am 4. September forderte die Bundeswehr amerikanische Flugzeuge auf, einen festgefahrenen Tanklaster nahe Kunduz zu bombardieren. Dabei starben 100 afghanische Zivilisten, zahlreiche andere wurden teils schwer verletzt. Der Bauer Nur Jan war einer der Verwundeten.

Er wäre lieber tot, sagt Nur Jan, 28. Besser gar nicht mehr, als so weiterleben zu müssen. Der Mann mit den eingefallenen Wangen sieht an sich herab. Von seinem rechten Arm ist unterhalb des Ellenbogens nur ein Stummel übrig, er kann ihn kaum bewegen. Nur Jan wäre fast gestorben. Am 4. September, gut anderthalb Stunden nach Mitternacht. Mit einem Plastikkanister in der Hand rannte der Bauer aus dem Dorf Omar Khel zum Kunduz-Fluss.

Nachbarn hatten Nur Jan aus dem Haus gerufen, kurz nach dem traditionellen Mitternachtsessen im Fastenmonat Ramadan. Auf einer Sandbank hatten sich in Kies und Schlamm zwei Tanklaster festgefahren. Um die hundert Menschen waren schon dort, teilweise waren sie eine Stunde zum Fluss gelaufen. Sie füllten sich Benzin ab. Als Nur Jan ankam, fielen die Bomben.

Der Bauer Nur Jan ist eines der Opfer des Bombardements. Auch wenn er den Angriff überlebt hat, werden ihn die Erlebnisse jener Septembernacht wohl immer verfolgen. [...]

Noch hofft Nur Jan zwar, dass die Bundeswehr ihn nach Deutschland fliegt und die Schulter wenigstens richten lässt. Falls das nicht passiert, dann will Nur Jan nicht weiterleben. „Dann will ich lieber als Selbstmordattentäter sterben."

Matthias Gebauer, Der Spiegel, 3.9.2010

M 6 Der Alltag der Soldaten

Seit 2002 sind mehr als 40 Bundeswehrsoldaten im Einsatz in Afghanistan ums Leben gekommen. Das Wiedererstarken der Taliban auch im Norden des Landes verhindert den weiteren Wiederaufbau des Landes. Ein Soldat berichtet von seinem Einsatz:

Als ich im März nach Kunduz kam, habe ich mir geschworen, alle meine Männer wieder nach Hause zu bringen. Das Versprechen konnte ich nicht halten. Am Karfreitag gerieten wir in Isa Khel, das ist ein kleines Dorf in der Taliban-Hochburg Chahar Darreh, in einen Hinterhalt. Es ging alles sehr schnell. Innerhalb von Sekunden wurden wir von mehreren Seiten angegriffen, drei meiner Kameraden fielen, es war der schwerste Tag meines Lebens. [...] Der Gegner nutzt unsere Schwäche, dass wir gut sichtbar sind, gnadenlos aus. Am Anfang wollten wir noch etwas erreichen, dem Gegner vielleicht ein Stück des Raumes wegnehmen. Doch nach dem Tod meiner Männer fragen wir uns manchmal, ob es das noch wert ist. Warum unser Leben riskieren, wenn die Taliban doch gleich wiederkommen, sobald wir weg sind? Wir kämpfen um unser Leben und um unseren Auftrag, wenn es den überhaupt noch gibt. Am Ende kämpfen wir hier in Kunduz vor allem ums eigene Überleben. Dafür, dass nicht weitere meiner Männer sterben, dass ich wenigstens den Rest meiner Truppe nach Hause bringen kann. Wir haben gelernt zu töten und tun dies auch. Wer auf uns schießt, den erschießen wir. Doch so einfach ist es oft nicht. Jeder von uns kennt den Auftrag, wir sollen die Zivilbevölkerung so gut wie es geht schützen, schließlich kämpfen wir ja für sie. Doch wie macht man das, wenn man beschossen wird? Wie soll ich meinen Männern erklären, dass sie mit dem Schießen warten sollen, bis wir in Lebensgefahr sind?

Fallschirmjägerbataillon 373, Der Spiegel, 19.4.2010

M 7 Der Auftrag der Bundeswehr

Wie die Bundeswehr eingesetzt werden darf, ist im Grundgesetz der Bundesrepublik Deutschland festgehalten. Es besagt, dass die Bundeswehr in erster Linie zur Verteidigung des Landes eingesetzt werden soll, sich aber auch an bewaffneten Auslandseinsätzen beteiligen darf. Als Voraussetzung für den Einsatz im Ausland gilt ein Beschluss eines „Systems gegenseitiger Sicherheit" (UNO) oder eines Verteidigungsbündnisses (NATO, EU) und die Zustimmung des Bundestags. Im Innern darf die Bundeswehr nur zur Amtshilfe bei Naturkatastrophen eingesetzt werden oder wenn der Bestand der Bundesrepublik Deutschland z. B. durch Aufständische gefährdet wird und die Polizei die Lage nicht mehr kontrollieren kann.

Das Bundesverteidigungsministerium hat die allgemeinen Aufgaben der Bundeswehr so beschrieben:

Die Bundeswehr in Afghanistan

Bundeswehr-Kontingent
Zahl der Soldaten
2001 2002 2003 2005 2008 2010

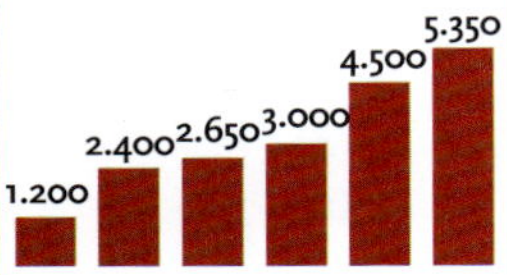

Chronologie

22.12.2001 Zustimmung des Bundestags zum ISAF-Einsatz

20.12.2002 Verdoppelung des Kontingents und Einsatzverlängerung

27.08.2003 Aufstockung um 250 zusätzliche Soldaten

28.09.2005 Einsatzausweitung auch auf andere Gebiete neben Kabul und dem Norden

16.10.2008 Weitere Truppenaufstockung und Einsatzverlängerung

04.09.2009 Bundeswehr ordnet Luftangriff auf Tanklastzüge an

12.10.2009 Trauerfeier für den 36. getöteten deutschen Soldaten

09.02.2010 Bundeskabinett beschließt Kontingenterweiterung um 850 Soldaten auf 5.350

dpa-Grafik: 12113

- die außenpolitische Handlungsfähigkeit zu sichern,
- einen Beitrag zur Stabilität im europäischen und globalen Rahmen zu leisten,
- die nationale Sicherheit und Verteidigung zu gewährleisten,
- zur Verteidigung der Verbündeten beizutragen und
- die multinationale Zusammenarbeit und Integration zu fördern.

Als konkrete Aufgaben bedeutet dies für die Bundeswehr:

- Internationale Konfliktverhütung und Krisenbewältigung, einschließlich des Kampfes gegen den internationalen Terrorismus,
- Unterstützung von Bündnispartnern,
- Schutz Deutschlands und seiner Bürgerinnen und Bürger,
- Rettung und Evakuierung,
- Partnerschaft und Kooperation,
- Hilfeleistungen (Amtshilfe, Naturkatastrophen, besonders schwere Unglücksfälle).

M 8 Erfolge der Entwicklungs- und Aufbauarbeit in Afghanistan

Entwicklungspolitisch sind in Afghanistan aus Sicht der Bundesregierung große Erfolge erzielt worden. Einige Beispiele:

Bildung:
Fast sieben Millionen Mädchen und Jungen wurden eingeschult. Mehr als 100.000 Lehrer wurden eingestellt – viele befinden sich noch in der Ausbildung. 200.000 Schüler lernen in neu gebauten Schulen. Die Provinzen Nordafghanistans – dem Schwerpunktgebiet der deutschen Entwicklungszusammenarbeit – weisen die höchsten Einschulungsraten im Land auf.

Gesundheit:
Die Kindersterblichkeit ist deutlich gesunken. Jedes Jahr überleben zusätzlich 100.000 Kinder mehr.

Trinkwasserversorgung:
900.000 Menschen wurde – zum Teil zum ersten Mal überhaupt – Zugang zu Strom und sicherem Trinkwasser ermöglicht.

Wirtschaft:
Afghanistan beeindruckt durch zweistellige Raten wirtschaftlichen Wachstums; der grenzüberschreitende Handel nimmt kontinuierlich zu. 60.000 Mikrokredite wurden mit Förderung durch die deutsche Entwicklungszusammenarbeit an kleine und mittlere Unternehmen vergeben.

Verkehrsinfrastruktur:
Insbesondere im ländlichen Raum haben 1,3 Millionen Menschen durch den Bau von Infrastruktur Einkommens- und Beschäftigungsmöglichkeiten gefunden.

Einer aktuellen Umfrage zufolge glauben 70 Prozent der Afghanen, dass sich ihr Land in die richtige Richtung bewegt.

http://www.bmz.de/de/presse/pm/2010/januar/pm_20100128_15.html (10.10.2010)

M 9 Kontrovers diskutiert: Soll die Bundeswehr in Afghanistan bleiben?

Nach vielen Jahren Krieg in Afghanistan werden die Zweifel am Erfolg größer.

Pro: Dem Land beim Wiederaufbau helfen

Und es ist ja auch richtig - nach acht Jahren fällt die Bilanz äußerst mager aus: Korruption durchzieht das Land wie eh und je. Die radikalen Islamisten bedrohen Afghanen wie Alliierte, kriminelle Machenschaften ziehen sich bis hinauf in die oberen Regierungsämter. Und die Demokratie funktioniert, zumindest nach westlichem Verständnis, mehr schlecht als recht. Doch rechtfertigen diese Umstände einen schnellen Rückzug vom Hindukusch? - frei nach dem Motto: Wir haben es probiert, aber es hat nicht funktioniert. Die Antwort muss Nein lauten, denn Aufgeben wäre feige und verantwortungslos. Die Alliierten haben ihren Einmarsch 2001 auf zwei Versprechen gegründet. Eines war an sich selbst gerichtet: das Taliban-Regime zu verjagen und damit dem Terror, der mit deren Hilfe möglich wurde, den Boden zu entziehen. Das andere ging an die internationale Gemeinschaft, vor allem aber an Afghanistan: dem Land beim Wiederaufbau zu helfen, um ihm eine Perspektive jenseits von Armut und Gotteskriegern zu ermöglichen.

Nils Kruse, Stern, 22.9.2009

Kontra: Mehr als genug tote Soldaten

Trotz ihres ehrlichen Engagements ist es der Bundeswehr weder gelungen, die Brutstätten des Terrors zu vernichten, noch schafften es die Soldaten, das Land mit Waffengewalt zu befrieden. Im Gegenteil: Experten schätzen die Zahl der Terror-Camps allein im afghanisch-pakistanischen Grenzgebiet auf bis zu 1500. Dutzende Provinzen sind für ausländische Truppen zu „no go-areas" geworden, in denen die Taliban völlig ungeniert und ungehindert herrschen. Und mehr als 60 Prozent der Afghanen lehnten den Einsatz der ausländischen Truppen in ihrem Land ab. Die Ablehnung hat sich in den vergangenen zwei Jahren sogar noch verstärkt. Warum also sollten deutsche Soldaten in Afghanistan bleiben? Um wirtschaftliche Strukturen zu fördern, von denen bislang hauptsächlich die radikal-islamistischen Warlords oder irgendwelche kriminellen Provinzfürsten profitieren? Um die politische Macht eines eitlen und korrupten Präsidenten zu erhalten, der frei ist von jeglicher demokratischer Zukunftsvision und eigener Handlungsfähigkeit? Oder um sich für die sinnlose „Wir ziehen das jetzt durch"-Strategie mancher Bundespolitiker von den Taliban bei immer neuen Anschlägen abknallen zu lassen? 35 tote Soldaten, die der Afghanistan-Einsatz bislang forderte, sollten mehr als genug sein.

Manuela Pfohl, Stern, 22.9.2009

Aufgaben

1. Eine afghanische Schulklasse befragt dich, warum die Bundeswehr in ihrem Land ist. Entwirf einen Kurzvortrag, in dem du diese Frage beantwortest (M 4 – M 8).
2. Führt eine Diskussion (Podiumsdiskussion, amerikanische Debatte) zur Frage, ob die Bundeswehr in Afghanistan bleiben oder abziehen sollte (M 9).

Die NATO – ein Verteidigungsbündnis mit Zukunft?

M 10 Die NATO-Staaten

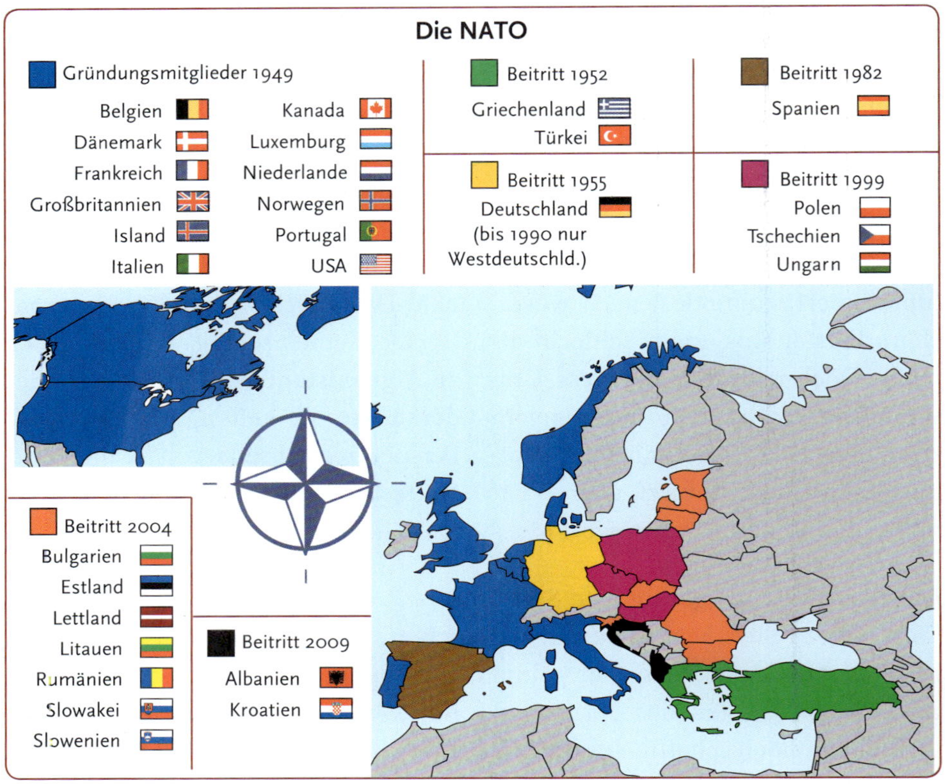

Globus Grafik 2727

M 11 Aus dem NATO-Vertrag

Beistandsklausel: Art. 5

Die Parteien vereinbaren, dass ein bewaffneter Angriff gegen eine oder mehrere von ihnen in Europa oder Nordamerika als ein Angriff gegen sie alle angesehen werden wird; sie vereinbaren daher, dass im Falle eines solchen bewaffneten Angriffs jede von ihnen in Ausübung des in Artikel 51 der Satzung der Vereinten Nationen anerkannten Rechts der individuellen oder kollektiven Selbstverteidigung der Partei oder den Parteien, die angegriffen werden, Beistand leistet, indem jede von ihnen unverzüglich für sich und im Zusammenwirken mit den anderen Parteien die Maßnahmen, einschließlich der Anwendung von Waffengewalt, trifft, die sie für erforderlich erachtet, um die Sicherheit des nordatlantischen Gebiets wiederherzustellen und zu erhalten.

A. Randelzhofer (Hg.), Völkerrechtliche Verträge, Berlin 2007

M 12 Die Entstehung der NATO

Am 4. April 1949 unterzeichneten in Washington zehn westeuropäische Staaten sowie die USA und Kanada den Nordatlantikvertrag und gründeten damit die NATO (North Atlantic Treaty Organization). Der Kalte Krieg zwischen den von der Sowjetunion dominierten kommunistischen Staaten Osteuropas und dem nichtkommunistischen Westen war bereits voll entbrannt. Sieben weitere Staaten, unter ihnen die Bundesrepublik Deutschland, traten in den Folgejahren dem Bündnis bei.

Zu Zeiten des Kalten Krieges galt die NATO bei den Staaten des Warschauer Pakts, die bereits wenige Jahre nach seinem Ende ihr Interesse an einer Mitgliedschaft bekundeten, als aggressives Bündnis. Ziemlich genau 40 Jahre lang war es die Hauptaufgabe der NATO, einen potenziellen Gegner durch die eigene militärische Stärke abzuschrecken. Etwaige Angriffsabsichten sollten angesichts der Vergeltungsmöglichkeiten der Nordatlantischen Allianz von vornherein entmutigt werden. Als Voraussetzung für einen Erfolg dieser Politik galt, dass die Mitglieder der NATO weitaus höher gerüstet waren, als das etwa heute der Fall ist.

Informationen zur politischen Bildung Nr. 274, Internationale Beziehungen II, Bonn 1/2002, S. 18 ff.

Kalter Krieg
So wird der Konflikt zwischen den Westmächten unter Führung der USA und dem Ostblock unter Führung der Sowjetunion bezeichnet, den diese von 1945 bis in die 1980er Jahre mit allen Mitteln unterhalb der Schwelle eines offenen Krieges austrugen.

Warschauer Pakt
Militärbündnis der damaligen „Ostblock"-Staaten unter Führung der Sowjetunion (14.5.1955 – 1.7.1999)

M 13 Die NATO – ein Bündnis im Wandel

Nach dem Ende des Ost-West-Konfliktes und dem Zusammenbruch des Warschauer Paktes sah sich die NATO einem völlig neuen internationalen Umfeld gegenüber, das das Selbstverständnis und die strategische Ausrichtung des Verteidigungsbündnisses grundsätzlich in Frage stellte. Drei Entwicklungen waren für den Wandel und den Fortbestand der NATO prägend:

Mit dem Ende des Kalten Krieges stellte sich die Frage, wie die NATO mit ehemaligen, nun unabhängigen Staaten des Warschauer Paktes umgehen sollte. Diese strebten nun eine Mitgliedschaft in der NATO an, um Sicherheit vor dem aus ihrer Sicht (über)mächtigen Russland zu erhalten. Die NATO vergrößerte ihr Bündnisgebiet nach und nach immer weiter nach Osten und versuchte dabei, das Verhältnis zu Russland nicht zu stark zu belasten.

Gleichzeitig brach vor den Toren Westeuropas ein Krieg im ehemaligen Jugoslawien (1991 - 1999) aus. Die NATO entschloss sich erstmals zum Eingreifen auch außerhalb ihres eigenen Bündnisgebietes. Von den Vereinten Nationen wurde das Eingreifen legitimiert. So erfolgte der erste Kampfeinsatz in der Geschichte der NATO im August 1995 in Bosnien-Herzegowina.

Schon einige Jahre später stellte sich eine neue Herausforderung: Wie sollte die NATO den Völkermord im Kosovo verhindern, wenn kein Mandat der Vereinten Nationen - Russland hatte in diesem Fall ein Veto im UN-Sicherheitsrat eingelegt - die NATO zum Eingreifen ermächtigte? Angesichts der sich abzeichnenden huma-

Bundeswehrbeteiligung an NATO-Missionen	
30.06.1995 – 19.06.1996	Ex-Jugoslawien SHARP GUARD (WEU/NATO-Operation)
20.12.1996 – 19.06.1998	Bosnien-Herzegowina JOINT GUARD/ SFOR
24.03.1999 – 10.06.1999	Ex-Jugoslawien ALLIED FORCE
13.04.1999 – 10.06.1999	Albanien und Mazedonien ALLIED HARBOUR
10.06.1999 – heute	Kosovo JOINT GUARDIAN/ KFOR
12.06.1999 – 24.08.1999	Adria ALLIED HARVEST
27.09.2001 – 15.12.2002	Mazedonien AMBER FOX
12.10.2001 – 16.05.2002	Nordamerika EAGLE ASSIST (AWACS)
26.10.2001 – heute	Mittelmeer ACTIVE ENDEAVOUR
01.01.2002 – heute	Afghanistan ISAF
16.12.2002 – 31.03.2003 (Übergabe an EU)	Mazedonien ALLIED HARMONY

Bundesministerium der Verteidigung (www.bmvg.de)

nitären Katastrophe entschloss sich das Bündnis 1999, nunmehr auch ohne Mandat der Vereinten Nationen, Mord und Vertreibungen mit militärischen Mitteln zu verhindern.
Spätestens nach dem Eingreifen im Kosovo zeigte sich, dass die NATO neben der Verteidigung des Bündnisgebietes ihre Aufgabe nun darin sah, in ganz Europa für Sicherheit und Stabilität zu sorgen, in Ausnahmefällen auch dann, wenn kein Mandat der Vereinten Nationen den Einsatz legitimierte. Die Anschläge vom 11. September 2001 auf die USA ließen auch diese Strategie als veraltet erscheinen. Zum ersten Mal in der Geschichte der NATO wurde der Bündnisfall festgestellt und die NATO engagiert sich seitdem auch im fernen Afghanistan. Insgesamt hat sich die NATO damit zu einer globalen Sicherheitsorganisation gewandelt, die ihre Ziele folgendermaßen definiert: „Der wesentliche und fortdauernde Zweck der NATO [...] besteht darin, die Freiheit und Sicherheit aller ihrer Mitglieder mit politischen und militärischen Mitteln zu erreichen [...]. Die Verwirklichung dieses Ziels kann durch Krisen und Konflikte, die die Sicherheit des euro-atlantischen Raums berühren, gefährdet werden." (Strategisches Konzept von 1999)

M 14 Die neue NATO-Strategie

Die NATO-Staaten haben in der portugiesischen Hauptstadt Lissabon im November 2010 eine neue Bündnisstrategie für das kommende Jahrzehnt beschlossen. Zentrale Punkte der neuen Strategie sind:

Neuartige Bedrohungen:
Die NATO reagiert mit der neuen Strategie auf „neuartige Bedrohungen" wie Angriffe von Terroristen, von Hackern aus dem Internet (sogenannte Cyber-Attacken) oder Mittelstreckenraketen.

Kollektive Verteidigung:
Grundprinzip bleibt die „kollektive Verteidigung" nach Artikel 5 des Nordatlantik-Vertrags von 1949. Ein bewaffneter Angriff auf einen oder mehrere Mitgliedstaaten ist danach ein Angriff auf alle. Diesen Bündnisfall hat die NATO nur einmal nach den Terrorangriffen auf die USA vom 11. September 2001 ausgerufen.

Ziel der atomaren Abrüstung:
Auf deutsches Drängen verankerte die NATO erstmals das Ziel der atomaren Abrüstung in ihrer Strategie. Dazu heißt es: „Wir sind entschlossen, eine sicherere Welt für alle anzustreben und die Bedingungen für eine Welt ohne Atomwaffen zu schaffen."

Festhalten am Prinzip der Abschreckung:
Atommächte wie Frankreich und die

USA setzten durch, dass das Prinzip der Abschreckung ein zentrales Element der Strategie bleibt: „Solange Atomwaffen existieren, wird die NATO eine nukleare Allianz bleiben", heißt es in dem Text.

Neue Raketenabwehr:
Ein neuer NATO-Raketenschirm soll weite Teile Europas schützen. Dazu heißt es: „Wir entwickeln unsere Fähigkeit, unsere Bevölkerung und unser Territorium gegen einen Angriff mit ballistischen Raketen zu schützen." Der Iran wird auf Druck der Türkei nicht ausdrücklich als Bedrohung genannt.

Annäherung an Russland:
Die Allianz betont, die NATO stelle „keinerlei Bedrohung für Russland dar". Dies hatte Moskau angesichts der Osterweiterung des Bündnisses so empfunden. Kooperieren will das Bündnis beim Raketenschirm: „Wir suchen aktiv eine Zusammenarbeit mit Russland und anderen euro-atlantischen Partnern im Bereich der Raketenabwehr", heißt es in dem Text.

Krisenbewältigung:
Bei internationalen Krisen will die Allianz auch künftig eine Rolle spielen, allerdings will sie die Lehren aus dem blutigen Einsatz in Afghanistan ziehen. „Die NATO wird sich engagieren, wenn es möglich und nötig ist, um eine Krise zu verhindern oder zu bewältigen", heißt es in dem Text, ohne den bisher größten NATO-Einsatz ausdrücklich zu nennen.

AFP, www.n-tv.de/politik/dossier/Die-neue-Nato-Strategie-article1972961.html (30.10.2010)

M 15 Die NATO in der Kritik

Die NATO ist den modernen Herausforderungen nicht gewachsen. Im Kern ist die Allianz auf die Verteidigung des Bündnisgebietes angelegt – was ihr fehlt, ist eine Möglichkeit, in die Welt hinaus zu wirken, wenn die NATO-Länder ihre Sicherheit auch durch weit entfernte Vorgänge gefährdet sehen. Dass diese Anpassung trotz einiger Versuche noch nicht gelungen ist, hat einen einfachen Grund. Sobald es daran geht, konkrete Antworten auf die Herausforderungen zu formulieren, brechen Gegensätze in der Allianz auf. Die Frage etwa, wie der Kampf gegen den Terror zu führen ist, spaltet die NATO immer noch, auch wenn die Kluft seit der Wahl Barack Obamas zum amerikanischen Präsidenten geringer geworden ist. Ein anderes Beispiel ist das Verhältnis zu Russland. Während die USA und die westeuropäischen Staaten in Moskau einen Partner sehen, dringen die osteuropäischen NATO-Länder, allen voran die baltischen, auf eine gegen Russland gerichtete Verteidigungsplanung. Wie dies alles auf einen Nenner gebracht werden kann, weiß derzeit niemand.

Martin Winter, Süddeutsche Zeitung, 1.8.2009

Aufgaben

1. Beschreibe, wie und warum sich die NATO im Lauf der Geschichte verändert hat (M 10 – M 14).
2. Erkläre die Funktionsweise der NATO als Verteidigungsbündnis (M 11).
3. Kläre mithilfe von M 15, mit welchen Problemen die NATO derzeit konfrontiert ist.
4. Sollte man die NATO abschaffen? Diskutiert diese Forderung von NATO-Kritikern.

Die Vereinten Nationen – Garant für den Weltfrieden?

M 16 Was sind die Vereinten Nationen?

Das UN-Hauptquartier in New York.

Nach dem Zweiten Weltkrieg wurde 1945 die „United Nations Organization" (auf Deutsch „Vereinte Nationen", abgekürzt UNO oder VN) mit Sitz in New York gegründet. Man wollte verhindern, dass sich solche Weltkriege wiederholen. Heute sind fast alle Staaten der Erde in der UNO. Wenn es Probleme zwischen Staaten gibt, versucht die UNO zu vermitteln und damit einen Krieg zu verhindern. Die Ziele der UNO sind: die Erhaltung des Weltfriedens und die internationale Sicherheit, die freundschaftliche Zusammenarbeit der Mitglieder sowie der Schutz der Menschenrechte.

Der Sicherheitsrat trägt die Hauptverantwortung, wenn es darum geht, dass Streitigkeiten zwischen Ländern beigelegt werden sollen. Im Sicherheitsrat sind immer die USA, Russland, China, Frankreich und England vertreten.

Sie sind ständige Mitglieder. Andere Länder gehören nur zeitweise zum Sicherheitsrat. Die ständigen Mitglieder des Sicherheitsrates können ein Veto gegen Resolutionen einlegen, die von der Mehrheit der Mitgliedstaaten gefasst wurden. Damit wird dann dieser Beschluss aufgehoben.

aus: Gerd Schneider/Christine Toyka-Seid, Politik-Lexikon für Kinder, Bonn 2006, S. 281

UN-Charta

Die Charta der Vereinten Nationen aus dem Jahr 1945 (Kapitel I, Artikel 2) verbietet Gewalt. Es gelten nur zwei Ausnahmen: das Recht zur Selbstverteidigung im Fall eines bewaffneten Angriffs und der Einsatz von Waffengewalt, der vom UN-Sicherheitsrat durch eine sogenannte Resolution legitimiert wird. Eine UN-Resolution kommt jedoch nur zu Stande, wenn die fünf ständigen Mitglieder des UN-Sicherheitsrats (USA, Russland, China, Großbritannien und Frankreich) zustimmen.

M 17 Der Sicherheitsrat der Vereinten Nationen

Bergmoser + Höller Verlag AG, Zahlenbilder 615124

M 18 Mögliche Maßnahmen der UNO

→ **Friedensschaffende Maßnahmen**
Diplomatische Maßnahmen zur friedlichen Lösung eines Konflikts. Neben der Bereitstellung guter Dienste, Vermittlung und Schlichtung können sie auch diplomatische Isolationsmaßnahmen und Sanktionen umfassen.

→ **Friedenserzwingende Maßnahmen**
Maßnahmen zur Wiederherstellung des Friedens in Konfliktgebieten unter Einsatz militärischer Mittel. Die Zustimmung der Konfliktparteien ist nicht erforderlich.

→ **Friedenserhaltende Maßnahmen**
Aktivitäten zur Eindämmung, Entschärfung und/oder Beendigung von Feindseligkeiten zwischen Staaten oder in Staaten durch Intervention einer neutralen dritten Partei unter internationaler Organisation und Leitung. Militärische Streitkräfte und zivile Organisationen können die politische Streitbeilegung ergänzen und für die Wiederherstellung und Wahrung des Friedens sorgen. Friedenserhaltende Maßnahmen beinhalten die Stationierung einer Friedenstruppe im Krisengebiet. Die Zustimmung der Konfliktparteien ist erforderlich.

→ **Friedenskonsolidierende Maßnahmen**
Maßnahmen zur Bestimmung und Förderung von Strukturen, die geeignet sind, den Frieden zu festigen und zu konsolidieren, um das Wiederaufleben eines Konflikts zu verhindern. Diese können sowohl militärisches als auch ziviles Eingreifen erfordern.

Eine klare Grenzziehung zwischen den einzelnen „Typen" von Maßnahmen ist häufig schwierig. Friedenserhaltung setzt in vielen Fällen zunächst einmal die Schaffung von Frieden voraus, zugleich können vorausgehende oder begleitende „friedenserzwingende Maßnahmen" unerlässlich sein.

Arbeitsgemeinschaft Jugend und Bildung e. V. (Hg.), Frieden und Sicherheit, Wiesbaden 2003, S. 24

M 19 Die Blauhelmsoldaten – Markenzeichen der UNO

Die bekannten „Blauhelmsoldaten" der VN übernehmen in der Regel Aufgaben der Friedenserhaltung (Peace-Keeping). Dies bedeutet im Gegensatz zur Friedenserzwingung, dass die Soldaten den nach Beendigung eines Konflikts in einer Krisenregion oft brüchigen Frieden sichern sollen. Für das klassische Peace-Keeping gelten folgende Leitsätze:

- Die Entsendung erfolgt nur im Konsens mit den Konfliktparteien. Die Konfliktparteien müssen den Konflikt beenden wollen und sich einig über die Rolle der Blauhelmsoldaten sein (z. B. Sicherung der Grenze, Bildung einer Pufferzone zwischen den Konfliktparteien, Polizeiaufgaben, Beobachtung von Wahlen).
- Die Verantwortung für den Einsatz liegt bei den Vereinten Nationen, genauer beim VN-Generalsekretär, der die politische und operative Verantwortung trägt.
- Für die Blauhelmsoldaten gilt, dass sie strikt unparteiisch sein müssen, weshalb sich Länder, die in der Region eigene Interessen verfolgen, an den Missionen nicht beteiligen sollten.
- Die Blauhelmsoldaten dürfen nur leichte Waffen zur Selbstverteidigung tragen, um keiner Partei einen Vorwand zu bieten, die Soldaten in die Kampfhandlungen miteinzubeziehen.

Neben diesen reinen VN-Missionen gibt es noch viele Missionen, die zwar von den VN legitimiert sind (also ein VN-Mandat haben), aber von einzelnen Staaten (z. B. den USA), Bündnissen oder regionalen Organisationen wie der NATO oder der EU durchgeführt werden.

M 20 Blauhelme – im Einsatz weltweit

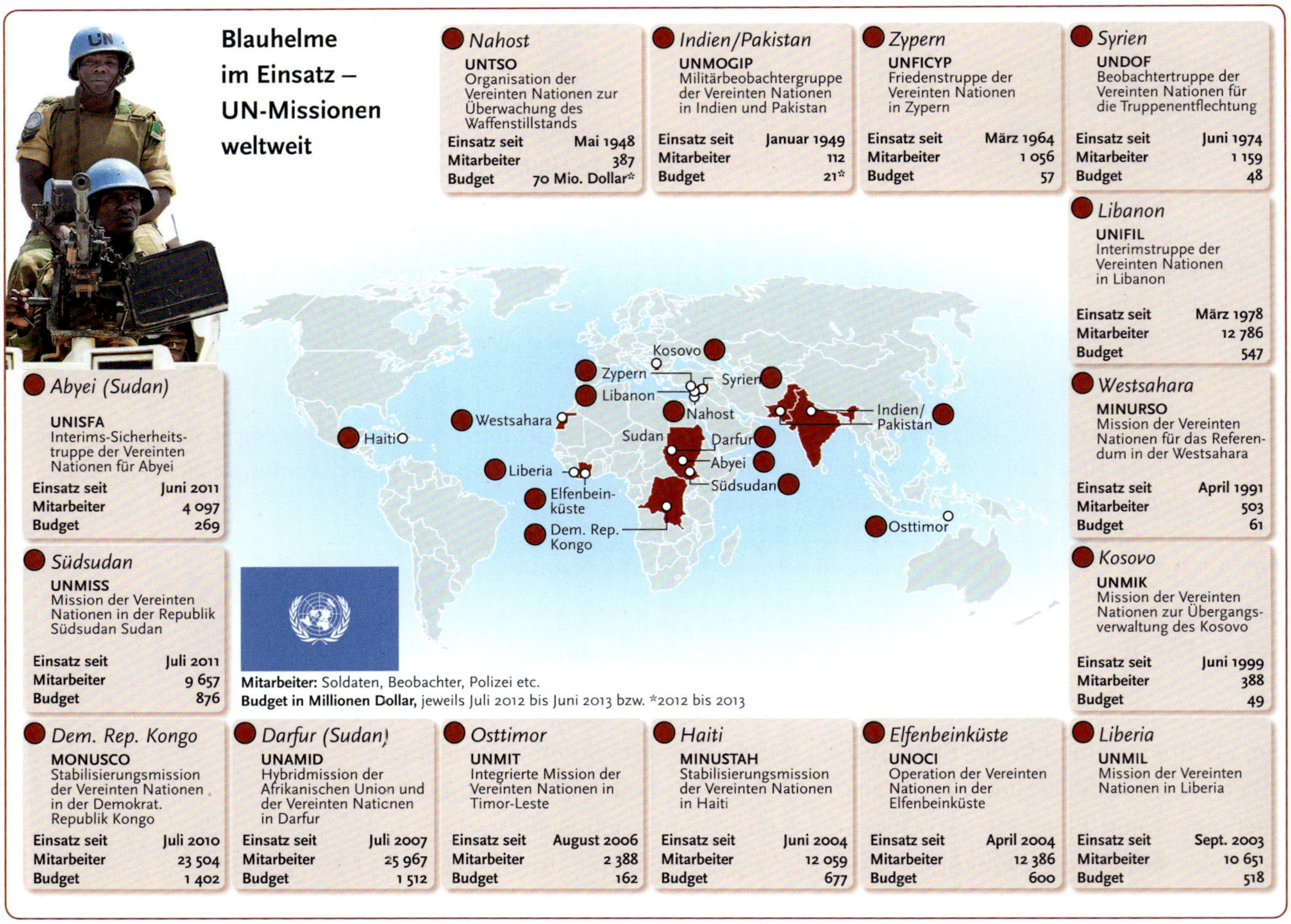

Globus-Grafik 5387; Quelle: UN; Stand: Oktober 2012

M 21 Die Rolle der UNO bei der Bekämpfung des Terrorismus

Unmittelbar nach den Anschlägen des 11. September verabschiedete der UN-Sicherheitsrat Resolution 1373. Sie verlangt von jedem Land, die Finanzanlagen von Terroristen und ihren Unterstützern einzufrieren, ihnen die Durchreise oder einen sicheren Zufluchtsort zu verweigern, terroristische Rekrutierungsmaßnahmen und Waffenlieferungen zu verhindern und mit anderen Ländern bei der gemeinsamen Nutzung von Informationen sowie bei der Strafverfolgung zusammenzuarbeiten.

Um die staatliche Einhaltung dieser neuen Anti-Terror-Mandate zu überwachen, wurde mit der Resolution 1373 das „Counter-Terrorism-Committee" (CTC) ins Leben gerufen, das der ehemalige Generalsekretär Kofi Annan als „das Zentrum der globalen Anstrengungen zur Bekämpfung des

Terrorismus" bezeichnete. Die vorrangige Aufgabe des CTC ist die Stärkung der Anti-Terror-Kapazitäten der UN-Mitgliedstaaten. [...] Es versucht ebenfalls, die Anti-Terror-Anstrengungen einer großen Zahl internationaler, regionaler und subregionaler Organisationen innerhalb des UN-Systems und darüber hinaus zu koordinieren.

Das CTC hat seitens der UN-Mitgliedstaaten eine große Unterstützung erfahren, aber es steht trotzdem vor erheblichen Problemem: Es ist ausschließlich auf Berichte der Mitgliedstaaten angewiesen und verfügt über keine unabhängigen Mittel, um zu entscheiden, ob Länder die Anti-Terror-Mandate tatsächlich umsetzen. Außerdem wurde es in seinen Anstrengungen, die Aktivitäten internationaler, regionaler und subregionaler Organisationen zu koordinieren, mehrfach behindert. Im April 2004 wurde mit der Resolution 1540 das UN-Anti-Terror-Programm weiter gestärkt. Die neue Resolution verbietet Staaten jegliche Form von Unterstützung für nicht-staatliche Akteure, die versuchen, nukleare, chemische oder biologische Waffen zu erlangen.

nach: David Cortrigh, Wissenschaft & Frieden 4/2005, übersetzt von Brigitte Keinath

M 22 Probleme der Friedenssicherung durch die Vereinten Nationen

Die ursprüngliche und durchaus erfolgreiche Ausrichtung der VN auf die Verhinderung zwischenstaatlicher Kriege hat sich mit dem Wandel des Kriegsbildes in Richtung innerstaatlicher Auseinandersetzungen radikal verändert. Gemäß Kapitel VII der Charta stünde den VN ein hinreichendes Instrumentarium an Maßnahmen bei Bedrohung oder Bruch des Friedens zur Verfügung, in der Praxis wurde aber von diesen Bestimmungen bisher kaum Gebrauch gemacht. Da den Vereinten Nationen keine eigenen Truppen zur Verfügung stehen, dürfte eine zu beobachtende Praxis die Relevanz der VN im Bereich der Friedenssicherung nachhaltig bestimmen: die Tendenz, dass sich insbesondere die leistungsfähigen Industriestaaten verstärkt Friedensmissionen mandatieren lassen (oder auch nicht), um sie dann in eigener Vernatwortung durchzuführen. Dies führt zu einer Konzentration ihrer Kräfte auf Länder und Regionen, die für die betroffenen Staaten von unmittelbarem Interesse oder von Bedeutung sind. Den VN droht dabei nur noch eine Restkompetenz für vergessene Konflikte zuzufallen, für die sie dann – wie z. B. in Afrika zu beobachten – von den Industriestaaten zudem nur zögerlich unterstützt werden.

Johannes Varwick, Aus Politik und Zeitgeschichte, B 43/2004

Thesen zur Rolle der UNO

Die Vereinten Nationen können auf viele erfolgreiche Blauhelm-Einsätze zurückblicken.

Wenn es den Weltsicherheitsrat nicht gäbe, müsste man ihn erfinden. Nur so kommen doch alle an einen Tisch.

Streng militärische Aufgaben überfordern die Vereinten Nationen.

Die Stärke der Vereinten Nationen ist der zivile Aufbau.

Der Sicherheitsrat kann keine Kriege verhindern.

Der Sicherheitsrat kann Waffenstillstand erzwingen und Verhandlungen in Gang setzen.

Der Weltsicherheitsrat blockiert sich doch oft durch das Vetorecht, das jedem der fünf ständigen Mitglieder zusteht.

Aufgaben

1. Beschreibe Aufbau und Ziele der Vereinten Nationen (M 17 – M 19).
2. Erläutere, unter welchen Bedingungen die Blauhelmsoldaten der UNO eingesetzt werden können (M 21, M 22).
3. Arbeitet in Gruppen. Einigt euch auf eine der in der Randspalte gestellten Thesen und schreibt auf, warum ihr sie für zutreffend / nicht zutreffend haltet. Diskutiert anschließend Stärken und Schwächen der UNO (M 17 – M 22).

Methode

M 23 Analyse eines internationalen Konflikts

Afghanistan – der Konflikt

Nach Jahren des Bürgerkriegs ergriffen im Jahr 1996 die radikal-islamischen Taliban die Macht in Afghanistan. Das Land sollte zu einem Gottesstaat werden: Musik, Sport, Bilder und Fernseher wurden verboten. Die meisten Schulen und Universitäten wurden geschlossen. Frauen konnten sich fortan nur in Ganzkörperverschleierung und männlicher Begleitung auf die Straße wagen. Dem internationalen Terrorismus boten die Taliban einen Unterschlupf: Die Anschläge vom 11. September wurden in Afghanistan geplant. Als Reaktion griffen im Oktober 2001 die USA und Großbritannien das Land an und stürzten gemeinsam mit der Nordallianz das Taliban-Regime. Die Vereinigten Staaten und ihre Verbündeten verfolgten dabei das Ziel, die seit 1996 herrschende Taliban-Regierung zu stürzen und die Terrororganisation al-Qaida zu bekämpfen, die für die Terroranschläge am 11. September 2001 verantwortlich gemacht wurde. Dazu gingen sie in Afghanistan ein Bündnis mit der Anti-Taliban-Allianz der Vereinigten Front ein, deren Truppen am 7. Oktober 2001 mit US-Luftunterstützung die Stellungen der Taliban angriffen. Diese Phase des Krieges endete mit der Eroberung der Hauptstadt Kabul und der Provinzhauptstädte Kandahar und Kunduz im November und Dezember 2001 durch die Vereinigte Front. Es folgte die Einsetzung einer Interimsregierung unter Präsident Hamid Karzai auf der parallel stattfindenden ersten Petersberger Afghanistan-Konferenz. Zum Schutz dieser Regierung und zur Unterstützung des Wiederaufbaus wurde durch den UN-Sicherheitsrat im Dezember 2001 eine von NATO-Staaten und mehreren Partnerländern gestellte Internationale Sicherheitsunterstützungstruppe (International Security Assistance Force, ISAF) mandatiert. Die afghanische Zentralregierung ist seit 2003 zunehmend Angriffen durch häufig als Neo-Taliban bezeichnete Guerillagruppen ausgesetzt. Um deren Vormarsch zu bremsen, wurde das Engagement von ISAF schrittweise erheblich ausgeweitet. Mehr als 40 Länder beteiligen sich seitdem am Wiederaufbau Afghanistans: Staatliche Strukturen sollen geschaffen, Schulen, Straßen und Krankenhäuser gebaut werden. Deutschland hat versprochen, vor allem beim Aufbau der afghanischen Polizei und Armee zu helfen. Doch immer wieder erschüttern Anschläge der Taliban das Land. Mit ihrer Terrorstrategie des „Mordens und Zerstörens" wollen sie die afghanische Bevölkerung einschüchtern, im Westen Zweifel am Sinn der Afghanistan-Mission schüren und die Macht im Land zurückerobern.

Die Schwäche der staatlichen Institutionen Afghanistans stellt nach wie vor das Hauptproblem im Hinblick auf die Anstrengungen dar, Sicherheit und Stabilität zu schaffen. Die Zentralregierung ist in weiten Teilen des Landes auf die Kooperation der dortigen Machthaber angewiesen, die oft keine formale Position innehaben und deren Einfluss auf Milizen und andere Netzwerke zurückgeht.

Die Drogenökonomie spielt besonders im Süden und in den Grenzregionen eine unvermindert große Rolle. Hinzu kommen die Machtkämpfe zwischen lokalen Stammesführern und Warlords. Aufständische, meist Taliban, sorgen insbesondere im Süden und Südosten des Landes für Unruhe, sind aber immer stärker auch in anderen Landesteilen aktiv.

Tipp: Eine ausführliche Sammlung von Internetlinks zum Konflikt in Afghanistan findet sich unter: *www.politische-bildung.de/afghanistan_sicherheitspolitik.html*

Wie analysiert man einen internationalen Konflikt?

In jedem Konflikt lassen sich drei Aspekte ausmachen:

- ein Widerspruch, d. h. eine Unvereinbarkeit von Zielen, Interessen bzw. Bedürfnissen,
- ein den Konflikt anzeigendes und allzu oft verschärfendes Verhalten (z. B. Konkurrenz, Aggressivität, Hass, Gewalt) der Konfliktparteien sowie
- eine auf den Konflikt bezogene und diesen – bewusst oder unbewusst – rechtfertigende Einstellung/Haltung. Diese ist eng verbunden mit den Wahrnehmungen und Annahmen der Konfliktparteien in Bezug auf ihre eigene Stellung im Konflikt und die Bewertung der anderen Parteien (z. B. Feindbilder).

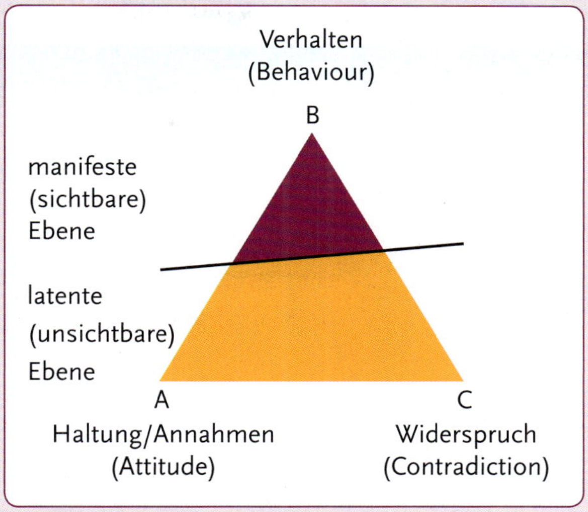

Konfliktdreieck nach Johan Galtung

Die drei Komponenten können im sogenannten Konfliktdreieck anschaulich dargestellt werden. Dieses weit verbreitete Werkzeug der Konfliktanalyse wurde von Johan Galtung entwickelt, einem der Mitbegründer der Friedens- und Konfliktforschung. Das Dreieck verdeutlicht den unauflöslichen Zusammenhang zwischen den drei Komponenten jedes Konflikts. Es wird erkennbar, dass ein „objektiver" Widerspruch allein nicht ausreicht, um einen Konflikt zu begründen. Mindestens eine Partei muss sich auch dieses Widerspruchs, konkret der Unvereinbarkeit ihrer Bedürfnisse, subjektiv bewusst sein und in ihrem Verhalten und ihrer Haltung auf eine Veränderung der für sie unbefriedigenden Situation dringen. Das Modell zeigt, dass eine erfolgreiche Konfliktbearbeitung an allen drei Ecken ansetzen muss.

Leitfragen zur Untersuchung eines Konflikts:

1. **Worin besteht der Gegenstand des Konflikts (Widerspruch) und worum wird gestritten?**
   - Vorgeschichte des Konflikts?
   - Wer sind die Akteure?
   - Welche Interessen und Ziele verfolgen sie?
2. **Welche Haltungen haben die Konfliktparteien?**
   - Wie begründen (legitimieren) die Konfliktparteien ihre Ziele (Tradition, Religion, Recht ...)?
   - Welche Einstellung haben die Akteure zu den verschiedenen Mitteln der Konfliktlösung?
3. **Wie verhalten sich die Konfliktparteien?**
   - Welche Standpunkte werden formuliert und mit welchen Mitteln werden diese durchgesetzt (Propaganda, Einschüchterung, militärische Mittel)?
   - Wie reagieren die Konfliktparteien auf unterschiedliche Mittel der Konfliktlösung?
4. **Welche Folgen ergeben sich für die Wahl einer geeigneten Konfliktlösung?**
   - Wie kann dem Konflikt begegnet werden?
   - Wie kann eine dauerhafte Konfliktlösung aussehen?
   - Welche Maßnahmen sind zu ergreifen?
5. **Welche Folgen hat dies für mein eigenes politisches Handeln?**
   - Was kann ich tun?

Was wir wissen

Rolle und Aufgaben der Bundeswehr
M 2 – M 9

Die Bundeswehr sieht heute ihre Hauptaufgabe weniger in der Landesverteidigung als vielmehr in der Abwehr möglicher Risiken für die Sicherheit Deutschlands und seiner Bündnispartner weltweit. Im Rahmen der Vereinten Nationen, der NATO oder der Europäischen Sicherheits- und Verteidigungspolitik nimmt Deutschland Aufgaben bei der Sicherung des Friedens wahr. Im Rahmen der von den Vereinten Nationen legitimierten und der NATO geführten „International Security Assistance Force" beteiligt sich die Bundeswehr an der Befriedung des Landes und am Wiederaufbau staatlicher Strukturen in Afghanistan. Der Einsatz in Afghanistan ist jedoch politisch umstritten.

Die NATO
M 10 – M 15

Die NATO wurde im April 1949 als politisch-militärisches Verteidigungsbündnis der westlich-demokratischen Staaten gegen die Ausdehnung des sowjetischen Einflussbereichs gegründet. Die Mitgliedsländer gehen eine gegenseitige Beistandsverpflichtung bei einem bewaffneten Angriff auf ein Mitglied ein. Aufgrund der veränderten Sicherheitslage hat die NATO 1999 eine neue Strategie beschlossen. Sie beinhaltet das ganze Spektrum militärischer Handlungsmöglichkeiten (Friedenserzwingung, Friedenserhaltung, Friedenskonsolidierung) auch außerhalb des Bündnisgebietes und – in Ausnahmefällen – ohne Mandat der Vereinten Nationen.

Die Vereinten Nationen
M 16 – M 22

Die Vereinten Nationen wurden am 24.10.1945 von 51 Staaten als globale Friedensorganisation gegründet. Heute sind fast alle Länder der Welt Mitglied der VN. Zu ihren Zielen gehört insbesondere die Wahrung des Weltfriedens und der internationalen Sicherheit durch ein allgemeines Gewaltverbot. Der Sicherheitsrat ist das wichtigste Organ der VN. Allein seine Beschlüsse (Resolutionen) sind für alle Staaten bindend. Der Sicherheitsrat besteht aus fünf ständigen Mitgliedern (USA, Großbritannien, Frankreich, China und Russland) und zehn nichtständigen Mitgliedern. Jedes ständige Mitglied ist mit einem Vetorecht ausgestattet, kann also Entscheidungen des Sicherheitsrates blockieren.

In der Generalversammlung haben alle Mitgliedstaaten eine Stimme. Die Generalversammlung kann jedoch nur Empfehlungen verabschieden, die völkerrechtlich nicht verbindlich sind.

Die Handlungsmöglichkeiten der VN lassen sich folgendermaßen umschreiben: friedensschaffende Maßnahmen (diplomatische Aktivitäten, Vermittlung, Schlichtung, politische Isolierung); friedenserzwingende Maßnahmen (wirtschaftliche Sanktionen, Einsatz von Waffengewalt); friedenserhaltende Maßnahmen (Überwachung eines Waffenstillstandes, Trennung der Konfliktparteien, Wahrnehmung von Polizeiaufgaben); friedenskonsolidierende Aufgaben (Aufbau zivil- und rechtsstaatlicher Strukturen, gemeinsame Projekte, Durchführung von Wahlen).

Konfliktfälle und ihre Regelung

Ihr seid Regierungsberater und sollt entscheiden, welche Maßnahmen zur Konfliktlösung in den folgenden Fällen ergriffen werden sollen. Es kann sich dabei auch um eine Abfolge von Maßnahmen handeln. Entscheidet gegebenenfalls auch, welche internationale Organisation zur Durchführung der Maßnahmen betraut werden soll. Begründet eure Entscheidung ausführlich. Beachtet dabei auch mögliche Konsequenzen eurer Entscheidung.

Fall 1

Die ethnische Mehrheit eines Landes terrorisiert die Minderheiten, mehr als 100.000 Menschen wurden grausam getötet oder gezwungen, in die Nachbarländer zu fliehen. Wirtschaftssanktionen und diplomatische Bemühungen wurden von den Machthabern ignoriert.

Fall 2

Ein Land mit einem autoritären Regime wird verdächtigt, Atomwaffen zu produzieren. Es weigert sich immer wieder, internationale Inspektionen zuzulassen.

Fall 3

Nach einem verheerenden Bürgerkrieg haben sich die Bürgerkriegsparteien einigen können und einen Friedensvertrag geschlossen, doch ist der Friede noch brüchig. Immer wieder kommt es zu Verletzungen des Waffenstillstandes durch einzelne Gruppen.

Fall 4

Ein Land beherbergt Terroristen, die wiederholt internationale Attentate mit großen Opferzahlen ausgeführt haben. Es weigert sich, die Terroristen auszuliefern.

Fall 5

Das Militär eines Landes marschiert in einem Nachbarland ein und besetzt staatliche Einrichtungen. Die Rohstoffvorkommen werden ausgebeutet und die Bevölkerung schikaniert.

Was verbinden Sie persönlich mit der Globalisierung?

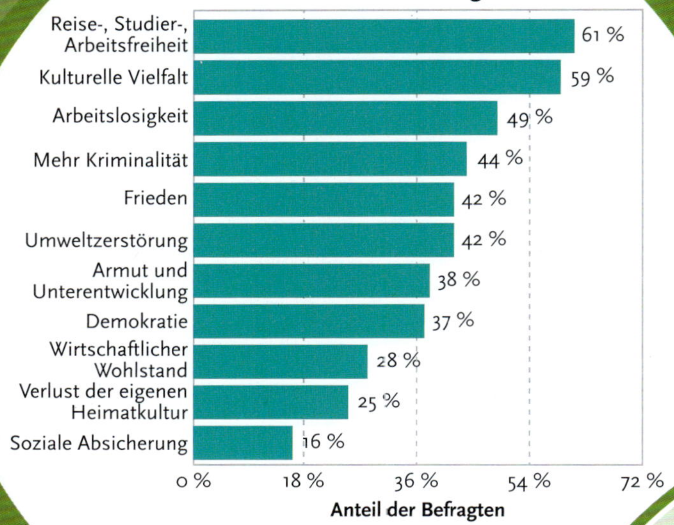

Deutschland; Jugendliche von 15 bis 25 Jahren, denen der Begriff Globalisierung geläufig ist; TNS Infratest

© Statista 2009, Quelle: Shell Jugendstudie

Stelle dir für einen Moment vor, du wärst auf einem Satelliten. Du kannst unsere Erde sehen und alle Bewegungen auf ihr – sie gleicht einem Ameisenhaufen: Zuerst schaust du auf die anderen Satelliten, dann auf die Flugzeuge, die um die Welt fliegen. Du siehst die Zugverbindung zwischen Moskau und Peking, die vielen Autobahnen im dicht besiedelten Ruhrgebiet. Du beobachtest, wie ein Containerschiff aus Shanghai im Hamburger Hafen ankommt, wie eine Reporterin von Köln Bilder nach New York sendet. Eine Bank in Tokio kauft zehn Millionen Dollar und verkauft sie gleich wieder nach Frankreich. In Neu-Delhi besteigen drei indische Informatiker ein Flugzeug, um im amerikanischen Computerzentrum Silicon Valley für die nächsten sechs Monate zu arbeiten. Zur gleichen Zeit überholt in Kenia der Landwirtschaftsminister in seinem Mercedes auf dem Weg zur Arbeit eine einzelne Frau, die mehrere Kilometer zur nächsten Wasserstelle geht.

Was bringt uns die Globalisierung alles in allem?

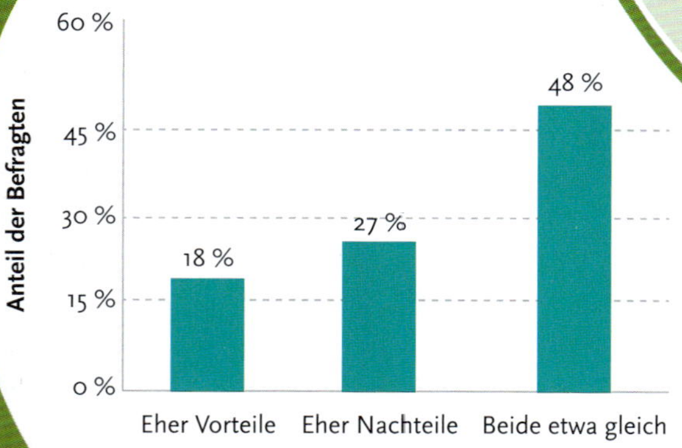

Deutschland; Jugendliche von 15 bis 25 Jahren, denen der Begriff Globalisierung geläufig ist; TNS Infratest

© Statista 2009, Quelle: Shell Jugendstudie

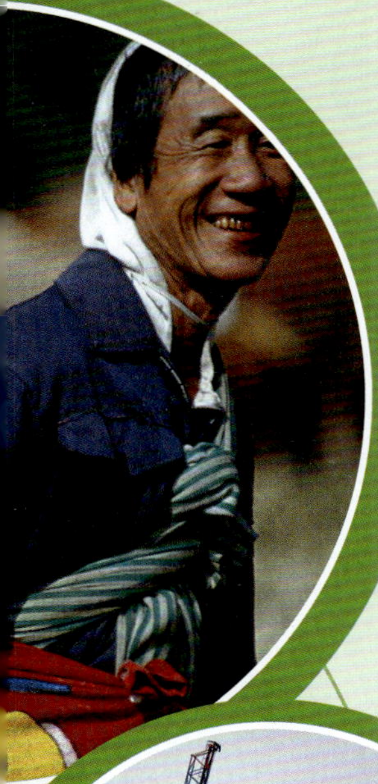

9

Globalisierung – Fluch oder Segen?

Marshall McLuhan, ein kanadischer Philosoph, bezeichnete 1962 die Welt als „global village". Er wollte damit ausdrücken, dass die Welt durch elektronische Vernetzungen zu einem „Dorf" zusammengewachsen ist. Durch das Internet kann man heute mit Menschen aus aller Welt zeitgleich in Kontakt treten. Was bedeutet Globalisierung, welche Ursachen hat sie und welche Folgen hat sie für Gesellschaft, Wirtschaft und Politik?

Kompetenzen

Am Ende dieses Kapitels solltest du Folgendes können:

- Ursachen und Folgen globaler Entwicklungen kennen, insbesondere die Bedeutung von Informationen und Kommunikation für die Globalisierung
- verschiedene Facetten der Globalisierung beschreiben
- Auswirkungen der wirtschaftlichen Globalisierung auf die Welt und auf Deutschland beurteilen

Was weißt du schon?

- Was verbindet ihr mit dem Begriff Globalisierung? Entwerft dazu eine Mindmap. Die Umfragen auf dieser Seite können euch dabei helfen.
- Welche der im Text geschilderten Beobachtungen hätten z. B. deine Großeltern im Alter von 16 Jahren nicht machen können?

9.1 Information und Kommunikation im globalen Zeitalter

Informationen – die neue Währung?

M 1 Die Welt wird kleiner – und billiger

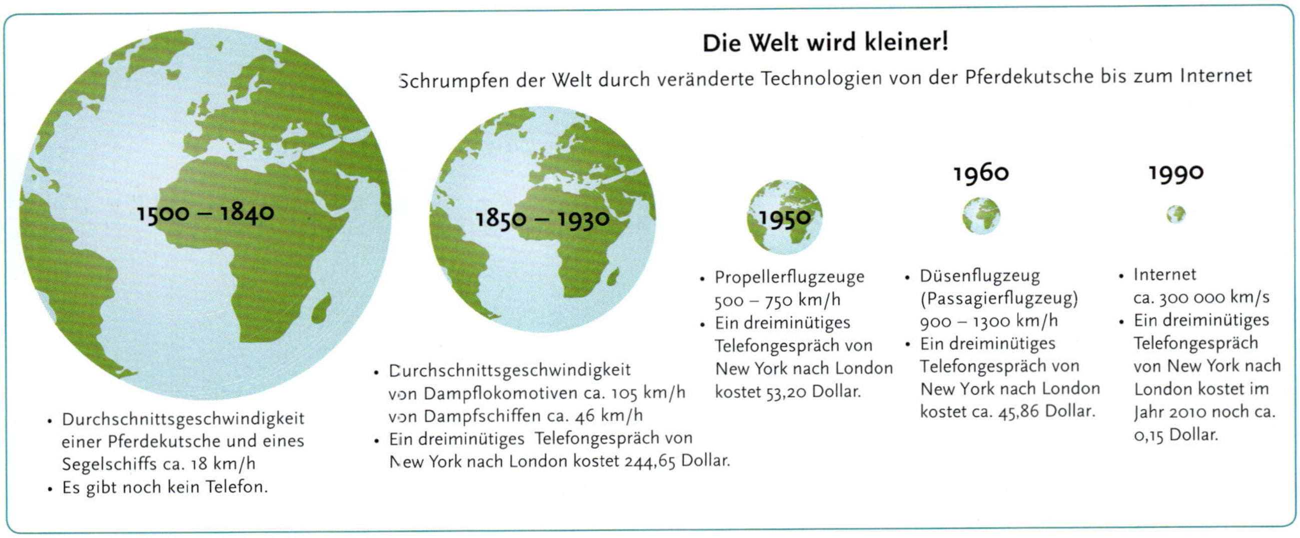

M 2 Die Internetgemeinde gegen BP

Ein unachtsamer Moment und schon ist es passiert: Die Kaffeetasse des angeblichen BP-Chefs Tony Hayward kippt um und lässt die braune Brühe quer über den Konferenztisch laufen. Die vermeintlichen Mitarbeiter, die um den Tisch versammelt sind, schrecken panisch hoch, doch der gespielte BP-Chef beruhigt: „Es ist nur ein kleiner Fleck auf einem großen Tisch."
Die kleine Satire über den Ölkonzern BP und seinen Umgang mit der Katastrophe im Golf von Mexiko im Jahr 2010 erfreute sich auf der Internetplattform Youtube großer Beliebtheit. Mehr als drei Millionen Mal wurde der Spot mit dem Titel „BP spills coffee" (BP verschüttet Kaffee) angeklickt. Vergebens versucht die Konzernmannschaft darin, den immer größer werdenden Kaffeefleck zu beseitigen. Das Interesse der Internetgemeinde an dem Film der amerikanischen Vereinigung UCB Comedy dürfte dem Ölkonzern kaum gefallen. Klicks sind die neue Währung im Kampf um die öffentliche Meinung. Wer sich via Google über die Ölkatastrophe informieren will, erhält als ersten Link unter der Suchmaske die Internetseite von BP. Wie ein Konzernsprecher bestätigte, hat BP Suchbegriffe wie etwa „oil spill" (Ölkatastrophe) gekauft, um diesen Effekt zu erreichen. Experten schätzen, dass der Konzern dafür täglich 10.000 Dollar an verschiedene Suchmaschinen zahlt.

Judith Weber, Stuttgarter Zeitung, 17.6.2010

M 3 Google – die ganze Welt der Informationen

1999 wurden die beiden Firmengründer Larry Page und Sergei Brin als größenwahnsinnige Kindsköpfe belächelt, als sie sagten, sie hätten die Mission, „alle Informationen dieser Welt zu organisieren und verfügbar zu machen". Drei Jahr zuvor hatten sie den Google-Algorithmus entwickelt, die mathematische Formel, die heute die Welt im Netz sortiert […]. Die Firma wurde so mächtig, dass sich heute alle im Netz nach ihr ausrichten wie Metallspäne nach einem Magneten, wer in Googles Suchmaschine nicht weit oben auftaucht, ist quasi nicht existent.
Nebenbei haben die beiden Informatiker seinerzeit mit ihrem Algorithmus das wohl stärkste Geschäftsmodell der Welt entwickelt: Bisher fielen für jeden Verkäufer von Informationen Kosten an, sei es in Form von Bücherherstellung, des Plattendruckens oder CD-Brennens. Da aber im Netz der Rohstoff Information kostenlos verteilt werden kann, sind die Betreiber der Seiten auch dazu in der Lage, ihr Kernprodukt jeweils zu verschenken. So verschenkt Google Infos aller Art: via Suchmaschine Treffer, via Youtube Videos, via Orkut Kontakte, via Google Earth Bilder von der ganzen Welt. […]
Der Deal besteht nun darin, dass der Kunde all diese Produkte gratis nutzt, dafür aber beim Benutzen der Seiten Informationen hergibt. […] Denn je mehr die Leute Google nutzen, desto genauer geben sie der Firma Auskunft über ihre Hobbies, Interessen, Abneigungen. […] Wenn etwa aus den Mails eines G-Mail-Nutzers hervorgeht, dass er in München lebt, 30 ist und auf schnelle Autos steht, bekommt er Anzeigen von Münchner Autohändlern eingeblendet. Wer jetzt im Mai auf die Homepage eines Sportartikelgeschäfts geht, könnte von diesem im Dezember Skiwerbung bekommen. […]
Dieses Geschäftsmodell hat den beiden Gründern mehr Geld gebracht, als sie sich je hätten erträumen können: Im vergangenen Jahr stieg der Umsatz von Google um fast ein Drittel auf 21,8 Milliarden Dollar. Unter dem Strich verdiente die Firma im Jahr 2008 4,2 Milliarden Dollar.
Das ist schon beeindruckend. Google ist eines der mächtigsten Unternehmen der Welt. Nie zuvor verfügte ein Staat, geschweige denn ein Unternehmen über derart viele Informationen.

Alex Rühle, Süddeutsche Zeitung, 8.5.2009

Aufgaben

1. Globalisierung wird oft auch als Beschleunigung des Lebens bezeichnet. Erläutere, was damit gemeint ist, und nimm dazu Stellung (M 1).
2. „Klicks sind die neue Währung im Kampf um die öffentliche Meinung." Beurteile, inwiefern diese Aussage zutrifft (M 2).
3. Stelle gegenüber, welche Chancen und welche Gefahren mit dem Aufstieg von Google zum weltgrößten Informationskonzern verbunden sind (M 3).

Soziale Netze – Treffpunkte der Internetgemeinde?

M 4 Alterstruktur der Facebook-Nutzer in Deutschland

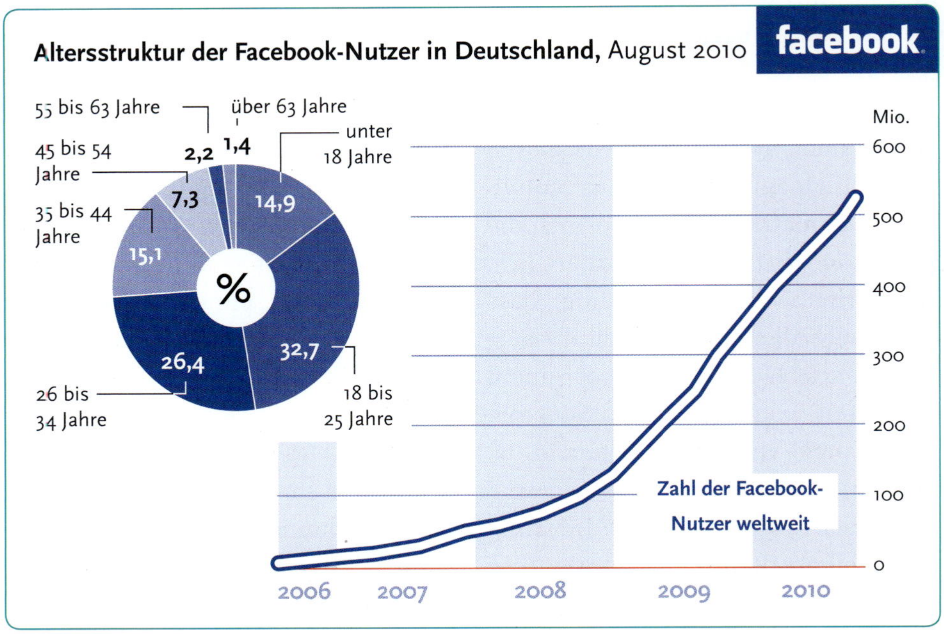

Quelle: Inside Facebook, Thomas Hutter, dpa-Grafik 13422

M 5 Alle da? Facebook als Knotenpunkt der digitalen Kommunikation

In Wirklichkeit ist eine Welt ohne Facebook für viele, vor allem junge Menschen so unvorstellbar wie eine Welt voller Zombies. Wobei all jene, die (noch) nicht bei dem erst sechs Jahre alten Netzwerk mittun, aus Sicht der Anhänger auch irgendwie unlebendig sind. Facebook mit seinen mehr als 350 Millionen Mitgliedern und rund 3,5 Milliarden Dateien (Text, Musik, Video), Textfragmenten und Links, die dort wöchentlich ausgetauscht werden, will erklärtermaßen der kommunikative Knotenpunkt im Internet werden. [...] Der erste Grund für den Erfolg des Netzwerks ist zweifellos die Größe. Wer unter 40 ist, findet kaum noch Freunde, die er hier nicht findet. Der zweite Grund ist die Offenheit. Fast jeder digitale Inhalt passt hier hinein. Man kann Fotos laden, Videos schauen oder nach der lustigen Günther-Oettinger-Rede suchen, in der er dem englischsprachigen Teil der Welt de facto den Krieg erklärt. Das alles geht (noch) nicht gleichzeitig, aber munter durcheinander. Was wiederum zu der Art passt, mit der immer mehr junge Menschen Medien nutzen. Einer Studie aus dem Hause Viacom (MTV) zufolge verwendet jeder vierte 14- bis 29-Jährige beim Fernsehen parallel andere Medien. Bei den 14- bis 19-Jährigen ist es jeder Dritte.

Süddeutsche Zeitung, 3.2.2010, S. 15

M 6 Eine Sprache für das globale Dorf?

Ein Beispiel für Globalisierung, wie wir es in unserem Alltag vorfinden, ist der enorme Zustrom tatsächlich oder nur scheinbar englischer Wörter in die deutsche Sprache, sogenannte Anglizismen. Das Auftreten dieser Anglizismen scheint gerade in letzter Zeit erschreckend zugenommen zu haben. Keine Firma, ob sie international operiert oder nicht, die etwas auf sich hält, benutzt mehr deutsche Slogans, in der Wirtschaft wird Englisch gesprochen und auch unsere ganz normale Alltagssprache ist voll von englischen Einflüssen. Aber was ist eine „Party" anderes als eine Party, ein „Event" anderes als ein Event? Manche Dinge sind einfach „cool", kühl oder nicht, ein „Dressman" ist ... ja, ein männliches „Model", ein Dressman halt. Es liegt nahe, dass mit all den Einflüssen, Produkten, Methoden und Erkenntnissen Namen für die vielen neuen Dinge ins Land kommen, für die man hier noch keinen passenden Namen hat. Das ist ein natürlicher Vorgang, lebendige Sprachen pflegen sich zu ergänzen und solange es im erträglichen Rahmen bleibt, kann bei einem derartigen Austausch eine Sprache nur dazugewinnen. Belustigend, aber auch beunruhigend wird es, wenn grundlos altgediente deutsche Wörter, an deren Verständlichkeit es nichts zu bemängeln gibt, ersetzt werden durch englische: So wie sich zum Beispiel einige Telefongesellschaften in den Kopf gesetzt zu haben scheinen, dass das gute alte Orts- oder Stadtgespräch ersetzt gehört durch den „City Call", im Restaurant die Selbstbedienung dem „Self Service" Platz machen muss [...]. Hier scheint also eine Tendenz zur Vermeidung der deutschen Sprache zu bestehen, als wäre es Ausdruck eines Mangels, sich auf Deutsch zu äußern, oder anders gesagt, chic sich des Englischen selbst im unnötigsten Falle zu bedienen. Auch ist es merkwürdig, wenn, wie es beispielsweise in der Werbung und im Flugwesen geschieht, Fachsprache blockweise übernommen wird, die Syntax jedoch deutsch bleibt: „Ich fliege leader. Wir machen den climb-out in parade formation." [...] Oder das „Bodybag", bei dem im Deutschen eine moderne Tasche, die an einem breiten Träger quer über den Oberkörper getragen wird, gemeint ist, im Englischen allerdings „Leichensack" heißt. Es ist sicher auch Zeichen einer hohen Weltoffenheit, eines Zusammenwachsens der Völker und der hohen Wichtigkeit des Englischen in der Welt, das einem eine Möglichkeit der internationalen Verständigung gibt, für die man dankbar sein muss. Andererseits ist es aber auch eine der größten Gefährdungen unserer Sprache überhaupt. Es zeigt außerdem, dass in Zukunft alle Sprachen hinter dem Englischen zurückgestuft sind.

Simon Rüschkamp, http://www.tln.schulnetz.org/ge/globa/sprache_d.htm (12.9.2010)

Tipp
Bei Wikipedia findet sich eine imposante Liste von deutschen Wörtern, die z. B. in das Englische, aber auch in viele andere Sprachen übernommen wurden.

Aufgaben

1. SchülerVZ und Facebook funktionieren ähnlich. Berichtet der Klasse über eure Erfahrungen mit diesen sozialen Netzwerken.
2. Diskutiert darüber, ob man Mitglied bei SchülerVZ oder Facebook sein sollte (M 5).
3. Gefährden immer mehr Anglizismen in der deutschen Sprache unsere Kultur? Erörtert diese Frage ausgehend von M 6.

Was wir wissen

Die Vernetzung der Welt
M 1

Es ist heute möglich, sehr schnell und günstig andere Kontinente zu bereisen oder Waren über den ganzen Globus zu senden. Die Kosten für Transport und Kommunikation sind in den letzten Jahrzehnten drastisch gesunken. Immer mehr Menschen unterschiedlicher Kulturen treten so in Kontakt zueinander.

Das Internet – weltweites Kommunikationsmittel
M 3

Das Internet (von engl. interconnected network) verknüpft als globales Netzwerk viele lokale Rechnernetzwerke, wodurch weltweit Daten ausgetauscht werden können. Es ermöglicht die Nutzung von Internetdiensten wie E-Mail, Dateiübertragung, World Wide Web und in letzter Zeit zunehmend auch Telefonie, Radio und Fernsehen. Das Internet gilt heute als eine der größten Veränderungen des Informationswesens seit der Erfindung des Buchdruckes mit großen Auswirkungen auf viele Bereiche des alltäglichen Lebens. Es ermöglicht globale Produktionsprozesse und sekundenschnelle Kapitaltransfers. Außerdem sorgt es für die Verbreitung von Wissen, Werten und Meinungen über das, was in der Welt geschieht. Theoretisch stehen uns sämtliche, global verfügbaren Informationen mit einem Mausklick zur Verfügung.

Soziale Netzwerke
M 5

Unter den verschiedenen Nutzungsformen des Internets kommt den sogenannten sozialen Netzwerken eine besondere Bedeutung zu, da sie verschiedene Medienformate (E-Mail, Chat, Video, Bild) verbinden. Sie dienen sowohl der direkten privaten und beruflichen Kommunikation als auch der Verbreitung von und Diskussion über informierende und unterhaltende Inhalte. Mit 400 Millionen aktiven Nutzern Ende Februar 2010 ist Facebook auch das größte soziale Netzwerk der Welt. Fraglich ist allerdings, ob die Zunahme der sozialen Kontakte weltweit zu einer besseren sozialen Integration der Menschen beiträgt oder die Vereinzelung und Einsamkeit verstärkt.

Kulturelle Angleichung
M 6

Unterschiedliche Kulturen spiegeln sich auch in den unterschiedlichen Bräuchen und Sprachen der einzelnen Länder und Regionen wider. Die weltweite Kommunikation wird jedoch zunehmend durch die englische Sprache geprägt und auch der amerikanische Lebensstil verbreitet sich global. Auch in die deutsche Sprache finden immer mehr englische Wörter oder Redewendungen (Anglizismen) Eingang. Diese Entwicklung wird von manchen Beobachtern kritisch gesehen, da sie ein Verlust kultureller Identität und Vielfalt befürchten.

Was wir können

Im Raum stehen zwei kontroverse Thesen zur Globalisierung zur Auswahl.

Die Globalisierung führt zu kultureller Angleichung.	↔	Globalisierung ermöglicht kulturelle Vielfalt.
(Globale) soziale Netzwerke ermöglichen nur oberflächliche Beziehungen.	↔	Soziale Netzwerke können globale Freundschaften entstehen lassen.

Diese kontroversen Meinungen sollen nach der Methode „Good Angel – Bad Angel" diskutiert werden.

So geht ihr dabei vor:

- **Gruppen bilden:** Bildet Gruppen von jeweils drei Schülern und setzt euch entsprechend der Abbildung zusammen.
- **Rollen verteilen:** In jeder Dreiergruppe übernimmt einer von euch die Rolle des „Good Angel", einer die Rolle des „Bad Angel" und einer ist der Zuhörer.
- **Rollen erarbeiten:** „Good Angel" bzw. „Bad Angel" arbeiten die Argumente heraus, ergänzen diese und überlegen, wie sie diese möglichst überzeugend vortragen können. Der Zuhörer kann sich bei Bedarf zu beiden Positionen informieren. (ca. 10 Min.)
- **Argumente vortragen:** Im Wechsel tragen „Good Angel" und „Bad Angel" ihre Argumente vor. Der Zuhörer hört sich die Argumente an. Er darf nicht nachfragen oder kommentieren, kann sich aber Stichpunkte machen.
- **Zu einem Ergebnis kommen:** Nach den Vorträgen schreibt der Zuhörer jeweils das Argument auf, was ihn am stärksten überzeugt hat.

9.2 Wirtschaftliche Globalisierung

Warum werden immer mehr Güter global produziert?

M 1 Was heißt wirtschaftliche Globalisierung?

Weltexportquote
Kennziffer der Globalisierung. Sie erfasst den Anteil der Exporte an der Weltwirtschaftsleistung.

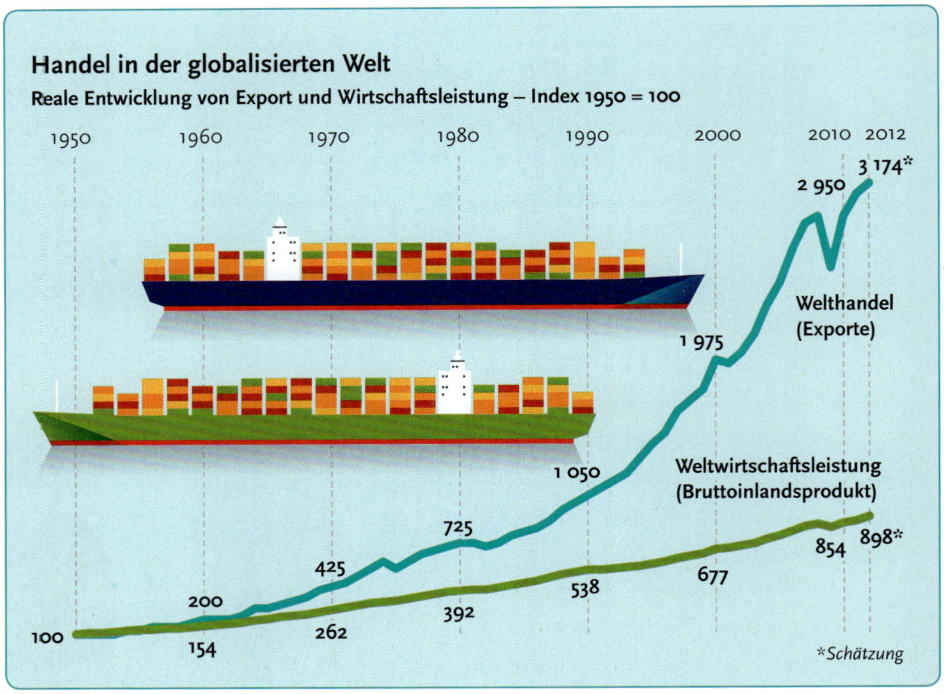

Quelle: WTO, IWF (World Economic Outlook Herbst 2012), Globus-Grafik 5435

Der Begriff Globalisierung beschreibt den Prozess der zunehmenden globalen Vernetzung auf politischer, wirtschaftlicher und kultureller Ebene. Ökonomisch gesehen lassen sich die Veränderungen auch als Strukturwandel verstehen. Dieser findet heute im Gegensatz zu früheren Jahrhunderten in einem rasanten Tempo statt. Die Grundbedingung für die wirtschaftliche Globalisierung sind der freie Handel und der fortschreitende Abbau von Handelshemmnissen. Insbesondere die Öffnung der Märkte in Osteuropa nach 1990 und der Eintritt asiatischer Schwellenländer in den Weltmarkt, heute vor allem China, brachte eine starke Zunahme der internationalen Handelsverflechtungen. Befördert wird der internationale Handel durch die Neuerungen in den Informations-, Kommunikations- und Transporttechnologien. Diese ermöglichen globale Produktionsprozesse.

Handelsverflechtungen lassen sich durch die Weltexportquote messen. Sie erfasst den Anteil der weltweiten Exporte an der Weltwirtschaftsleistung.

M 2 Die globale Jeans

Durch sinkende Transportkosten, fallende Handelsbeschränkungen und vereinfachte Kapitaltransfers sind die Möglichkeiten gestiegen, die gesamte Produktion zu „globalisieren", d. h. einzelne Produktionsabschnitte dorthin zu verlagern, wo es am billigsten ist. Damit ist die klassische Arbeitsteilung - Land A liefert die Rohstoffe, während Land B weiterverarbeitet - heute in vielen Fällen aufgehoben. Fast jeder Arbeitsschritt lässt sich unterteilen und dort verrichten, wo die Bedingungen ökonomisch günstig und die technologischen Voraussetzungen gegeben sind. Hiervon profitieren insbesondere multinational agierende Unternehmen mit entsprechender Kapitalausstattung und komplexer Produktionsstruktur. Andererseits erhöht dies auch den Druck auf Länder, möglichst lukrative Bedingungen für die Tätigkeit der multinationalen Unternehmen anzubieten.

Mithilfe deutscher Pestizide und Düngemittel wird in Indien Baumwolle angebaut. Diese wird in der Türkei zu Garn gesponnen und in Taiwan zu einem Stoff gewebt. In Frankreich wird dieser Stoff mit chinesischen Farbstoffen gefärbt, um dann in Honduras, unter Verwendung britischer Kurzwaren, zu einer Jeans genäht zu werden. Das Ganze geschieht im Auftrag einer US-amerikanischen Firma, die für den deutschen Markt produzieren lässt. Die „abgetragene" Jeans landet im Altkleidercontainer, von wo aus sie eine niederländische Verwertungsfirma in Ghana auf den Altkleidermarkt bringt.

Positiv gesprochen handelt es sich um „weltweite Arbeitsteilung". Doch die weltweite Arbeitsteilung hat nicht selten einen hohen ökologischen und sozialen Preis.

Tobias Reichert/James Desai, Die Welthandelsdebatte. Eine Herausforderung für den Fairen Handel, hgg. von Misereor, Brot für die Welt und Fair Trade e. V. für TransFair – Verein zur Förderung des Fairen Handels e. V., Aachen 1999, S. 13

Die einzelnen Arbeitsschritte zur Herstellung einer Jeans sind auf viele Länder verteilt.

M 3 Jeans-Hersteller Mustang schließt das letzte eigene Werk

Der Jeans-Hersteller und -Händler Mustang in Künzelsau schließt Ende März [2007] sein Werk im südungarischen Marcali und entlässt etwa 400 Mitarbeiter. [...] Die Mitarbeiterzahl der GmbH & Co. KG schrumpfte weltweit bereits in den vergangenen Jahren von knapp 1.200 auf 800. Durch die Schließung des letzten eigenen Werks in Ungarn sinkt die Zahl der Beschäftigten bei Mustang auf 400, davon arbeiten rund 300 in den Abteilungen Vertrieb, Design, Entwicklung und Verwaltung am Stammsitz im württembergischen Künzelsau. Durch die Vergabe der Produktion an Dritte spare der Familienkonzern Kosten, so Mustang-Sprecherin Yasmin Schwenke, und ermögliche eine höhere Flexibilität bei der Sortimentspolitik. „Wir bringen im Zwei-Wochen-Takt neue Kollektionsimpulse und müssen dafür derzeit in der eigenen Produktion in kurzen Abständen die Maschinen umbauen." In spezialisierten Fabriken, unter anderem in Fernost und im Mittelmeerraum, ließe sich günstiger produzieren, weil sowohl die Kosten für Umrüstarbeiten wie auch die Löhne günstiger seien. Eigene Designer-Teams und Techniker von Mustang überwachten bei verschiedenen Werken die Auftragsproduktionen. Mit den internationalen Partnern würden „Codes of Conduct" („Verhaltenskodizes") geschlossen, die unter anderem auch Regelungen über die Arbeitsbedingungen für die Mitarbeiter vor Ort umfassten. Um Kosten zu sparen, hatte Mustang in der Vergangenheit bereits Produktionsstätten am deutschen Firmensitz, in Portugal, Polen und Russland geschlossen. [...] Die Herstellung der Textilien erfolgt nun zunehmend in Auftragsfertigung, vor allem in China und anderen Staaten im Fernen Osten.

manager-magazin.de mit Material von dpa, 12.1.2007

M 4 Faktoren für die Auslandsproduktion

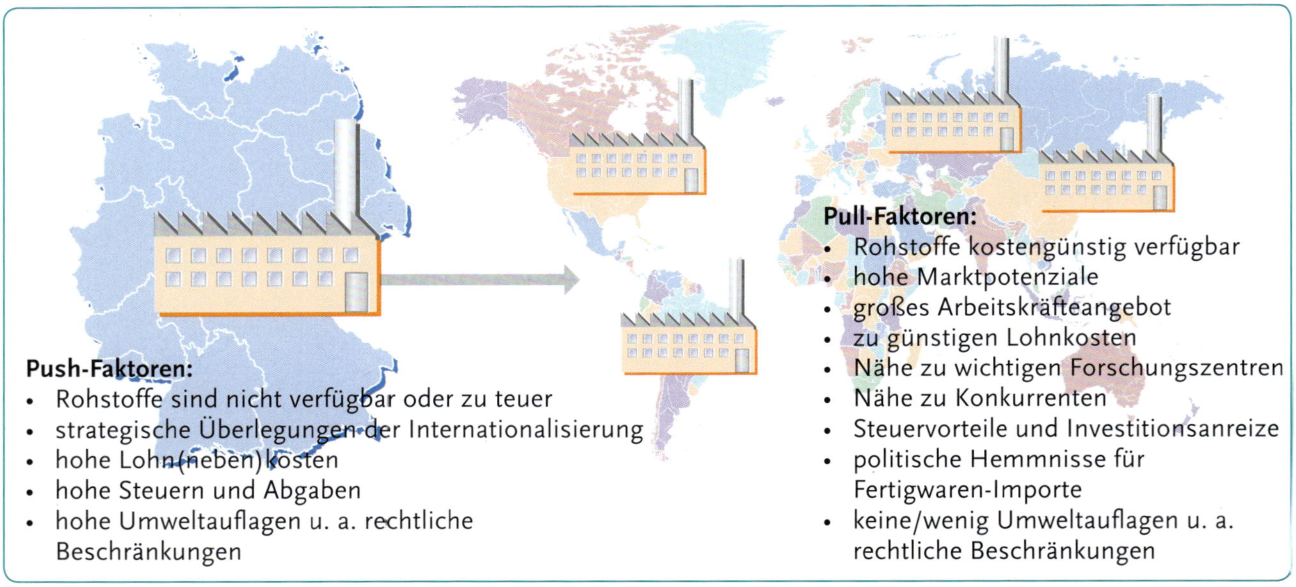

Aufgaben

1. Formuliert in der Gruppe eine Definition von Globalisierung, und vergleicht eure Ergebnisse.
2. Zeichne den Weg einer Jeans von der Produktion bis zur Entsorgung auf einer Weltkarte nach. Überschlage, wie viele Kilometer die Jeans zurückgelegt hat (M 2).
3. Nicht nur Jeans, fast alle Textilien, die du heute kaufen kannst, werden im Ausland gefertigt. Fasse die Gründe dafür zusammen (M 2 – M 4).

Grenzenloser Handel?

M 5 Globale Handelsströme

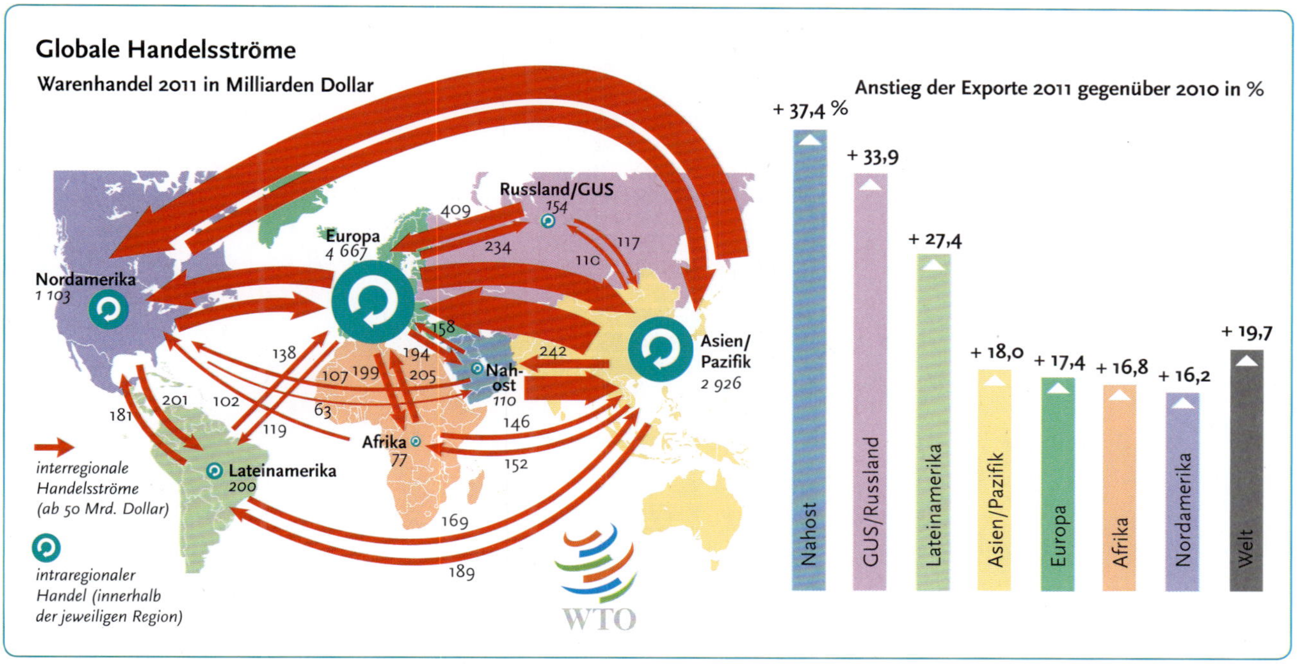

Quelle: World Trade Organization, Globus-Grafik 5443

M 6 Die Machtzentren verschieben sich

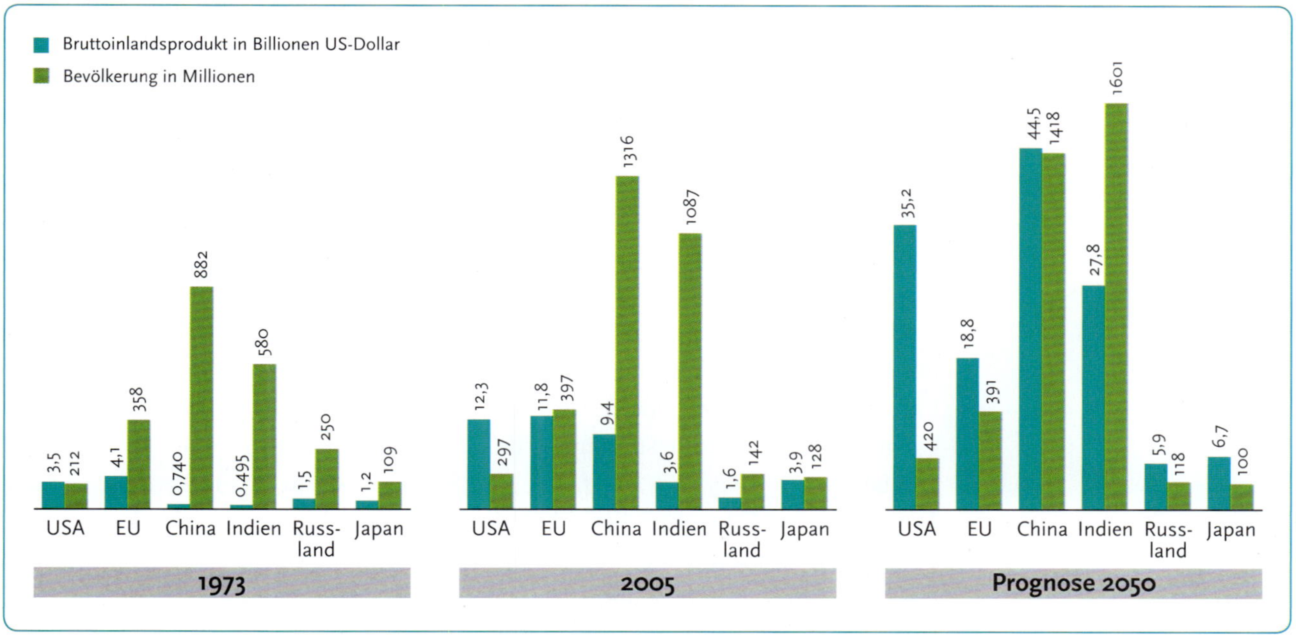

Quelle: UNFPA, IWF, Maddison; BIP in Preisen von 1990 bzw. 2005, kaufkraftbereinigt
Prognosen: Bevölkerung; UNFPA; BIP: Goldmann Sachs, für Westeuropa auf Basis der Goldmann-Sachs-Prognose; BIP in Preisen von 2003

M 7 Die größten Exporteure der Welt

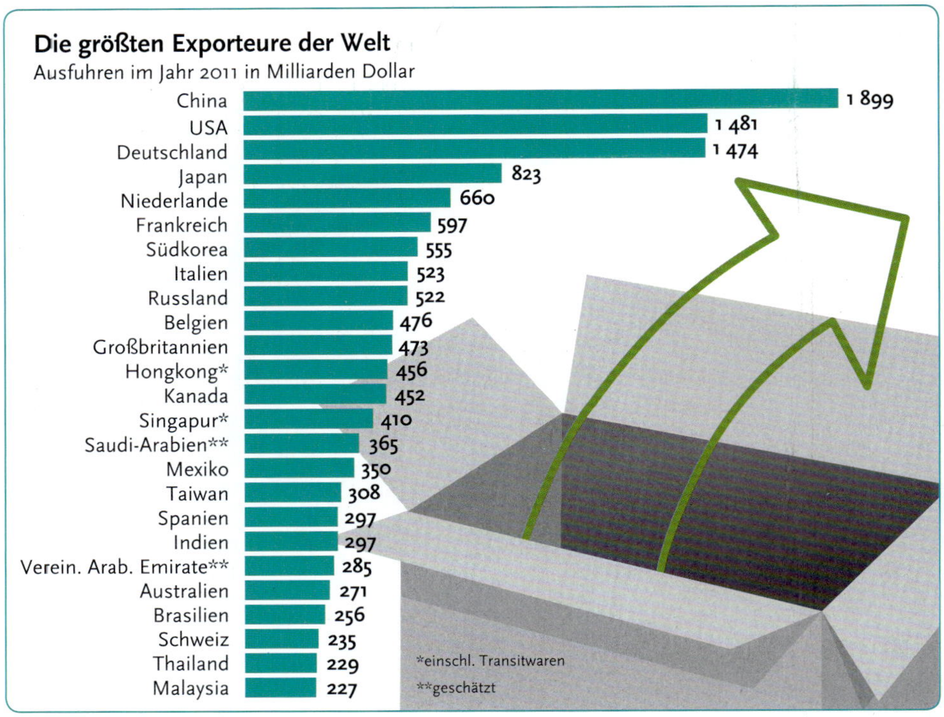

Quelle: WTO, Globus-Grafik 4914

M 8 Immer mehr Menschen leben vom Export

Man muss sich einmal vorstellen, jeder vierte der rund 40 Millionen Erwerbstätigen zwischen Kiel und Konstanz würde arbeitslos – das wäre nicht nur die Horrorzahl von zehn Millionen Menschen, das wäre auch eine Katastrophe für die gesamte Republik. Das Schreckensszenario ist natürlich nicht sehr realistisch, aber es macht eines deutlich: die enorme Bedeutung, die der Export für die deutsche Wirtschaft hat – eine Bedeutung, die in den vergangenen zehn Jahren ständig gestiegen ist.

Fast neun Millionen Erwerbstätige nämlich waren nach den neuesten Angaben des Präsidenten des Statistischen Bundesamts in Wiesbaden, Walter Radermacher, vom Export abhängig. Nur weil Waren im Ausland nachgefragt werden, haben – etwas übertrieben gesagt – die Mitarbeiter Platz auf den Lohn- und Gehaltslisten der Unternehmen. Die Bedeutung der Ausfuhren für die deutsche Wirtschaft jedenfalls ist im vergangenen Jahrzehnt ständig gewachsen: Erst 15 Prozent der Erwerbstätigen waren etwa im Jahr 1995 vom Export abhängig.

Dass Autos, Maschinen und chemische Erzeugnisse aus deutschen Fabriken im Ausland gefragt sind, ist schon länger bekannt. Bemerkenswert an der Untersuchung der Wiesbadener Statistiker indes ist der Hinweis auf den engen Zusammenhang zwischen dem Export von Waren und Dienstleistungen: Weil Autohersteller, Maschinenbauer oder chemische Industrie sich auf dem Weltmarkt tummeln, verdienen 1,4 Millionen Beschäftigte im Dienstleistungsbereich ihr Geld: Maschinen müssen auf Schiffe gehievt werden, Autos müssen verladen werden, große Industrieanlagen müssen finanziert werden, viele Produkte müssen in fernen Landen noch an die besonderen Wünsche der Kunden angepasst werden – all dies bietet Arbeitsplätze vom Gabelstaplerfahrer über den Bankkaufmann bis hin zum Ingenieur.

Ulrich Schreyer, Stuttgarter Zeitung, 19.9.2007

M 9 Die Vorteile des Freihandels

Der britische Ökonom Adam Smith, der Begründer der modernen Nationalökonomie, war ein entschiedener Verfechter offener Märkte und des Freihandels, und seine Argumente sind einleuchtend: Durch den Freihandel können Länder ihren „komparativen Vorteil" nutzen, und alle Nationen profitieren, wenn sich jede auf die Bereiche spezialisiert, in denen sie besonders leistungsfähig ist. Große Handelsräume erlauben Firmen und Individuen, sich weiter zu spezialisieren und noch bessere Leistungen zu erbringen. Stellen wir uns ein kleines Dorf mit nur einem Bäcker vor, betrachten wir dann ein größeres Dorf, das vielleicht zwei oder drei Bäcker hat. Eine größere Stadt kann eine größere Zahl von Bäckern ernähren, einige von ihnen stellen nur Brot her und andere nur Kuchen. Eine noch größere Stadt hat nicht nur Brotbäcker und Konditoren; hier haben die Bäcker so viele Kunden, dass sie sich noch weiter spezialisieren können und eine breite Palette sehr guter Kuchen und Feinschmeckerbrote herstellen. Größere Märkte steigern die Effizienz aller Produzenten und erweitern das Angebotssortiment, aus dem die Verbraucher auswählen können.

Joseph Stiglitz, Die Chancen der Globalisierung, Bonn 2006, S. 96

komparativ = hier: im Vergleich zu anderen Ländern

Aufgaben

1. Bildet Gruppen und fasst die wichtigsten Erkenntnisse der Grafiken (M 5 – M 7) zusammen. Ihr könnt die Arbeit so verteilen:
   a) Wie stellt sich der interregionale Handel 2008 dar?
   b) Wie ist die Größe des interregionalen Handels im Vergleich zum intraregionalen Handel zu sehen?
   c) Welches sind die auffälligsten Veränderungen 2008 zu 2007?
   d) Wie verschieben sich die Machtzentren bis 2050?
   e) Wie könnten der interregionale und intraregionale Handel im Jahre 2050 in M 5 dargestellt werden (Skizze)?
2. Erkläre, warum es sinnvoll ist, dass Staaten über ihre Grenzen hinweg Handel treiben (M 8, M 9).

Globale Unternehmen – Schrittmacher der Globalisierung?

M 10 Auf dem Weg zum globalen Einheitslook?

Eröffnung einer H&M Filiale in China

H&M-Filialen weltweit (Auswahl)

Land	erste Filiale	Anzahl
Schweden	1947	156
Großbr.	1976	152
Schweiz	1978	72
Deutschland	1980	346
Niederlande	1989	98
Frankreich	1998	123
USA	2000	175
Italien	2003	53
Ver. Arab. E.	2006	9
China	2007	15
Ägypten	2008	1
Bahrain	2008	3
Japan	2008	2
Libanon	2009	NE
Israel	2010	NE
Südkorea	2010	NE

NE = Neueröffnung, Hennes & Mauritz (Stand: 2009)

Global agierende Modekonzerne wie Gap, H&M oder Inditex (der Mutterkonzern von Zara) haben sich auf nahezu allen Kontinenten der Erde erfolgreich niedergelassen und dabei ihre Werbekampagnen weltweit nach ähnlichen Mustern geschaltet. Während die Vereinheitlichung der ästhetischen Vorlieben weiter voranschreitet, verlieren traditionelle, lokale und regionale Moden an Bedeutung. Bei dem 1947 in Schweden gegründeten Konzern Hennes & Mauritz (H&M) werden diese Vereinheitlichungstendenzen besonders deutlich: H&M gehört mit seinen 73.000 Mitarbeitern zu den größten Textilketten der Welt. Die Ware wird zu eher günstigen Preisen in mehr als 1.800 Filialen in 37 Staaten vertrieben. Die Warenproduktion wird über 20 H&M-eigene Produktionsbüros organisiert, nach entsprechenden Vorgaben wird die Ware von etwa 800 eigenständigen Herstellern in 2.700 verschiedenen Produktionsstätten hergestellt. Der weltweit erzielte Umsatz des Aktienunternehmens lag 2008 bei gut 10 Milliarden Euro.

H&M ist stets um den Aufbau einheitlicher Filialen bemüht. Dies beginnt beim Corporate Design, dem Logo und dem Mobiliar und reicht bis zu einer ähnlichen Schaufenstergestaltung.

Die weltweit angebotene Produktpalette ist größtenteils identisch. Es wird vor allem auf einen Wiedererkennungswert gesetzt, egal in welcher Stadt oder in welchem Land sich der Konsument befindet.

Die Kampagnen weisen für alle Märkte und Regionen große Ähnlichkeiten auf, jedoch werden auch kulturelle Unterschiede berücksichtigt. Entsprechend der Marketingstrategie „think global, act local" gibt es in südlichen Ländern witterungsbedingt weniger Wintermode oder etwa in Saudi-Arabien eine Abteilung, zu der nur Frauen Zutritt haben und in der ausschließlich weibliches Personal beschäftigt wird (einschließlich des Sicherheitsdienstes).

http://www.bpb.de/wissen/RHLJVV.html

M 11 Globale Unternehmen – weltweit vernetzt

Im Jahr 1980 gab es etwa 17.000 Multinationale Unternehmen. Bis zum Jahr 2000 stieg die Gesamtzahl auf über 63.000 an und hat sich bis 2004 noch einmal deutlich auf 70.000 erhöht. Die Zahl der Tochterunternehmen der Multinationalen Unternehmen lag im selben Jahr bei etwa 690.000. Die Entwicklung verlief in einzelnen Ländern unterschiedlich. Während sich die Anzahl der Multinationalen Unternehmen in Deutschland von 1979 bis 1998 von gut 4.600 auf fast 8.500 erhöht hat, ergeben sich für Japan und die USA geringere Steigerungsraten.

Dabei steht die Entwicklung in Japan und den USA nicht im Gegensatz zu einer zunehmenden Größe bzw. Marktmacht der MNU. Denn Größe und Konzentration werden auch durch Unternehmensfusionen gesteigert. Allein zwischen 1990 und 1999 ist die Zahl der Fusionen weltweit von rund 9.000 auf fast 25.000 gestiegen. Die Zahl der grenzüberschreitenden Fusionen wuchs im selben Zeitraum von gut 2.500 auf 7.125. Dieser Rekord wurde nur noch im Jahr 2000 mit knapp 8.000 Fusionen übertroffen. 2004 lag die Zahl der grenzüberschreitenden Fusionen bei 5.000.

Multinationale Unternehmen können als treibende Kraft der Globalisierung betrachtet werden. Sie verfügen über große technische und finanzielle Ressourcen, ihr Anteil am Welthandel ist außerordentlich hoch. Gleichzeitig sind sie einer starken Konkurrenz ausgesetzt. Durch ihre Bedeutung für Investitionen und Beschäftigung ergibt sich parallel zu ihrer ökonomischen auch ihre politische Macht.

Bundeszentrale für politische Bildung, Zahlen und Fakten, Globalisierung, Bonn 2006

Transnationale/Multinationale Unternehmen
sind Konzerne, die über mehrere Nationen verteilt sind. Sie sind in mehreren Geschäftsbereichen (Handel, Vertrieb, Herstellung, Forschung und Entwicklung) außerhalb ihres Heimatlandes tätig und stützen sich finanziell auf Unternehmen in zwei oder mehr Ländern.

Quelle: Fortune, Globus-Grafik 5156

Aufgaben

1. Du bist Leiter von H&M. Erkläre, welche Prinzipien ein Unternehmen beachten muss, das weltweit erfolgreich sein will (M 10).
2. Erkläre, warum Unternehmen wie H&M als Schrittmacher der Globalisierung bezeichnet werden können (M 10, M 11).
3. Projekt: Recherchiert in Gruppen wahlweise ein positives und ein negatives Beispiel für die Tätigkeit transnationaler Konzerne in Entwicklungsländern, und stellt eure Ergebnisse der Klasse vor.

Standort Deutschland – global wettbewerbsfähig?

M 12 Standort Deutschland – aus der Sicht des Karikaturisten

Karikatur: Walter Hanel

M 13 Standortwettbewerb

Deutschlands wirtschaftliche Zukunft hängt maßgeblich von seiner Attraktivität als Standort für Unternehmer und Unternehmen ab. Denn sie schaffen die zukunftsfähigen Arbeitsplätze für die Menschen und erwirtschaften die Wertschöpfung, mit der ein modernes Gemeinwesen finanziert wird. Unternehmer machen ihre Standortentscheidung – auch den Verbleib dort – davon abhängig, welche Ressourcen verfügbar sind und welche staatlichen Rahmenbedingungen gegeben sind. Hier steht Deutschland nicht nur mit seinen europäischen Nachbarn im Wettbewerb, sondern auch mit Ländern in Übersee, die ihre Standortbedingungen an zukünftige Entwicklungen vielfach besser angepasst haben.

Ein entscheidender Aspekt der Globalisierung in ihrer modernen Ausprägung ist, dass die Unternehmen mit zunehmender Mobilität von Kapital und Technologie ihre Standorte besser wählen können. Bestimmt wird ihre Wahl durch „Standortfaktoren", d.h. durch die an einem bestimmten

Standort gegebenen Bedingungen, die für den Erfolg des Unternehmens als entscheidend angesehen werden. Unter ihnen gibt es „harte" und „weiche". Zu den harten Faktoren zählen die Ergiebigkeit des zu bedienenden Marktes, die Ausstattung mit Infrastruktur, die Verfügbarkeit qualifizierter Arbeitskräfte, die Flexibilität des Arbeitsmarktes, die Höhe der Lohn- und Energiekosten und die zu erwartenden Abgabenlasten. Zu den weichen Faktoren zählen Kontakte mit anderen Unternehmen und mit Forschungseinrichtungen, das kulturelle Umfeld, der Freizeitwert und die Kooperationsbereitschaft der Behörden. Ein Land, das seine Standortbedingungen nicht hinreichend den veränderten weltwirtschaftlichen Rahmenbedingungen anpasst, riskiert, Kapital, Technologie und Spitzenkräfte (Humankapital) an das Ausland zu verlieren.

M 14 Deutschland als Standort – Stärken und Schwächen

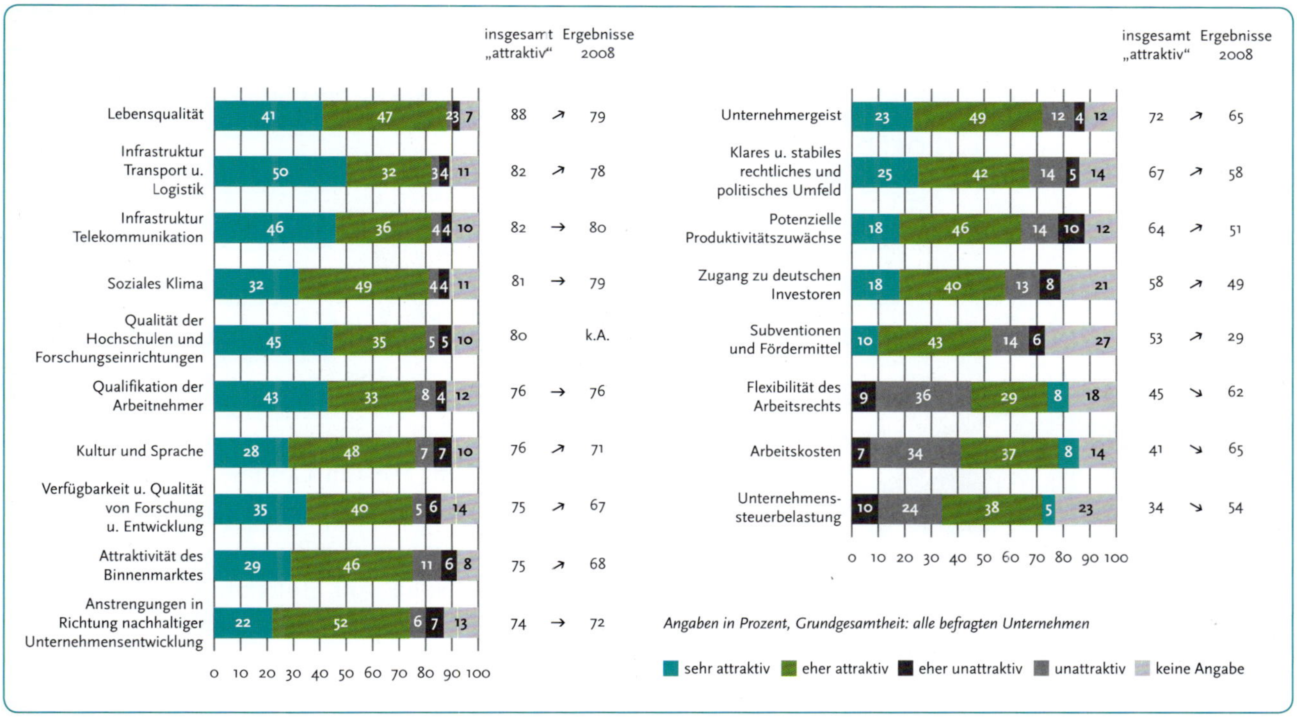

Peter Englisch, Standort Deutschland 2009, Ernst & Young, Essen 2009

Aufgaben

1. Beschreibe die Karikatur in M 12, und nimm zur Aussage Stellung. Ziehe dazu auch M 14 heran.
2. Ein amerikanischer Investor möchte in Deutschland eine Firma gründen. Nenne Gründe, warum Deutschland ein guter Standort wäre. Berücksichtige dabei auch die Entwicklung der Standortfaktoren (M 13, M 14).

Globalisierung – profitieren die Ärmsten?

M 15 Wohlstand – ungleich verteilt?

	Anteil der Armen[1] in %		Kindersterblichkeit[2]		Lebenserwartung (in Jahren)[3]		BIP pro Kopf (in USD)	
Region	1990	2008	1990	2010	1990	2010	1990	2010
Ostasien und Pazifik	54,7	16,8	55	24	67	74	2.536	3.696
Lateinamerika und Karibik	11,3	8,2	53	23	68	77	2.589	7.733
Naher Osten und Nordafrika	4,3	3,6	76	34	64	74	1.987	3.874
Südasien	51,7	40,3	125	67	58	67	357	1.176
Afrika südl. Sahara	57,6	50,9	185	121	50	55	585	1.176
OECD (wohlhabende)	–	–	12	6	76	83	18.543	98.745

Weltbank; World Development Indicators 2010 und 2012; [1] weniger als 1,25 USD/Tag zur Verfügung; [2] so viele von 1.000 überleben nicht das 5. Lebensjahr; [3] von Frauen

M 16 Mitternachtsblau – die Folgen der globalen Jeansproduktion

Arbeiter in einer Jeansfabrik in der Provinz Guangdon

Vor zehn Jahren war Zhongshan eine Ansammlung von mehreren Dörfern, Ententeichen und Feldern. Heute gibt es hier 5.000 Textilfabriken unterschiedlicher Größe, die jeden Schritt der Jeansherstellung abdecken, vom Weben und Färben bis zum Nähen und der Nachbearbeitung. Das Wachstum der Stadt orientierte sich dabei so sehr an der Industrie, dass es zwecklos ist, einem Taxifahrer einen Straßennamen zu nennen. Nennt man ihm aber den Namen einer Firma, bringt er einen umgehend dorthin.

Die Fabrikanten stammen genauso wie die Arbeiter aus armen Dörfern im Westen Chinas. Sie sind ins Delta des Pearl River gegangen, eine Region in der Provinz Guangdon in der Nähe von Hongkong, um ihr Glück in der Industrie zu suchen. China ist zum größten Jeansproduzenten der Welt aufgestiegen. Der jährliche Umsatz dieses Industriezweigs wird auf zweistellige Euro-Milliardenbeträge geschätzt. Aber die Arbeiter zahlen für diese Erfolgsgeschichte einen hohen Preis. […]

Stoffe für Kleidung werden in der Regel erst gewebt und dann gefärbt. Bei der Denim-Produktion aber ist es andersherum. Die Arbeiter beladen zuerst offene Wannen voller „Sulphur Black“ oder anderen Färbemitteln mit dem Garn. Je dunkler die Färbung werden soll, umso mehr Chemikalien werden benötigt. Dann werden die Fasern mit Ätznatron und Säure behandelt, um die Aufnahme der Farbe zu verbessern. Meist sind die Arbeiter gegen die zersetzenden Dämpfe nicht geschützt. Danach wird der Denimstoff gewebt, zugeschnitten und zu einer Jeans vernäht. Auch hier wimmelt es von Gefahren, wenn Näher und Näherinnen bis zu 18 Stunden am Tag die Highspeed-Nähmaschinen mit dem schweren Jeansstoff füttern. Sie werden pro Stück bezahlt. Das Durchschnittseinkommen von 150 Euro im Monat ist höher als in den meisten anderen Industriezweigen. Aber um dieses zu erreichen, müssen sie unnachgiebige Produktionsquoten erfüllen. Dafür riskieren sie Arbeitsunfälle oder Augenprobleme und Rückenschmerzen durch Überanstrengung. Dou Yongwen ist 24 Jahre alt. Seit acht Jahren stanzt er fast jeden Tag 10.000 Knöpfe in Jeans. „Das ist kein Leben“, sagt er. Aber er zahlt diesen Preis in der Hoffnung auf eine bessere Zukunft. „Ich versuche, den Handel zu verstehen. In ein paar Jahren habe ich hoffentlich genug Geld gespart, um mich mit einem Knopfbetrieb selbstständig machen zu können.“ Die goldene Zukunft hat sich bislang für Dou aber noch nicht eingestellt. Die einzige Pause in der letzten Zeit hatte er, als nach einem langen Arbeitstag bis Sonnenaufgang seine Konzentration nachließ und die Maschine seinen Finger durchstanzte. […]

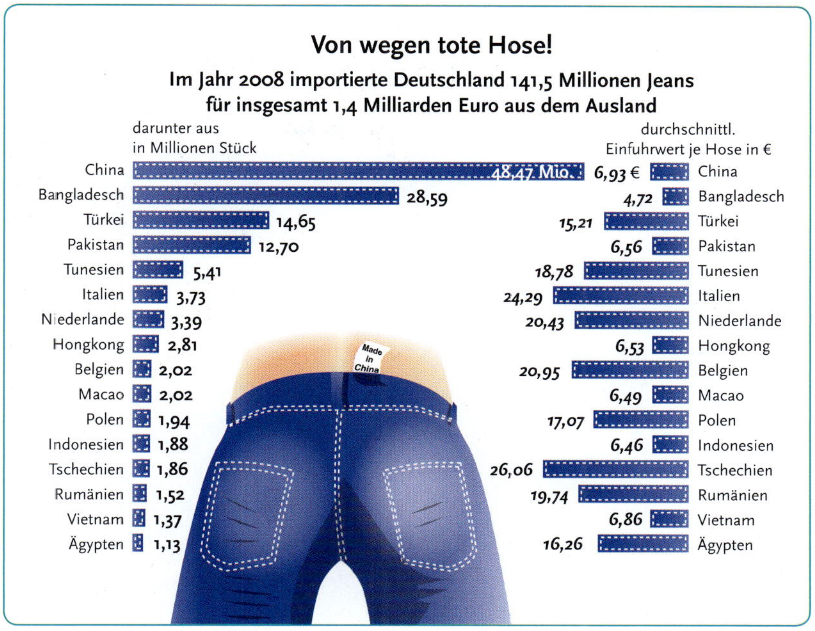

Quelle: Stat. Bundesamt, Globus-Grafik 2858

Die Lage der Arbeiter verbessert sich nur langsam. Doch mit zunehmendem Lebensstandard, Bildung und internationalen Arbeitsbestimmungen wird es für Ausbeuterbetriebe immer schwieriger. Mit Chinas Verwandlung in einen Industriegiganten steigt die Nachfrage nach gut ausgebildeten Kräften derart, dass sie das Angebot weit übersteigt. Und seitdem auch Arbeiter Mobiltelefone haben, machen Informationen über ausbeuterische Praktiken schnell die Runde.

Justin Jan, Greenpeace Magazin 03.08

Aufgaben

1. In M 15 wird das Problem der globalen Ungleichheiten dargestellt. Vergleiche die Daten, und nimm Stellung zu der These, die Globalisierung würde zu einer Verschärfung der Ungleichheit auf der Welt führen.
2. Erläutere, welche negativen und positiven Folgen die Globalisierung der Jeansproduktion für China hat (M 16).
3. Diskutiert Lösungsvorschläge für die in M 16 aufgezeigten Probleme.

Was wir wissen

Globalisierung – Begriff

Die langfristigen und grundsätzlichen Veränderungen innerhalb eines Wirtschaftssystems werden Strukturwandel genannt. Die Weltwirtschaft befindet sich in den letzten Jahren in einem beschleunigten Strukturwandel, der heute in dem Begriff Globalisierung zusammengefasst wird. Globalisierung hat zahlreiche Facetten – wirtschaftliche, politische, gesellschaftlich-soziale, kulturelle, ökologische und rechtliche.

Wirtschaftliche Globalisierung
M 1 – M 9

Im wirtschaftlichen Bereich führt die Globalisierung zu einer immer engeren Verflechtung der Volkswirtschaften und der Entstehung eines weltweiten Marktes für Waren, Kapital und Dienstleistungen. Die entscheidende Triebkraft der Globalisierung ist der internationale Handel, deshalb nimmt der Grad der Globalisierung zu, wenn die Weltexportquote, also der Anteil der Exporte an der Weltproduktion, zunimmt. Heute schätzt man diesen Wert auf ca. 30 %. Die Intensivierung der internationalen Arbeitsteilung wurde politisch ermöglicht durch den weltweiten Abbau der Handelsbeschränkungen. Die Mikroelektronik als kommunikationstechnische Basistechnologie sowie gesunkene Kommunikations- und Transportkosten (technologische Faktoren) versetzen Unternehmen in die Lage, den Produktionsprozess global zu organisieren. Damit treten die Produktionsstandorte und Unternehmen weltweit in Konkurrenz zueinander.

Global Players als Schrittmacher
M 11

Als Schrittmacher der Globalisierung gelten daher Unternehmen mit ausländischen Niederlassungen oder Tochterunternehmen, sogenannte transnationale Unternehmen (Global Players). Ihre Organisationsform ist ein Netzwerk mit einer Reihe wechselseitig abhängiger und geografisch verteilter Zentren.

Wirtschaftsstandort Deutschland
M 13, M 14

Die Qualität des Wirtschaftsstandorts Deutschland hat sich in den letzten Jahren verbessert. Stärken sind u.a. eine hervorragende Infrastruktur, stabile politische und soziale Verhältnisse, Rechtsstaatlichkeit, sehr gut qualifizierte und produktive Arbeitnehmer und eine insgesamt hohe Lebensqualität. Als positiv gilt auch die geografische Lage im Herzen Europas. Zu den Schwächen des Standorts zählen die im internationalen Vergleich hohen Arbeitskosten, die starke Reglementierung des Arbeitsmarkts sowie eine hohe Steuerbelastung der Unternehmen. Deutsche Produkte insbesondere aus dem Fahrzeug- und Maschinenbau genießen auf den Weltmärkten immer noch ein hohes Ansehen. Unter den führenden Exportnationen der Welt nimmt Deutschland deshalb seit Jahren eine herausragende Position ein.

Globalisierung und Wohlstand
M 15, M 16

Wohlstand und Entwicklungschancen auf der Welt sind nach wie vor ungleich verteilt. Ob die Globalisierung zu einer Verstärkung dieser Ungleichheit führt oder den ärmeren Ländern Chancen eröffnet, am Wohlstand teilzuhaben, wird unterschiedlich beurteilt. Auch entwickeln sich die einzelnen Regionen in der Welt nicht einheitlich.

Globalisierung gerecht gestalten durch Entwicklungszusammenarbeit

Entwicklungszusammenarbeit muss sich ständig den Auswirkungen der Globalisierung, wie dem Klimawandel, der Migration oder der Verbreitung neuer Krankheiten, stellen. Staatliche wie nichtstaatliche Entwicklungsorganisationen stehen vor riesigen Problembergen, und ihre Erfolge werden von vielen als „Tropfen auf den heißen Stein" abgetan. Sie müssen sich also die Frage stellen, wie sie ihre Arbeit so gestalten können, dass Ziele und Umsetzung übereinstimmen.

Entwicklungsziele – das magische Sechseck

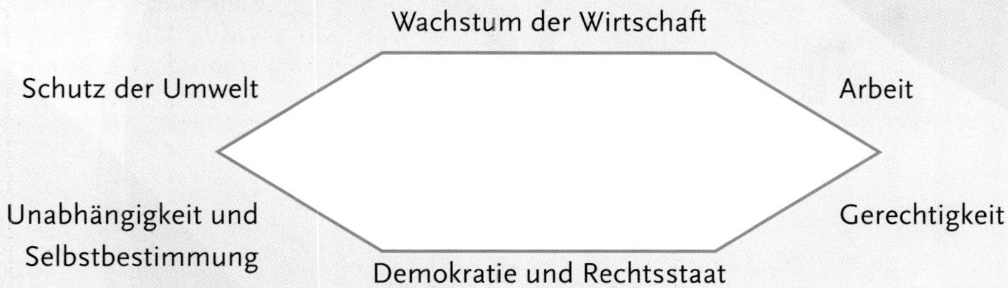

Aufgabe

Entwicklungszusammenarbeit will geplant sein. Entscheidungen, wo und in welche Projekte Geld investiert wird, werden nicht nach Lust und Laune getroffen, sondern nach vorher festgelegten Kriterien. In diesem Spiel seid ihr die Entscheider in Entwicklungsorganisationen und tragt die Verantwortung für die sinnvolle Verteilung des Geldes.

1. Phase: Bildet Gruppen. Stellt euch vor, ihr gründet eine deutsche Entwicklungsorganisation. Gebt eurer Organisation einen Namen und formuliert ein oberstes Ziel der Organisation.
2. Phase: Beurteilt die Projektbeschreibungen in den Kästen bezüglich der Ziele und Dringlichkeit. Ihr könnt nur eine begrenzte Anzahl von Projekten fördern. Überlegt, nach welchen Kriterien eure Entwicklungsprojekte ausgewählt werden sollen (vgl. Entwicklungsziele). Haltet die Kriterien schriftlich fest.
3. Phase: Jetzt geht es darum zu entscheiden, welche der vorliegenden Projektanträge bewilligt werden können. Laut Budgetplan können in diesem Jahr drei Projekte finanziert werden.
4. Phase: Bewertet euer Vorgehen und eure Ergebnisse z. B. mithilfe des Kriterienrasters auf S. 15.

Projekt A unterstützt den Wiederaufbau kriegszerstörter Dörfer in Angola. Dabei entscheiden die Dorfbewohner selbst, was sie am dringendsten brauchen: einen Brunnen, ein Schulhaus oder Geräte für die Feldarbeit.	Projekt D errichtet ein Naturschutzgebiet zum Erhalt des Regenwaldes auf den Philippinen und bildet Mitglieder der lokalen Bevölkerung darin aus, für den nachhaltigen Schutz und den Erhalt der natürlichen Ressourcen Sorge zu tragen.
Projekt B errichtet ein Ausbildungszentrum für junge benachteiligte Menschen in Rumänien. Sie können dort verschiedene Ausbildungsberufe erlernen und sich somit in Zukunft ihren Lebensunterhalt selbst verdienen.	Projekt E unterstützt und begleitet Frauen im Iran bei Scheidungsfällen vor Gericht und hilft den Frauen dabei, sich zu vernetzen und für ihre Rechte einzutreten.
Projekt C bildet AIDS-Beraterinnen und -Berater in Südafrika aus. Sie besuchen Familien und helfen AIDS-Waisen, ihr Leben ohne Eltern zu meistern. In Jugendgruppen und Schulen klären sie über die Krankheit auf.	Projekt F hilft Kleinbauern in Ecuador Bio-Bananen zu produzieren und integriert sie in ein Netzwerk zum Fairen Handel, sodass sie ihre Produkte auch in Deutschland verkaufen können. Die Bauern haben so die Möglichkeit, für ihren Lebensunterhalt zu sorgen.

Wasser – ein knapper werdendes Gut

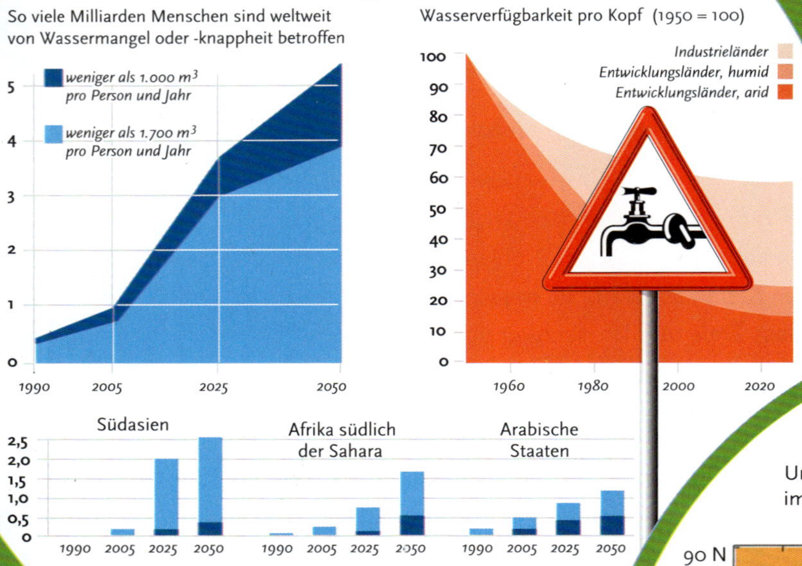

Globus-Grafik 1175; Quelle: UNDP

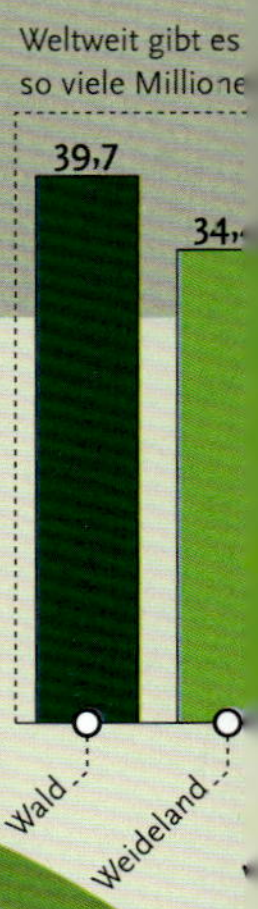

Bedrohliches Szenario

Um so viel °C wird die jährliche Oberflächentemperatur im Zeitraum von 2070 bis 2100 über der des Zeitraums von 1960 bis 1990 liegen*

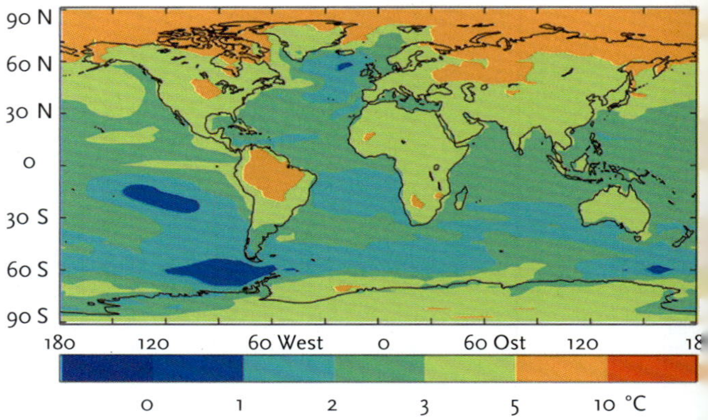

*jeweils nach dem Klimamodell „HadCM3“ (Annahme: mittleres Wirtschaftswachstum, keine zusätzlichen Maßnahmen gegen den Klimawandel, Treibhausgas-Emissionen steigen wie bisher CO_2-Konzentration verdoppelt sich bis Ende des 21. Jh.)

Globus-Grafik 1032; Quelle: Hadley Centre for Climate Prediction and Research; Stand: 2006

Fang mit Nebenwirkungen

Globus-Grafik 1035; Quelle: WWF

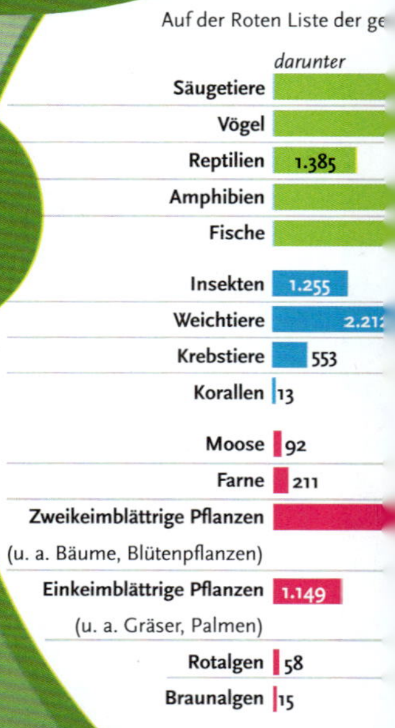

Glob

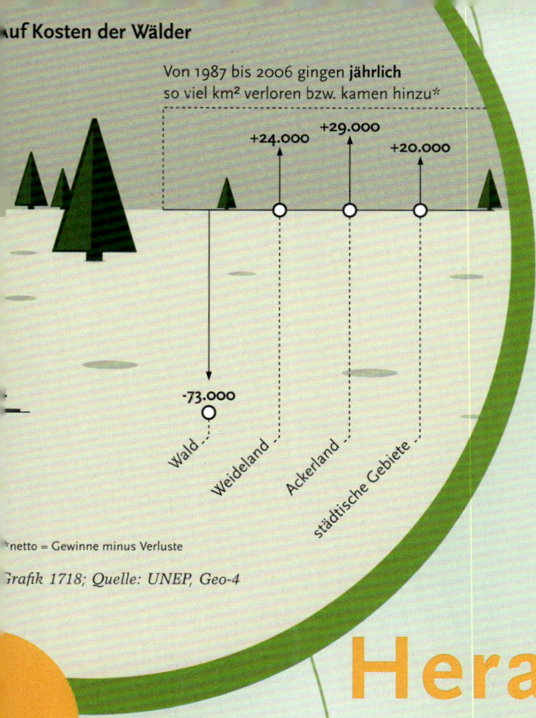

10

Ökologische Herausforderungen für Politik und Wirtschaft

Der grüne Garten, in den die Menschheit einmal gesetzt war, ist bedroht. Bevölkerungswachstum, fortschreitende Industrialisierung und Verstädterung haben zu einer Zerstörung natürlicher Lebensräume geführt – mit weitreichenden Konsequenzen für Mensch und Umwelt. Doch sind Politik und Wirtschaft diesem Prozess nicht machtlos ausgeliefert.

Kompetenzen

Am Ende dieses Kapitels solltest du Folgendes können:

- Ursachen für umweltschädliches Verhalten kennen
- zwischen qualitativem und quantitativem Wachstum unterscheiden
- angemessene Kritik an der herkömmlichen Wachstumskonzeption formulieren und Alternativen aufzeigen
- das Konzept der nachhaltigen Entwicklung erläutern
- unterschiedliche umweltpolitische Instrumente beurteilen

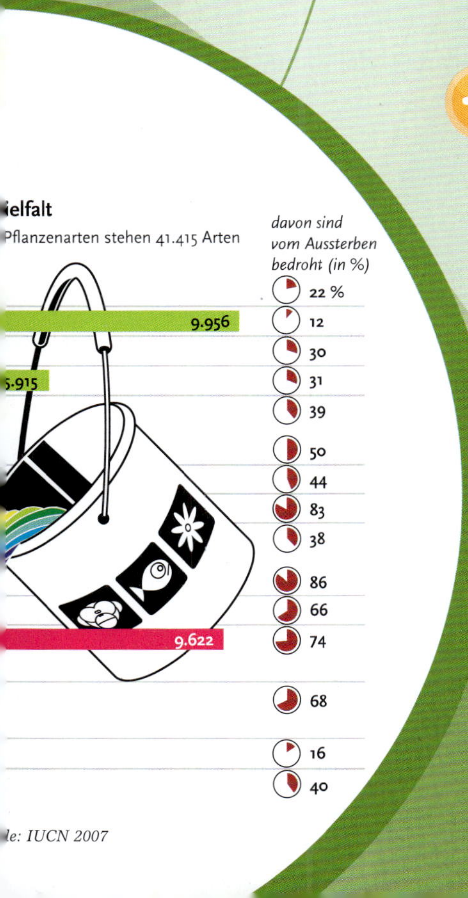

Was weißt du schon?
Arbeitet in Gruppen. Sucht euch eines der abgebildeten Umweltprobleme heraus und ergänzt euer Wissen zu diesem Thema (Entwicklungen, Ursachen, Folgen). Erstellt dazu ein Plakat und stellt die Ergebnisse vor.

10.1 Unsere Erde in Gefahr – die Fakten

Welche Auswirkungen hat der Klimawandel?

M 1 Erwartete Klimafolgen für Deutschland bis 2040

Wetterelement	Erwartete Änderung	Verlässlichkeit	Auswirkungen
Temperatur	1,7 Grad wärmer als 1900, v. a. Winter und Nächte wärmer	sehr gut	früherer Pflanzenaustrieb, vermehrter Hitzestress, Rückgang des Permafrosts in den Alpen (mehr Felsstürze)
Hitzeperioden	häufiger, stärker	sehr gut	hohe Gesundheitsbelastung und Stress für die Biosphäre, mehr Waldbrände
Alpengletscher	60 % Flächen- und 80 % Massenverlust gegenüber 1850	sehr gut	extreme Abflussschwankungen
Meeresspiegelanstieg	ca. 10 cm gegenüber heute	sehr gut	Gefährdung der Nord- und Ostseeküste
Niederschlag	Sommer trockener, Herbst und Winter nasser mit mehr Regen statt Schnee, Ergiebigkeit von Einzelereignissen deutlich höher als bekannt	gut	erhöhte Überschwemmungsgefahr (u. a. wegen unterdimensionierter Entwässerungssysteme)
Trocken- bzw. Dürreperioden	häufiger	befriedigend	Land- und Energiewirtschaft sowie Binnenschifffahrt betroffen, erhöhtes Waldbrandrisiko
Gewitter	intensiver	befriedigend	erhöhte Risiken durch Starkregen, Hagel, Sturmböden
Sturmfluten	bis zu 20 cm höher auflaufend	gut	stärkere Gefährdung der Nordseeküste

Quelle: DMG; SpiegelOnline 12.10.2007 (http://www.spiegel.de/wissenschaft/natur/0,1518,511106,00.html)

M 2 Hilferuf aus Alaska

Dass man ihn „Eskimo" nennt, „Rohfleischesser", stört Enoch Adams nicht. […] Der 48-Jährige lebt in einer der unwirtlichsten Regionen der Erde, in Alaska. Sein Dorf Kivalina zählt nur 400 Einwohner und liegt 200 Kilometer nördlich des Polarkreises. […] „Für andere ist die globale Erwärmung eine Theorie, für uns nicht", sagt Enoch Adams. „Wir haben Angst." Das Häuschen, das er mit seiner Frau und drei kleinen Kindern bewohnt, ist wie alle aus Holz gebaut und kaum größer als ein Container. Neben dem Fernseher trocknen Felle. In Kivalina liegt neun Monate im Jahr Schnee, von November bis Juni ist das Meer vereist. Im Winter fallen die Temperaturen auf bis zu 50 Grad minus. Normalerweise. Hinter dem Haus zerlegen Enochs Mutter, seine Schwester und seine Nichte eine drei Zentner schwere Bartrobbe. Mit scharfen Messern trennen die Frauen das Fell vom Fett und das Fett vom Fleisch. Eine blutige Arbeit. Fast alles wird verwertet. Aus dem Fell wird Großmutter Lucy Stiefel nähen. Die Nichte, die ebenfalls Lucy heißt, schneidet das Fett in Streifen, um daraus Tran zu gewinnen. Und Schwester Colleen filetiert das dunkle Fleisch und hängt es zum Trocknen in ein überdachtes Holzgerüst, in dem schon Dutzende Lachse baumeln. Die Frauen lachen über Witze und stöhnen über ihre schmerzenden Rücken. Fünf Robben haben sie in den letzten Tagen zerlegt, für die Wintervorräte brauchen sie aber zehn bis zwölf. Auch Walfleisch sollte auf ihrem Speiseplan stehen. Doch den letzten Grönlandwal haben die Männer von Kivalina vor 15 Jahren „geerntet", wie sie sagen. Die Wanderrouten der Tiere sind nur im Frühjahr über das Packeis zu erreichen. Das aber war in den letzten Jahren zu dünn, als dass es die Schneemobile mit den Booten im Schlepptau tragen könnte.

Die Frauen ahnen, dass die vielen Jahre mit zu dünnem Eis kein Zufall sind. „Das Klima hat sich geändert", sagt Colleen. „Die Sommer sind länger, die Winter wärmer. Alles ist durcheinander." Die Eisausdehnung der Arktis lag am Ende des Sommers nur noch bei etwa 70 Prozent des üblichen Mittelwertes. Prognosen gehen davon aus, dass der Arktissommer im Jahr 2037 eisfrei sein wird. Manche Modelle sehen diesen Zustand schon für 2013 voraus. Erholung ausgeschlossen, sagen die Forscher. Aber vielleicht kann man die Entwicklung noch bremsen oder gar stoppen.

Auf die Probleme angesprochen, zuckt Lucy junior mit den Schultern. Sie habe noch nicht so viel darüber nachgedacht. Macht sie sich Sorgen? Die Antwort ist ein schüchternes Nicken. Viele im Dorf versuchen den Wandel, der ihre Lebensweise, wenn nicht gar ihr Leben bedroht, zu verdrängen. Dabei sprechen die Behörden Alaskas von 183 Gemeinden, die aktuell vom Klimawandel betroffen sind. Kivalina zählt zu den sechs Siedlungen, die am dringendsten geschützt werden müssen. Colleen zeigt aufs Wasser. „Vor ein paar Jahren lag unser Haus noch 70 Meter vom Ozean entfernt. Jetzt sind es 20." Ingenieure der US-Armee haben erklärt, dass Kivalina von einer Überflutung bedroht ist. [...] Das Dorf will komplett auf das sichere Festland ziehen. Doch trotz jahrelanger Diskussionen mit den Behörden gibt es keine Einigung über den neuen Siedlungsplatz und die Finanzierung. [...] Während er noch über die Zukunft sinniert, ruft sein Neffe. Das kleine Glasfaserboot mit Außenbordmotor ist startklar. Enoch schlurft zum Strand, an seiner Schulter hängen zwei große Gewehre. Es ist die letzte Robbenjagd in diesem Jahr. Bleibt sie erfolglos, weiß Enoch schon jetzt: Für den langen Winter, der kommt, wird er für sich und seine Familie zu wenig Vorräte haben.

Jörn Klare, Die Zeit, 3.12.2009

Das Dorf Kivalina in Alaska ist vom Klimawandel bedroht.

Tipp

Unter *www.welt.de/wissenschaft/article2145680/Was_bringt_der_Klima wandel_Deutschland.html* findest du eine Karte, die beschreibt, wie sich der Klimawandel auf einzelne Regionen in Deutschland auswirkt.
Recherchiert, wie sich betroffene Regionen auf die Veränderungen einstellen.

M 3 Schmelzendes Grönlandeis lässt Meeresspiegel schneller steigen

Nahe am Wasser gebaut
Top-Five-Städte mit bedrohten Vermögenswerten, wenn der Meeresspiegel bis 2050 um 0,5 m steigt, in Mrd. $

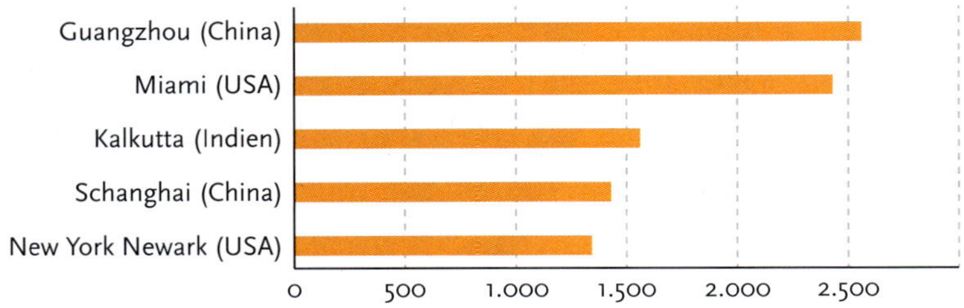

Quelle: Allianz / WWF

Grönlands Gletscher schmelzen – nur wie schnell? US-amerikanische Forscher haben das Abtauen des Eisschilds nun genau untersucht. Das Ergebnis: Der Meeresspiegel wird doppelt so schnell steigen wie bisher gedacht.

Auf Grönland liegen gewaltige Wassermengen – zu Eis gefroren. Im Schnitt zwei Kilometer dick ist der Eisschild, der die Insel fast vollständig bedeckt. Würde Grönlands Eis vollständig abschmelzen und das Wasser in die Meere fließen, stiege der Meeresspiegel um sieben Meter an.

Die Frage lautet nicht mehr ob, sondern nur noch: Wie schnell wird Grönlands Eis schmelzen, werden die Meeresspiegel steigen? Der Weltklimarat der UNO (IPCC) hat berechnet, dass es bis zum Ende des 21. Jahrhunderts bis zu 59 Zentimeter sein werden. Andere Forscher glauben, dass diese Prognose viel zu niedrig ist.

Grönlands Eisschild ist die große Unbekannte in allen bisherigen Klimamodellen zur Berechnung des Meeresspiegelanstiegs. Wie schnell und wie stark er schmelzen wird, wird maßgeblich über Geschwindigkeit und Ausmaß des Meeresspiegelanstiegs entscheiden. Eine US-amerikanische Forschergruppe um Bea Csatho von der University of Buffalo hat nun das Schmelzverhalten und die Dynamik der Grönland-Gletscher erstmals genau untersucht. Ihre Ergebnisse sind alarmierend: Der Meeresspiegel, so schreiben Csatho und ihre Kollegen im „Journal of Glaciology", wird bis zum Ende des Jahrhunderts um 36 bis 118 Zentimeter ansteigen – das ist doppelt so viel wie bislang vom IPCC vorhergesagt. Und das ist nur der Wert für das globale Mittel. Je nach Veränderung von Meeresströmungen und Kontinentalplattenbewegungen kann es lokal auch zu Absenkungen oder zu Anstiegen um mehrere Meter kommen.

Thomas Langkamp, Der Spiegel, 19.2.2008

IPCC = Intergovernmental Panel on Climate Change (Zwischenstaatlicher Ausschuss zum Klimawandel der Vereinten Nationen)

Aufgaben

1. Welche der genannten Entwicklungen (M 1) hat deiner Meinung nach die größten Auswirkungen auf das Leben der Menschen? Nimm Stellung.
2. Du machst mit deinen Eltern eine Arktis-Kreuzfahrt und begegnest Enoch Adams. Er konfrontiert dich mit seinem Schicksal. Was sagst du ihm? Schreibe einen kurzen Aufsatz (M 2).
3. Stelle mögliche Folgen eines Anstiegs des Meeresspiegels dar und überlege, welche Gegenmaßnahmen z. B. betroffene Städte ergreifen könnten (M 3).

Welche weiteren Umweltgefahren gibt es?

M 4 Sauberes Trinkwasser – Mangelware

Quelle: World Health Statistics 2009, ausgewählte Länder; Globus-Grafik 3031

M 5 Täglich sterben Tier- und Pflanzenarten aus

Täglich sterben, je nach Schätzung, zwischen 100 und 150 größtenteils unerforschte Pflanzen- und Tierarten aus. Wissenschaftler gehen davon aus, dass gegenwärtig mindestens 1.000-mal mehr Arten pro Jahr sterben, als es ohne den Einfluss des Menschen der Fall wäre.

Ein anschauliches Beispiel bietet der Laubfrosch: Er wurde im Jahr 2008 nicht nur zum „Lurch des Jahres" gekürt, sondern das gesamte Jahr wurde weltweit zum „Year of the Frog" erklärt.

Der Froschbestand ist auch in Deutschland mittlerweile stark gefährdet. Der Naturschutzbund Hessen berichtet, warum das so ist: Laubfrosch-Gewässer entstanden früher in den Auen unserer Flüsse und Bäche immer wieder neu in den Überschwemmungsflächen. Der Laubfrosch war vielerorts häufig, und jeder kannte den kleinen grünen Frosch. Auch die Brüder Grimm hatten ihn vor Augen, als sie den „Froschkönig" niederschrieben. Heute werden Flussläufe kanalisiert und Auenlandschaften durch Verfüllung, Bebauung, Flurbereinigung und intensive Landnutzung weitreichend zerstört. Der Laubfrosch ist zu einem König ohne Reich geworden.

nach: http://hessen.nabu.de (13.3.2010)

Der Laubfrosch – vom Aussterben bedroht

M 6 Müll – wie Sand am Meer

Plastik, Styropor und Schaumgummi: Die Müllbelastung der Nordsee macht den Experten des Forschungs- und Technologiezentrums Westküste der Uni Kiel Sorgen. Demnach gehört die Westküste zu den am stärksten mit Müll belasteten Regionen in der Nordsee – die wiederum als eines der weltweit am meisten vermüllten Meere gilt. Viele Seevögel verletzen sich beim Verschlucken von Abfall, werden von den darin enthaltenen Chemikalien geschwächt oder verhungern, weil ihr Magen mit Plastik gefüllt ist oder sie sich im Müll verfangen. Und: Mikroskopische Plastikteilchen können über Plankton und Fisch in den menschlichen Körper gelangen.

Auch Untersuchungen vor der schwedischen Westküste ergaben, dass es im Meerwasser von mikroskopischen Plastikteilchen nur so wimmelt. Zwischen 200 und 100.000 solcher Teilchen pro Kubikmeter Meerwasser fand man bei Stichproben, bei denen Siebe und Netze mit Öffnungen von unter 0,01 Millimeter – viel kleiner als bislang üblich – benutzt wurden. Laut dem Marinebiologen Fredrik Norén sind diese Mikroteilchen eine Vergiftungsquelle für Tier und Mensch, die man bislang noch so gut wie gar nicht erforscht hat: „Wir haben keinerlei Ahnung, welchen Effekt das haben kann."

Die Mikroteilchen stammten hauptsächlich vom Abrieb von Tauen und Netzen, wie sie in der Fischerei und im Schiffsverkehr verwendet werden, aber auch von Verpackungsresten und anderen Konsumprodukten – etwa Kleidung aus Nylon und anderen chemischen Materialien, deren Abrieb über Waschmaschinen und Kläranlagen im Meer landet.

Reinhard Wolff, die tageszeitung, 12.3.2008

Ein philippinischer Junge watet in der Bucht von Manila durch angeschwemmten Müll auf der Suche nach Verwertbarem.

M 7 Die Abholzung der Regenwälder

Amazonas-Regenwald - dabei denkt man an tiefgrüne, feuchte und unzugängliche Waldlandschaften, an noch nicht entdeckte Arten und an eine riesige biologische Vielfalt. Mittlerweile ist das Waldgebiet aber auch zu einem Symbol für die Abhängigkeit des Klimas von natürlichen Ökosystemen geworden. Der Amazonas umfasst etwa 4,1 Millionen Quadratkilometer und bedeckt fast 60 Prozent der Fläche Brasiliens. Man geht davon aus, dass jetzt schon ein Fünftel des Waldes zerstört ist. Illegale Rodungen und Bebauungen könnten den Regenwald am Amazonas bis zum Jahr 2030 um weitere 20 Prozent verkleinern, berichtet die brasilianische Zeitung „O Globo". [...] Der WWF spricht sogar davon, dass bis zu 55 Prozent des Regenwaldes in den nächsten 20 Jahren beschädigt oder zerstört werden könnten. Umweltschützer sehen den Grund vor allem in der gestiegenen Nachfrage nach Soja und Rindfleisch. Für die Bauern und Viehzüchter wird es reizvoller, Waldgebiete in Acker und Nutzflächen umzuwandeln. Also vergrößern sie ihre Felder, indem sie Waldstücke roden und als neue Anbauflächen nutzen. Aber die Rodung bedroht nicht nur den Pflanzenbestand, sondern nimmt auch Einfluss auf das Klima: Bäume sind in der Lage, Feuchtigkeit aus dem Boden aufzunehmen und in Form von Wasserdampf verdunsten zu lassen. Wo Bäume aber fehlen, entsteht als Folge weniger Wasserdampf. [...] Die fehlenden Niederschläge könnten danach sogar dazu führen, dass sich der fruchtbare Regenwald in eine trockene Savanne verwandelt. Die Pflanzenwelt hat aber nicht nur einen großen Einfluss auf den Niederschlag, sondern auch auf die CO_2-Bilanz des Landes. [...] Die Abholzung der Wälder - ob nun durch Rodung oder die Verrottung der Bäume - entlässt schon jetzt bis zu 400 Millionen Tonnen Kohlenstoffdioxid jedes Jahr in die Atmosphäre, das entspricht 80 Prozent der von Brasilien produzierten Treibhausgase. Damit steht Brasilien mindestens an Platz sechs auf der weltweiten Emissionsliste. Im Gegensatz dazu kann jeder Hektar intakter Regenwald zwischen 90 und 545 Kilogramm Kohlenstoffdioxid aus der Atmosphäre ziehen und zusammen mit Wasser durch Photosynthese in Sauerstoff und Kohlenhydrate umwandeln.

Nicole Simon, Der Spiegel, 6.2.2008

Aufgaben

1. Wähle eine der geschilderten Herausforderungen (M 4 – M 7), recherchiere dazu weitere Informationen in deiner Schulbibliothek, der Stadtbücherei und im Internet. Halte ein Kurzreferat zu den Ursachen und Folgen der genannten Umweltprobleme. Zeige vor allem, warum es sich um ein Problem handelt.
2. Entwirf eine Skizze, in der du die Querverbindungen (Ursache/Wirkung) zwischen den einzelnen Umweltproblemen darstellst (M 1 – M 7).

Was wir wissen

Unsere Erde in Gefahr

Die durchschnittliche Bilanz der Umweltzerstörung für jeden Tag zeigt folgendes Bild – Tendenz steigend: Jeden Tag

- belasten 65 Millionen Tonnen CO_2 die Atmosphäre,
- werden 260.00 Hektar Tropenwald vernichtet,
- werden 9,1 Milliarden Kubikmeter Frischwasser verbraucht,
- sterben über 70 Tier- und Pflanzenarten aus,
- werden 253.000 Tonnen Fische gefangen,
- nimmt das verfügbare Ackerland um 27.000 Hektar ab.

Der Klimawandel und seine Auswirkungen
M 2, M 3

Das drängendste Problem ist vermutlich der Klimawandel: Die Klimaforschung kommt zu dem Schluss, dass sich die Temperatur der Erdatmosphäre im Laufe dieses Jahrhunderts um rund drei Grad Celsius erhöhen wird. Und diese Erwärmung wird zumindest teilweise durch menschliches Handeln – wie Abholzung der Tropenwälder und Verbrennung fossiler Brennstoffe – verursacht.
Klimawandel heißt nicht nur höhere Temperaturen. Wissenschaftler gehen davon aus, dass eine Vielzahl anderer Auswirkungen dazukommt: Anstieg des Meeresspiegels, heftigere Stürme, Niederschlagsverschiebungen, häufigere Überschwemmungen und Dürreperioden, Lebensmittelknappheit sowie Massenabwanderung von Menschen aus den betroffenen Gebieten.
Die Arktis erweist sich als eine Art Vorreiter des Klimawandels: Die Erwärmung dort hat bereits heute ernsthafte Auswirkungen für Mensch und Tier.

Weitere ökologische Herausforderungen
M 4 – M 7

Neben dem Klimawandel gibt es weitere ökologische Herausforderungen für Politik und Wirtschaft. Dazu gehört insbesondere die Bedrohung der Artenvielfalt. Biologische Vielfalt ist eine Grundlage allen Lebens, doch sind viele Tier- und Pflanzenarten weltweit bedroht. Nach Schätzungen sterben täglich ca. 130 Arten aus. Um auf den weltweit drohenden Verlust der biologischen Vielfalt von Tieren und Pflanzen aufmerksam zu machen, haben die Vereinten Nationen 2010 zum „Internationalen Jahr der Artenvielfalt“ erklärt.
Damit verbunden ist das Problem des Verlustes von Waldflächen. Der Wald ist Lebensraum für zahlreiche Tier- und Pflanzenarten und hat die Eigenschaft, das klimaschädliche Gas CO_2 in Sauerstoff umwandeln zu können. Dass die Vereinten Nationen das Recht auf sauberes Wasser jüngst in die Erklärung der Menschenrechte aufgenommen haben, zeigt, dass hier eine weitere Herausforderung liegt. Sauberes Trinkwasser ist in vielen Regionen der Welt knapp. Auch der Müll und die mit ihm einhergehende Vermüllung stellen ein Problem dar, wie sich zum Beispiel an der Verschmutzung der Weltmeere zeigt: Tonnenweise lagern sich Plastiktüten, Styroporreste oder alte Fischernetze ab. Allein in der Nordsee befinden sich schätzungsweise 600.000 Kubikmeter Müll auf und im Meeresboden.

Tabu-Spiel

Entwerft jeweils in einer Kleingruppe ein Tabu-Spiel zum Klimawandel und zu den übrigen ökologischen Herausforderungen. Dazu werden wichtige Begriffe zum Thema wie z. B. „Artenvielfalt“ auf einer Karte notiert. Außerdem werden drei „Tabu-Wörter“ festgelegt, die bei der Beschreibung des Begriffs nicht genannt werden dürfen.

Info-Flyer anfertigen

Fertigt einen Info-Flyer zum Thema „Unsere Erde in Gefahr“. Beschränkt euch dabei auf einen Aspekt (Klimawandel, Wasser, Regenwald ...). Ziel ist es, andere Menschen auf das Problem aufmerksam zu machen. Überlegt euch, welche Informationen in die Broschüre sollen und wie sie gestaltet sein muss. Erstellt dazu eine Gliederung und entscheidet, was wo stehen soll. Achtet auf eine möglichst wirkungsvolle Kombination von Text und Bild. Findet passende Überschriften und verständliche Formulierungen.

10.2 Wachstum – aber wie?

Brauchen wir Wachstum?

M 1 „Was sollte denn Ihrer Meinung nach wachsen?"

Der Arbeitsmarkt
Textilkauffrau, 27

Das Wachstum darf nicht an den Ärmeren vorbeigehen.
Fotograf, 48

Die deutsche Bevölkerung, es soll mehr Kinder geben.
Jurastudentin, 25

Mein Einkommen
Mediaplaner, 29

Ich denke, man müsste nicht mehr Umsatz als Ziel haben, sondern dass die Produkte länger halten, qualitativ hochwertiger sind.
Inhaber eines Fotogeschäftes, 64

Zitate aus: agora42, 01/2010, S. 78 f.

M 2 Wie wird das Wirtschaftswachstum gemessen?

Lange bevor es [...] zu Lohnerhöhungen und zu neuen Arbeitsplätzen kommt, muss die Wirtschaft wachsen. Die Wirtschaft an sich ist jedoch eine abstrakte Bezeichnung, die nicht wachsen kann, und so haben sich die Ökonomen stellvertretend für die Wirtschaftsleistung auf eine Größe geeinigt, die sie messen können. Da diese eine Zahl im allgemeinen Verständnis für Lohnerhöhungen, neue Arbeitsplätze und letztlich den gesamten Wohlstand der Nationen steht, wird die Publikation der jeweils aktuellen und vor allem der prognostizierten Zahl jedes Mal mit Spannung erwartet. An der Börse geht die Veröffentlichung mit großen Gewinnen oder Verlusten einher und für Politiker bietet sie Argumente für den eigenen Standpunkt oder gegen den Standpunkt des Konkurrenten.

Diese Zahl, die wichtigste der volkswirtschaftlichen Gesamtrechnung, wie das Statistische Bundesamt selbst betont, ist das Bruttoinlandsprodukt. Das Bruttoinlandsprodukt (BIP) gibt den Gesamtwert aller Güter (Waren und Dienstleistungen) an, die innerhalb eines Jahres innerhalb der Landesgrenzen einer Volkswirtschaft hergestellt wurden und dem

BIP pro Kopf
Um den (durchschnittlichen) Wohlstand der Bürger zu berechnen, verwendet man das BIP pro Kopf. Damit lässt sich auch der Wohlstand einzelner Nationen besser vergleichen. Das BIP pro Kopf ist das BIP einer Nation geteilt durch die Zahl der Einwohner der jeweiligen Nation.

Endverbrauch dienen. Wachstum ist gleichbedeutend mit einer Steigerung des BIP. Würde ein Land nur Karotten herstellen und die Menge der produzierten Karotten würde im ersten Jahr zehn Stück betragen, und würde im zweiten Jahr dieses Land elf Karotten herstellen, dann hätte dieses Land ein Wachstum des BIP von zehn Prozent. [...]

Nun ist das BIP keine Größe, die in Karotten gemessen wird, sondern für Deutschland selbstverständlich in Euro. Konsequenterweise muss bei der Messung des BIP die Teuerungsrate der jeweiligen Währung berücksichtigt werden. Das heißt, die Inflation beziehungsweise Deflation eines Landes muss bei der Ermittlung des BIP berücksichtigt werden. Denn würde in Deutschland eine Karotte einen Euro kosten, würde bei obigem Beispiel das BIP von Deutschland zehn Euro betragen. Würde im nächsten Jahr nicht die Anzahl der geernteten Karotten steigen, sondern der Preis pro Karotte um zehn Prozent, hätte Deutschland bei konstanter Produktion eine Steigerung des BIP von zehn Prozent auf elf Euro, ohne dass mehr produziert worden wäre. Um diesen Umstand zu berücksichtigen, wird beim sogenannten realen BIP die Teuerungsrate (= Inflation) herausgerechnet.

nach: Agora42, 01/2010, S. 33-35

M 3 Die Leistung unserer Wirtschaft

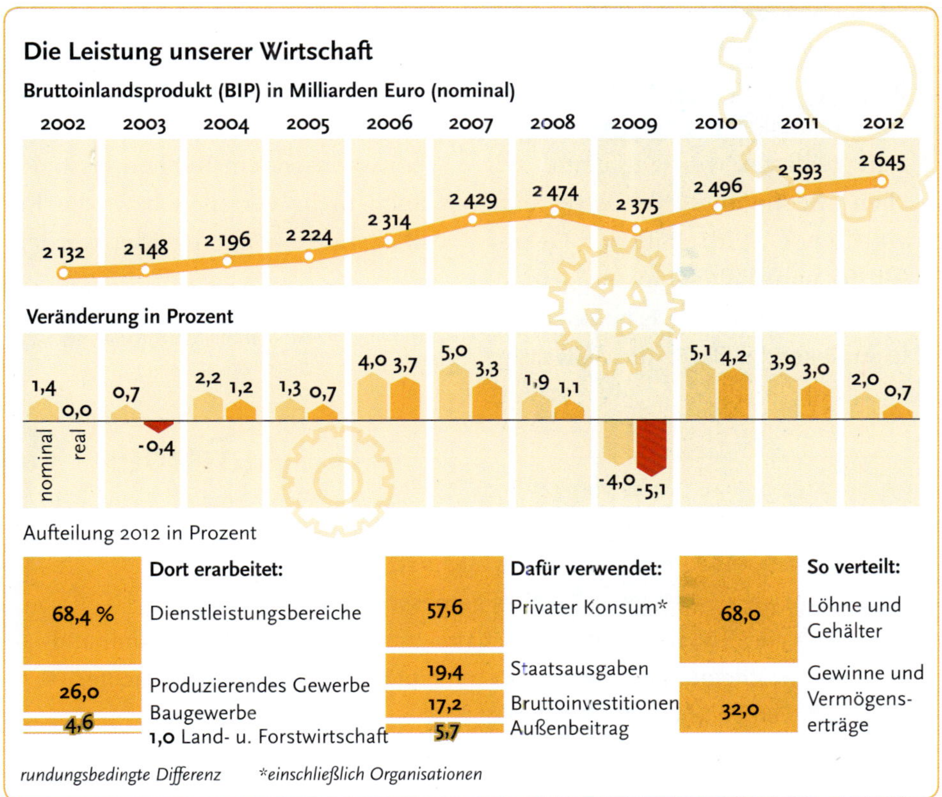

Quelle: Stat. Bundesamt; Globus-Grafik 5457

M 4 Warum brauchen wir Wirtschaftswachstum?

Es gibt eine Reihe von guten Gründen, die sich als Antworten auf diese Frage formulieren lassen:

- *Wachstum erleichtert den Abbau der Arbeitslosigkeit:* Wirtschaftswachstum bedeutet, dass die Unternehmer wieder eine positive Zukunft für ihr Unternehmen erwarten. D.h. sie haben die Hoffnung, in Zukunft wieder mehr Produkte oder Dienstleistungen absetzen zu können. Das führt über kurz oder lang dazu, dass sie dann auch wieder Arbeitsplätze anbieten, denn diese Güter und Dienstleistungen müssen ja erst einmal hergestellt werden.
- *Umweltschutz erfordert Wachstum:* Konsumenten und Produzenten haben die Umwelt lange Zeit scheinbar umsonst in Anspruch genommen, z. B. indem Abgase aus Industrieanlagen ungefiltert in die Luft geblasen wurden. Unter solchen Bedingungen musste eine wachsende Wirtschaft zur Gefahr für die natürliche Umwelt werden. Heute gibt es für Unternehmen viele Auflagen, z. B. für die Abwasserreinigung, Luftfilterung usw. Dies ist für die Unternehmen teuer. Sie können diese Auflagen gut erfüllen, wenn es genügend Wachstum gibt.
- *Wachstum bedeutet steigende Einkommen:* Ein entscheidendes Argument für eine wachstumsorientierte Wirtschaftspolitik ist darin zu sehen, dass die Menschen steigende Einkommen wollen. Nur bei Wirtschaftswachstum geht es den Unternehmen so gut, dass sie bereit sind, für ihre Mitarbeiter höhere Löhne zu bezahlen.
- *Wachstum ist Grundlage der sozialen Sicherung:* Wenn die Erwerbsbevölkerung zurückgeht und die Ausgaben für Gesundheit und Rente ständig steigen, muss die Wirtschaft (und damit die Einkommen) wachsen, wenn keine Leistungskürzungen erfolgen sollen. Nur bei wachsendem Kuchen lässt sich auch mehr verteilen bzw. die Kuchenstücke können größer werden.

Statistisches Bundesamt, Wiesbaden, Sachverständigenrat zur Begutachtung der gesamtwirtschaftlichen Entwicklung: Jahresgutachten 1987/88, Ziffern 246 f., 255, 257

Aufgaben

1. Beantwortet an eurem Tisch die Eingangsfrage von M 1 mithilfe eines Placemat und kommt darüber ins Gespräch.
2. Erkläre, wie Wirtschaftswachstum gemessen wird (M 2, M 3).
3. Nenne die Gründe, warum Wirtschaftswachstum sinnvoll sein kann, und prüfe, welche der Wünsche in M 1 mit einem wachsenden BIP (leichter) erfüllt werden können (M 4).

Welches Wachstum braucht die Welt?

M 5 Wachstum macht noch keinen Wohlstand

Der Ökonom Hans Diefenbacher im Interview über die Schwächen etablierter Wirtschaftsindikatoren und über einen neuen Nationalen Wohlfahrtsindex.

***Der Freitag:** Wie tief wir in der Krise stecken, wird vor allem mit einer Zahl verbunden: dem Bruttoinlandsprodukt. [...] Was sagt der Index wirklich über die Lage in Deutschland aus?*

Hans Diefenbacher: Das Bruttoinlandsprodukt ist eine Möglichkeit, die Wirtschaftsleistung darzustellen. Allerdings handelt es sich um eine Methode mit einigen Schwächen. [...] Ein beachtlicher Teil der Wertschöpfung wird nicht einbezogen. Das betrifft etwa ehrenamtliche Tätigkeiten und Hausarbeit. Andere Teile der Wertschöpfung, die nicht über den Markt vermittelt werden, gehen dagegen in die Berechnung des BIP ein, etwa ein Schätzwert für selbst genutztes Wohneigentum. Fragen des sozialen Zusammenhalts wiederum bleiben außen vor, weil zum Beispiel die Einkommensverteilung keine Rolle spielt. Dasselbe gilt für Umweltgebrauch und Naturzerstörung. Über den tatsächlichen Wohlstand in einer Gesellschaft kann man aus dem BIP also nur bedingt etwas lernen.

Reden Politiker, Medien und Wirtschaftsexperten die ganze Zeit über die falsche Zahl?

Nicht der Indikator ist das Problem, sondern die überragende Rolle, die er in der öffentlichen Diskussion spielt. Die Summe der Werte aller im Inland hergestellten Güter gibt uns ein Bild davon, wie es ökonomisch um die Volkswirtschaft steht. Wenn sich die Regierung davon ausgehend aber allein auf Maßnahmen konzentriert, die das BIP wachsen lassen, wird eine rein quantitative statistische Betrachtung in praktische Politik umgesetzt. Darin sehe ich eine Gefahr. Ein Konjunkturprogramm ist nicht schon allein dadurch „gut", dass es auf eine Verbesserung des BIP zielt.

Aber das ist die Botschaft, die wir derzeit immer wieder hören: Wachstum löst Probleme.

Wachstum verursacht jedoch auch Probleme. Das muss man berücksichtigen. Zerstörung der Umwelt zum Beispiel. Und die ungleiche Verteilung von Reichtum hat ein erhebliches Maß erreicht, wenige haben sehr viel Geld zur Verfügung, aber sehr viele sehr wenig. Eine weltweit steigende Wirtschaftsleistung hat in der Vergangenheit soziale Probleme und Naturzerstörung oft eher verschärft. Auch die ausgeprägte Orientierung an materiellen Gütern und am Konsum als Wohlfahrtsmotor wird durch das BIP gestützt. Das sind Prioritäten, die angesichts schwindender natürlicher Ressourcen keine tragfähige Grundlage für ein zukunftsfähiges Wirtschaftsmodell mehr sein können.

Sie haben gemeinsam mit Roland Zieschank für das Umweltbundesamt einen neuen „Nationalen Wohlfahrtsindex", kurz: NWI, entwickelt. Was ist anders an diesem Indikator?

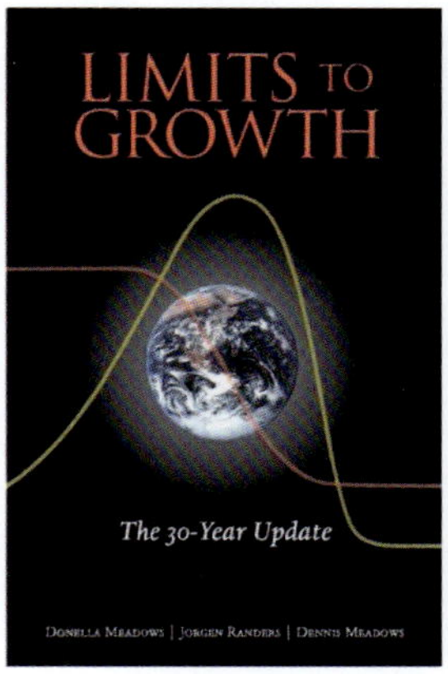

Die Studie „Grenzen des Wachstums" wurde 1972 im Auftrag des Club of Rome veröffentlicht. Im Jahr 2004 erstellten die Autoren das 30-Jahre-Update. In den meisten der errechneten Szenarien ergibt sich ein Überschreiten der Wachstumsgrenzen und ein anschließender Kollaps („overshot and collapse") bis spätestens 2100.

Wir haben uns an bereits vorliegenden alternativen Indikatoren orientiert [...]. Statt nur die reine Produktion von Gütern zu erfassen, haben wir unter anderem die Verteilung der Einkommen berücksichtigt und in den „Nationalen Wohlfahrtsindex" auch Hausarbeit und ehrenamtliche Tätigkeit als wichtigen Teil der Wertschöpfung eingerechnet. Außerdem werden die Kosten von ökologischen Schäden und unumkehrbarem Naturverbrauch abgezogen.

Interview: Tom Strohschneider, Der Freitag, 23.4.2009

M 6 Zur Vertiefung: Variablen des Nationalen Wohlfahrtsindex

Der Nationale Wohlfahrtsindex (NWI) setzt sich (derzeit) aus 21 Variablen zusammen: Er bezieht einerseits die bisher im BIP vernachlässigten Wohlfahrtsleistungen wie z. B. Hausarbeit oder ehrenamtliche Tätigkeit positiv ein. Negativ bilanziert werden dagegen Umweltschäden. Auch soziale Faktoren wie Verteilungsgerechtigkeit, öffentliche Ausgaben für Gesundheits- und Bildungssystem sowie Kriminalität werden im NWI einbezogen.

Variablen des NWI

1. Index der Einkommensverteilung
2. Gewichtete Konsumausgaben
3. Wert der Hausarbeit
4. Wert der ehrenamtlichen Arbeit
5. Öffentliche Ausgaben für Gesundheits- und Bildungswesen
6. Dauerhafte Konsumgüter Kosten / Nutzen
7. Fahrten zwischen Wohnung und Arbeitsstätte
8. Kosten von Verkehrsunfällen
9. Kosten von Kriminalität
10. Kosten alkoholassoziierter Krankheiten
11. Gesellschaftliche Ausgaben zur Kompensation von Umweltbelastungen
12. Schäden durch Wasserverschmutzung
13. Schäden im Zuge von Bodenbelastungen
14. Schäden durch Luftverschmutzung
15. Schäden durch Lärm
16. Verlust bzw. Gewinn durch die Veränderung der Fläche von Feuchtgebieten
17. Schäden durch Verlust von landwirtschaftlich nutzbarer Fläche
18. Ersatzkosten durch Ausbeutung nicht erneuerbarer Ressourcen
19. Schäden durch CO_2- Emissionen
20. Nettowertänderungen des Anlagevermögens (ohne Bauten)
21. Veränderungen der Kapitalbilanz
22. Kosten für von Menschen verursachte Naturkatastrophen (geplant)
23. Kosten des Artenschwundes (geplant)

Hans Diefenbacher, Roland Zieschank, Wohlfahrtsmessung in Deutschland. Ein Vorschlag für einen neuen Wohlfahrtsindex, Heidelberg/Berlin 2008, S. 23 f.

M 7 Zur Vertiefung: BNE und NWI – Verläufe im Vergleich

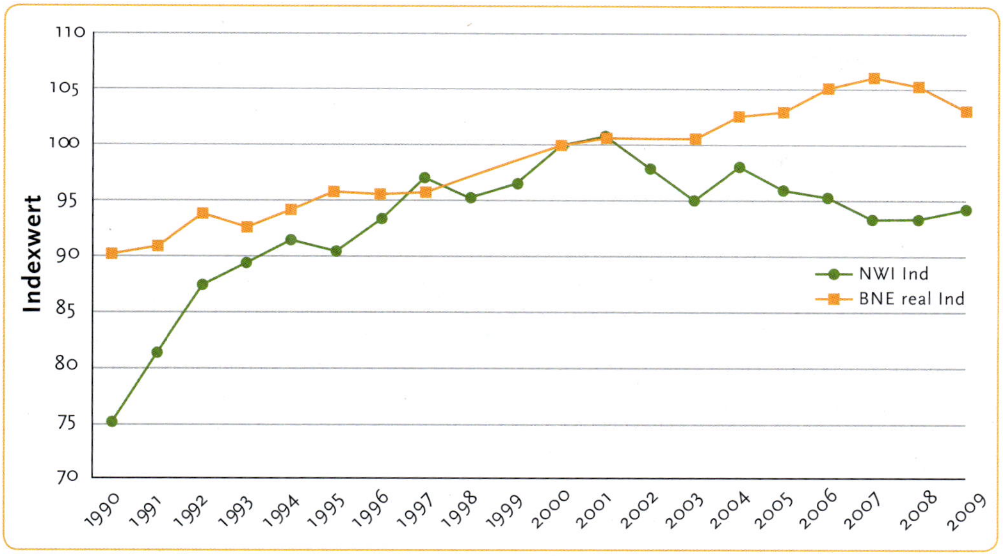

Hans Diefenbacher, Roland Zieschank, Wohlfahrtsmessung in Deutschland. Ein Vorschlag für einen neuen Wohlfahrtsindex, Heidelberg/Berlin 2008, S. 84; von Bearbeiter aktualisiert

Bruttonationaleinkommen (BNE) = Wert aller Güter (Waren und Dienstleistungen), die im Laufe eines (Kalender-)Jahres von Inländern produziert werden. Ausdruck der gesamten von einem Land erbrachten wirtschaftlichen Leistung.

Aufgaben

1. Vergleiche das Bruttoinlandsprodukt mit dem Nationalen Wohlfahrtsindex, indem du die Auswirkungen folgender Fälle auf die beiden Indizes erklärst (M 5, M 6):
   a) Auf der Autobahn A 3 in Richtung Köln kommt es zu einem schweren Verkehrsunfall. Drei Menschen werden so schwer verletzt, dass sie mit dem Hubschrauber abgeholt und operiert werden müssen; sie liegen vier Wochen im Krankenhaus. Es kommt an den Autos und LKWs zu Schäden von über 700.000 Euro. Die Autobahn ist bereits nach 2 Stunden wieder voll befahrbar.
   b) Zwei 15-jährigen Jugendlichen gelingt es, an einem Kiosk Whiskey im Wert von 48 Euro zu kaufen. Volltrunken werfen sie in der Innenstadt Münsters Schaufensterscheiben ein.
   c) Ein verwitweter Dortmunder Geschäftsmann und seine Haushälterin verlieben sich ineinander und heiraten. Nach traditionellen Geschlechterrollen übernimmt die Ehefrau alle Hausarbeit, während der Mann weiter seiner Erwerbstätigkeit nachgeht. Zweimal in der Woche hilft die Frau unentgeltlich bei der Betreuung älterer Menschen in der Kirchengemeinde.
2. Nimm Stellung zu der Forderung, den Nationalen Wohlfahrtsindex als offizielles Instrument der Wohlfahrtsmessung einzusetzen (M 6, M 7).

Wachstum und Nachhaltigkeit – ein Widerspruch?

M 8 Über unsere Verhältnisse

Obergrenze
Um unter der kritischen Grenze von **2 Grad Erwärmung** zu bleiben, dürfte die Menschheit jährlich höchstens etwa **14,5 Milliarden Tonnen (Gt) CO_2** ausstoßen.

Globaler Durchschnitt
Für ihren globalen Ausstoß von derzeit etwa 30 Gt pro Jahr bräuchten die knapp 6,9 Milliarden Menschen also eigentlich schon **zwei Erden**.

Deutschland
Würden alle Menschen weltweit so viel CO_2 freisetzen wie der durchschnittliche Deutsche, wären **vier Planeten** nötig ...

USA
... oder gar **neun Erden**, wenn sich weltweit jeder an das Emissionsniveau eines typischen US-Amerikaners angleichen würde.

Die Zeit, 3.12.2009

M 9 Die Zauberformel „Nachhaltige Entwicklung“

Eine nachhaltige Entwicklung sollte alle drei Dimensionen berücksichtigen.

Das Konzept der Nachhaltigkeit lässt sich bis ins 14. Jahrhundert zurückverfolgen. Schon damals existierte eine „nachhaltige“ Forstwirtschaft, die darauf basierte, „nicht mehr Holz zu schlagen, als nachwächst.“ 1795 formulierte Georg Ludwig Hartig: Die Wälder sind so zu nutzen, „dass die Nachkommenschaft ebensoviel Vorteile daraus ziehen kann, als sich die jetzt lebende Generation zueignet.“ 1987 legte die „World Commission on Environment and Development“ (WCED) („Weltkommission für Umwelt und Entwicklung“) unter der Leitung der damaligen norwegischen Ministerpräsidentin Gro Harlem Brundtland ihren Abschlussbericht „Our Common Future“ vor. Darin heißt es: „Mögen die Bilanzen unserer Generation auch noch Gewinne aufweisen – unseren Kindern werden wir die Verluste hinterlassen. Ohne Absicht und Aussicht auf Rückzahlung borgen wir heute von künftigen Generationen unser ‚Umweltkapital‘. Unsere Nachfahren mögen uns ob unseres verschwenderischen Vorgehens verfluchen – unsere Schulden werden sie nicht mehr eintreiben können. Unser Verhalten ist bestimmt von dem Bewusstsein, dass uns keiner zur Rechenschaft ziehen kann. Künftige Generationen haben heute kein Wahlrecht, sie verfügen über keine politische oder finanzielle Macht und sind uns daher ohnmächtig ausgeliefert.“

Heftig gestritten wird darüber, wie man das Prinzip der Nachhaltigkeit mit wirtschaftlichem Wohlstand und gerechter Verteilung der Güter in Einklang bringen kann.

Im Zentrum der Debatten über Nachhaltigkeit steht deshalb in der Regel das Begriffsdreieck (die Trias) Ökologie – Ökonomie – Soziales. Das heißt, alle Umweltmaßnahmen sollen sozial verträglich sein und die wirtschaftliche Entwicklung fördern.

M 10 Wirtschaft und Ökologie – nicht immer im Konflikt

Gerne wird gesagt, dass zwischen der Wirtschaft auf der einen Seite und der Ökologie auf der anderen Seite ein Konflikt, ein Widerspruch, bestehe. Dabei sagen Wirtschaftswissenschaftler, Ökologie und Ökonomie seien über weite Strecken durchaus im Einklang:

Wenn private Haushalte und Unternehmen Maßnahmen ergreifen, um Energie einzusparen, dann ist das erstens ökologisch sinnvoll, denn dann wird schonend mit den Energievorräten der Erde umgegangen. Und zweitens entspricht das auch dem ökonomischen Prinzip. Eine Ausprägung dieses Prinzips ist, sein gegebenes Ziel mit möglichst geringem Einsatz von verfügbaren Mitteln zu erreichen. Wenn zum Beispiel der Haushalt sein Ziel, mit dem Auto mobil zu sein, dadurch möglichst billig erreichen will, dass er ein Auto kauft, dass nur wenig Sprit verbraucht, dann zeigt dieses Verhalten, wie bei der Energieeinsparung Ökologie und Ökonomie im Einklang sind. Das Interesse, billig Auto zu fahren, führt „automatisch" zur Schonung der Umwelt. Dasselbe gilt für den technischen Fortschritt. Wenn zum Beispiel ein Haushalt die Raumtemperatur von 21 °C dadurch mit möglichst wenig Energie erhalten will, dass er gute Isolierfenster einbaut oder gar ein ganz neues Heizungssystem, dann zeigen diese Produkte, wie durch neue Erfindungen und technischen Fortschritt die Umweltqualität verbessert wird – und gleichzeitig die Wirtschaft wächst. Allerdings ist das Verhältnis von Ökonomie und Ökologie nicht immer so harmonisch.

Aufgaben

1. Auf der kommunalen Ebene gibt es inzwischen viele Initiativen, die sich im Sinne der Nachhaltigkeit das Motto gegeben haben „Global denken – lokal handeln". Suche in deiner Heimatgemeinde nach solchen Initiativen. Berichte deiner Klasse über deine Ergebnisse. Einen guten Ausgangspunkt für deine Erarbeitung findest du bei der Landesarbeitsgemeinschaft Agenda 21 NRW: www.lag21.de
2. Stellt euch vor, die Bundesregierung würde durch die Anhebung der Ökosteuer Benzin um drei Euro pro Liter verteuern, um die Ölvorräte zu schonen. Diskutiert, ob eine solche Maßnahme im Sinne der Nachhaltigkeit wäre, und zeigt an diesem Beispiel die Schwierigkeiten einer ökologischen Politik auf (M 9).
3. Nimm Stellung zu dem Anspruch der Wirtschaft, im Grundsatz bereits nachhaltig zu wirtschaften (M 8, M 10).

Agenda 21
Die Agenda 21 ist ein entwicklungs- und umweltpolitisches Aktionsprogramm für das 21. Jahrhundert, ein Leitpapier zur nachhaltigen Entwicklung, beschlossen von 172 Staaten auf der Konferenz für Umwelt und Entwicklung der Vereinten Nationen (UNCED) in Rio de Janeiro (1992). Die Agenda 21 ist vielerorts zur Leitlinie öffentlichen Handelns geworden und viele Kommunen haben seit dem eigene Nachhaltigkeitsprogramme (Lokale Agenda 21) entwickelt.

Was wir wissen

Das BIP als Wachstumsindikator
M 2, M 3

Traditionell gilt das Bruttoinlandsprodukt (BIP) als wichtigste Maßzahl für Volkswirtschaften und den Erfolg oder Misserfolg der jeweiligen Wirtschaftspolitik. Wenn von Wachstum die Rede ist, dann ist in aller Regel das Wachstum des preisbereinigten Bruttoinlandsprodukts eines Landes gemeint, d.h. der Wert aller für den Endverbrauch hergestellten Waren und Dienstleistungen in einem Jahr innerhalb der Landesgrenzen.

Gründe für Wachstum
M 4

Wachstum bedeutet für die Befürworter Sicherung und Zunahme von Arbeitsplätzen durch steigende Güterproduktion, höheres Einkommen und damit steigenden Lebensstandard, leichtere Finanzierung von Infrastrukturmaßnahmen und der sozialen Sicherung durch größeres staatliches Steueraufkommen und konfliktfreiere Umverteilung von Einkommenszuwächsen.

Kritik am BIP als Wohlstandsindikator
M 5

Die starke Fixierung auf das Bruttoinlandsprodukt und auf entsprechende Wachstumsraten stößt jedoch seit geraumer Zeit auf Skepsis. Die Zweifel werden vor allem genährt durch jene Kosten in Produktion und Konsum, die nicht zu einer Erhöhung der gesellschaftlichen Wohlfahrt beitragen, wie zum Beispiel Schädigungen von Wasser, Boden und Luft und die Ausbeutung natürlicher Ressourcen. Außerdem bleibt eine Reihe von Aktivitäten im Bruttoinlandsprodukt unberücksichtigt, die positiv zur gesellschaftlichen Wohlfahrt beitragen, wie zum Beispiel Hausarbeit und ehrenamtliche Tätigkeiten.

Das NWI als alternativer Indikator
M 6, M 7

Der sogenannte Nationale Wohlfahrtsindex möchte ein differenziertes Verständnis wirtschaftlichen Wachstums abbilden. Bei seinen Variablen nehmen z. B. Kosten für Umweltschäden einen großen Raum ein. Seit 2000 sinkt der NWI bei konstant steigendem BIP. Dies könnte unter anderem auf vermehrt auftretende Folgen des Klimawandels zurückzuführen sein.

Nachhaltigkeit
M 9

Das Leitbild der Nachhaltigkeit folgt einem einfachen Grundsatz: Lebe von den Zinsen und nicht vom Kapital. Dies ermöglicht einen Umgang mit der Natur, der es der heutigen Generation erlaubt, ihre Bedürfnisse zu befriedigen, ohne die Möglichkeiten künftiger Generationen zu gefährden, ihre eigenen Bedürfnisse zu erfüllen und ihren Lebensstil zu wählen.

Wirtschaft und Ökologie
M 10

In vielen Bereichen decken sich die wirtschaftlichen Interessen von Unternehmen mit ökologischen. Gemäß dem ökonomischen Prinzip sind diese nämlich daran interessiert, Kosten zu senken, und achten deshalb darauf, sorgsam mit ihren Ressourcen umzugehen. Insofern hat die Wirtschaft auch ein ökologisches Gesicht. Andererseits besteht auch der Anreiz, anfallende Kosten (z. B. für Luftreinhaltung) auf die Allgemeinheit abzuwälzen. Um dies zu verhindern, bedarf es umweltpolitischer Regelungen.

Aufbruch ins nächste Jahrtausend

nach: Jupp Wolter, April 1990

Aufgabe

Interpretiere die Karikatur. Verwende dabei die Begriffe Generationen und Nachhaltigkeit.

10.3 Was kann die Politik tun?

Welche Ursachen hat umweltschädliches Verhalten?

M 1 Fischerspiel – wer fischt am meisten?

Idee nach: Wolfgang Ziefle, Das Fischerspiel, in: Landeszentrale für politische Bildung Baden-Württemberg, Politik und Unterricht, 1/1995, S. 7 ff.

Spielanleitung: Es werden drei ungefähr gleich große Gruppen gebildet. Jede Gruppe ist in diesem Spiel die Besatzung eines Fischerbootes (A, B oder C). Die Gruppen können ihrem Boot einen passenden Namen geben. Alle Boote fischen gemeinsam in einem See. Die Fischer leben ausschließlich vom Fischfang. Jedes Boot kann entweder 0, 1 oder 2 Tonnen Fisch fangen. Zu Beginn des Spiels kennen die Fischer den Ausgangsbestand an Fischen. Dieser beträgt 20 Tonnen. Jede Gruppe erhält nun einen Protokollbogen. Nach maximal einer Minute Bedenkzeit entscheiden die Fischer, wie viel Fisch sie in einer Runde fangen möchten, und tragen die Zahl in ihren Protokollbogen (unter ihrem Schiffsnamen) ein. Wenn alle Boote ausgefahren sind, werden auch die Fangmengen der anderen Boote eingetragen, die Summe berechnet und vom Ausgangsbestand abgezogen.
Der Fischbestand hat nun Gelegenheit, sich zu erholen. Wie sich die Bestände erholen, kann der Tabelle entnommen werden. Der neue Ausgangsbestand wird eingetragen. Dann beginnt eine neue Runde.
Bitte beachten: Die Fischer dürfen zunächst nicht miteinander sprechen – ausgenommen die gegenseitige Mitteilung der Fangmengen.
Spätestens nach der 5. Runde wird eine Konferenz einberufen. Der Fischbestand wird auf 10 Tonnen festgelegt. Es folgen maximal 5 weitere Runden. In diesen Runden dürfen die Fischer miteinander sprechen.

Protokollbogen

	Bestand Saison Anfang in t	Fangmenge Boot A	Fangmenge Boot B	Fangmenge Boot C	Bestand Ende Saison
1	20				
2					
3					
4					
5					
6					
7					
8					
9					
10					

Wachstumstabelle Fischpopulation

Ende alte Saison	Anfang neue Saison	Ende alte Saison	Anfang neue Saison
1	**0**	11	**13**
2	**0**	12	**14**
3	**1**	13	**15**
4	**2**	14	**17**
5	**6**	15	**18**
6	**7**	16	**19**
7	**8**	17	**20**
8	**9**	18	**20**
9	**10**	19	**20**
10	**12**	20	**20**

Aufgaben

1. Spielt das Fischerspiel. Erklärt den Spielverlauf. Arbeitet heraus, welche Problematik sich grundsätzlich hinter der Spielsituation verbirgt. Findet weitere Beispiele für diese „Spielsituation" in der Realität.
2. Beschreibt, was sich durch die Möglichkeit, miteinander sprechen zu können, verändert. Welche Probleme bleiben bestehen?
3. Entwickelt geeignete Lösungsansätze für das entdeckte Problem.

M 2 Kabeljau am Ende?

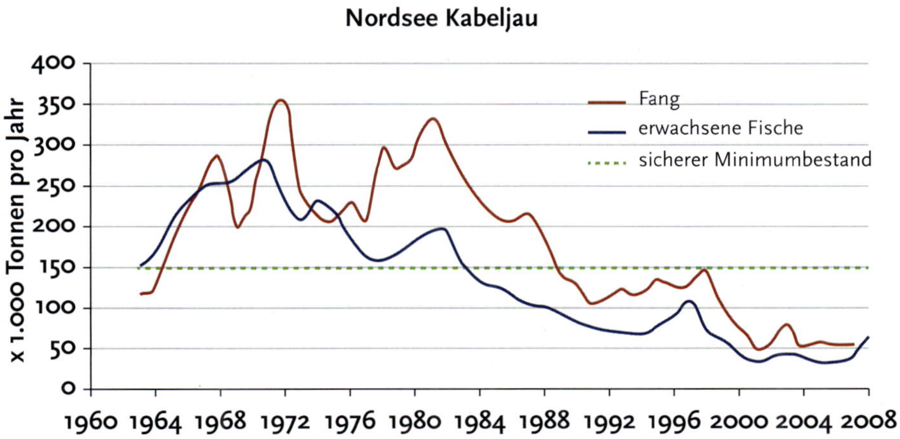

www.ecomare.nl (10.8.2010)

M 3 Zur Vertiefung: die Tragödie der Allmende

Zahlreiche Umweltprobleme sind die Folge einer Situation, in der viele Menschen gemeinsam über eine knappe Ressource verfügen. Unter diesen Umständen ist die Neigung gering, in deren Erhalt zu investieren, und die Neigung groß, sich mehr als „nötig" von der Ressource anzueignen. Die Beispiele reichen von der Überfischung der Weltmeere, der Abholzung der tropischen Regenwälder und der Ausrottung gefährdeter Arten bis hin zum Treibhauseffekt und der damit verbunden Klimagefährdung. Aber auch in unserem alltäglichen Leben gibt es viele Beispiele für diese Problematik: der gemeinsam genutzte Kühlschrank einer Wohngemeinschaft, ein gemeinsam genutztes Kopiergerät und vieles mehr.

Das Problem der Übernutzung frei zugänglicher und knapper Ressoucen wird als „Tragedy of the Commons" oder auch als Allmende-Dilemma bezeichnet. Ein Allmende-Dilemma liegt unter folgenden Voraussetzungen vor:

- Es existiert eine gemeinsam genutzte, knappe Ressource (die Allmende; hier: der Fischbestand in den Weltmeeren).
- Mehrere Personen haben Verfügungsrechte über die Ressource.

Ressource = Hilfsmittel, Reserven (frz.), hier allgemein: Gut

Trittbrettfahrerverhalten
Trittbrettfahrer sind zum Beispiel Schwarzfahrer: Sie benutzen Bus und Bahn ohne Fahrkarte. Das ist ungerecht, denn anders als die zahlenden Fahrgäste leisten sie keinen Beitrag zur Finanzierung der Verkehrsmittel. Wegen des Egoismus der Schwarzfahrer steigen die Ticketpreise für alle oder sinkt die Qualität der angebotenen Leistungen.

(Theoretisch kann jeder die Fische fangen und dann z. B. veräußern.)

- Keine Person kann eine Kontrolle über das Ausmaß der Nutzung durch die anderen Verfügungsberechtigten ausüben.

Bezogen auf das Fischerspiel (M 1) könnte der einzelne Fischer etwa so kalkulieren: Selbst wenn ich mich umweltgerecht verhalten möchte, zum Beispiel um möglichst lang von den Fischen im See zu profitieren, kann ich nicht sicher sein, dass sich auch alle anderen Fischer umweltgerecht verhalten. Solange ich in dieser Frage keine Sicherheit habe, werde ich mich vernünftigerweise so verhalten, dass ich den größten Nutzen haben werde, egal, wie sich die anderen verhalten. Wenn ich überfische, ziehe ich einen Gewinn daraus, und zwar sofort, während der Schaden, den ich durchs Überfischen verursache, sich auf alle verteilt und erst eine Saison später eintritt. Da aber alle so denken, ist die Ressource Fisch im Spiel und auch in der Realität gefährdet. Das Problem ist hier also das Auseinanderfallen von privaten Kosten bzw. Nutzen und sozialen Kosten bzw. Nutzen: Der Nutzen aus dem einzelnen Fisch kommt dem Fischer individuell zugute, die Kosten aus dem Bestandsrückgang muss jedoch die Gemeinschaft als Ganzes tragen, nicht nur der einzelne Fischer.

Aufgaben

1. a) Recherchiere, welche Maßnahmen die Staaten zum Schutz der Fischbestände ergriffen haben, und beurteile die Wirksamkeit dieser Maßnahmen (M 2).
   b) Entwickelt in Gruppen selbst geeignete Vorschläge zu einem wirkungsvollen Schutz der Fischbestände.
2. Gegeben sei eine Schafweide im Allgemeinbesitz. Die Herden der Schäfer grasen auf der Weide. Die Stückzahl der Herden sei so groß, dass das Land gerade noch ausreicht, um die Tiere zu ernähren. Beschreibe, was passiert, wenn ein Schäfer seine Herde vergrößert, um seinen Gewinn zu vermehren. Bedenke insbesondere, wie sich Nutzen und Schaden auf die verschiedenen Schäfer verteilen (M 3).
3. Gegeben sei ein Wohngebiet, das in einer Gegend liegt, in der zahlreiche Diebstähle vorkommen. Um einen besseren Schutz zu erreichen, stellen einige Anlieger der Straße einen privaten Wachmann an. Erläutere die Folgen, die diese Maßnahme für die Sicherheit aller Anwohner in der besagten Straße bedeutet. Bedenke insbesondere, wie sich diesmal Kosten und Nutzen auf die verschiedenen Anlieger der Straße verteilen (M 3).

Umweltpolitische Instrumente – welche Lösungen gibt es?

M4 Der Markt als Lösung – Emissionshandel

Kohlekraftwerke emittieren große Mengen des klimaschädlichen Gases CO_2.

Manchmal hat die wirtschaftliche Aktivität von Unternehmen und Privatleuten Nebeneffekte für Dritte. Ein solcher Effekt kann die Umweltverschmutzung sein. Autos und Fabriken blasen zum Beispiel das klimaschädliche Gas Kohlendioxid in die Luft.
Wissenschaftler glauben inzwischen, dass dadurch die Erde sehr warm wird, Flüsse austrocknen, Gletscher verschwinden und Quellen versiegen. Das könnte den Menschen schaden.
Der Schaden für die Umwelt spielt für den Unternehmer zunächst keine unmittelbare Rolle. Er ist auch schwierig zu ermitteln. Aber der Staat hat ein Interesse, dass diese Schäden nicht zu groß werden. Deshalb muss der Staat Regeln erlassen, um Umweltverschmutzung zu verringern oder zu verhindern. Die Unternehmen müssen diszipliniert werden. Unternehmer und Privatleute würden die Umweltverschmutzung erst stoppen, wenn sie das schlechte Gewissen plagt, wenn es ihnen verboten oder zu teuer ist. Auf das schlechte Gewissen will der Staat lieber nicht vertrauen, also wird er eher Verbote festlegen.
Aber es gibt inzwischen auch moderne Ideen, die Verbote und Marktwirtschaft miteinander verbinden. Das geht über den Handel von Verschmutzungsrechten. Jedes Unternehmen, das Dreck in die Luft pusten will, muss dafür ein Verschmutzungsrecht vom Staat kaufen. Diese Rechte werden von der Regierung knapp gehalten. Wenn ein Unternehmen nun eine Filteranlage einbaut, die den Dreck aus der Abluft herausfiltert und deswegen weniger Kohlendioxid ausstößt, kann sie ihr Verschmutzungsrecht an einen Betrieb verkaufen, der noch nicht so sauber produziert. Der darf dann zwar weiterhin Abgase im alten Maße ausstoßen, aber muss für dieses Recht teuer bezahlen.
Jedes Unternehmen steht so vor der Wahl, eine neue Technik einzubauen, um die Verschmutzung der Umwelt zu verringern, oder mehr Verschmutzungsrechte zu kaufen. So wird die Verschmutzung zum Teil der Kalkulation. Dieses System wird in Europa ungefähr so praktiziert.

Winand von Petersdorff, Das Geld reicht nie, Frankfurt a.M., 2. Aufl., 2008, S. 111 ff.

Negative externe Effekte
Ein negativer externer Effekt tritt auf, wenn die von einer individuellen Handlung verursachten Kosten von der Allgemeinheit getragen werden müssen (verschmutzte Luft eines Kraftwerks, Lärm eines Flugzeuges ...).

M 5 Der Handel mit Verschmutzungsrechten

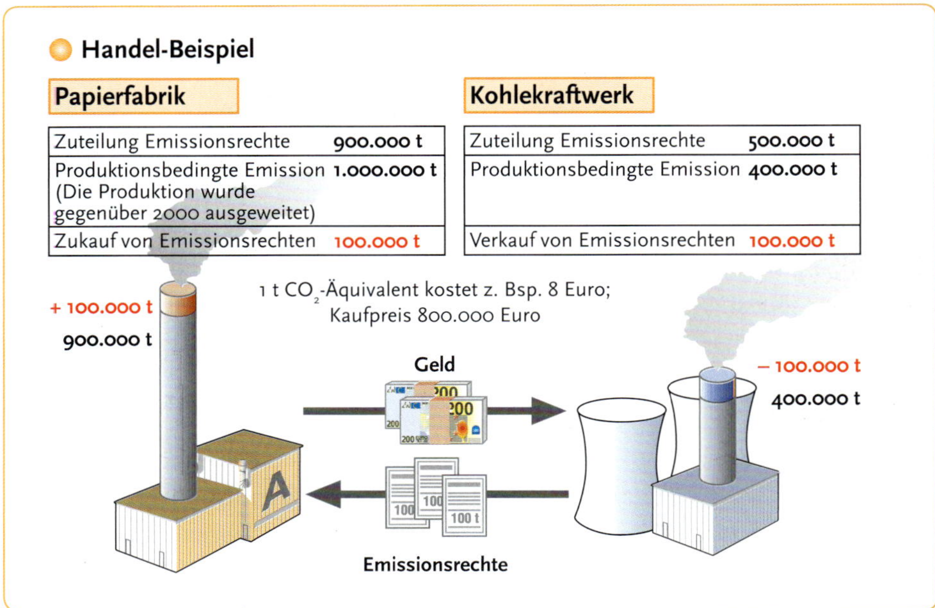

Globus-Grafik 8784

M 6 Ein Preis für die Umwelt? Der Wert von Ökosystemen

Die Dienste und Ressourcen der Natur kosten nichts. Ihre Ausbeutung für private Interessen verursachen Schäden, die von der Allgemeinheit getragen werden müssen. Deshalb fordern deutsche Forscher, dass für die Nutzung der Ökosysteme ein Preis entrichtet werden sollte, der alle ökonomischen und ökologischen Folgen beinhaltet.

Dazu messen die Forscher etwa die negativen Auswirkungen der menschgemachten Veränderungen an Ökosystemen auf den Wohlstand der Menschen. Sie nennen ein Beispiel aus Thailand. Dort brachte die Umwandlung von Mangrovenwäldern in Shrimpsfarmen den Besitzern einen Privatgewinn von mehr als 1.200 Dollar pro Hektar, wozu 8.400 Dollar staatliche Subventionen kamen.

Die natürlichen Wälder aber brachten einen Nutzen von 12.000 Dollar pro Hektar durch Holz, Fischerei und die Verhinderung von Küstenschäden. Die Wiederherstellung des ursprünglichen Zustands würde 9.000 Dollar pro Hektar kosten. Fazit: Die Abholzung der Mangroven ist nicht nur ökologisch, sondern auch ökonomisch eine schlechte Investition. Die Ökonomisierung (Bewertung) von Ökosystemen trägt dazu bei, dass bessere Entscheidungen getroffen werden. Politiker, Landbesitzer und Investoren würden überzeugt, neue Instrumente zum Schutz der Natur einzuführen und zu akzeptieren.

nach: Ferdinand Knauß, Handelsblatt, 17.11.2009

M 7 Umweltpolitische Instrumente – Übersicht

Umweltpolitisches Instrument	Beispiele
Instrumente, die auf **Freiwilligkeit** beruhen, wie z. B. moralische Appelle	• Aufforderung zur Mülltrennung mit der Einführung des „dualen Systems“ (DSD) • Informationen durch Gütesiegel: z. B. Blauer Umweltengel
Marktwirtschaftliche Instrumente, d.h. unerwünschtes Verhalten (z. B. Umweltverschmutzung) mit einem Preis belegen bzw. verteuern, erwünschtes Verhalten bezuschussen. Politisch erwünschtes Verhalten lohnt sich für Unternehmen und private Haushalte, wenn dadurch Kosten gesenkt (und Gewinne erhöht werden) können.	• Umweltsteuern wie die Ökosteuern • Subventionen wie bei Einführung des geregelten Drei-Wege-Katalysators • Umweltzertifikate und deren Handel, z. B. das europäische Emissionshandelssystem
Bürokratische Instrumente, d.h. Gebote und Verbote werden gesetzlich verankert	• das gesetzliche Verbot der Verwendung bestimmter Stoffe, wie von DDT oder FCKW • die Vorschrift bestimmter ASU-Grenzwerte für Pkw • Umweltzonen in Städten

Aufgaben

1. Beschreibe den Emissionshandel als Instrument zur Lösung von Umweltproblemen (M 4, M 5).
2. Erläutere, warum man beim Emissionshandel von einem „umweltpolitischen Instrument des Marktes“ spricht (M 5).
3. Umweltökonomen fordern, den Wert von Ökosystemen in Euro und Cent auszudrücken. Stelle dar, welche Vorteile damit verbunden wären und welche Probleme sich bei diesem Verfahren ergeben können (M 6).
4. Recherchiere Beispiele erfolgreicher Umweltpolitik und stelle sie der Klasse vor.
5. Eine Klebstoff- und eine Stahlfabrik emittieren Rauch mit einer chemischen Substanz, die krank macht, wenn man sie in größere Mengen einatmet. Stelle dar, wie der Staat dagegen vorgehen kann und worin jeweils Pro und Kontra jeder Lösung besteht (M 7).

Was wir wissen

Ursachen umweltschädlichen Verhaltens
M 1, M 3

Externe Effekte

Vielen Umweltproblemen liegt ein zentrales Dilemma zu Grunde: Die Nutzung der Natur (z. B. als Quelle für Rohstoffe) kostet den Einzelnen in vielen Fällen nichts, schadet aber in der Summe der Allgemeinheit, die für die Kosten der Übernutzung aufkommen muss. Die Ökonomen bezeichnen dieses Ergebnis als einen „negativen externen Effekt". Da sich die einzelnen Handelnden aus ihrer Sicht ja wirtschaftlich und rational verhalten, spricht man auch von Marktversagen.

Umweltpolitische Instrumente
M 7

Zum Klima- oder Naturschutz können Märkte daher oft erst dann etwas beitragen, wenn der Staat nachhilft. Der Politik stehen dafür verschiedene Instrumente zur Verfügung.

Ge- und Verbote

Am schnellsten wirken Verbote oder Gebote. Ein Beispiel sind die neuen Umweltzonen in deutschen Städten: In diesen Zonen dürfen künftig nur noch Autos fahren, die bestimmte Abgasnormen erfüllen. Verbote sind allerdings nicht nur ein besonders drastischer Eingriff in die Freiheit der Bürger. Sie sind auch oft teuer, weil sie überwacht werden müssen, sollen sie wirken.

Zertifikate
M 4, M 5

Seit einiger Zeit erproben die Mitgliedstaaten der Europäischen Union noch einen anderen marktkonformen Weg zum Klimaschutz: den Handel mit Umweltzertifikaten in Form von Emissionsrechten. Hier beschränkt der Staat die Menge an Kohlendioxid, die die Wirtschaft insgesamt ausstoßen darf. Zugleich verteilt er die erlaubte Menge auf die einzelnen Unternehmen. Diese dürfen ihre „Verschmutzungsrechte" handeln. Gelingt es Unternehmen, ihre Produktion kostengünstig so umzustellen, dass sie ihre Rechte nicht ausschöpfen, können sie den Rest an andere Konzerne verkaufen, die mehr als die zugeteilte Kohlendioxidmenge ausstoßen.

Steuern

Des Weiteren kann der Staat durch Steuern, Abgaben oder auch durch gezielte finanzielle Anreize dafür sorgen, dass die Folgen für Umwelt, Natur und Infrastruktur in die Kalkulationen der Produzenten und Konsumenten einfließen. In Deutschland gibt es zu diesem Zweck zum Beispiel die Ökosteuer: Der Staat erhöht die Fahrkosten und zwingt die Verkehrsteilnehmer, ihren Nutzen gegen die höheren Kosten abzuwägen.

Wert von Ökosystemen
M 6

Die Bewertung von Ökosystemen mit Preisen ist ein Verfahren, um Nutzen und Kosten des Umweltverbrauchs besser beurteilen zu können. Die Abholzung von Wäldern lohnt sich dann z. B. nicht mehr, wenn man in Euro ausdrücken kann, wie hoch der Schaden an der Natur ist. Doch ist dieses Verfahren schwer umzusetzen.

Aufklärung und Information

Und schließlich kann der Staat durch Information und Aufklärung versuchen, die Bürger zu umweltbewusstem Verhalten zu bewegen. Hier bleiben aber nachhaltige Verhaltensänderungen oft aus.

Zwei unterschiedliche Heizkostenabrechnungen und die Folgen

In einer Umfrage in den Städten Bern und München wurden die Menschen nach ihrem Energiesparverhalten befragt. Eine der Fragen lautete: „Wenn Sie im Winter Ihre Wohnung für mehr als vier Stunden verlassen, drehen Sie da normalerweise die Heizung ab oder herunter?" Unten in der Tabelle siehst du die Ergebnisse der Umfrage: Von 100 Befragten in Bern bejahten nur 23 die Frage, dagegen bejahten von 100 Münchnerinnen und Münchnern 69 die Frage.
Dieser enorme Unterschied kann nun wirklich kein Zufall sein. Sind die Bernerinnen und Berner vielleicht weniger umweltbewusst als die Bewohner Münchens? Dies ist nicht der Fall, denn beim Umweltbewusstsein erzielen die Berner keine geringeren Werte als die Münchner. Deshalb muss der Unterschied an etwas Anderem liegen.
Hier erhältst du einen Tipp: Zum Zeitpunkt der Befragung war in beiden Städten die Art der Heizkostenabrechnung ganz unterschiedlich: Während in München überwiegend nach dem individuellen Verbrauch abgerechnet wurde, wurden in Bern die Heizkosten nach der Wohnungsgröße unabhängig vom Verbrauch abgerechnet.

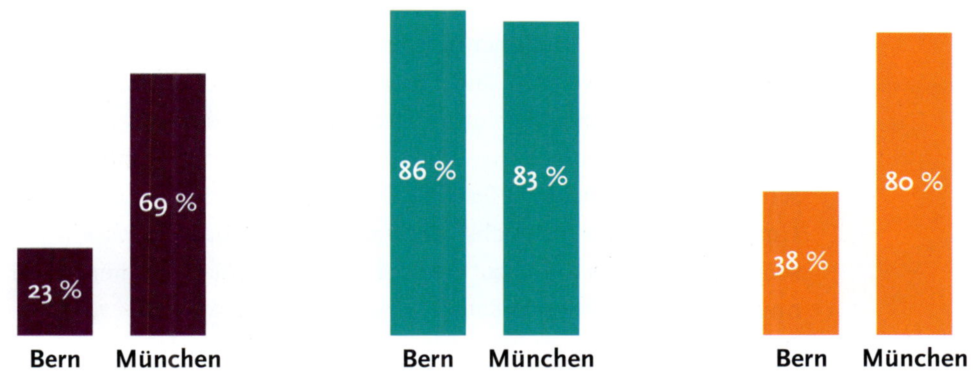

„Wenn Sie im Winter Ihre Wohnung für mehr als vier Stunden verlassen, drehen Sie da normalerweise die Heizung ab oder herunter?" (% Zustimmung)

„Egal was die anderen tun, ich selbst versuche mich so weit wie möglich umweltbewusst zu verhalten" (% Zustimmung)

Prozentsatz der Haushalte mit individueller Heizkostenabrechnung

nach: Andreas Diekmann/Peter Preisendörfer, Umweltsoziologie, Reinbek 2001, S. 80 ff.

Aufgabe

Erkläre das unterschiedliche Energiesparverhalten in den beiden Städten. Konzentriere dich bei deiner Beantwortung darauf, die Verteilung von Nutzen und Kosten genau herauszuarbeiten.

10.4 Was kann die Wirtschaft tun?

Wie können Unternehmen umweltschonend produzieren?

M 1 Die ökologische Verantwortung des Unternehmens

Bei jedem betrieblichen Produktionsprozess entstehen Ergebnisse, die nicht Ziel des Produktionsprozesses sind, also nicht zum eigentlichen Produkt gehören. Dies sind oft umweltbelastende Nebenprodukte wie z. B. Abgase oder Abfälle (Rückstände, Reststoffe). Wie kann vermieden werden, dass diese Nebenprodukte entstehen und die Umwelt beeinträchtigen? Hier setzt die ökologische Verantwortung des Betriebs an.

Die grundlegenden Rahmenbedingungen für eine umweltgerechte Produktion sind dabei durch eine Vielzahl gesetzlicher Regeln (z. B. Kreislaufwirtschafts- und Abfallgesetz) festgelegt.

Um das Ziel einer möglichst umweltschonenden Produktion zu erreichen, muss der Produktionsprozess so gestaltet werden, dass möglichst wenig oder kein Müll entsteht. Das Deponieren, das Filtern oder das Verbrennen von freigesetzten Stoffen sollen damit vermieden werden. Viele Maßnahmen zielen daher auf das vollständige Verwerten von Werkstoffen oder das Zurückbringen in den Produktionsprozess (Kreislaufwirtschaft/Recycling). Entstehen Abfälle, so bedeutet dies auch, dass eingesetzte Rohstoffe und Energien unwirtschaftlich verwertet wurden.

Aber auch die Ansprüche an das Endprodukt selbst verändern sich. So wird heute der gesamte Lebensweg eines Produktes von der Entstehung über den Gebrauch bis hin zur Entsorgung unter ökologischen Gesichtspunkten betrachtet.

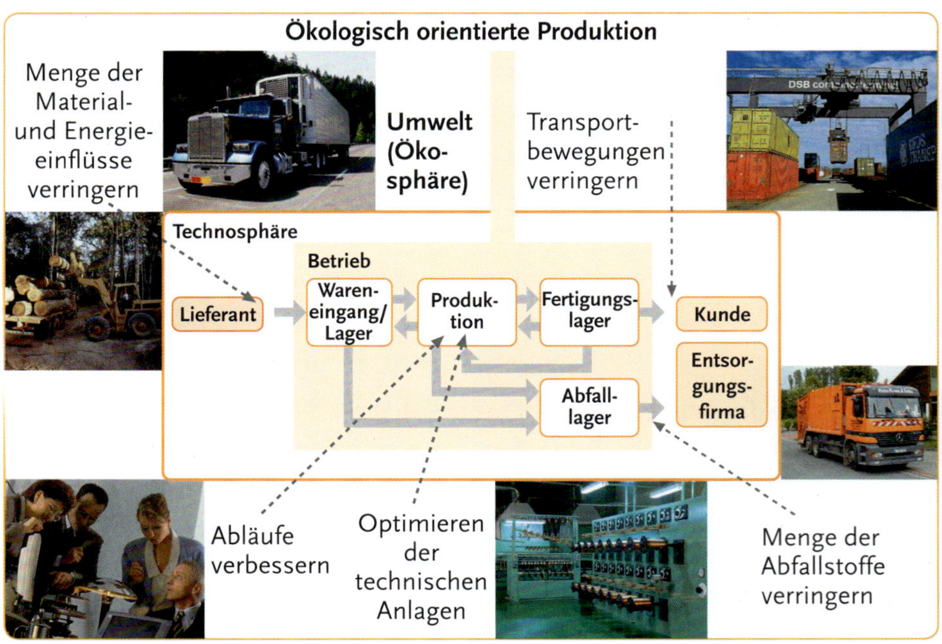

M 2 Betrieblicher Umweltschutz – ein Beispiel

Umweltaspekt	Dimension	Ist Ø 2008	Ist Ø 2009	Ziel 2010
Stromverbrauch	[kWh/Fzg]	1.071	1.135	1.035
Erdgasverbrauch	[kWh/Fzg]	397	392	360
Gesamt Wasserverbrauch	[m³ / Fzg]	2,273	2,347	2,155
Industriewasserverbrauch	[m³ / Fzg]	1,827	1,876	1,709
Produktionsabfall (ohne Schrotte)	[kg/Fzg]	34,1	32,1	30
Lösemittelemissionen	[g/m²]	15,56	13,7	14,9

Umwelterklärung 2010, Mercedes-Benz, Werk Bremen; Fzg = Fahrzeug

M 3 Es grünt so grün – Umweltmanagement in Unternehmen

Im Labor riecht es nach Spaghetti. Ein Roboter greift sich einen schwarzen Teller vom Stapel und füllt ihn mit etwas Nudelwasser, das er in elegantem Schwung verteilt. Daneben spritzt ein Automat starken Schwarztee in Tassen. Nach einigen Minuten saugt er die schmierige Brühe in kleinen Schlucken wieder ab - alle 5 Minuten 20 Milliliter, sodass braune Ränder entstehen. Der Schmutz hat System und dient einem guten Zweck. Mit seiner Hilfe entwickelt Henkel, Hersteller von Waschmitteln, Kosmetika und Klebstoff, einen neuartigen Reiniger für die Spülmaschine. Der sorgt für glänzend sauberes Geschirr bei 40 Grad Wassertemperatur und spart - je nach Programm - rund 20 Prozent Energie.

Ein hübscher Werbegag zum In-Thema Klimaschutz? Sicher, Umweltmarketing ist auch für Henkel wichtig, aber der Düsseldorfer Mischkonzern ist geradezu grün durchwirkt. 1994 erhob er „Eco-Leadership" zum Unternehmensziel. Seither integrierte die Führung den Umweltschutz als Managementaufgabe in sämtliche Abläufe - von der Produktentwicklung bis zum Marketing. Im Jahr 2000 ergänzte Vorstandschef Ulrich Lehner die Vorgaben um gesellschaftspolitische Komponenten - seither gilt dem Traditionshaus Nachhaltigkeit als Leitbild.

Nicht nur Naturschützer sehen darin den richtigen Weg. Mittlerweile verlangen auch viele Investoren, dass Unternehmen Ökologie und Soziales neben dem Gewinnstreben als gleichberechtigte Führungsaufgabe behandeln. [...]

Die Maßgaben aus der Chefetage werden inklusive klarer Zeitrahmen auf alle Bereiche, Prozesse und Standorte heruntergebrochen. Sie stehen gleichwertig neben Steuergrößen wie Umsatz oder Produktionsmenge. Die oberste Führung überprüft ihre Erfüllung in jedem Quartal und macht Teile der Bonuszahlungen von den Fortschritten abhängig. [...]

Bei Henkel etwa analysierten Mitarbeiter, wo im Lebenszyklus ihrer Produkte die meiste Energie verbraucht wird, Sparmaßnahmen also besonders wirkungsvoll den Ausstoß des klimaschädlichen Kohlendioxids verringern können. Weil bei Spülmaschinentabs mehr als 80 Prozent des Energiebedarfs bei der Anwendung im Haushalt entstehen, sah Produktentwickler Christian Nitsch den idealen Ansatz in einer Verringerung des Stromfressers Wassertemperatur.

Eva Müller, Manager Magazin, Heft 6/2007, S. 110 (gekürzt)

M 4 Wachstumsmarkt Erneuerbare Energien

Quelle: BMU; Globus-Grafik 3164

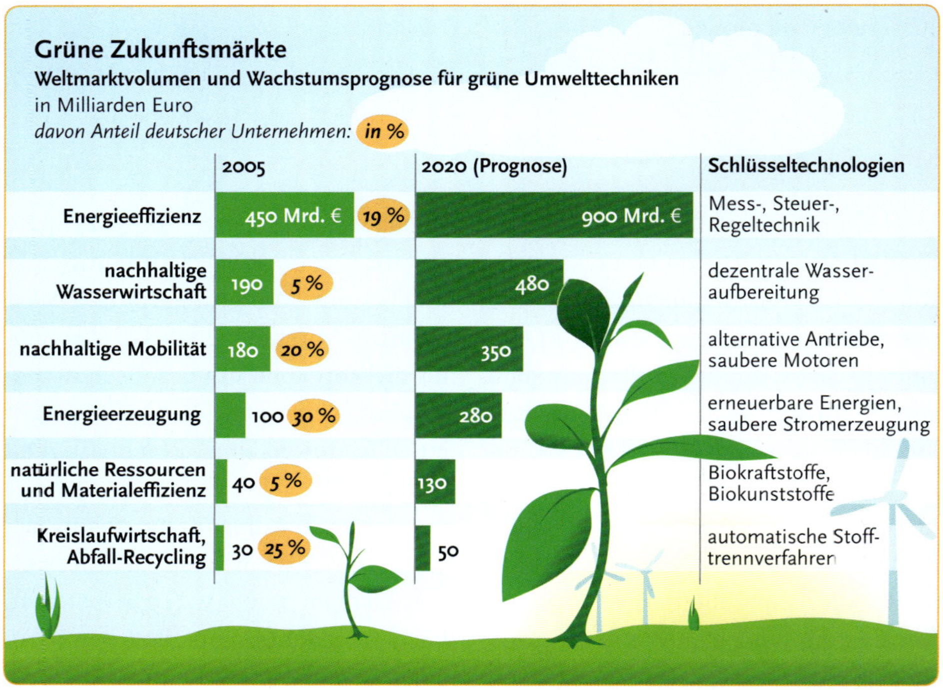

Quelle: Roland Berger, BMU, Umweltwirtschaftsbericht 2009; Globus-Grafik 2695

Aufgaben

1. a) Als Umweltschutzbeauftragter des Unternehmens sollst du die in M 1 dargestellten Daten daraufhin prüfen, ob sich die Stoff- und Energieflüsse im Sinne des betrieblichen Umweltmanagements entwickelt haben. Fasse die Ergebnisse deiner Prüfung zusammen.
   b) Kannst du anhand der Tabelle klären, ob die Umweltbelastungen sich insgesamt verringert haben? Begründe!
2. Erkläre, warum Unternehmen an einem „Nachhaltigkeitsmanagement“ interessiert sind (M 3).
3. Erläutere, welche Bedeutung „grüne Technologien“ für die deutsche Wirtschaft haben (M 4).

Bio – ein neuer Trend?

M 5 Bio-Boom

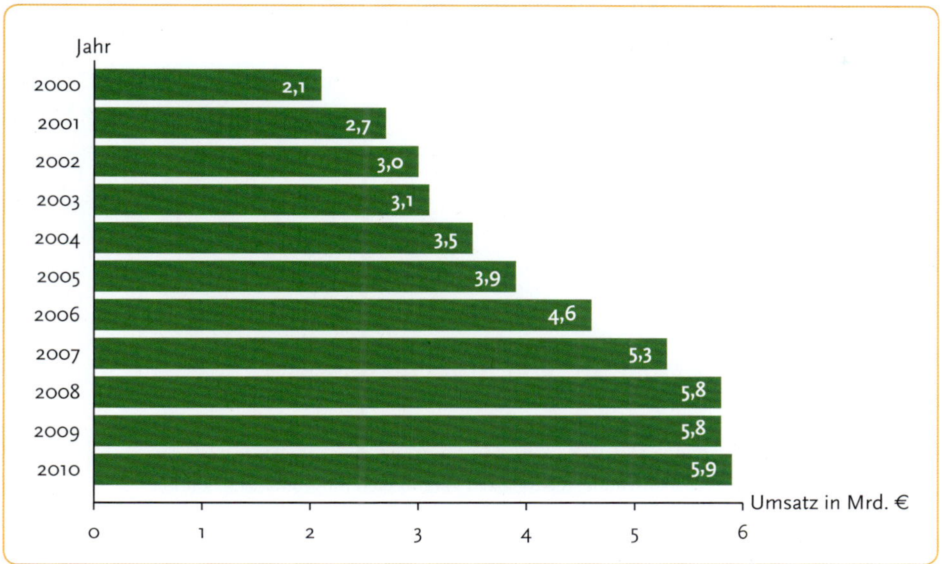

Quelle: http://www.biohandel-online.de/images/20110215boelw_b.gif, Abruf am 7.5.2013

M 6 Wie der grüne Kunde tickt

Für umweltverträgliche und unter fairen Arbeitsbedingungen hergestellte Kleidung sind einer Befragung der Managementberatungsfirma Accenture vom September 2008 zufolge [...] 85 Prozent der Deutschen bereit, mehr Geld auszugeben. An der Studie nahmen rund 1.000 deutsche Verbraucher ab 16 Jahren teil. Gegenüber herkömmlich produzierter Mode wollten sie zusätzliche Kosten von 16 Prozent in Kauf nehmen, ein Viertel der Befragten würde sogar 20 Prozent mehr bezahlen. 77 Prozent der Befragten gaben an, weniger bis gar keine Produkte ihres bevorzugten Herstellers kaufen zu wollen, falls dieser nicht nachhaltig produziert. Christoph Schwarzl, Geschäftsführer im Bereich Handel und Konsumgüter bei Accenture: „Nachhaltige Produkte sind ein Riesentrend für Einzelhandel und Hersteller. Wer sein Sortiment um diese Waren erweitert, differenziert sich vom Wettbewerb und kann Kunden hinzugewinnen. Immer mehr Verbraucher wollen die Wahl haben." [...]

So registrierte der Spiegel Ende 2008: „Leute aus fast allen sozialen Schichten, politischen Lagern und Altersgruppen entdecken, dass der Konsum mehr ist als der schnöde Kauf von Waren. Sie glauben, dass sie mit bewusstem Konsum gesellschaftliche Veränderungen beschleunigen, die Welt verändern können." Und das Umweltbundesamt teilt mit, dass der Anteil der Verbraucher, die immer oder häufig Lebensmittel in Bioqualität kaufen, zwischen 2000 und 2006 von 28 auf 41 Prozent angestiegen sei. Tendenz weiter steigend. Auf der Internetplattform utopia.de beispielsweise treffen sich seit einigen Jahren Leute, denen am nachhaltigen Konsum gelegen ist. Sie suchen gemeinsam nach Unternehmen, bei denen man guten Gewissens kaufen kann, und tauschen sich über Erfahrungen aus.

Hohe Zuwachsraten verzeichneten auch Stromversorger, die Ökostrom liefern. Und selbst die Discounter wollen da nicht außen vor bleiben: Als eine der ersten Handelsketten führte Lidl Dosenfisch ein, der von einem internationalen Verband zum Meeresschutz zertifiziert ist. Bei den Fangmethoden wird Wert auf Nachhaltigkeit gelegt, etwa darauf geachtet, dass beim Thunfischfang keine Delphine in die Netze geraten.

Eva Tenzer, Go Shopping, Berlin 2009, S. 148 – 152

M 7 Gründe für den Kauf von Biolebensmitteln

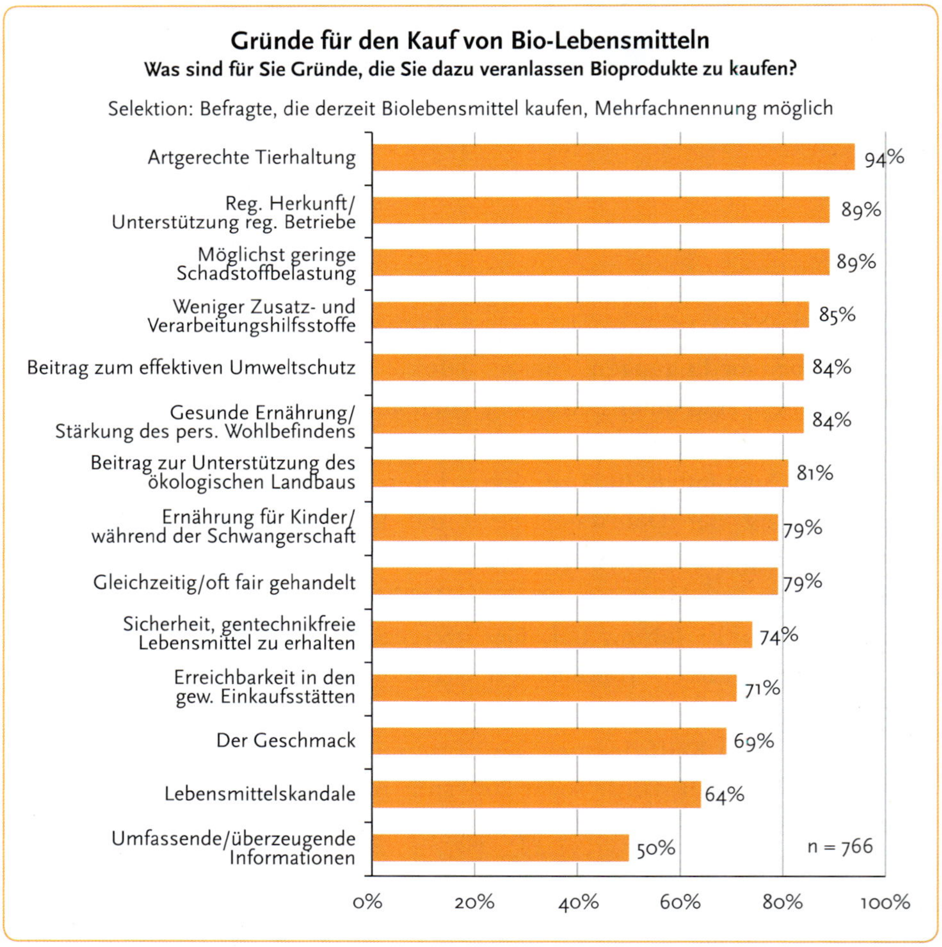

Ökobarometer 2012, Bundesprogramm Ökologischer Landbau, Bonn

M 8 Kommentar: Grün allein genügt nicht

Grün ist eine begehrte Farbe. Grün gilt nicht nur als Farbe der Hoffnung, sondern steht auch für umweltfreundliches Wirtschaften. Ein Erfolgsfaktor, mit dem sich bei Geschäftspartnern und Verbrauchern hervorragend punkten lässt. Das dachte sich auch der Fastfood-Konzern McDonald's, der angekündigt hat, dass er in Zukunft mehr „grün" als „rot" sein wolle. Geht es danach, dann hat die Farbe Rot als Hintergrund für das geschwungene goldgelbe „M" bald ausgedient, also jene Farbe, die bei Stoppschildern und Ampeln Gefahr signalisieren soll. Und die im Fall von McDonald's als Warnung vor ungesundem Essen interpretiert werden könnte?

So will man den Farbwechsel bei McDonald's freilich nicht verstanden wissen, sondern als ein Bekenntnis zum Umweltschutz. Das ist grundsätzlich lobenswert. Allein reicht das jedoch nicht aus. Wer es ernst meint mit dem Umweltschutz, muss glaubhaft machen, dass er sparsam mit Energie und anderen Ressourcen umgeht, also ein überzeugendes Konzept vorlegen. Ein Nachweis, den die Schnellrestaurantkette bislang schuldig geblieben ist. So werden nach wie vor jedes Jahr Berge an Verpackungsmüll produziert. Tonnen von Burgerfleisch landen im Müll, weil es nicht schnell genug an den Mann oder die Frau gebracht werden kann. So gesehen ist die Grünfärbung von McDonald's nicht mehr als ein Marketinggag.

Silvia Liebrich, Süddeutsche Zeitung, 23.11.2009

Aus Rot mach Grün? Der Fastfood-Konzern passt sein Logo dem Konsumenten-Trend an.

Aufgaben

1. Nenne wesentliche Ursachen für den sich abzeichnenden Bio-Trend (M 5 – M 7).
2. Führe bei dir an der Schule eine Umfrage zum Kaufverhalten der Schüler durch und finde heraus, wie groß der Anteil an „grünen Konsumenten" unter euch ist. Erhebe bei dieser Gelegenheit die Motive der grünen wie der nicht-grünen Konsumenten. Vergleiche das Ergebnis deiner Umfrage mit dem Befund von M 7.
3. Vielen Firmen wird der Vorwurf gemacht, sie betrieben „Greenwashing", würden also allein aus Marketinggründen auf ein grünes Image setzen. Erläutere, was du als Konsument dagegen tun könntest (M 8).
4. Sollte man mehr Menschen zum Kauf von Bio-Produkten animieren? Diskutiert diese Frage und begründet eure Position.

Was wir wissen

Ökologisch orientierte Produktion
M 1, M 3

Die ökologische Verantwortung der Unternehmen zielt auf eine nachhaltige Wirtschaftsweise. Eine Aufgabe des Umweltmanagements in Unternehmen besteht z. B. darin, Stoff- und Energieflüsse zu optimieren. Dadurch können teure Rohstoffe gespart werden. Außerdem wird durch die Maßnahmen des Umweltschutzes die Qualität der Produkte erhöht und nicht zuletzt profitieren die Unternehmen auch hier von einem verbesserten Image. Gleichzeitig ist zu beobachten, dass die Idee der Nachhaltigkeit noch von zu wenig Unternehmen beachtet wird oder Unternehmen sich lediglich ein „grünes Image" geben.

Umwelttechnologie als Wachstumsmarkt der Zukunft
M 4

Die ökologischen Herausforderungen führen auch im Bereich der Umwelttechnologie zu zukunftsweisenden Innovationen, z. B. bei den alternativen Energien. Außerdem ist die Umwelttechnologie ein für Deutschland bedeutender Wirtschaftszweig mit immer mehr Beschäftigten. Insgesamt arbeiten rund 1,5 Millionen Menschen in dieser Branche in Deutschland. Dazu gehört die Energieberatung genauso wie das Windkraftunternehmen. Viele Produkte deutscher Umwelttechnologie werden in die ganze Welt exportiert. Wesentlich mitgetragen wird diese Entwicklung von „grünen Unternehmern", die mit ihrem Pioniergeist bereit sind, Risiken in diesem neuen Wachstumsmarkt einzugehen.

Der grüne Kunde
M 6

Auch die Verbraucher interessieren sich zunehmend für die ökologische Qualität der Produkte und sind zum Teil auch bereit, für diese mehr zu zahlen. Während lange Zeit Konsum und Ökologie als ein Widerspruchspaar betrachtet wurden, ist diese Gegensätzlichkeit im Schwinden begriffen. Es gibt Käufergruppen, für die beides zusammengehört. Indem diese Verbrauchereinstellungen mit ihrer Nachfrage nach ökologischen Produkten bei den Unternehmen zu einem entsprechenden Angebot führen (z. B. T-Shirts aus Bio-Baumwolle), spricht man auch von einer „Politik mit dem Einkaufswagen". Der Trend zum moralisch einwandfreien Konsum ist auf dem Vormarsch.

Panikmache der Krötenretter?

Mester, Baaske Cartoons, Müllheim

Aufgabe

Verfasse einen Dialog zwischen dem Zeitungsleser und einem Kritiker, der die Ansichten des Zeitungslesers widerlegen möchte.

Duisburger Innenhafen 1956, Kupferhütte

Duisburger Innenhafen heute

Bottrop – Alpincenter mit Indoor-Skipiste 2010

Seit 1994 ist der Gasometer als außergewöhnliche Ausstellungshalle das neue Wahrzeichen der Stadt Oberhausen

Der Gasometer in Oberhausen kurz nach seiner Fertigstellung im Jahr 1929

Bottrop – Zeche Prosper 1926–1938

11

Arbeitswelt und Berufswahl

Unsere moderne Arbeitsgesellschaft unterliegt einem ständigen Wandel, der in den vergangenen vier Jahrzehnten durch die technologischen Entwicklungen und die Globalisierung deutlich beschleunigt wurde. Ganze Wirtschaftszweige, in denen noch vor einigen Jahrzehnten die Grundlage des gesellschaftlichen Reichtums erwirtschaftet wurde, existieren kaum oder nicht mehr. Dafür sind völlig neue Wirtschaftszweige entstanden. Diese Veränderungen haben gravierende Auswirkungen auf den Lebens- und Arbeitsalltag der Menschen.

Kompetenzen

Am Ende dieses Kapitels solltest du Folgendes können:

- die Bedeutung der Arbeit für den Menschen kennen
- ausgewählte Aspekte des Wandels von Arbeit und Beruf in einer dynamischen Gesellschaft beschreiben
- Möglichkeiten der eigenen Berufswahlorientierung kennen und nutzen
- im Hinblick auf die spätere Studien- und Berufswahl die eigenen Stärken und Interessen kennen und einschätzen lernen

Was weißt du schon?
Beschreibt auf der Grundlage der Fotos den Wandel, der sich in den vergangenen Jahrzehnten im Ruhrgebiet vollzogen hat. Leitet daraus erste Vermutungen über den Wandel der Arbeitswelt ab.

11.1 Arbeit und Arbeitswelt im Wandel

Wie viel Arbeit braucht der Mensch?

M 1 Ich weiß gar nicht, wie ich das geschafft habe

Brigitte Schüssler-Plewka, 60, war 43 Jahre lang Krankenschwester. Seit wenigen Wochen ist sie pensioniert.

Frau Schüssler-Plewka, wie sah ihr Arbeitsleben aus?
Ich habe 43 Jahre lang als Krankenschwester gearbeitet. Erst in der DDR, zuletzt an einem katholischen Krankenhaus in Hildesheim auf der urologischen Station. Da waren viele ältere, muffelige Männer, die nicht sehr freundlich waren. Das hat mir den Abschied aus dem Beruf etwas erleichtert. Zu meinem Mann habe ich immer gesagt: Wenn du mal so wirst, hau ich dir die Bratpfanne über den Kopf.

Ist es nicht ungewohnt, plötzlich die ganze Zeit zu Hause zu sein?
Schon. Oft träume ich auch noch nachts von der Arbeit. Ich spreche sogar im Schlaf und gebe meinem Mann Anweisungen, ich habe ja früher mal eine Station geleitet. Mein Unterbewusstsein ist anscheinend noch nicht in Rente.

Haben Sie gern gearbeitet?
Sehr gern. Mein Beruf – also die Krankenpflege – war für mich ein Wunschberuf. Ich wollte immer Menschen in schwierigen Situationen helfen.

Krankenschwester – das klingt nach schwerer, unterbezahlter Arbeit.
Ich habe meinen Job nicht als unterbezahlt empfunden. Ich habe ja neben meinem Lohn auch viel von den Menschen zurückbekommen. Da gab es eine Patientin, die dem Chefarzt gesagt hat, ich habe ihr Leben gerettet, weil ich ihr so gut zugehört habe. Selbst zur Nachtschicht bin ich gern gegangen, obwohl die über elf Stunden ging – von 19.45 Uhr bis morgens um sieben. Und anschließend habe ich zu Hause noch meine Schwiegermutter gepflegt. Heute frage ich mich manchmal, wie ich das alles geschafft habe.

Ist Ihre Familie da nicht zu kurz gekommen?
Meine Söhne haben das eher als positiv empfunden. Das sind selbständige Menschen geworden, die eher an der langen Leine aufgewachsen sind. […]

Haben Sie noch Kontakt zu Ihren alten Kollegen?
Zu einigen schon, aber im Krankenhaus war ich nicht mehr, seit ich pensioniert wurde. Da will ich erst wieder hin, wenn ich selbst krank bin. Und wenn wir uns mit Freunden treffen, sage ich immer: Aber nicht von der Arbeit reden.

nach: Oliver Gehrs (Interview), fluter, Tu doch mal was. Thema Arbeit, Heft 36, Herbst 2010, S. 36

Arbeit
Der Begriff umschreibt in erster Linie Erwerbsarbeit. Sie sichert die Lebensgrundlage der Arbeitnehmerinnen und Arbeitnehmer und ihrer Familien. Wurde sie in früheren Zeiten vor allem als Mühsal und Plage empfunden, so ist die Arbeit heute ein wichtiger Bestandteil der Identität, denn in der Arbeit kann der Mensch seine Fähigkeiten unter Beweis stellen. Arbeit verleiht Ansehen und Bedeutung. Sie gibt dem Leben einen Sinn und eine Struktur.

M 2 Sie werden schon wieder!

Plaßmann, Baaske Cartoons, Müllheim

Tipp
Führt eine kurze Passantenbefragung zur Bedeutung der Arbeit durch. Bittet die Passanten um ein kurzes Statement: „Was bedeutet Ihnen die Arbeit / Ihr Beruf?" Nehmt die Aussagen auf oder notiert sie. Ordnet und vergleicht die Ergebnisse.

M 3 Die Funktion der Arbeit

Bei einer Veranstaltungsreihe zum Thema „Hauptsache Arbeit? Was wird" erhielten die Besucherinnen und Besucher folgende Frage: „Welche Funktion hat die Erwerbsarbeit für die Menschen heute? Nennen Sie mehrere Funktionen!" U.a. wurden folgende Antworten gegeben:

- Gibt Selbstbewusstsein
- Sichert Lebensunterhalt
- Selbstachtung
- Herausforderung
- Zeitvertreib
- Spaß
- Finanzielle Absicherung
- Beschäftigt sein
- Selbstbestätigung
- Erkennen der eigenen Fähigkeiten
- Lebensinhalt
- Zeitvertreib
- Kurzweil
- Broterwerb
- Sinn
- Lebenssinn
- Berufung
- Lebensunterhalt
- Kaum Zeit für anderes zu haben
- Anregung
- Erfüllung von Zukunftsträumen
- Kontakte zu Kollegen
- Identität
- Soziale Sicherheit
- Dazugehören
- Kreativität
- Anerkennung
- Vermittelt Gefühl nützlich zu sein
- Selbstentfaltung
- Steigerung des Selbstwertgefühls
- Geldverdienen
- Einkommen

nach: Claudia Lenz u.a. (Hg.), Hauptsache Arbeit? Was wird... Maßstäbe. Modelle. Visionen, Hamburg 2001, S. 18-19

Zur Erläuterung:
Die Grafik stützt sich auf die sogenannte Bedürfnispyramide des amerikanischen Psychologen Abraham Maslow (1908 – 1970). Von ihm stammt der Gedanke, dass der Mensch dann eine höhere Stufe seiner Bedürfnisse befriedigen will, wenn die darunterliegenden Bedürfnisse erfüllt sind.

M 4 Der Zusammenhang zwischen Arbeit und Bedürfnissen

Die menschlichen Bedürfnisse ...

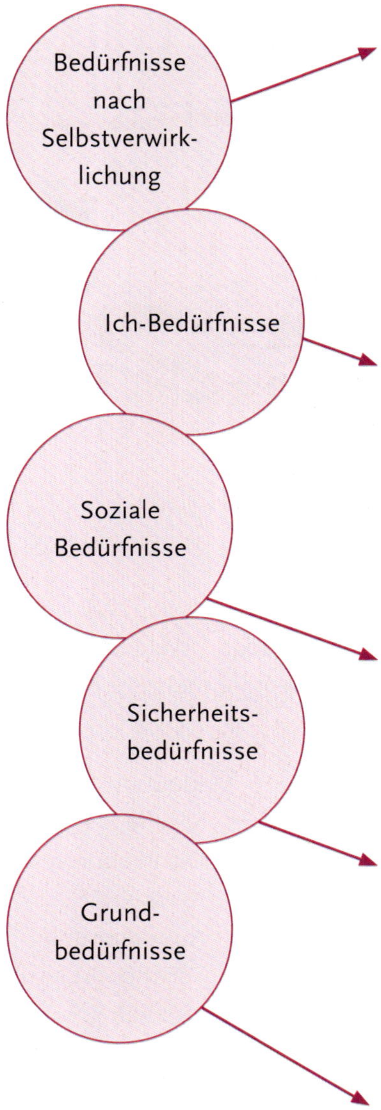

und ihre Befriedigung durch Arbeit

An der Arbeit ist für den Menschen wichtig:

- dass er den Arbeitsablauf und die Arbeitsorganisation selbständig bzw. mitgestalten kann
- dass er dabei seine Kenntnisse, Fähigkeiten und Fertigkeiten anwenden kann
- dass Arbeit interessant ist und Spaß macht

- dass die eigene Tätigkeit als sinnvoll angesehen werden kann
- dass er dabei die Verantwortung trägt bzw. Verantwortung übertragen bekommt
- dass er Anerkennung durch andere erfährt
- dass er dadurch Selbstachtung gewinnt

- dass er Kontakte und Beziehungen zu anderen Menschen, z. B. zu seinen Arbeitskollegen hat

- dass die Sicherheit am Arbeitsplatz gewährleistet ist
- dass er und seine Familie im Alter, bei Krankheit, Unfall und im Fall der Arbeitslosigkeit geschützt sind

- dass er dadurch den Lebensunterhalt für sich und seine Familie verdienen kann

nach: Walter Gagel / Wolfgang Hilligen / Ursula Buch, Sehen – Beurteilen – Handeln, Arbeitsbuch für den politischen Unterricht, Frankfurt a. M. 1979, S. 137

M 5 Arbeit kann krank machen – keine Arbeit auch

Stress und Angst um den Job machen Arbeitnehmer in Deutschland immer häufiger seelisch krank. Psychische Leiden waren 2008 für knapp elf Prozent aller Fehltage verantwortlich. Das geht aus einer Studie der Bundespsychotherapeutenkammer auf Basis von Daten gesetzlicher Krankenkassen hervor. Demnach haben sich diese Krankschreibungen seit 1990 fast verdoppelt und verursachten überdurchschnittlich lange Fehlzeiten. Und hohe Kosten: Die Behandlungskosten für depressive Störungen lägen inzwischen bei mehr als vier Milliarden Euro im Jahr.

Als eine Ursache für die langen Fehlzeiten sehen die Psychotherapeuten wachsenden Leistungs- und Zeitdruck im Job in Verbindung mit verantwortlichen Aufgaben. Psychische Beschwerden häuften sich, wenn dazu noch schlechter Lohn, wenig Anerkennung für die Arbeit, kaum persönliche Wertschätzung und minimale Aufstiegschancen kämen.

Solche Belastungen bringe vor allem der Dienstleistungssektor inklusive der vielen Pflegejobs mit sich. Aber auch Mitarbeiter von Call-Centern fielen etwa doppelt so häufig aufgrund psychischer Erkrankungen aus wie der Durchschnitt aller Erwerbstätigen. Besonders häufig betroffen von psychischen Erkrankungen seien Frauen, sagte Kammerpräsident Rainer Richter. Männer flüchteten sich bei zu starken psychischen Belastungen oft in eine Sucht – zum Beispiel Alkohol.

Nicht weniger belastend ist es der Studie zufolge, gar keinen Job zu haben – oder ständig um den Arbeitsplatz fürchten zu müssen. Arbeitslose sind demnach drei- bis viermal so oft von psychischen Erkrankungen betroffen wie Erwerbstätige. Die Krankheit sei meist nicht Ursache der Arbeitslosigkeit, sondern entwickle sich durch das geminderte Selbstwertgefühl.

http://www.tagesschau.de/inland/jobkrank100.html (20.09.2010)

Krank durch Arbeit – immer mehr Menschen leiden unter ihrer Arbeit.

Aufgaben

1. Stelle dar, was für Frau Schüssler-Plewka wichtig im Berufsleben war (M 1).
2. Welche Bedeutung hat die Arbeit im Leben eines Menschen? Ordne die Äußerungen in M 3 den Bedürfnissen in M 4 zu. Wähle dann die fünf für dich wichtigsten Begriffe aus und erläutere sie mit konkreten Beispielen.
3. Arbeit kann auch Ursache von Erkrankungen sein. Erläutere, weshalb gerade Mitarbeiter in Pflegediensten oder Call-Centern besonders häufig psychisch erkranken. Nenne weitere Arbeitsbedingungen, die sich möglicherweise ungünstig auf die Gesundheit eines Menschen auswirken (M 5).

Wie hat sich die Wirtschaft im Ruhrgebiet gewandelt?

M 6 Herbert Grönemeyer: Bochum (1984)

Kumpels in der Zeche Hannover-Hannibal im Ruhrgebiet, 1956

Tief im Westen, wo die Sonne verstaubt,
ist es besser, viel besser, als man glaubt.
Tief im Westen. Tief im Westen.
Du bist keine Schönheit, vor Arbeit ganz grau,
Du liebst dich ohne Schminke,
bist 'ne ehrliche Haut,
Leider total verbaut, aber grade das macht dich aus.
Du hast'n Pulsschlag aus Stahl.
Man hört ihn laut in der Nacht.
Du bist einfach zu bescheiden.
Dein Grubengold hat uns wieder hochgeholt,
du Blume im Revier.
Bochum, ich komm' aus dir,
Bochum, ich häng an dir. Glück auf!
Bochum.
Du bist keine Weltstadt.
Auf deiner Königsallee finden keine Modeschauen statt.
Hier, wo das Herz noch zählt, nicht das große Geld.
Wer wohnt schon in Düsseldorf!?
Bochum, ich komm' aus dir,
Bochum, ich häng' an dir.
Glück auf!
Bochum. [...]

M 7 Kohle und Stahl

Kohle und Stahl haben das Ruhrgebiet groß gemacht. Dank seiner Steinkohlevorkommen entwickelte es sich zu einem der größten industriellen Ballungsräume Europas mit einer Gesamtbevölkerung von rund fünf Millionen Menschen und einer hohen Bevölkerungsdichte. Der Boom begann im Jahr 1860 und dauerte rund 100 Jahre. Kohle, Eisen und Stahl („Montanindustrie") bestimmten die wirtschaftliche Struktur und das Leben der Menschen in der Region. Die Wende kam in den 1960er Jahren: Der internationale Handel nahm zu, Importkohle war billiger, andere Rohstoffe wie Erdgas und Erdöl verdrängten die Steinkohle, Kernenergie wurde zur Konkurrenz. Die damit verbundenen Absatzschwierigkeiten von heimischer Kohle führten zur Schließung erster Zechen. Nach dem Boom kam die Krise. Insgesamt verringerte sich die Zahl der Zechen zwischen 1960 und 1976 von 148 auf nur noch 35, von den ehemals 400.000 Bergleuten waren nur noch 150.000 beschäftigt. Die Weltwirtschaftskrise Mitte der 1970er Jahre bewirkte einen Einbruch auch in der Stahlerzeugung. Zudem hatten neue, effektivere Produktionsverfahren eine Überkapazität und die Stilllegung vieler Betriebe zur Folge. Allein in Duisburg verloren zwischen 1980 und 1992 42,5 Prozent aller Arbeiterinnen und Arbeiter in der Bergbau- und Stahlindustrie ihren Job.

Sven Sendfeld, Das Ruhrgebiet. Eine multimediale Lehr- und Lerneinheit, www.sendfeld.de/staatsarbeit/oberthemen/ruhrgebiet/r9.htm (20.11.2010)

M 8 Entwicklung des Steinkohlebergbaus im Ruhrgebiet

Jahr	Zahl der Förderanlagen	Beschäftigte (in 1000)	davon Arbeiter unter Tage	Förderung in Mio. t
1958	140	489	305	122
1961	120	388	231	116
1966	61	287	161	103
1971	55	197	108	91
1978	31	146	81	67
1981	28	143	79	70
1988	22	114	64	56
1991	19	95	53	51
1998	11	59	30	32
2001	8	42	19	20
2009	4	21	k. A.	10
2011	3	16	k. A.	9

www.kohlenstatistik.de (3.4.2013)

Wirtschaftssektoren
Die Wirtschaftswissenschaften unterteilen die Produktionsbereiche einer Volkswirtschaft in drei Wirtschaftssektoren:
Der **Primäre Sektor** beinhaltet die Produktgewinnung der Land- und Forstwirtschaft sowie Fischerei.
Im **Sekundären Sektor** werden Produkte verarbeitet (Industrie und Handwerk, Bergbau und Baugewerbe).
Der **Tertiäre Sektor** umfasst die Dienstleistungen, z. B. Handel, Verkehr, Kultur Kommunikation, Verwaltung, Bildung, Wissenschaft, Beratung, Gesundheits- und Sozialwesen.
Mit dieser Einteilung kann man die langfristigen Veränderungen einer Volkswirtschaft beschreiben und erklären.

M 9 Entwicklung der Beschäftigtenstruktur im Ruhrgebiet

Entwicklung der Beschäftigtenstruktur im Ruhrgebiet 1960 – 2009 in %

	1960	1970	1980	1991	1999	1999	2000
Primärer Sektor	2,4	1,5	1,4	1,3	1,3	2,8	1,22
Sekundärer Sektor	61,0	58,4	51,7	44,0	33,6	33,4	33,35
Tertiärer Sektor	36,6	40,1	47,0	54,7	65,0	63,8	65,43

	2001	2002	2003	2004	2005	2006	2009
Primärer Sektor	1,13	1,27	1,25	1,08	1,24	1,08	0,9
Sekundärer Sektor	31,55	31,54	30,15	29,22	28,06	27,20	27,8
Tertiärer Sektor	67,32	67,19	68,60	69,70	70,70	71,72	71,2

www.kohlenstatistik.de (20.11.2010)

Als Strukturwandel bezeichnet man die langfristigen Veränderungen innerhalb der Wirtschaft eines Landes. Diese Veränderungen werden durch die Entstehung neuer und das Verschwinden alter Wirtschaftszweige bzw. Wirtschaftssektoren hervorgerufen. So hat es in den letzten Jahrzehnten in den meisten Ländern die Entwicklung von der Agrar- (Landwirtschaft) zur Industrie- und schließlich zur Dienstleistungsgesellschaft gegeben.

Dienstleistungsgesellschaft
So bezeichnet man eine Gesellschaft, in der der größte Teil der Bevölkerung nicht mehr im landwirtschaftlichen und industriellen, sondern im tertiären Sektor tätig ist.

Montanindustrie = Sammelbegriff für den Bergbau und die Stahlindustrie

M 10 Das Ruhrgebiet: Eine Region verändert sich

Dortmund [hat sich] den Ruf als „Musterstadt" für die wirtschaftliche Neuorientierung der Region hin zu völlig montanfremden Branchen erworben. In der [...] bevölkerungsreichsten Stadt des Ruhrgebiets läuft der Strukturwandel besonders konzentriert ab. Dortmund beheimatete einst mit Kohle, Stahl und Bier gleich ein „klassisches" Branchen-Dreigestirn der Montanzeit. Inzwischen sind Stahl und Kohle Vergangenheit, und von ehemals elf Brauereien sind lediglich zwei Braustätten mit gerade noch rund 600 Beschäftigten übrig geblieben. Stattdessen sind nun Hightech mit den Schwerpunkten Informationstechnologie (IT) und Mikrotechnik sowie auch Logistik zu den wichtigsten neuen Wirtschaftszweigen der Stadt aufgestiegen. Antreiber dieser Entwicklung war und ist der Technologiepark Dortmund, der 1985 auf einer Fläche von 35 Hektar in unmittelbarer Nachbarschaft zur Universität entstanden ist. [...]

Moderne Medizin in der Heimat von Kohle und Stahl? Der Aufstieg des Gesundheitswesens ist der vielleicht erstaunlichste Part beim wirtschaftlichen Wandel des Ruhrgebiets. Relativ wenig beachtet hat sich dieser Zweig zur beschäftigungsintensivsten Branche mit rund 280.000 Arbeitsplätzen entwickelt und dem Revier die sogar im internationalen Vergleich dichteste medizinische Versorgung beschert. [...]

In nur drei Autostunden Entfernung können rund um das Ruhrgebiet geschätzte 50 Millionen Verbraucher erreicht werden. Das macht die Region zu einem der strategisch wichtigsten Standorte für Logistikunternehmen in ganz Europa – sowohl für Straße, Schiene oder Schifffahrt – und die Logistik damit auch zu einem weiteren Motor des Strukturwandels.

Im Zuge des Strukturwandels hat sich auch die Kultur- und Kreativwirtschaft zu einer wichtigen Standortgröße im Ruhrgebiet entwickelt. Mit dem Begriff umschrieben sind im Wesentlichen die Branchen Musik, Werbung, Software, Computerspiele, Design und Kunst sowie Film, Fernsehen, Buch und Presse. Rund 10.000 Betriebe sind im Revier in diesen Sparten aktiv, die insgesamt rund 42.000 Menschen eine sozialversicherungspflichtige Arbeitsstelle geben und darüber hinaus rund 10.000 Freiberufler beschäftigen. [...]

Der Niedergang der Montanindustrie hat auch dem Tourismus in der Region auf die Sprünge geholfen – und damit eine weitere wichtige Branche des „neuen" Reviers geschaffen. Die „Industriekathedralen" von Kohle und Stahl haben als Zeugen der industriellen Vergangenheit den Grundstein für diesen Trend gelegt. [...] Noch steht das Revier nicht nur wegen der Kohle energiewirtschaftlich weiter unter Strom. Wie schon in der Vergangenheit ist die Region auch heute Deutschlands größter Energieproduzent – mit Kraftwerken, die sowohl mit Kohle wie auch mit Gas oder Öl betrieben werden. Die gesamte Energiebranche ist darüber hinaus im Revier ein bedeutender Umsatzbringer und Wachstumsmotor. So ist Essen das Zentrum der deutschen Energiewirtschaft mit Sitz der Branchenriesen RWE, Evonik und Europas führender Ferngasgesellschaft Ruhrgas. In Essen werden rund 60 Prozent des deutschen Energieverbrauchs abgerechnet. Wo früher in erster Linie Energie produziert wurde, wird heute Energie vor allem auch verwaltet und im Zuge der internationalen Aktivitäten der hiesigen Energiekonzerne europaweit verteilt.

Frank Bretschneider, Das Ruhrgebiet im Umbruch. Strukturwandel einer Region, o.O. 2009, o.S.

M 11 Wie Unternehmen sich verändern: von der Ruhrkohle AG zu Evonik Industries

1969	Gründung der Ruhrkohle AG (RAG), Zusammenschluss des gesamten Steinkohlebergbaus im Ruhrgebiet, dazu Immobilienbesitz (Zechenwohnungen)
1970	Erwerb der Aktienmehrheit des Stromerzeugers STEAG
1995	Ruhrkohle AG besitzt Aktienmehrheit der Rütgers Chemicals
1998	Übernahme der Saarbergwerke AG (Energieerzeugung)
1999	Übernahme der Preussag Anthrazit GmbH (Kohlebergbau)
2003	Übernahme der Degussa AG (Spezialchemieunternehmen)
2007	Aufspaltung des Unternehmens in zwei neue Unternehmen, in einen „schwarzen" (Steinkohle) und einen „weißen" (Chemie, Energie, Immobilien) Bereich. Das neue „weiße" Unternehmen erhielt den Namen Evonik Industries, das alte „schwarze" Unternehmen trägt den Namen RAG weiter

nach: http://geschichte.evonik.de/sites/geschichte/de/Pages/evonik.aspx (3.7.2010)

Aufgaben

1. Der Song „Bochum" von Herbert Grönemeyer aus dem Jahr 1984 war einst so etwas wie die Hymne des Ruhrgebiets. Beschreibe, welches Bild vom Ruhrgebiet Grönemeyer mit dem Lied zeichnet (M 6).
2. Welche Textpassagen müsste man streichen oder verändern, damit der Song das heutige Ruhrgebiet charakterisiert? Lies dazu auch M 7 und verfasse ggf. einen neuen Text.
3. Stelle die Ursachen und Folgen der Krise in der Kohle- und Stahlerzeugung und den Strukturwandel in einem Schaubild dar (M 7).
4. Setze die Tabellen M8 und M9 in Schaubilder um und fasse die wichtigsten Entwicklungstendenzen zusammen.
5. Erarbeite aus dem Text M 10 die neuen „Standbeine" des Ruhrgebiets.
6. Zeige am Beispiel der Ruhrkohle AG und ihrer Geschäftsfelder den Strukturwandel in dem Unternehmen auf (M 11).

Methode

M 12 Mit Zahlen, Statistiken und Schaubildern umgehen

Interpretationen von Statistiken und Schaubildern

Beispiele

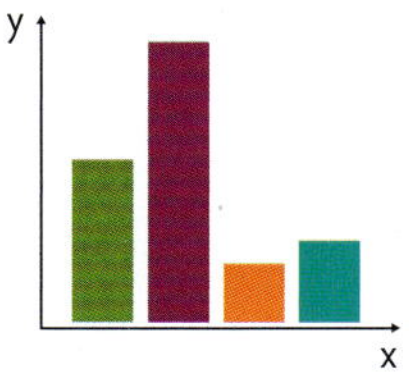

Säulen-/Balkendiagramm

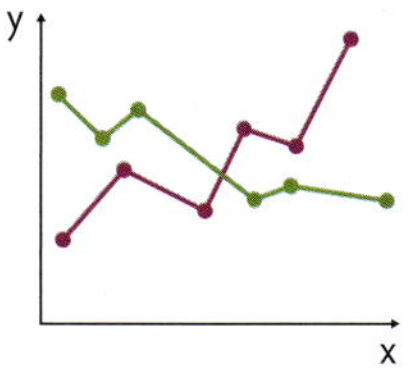

Kurven-/Liniendiagramm

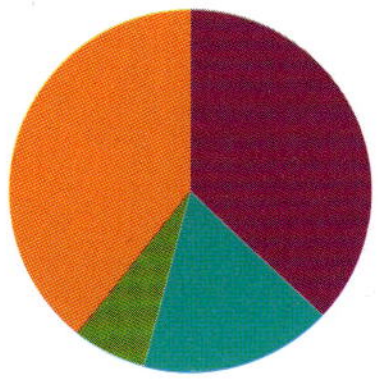
Kreis-/Tortendiagramm

Eine *Statistik* ist die systematische Sammlung und Ordnung von Informationen in Form von Zahlen. Diese Zahlen werden entweder in *Tabellen* oder optisch aufbereitet als *Diagramme* und *Schaubilder* ausgewertet und dargestellt. Statistiken helfen uns in vielen Alltagssituationen. So wird beispielsweise unter jeder Klassenarbeit, die ihr schreibt, nach der Rückgabe ein Notenspiegel angebracht, damit ihr und eure Eltern sehen könnt, wie viele Schülerinnen und Schüler bessere oder auch schlechtere Ergebnisse erzielt haben. Der Lehrer sammelt die Ergebnisse aller Klassenarbeiten und kann dann herausfinden, wie sich eure Leistung innerhalb eines Schuljahres entwickelt.

Es gibt kaum einen Lebensbereich, der nicht statistisch erfasst wird. So gibt es u. a. Statistiken zu den Bereichen Bevölkerung, Beschäftigung, Gesundheit, Kriminalität, Wohnungen, Verkehr, Wirtschaft. Aus diesen Statistiken können wichtige Erkenntnisse zum Beispiel für die Verkehrsplanung oder den Bau von Kindergärten und Schulen gezogen werden.

Die Zahlen oder auch Daten müssen nach strengen Regeln erhoben werden. Die meisten Daten sammelt das Statistische Bundesamt in Wiesbaden, das seine zusammengefassten Ergebnisse in den Statistischen Jahrbüchern veröffentlicht. Viele Daten stellt das Bundesamt aber auch ins Internet, wo sie unter www.destatis.de abgerufen werden können. Das Statistische Bundesamt ist zur Neutralität verpflichtet. Andere Organisationen, die Daten erheben und veröffentlichen, verfolgen möglicherweise auch eigene Interessen.

Weil Zahlen sehr abstrakt sind, stellt man sie gerne in Diagrammen dar. Es gibt unterschiedliche Formen von Diagrammen: Kreis- oder Tortendiagramm, Säulendiagramm, Balkendiagramm, Kurvendiagramm.

Zahlen kann man als *absolute* (genaue, gerundete) *Zahlen* oder als *Prozentzahlen* angeben.

Die Prozentzahlen verdeutlichen den Anteil an einer Gesamtmenge.

Auswertung und Interpretation

Beim Umgang mit Zahlen, Statistiken und Diagrammen ist Vorsicht geboten. Der bekannte Satz „Trau keiner Statistik, die du nicht selbst gefälscht hast" macht auf die Problematik im Umgang mit scheinbar objektiven Zahlen aufmerksam. Uns sollte immer bewusst sein, dass man mit der Unterstützung von Zahlenmaterial Tatsachen verfälscht darstellen kann. Häufig werden damit ganz bestimmte Interessen verfolgt. Dies gilt v.a. in der Wirtschafts- und Sozialstatistik. Deshalb ist es notwendig, nicht nur nach der Quelle einer Statistik zu fragen, sondern auch kritisch zu überprüfen, wie die Zahlen in einer grafischen Darstellung präsentiert wurden. Denn mit unterschiedlichen Darstellungen lassen sich bei denselben Zahlen durchaus unterschiedliche Wirkungen erzielen. Sachverhalte können verharmlost oder dramatisiert werden. Folgende Punkte solltest du bei jeder Untersuchung von Datenmaterial besonders kritisch hinterfragen:

- Quellenangaben

Wird die Quelle der Daten angegeben? Handelt es sich um eine seriöse Quelle – z. B. amtliche Stellen (Behörden, Statistisches Bundesamt, Ministerien usw.)? Besonders skeptisch sollte man bei Angaben wie „eigene Erhebung" sein.

- Aktualität der Daten
- Auswahl des Zeitraums
- Maßstab der Darstellung

Welcher Maßstab auf den Achsen ist gewählt und wie ist das Verhältnis der beiden Achsen zueinander? Ist die Einteilung auf den Achsen sinnvoll gewählt?

- Stimmen Überschrift und Text mit der Aussage des Datenmaterials überein?
- Verfolgt der Verfasser eine manipulative Absicht?

Arbeitsschritte

1. Beschreiben

- Woher stammen die Daten? Wer hat sie erfasst und veröffentlicht? (Quelle)
- Welcher Sachverhalt wird dargestellt? Wie lautet das Thema? Welcher Zeitraum wird dargestellt?
- Welche Darstellungsform wurde gewählt? (Säulen-, Balkendiagramm ...)
- Absolute oder relative Zahlen?

2. Auswerten

- Welche Entwicklung ist zu erkennen? (Dabei sind hohe und niedrige Werte, Trends, Veränderungen zu beachten!)

3. Erklären

- Erst wenn du das Diagramm / die Tabelle genau beschrieben und ausgewertet hast, kannst du versuchen, deine Aussagen zu erklären oder Schlussfolgerungen zu ziehen.

4. Bewerten

- Wurden die Zahlen sinnvoll im Diagramm umgesetzt? Wurden die Abstände auf den Achsen richtig gewählt?
- Sind die Zahlen noch aktuell?

Beispiel für ein Liniendiagramm

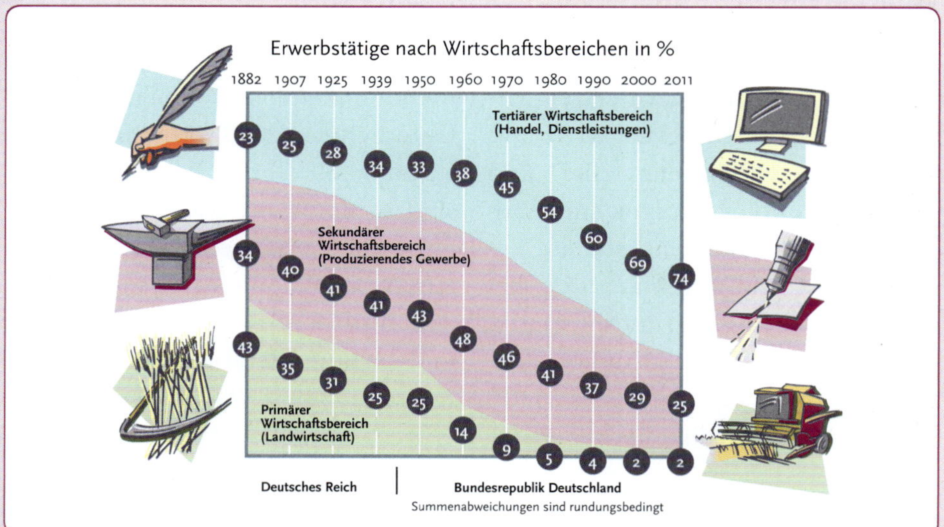

Bergmoser + Höller Verlag AG
Zahlenbilder 220 020

Wie verändert sich die Arbeitswelt?

M 13 Der letzte seines Standes? Die Arbeit eines Schriftsetzers

Ein Schriftsetzer bei der Arbeit – diesen Beruf gibt es nicht mehr.

Tipp
Auf den Seiten des Bayerischen Rundfunks (www.br-online.de/bayerisches-fernsehen/der-letzte-seines-standes/index.xml) gibt es eine Serie zu Berufen, die im Aussterben begriffen sind.

Oskar Bernhard ist einer der letzten Schriftsetzer in Deutschland. Er arbeitet in Nördlingen in einem rund 400 Jahre alten Haus direkt an der mittelalterlichen Stadtmauer. Noch heute hat er Aufträge, die von der Geburtsanzeige über die Speisekarte bis zum kleinen Buch reichen. Im Gegensatz zum normierten Großbetrieb macht er seinen Kunden Vorschläge, welche Schriftart, welche Größe oder Farbe die Schrift haben könnte. Aus in Blei gegossenen Buchstaben, die der Schriftgießer herstellt, setzt der Schriftsetzer einen Text zusammen, den ihm ein Autor vorgelegt hat. Die Buchstaben, die er verwendet, haben eine genau genormte Höhe. Das ist später wichtig für einen gleichmäßigen Druck in der Druckmaschine. Auch Bilder oder Schmuckbestandteile der Seite müssen diese Höhe einhalten. Dabei geht es manchmal um Hundertstel-Millimeter. Damit die Höhe stimmt, werden die Nicht-Text-Bestandteile einzeln vermessen, bevor sie in die Seite eingebaut und gegebenenfalls unterlegt werden. [...] Die gesamte Arbeit des Schriftsetzers erinnert sehr an einen Baukasten: Aus vorgenormten Teilen entsteht immer wieder etwas Neues. Allerdings hatte das Setzen in der „guten alten Zeit" wenig von der Beschaulichkeit, wie es heute den Anschein hat. Denn der Schriftsetzer wurde nach Zeit bezahlt. 1.000 bis 1.200 Buchstaben in der Stunde waren normal. Wer also schnell setzte, konnte mehr arbeiten und mehr verdienen.

http://www.br-online.de/bayerisches-fernsehen/der-letzte-seines-standes/handwerker-schriftsetzer-tradition-ID671192801539242189.xml (12.9.2010)

M 14 Mediengestalter – Alleskönner am PC?

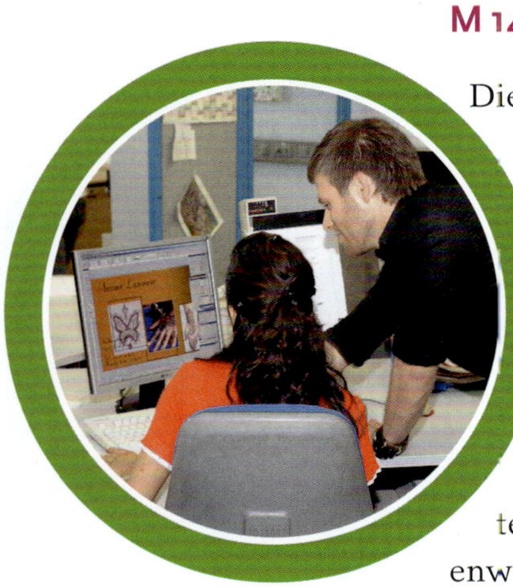

Mediengestalter am PC – Pixel haben das Blei abgelöst.

Dieser Ausbildungsberuf hat die „alten" Berufe Schriftsetzer, Reprohersteller, Medien- und Werbevorlagenhersteller und den Fotogravurzeichner abgelöst. Mediengestalter Digital und Print arbeiten bei Marketingkommunikationsagenturen, Designstudios, Unternehmen der Druck- und Medienwirtschaft, Mediendienstleistern, Verlagen sowie in Marketing- und Kommunikationsabteilungen von Unternehmen und öffentlichen Institutionen. Ihre Arbeitsaufgaben sind so unterschiedlich wie die Medien, die sie herstellen und bearbeiten. Ausgebildet wird dieser Beruf in den drei Fachrichtungen: Gestaltung und Technik, Beratung und Planung, Konzeption und Visualisierung.

M 15 Wie sich Arbeitsplätze verändern – auf der Datenautobahn zum Arbeitsplatz

Moderne Kommunikationsmittel machen es möglich: Arbeiten ist nicht mehr an ein Büro im Unternehmen gebunden. 1,8 Millionen Beschäftigte - darunter 42 Prozent Angestellte und 51 Prozent Selbständige - arbeiten laut Statistischem Bundesamt von zu Hause aus.

Um den Austausch mit Kollegen, Vorgesetzten, Kunden und Geschäftspartnern zu gewährleisten, ist eine gute technische Infrastruktur nötig. Telefon und Computer sind für die meisten „mobilen Beschäftigten" mittlerweile selbstverständlich - doch die Entwicklung geht weiter.

Vielen Unternehmen reichen die Standardkommunikationswege nicht mehr aus. Sie bieten ihren Mitarbeitern modernste Techniken, sodass diese immer und überall erreichbar sind. So zum Beispiel Hewlett Packard (HP), internationales IT-Unternehmen aus Böblingen: Über ein Intranetportal haben alle Mitarbeiter Zugriff auf das komplette System von HP - von der Reisekostenabrechnung über Gesprächsprotokolle bis zur Ticketbuchung für die nächste Dienstfahrt.

„Da ich mit Kollegen aus der ganzen Welt und damit aus verschiedenen Zeitzonen zusammenarbeite, ist es gut, dass ich stets erreichbar bin", so Jennifer Amanquah-Sauter, Managerin für Neue Medien bei HP und seit sechs Jahren im Home-Office in Herrenberg. „Reise- und Anfahrtszeiten fallen weg. Wenn ich meine Kinder ins Bett gebracht habe, kann ich noch mal schnell mit meinem Kollegen im kalifornischen Palo Alto telefonieren."

Für die schnelle Kommunikation zwischen den HP-Kollegen hat sich das Instant Messaging bewährt, ein System, das wie ein Chat in Echtzeit funktioniert. Darüber hinaus gibt es einen „virtuellen Klassenraum": Mitglieder eines Teams können auf ihren Computerbildschirmen gleichzeitig zum Beispiel Präsentationen anschauen und miteinander diskutieren.

Geplant sind für die Zukunft auch Videokonferenzen, zu denen sich Kollegen aus aller Welt zuschalten können - ein Gefühl, als würde man tatsächlich miteinander in einem Raum sitzen. Führungskräfte verbreiten zudem ihre Ansprachen via Webcasts, einer Art Fernsehsendung im Internet.

Sabine Olschner, Focus, 20.2.2007

M 16 Wandel der Beschäftigungsstruktur

Anzahl der Erwerbstätigen 2008 im Vergleich zum Jahr 1998

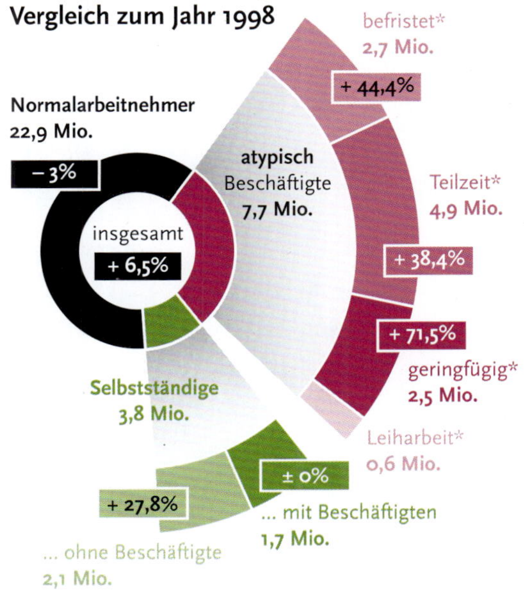

* Mehrfachnennungen möglich, keine Leiharbeit 1998

Quelle: Statistisches Bundesamt 2009, © Hans-Böckler-Stiftung 2010

M 17 Beschäftigungsverhältnisse: Normalarbeitsverhältnis und atypische Beschäftigung

Auch wenn das „Normalarbeitsverhältnis" in Deutschland immer noch die Regel ist und auch in Zukunft noch viele Menschen einer „geregelten" Tätigkeit zum Beispiel als Arzt, Lehrer, Richter usw. nachgehen, so haben sich in den letzten Jahrzehnten viele neue Formen der Beschäftigung entwickelt. Diese bezeichnet man als „atypische Beschäftigungen". Der Anteil der Frauen, die in atypischen Beschäftigungsverhältnissen arbeiten, ist deutlich höher als der der Männer. Weiterhin sind junge Menschen und Menschen mit Migrationshintergrund am ehesten atypisch beschäftigt.

Normalarbeitsverhältnis
Dies ist ein unbefristetes Arbeitsverhältnis, das mit geregeltem Lohn oder Gehalt entlohnt wird und voll sozialversicherungspflichtig ist. Der „Normalarbeitnehmer" arbeitet in dem Betrieb des Arbeitgebers, mit dem er den Arbeitsvertrag abgeschlossen hat.

Teilzeitarbeit
Ein Teilzeitbeschäftigungsverhältnis liegt dann vor, wenn die Arbeitszeit, die ein Arbeitnehmer regelmäßig arbeitet, kürzer ist als die Arbeitszeit bei Vollzeitbeschäftigung. Die Arbeitszeit kann dabei innerhalb der Woche unterschiedlich verteilt sein. So kann täglich kürzer oder nur an bestimmten Tagen in der Woche gearbeitet werden.

Leih- oder Zeitarbeit
Bei der Leiharbeit „überlässt" der Arbeitgeber den Arbeitnehmer für einen gewissen Zeitraum einem anderen Arbeitgeber. Deshalb spricht man auch von „Arbeitnehmerüberlassung".

Projektarbeit auf Zeit
Der Arbeitnehmer wird nur für die Dauer eines bestimmten Projektes eingestellt oder er führt als Selbständiger für ein Unternehmen ein Projekt durch.

Befristete Beschäftigung
Arbeitnehmer und Arbeitgeber vereinbaren von Anbeginn eines Beschäftigungsverhältnisses, dieses zu einem bestimmten Datum oder mit einem bestimmten Ereignis ohne Kündigung zu beenden.

(Tele-)Heimarbeit
Als Telearbeit wird eine Tätigkeit bezeichnet, die sich auf die moderne Informations- und Kommunikationstechnik stützt und ausschließlich oder zumindest zeitweise an einem Arbeitsplatz erledigt wird, der außerhalb des Betriebes liegt. Telearbeiter können an beliebigen Orten tätig sein: Unterwegs im Zug, zu Hause oder beim Kunden. Über Laptop, PC, Internet und Handy sind sie mit dem Betrieb verbunden.

Mini-Jobs oder geringfügige Beschäftigung
Mini-Jobber haben einen sogenannten 400-Euro-Job. Da für diese Jobs weniger Steuern und Sozialversicherungsabgaben bezahlt werden, dürfen Beschäftigte maximal nur 400 Euro im Monat verdienen. Sie können diesen Betrag aber auch bei mehreren Arbeitgebern verdienen. Man bezeichnet diese Arbeitsverhältnisse auch als „geringfügige Beschäftigung".

M 18 Die Schattenseiten der neuen Arbeitswelt

Auch wenn der Freiraum zur individuellen Gestaltbarkeit der Arbeitsphasen im Verlauf des Tages zunächst als wohltuende Befreiung [...] empfunden werden kann, birgt er auch die Gefahr der Selbstausbeutung und Überlastung in sich, da der klar vorgegebene Feierabend entfällt und die Kopplung von Wohnen und Arbeit die Überschneidung gegensätzlicher Interessen und Anforderungen mit sich bringt.

Einerseits müssen klare Grenzen zwischen Arbeitsphasen und familiären/häuslichen Tätigkeiten und Störfaktoren gezogen werden, andererseits erfordern betriebliche Abläufe eine generelle Erreichbarkeit über weitgehend technische Kommunikationswege. Belastbarkeit und die Fähigkeit zum Umgang mit Stress sind unabdingbar, da die psychischen Belastungen aufgrund der generellen Verfügbarkeit zunehmen.

Auch für Mitarbeiter an dezentralen Arbeitsplätzen mit einem hohen Technisierungsgrad entfällt die Motivation durch direkte Reaktionen von Vorgesetzten und Kollegen. Somit müssen solche Mitarbeiter in der Lage sein, sich durch konkrete Hinweise auf ihre Arbeit und durch „Nachfragen" Anerkennung abzuholen und ihre Arbeitsleistungen selbst zu beurteilen.

Karin Kühlwetter, IT-Medienberufe: Zukünftige Anforderungen an berufliche Qualifikationen und Kompetenzen, in: Neue Berufswege für Frauen in das 21. Jahrhundert, Bundesinstitut für Berufsbildung (Hg.), Berlin 1999, S. 27 f.

Moderne Kommunikationstechnologien ermöglichen es, an jedem Ort ein komplettes Büro zu betreiben.

Aufgaben

1. Beschreibe, über welche Fähigkeiten ein Schriftsetzer bzw. ein Mediengestalter verfügen muss. Erläutere an diesem Beispiel den Wandel der Berufswelt, und benenne mögliche Ursachen für diese Entwicklung (M 13, M 14).
2. Mache eine kleine Zeitreise: Wie hätte das Beschäftigungsverhältnis von Jennifer Amanquah-Sauter im Jahr 1980 ausgesehen (M 15)?
3. Wählt eines der atypischen Beschäftigungsverhältnisse aus M 17 aus und erläutert, was aus Sicht der Arbeitnehmer und Arbeitgeber dafür bzw. dagegen spricht (M 17, M 18).

Was wir wissen

Bedeutung der Arbeit für den Menschen
M 2, M 4

Arbeit als Erwerbsarbeit ist die Grundlage für den Wohlstand unserer Gesellschaft, gleichzeitig ist sie aber viel mehr als nur Gelderwerb. Arbeit gibt unserem Leben eine Struktur, sie vermittelt uns den Kontakt zur Außenwelt, lässt uns unsere Fähigkeiten und Grenzen erfahren. Schließlich bestimmt sie über unsere Stellung innerhalb der Gesellschaft. So leiden Arbeitslose zum Beispiel darunter, vom „normalen“ Alltag ausgeschlossen zu sein und den gewohnten Tagesablauf zu verlieren. Viele Rentner müssen nach dem Ende ihrer Lebensarbeitszeit erst wieder „lernen“, wie der Alltag ohne die tägliche Arbeit gestaltet werden kann.

Arbeitswelt im Wandel
M 13 – M 18

Die Arbeitswelt unterliegt einem ständigen Wandel. Sie hat sich durch den Strukturwandel der Wirtschaft völlig verändert: Mehr als 70 % aller Beschäftigten arbeiten mittlerweile im Dienstleistungssektor, die Tendenz ist steigend. Ursache des Strukturwandels sind vor allem die rasante technologische Entwicklung und die Globalisierung. Für die Arbeitswelt bedeutet dies zum Beispiel, dass viele Berufe mittlerweile verschwunden sind oder sich vollkommen verändert haben. Wo früher viele Menschen tätig waren, haben mittlerweile Computer oder computergestützte Maschinen die Arbeit übernommen. Dies hat dazu geführt, dass im Zuge des Strukturwandels viele Menschen ihre Arbeit verloren haben, andererseits aber auch viele moderne Arbeitsplätze neu entstanden sind und dadurch die Arbeitsbedingungen verbessert werden konnten.

Neue Beschäftigungsverhältnisse
M 16, M 17

Mit der technischen und globalen Entwicklung geht auch ein Wandel in den Beschäftigungsverhältnissen einher. So kann heutzutage in vielen Branchen an jedem Ort der Welt gearbeitet werden. Auch wenn das Normalarbeitsverhältnis nach wie vor das am meisten verbreitete Beschäftigungsverhältnis ist, hat sich daneben eine Vielfalt neuer Beschäftigungsformen entwickelt. Neben den neuen Selbständigen, befristet Beschäftigten, Leiharbeitern oder Home-Office-Arbeitern, sind es vor allem die Beschäftigten in Teilzeit und mit flexiblen Arbeitszeitmodellen, die die Beschäftigungslandschaft in Deutschland zunehmend prägen. Für viele Arbeitnehmer bedeutet diese Entwicklung eine bessere Vereinbarkeit von Familie und Beruf. Doch wird dieser Trend von vielen Experten und Beteiligten auch mit großer Sorge betrachtet, denn die atypischen Beschäftigungsverhältnisse führen zu einer Belastung der Sozialversicherungssysteme und bieten den Beschäftigten oft keine ausreichende Vorsorge für ihre Rente. Viele dieser Beschäftigungsverhältnisse tragen nicht einmal zur Existenzsicherung bei, deshalb wünschen sich die meisten Menschen nach wie vor ein klassisches Normalarbeitsverhältnis mit geregeltem Einkommen und einer geregelten Arbeitszeit.

Co-Working: Zusammen ist man weniger allein

Mit neugierigen Blicken von Passanten ist man im „P 8" bestens vertraut. Hinter der großen Glasfront eines ehemaligen Handyladens im Würzburger Viertel Pleich gehen sechs Selbständige ihren unterschiedlichen Berufen nach – und teilen dabei mehr als nur ein Büro: Das P 8 ist ein sogenannter Co-Working-Space (co-working: englisch für „zusammenarbeiten").

Beim Co-Working handelt es sich um eine neue Arbeitsform aus den USA, die seit einigen Jahren auch in Deutschland Verbreitung findet – vor allem unter Freiberuflern und Kreativen aus dem Bereich Neue Medien. Sie arbeiten für unterschiedliche Firmen und Projekte, teilen sich aber die Räumlichkeiten. Die Vorteile des Co-Working liegen auf der Hand: Je nach Bedarf kann man sich tage-, wochen- oder monatsweise einen Schreibtisch mieten; Internetzugang und technische Geräte wie Drucker und Scanner inklusive.

Die Mietverträge der Würzburger P 8-Mitglieder laufen jeweils über ein Vierteljahr; ein Co-Working-Projekt, bei dem ein Arbeitsplatz auch über einen kürzeren Zeitraum gemietet werden kann, ist in Planung. 130 Euro zahlt jeder der Selbständigen im Monat, und das für beste Innenstadtlage. Ist einer der sechs mal nicht da, nehmen die anderen seine Post entgegen und bestätigen Aufträge.

Man hilft sich gegenseitig und tauscht Wissen aus – doch das ist längst nicht alles: „Als Selbständiger verlottert man zu Hause, da arbeitet man im Bademantel", sagt Webdesigner Gerrit van Aaken, 31, und erntet mit seinem Bekenntnis Grinsen und zustimmendes Nicken der anderen. „Wenn ich ins P 8 will, muss ich mich anziehen und rausgehen", ergänzt IT-Berater Kai Sievecke, 34. „Selbstdisziplin ist das Schlagwort. Ich kann mich zu Hause auch motivieren, es ist aber ein anderes Arbeiten."

Das Klischee, dass sich die „digitalen Nomaden" – also Selbständige, die für ihre Arbeit nicht viel mehr als einen Internetzugang brauchen – ja sich einfach mit ihrem Laptop in ein Café setzen könnten, weisen die P 8-Mitglieder zurück: „Das funktioniert nicht", sagt Medienproduzent Christian Pier, 30, entschieden. Zu einsam, zu laut, auf Dauer zu teuer. „Hier ist auch oft viel los, es gibt aber zum Beispiel niemanden, der den ganzen Tag über telefoniert." [...] Ebenso vielfältig wie die Berufe der zwischen 20- und Mitte 30-Jährigen sind ihre Arbeitszeiten. Gerrit etwa kommt um 9 Uhr morgens und geht um 5 Uhr nachmittags. „Ich imitiere das klassische Angestelltenverhältnis", sagt er, aber: „Inhaltlich bin ich mein eigener Chef." Kai ist als selbständiger IT-Berater mit internationalen Kunden eher weniger vor Ort. Julian Schrader, 21, Student der Wirtschaftsinformatik, schaut in den Vorlesungspausen vorbei.

Main-Post, 29.10.2010

Aufgabe

Arbeitet aus dem Text heraus, inwiefern sich im Co-Working der Wandel der Arbeit und der Beschäftigungsverhältnisse widerspiegelt. Eure Leitfragen könnten dabei sein:

- In welchem Wirtschaftssektor wird gearbeitet?
- Welche Berufe werden ausgeübt?
- Wo wird gearbeitet?
- In welchem Arbeitsverhältnis stehen die Co-Worker?
- Wie gestaltet sich die Arbeitszeit?
- Vor- und Nachteile des Co-Workings

11.2 Berufswahl

Vom Traum zum Beruf?

M 1 Ahnentafel der Berufe

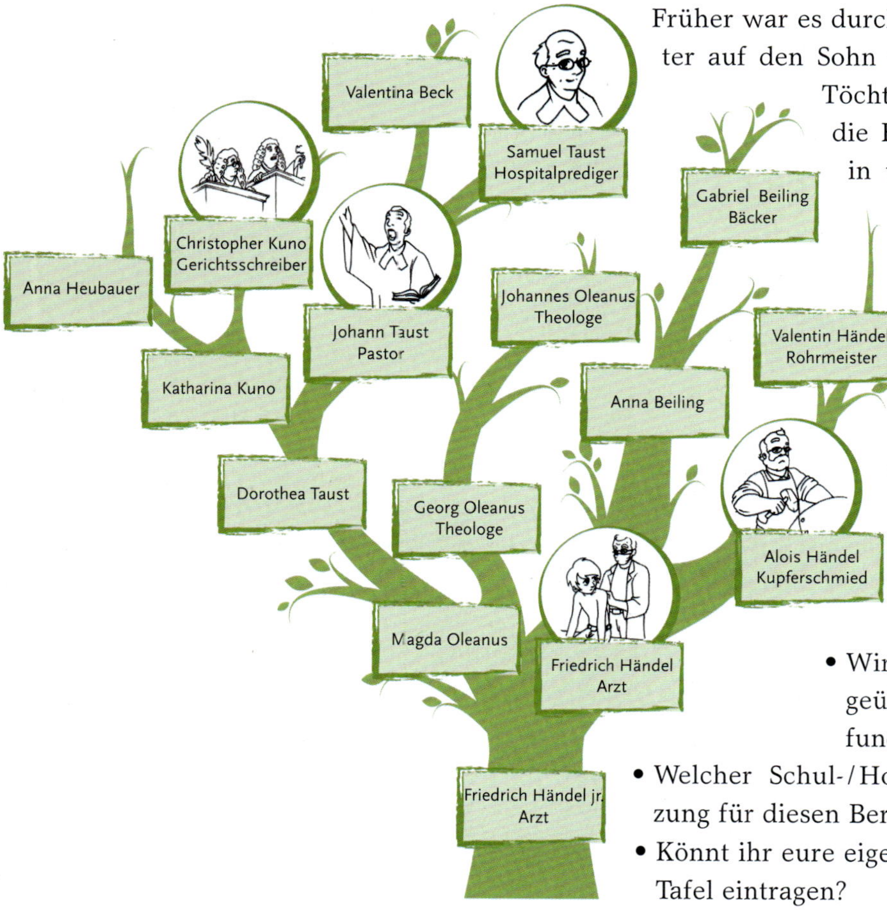

Früher war es durchaus üblich, dass Berufe vom Vater auf den Sohn übertragen wurden. Mütter und Töchter spielten kaum eine Rolle, denn die Erwerbstätigkeit von Frauen war in unserer Gesellschaft bis weit in die 1960er Jahre eher unüblich. Ob dies auch heutzutage noch der Fall ist, könnt ihr mit einer Ahnentafel eurer Familie (nicht nur die Eltern, auch Groß- und Urgroßeltern, Onkel, Tanten, Cousinen und Cousins) herausfinden.
Dazu müsst ihr Folgendes klären:

- Welchen Beruf hat das einzelne Familienmitglied erlernt?
- Wird dieser Beruf immer noch ausgeübt oder hat ein Wechsel stattgefunden?
- Welcher Schul-/Hochschulabschluss ist Voraussetzung für diesen Beruf?
- Könnt ihr eure eigenen Berufswünsche schon in die Tafel eintragen?

M 2 Vom Traum zum Beruf

Als ich noch ganz klein war, wollte ich unbedingt Detektiv werden, weil ich das vom Fernsehen kannte. Später dann Skateboardfahrer. Den ganzen Tag nur Skateboard fahren und auch noch damit Geld verdienen, das stellte ich mir ganz toll vor. Erst als ich älter wurde, wurden meine Berufswünsche etwas realistischer. Mit ungefähr 14 wollte ich Journalist werden. Mein Onkel arbeitet nämlich bei der lokalen Tageszeitung und ich fand spannend, was ich von seinem Beruf mitbekommen habe. Noch lieber wäre ich aber Reporter beim Fernsehen geworden. In dieser Zeit habe ich auch bei der Schülerzeitung unserer Schule mitgemacht. Ich habe aber wenig geschrieben, das konnten die anderen irgend-

wie besser. Das Layout der Zeitung habe ich dafür fast ganz allein entworfen. Als wir in der 9. Klasse unser Betriebspraktikum gemacht haben, wäre ich auch gerne zur Zeitung gegangen, aber die haben mich leider nicht genommen. Stattdessen bin ich in einer Offset-Druckerei gewesen. Das war eigentlich viel interessanter, denn dort habe ich gesehen, wie aus Ideen und Vorlagen Plakate, Anzeigen usw. wurden. Danach sollte mein neuer Traumberuf unbedingt etwas mit Gestalten und Design zu tun haben. Beim Arbeitsamt habe ich dann erfahren, dass es in diesem Bereich viele unterschiedliche Berufe gibt, dass man gar nicht für alle das Abitur braucht. In der Schule lief es leider nicht ganz so gut. Mit den Fremdsprachen tu' ich mich heute immer noch schwer. Ich habe dann das Gymnasium nach der 10. Klasse verlassen und bin auf die Fachoberschule für Gestaltung gegangen. Zum Glück wurde ich da aufgenommen, weil ich aus meiner Zeit bei der Schülerzeitung einige Arbeiten vorzeigen konnte. Die FOS habe ich nach zwei Jahren mit dem Fachabitur verlassen. Jetzt mache ich eine Ausbildung zum Mediengestalter/Digital und Print in der Fachrichtung Gestaltung und Technik. Nach der Ausbildung könnte ich an einer Hochschule für Gestaltung studieren. Ich glaube aber nicht, dass ich das sofort mache. Erst einmal möchte ich arbeiten. Ich hoffe, dass ich auch einen Arbeitsplatz finde. In der Werbebranche wäre toll. Mal sehen. Das Studium läuft mir nicht weg. Studieren kann ich dann immer noch.
(Bastian, 19 Jahre)

M 3 Was ist mir wichtig?

Welche der nachfolgenden Kriterien für die Berufswahl sind für euch wichtig? Bringt die Kriterien in eine persönliche Reihenfolge, ergänzt weitere Kriterien und vergleicht eure Ergebnisse:

Spaß an der Arbeit	viel Freizeit	mit anderen zusammen arbeiten	eigene Fähigkeiten/Neigungen
Umgang mit Menschen	gute Verdienstmöglichkeiten	Selbständigkeit	Ansehen des Berufs
Aufstiegschancen	sicherer Arbeitsplatz	Nähe des Arbeitsplatzes	kurze Ausbildungsdauer
eigene Erfahrungen (z.B. im Praktikum)	saubere Arbeit	Tradition (weil Vater oder Mutter den Beruf hatten)	Möglichkeit, im Ausland zu arbeiten

Tipp
Das Berufsportal der Bundesagentur für Arbeit bietet unter: *http://www.planet-beruf.de/Vorbereitung-auf-die.11808.0.html* den Online-Check „Fit für die Arbeitswelt".

M 4 Was will ich? – Was kann ich?

a) Interessen herausfinden			
Welche Tätigkeiten interessieren mich?	1. anbauen/hegen ernten/züchten 2. bauen 3. herstellen/zubereiten/ Material bearbeiten	4. kaufen/verkaufen/ bedienen/beraten 5. behandeln/pflegen/ erziehen/unterrichten 6. gestalten/malen/ entwerfen/zeichnen	7. montieren/ installieren/reparieren 8. prüfen/untersuchen 9. schreiben/verwalten/ berichten 10. Maschinen steuern und bedienen
Wo möchte ich arbeiten?	1. Werkstatt/Halle 2. Verkaufsraum 3. im Freien/Natur	4. soziale/medizinische Bildungseinrichtung 5. Labor/Prüfstation 6. Hotel/Gaststätte	7. Fahrzeug/Transport-mittel 8. beim Kunden 9. Büro 10. Ausland/ferne Länder
Womit möchte ich arbeiten?	1. Baustoffe 2. chemische Stoffe 3. Elektronik 4. Fahrzeuge / Transportmittel 5. Glas/Keramik/ Edelstein 6. Holz/Papier	7. Lebensmittel 8. Mess- und Prüfgeräte 9. Menschen 10. Metalle 11. Pläne/Entwürfe 12. Regelungen/Gesetze/ Vorschriften 13. technische Anlagen	14. Textilien/Leder 15. Tiere/Pflanzen 16. Zeichen-/Schreibgeräte 17. Büromaschinen/ Büromaterial 18. Maschinen/ Werkzeuge 19. Informationen/ Medien/ Fremdsprachen
b) Über welche Fähigkeiten verfüge ich?			
Geistige Fähigkeiten?	1. Sprachbeherrschung/ sprachliche Gewandt-heit 2. logisches Denken 3. räumliches Vorstellungsvermögen	4. Beobachtungs-vermögen 5. rechnerisches Denken 6. Rechtschreibsicherheit 7. guter schrift-sprachlicher Ausdruck	8. Konzentrations-fähigkeit 9. Merkfähigkeit 10. Kreativität 11. Sinn für Formen und Farben 12. Lern- und Leistungs-bereitschaft
Soziale Fähigkeiten?	1. Kontaktfreudigkeit 2. sicheres Auftreten 3. Rücksichtnahme 4. Selbständigkeit 5. Belastbarkeit 6. gute Umgangsformen	7. Teamfähigkeit 8. zuhören können 9. andere überzeugen können 10. Verantwortungs-bereitschaft	11. Interesse für andere Menschen 12. Hilfsbereitschaft 13. Zuverlässigkeit 14. Höflichkeit 15. Toleranz
Körperliche Fähigkeiten?	1. körperliche Belast-barkeit (Stehen, Bücken, Sitzen)	2. gutes Hören 3. Farbsehen	4. robuste Gesundheit (Widerstandsfähigkeit) 5. handwerkliches Geschick

M 5 Die Arbeitswelt von morgen

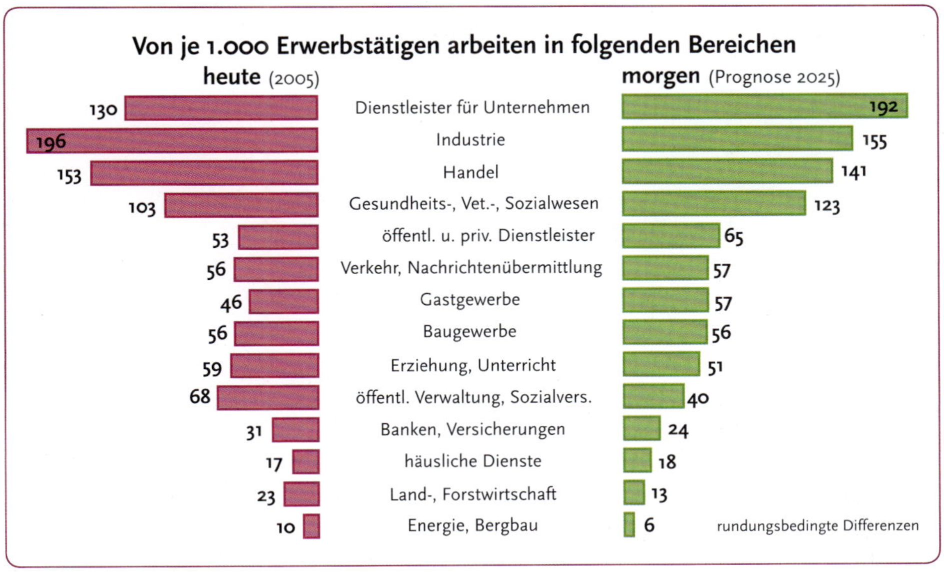

Quelle: IAB, Globus-Grafik 1854

Aufgaben

1. Werte die Ahnentafel der Berufe (M 1) aus: Gibt es Unterschiede zwischen den Generationen, den Geschlechtern? Kannst du Veränderungen im Hinblick auf den Strukturwandel oder den Wandel der Arbeitswelt feststellen?
2. Versuche zu erklären, weshalb sich in manchen Familien die Berufe wiederholen. Für welche Berufszweige trifft dies in besonderem Maße zu?
3. Zeige am Beispiel von Bastian auf, wie sich seine Vorstellungen von einem Traumberuf zur realen Berufsausbildung verändert haben. Welche Faktoren haben seine Berufswahl beeinflusst (M 2)?
4. Entscheide für jede Auswahl in M 4:
   a) trifft voll und ganz zu = +
   b) trifft weniger zu = O
   c) trifft überhaupt nicht zu = –
5. Erstelle nun ein Profil deiner persönlichen Interessen, Stärken und Schwächen und benenne Berufe, für die du dich eignen würdest.
6. Interessant ist es auch, das Selbstbild mit der Wahrnehmung eines Mitschülers / einer Mitschülerin zu vergleichen und die Unterschiede in der Fremd- und Selbstwahrnehmung herauszufinden.
7. Werte die Grafik in M 5 aus und benenne die drei zukunftsträchtigsten und die am wenigsten aussichtsreichen Bereiche.

Welche Anforderungen werden an Arbeitnehmerinnen und Arbeitnehmer gestellt?

M 6 Eine Stellenanzeige

akw sucht neue Energien!
Zur Anreicherung unseres Teams suchen wir aktives Potenzial:

akw
WERBEAGENTUR

Mediengestalter/Artworker (m/w)

Sie verfügen über eine geballte Ladung kreativer Energie. Sie sind ein schneller Brüter von innovativen und alternativen Entwürfen. Ihre konzeptionellen Ansätze und Ihr Design erzeugen Hochspannung. Ihre Ideen haben lange Laufzeiten und sind selten biologisch abbaubar. Der sichere Umgang mit Indesign, Photoshop, Illustrator (und ggf. mehr) gehört zu Ihren Kern-Kompetenzen. Sie sind möglichst in vielen Disziplinen aus Print und Web zuhause. Sie haben auch unter Strom eine kurze Leitung. Sie schöpfen Ihre Kraft nicht nur aus Kohle. Sie spalten nicht, sondern elektrisieren. Sie arbeiten verantwortungsbewusst, verschmelzen aber auch gern im Team. Sie brennen auf einen jungen Mitarbeiter-Stab und gehen strahlend ans Werk.

Dann schicken Sie uns bitte Ihre Bewerbung mit Arbeitsbeispielen bzw. Abschlussarbeiten unter Angabe Ihrer Gehaltsvorstellung und teilen Sie uns mit, wann Sie frühestmöglich bei uns ans Netz gehen können.

akw Werbeagentur GmbH

M 7 Was Betriebe erwarten ...

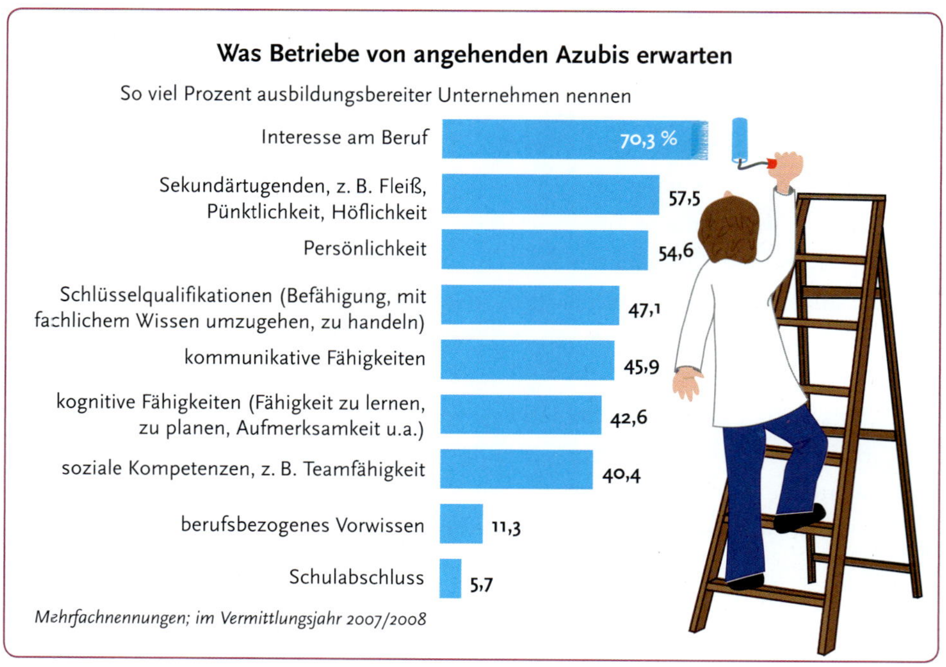

Quelle: BIBB 2009, Globus-Grafik 3089

M 8 Lebenslanges Lernen

Heute ist von einer Entwertung des spezifischen Fachwissens nach etwa fünf Jahren auszugehen. Weitere technologische Umwälzungen – eventuell eine Folge der Biotechnologie – werden auf die heute noch junge Arbeitsgeneration zukommen. Daraus folgt: Ein technologischer Sprung ist heutzutage kein Prozess mehr, der mehrere Generationen überdauert, sondern eine Veränderung, die innerhalb eines Arbeitslebens in Zukunft vermutlich sogar mehrfach bewältigt werden muss. Für die Beschäftigten hat dies drei wesentliche Konsequenzen: Innerhalb der Generationen tradiertes (weitergegebenes) Wissen hat einen immer geringeren Stellenwert. Beschäftigte müssen ständig neu lernen. Und: Diejenigen sind besser dran, die nicht nur Fach- oder Faktenwissen erworben haben, sondern gelernt haben zu lernen. Einmal erworbenes Fach- und Faktenwissen hat demzufolge eine immer geringere „Halbwertszeit" (= die Zeit, in der das Wissen 50 % seiner Gültigkeit verliert). Zur Kompensation dieses rapiden Wissensverfalls müssen Beschäftigte sich ständig weiterbilden und selbstorganisiert lernen. Der Fähigkeit, neues Wissen zu erschließen und Spezialwissen zu aktualisieren, kommt deshalb eine große Bedeutung zu. Das „Neulernen" muss jedoch zumeist neben der „normalen" Arbeit geschehen. Der Arbeitstag verdichtet sich also durch zusätzliche Lernaufgaben – oder er wird länger, weil Lernen zusätzlich außerhalb der Arbeitszeit, abends und am Wochenende erforderlich wird.

Gisela Mohr, Kathleen Otto, Schöne neue Arbeitswelt: Risiken und Nebenwirkungen, in: Report Psychologie 6/2005

Kompensation = Ausgleich, Ersatz

Employability/ Beschäftigungsfähigkeit
So bezeichnet man die Fähigkeit, sich in der Arbeitswelt zu behaupten und fachlich und persönlich kompetent und körperlich gesund zu halten. Deshalb wird der Erhalt der Beschäftigungsfähigkeit zunehmend als gemeinsame Aufgabe von Arbeitnehmern und Arbeitgebern betrachtet.

M 9 Wie wird die Arbeitswelt 2030 aussehen?

Arbeit bietet mehr Chancen, aber auch mehr Risiken. Es wird mehr Arbeit nach Hause gebracht. Feierabend, Wochenende, Urlaub werden zu einer verhandelbaren Masse, „mit gravierenden Folgen für das Privatleben", warnt Karin Jurczyk, Leiterin der Abteilung Familienpolitik am Deutschen Jugendinstitut in München. Die neue Flexibilität richtet sich nicht nach den Bedürfnissen des Arbeitnehmers, Job und Familie unter einen Hut zu bringen, sondern nach den Bedürfnissen des Arbeitgebers, immer und überall auf seine Angestellten zugreifen zu können. 2030 heißt: mehr Dienstreisen, mehr Pendeln, längere Arbeitswege, aber auch mehr Home Office – mobil und multilokal eben.

Allein der technologische Wandel macht Arbeit schneller, anspruchsvoller und kurzlebiger. Das Smartphone macht das Lieblingscafé zum Büroersatz. Aber Kunden – und Chefs – erwarten auch, dass man im Café stets zur Verfügung steht. Das Prinzip „anytime, anywhere" bestimmt die Arbeitswelt. „Wir wollen gar nicht 60 Stunden die Woche arbeiten, aber wir müssen", lautet schon heute eine gängige Klage unter Freiberufern und Führungskräften. Mehr Frauen in Chefsesseln fordert daher Astrid Szebel-Habig, Professorin für Betriebswirtschaftslehre in Aschaffenburg, aus einem simplen Grund: Es führt zu kürzeren Arbeitswochen – für alle. „Sitzungen, die Frauen leiten, sind schneller zu Ende. Männer nutzen Meetings zu ausufernden Selbstdarstellungen, Frauen denken pragmatischer und arbeiten effizienter, schon deshalb, weil sie irgendwann nach Hause müssen, wo Haushalt und Familie warten", sagt Szebel-Habig. [...]

Gleichzeitig wachsen die Anforderungen an die Mitarbeiter. [...] Schon jetzt herrscht in vielen Branchen Fachkräftemangel (zum Beispiel im Ingenieurwesen und in der IT), während Geringqualifizierte kaum noch zu vermitteln sind. Früher fanden selbst Hauptschulabbrecher noch einfachste Jobs, inzwischen werden auch von Aushilfskellnern und Lageristen Computerkenntnisse verlangt. Der Arbeitsmarkt wird sich weiter spalten in Unqualifizierte ohne Aufstiegschancen und begehrte Fachkräfte. Weil wegen des demografischen Wandels aber immer weniger Mitarbeiter zur Verfügung stehen, müssen diese nicht nur länger arbeiten (Rente mit 70?!), sondern sie können ihren Arbeitgebern auch mehr abverlangen: Kaffeeservice am Schreibtisch etwa, kostenlose Massagen, Kinderbetreuung, ein Verwöhnwochenende im Wellnesshotel – Dinge, die führende Hightech-Firmen schon längst im Programm haben. „Nur Unternehmen, die bei ihren Mitarbeitern für die richtige Work-Life-Balance sorgen, haben eine Chance, geeignete Mitarbeiter zu finden", sagt Szebel-Habig voraus.

Viola Schenz, Süddeutsche Zeitung, 30.1.2010

Work-Life-Balance = ein ausgeglichenes Verhältnis von Familien-, Privat- und Arbeitsleben

Aufgaben

1. Arbeite aus M 5 die Fähigkeiten heraus, über die ein Bewerber verfügen sollte, der sich auf die Stellenausschreibung in M 6 bewirbt.
2. Unterteile die Fähigkeiten dann in Fachkompetenzen (Kompetenzen, die sich direkt auf den Beruf beziehen) und überfachliche Kompetenzen (Kompetenzen, die sich auf die Persönlichkeit des Bewerbers beziehen) (M 4 – M 8). Wo kann man die überfachlichen Kompetenzen erwerben?
3. Erläutere, weshalb lebenslanges Lernen als absolute Notwendigkeit einer dauerhaften Beschäftigungsfähigkeit angesehen wird (M 8). Erörtere, weshalb diese Anforderung auch als Belastung empfunden werden kann.
4. Diskutiert, was die gegenwärtigen und zukünftigen Veränderungen in der Arbeitswelt für eure Berufswahl bedeuten (M 9).

Haben Berufe ein Geschlecht?

M 10 Die Top Ten der Ausbildungsberufe

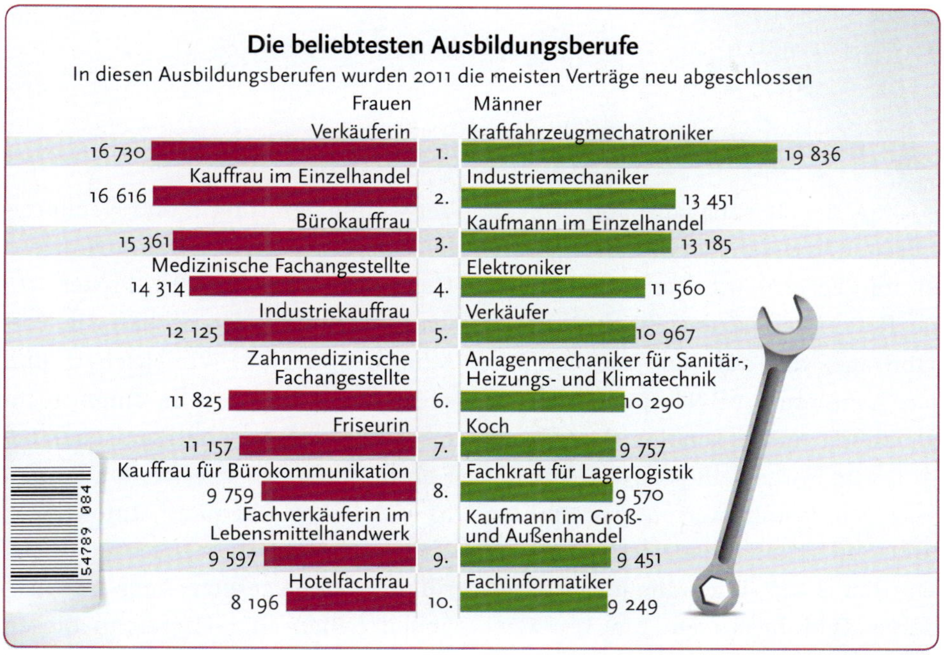

Quelle: Berufsbildungsbericht 2012; Globus-Grafik 5006

M 11 Warum wählen Frauen Frauenberufe?

Junge Frauen führen im Unterschied zu jungen Männern viel häufiger soziale Faktoren bei der Berufswahl an. Schade nur, dass eben diese helfenden, sozialen Berufe schlechter bezahlt werden – Frauenberufe eben. Dass Bereiche, in denen viele Frauen arbeiten, das niedrigere Lohnniveau haben, gilt nicht nur für Ausbildungsberufe. Auch bei AkademikerInnen lässt sich ein Gefälle an Ansehen und Verdienst von den Naturwissenschaften zu den von Frauen bevorzugten Gesellschaftswissenschaften feststellen.

Viele Mädchen und junge Frauen haben bei ihrer Entscheidung für einen bestimmten Beruf schon früh die doppelten Rollenerwartungen in ihren Entscheidungsprozess aufgenommen. Einerseits ist Erwerbstätigkeit und eigene Existenzsicherung selbstverständlich, andererseits haben die meisten die Gründung einer Familie und die damit verbundenen Rollenerwartungen als Mutter und Partnerin im Kopf. Die widersprüchlichen Verhaltensanforderungen, die das mit sich bringt, werden dann nicht selten unbewusst in der Wahl eines traditionellen Frauenberufes aufgelöst.

Die Hürden für ein abweichendes Verhalten sind nach wie vor hoch, auch wenn alle Welt hinausposaunt, man müsse nur wollen. So haben die

„In aller Freundschaft" ist der Titel einer Fernsehserie, die sich um die Belegschaft des Krankenhauses „Sachsenklinik" in Leipzig dreht. Pia (Henrikje Fitz) ist die starke Frau an der Seite von Chefarzt Dr. Roland Heilmann. Nachdem sie ihren Friseursalon in der Sachsenklinik aufgeben musste, hat sie die Geschäftsführung des Restaurants „Charlotto" übernommen.

„unangenehmen Begleiterscheinungen", die sich eventuell einstellen, wenn man in einem männerdominierten Bereich arbeitet, für die meisten Abschreckungscharakter.

Warum Frauen Frauenberufe wählen, lässt sich nicht diskutieren, ohne auch die Rolle der Männer zu thematisieren.

www.lizzynet.de (25.8.2010)

M 12 Frauen in Fernsehserien sind Vorbilder

Für die Berufswahl von jungen Frauen spielen Unterhaltungsserien im Fernsehen eine entscheidende Rolle. Das ist das Ergebnis einer Umfrage, die auf der internationalen Konferenz „MINT und Chancengleichheit in fiktionalen Formaten" in Berlin vorgestellt [wurde]. Für die vom Bundesministerium für Bildung und Forschung finanzierte Umfrage wurden 2.457 Jugendliche verschiedener Bildungszweige ein bis zwei Jahre vor dem Schulabschluss gefragt, welche Faktoren bei ihrer Berufswahl eine Rolle gespielt haben. Knapp zwei Drittel der Mädchen gaben an, gelegentlich bis sehr häufig Interessantes über Berufe durch Serien erfahren zu haben und mehr als die Hälfte durch Spielfilme. 23 Prozent der Befragten sind durch Filme und Serien sogar auf ihren späteren Wunschberuf aufmerksam geworden – deutlich mehr als durch Unterricht in der Schule (13 Prozent), die Berufsberatung (17 Prozent) oder durch Infosendungen (20 Prozent). Frauen sind in vielen fiktionalen Formaten zwar inzwischen selbstverständlich berufstätig. Sie werden aber nur selten über ihre Berufsrolle definiert: Bei 56 Prozent der männlichen, aber nur bei 40 Prozent der weiblichen Haupt- und Nebenrollen steht der Beruf im Zentrum des Handelns. Und: Nur 0,7 Prozent aller Protagonistinnen arbeiten in Forschung und Naturwissenschaft und sogar nur 0,5 Prozent in einem technischen Beruf. In amerikanischen Serienformaten dagegen werden Frauen in MINT – Mathematik, Informatik, Naturwissenschaften, Technik – Berufen in Szene gesetzt. Auch im wirklichen Leben sind Frauen in diesen Berufen in Deutschland nach wie vor unterrepräsentiert: Nur jeder fünfte Hochschulabschluss in Ingenieurwissenschaften wird von einer Frau erworben, bei Mathematik und Informatik ist es jeder dritte.

Bundesministerium Bildung und Forschung, Pressemitteilung 147/2010, 6.9.2010

Abigail „Abby" Sciuto (Pauley Perrette), Forensic Specialist in der amerikanischen Krimiserie Navy CIS. Sie ist eigenwillig, unkonventionell und eckt mit ihrem Gothic-Image oft an. Sie ist ein Genie in Computertechnik, Bildbearbeitung und Kriminaltechnik.

M 13 Ich hab' dir mal ein Konzept entwickelt ...

Mester, Baaske Cartoons, Müllheim

Aufgaben

1. Macht in der Klasse eine Umfrage zu den Berufswünschen und vergleicht das Ergebnis mit M 10.
2. Die Texte M 11 und M 12 geben Gründe dafür an, weshalb Frauen in der Regel Frauenberufe wählen. Arbeite diese Gründe heraus und ergänze mögliche weitere Gründe.
3. In den letzten Jahren wurde in den Schulen viel unternommen, die geschlechtsspezifische Berufswahl aufzubrechen. Ihr selbst habt vielleicht schon an entsprechenden Veranstaltungen (z.B. „Girlsday") teilgenommen. Diskutiert den Nutzen dieser Einrichtungen.
4. Fernsehserien als Vorbilder bei der Berufswahl? – Macht dazu einen Praxistest und untersucht – am besten arbeitsteilig – einige deutsche und ausländische Serienproduktionen. Vergleicht die Frauenrollen im Hinblick auf die ausgeübten Berufe (M 12).

Methode

M 14 Das Betriebspraktikum

1. Vor dem Betriebspraktikum

In diesem oder im kommenden Schuljahr werdet ihr ein zwei- oder dreiwöchiges Betriebspraktikum absolvieren. Ein Betriebspraktikum ist kein Betriebsausflug. Es ist vielmehr der gezielte Versuch, Betriebs- und Arbeitswelt in Handwerks-, Industrie- oder Wirtschaftsunternehmen kennen zu lernen. Betriebspraktika sollten vorwiegend durchgeführt werden, um Einblicke in bestimmte Arbeitsbereiche und soziale Aspekte des Betriebs zu ermöglichen. Wenn das Betriebspraktikum gut vorbereitet wird, kann es besonders gewinnbringend sein. Besonders wichtig ist, dass vor dem Praktikum Interessenschwerpunkte und Erwartungen zu bestimmten Berufsfeldern bereits geklärt sind.

2. Auswahl eines geeigneten Betriebs

Zuerst solltet ihr z. B. mithilfe des Selbsteinschätzungsbogens M 4 klären, welche Interessen ihr habt, was ihr besonders gerne macht und gut könnt. Klären solltet ihr aber auch, was ihr überhaupt nicht mögt. Eltern, Freunde und Bekannte und eure Lehrer können euch bestimmt wertvolle Hinweise geben.

Erstellt dann euer Persönlichkeitsprofil und überlegt, welcher Beruf bzw. welcher Betrieb für ein Praktikum in Frage kommen kann. Hilfreich dabei sind ein Besuch im Berufsinformationszentrum der örtlichen Arbeitsagentur oder einer Ausbildungsmesse, die „Gelben Seiten“, Werbeanzeigen in der Tagespresse, Berichte von Freunden und Bekannten und ehemaligen Praktikanten. Allgemein über Berufe informiert man sich am besten auf der Homepage der Agentur für Arbeit unter: *http://www.berufenet.arbeitsagentur.de*.
Daneben gibt es auch online-Praktikumsbörsen: z. B. *www.meinpraktikum.de* und *www.praktikant24.de*.

Für die Auswahl des Betriebs sollten einige Verhaltensregeln beachtet werden:

a) Die erste Kontaktaufnahme – ob schriftlich, mündlich oder telefonisch – ist besonders wichtig. Denn der erste Eindruck bleibt haften.

b) Die schriftliche Anfrage oder Bewerbung um eine Praktikumsstelle enthält:
- ein Anschreiben
- einen tabellarischen Lebenslauf
- das Begleitschreiben der Schule

Befragt dazu euren Deutsch-Fachlehrer.

c) Habt ihr euch gleichzeitig bei mehreren Stellen beworben, teilt ihr nach Zusage einer Stelle den anderen Stellen mit, dass ihr eure Bewerbung zurückzieht.

d) Achtet auf ein entsprechendes äußeres Erscheinungsbild, vor allem dann, wenn die Berufserkundung mit Kundenkontakten verbunden ist.

e) Korrektes Verhalten im Betrieb wird von euch erwartet. Dazu gehören: Höflichkeit, Pünktlichkeit, Zuverlässigkeit, Rücksichtnahme, vertrauliche Behandlung von Interna, rechtzeitige Information der Berufserkundungsstelle bei Erkrankung, ein Dankeschön am Ende des Praktikums.

3. Während des Praktikums

Während des Praktikums informiert ihr euch möglichst umfassend über euer Arbeitsumfeld. Dazu solltet ihr allerdings Schwerpunkte setzen. Seid euch auch darüber im Klaren, dass ihr Praktikanten und keine richtigen Arbeitnehmer seid, weshalb euch wahrscheinlich bestimmte Bereiche des Tätigkeitsfeldes verschlossen bleiben. Umso wichtiger ist es deshalb, möglichst viele Einblicke zu gewinnen. Die Mitarbeiter (Auszubildende, Ausbilder, Facharbeiter, Meister, Angestellte) sind sicher bereit, eure Fragen zu beantworten. Dazu müsst ihr aber selbst aktiv werden. Dokumentiert eure Eindrücke und Erfahrungen durch stichwortartige Notizen oder das Führen eines Tagebuchs. Vielleicht könnt ihr auch Video- oder Fotodokumente anfertigen. Befragt dazu vorher euren Vorgesetzten.

Zur Analyse des Arbeitsplatzes während des Praktikums kann der folgende Fragebogen hilfreich sein:

Was wird gearbeitet?
(Arbeitsaufgabe)

Wo wird gearbeitet?
(Arbeitsort, Arbeitsumgebung, Funktionsbereiche)

Womit wird gearbeitet?
(Objekte und Arbeitsmittel)

Mit wem wird gearbeitet?
(Qualifikation/Status)

Wann wird gearbeitet?
(Arbeitszeit/Arbeitsform)

4. Auswertung des Praktikums (Praktikumsbericht)

Mit der Durchführung des Betriebspraktikums ist die Arbeit noch nicht abgeschlossen. Es schließen sich noch einige wichtige Schritte an:

- Betrieb danken und evtl. Kopien der Praktikumsergebnisse beifügen bzw. zur Ergebnispräsentation einladen
- Systematische Auswertung der Praktikumsunterlagen und Anfertigen eines Praktikumsberichts und ggf. einer Dokumentation des Praktikums. Der Bericht sollte ca. 6-8 Seiten umfassen und folgendermaßen aufgebaut sein:

Inhalte eines Praktikumsberichts

- Erwartungen an mein Praktikum
- Allgemeines zum Betrieb
  - Name, Anschrift, Größe (Mitarbeiter etc.)
  - Arbeitsbereich (Produktionsbereich, Dienstleistung, Versorgung etc.)
  - Zusammenarbeit mit anderen Betrieben
- Organisation und Weisungsordnung im Betrieb
  - Zusammensetzung der Mitarbeiter (männlich, weiblich, Arbeiter, Angestellte ...)
  - Auflistung sämtlicher im Betrieb vertretenen Berufe
  - Abteilungen des Betriebes
  - Weisungsordnung (evtl. nur Bereich, in dem mein Praktikum stattfindet: Bsp. Direktor – Betriebsleiter – Abteilungsleiter – Meister – Facharbeiter – angelernte Kräfte)
  - Möglichkeiten der Fort- und Weiterbildung
- Allgemeines zur Arbeit im Betrieb, soziale Leistungen, Mitbestimmung
  - Arbeitszeiten
  - Unfallschutzmaßnahmen
  - Betriebsrat
  - Besondere soziale Leistungen
- Mein Arbeitsplatz
  - Art des Arbeitsplatzes
  - Ausgeführte Tätigkeiten (selbständig ausgeführt; unter Anleitung ausgeführt)
  - Verlangter Bildungsabschluss; Dauer und Art der Ausbildung
  - Arbeitsplatzsituation
  - Möglichkeiten der weiteren Qualifizierung
- Tagesbericht
- Kritische Zusammenfassung der Erfahrungen
  - Erfüllung bzw. Nichterfüllung der Erwartungen
  - Beurteilung der Erfahrungen (sinnvoll oder nicht) mit Begründung

Was wir wissen

Wege zum Beruf
M 3 – M 5

Den passenden Beruf zu finden, ist nicht einfach. Im Laufe unserer persönlichen Entwicklung ändern sich unsere Vorstellungen vom Wunsch- oder Traumberuf. Mit dem Prozess des Älterwerdens gehen wir immer realistischer mit dem Traumberuf um. Wir fangen an, unsere Fähigkeiten, Fertigkeiten und Interessen mit den Anforderungen, die ein ganz bestimmter Beruf an die Persönlichkeit des Menschen stellt, abzugleichen. Dabei kommt es immer wieder vor, dass wir Berufswünsche verwerfen, da sich uns andere Möglichkeiten aufzeigen. Weil es eine nahezu unüberschaubare Anzahl an Ausbildungs- und Studienmöglichkeiten und ebenso viele Berufsbilder gibt, ist es ratsam, bei der Entscheidung Hilfe von Experten der Berufsberatung zu holen.

Die Berater der Arbeitsagentur raten Jugendlichen, die vor der Berufsentscheidung stehen, sich auf die persönlichen Stärken und Neigungen zu verlassen, denn es nützt oft wenig, wenn man einen Beruf wählt, nur weil er vermeintlich zu einem sicheren Arbeitsplatz führt. Dann fehlt häufig die für die Ausübung des Berufs notwendige Motivation. Da sich die Berufsbilder ständig ändern, gibt es heute schon kaum jemanden mehr, der seinen Beruf ein ganzes Berufsleben lang ausübt. Der erlernte Beruf bleibt aber nach wie vor die Eintrittskarte in das Arbeitsleben.

Anforderungen der Arbeitswelt
M 7 – M 9

Die Anforderungen, die heutzutage und verstärkt in Zukunft an die Arbeitnehmerinnen und Arbeitnehmer gestellt werden, sind sehr vielfältig und anspruchsvoll. Zentrale Bedeutung haben dabei die Bereitschaft und die Fähigkeit zum lebenslangen Lernen. Aber auch sogenannte Sekundärtugenden wie Fleiß, Pünktlichkeit oder Höflichkeit werden von Arbeitgebern wieder vermehrt eingefordert. Darüber hinaus wird es für die Arbeitnehmerinnen und Arbeitnehmer immer wichtiger, Privat- und Arbeitsleben in ein „gesundes“ Verhältnis zu setzen, denn die Grenzen zwischen diesen beiden Lebensbereichen verschwimmen immer mehr.

Geschlechtsspezifische Berufswahl
M 10 – M 12

Obwohl Jungen und Mädchen gemeinsam aufwachsen und dieselben Schulen besuchen, ihnen dieselben Ausbildungs- und Studienmöglichkeiten offenstehen, wählen Jungen und Mädchen unterschiedliche Studienfächer und Ausbildungsberufe. Zumindest in den westlichen Bundesländern ist zu beobachten, dass immer noch wenig junge Frauen technische Berufe ergreifen. Über die Ursachen dieser geschlechtsspezifischen Berufswahl wird immer neu diskutiert. Neuere Untersuchungen haben ergeben, dass sich insbesondere Mädchen auch von Rollenbildern in den Medien bei der Berufswahl beeinflussen lassen.

Berufsberatung simulieren

1. Berufsporträts erstellen:
Vielleicht habt ihr euren Traumberuf schon gefunden? Erstellt zu den in eurer Klasse genannten Berufswünschen jeweils Kurzporträts.

Formuliert zunächst Leitfragen. Berücksichtigt z. B. folgende Aspekte:
- Über welche Fähigkeiten sollte derjenige, der den Beruf ausüben möchte, verfügen?
- Welche schulischen Voraussetzungen werden verlangt?
- Wie lange dauert die Ausbildung?
- Welche Tätigkeiten werden ausgeübt?
- Wie sind die Verdienstmöglichkeiten?
- Welche Aufstiegschancen hat man?
- Hat man die Möglichkeit, diesen Beruf auch im Ausland auszuüben?
- Wie ist die aktuelle Lage auf dem Arbeitsmarkt?
- Ist der Beruf ein krisensicherer Beruf? Wie sind die Zukunftschancen?
- Wird dieser Beruf in gleicher Weise von Männern und Frauen ausgeübt?

Analysiert in einem zweiten Schritt, z. B. durch die Auswertung entsprechender Stellenanzeigen, welche spezifischen Anforderungen an diesen Beruf gestellt werden.

Informationen findet ihr z. B. hier:
Seite der Bundesagentur für Arbeit für Jugendliche und Auszubildende:
www.planet-beruf.de

Erstellt mit diesen Informationen eine kleine Sammlung von Berufsbeschreibungen (Wandposter, Karteikarten, Dateien ...).

2. Beratung simulieren
Jeweils zwei Schüler spielen nun Berufsberater. Legt diesen Schülern euer Interessen- / Fähigkeitenprofil aus M 4 vor. Die Berater prüfen nun, ob das Profil zum genannten Wunschberuf passt, und machen gegebenenfalls alternative Vorschläge.

Kleines Politiklexikon

Abgeordnete
Die gewählten Mitglieder eines Parlaments.

Agenda 21
Handlungsprogramm für eine nachhaltige Wirtschaftsweise der Staaten, verabschiedet im Jahr 1992 in Rio de Janeiro. Die Lokale Agenda 21 soll das Programm auf lokaler Ebene (Städte und Gemeinden) verwirklichen.

Arbeit
Der Begriff umschreibt in erster Linie Erwerbsarbeit. Diese sichert die Lebensgrundlage der Arbeitnehmerinnen und Arbeitnehmer und ihrer Familien. Wurde sie in früheren Zeiten vor allem als Mühsal und Plage empfunden, so ist die Arbeit heute ein wichtiger Bestandteil der Identität, denn in der Arbeit kann der Mensch seine Fähigkeiten unter Beweis stellen. Arbeit verleiht dem Leben einen Sinn.

Arbeitslosengeld
Unterstützungsleistung für arbeitslose Arbeitssuchende. Zu unterscheiden ist zwischen Versicherungsleistungen aus der Arbeitslosenversicherung (das ist in Deutschland das Arbeitslosengeld I, das in der Regel für ein Jahr gezahlt wird) und aus Steuergeldern finanzierten Mindestsicherungssystemen (dazu gehört das Arbeitslosengeld II, Hartz IV).

Armut
Von absoluter Armut spricht man, wenn einer Person weniger als 1,25 US-Dollar (ca. 1 Euro) pro Tag zur Verfügung steht. Von relativer Armut spricht man, wenn das Einkommen weniger als 50 % des Durchschnittseinkommens in einem Land (Staat) beträgt.

Bedürfnis
Wunsch, einen Mangel zu beseitigen. So liegt dem Bedürfnis zu trinken Durst als Mangelempfinden zu Grunde.

Beruf
Tätigkeit, die ein Mensch in der Regel gegen Entgelt erbringt bzw. für die er ausgebildet, erzogen oder berufen ist. Im Allgemeinen dient die Ausübung eines Berufes der Sicherung des Lebensunterhaltes.

Binnenmarkt
Ein Wirtschaftsraum, in dem einheitliche Bedingungen für den Verkehr von Waren, Dienstleistungen und Kapital herrschen. Bürger können ihren Wohn- und Arbeitsort frei wählen. Der Binnenmarkt in der EU wurde zum 1. Januar 1993 verwirklicht.

Bruttoinlandsprodukt (BIP)
Messgröße, mit der die wirtschaftliche Leistungskraft eines Landes dargestellt wird. Das BIP umfasst den Geldwert aller in einem Jahr innerhalb der Landesgrenzen produzierten Waren und Dienstleistungen (von Inländern und Ausländern). Um das BIP pro Kopf zu erhalten, teilt man das BIP eines Landes durch die Zahl der Einwohner.

Bürgerinitiative
Lockerer, zeitlich befristeter Zusammenschluss von Bürgerinnen und Bürgern, die wegen eines bestimmten Anliegens Einfluss auf die Politik nehmen möchten.

Bürgerliches Gesetzbuch (BGB)
In ihm stehen die wichtigsten rechtlichen Regelungen, die das Zusammenleben der Bürger betreffen, z. B. zu den Rechten und Pflichten beim Kaufvertrag.

Bund (Bundesstaat)
Der Zusammenschluss mehrerer Staaten zu einem Gesamtstaat, zum Beispiel die Bundesrepublik Deutschland mit allen Bundesländern.

Bundeskanzler
Der Chef der Bundesregierung. Er bestimmt die Richtlinien der Politik und trägt die Verantwortung dafür.

Bundespräsident
Das Staatsoberhaupt der Bundesrepublik. Er repräsentiert Deutschland nach außen. Außerdem gehören zu seinen Aufgaben die Ernennung und Entlassung der höchsten Staatsbeamten und die Unterzeichnung der vom Bundestag verabschiedeten Gesetze.

Bundesrat
Der Bundesrat ist ein Teil der Legislative. Über ihn wirken die Länder an der Gesetzgebung des Bundes mit. Der Bundesrat muss bei Gesetzen, die Länderinteressen berühren oder die Verfassung ändern, zustimmen, damit diese in Kraft treten können. Bei anderen Gesetzen kann er Einspruch erheben, der aber vom Bundestag überstimmt werden kann.

Bundestag
Name des deutschen Parlaments, s. dort!

Bundesverfassungsgericht
Höchstes deutsches Gericht mit Sitz in Karlsruhe. Das Bundesverfassungsgericht wacht darüber, dass Parlamente, Regierungen und Gerichte in Deutschland das Grundgesetz einhalten. Jeder Bürger kann eine Verfassungsbeschwerde beim Bundesverfassungsgericht einreichen.

Demografischer Wandel
So werden die Veränderungen in der Bevölkerungszusammensetzung hinsichtlich ihrer Größe und Struktur (z. B. Alterszusammensetzung) bezeichnet.

Demokratie
Das Wort stammt aus dem Griechischen und bedeutet Herrschaft des Volkes. Die Beteiligung aller Bürgerinnen und Bürger an allen Abstimmungen kann nur in sehr kleinen Staatsgesellschaften verwirklicht werden (direkte Demokratie). Wo dies nicht möglich ist, wählt das Volk Vertreter (Repräsentanten), die für das Volk handeln (repräsentative Demokratie).

Dienstleistungsgesellschaft
Eine Gesellschaft, in der der größte Teil der Bevölkerung nicht mehr im landwirtschaftlichen und industriellen, sondern im tertiären Sektor arbeitet.

Einkommen
Allgemein meint man damit das Arbeitseinkommen für Erwerbstätigkeit (Lohn, Gehalt, Gewinn). Darüber hinaus gibt es auch Einkommen als Entgelt für die Bodennutzung (Miete, Pacht) oder als Entgelt für die Nutzung von Kapital (Sparzinsen, Kreditzinsen). Einkommen, die der Staat ohne Gegenleistung bezahlt, nennt man Transfereinkommen.

Erziehung
Erziehung nennt man alles, was dazu beiträgt, die Persönlichkeit eines Menschen zu bilden und zu fördern.

Europäische Union
Die Gemeinschaft von heute (2009) 27 europäischen Staaten wurde 1957 als Wirtschaftsbündnis gegründet. Neben der gemeinsamen Politik in allen wirtschaftlichen Bereichen wurde im Vertrag von Maastricht (1992) auch eine Zusammenarbeit in der Außen- und Sicherheitspolitik sowie der Justiz- und Innenpolitik beschlossen.

EU-Organe
Zu den wichtigsten Organen der Europäischen Union – vergleichbar mit den Verfassungsorganen in der Bundesrepublik Deutschland – gehören der Ministerrat, die Europäische Kommission, das Europäische Parlament, der Europäische Gerichtshof und der Europäische Rechnungshof. Der Europäische Rat hat eine große Bedeutung für die Entwicklung der Europäischen Union.

Europäische Zentralbank (EZB)
Die EZB wurde am 1.6.1998 gegründet und bildet zusammen mit den nationalen Notenbanken das Europäische System der Zentralbanken. Die EZB ist von politischen Weisungen unabhängig und seit der Einführung des Euro am 1.1.1999 für die Geldpolitik im Euro-Raum zuständig. Ihre Hauptaufgabe ist es, die Preisstabilität zu garantieren. Darüber hinaus unterstützt sie auch die allgemeine Wirtschaftspolitik.

Exekutive
Die ausführende Gewalt, d.h. Regierung und Verwaltung.

Familie
Gemeinschaft, die in modernen Industriestaaten in der Regel aus den Eltern und ihren unmündigen Kindern besteht (Klein- oder Kernfamilie). Im weiteren Sinne gehört zur Familie auch die Verwandtschaft. Immer mehr Familien sind sogenannte Patchwork-Familien. Der Begriff Patchwork kommt aus der Textilgestaltung und bedeutet Flickenteppich: Im Zusammenleben heißt das, dass Menschen aus unterschiedlichen Ursprungsfamilien zu einer neuen Familie zusammenfinden.

Föderalismus
Gliederung eines Staates in Gliedstaaten (in der Bundesrepublik Deutschland die Bundesländer) mit eigener Verfassung, Regierung und Parlament. Bezeichnet auch das Bestreben, die Rechte der Gliedstaaten zu wahren.

Fraktion
Vereinigung im Parlament, die aus den Abgeordneten einer Partei besteht. Auch Mitglieder verschiedener Parteien, die gleichgerichtete politische Ziele verfolgen, können sich zu einer Fraktion zusammenschließen.

Fünf-Prozent-Klausel
Vorschrift, dass alle Parteien bei einer Wahl mindestens fünf Prozent der gültigen Zweitstimmen erhalten müssen, um ins Parlament zu kommen, bzw. um an der Sitzverteilung teilnehmen zu können.

Geld
Geld ist ein allgemein anerkanntes und gültiges Zahlungsmittel, mit dem man Waren oder Dienstleistungen erwerben kann. Geld ist Tauschmittel, Wertaufbewahrungsmittel, Wertübertragungsmittel und Recheneinheit.

Geldpolitik
Ziel der Geldpolitik ist die Stabilität des Geldwertes (also eine niedrige Inflationsrate). Daneben soll die Geldpolitik auch die allgemeine Wirtschaftspolitik unterstützen. Die Geldpolitik ist Sache der Europäischen Zentralbank.

Gemeinde
Die Gemeinden (Kommunen) bilden das unterste politische Gemeinwesen in der Bundesrepublik Deutschland. Gemeinden besitzen das Recht der Selbstverwaltung (Art. 28 GG) und regeln im Rahmen der Gesetze alle Angelegenheiten der örtlichen Gemeinschaft in eigener Verantwortung.

Gemeinwohl
Unter Gemeinwohl versteht man das Wohlergehen einer gesellschaftlichen Gruppe (z.B. eines Staates, einer Religionsgemeinschaft, einer Schule, einer Klasse). Das Gemeinwohl zu steigern, ist ein Ziel politischer Entscheidungen. Dazu müssen einzelne oder persönliche Interessen manchmal aufgegeben oder durch einen Kompromiss ausgeglichen werden.

Generationenvertrag
Bezeichnung für das Grundprinzip der gesetzlichen Rentenversicherung, nach dem der heute arbeitende Teil der Gesellschaft für die Rentenzahlungen an den nicht mehr arbeitenden Teil aufkommt.

Gerechtigkeit
Einstellung, Prinzip, Zustand, bei dem jede Person das erhält, was ihr zusteht. Wie dieser Zustand zu erreichen ist, ist umstritten. So unterscheidet man Chancengerechtigkeit, Leistungsgerechtigkeit, Bedarfsgerechtigkeit und Teilhabegerechtigkeit.

Geschäftsfähigkeit
Die Fähigkeit, gültige Rechtsgeschäfte abzuschließen. Die beschränkte Geschäftsfähigkeit beginnt mit der Vollendung des 7. und endet mit der Vollendung des 18. Lebensjahres. Mit Vollendung des 18. Lebensjahres erhält man die volle Geschäftsfähigkeit.

Gesellschaft
Eine Gesellschaft bezeichnet einen relativ dauerhaften Verbund von Gemeinschaften/Gruppen, die innerhalb einer politischen und wirtschaftlichen Ordnung leben und gemeinsame Normen und Werte teilen.

Gesetz
Ein Gesetz ist eine verbindliche Vorschrift, die das Ziel hat, das Zusammenleben der Menschen zu regeln. Es muss in einem dafür vorgesehenen Verfahren rechtmäßig zu Stande kommen. Gesetze werden von den Parlamenten (Bundestag, Landtag, Gemeindevertretung) beschlossen.

Gewaltenteilung
Verteilung der drei Gewalten Gesetzgebung (Legislative), Verwaltung (Exekutive) und Gerichtsbarkeit (Judikative) auf verschiedene, voneinander unabhängige Staatsorgane. In der Regel sind dies Parlament, Regierung und Verwaltung und eine unabhängige Richterschaft. In der Bundesrepublik Deutschland ist die klassische Gewaltenteilung teilweise durchbrochen (Gewaltenverschränkung).

Gewerkschaft
Freiwilliger Zusammenschluss von Arbeitnehmern, um gemeinsame wirtschaftliche, soziale und berufliche Interessen besser durchsetzen zu können.

Globalisierung
Die wachsende Verflechtung der Weltwirtschaft, ermöglicht u.a. durch die Ausweitung der Kommunikationsmedien und enger Verkehrsverbindungen. Die G. bewirkt auch in einigen Bereichen eine Vereinheitlichung der Lebensstile.

Grundgesetz
Die Verfassung der Bundesrepublik; sie regelt den Aufbau, die Aufgaben und das Zusammenspiel der Staatsorgane. Im Grundgesetz werden auch die Grundrechte garantiert.

Grundrechte
In der Verfassung garantierte Rechte, die für jeden Einzelnen gewährleistet werden, wie zum Beispiel die Meinungsfreiheit, die Versammlungsfreiheit und die Menschenwürde.

Gruppe/soziale Gruppe
Ein „sozialer Verband" von mindestens drei Menschen, die durch ein bestimmtes „Wir-Gefühl" miteinander verbunden sind. Dabei gibt es Gruppen, in die man hineingeboren wird (Familie) oder die man sich nicht aussuchen kann (z. B. Schulklasse). Diese Gruppen nennt man Zwangsgruppen. Und es gibt Gruppen, für die man sich freiwillig aufgrund von Freundschaften oder gemeinsamen Interessen (z. B. Sport, Politik, Religion) entscheidet.

Güter
Güter sind ganz allgemein Mittel (z.B. Waren, Dienstleistungen, Rechte), mit denen Bedürfnisse befriedigt werden können. Sie haben einen Preis und sind in der Regel nicht unbegrenzt verfügbar. Nur wenige Güter auf der Erde (z. B. Luft, Sand in der Wüste) sind freie Güter, d. h. unbegrenzt vorhanden.

Haushaltsplan
Die genaue Aufstellung der geplanten Einnahmen und Ausgaben für einen bestimmten Zeitraum (meist das kommende Jahr). Die Einnahmen werden nach den Quellen unterschieden, die Ausgaben nach dem Zweck der Verwendung.

Inflation
Prozess anhaltender Preisniveausteigerungen bzw. anhaltender Geldentwertung.

Integration
Im allgemeinen Sprachgebrauch versteht man darunter die Eingliederung oder Einbindung eines (fremden) Einzelnen oder einer Minderheit in eine größere Gruppe.

Judikative
Die rechtsprechende Gewalt; sämtliche Gerichte der Bundesrepublik Deutschland.

Jugendstrafrecht
Das Jugendstrafrecht ist ein besonderes Strafrecht für Jugendliche, das im Jugendgerichtsgesetz (JGG) geregelt ist. Es findet Anwendung auf Jugendliche zwischen 14 und 18 Jahren. Auf Heranwachsende zwischen 18 und 21 Jahren kann es angewendet werden. Kinder unter 14 Jahre sind strafunmündig. Während Erwachsene mit Haft- oder Geldstrafen bestraft werden, sieht das JGG einen breiten Katalog von Strafmöglichkeiten vor, der Strafzweck der Erziehung steht im Vordergrund.

Kabinett
Der Kanzler, die Minister und politischen Beamten (Staatssekretäre).

Kaufvertrag
Wird beim Kauf zwischen Verkäufer und Käufer geschlossen. Er besteht in dem Austausch von Sachen gegen Geld. Der Verkäufer muss dem Käufer das Eigentum verschaffen und dieser den vereinbarten Kaufpreis zahlen und den Gegenstand abnehmen.

Klimawandel
Mit dem Begriff Klimawandel bezeichnen wir heute meist die von natürlichen Schwankungen unabhängige Erderwärmung. Sie hat schwerwiegende Folgen für Menschen, Tiere und Pflanzen: Teile der Erde werden zu Wüsten, die Gefahr von Hurrikanen und Sturmfluten steigt, Tierarten werden aussterben.

Koalition
Zusammenschluss zweier oder mehrerer Parteien, die gemeinsam eine Regierung bilden und Gesetzentwürfe ausarbeiten.

Konstruktives Misstrauensvotum
Der Bundestag kann den Bundeskanzler nur durch die Wahl eines neuen Kanzlers (konstruktiv!) zum Rücktritt zwingen.

Kredit
Ein Gläubiger überlässt einem Schuldner Geld unter der Voraussetzung der Rückzahlung.

Legislative
Die gesetzgebende Gewalt; sie wird in der Bundesrepublik Deutschland von Bundestag und Bundesrat ausgeübt (auf Landesebene von den Länderparlamenten).

Mandat
Auftrag; der Wähler beauftragt durch die Wahl einen Politiker, seine Interessen zu vertreten.

Markt
Der reale oder virtuelle Ort, an dem Angebot und Nachfrage nach Gütern und Leistungen aufeinandertreffen und Preise gebildet werden (z. B. Automarkt, Börse). Das Grundprinzip des Marktes ist der Tausch.

Marktwirtschaft
In der Marktwirtschaft steuern Angebot und Nachfrage, Wettbewerb und freie Preisbildung den Wirtschaftsprozess. Das Privateigentum an den Produktionsmitteln wird garantiert.

Massenmedien
Sammelbezeichnung für Presse, Rundfunk, Fernsehen und Internet. Allgemein Kommunikationsmittel, mit denen Informationen durch Schrift, Ton oder Bild einseitig an ein sehr breites Publikum übermittelt werden können.

Mediendemokratie
Form der Demokratie, in der die Artikulation und Diskussion von politischen Problemen in erster Linie von den Medien angestoßen und vermittelt wird.

Mehrheitswahlrecht
Danach ist gewählt, wer in seinem Wahlkreis die Mehrheit der Stimmen erhalten hat, die Minderheiten werden nicht berücksichtigt. Relative Mehrheit: Gewählt ist, wer die meisten Stimmen hat. Absolute Mehrheit: Gewählt ist, wer mehr als die Hälfte der Stimmen erzielt. Qualifizierte Mehrheit: Eine vereinbarte Mehrheit, z. B. 2/3 der Stimmen, muss erreicht werden.

Menschenrechte
Das sind die persönlichen Rechte, die jedem Menschen von Geburt an zustehen, z. B. das Recht auf Meinungsfreiheit.

Migration
Im Laufe der Geschichte haben sich immer wieder kleinere oder größere Gruppen von Menschen oder ganze Völker auf Wanderungen begeben. Dies hatte ganz unterschiedliche Gründe: So wurden die Menschen aus religiösen oder politischen Motiven verfolgt, andere waren arm und sahen für sich und ihre Kinder keine Zukunft mehr in ihrer Heimat. Alle diese Wanderungen (lat. migrare = wandern) nennt man Migration.

Monopol
Unter einem Monopol versteht man eine Marktform, in der ein Unternehmen als alleiniger Anbieter auftritt oder einen so großen Marktanteil besitzt, dass er allein die Preise kontrollieren kann und damit über eine besondere Marktmacht gegenüber den Nachfragern bzw. Konsumenten verfügt.

Nachhaltigkeit
Der Begriff bedeutet, dass man nicht mehr von einem Rohstoff (der Natur) verbrauchen soll, als nachwachsen kann. In Bezug auf die Umwelt heißt das, dass man den Ausgangszustand für die folgenden Generationen bewahren soll und die Umwelt nicht durch Abgase und Müll irreparabel schädigen darf.

NATO
(engl. North Atlantic Treaty Organization, Nordatlantikpakt)
Das Verteidigungsbündnis zwischen den USA, Kanada und den westeuropäischen Staaten wurde am 4.4.1949 gegründet. Die Mitglieder verpflichten sich im Falle eines Angriffs auf einen Mitgliedstaat zum gegenseitigen Beistand. Wichtigstes Gründungsmotiv war die Abwehr der Expansionsabsichten des Kommunismus, insbesondere die Verteidigung gegenüber der Sowjetunion und seinen Verbündeten. Heute hat die NATO zum Ziel, Frieden und Freiheit weltweit zu verteidigen, z. B. auch im Auftrag der Vereinten Nationen.

Ökologie
So bezeichnet man die Wissenschaft von den Wechselbeziehungen zwischen den Lebewesen und ihrer Umwelt.

Ökonomisches Prinzip
Das ökonomische Prinzip besagt, dass die vorhandenen Mittel (Geld, Zeit) optimal eingesetzt werden sollen, um ein bestimmtes Ergebnis zu erreichen. Bei vorgegebenen Mitteln soll ein möglichst hoher Ertrag erzielt werden (Maximalprinzip). Bei einem vorgegebenen Ertrag sollen möglichst geringe Mittel eingesetzt werden (Minimalprinzip).

Opposition
Alle Personen und Gruppen, die der Regierung im Parlament gegenüberstehen und sie kritisieren.

Parlament
Die Versammlung der vom Volk gewählten Abgeordneten. Das Parlament regt Gesetze an, bewilligt sie und kontrolliert die Regierung. In einer parlamentarischen Demokratie nimmt vor allem die Opposition die Kontrollfunktion wahr, da die Mehrheit im Parlament die Regierung trägt.

Parteien
Politische Gruppen, die über einen längeren Zeitraum Einfluss auf die politische Willensbildung nehmen. Sie sind bereit, in Parlamenten und Regierungen Verantwortung zu übernehmen.

Preisbildung
Prozess, in dem sich in einer Marktwirtschaft auf den Märkten die Preise bilden. Preisbildung ist abhängig von Marktform und Anzahl der Anbieter und Nachfrager. Sie vermittelt zwischen Produktion und der Befriedigung bestehender Bedürfnisse.

Pressefreiheit
Garantie für die freie Berichterstattung und Veröffentlichung von Informationen und Meinungen. Sie ist im deutschen Grundgesetz festgeschrieben (Art. 5 GG) und gilt als Grundlage der Demokratie, da sich die Bürger nur mithilfe der Informationen an politischen Entscheidungen beteiligen können.

Rechtsfähigkeit
Mit der Geburt ist der Mensch Träger von Rechten und Pflichten.

Rechtsstaat
Ein Rechtsstaat ist ein Staat, in dem die öffentliche Gewalt an eine objektive Rechtsordnung gebunden ist. In einem Rechtsstaat ist die Macht des Staates begrenzt, um die Bürger vor gesetzloser Willkür zu schützen.

Rolle
Das menschliche Verhalten, das andere Menschen in bestimmten Situationen erwarten. Eng damit verbunden ist der Begriff des Rollenkonflikts, der dann eintritt, wenn an eine Person, die eine Rolle einnimmt, unterschiedliche und auch sich widersprechende Erwartungen gestellt werden.

Soziale Marktwirtschaft
Die Soziale Marktwirtschaft ist eine Wirtschaftsordnung, die den Grundsatz der Freiheit auf dem Markt mit dem des sozialen Ausgleichs verbindet.

Soziales Netzwerk
Der Begriff soziales Netzwerk bezeichnet ein Beziehungsgeflecht, das Menschen mit anderen Menschen verbindet. Menschen sind untereinander zum Beispiel durch Beziehungen in der Familie und Verwandtschaft sowie im Freundeskreis, aber auch mit der Nachbarschaft und in der Arbeitswelt vernetzt. Soziale Netzwerke werden zunehmend im Internet gebildet.

Sozialisation/Sozialisationsprozess
Der lebenslange Erziehungs- und Entwicklungsprozess eines Menschen aufgrund von Einflüssen aus seiner Umwelt. Durch die Sozialisation wird ein Individuum zu einem vollwertigen Teil der Gesellschaft.

Sozialstaat
Bezeichnung für einen Staat, der seinen Bürgern ein Existenzminimum sichert, wenn sie in Not geraten sind, und für einen gerechten Ausgleich zwischen Reichen und Bedürftigen sorgt. In Deutschland geschieht dies z. B. durch die Sozialversicherungspflicht und durch staatliche Unterstützung, wie Sozialhilfe, Kindergeld oder Ausbildungs- und Arbeitsförderung.

Sozialversicherungssystem
Bezeichnung für die Gesamtheit gesetzlicher Pflichtversicherungen in Deutschland (Arbeitslosen-, Renten-, Kranken-, Pflege- und Unfallversicherung). Die Sozialversicherung versichert den Einzelnen gegen Risiken für seine Existenz. Sie ist organisiert nach dem Solidarprinzip. Sozialversicherungspflichtig sind alle abhängig Beschäftigten. Die Versicherungsbeiträge teilen sich Arbeitgeber und Arbeitnehmer.

Staat
Mit dem Begriff bezeichnet man eine Vereinigung vieler Menschen (Staatsvolk) innerhalb eines durch Grenzen bestimmten geografischen Raumes (Staatsgebiet) unter einer unabhängigen (souveränen) Staatsgewalt, die von den Staatsorganen (Regierung, Parlamente, Gerichte, Polizei) ausgeübt wird.

Staatsangehörigkeit
Zugehörigkeit zu einem Staat. Als Staatsbürger besitzt man bestimmte Rechte und Pflichten in dem jeweiligen Land. So darf man wählen oder gewählt werden, muss aber auch Steuern bezahlen oder zum Beispiel Wehr- oder Zivildienst leisten.

Steuern
Steuern sind Zwangsabgaben, die der Staat von seinen Bürgern und Unternehmen ohne eine spezielle Gegenleistung erhebt. Sie sind die Haupteinnahmequelle des Staates.

Streitbare/wehrhafte Demokratie
Begriff für eine Demokratie, die Mittel bereithält, um gegen Feinde der Demokratie vorzugehen. So können in Deutschland zum Beispiel Parteien oder Vereine verboten werden, die sich gegen die freiheitliche demokratische Grundordnung wenden.

Strukturwandel
Veränderungen der wertmäßigen Beiträge der einzelnen Wirtschaftssektoren (Land- und Forstwirtschaft, verarbeitendes Gewerbe und Dienstleistungen) zur Wirtschaftsleistung eines Landes. Der Anteil des Dienstleistungsbereichs nimmt dabei in Deutschland ständig zu. Beschleunigt und verstärkt wird der Strukturwandel durch neue Technologien sowie den zunehmenden internationalen Wettbewerb.

Subsidiaritätsprinzip
Prinzip, nach dem ein Problem auf der Ebene gelöst werden soll, auf der es entsteht. „Was der Einzelne tun kann, sollen nicht andere für ihn tun." Erst wenn auf dieser Ebene keine Abhilfe möglich ist, soll die nächst höhere Ebene sich des Problems annehmen (Familie, Gemeinde, Land, Bund, EU).

Tarifvertragsparteien
Dazu zählen Gewerkschaften (vertreten die Arbeitnehmer) und Arbeitgeberverbände (vertreten die Arbeitgeber). Im Rahmen der Tarifautonomie handeln diese beiden Interessengruppen in eigener Verantwortung Tarifverträge aus, die Löhne, Arbeitszeiten und sonstige Arbeitsbedingungen regeln sollen. Der Staat darf sich nicht einmischen.

Taschengeldparagraf
Regelung des BGB, die besagt, dass Geschäfte von Minderjährigen dann wirksam sind, wenn diese mit Mitteln bezahlt werden (in der Regel Taschengeld), die ihm zur freien Verfügung von den gesetzlichen Vertretern (Eltern) überlassen worden sind.

Terrorismus
Planmäßige Gewaltanwendung von Einzeltätern oder Gruppen zur Verfolgung politischer oder religiöser Ziele. Der Terrorismus möchte durch gezielte Anschläge Angst, Schrecken und Unsicherheit unter der Bevölkerung verbreiten.

Transfereinkommen
Als Transfereinkommen bezeichnet man Einkommen, welches durch den Staat oder andere Institutionen bereitgestellt wird, ohne dass eine konkrete Gegenleistung erfolgt. (Beispiel: Sozialhilfe, Arbeitslosengeld II etc.)

Transnationale/multinationale Unternehmen
Konzerne, die über mehrere Nationen verteilt sind. Sie sind in mehreren Geschäftsbereichen (Handel, Vertrieb, Herstellung, Forschung und Entwicklung) außerhalb ihres Heimatlandes tätig und stützen sich finanziell auf Unternehmen in zwei oder mehr Ländern.

Unternehmen
Dauerhafte organisatorische Einheit zur Produktion bzw. zur Erbringung von Dienstleistungen, die mehrere Betriebe umfassen kann. Je nach Träger werden private, öffentliche oder gemeinwirtschaftliche Unternehmen unterschieden, je nach Rechtsform Einzel-, Personen- und Kapitalgesellschaften.

Verbände
Organisierte Gruppen, die auf die Politik Einfluss nehmen möchten, ohne politische Verantwortung zu übernehmen. Zur Verfolgung gemeinsamer Interessen werden Zusammenschlüsse gebildet, z. B. Berufsverbände.

Verbraucherpolitik
Alle Maßnahmen (Gesetze) des Staates zum Schutz der Verbraucher.

Vereinte Nationen
(engl. United Nations Organization)
Nach dem Zweiten Weltkrieg gegründete kollektive Sicherheitsorganisation zur Wahrung des Weltfriedens und der Menschenrechte. Fast alle Staaten sind Mitglieder der UNO.

Verhältniswahlrecht
Jede Partei bekommt so viele Sitze im Parlament, wie sie prozentual Stimmen von den Wählern erhalten hat. Auch Minderheiten werden berücksichtigt.

Vermittlungsausschuss
Bundesrepublik Deutschland: Ausschuss, der tätig wird, wenn ein Gesetzesbeschluss des Bundestages auf Einwände des Bundesrates stößt. Bundestag und Bundesrat entsenden je die Hälfte der 32 Mitglieder. Aufgabe des Vermittlungsausschusses ist es, Kompromisse auszuarbeiten. Europäische Union: Ausschuss, der tätig wird, wenn nach der Zweiten Lesung eines Gesetzes keine Einigung zwischen Europäischem Parlament und Ministerrat erzielt werden kann. Der Vermittlungsausschuss setzt sich aus den Mitgliedern des Rates und ebenso vielen Vertretern des Europäischen Parlaments zusammen, Vertreter der EU-Kommission nehmen beratend teil.

Vier Freiheiten
Wirtschaftliche Freiheiten des europäischen Binnenmarktes: Freiheit des Warenverkehrs, Personenfreizügigkeit, Dienstleistungsfreiheit, freier Kapital- und Zahlungsverkehr.

Volkspartei
Partei, die aufgrund ihres Programms für Wähler und Mitglieder aller gesellschaftlichen Schichten unterschiedlicher Weltanschauungen offen ist.

Währungsunion
Zusammenschluss souveräner Staaten mit vorher unterschiedlichen, aber ähnlich starken Währungen zu einem einheitlichen Währungsgebiet. Im Gegensatz zu einer Währungsreform bleibt der Geldwert beim Übergang zu einer Währungsunion erhalten.

Wahlen
Verfahren der Berufung von Personen in bestimmte Ämter durch Stimmabgabe einer Wählerschaft. In Demokratien werden die wichtigsten Staatsämter durch Wahlen besetzt. Demokratische Wahlen müssen die Bedingungen allgemein, frei, gleich und geheim erfüllen. Das genaue Wahlverfahren (Verhältniswahl, Mehrheitswahl) ist meist in Wahlgesetzen geregelt.

Weltexportquote
Kennziffer der Globalisierung. Sie erfasst den Anteil der Exporte an der Weltwirtschaftsleistung.

Wirtschaftssektoren
Die Wirtschaftswissenschaften unterteilen die Produktionsbereiche einer Volkswirtschaft in drei Wirtschaftssektoren: Der primäre Sektor beinhaltet die Produktgewinnung der Land- und Forstwirtschaft sowie Fischerei. Im sekundären Sektor werden Produkte hergestellt oder verarbeitet (Industrie und Handwerk, Bergbau und Baugewerbe). Der tertiäre Sektor umfasst die Dienstleistungen, zum Beispiel Handel, Verkehr, Kultur, Bildung und Gesundheitswesen.

Werbung
Werbung wird zumeist (und hier) als Wirtschaftswerbung verstanden und ist dann die Bekanntmachung von Gütern oder Dienstleistungen mit der Absicht, beim Konsumenten eine Kaufhandlung auszulösen.

Zentralverwaltungswirtschaft/ Planwirtschaft
Bezeichnung für Wirtschaftssysteme (z. B. der DDR), deren Produktion durch zentrale Pläne (einer staatlichen Planungsbehörde) gelenkt wird. Es gibt kein Privateigentum an Produktionsmitteln.

Register

Fett gedruckte Seitenzahlen verweisen auf zentrale Fundstellen und wichtige Begriffserläuterungen.

Bildnachweis

Archiv der Sozialen Demokratie der Friedrich-Ebert-Stiftung, Bonn – S. 94; Archiv für christlich-demokratische Politik der Konrad-Adenauer-Stiftung, St. Augustin – S. 94; Argus / Peter Frischmuth, Hamburg – S. 38; Aurel-Cartoonstudio, Ludwigsburg – S. 120

Baaske Cartoons / Kai Felmy, Müllheim – S. 64; Baaske Cartoons / Mester – S. 90, 137, 229 (2), 242, 321, 349; Baaske Cartoons / Mohr – S. 196; Baaske Cartoons / Plaßmann – S. 19, 28, 32, 229, 241, 325; Bergmoser + Höller Verlag AG, München – S. 26, 84, 142, 171, 173, 180, 183, 201, 203, 219, 256, 333; Berlin Today Award / Millie Hawley, Berlin – S. 289; Bildarchiv Preußischer Kulturbesitz / Benno Wundshammer, Berlin – S. 322, 328; BilderBox / Erwin Wodicka, Thening – S. 102; Bundesagentur für Arbeit, Jährliche Zeitreihen zum Arbeitsmarkt in Deutschland, 2010, Nürnberg – S. 131; Bundesagentur für Arbeit, Nürnberg – S. 131, 334; Bundesbildstelle / Presse- und Informationsamt der Bundesregierung . Bild-Nr. B 145 - 00236273, Foto: Steffen Kugler, Berlin – S. 170; Bundeszentrale für politische Bildung, 2009, Bonn – S. 90, 212; Bündnis 90 / Die Grünen, Berlin – S. 94

Josef-Heinrich Darchinger, Bonn – S. 14; Das Fotoarchiv, Essen – S. 213; Das Fotoarchiv / Xinhua – Einband; ddp-images / AP, Hamburg – S. 78, 236/237, 238; ddp images / AP, Michael Eulers – S. 217; Oliver Decker u. a., Rechtsextreme Einstellungen in Deutschland 2010, Friedrich-Ebert-Stiftung 2010, Berlin – S. 194; Der Spiegel, Hamburg – S. 165, 251; Deutscher Bundestag, Berlin – S. 76, 78; DIZ – Süddeutscher Verlag, Bilderdienst, München – S. 153; DIZ – Süddeutscher Verlag, Bilderdienst, München / AP – S. 217, 236

dpa – Infografik, Frankfurt – S. 90, 127, 131, 146 (2), 155, 160, 184, 218, 222, 225, 230, 232 (2), 236, 239, 247, 250, 252, 258, 268, 272, 275, 276, 279, 283, 286 (3), 286/287 (2), 291, 297, 310, 316 (2), 317, 343, 344, 347; dpa Picture-Alliance, Frankfurt – S. 140, 278; - / AFP / EPA – S. 76, 240; - / AFP / EPA Jimin Lai – S. 236; - / akg-images – S. 334; - / Bildagentur online, Fischer – S. 217; - / Oliver Berg – S. 80; - / Arno Burgi – S. 168; - / City-Press GbR – S. 24; - / Uli Deck – S. 168/169; - / DB Thomas Burmeister – S. 256; - / EPA, Bildfunk FFB – S. 168; - / EPA / Nadeem Khawer – S. 22; - / EPA, Dimitri Khrupor – S. 202; - / EPA / Narendra Shrestha – S. 80, 146; - / Maurizio Gabarini – Einband; - / Peer Grimm – S. 170, 172, - / Hannibal Hanschke – S. 168; / - Herold – S. 152; - / Isaf / Handout – S. 248; - / Rainer Jensen – S. 186; - / Jens Kalaene – S. 34; - / Daniel Karmann – S. 170; - / KPA / 70004 – S. 114;- / Wolfgang Kumm – Einband, S. 179; - / LUSA, Luca Inacio Rosa – S. 210; - / MCT / Landov / Rick Wood 5920578 – S. 129; - / Stefan Puchner – S. 175;- / Boris Roessler – S. 6;- / Wolfram Steinberg – S. 114; - / Ingo Wagner – S. 80, 146; - / Bernd Weißbrod – S. 6; - / ZB / Patrick Pleul – S. 113; - / ZB / Tom Maelsa – S. 168; - / ZB / Stefan Sauer – S. 198; - / ZB / Jens Wolf – S. 135; DIE LINKE, Berlin – S. 94

Eucom – European Communication, Brüssel – S. 216; Eurobarometer 63, Juli 2005, S. 29 – S. 224

Fotoagentur CARO, Berlin – S. 273; F.A.Z.-Grafik / Walter, Frankfurt – S. 47; Friedrich-Naumann-Stiftung für die Freiheit / Archiv des Liberalismus, Gummersbach – S. 94

Getty Images / Bongarts, München – S. 24; Getty Images / David Greedy, München – S. 292; Jose Giribas – S. 63

Horst Haitzinger, München – S. 205; Walter Hanel, Bergisch Gladbach – S. 225, 280; Hans-Böckler-Stiftung, Düsseldorf – S. 335; Barbara Henninger, Strausberg – S. 123

images.de / sinopictures / Xinhua, Berlin – S. 282; Interfoto / LOOKback, München – S. 14; iStockphoto / 36clicks – S. 265; - / Yuri Arcurs – S. 6/7, 122, - / asiseeit – S. 125; - / Alex Barths – S. 123; - / Bastar – S. 38; - / Becart – S. 6; - / Bim – S. 38; - / blackwaterimages – S. 107; - / Brosa – S. 296; - / CEFutcher – S. 133; - / CostinT – S. 18; - / Ugur Demir – S. 29; - / diane39 – S. 6, 18; - / dlewis33 – S. 134; - / EdStock – S. 96 (2); - / Enjoylife2 –

S. 61; - / felixR – S. 29; - / gerenme – S. 38; - / gradyreese – S. 64; - / jacomstephens – S. 18, 296; - / Ingvald Kaldhüssaeter – S. 12; - / KellyT – S. 60; - / Kempter – S. 107; - / laflor – S. 18; - / lisafx – S. 106; - / mammamaart – S. 296; - / mangostock – S. 296; - / masta4650 – S. 18; - / monkeybusinessimages – S. 206; - / Neustock Images – S. 62; - / Shelly Perry – S. 29; - / Photomorphic – S. 38; - / RapidEye – S. 134; - / Alex Raths – S. 102/103; - / Royal Five – S. 337; - / sculpies – S. 102/103; - / skynesher – S. 16, 327; - / stask – S. 214; - / STEEX – S. 16; - / Stockphoto4u – S. 296; - / Studiovision – S. 21; - / Erkesi Turgut – S. 29; - / vgajic – S. 6; - / Andreas Weber – S. 168;

JUNGE UNION Deutschlands, Berlin – S. 80, 146

Keystone, Hamburg – S. 40; Bernhard Klemm, Frankfurt/O. – S. 40

Le Monde diplomatique, Atlas der Globalisierung 2009, S. 16 – S. 22; Marie Marcks, Heidelberg – S. 13

Norddeutscher Rundfunk, Hamburg – S. 179

Ostkreuz – Agentur der Fotografen / Harald Hauswald, Berlin – S. 14; Ostkreuz – Agentur der Fotografen / Georg Schönharting, Berlin – S. 14

photothek.net Fotoagentur GbR, Berlin – S. 170

Regionalverband Ruhr, Essen – S. 322/323; Klaus Rose, Iserlohn – S. 14

Roger Schmidt, Brunsbüttel – S. 137; Udo Schmitz, Bernd Weidtmann, Handbuch der Volkswirtschaftslehre, Stuttgart 2000, S. 66f. – S. 158; Reiner Schwalme, Groß-Wasserburg – S. 106; Wieslaw Smętek, Hamburg – S. 209; Statista GmbH, Hamburg – S. 264 (2); Statistisches Bundesamt, Wiesbaden – S. 27, 130, 155, 297, 335; Klaus Stuttmann, Berlin – S. 110, 229

Teamwork / Karwasz, Hamburg – S. 195; Technische Universität, Chemnitz - Einband

Ullstein-Bild / CARO, Stefan Trappe – S. 236; Ullstein-Bild / phalanx Fotoagentur – S. 236; UNICEF, Köln – S. 10

Vereinte Nationen, New York – S. 258; Version Photo, Berlin –S. 164

Wolfram Weiner, Ein Geschichte des Geldes. Insel Verlag, Frankfurt – S. 49; Wildner + Designer, Fürth – S. 206/207, 264/265 (2), 314 (6), 341; World Press Photo, Amsterdam – S. 238; www.academic.de – Einband, S. 322; www.amazon.de – S. 40; www.amsterdam.citysam.de – S. 68; www.berliner-helden.com – S. 80; www.cdu.de – S. 93; www.die-linke.de – S. 93; www.ebay.de – S. 38/39; www.entmoney.com – S. 69; www.fdp-bundespartei.de – S. 93; www.gruene.de – S. 93; www.magnoliamom.com – S. 348; www.mdr.de – S. 348; www.patriot.ch – S. 83; www.piratenpartei.de – S. 93; www.porschediesel.de – S. 69; www.schuelervz.net - S. 9; www.spd.de – S. 93; www.sragg.de – S. 69; www.wdr.de – S. 322; www.wikimedia.com – S. 22, 216, 322/323.